寫給香港人的中國現代史

從國共第一次合作到長征

陳敬堂 著

中冊

中華書局

□ 責任編輯：黎耀強
□ 裝幀設計：霍明志
□ 排　版：漢圖美術
□ 印　務：劉漢舉

寫給香港人的中國現代史・中冊
——從國共第一次合作到長征

□
著者
陳敬堂

□
出版
中華書局（香港）有限公司
香港北角英皇道 499 號北角工業大廈一樓 B
電話：（852）2137 2338　傳真：（852）2713 8202
電子郵件：info@chunghwabook.com.hk
網址：http://www.chunghwabook.com.hk

□
發行
香港聯合書刊物流有限公司
香港新界荃灣德士古道 220-248 號
荃灣工業中心 16 樓
電話：（852）2150 2100　傳真：（852）2407 3062
電子郵件：info@suplogistics.com.hk

□
印刷
美雅印刷製本有限公司
香港觀塘榮業街 6 號 海濱工業大廈 4 樓 A 室

□
版次
2021 年 3 月初版
© 2020 中華書局（香港）有限公司

□
規格
特 16 開（230 mm×170 mm）

□
ISBN：978-988-8758-17-3

目 錄

第七章　**中國共產黨的成立與國共第一次合作**　　1

一、引言　　4

二、中國共產黨成立的背景　　6

　1. 國人失去對西方政治制度的信任　　6

　2. 馬列主義與中國革命　　8

　3. 俄國革命成功的激勵　　16

　4. 中國知識份子的選擇　　25

三、中國共產黨成立的經過　　31

　1. 南陳北李、相約建黨　　31

　2. 共產國際協助組黨　　37

　3. 各地共產主義小組的成立　　40

　4. 中國共產黨第一次全國代表大會　　43

四、中國共產黨加入國民黨的爭議　　46

　1. 馬林的佈局與中共黨人的分歧　　46

　2. 第一次西湖會議　　48

　　　3. 第二次西湖會議　　　52

　　　4. 共產國際對國共合作的決議　　　54

五、國共合作的成敗得失　　　56

　　　1. 蘇聯方面　　　57

　　　2. 國民黨方面　　　59

　　　3. 共產黨方面　　　93

　　　4. 國共合作的爭議　　　100

第八章　　**國民革命軍北伐**　　　105

一、北伐的目的　　　108

二、北伐出師前之國內形勢　　　110

　　　1. 帝國主義者和軍閥的聯合壓迫　　　110

　　　2. 國內軍閥之割據　　　112

　　　3. 共產國際支持國民革命　　　115

三、北伐第一階段（1926 年 1 月至 9 月）　　　124

　　　1. 序幕戰　　　124

　　　2. 出師　　　125

　　　3. 湖南戰況　　　129

　　　4. 湖北戰事　　　131

四、北伐第二階段（1926 年 9 月至 1927 年 5 月）　　　139

　　　1. 江西、福建之戰　　　139

　　　2. 兩方兵力與佈置　　　141

　　　3. 江西戰事　　　143

　　　4. 福建戰場　　　147

　　　5. 江浙戰事　　　149

　　　6. 佔領南京、上海之戰　　　155

　　　7. 寧漢分裂與「清共」　　　160

8. 西安解圍　　　161

五、北伐第三階段（1927 年 5 月至年終）　　　162

1. 攻佔徐州　　　162

2. 鄭州會師　　　165

3. 蔣馮聯合北伐　　　167

4. 蘇皖潰敗與蔣介石下野　　　168

5. 龍潭之役　　　171

6. 北方國民革命軍之對奉作戰　　　175

7. 徐州會師與第三階段最後戰役　　　177

六、北伐第四階段（1928 年 4 月至 5 月底）　　　178

1. 第四階段戰爭　　　178

2. 山東戰場　　　181

3. 攻取濟南　　　182

4. 五三濟南慘案　　　183

5. 華北戰場　　　184

6. 攻佔保定　　　184

7. 收復京津與全國統一　　　185

七、北伐成功的原因　　　187

1. 孫中山聯俄容共政策的成功　　　188

2. 國民革命為國人所認同　　　191

3. 革命軍勇不可擋　　　192

4. 蘇聯援助　　　194

八、國民革命的終結　　　199

1. 新軍閥與嫡系非嫡系部隊的形成　　　200

2. 國民革命的轉向　　　201

3. 國民革命的終結　　　207

第九章　國共分裂　213

一、國共分裂的原因　216

　　1. 三民主義與共產主義有別　216

　　2. 國共兩黨在矛盾中合作　218

　　3. 從政治立場衝突到權力鬥爭　221

　　4. 中國革命領導權之爭　227

　　5. 國共分裂是以俄為師的必然結果　239

二、北伐前的國共衝突　242

　　1. 國民黨的反共運動　243

　　2. 中山艦事件　247

　　3. 整理黨務案　260

三、寧漢對峙的形成　262

　　1. 革命領導權之爭　262

　　2. 從聯共到反共　267

　　3. 工農運動失控　274

四、上海「清共」與寧漢分裂　279

五、武漢分共　284

　　1. 武漢國民政府軍隊的反動——夏斗寅叛變與馬日事變　284

　　2. 武漢「分共」的經過　289

六、寧漢復合　303

七、國共分裂的影響　307

　　1. 國民黨黨員流失　307

　　2. 國民黨員質素下降　309

　　3. 國民黨組織癱瘓　310

　　4. 共產黨的損失　312

　　5. 蔣介石奪權勝利　314

　　6. 國民革命的迷失　315

第十章　**十年內戰：國共內戰**　319

一、引言　321
二、中共武裝起義　322
　1. 共產國際指示混亂　322
　2. 中國革命失敗的責任　331
　3. 南昌暴動　336
　4. 八七會議與土地革命　340
　5. 秋收起義　350
　6. 廣州起義　353
　7. 革命浪潮下的香港　360

三、中共中央革命根據地的建立　363
　1. 井岡山的鬥爭　363
　2. 贛南、閩西游擊戰　367
　3. 革命路線之爭　368
　4. 中央革命根據地的建立　376

四、蔣介石對中央革命根據地的五次圍剿　378
　1. 第一次圍剿　378
　2. 第二次圍剿　380
　3. 第三次圍剿　382
　4. 第四次圍剿　385
　5. 第五次圍剿　387

五、二萬五千里長征　393
　1. 「長征」名稱的由來　393
　2. 長征經過　394
　3. 長征影響　416

一、引言　　428

二、國民黨內鬨經過　　429

　1. 粵滬對峙　　429

　2. 寧漢對峙　　430

　3. 走向專制與混戰　　432

三、國民黨軍閥混戰經過　　437

　1. 國民黨新軍閥的形成　　437

　2. 國軍編遣會議　　442

　3. 蔣桂戰爭　　445

　4. 馮玉祥護黨救國軍之戰　　448

　5. 改組派與各地護黨救國軍　　451

　6. 中原大戰　　455

　7. 擴大會議　　468

　8. 寧粵對峙　　471

　9. 十九路軍事變　　476

　10. 察哈爾抗日同盟軍　　480

　11. 兩廣事變　　484

　12. 西安事變　　486

四、小結　　487

總目錄

上冊　從辛亥革命到聯俄容共

第一章　中華民國成立與袁世凱當選總統

第二章　歷史逆流

第三章　五四運動

第四章　中國國民黨與帝國主義的鬥爭

第五章　孫中山晚年的革命策略：粵皖奉三角同盟

第六章　孫中山晚年的革命策略：聯俄容共

中冊　從國共第一次合作到長征

第七章　中國共產黨的成立與國共第一次合作

第八章　國民革命軍北伐

第九章　國共分裂

第十章　十年內戰：國共內戰

第十一章　十年內戰：國民黨的內鬨與大混戰

下冊　從西安事變到新中國成立

第十二章　西安事變與國共第二次合作

第十三章　抗戰之前的國共談判

第十四章　八年抗戰之正面戰場

第十五章　敵後戰場與海外戰場

第十六章　日軍在華暴行及中國損失

第十七章　中外關係與抗戰勝利

第十八章　抗戰時期的國共談判

第十九章　重慶談判

第二十章　馬歇爾調處國共衝突

第二十一章　國共內戰（1945－1949）

第二十二章　政治協商會議與新中國的成立

中國共產黨的成立與
國共第一次合作

1　毛澤東
2　張國燾
3　蔡和森
4　李立三

5 朱德

6 戴季陶

7 1924 年旅歐中國共產主義青年團巴黎合照，前
   排左一聶榮臻，左四周思來，四排右三鄧小平

5

6

7

一、引言

有些書刊資料說中國共產黨是共產國際精心策劃下成立的。換言之，這是一個由外國勢力操控、干涉中國內政的政黨，而不是一個基於中國國情需要、發展而成的政黨。

國民黨的書籍說：「中共所以能在中國誕生成長，主要得力於國際共黨的理論和謀略指導，以及金錢的支援。」[1]

共產國際的資料也說中共是有人製造出來的。共產國際駐華代表馬林致函共產國際執行委員會：「（中國共產）黨是個早產兒（1920 年誕生，或者說得更確切一點，是有人過早地製造出來的）。這個事實一直對黨產生影響。陳獨秀同志致閉幕詞時就已經指出，黨在第一次代表大會時還沒有綱領，甚至沒有規章，黨的要求——無產階級專政——懸在半空。」[2]

中國共產黨在共產國際的協助下成立，這是不爭的事實。不過，共產國際來華協助中國共產黨成立，是否等於中國共產黨進行社會主義革命的過程完全是根據共產國際的規劃而進行，並在最後取得社會主義革命的勝利呢？這兩者又沒有必然的關係。因為，共產國際在世界各國和殖民地都有協助成立共產黨，但革命成功的例子不多，說明了共產國際協助某國的共產黨成立，與該國共產黨能否取得政權，社會主義革命能否成功，是兩回事。甚至可以說，根據中國革命歷史的事實，中國共產黨擺脫了共產國際的指揮，才能從大革命失敗和長征中走出困境；毛澤東拒絕斯大林劃江而治的建議，指揮百萬大軍渡江南下，才能解放全中國。

再者，中共取得「國際共黨的理論和謀略指導，以及金錢的支援」，這當然是事實！不過，相對於國民黨來說，中共所得的顯然不算多。共產國際至

1　張玉法：《中國現代史》（下）（台北：東華書局，1977 年），第 370 頁。

2　馬林：〈致共產國際執行委員會的信〉（1923 年 6 月 20 日廣州），中共中央黨史研究室第一研究部：《共產國際、聯共（布）與中國革命文獻資料選輯》（1917－1925）（北京：北京圖書館出版社，1997 年），第 477 頁。

少沒有協助中共成立一間軍官訓練學校,送給中共一船船的軍火。

　　孫中山聯俄容共政策開始後,立即聘請共產國際代表鮑羅廷為顧問,協助他改組國民黨,制定國民黨新的政綱政策。這是理論和謀略的指導。蔣介石經常自誇的「黃埔精神」是什麼呢?「黃埔精神」是由校長蔣介石孕育出來,還是由蘇聯紅軍教官培養出來?這是很值得深究的課題。不過,蔣介石和國民黨的書刊都不太好說黃埔軍校是共產國際出錢出力創辦的,黃埔軍校的教官是蘇聯共產黨的軍官,學生學習的是紅軍的戰略和戰術。1923 年 3 月 8 日,莫斯科正式決定同意幫助從來沒有自己軍隊的孫中山,建立一支武裝力量,最後決定選址在廣州黃埔,建立自己的軍事學校來培養幹部和組建軍隊。創辦這間軍校時,孫中山對鮑羅廷提出要求:「我們的首要任務是按照蘇聯式樣建立一支軍隊,準備好北伐的根據地。」「我們希望你們把在反對帝國主義者武裝干涉、並把他們趕出本國的鬥爭中積累的豐富經驗傳授給我們的學生——革命軍隊的未來軍官。」[3] 於是,蘇聯派出大批紅軍軍官到黃埔軍校任職教官,又給國民黨援助大量武器和軍事裝備。英國策動廣州商團動亂時,蘇聯及時運來了 8,000 支帶有刺刀的步槍和 400 萬發子彈,迅速把廣州商團之亂平定下去。北伐戰爭開始時,蘇聯又支援了日本來福槍 4,000 支,子彈 400 萬發;俄國來福槍 14,000 枝,子彈 800 萬發;各種機槍 90 挺,各種火炮 24 門,總價值將近 300 萬盧布。財政方面,莫斯科分別提供經費或貸款來幫助孫中山創辦黃埔軍校、中央銀行和支持國民黨改組,已知除 1923 年 5 月莫斯科正式批准的 200 萬金盧布援款外,為幫助建立黃埔軍校,莫斯科出資 270 萬中國元;又為幫助穩定廣州財政建立中央銀行,蘇聯提供了貸款 1,000 萬中國元。[4]

　　上述資料顯示聯俄容共政策推行的時候,國民黨從共產國際拿到的金錢

3　孫中山:〈按照蘇聯式樣建立軍隊盼以豐富反帝經驗傳授學生－民國十三年(一九二四年)一月與鮑羅廷等之談話〉,《國父全集》(2),第 597 頁。

4　《中蘇關係史綱》,第 23－38 頁。

和物資絕對比中國共產黨多，但最後卻與共產國際反目成仇。可見理論、謀略和金錢都不是萬能的。國民黨官史常說：既然俄援送上門，不拿就是笨蛋！中國人真的會那麼容易被共產國際操縱嗎？那些觀點認為共產國際一手促成中國共產黨成立，便可以在中國成功地進行社會主義革命，打敗國民黨，奪取政權，這話未免說得太輕浮了！算算共產國際在世界各地協助成立的共產黨，有多少個成功的例子？中國社會主義革命，始終都是中國人自己領導和進行的。

二、中國共產黨成立的背景

1. 國人失去對西方政治制度的信任

中國為什麼要成立共產黨？為什麼要進行社會主義革命？

原因很簡單，就是孫中山模仿英美民主政治的革命不能成功。

革命的目的不僅是推翻中國君主專制獨裁政治，最重要的是抵抗列強侵略，撕毀與列強簽訂的不平等條約。辛亥革命雖然推翻了喪權辱國的滿清政府，革命黨人仿效英美民主政治成立共和政府，但中國政體的改變無助結束帝國主義的侵略，英、美、法、日等帝國主義國家並不承認這仿效其政治體制的革命政府，堅持與中國簽訂的不平等條約繼續有效，拒絕放棄其在華取得的特殊權益，以及數額龐大的戰爭賠款（如庚子賠款）。帝國主義更利用滿清皇朝的崩潰，新中央政府無法建立其管治全國權威的機會，紛紛物色其在華代理人，支持一小撮軍閥政客，代其擴大或鞏固既得利益；或在華製造政治紛爭，同時支持數派，讓其相爭內鬨，以便從中漁利。民國初年，日本支持袁世凱稱帝，乘機勒索，要求袁世凱接受「二十一條」，出賣中國權益；國民黨二次革命反袁失敗，又容許國民黨在日本成立中華革命黨，讓其繼續反袁，作為牽制。袁氏死後，日本又借款給段祺瑞政府，誘其簽訂喪權辱國

的秘密條約，乘第一次世界大戰爆發，奪取了德國在中國山東租借的膠東半島。日本帝國主義者侵華的手段明奪暗偷，無所不用其極！孫中山痛斥日本：「我們革命失敗，全是日本搗鬼。」[5] 所以「我們的任務非常明確，這就是為統一中國而鬥爭和同日本作戰。全中國人民都支持我們這樣做」。[6]

面對日本不斷掠奪中國權益的殘酷現實，很多知識份子知道無法指望北京政府和孫中山的革命黨。乘着第一次世界大戰爆發，中國在協約國慫恿下，派出三十萬華工到歐洲支援戰地運輸，以為可以藉討好協約國等歐洲帝國主義國家，能為中國爭取一點權益。這時，中國思想界完全是美國的勢力，即民主主義、實驗主義等。出版物、教科書的內容，學生的傾向，深受美國影響。政治方面，美國總統威爾遜提出「民族自決」、「平等對待殖民地人民」等十四項建議，讓國人對美國產生了嚴重的幻想，以為美國總統主導的巴黎和會必然會為中國主持公道。1919 年和會正式召開時，中國眾多報刊的記者和社會名流齊集巴黎，靜候佳音。可惜，英、美、法、意等國與日本仍然是絲毫不改帝國主義的本質，不會為落後地區的人民爭取權益，任由日本繼續霸佔中國膠東半島。中國在巴黎和會爭取山東權益失敗的消息傳回，國人的幻想破滅，舉國震怒，爆發了聲勢浩大的五四愛國運動。孫中山指出民族自決和帝國主義利益的衝突太大，根本是謊言、是個騙局。[7] 至此，「許多中國知識份子對西方國家失去了信任」，[8] 認清了歐美各國民主政治制度包裝的帝國主義侵略本質。

事實上，袁世凱撕毀《臨時約法》、段祺瑞解散國會，都證明議會政治難以在中國推行，孫中山推行的英美民主政治制度無法在中國落地生根，無法

5　孫中山：〈修改章程之説明〉（1920 年 11 月 4 日在上海中國國民黨本部會議的演説），《孫中山全集》（5），第 394 頁

6　孫中山：〈在廣州與蘇俄記者的談話〉（1921 年 4 月），《孫中山全集》（5），第 527−529 頁

7　孫中山：〈民族主義〉（1924 年 2 月 17 日第四講），《國父全集》（1），第 29−37 頁。

8　徐中約：《中國近代史》（下）（香港：中文大學出版社，2002 年），第 517 頁。

改變中國貧窮落後的困局，更無法應付帝國主義的侵略。於是五四時期產生了大批傾向俄國、傾向社會主義的先進份子。[9]

2. 馬列主義與中國革命

參加革命和參加競選是兩種不同的政治活動，參加競選，無論是總統、國會議員，還是什麼議席，參選失敗，沒有什麼大不了，除了損失一些競選經費和時間之外，不會喪失生命。參加革命則不同，除了金錢、時間之外，隨時被當權者監禁、殺害，甚至累及家人。所以一個革命黨如果缺乏一個吸引人參加的革命理想，根本經不起殘酷的考驗，一遇執政當局嚴厲鎮壓，便會土崩瓦解，追隨者迅速四散奔逃。中國共產黨進行社會主義革命時，經歷多次嚴峻的殘酷考驗。如 1927 年上海「清共」，國民黨在上海屠殺了數萬名共產黨人，並持續十多年在全國的搜捕和追殺行動。這時，當然有人脫黨變節，但亦有人堅持下來，沒有放棄其革命理想。南昌起義和廣州起義失敗後，周恩來、聶榮臻和葉劍英等人雖然一度到香港暫避，但迅速返回內地，繼續其革命事業。如果不是有一個值得他們犧牲的崇高的革命理想，他們何必放棄留在香港享受安逸生活的機會，跑回內地冒險繼續革命。其次，是長征途中，國民黨大軍四處圍堵，共產黨人缺藥缺糧，高山雪原，前路茫茫，走得這麼累了，身旁那麼多人都躺下了，還追尋什麼理想？長征是對中共黨人體力和意志的嚴峻挑戰，也是對他們革命信仰的嚴格考驗。榮華富貴、高官厚祿、生存下去、革命理想，他們選擇的是什麼？

這兩段事例說明了什麼？中國共產黨是一個有革命理想的政黨！有些書籍說中共在共產國際金錢支持下成立，那是事實。不過，單憑用錢便可以成

9　蔡和森：〈中國共產黨史的發展（提綱）〉（1926 年），中國社會科學院現代史研究室、中國革命博物館黨史研究室：《「一大」前後——中國共產黨第一次代表大會前後資料選編》（3）（北京：人民出版社，1984 年），第 58−59 頁。

立一個革命黨嗎？加入中共的人是因為飢寒交迫被錢吸引而入黨的嗎？用錢便可以買到這些人的革命理想嗎？中共黨人被國民黨捕獲後，不受利誘，慷慨就義，證明這些說法都不能成立。

中國共產黨成立時，許多黨員都是家境富裕的高級知識份子，並且是北京大學的教職員和學生。1921 年 7 月中國共產黨召開第一次全國代表大會時，全國黨員共有五十三名。其中正在或曾在北京大學工作和學習過的黨員有二十一人，佔全國黨員人數的五分之二。出席中共一大的正式代表和列席代表十三人中，與北京大學有關係的有六人，他們是張國燾、劉仁靜、毛澤東、陳公博、王盡美、包惠僧。中國共產黨從召開一大到三大，每次代表大會選舉的中央領導機構，其成員不少出身自北京大學。第一屆臨時中央局委員三人，陳獨秀、張國燾兩人出身北京大學；第二屆中央執行委員會五人，其中陳獨秀、張國燾、高君宇、鄧中夏四人是北京大學的；第三屆中央執行委員會九人，亦有陳獨秀、李大釗、毛澤東、譚平山、羅章龍等五人出身北京大學。[10] 如果我們承認北京大學是中國新文化運動的中心，承認北京大學師生都是中國人的精英，不是一般容易受別人唆擺的販夫走卒，那麼這些中國精英為什麼會選擇馬列主義作為他們的革命理想？當時眾多傳入中國的思想中，他們為什麼會作出這樣的選擇？

答案很簡單：馬列主義適合中國革命的需要，能夠解決中國當時所面對的問題。

中俄兩國都曾是貧窮落後的君主專制國家，兩國的愛國之士都為國家的富強尋求救國之道。列寧描述俄國的革命歷程說：「在將近半個世紀裏，大約從上一世紀四十年代至九十年代，俄國進步的思想界在空前野蠻和反動的沙皇制度的壓迫之下，曾如飢如渴地尋求正確的革命理論，專心致志地、密切地注視着歐美在這方面的每一種『最新成就』。俄國在半個世紀裏，經受了聞

10　蕭超然：〈中國共產黨的創建與北京大學〉，《中共黨史研究》1998 年第 3 期，第 18 頁。

所未聞的痛苦和犧牲，表現了空前未有的革命英雄氣概，以難以置信的毅力和捨身忘我的精神去探索、學習和實驗，經受了失望，進行了驗證，參照了歐洲的經驗，真是飽經苦難才找到了馬克思主義這個唯一正確的革命理論。由於人們在沙皇政府的迫害下僑居國外，俄國的革命者在十九世紀下半葉同國際的聯繫相當廣泛，對世界各國革命運動的形式和理論十分熟悉，這是世界上任何一國所不及的。」列寧說：「布林什維主義，有了十五年（1903－1917 年）實踐的歷史，這段歷史的經驗之豐富是舉世無比的。……在革命經驗方面，在各種運動形式——合法的和不合法的、和平的和激烈的、地下的和公開的、小組的和群眾的、議會的和恐怖主義的形式——更替的迅速和多樣性方面，都沒有哪怕類似這樣豐富的經歷。」「一切綱領觀點和策略觀點都受到群眾行動的檢驗。」[11] 列寧指出俄國是「飽經苦難才找到了馬克思主義這個唯一正確的革命理論」的。

中國是一個農民人口佔大多數的國家，農民問題就是中國的主要問題。國共內戰期間，清華大學費孝通教授分析了佃農和地主發生衝突、中國貧窮落後、農村經濟破產的原因。費教授說：中國傳統經濟曾有很發達的手工業，是鄉下老百姓的收入來源。但清末大批洋貨運進來之後，因價廉物美，結果鄉村的手工業被淘汰，產品沒銷路，生產停頓，農村手工業崩潰，農民失去一項重要的收入，陷入飢寒交迫。於是為免挨餓，只好抗交地租，遂引起佃戶和地主之間發生嚴重衝突。[12] 農村副業崩潰是否中國國弱民貧的原因呢？

這問題早已見之於 1848 年馬克思、恩格斯的《共產黨宣言》，宣言分析工業革命後的社會情況：「資產階級挖掉了工業腳下的民族基礎。古老的民族工業被消滅了，並且每天都還在被消滅。」「封建的農業和工場手工業

11　列寧；〈共產主義運動中的「左派」幼稚病〉（1920 年 4－5 月），《列寧全集》（39），
　　第 5－7 頁。
12　費孝通：《鄉土重建》（上海：觀察社，1948 年），第 19－23，84－88 頁。

組織，……就不再適應已經發展的生產力了。……已經被打破了。」「小工業家、小商人和小食利者，手工業者和農民——所有這些階級都降落到無產階級的隊伍裏來了，有的是因為他們的小資本不夠經營大工業，經不起較大資本家的競爭；有的是因為他們的專門技藝已經被新的生產方法弄得一錢不值了。」[13] 1867 年馬克思撰寫的《資本論》說：「以前，農民家庭生產並加工絕大部分供自己以後消費的生活資料和原料。……紗、麻布、粗毛織品，現在轉化為工場手工業的產品，農業地區正是這些東西的銷售市場。」於是，農村副業被消滅了。大工業用機器「徹底地剝奪了極大多數農村居民，使農業和農村家庭手工業完全分離，鏟除了農村家庭手工業的根基——紡紗和織布」。[14] 恩格斯也說：「資本主義生產形式的發展，割斷了農業小生產的命脈，這種小生產正無法挽救地滅亡和衰落。」「過去他和他的家庭用自產的原料來生產他所需要的大部分工業品；他的其餘的需要則由那些除農業外同時兼營手工業的鄉村鄰居來滿足，後者從他那裏得的報酬大部分是交換的物品或換工。家庭是自給自足的，幾乎生產它所需要的一切，而村莊則更是如此。這差不多是十足的自然經濟，貨幣幾乎根本不需要。資本主義生產借助於貨幣經濟和大工業結束了這種情況。而如果說馬爾克土地使用權是農民生存的一個基本條件，那麼工業副業則是另一個基本條件。於是農民每況愈下。捐稅、歉收、繼承人分家、訴訟，將一個又一個農民驅向高利貸者；負債現象愈來愈普遍，而且每個人的債務愈來愈沉重，——一句話，我們的小農，同過了時的生產方式的任何殘餘一樣，在不可挽回地走向滅亡。他們是未來的無產者。」[15]

　　一百多年前，馬克思和恩格斯已經深入分析資本主義生產形式淘汰了農村副業的原因。這理論是否符合當時中國的國情？是否回答了中國貧弱的原

13　馬克思、恩格斯：《共產黨宣言》，中共中央馬克思恩格斯列寧史達林著作編譯局：《馬克思恩格斯全集》(4)（北京：人民出版社，1965 年），第 469－474 頁。

14　馬克思：《資本論》(1)，《馬克思恩格斯選集》(2)，第 264 頁。

15　恩格斯：〈法德農民問題〉，《馬克思恩格斯選集》(4)，第 485、487 頁。

因？這些精闢的分析，不能不令追求富強之道的中國知識份子折服！

馬克思認為農民是封建社會的產物，不存在於資本主義社會，故在當時認為農民「不是革命的，而是保守的。不僅如此，他們甚至是反動的，因為力圖使歷史的車輪倒轉」。《共產黨宣言》發表三年之後，1851 年馬克思進一步估計農民因為家庭副業崩潰、債台高築，會聯合城市無產階級一起推翻資產階級。他以法國為例，指出「農業日益惡化，農民負債日益增加。……法國土地所負擔債務每年從法國農民身上取得的利息，等於英國全部國債的年息」，「因此，農民就把負有推翻資產階級制度使命的城市無產階級看作自己的天然同盟者和領導者」。[16]

1882 年《共產主義宣言》被翻譯成俄文時，馬克思思索農民在人口佔大多數國家的革命問題，這些國家能否進行共產主義革命：「《共產主義宣言》的任務，是宣告現代資產階級所有制必然滅亡。」但是在俄國，大半土地仍歸農民公共佔有。那麼試問：俄國「是能夠直接過渡到高級的共產主義的公共佔有形式呢？或者相反，它還必須先經歷西方的歷史發展所經歷的那個瓦解過程呢？對於這個問題，目前唯一可能的答覆是：假如俄國革命將成為西方無產階級革命的信號而雙方互相補充的話，那麼現今的俄國土地公有制便能成為共產主義發展的起點」。[17]

1894 年恩格斯說：「俄國的革命不僅會把民族的大部分即農民從構成他們的『天地』、他們的『世界』的農村的隔絕狀態中解脫出來，不僅會把農民引上一個大舞台，使他們通過這個大舞台認識外部世界，同時也認識自己，了解自己的處境和擺脫目前貧困的方法；俄國的革命還會給西方的工人運動以新的推動，為它創造新的更好的鬥爭條件，從而加速現代工業無產階級的勝利。」[18] 這時許多社會主義者認識到農民問題的重要性，恩格斯說：「突然

16   馬克思：〈路易·波拿巴的霧月十八日〉，《馬克思恩格斯選集》(1)，第 680–681 頁。
17   《共產黨宣言》，第 469 頁。
18   恩格斯：〈論俄國的社會問題跋〉，《馬克思恩格斯選集》(4)，第 450 頁。

到處都把農民問題提上了議事日程，……從愛爾蘭到西西里，從安達盧西亞到俄羅斯和保加利亞，農民到處都是人口、生產和政治力量的非常重要的因素。」我們可能面對的農村居民，包含有一些很不相同的組成部分：大土地佔有者、大農、中農和小農。[19] 恩格斯客觀地分析了農民的成分，並提出了解決農民問題的方法：「當我們掌握了國家政權的時候，我們決不會考慮用暴力去剝奪小農，像我們將不得不如此對待大土地佔有者那樣。我們對於小農的任務，首先是把他們的私人生產和私人佔有變為合作社的生產和佔有，不是採用暴力，而是通過示範和為此提供社會幫助。當然，到那時候，我們將有足夠的手段，向小農許諾，他們將得到現在就必須讓他們明瞭的好處。」[20]

列寧在馬克思和恩格斯理論的基礎下，進一步發展無產階級革命理論。當時俄國農民存在着三個不相同的階級：地主，富裕農民和部分中等農民，以及無產階級。在俄國的歐洲部分，大約一千萬農戶總數中有一百五十萬至二百萬戶富裕農民。農民所擁有的全部生產工具和全部財產，至少有一半掌握在這個階層的手裏，他們僱用了大量僱工和日工。其餘農民就是農村無產階級和中等農民階層。

俄國試行「農民改革」，但無法改善農民生活。因為農民被迫「贖買」他們自己的土地，而且被勒索走了高於實際地價一兩倍的金錢。總之，六十年代俄國的整個「改革時代」使農民仍舊貧困，受人欺壓。同時，地主——農奴主不能阻撓俄國同歐洲商品交換的增長，不能保持住舊的、崩潰的經濟形態。農村副業無法與資本主義大工業競爭而崩潰，農民仍舊貧困。[21] 列寧強調：在農村進行改革，讓農民擺脫壓迫和貧困，「變為小資產者是無濟於事的，必須用社會主義制度來代替整個資產階級制度」。唯一的解決辦法：「同農民資產階級一起反對一切農奴制和反對農奴主——地主；同城市無產階級

19　恩格斯：〈法德農民問題〉，《馬克思恩格斯選集》(4)，第 484－486 頁。

20　恩格斯：〈法德農民問題〉，《馬克思恩格斯選集》(4)，第 498－499 頁。

21　列寧：〈「農民改革」和無產階級－農民革命〉(1911 年 3 月 19 日)，《列寧全集》(20)，第 173－176 頁。

一起反對農民資產階級和其他任何資產階級，這就是農村無產者及其思想家社會民主黨人的『路線』。」「只有農村無產階級和城市無產階級進行反對整個資產階級社會的共同鬥爭，才能導向社會主義革命，而唯有社會主義革命才能夠把全體貧苦農民從貧困和剝削下真正解救出來。」[22]「只有農村無產階級和城市無產階級進行反對整個資產階級社會的共同鬥爭，才能導向社會主義革命，而唯有社會主義革命才能夠把全體貧苦農民從貧困和剝削下真正解救出來。」[23]「農民要想擺脫政府給他們造成的那種極端窮苦、貧困和死於飢餓的狀況，除了和無產階級一起進行群眾鬥爭來推翻沙皇政權以外，沒有而且不可能有別的出路。」[24]

列寧還制定了進行農民革命的策略：

「布爾什維克當時對資產階級革命中的階級力量對比是這樣表述的：無產階級聯合農民，中立自由派資產階級，徹底摧毀君主制、中世紀制度和地主土地佔有制。」「無產階級聯合全體半無產階級（一切被剝削的勞動者），中立中農，推翻資產階級，這就是與資產階級民主革命不同的社會主義革命。」

「起初同『全體』農民一起，反對君主制，反對地主，反對中世紀制度（因此，革命還是資產階級革命，是資產階級民主革命）。然後同貧苦農民一起，同半無產階級一起，同一切被剝削者一起，反對資本主義，包括反對農村的財主、富農、投機者，因此革命變成了社會主義革命。企圖在這兩個革命中間築起一道人為的萬里長城，企圖不用無產階級的準備程度、無產階級同貧苦農民聯合的程度而用其他什麼東西來分開這兩個革命，就是極大地歪曲馬克思主義，把馬克思主義庸俗化，用自由主義代替馬克思主義。」

蘇維埃共和國把「比較先進的武裝工人，派到農村去。這些工人把社會

22　列寧：〈無產階級和農民〉（1905 年 3 月 10 日），《列寧全集》（9），第 324－329 頁。

23　列寧：〈俄國社會民主工黨第三次代表大會文獻──關於支持農民運動的決議案的報告〉（1905 年 4 月 19 日），《列寧全集》（10），第 146 頁。

24　列寧：〈農村發生了什麼事情？〉（1910 年 12 月 18 日），《列寧全集》（20），第 78 頁。

主義帶到農村，把貧苦農民吸引到自己方面來，組織他們，教育他們，幫助他們鎮壓資產階級的反抗」。

「俄國無產階級同全體農民一起完成了資產階級民主革命，就最終地過渡到了社會主義革命，這時它分裂了農村，把農村無產者和半無產者吸引到自己方面來，使他們聯合起來反對富農和資產階級，其中包括農民資產階級。」[25]

共產國際成立之後，對農民問題更為重視。1925 年 3 月 21 日至 4 月 6 日，共產國際執行委員第五次擴大全會第九次會議，布哈林在 4 月 2 日作出了《農民問題與世界無產階級革命的報告》。布哈林指出：土地和農民問題是當代最重要的問題，因為「全世界人口現在是 17 億，其中一半多即約有 9 億人口是在亞洲。……僅中國就有 4.36 億人，佔世界人口的四分之一，這 4.36 億人中有 4 億多是農民。……印度有 3.3 億人，其中兩億是農民；蘇聯有 1.33 億人，其中 1.1 億農民。殖民地的絕大多數人也是農民」，「因此，農民問題和土地問題總起來說，是當代最大的問題。」布哈林又指出：「中國問題是中國農民盡力反抗外國金融資本的問題。因此，這個問題無疑不是次要的，不是微不足道和附帶的，而是當代最重要的問題之一。」「高度發達國家的工業無產階級有時會錯誤地認為這個問題沒有重要意義。但實際情況是，英國經濟實力的根源在亞洲，法國的——在非洲。殖民地這個外省是舉足舉重的。」[26]

列寧對無產階級如何領導農民在農村發動社會主義革命的策略和進程是如此詳盡和精密，世界各地的共產黨依據列寧主義按步實施，便可以取得革命成功。馬列主義適合中國革命的需要，故許多中國熱血青年經詳細考察後，接納了馬列主義作為其革命的理想。

除了農民問題之外，孫中山在演講三民主義時提出了帝國主義支持軍閥，破壞革命；用經濟侵略代替軍事侵略，壟斷中國銀行、紡織、運輸、煤

25　列寧：〈無產階級革命和叛徒考茨基〉（1918 年 10－11 月），《列寧全集》（35），第 296－306 頁。

26　布哈林：〈農民問題與世界無產階級革命〉，《共產國際、聯共（布）與中國革命文獻資料選輯》（1926－1927）（上），第 112－114 頁。

鐵等行業；並企圖瓜分中國，中國已經面臨亡國滅種的嚴峻局面，呼籲國人奮起救國！梁啟超則注意到工業革命後的影響，指出機器的生產能力比人力增加高達數百倍至千倍，一人的生產能力取代了數百千人的產能，「則其所產者之價值必驟廉，前此業手工者，勢不能與之競，而必至於歇業。……前此十年學一技者，至是而悉不為用，而婦女及未成年者，其輕便適用，或反過於壯夫，而壯夫愈以失業。……無資本者與有資者競，則無資本者必敗；小資本者與大資本者競，則小資本者必敗；次大資本者與更大資本者競，則次大資本者必敗。輾轉相競，如鬥鶉然，群鶉皆斃，一鶉獨存」。[27]

孫中山和梁啟超提出的各種危機，列寧在《帝國主義是資本主義的最高階段》一書已有詳細分析，中國所面對的已經不是工業革命後機器生產力取代人力的問題、資本主義金融壟斷的問題、幾個強國瓜分一個弱國的問題，而是幾個帝國主義大國瓜分全世界的問題。列寧指出只有全世界無產階級聯合起來，全世界被壓迫的民族聯合起來，一起對抗帝國主義國家，才有成功的希望。[28] 讀者若有興趣，可以自行比對列寧和孫中山、梁啟超三人對國際問題的分析，何者比較全面和詳盡，何者能提出一個具體而有效的方案。

馬列主義不是特別為中國而創造，卻又指出中國問題的要害，提出解決方案，自然成為中國革命的指導思想。

3. 俄國革命成功的激勵

理論和實際是有差距的，馬列主義的無產階級革命理論能否推翻資本主義，令一個貧窮落後的國家抵抗帝國主義的武裝威脅？

27　梁啟超：〈雜答某報〉（1906 年 9 月 3 日），陳書良選：《梁啟超文集》（北京：燕山出版社，2009 年），第 533－534 頁。

28　列寧：〈帝國主義是資本主義的最高階段〉（1916 年 1－6 月），《列寧全集》（27），第 323－439 頁。

實踐是檢驗真理的唯一標準。

列寧領導俄國十月革命，布爾什維克黨人成功建立蘇維埃政權，重組已經潰散的俄軍，挽救面臨崩潰的經濟，在孤立無援的困境下，動員全國工農群眾，短期內把赤衛隊從十五萬人擴充到五百萬，把英、美、法、日等共十四個帝國主義國家聯合組成的干涉軍趕走，打敗了外力支持的國內反革命軍隊，最後鞏固了蘇維埃共和國。俄國革命成功的理論和經驗，大大激發全世界被帝國主義國家壓迫的民族和地區人民的鬥志，他們都渴望學習俄國革命的經驗。孫中山檢討他十多年來革命失敗的原因，認同俄國革命經驗值得學習，主張「以俄為師」。那麼，中國共產黨創立時向俄國共產黨學習，引進馬列主義作為其革命的奮鬥目標，又有何不可？

1917 年 4 月 10 日，列寧提出更改黨名，「我們應該像馬克思和恩格斯那樣稱自己為共產黨」，因為「我們是馬克思主義者，我們是以《共產黨宣言》為依據的」。「社會民主黨」這個名稱在科學上是不正確的，「人類從資本主義只能直接過渡到社會主義，即過渡到生產資料公有和按每個人的勞動量分配產品。我們黨看得更遠些：社會主義必然會逐漸成長為共產主義，而在共產主義的旗幟上寫的是：『各盡所能，按需分配』。」「而我們是要改造世界。」[29]

列寧要帶領俄國從共產主義社會第一階段進入共產主義社會高級階段，1918 年 3 月 8 日，俄國布爾什維克為表示其要達到「建立共產主義社會」的目的，「共產主義社會不僅僅限於剝奪工廠、土地和生產資料，不僅僅限於嚴格地計算和監督產品的生產和分配（共產主義社會第一階段：按勞取酬）；並且要更進一步實行各盡所能，按需分配的原則（共產主義社會高級階段）。」「代表大會決定今後把我們黨（俄國布爾什維克社會民主工黨）的名稱改為俄

---

29 列寧：〈無產階級在我國革命中的任務〉（1917 年 4 月 10 日），《列寧全集》（29），
    第 178－182 頁；馬克思：〈哥達綱領批判〉（1875 年 4－5 月），《馬克思恩格斯全集》
    （19），第 22－23 頁。

國共產黨，並加上括號注明『布爾什維克』。」[30] 俄國布爾什維克社會民主工黨更改黨名為「共產黨」的原因，就是俄國革命要發展到共產主義高級階段。自此，世界各地追求共產主義高級階段「各盡所能，按需分配」理想的國家都相繼改名為共產黨或成立共產黨。

俄國革命的時候，中國一般報章都有報道相關新聞，如 1917 年 11 月 10 日，中國《國民日報》〈突如其來之俄國大政變〉一文首先報道了俄國革命的消息。接着，11 月 15 日出版的《太平洋雜誌》〈革命後之俄國政變〉一文，1918 年 3 月出版的《勞動》雜誌〈俄羅斯社會革命之先鋒李寧事略〉一文，相繼介紹了俄國革命。[31] 各報刊的報道，又以李大釗撰寫的文章最多，據不完全的統計，約有十二篇，篇目如下：

(1) 〈俄國革命之遠因近因〉（1917 年 3 月 19－21 日）

(2) 〈俄國共和政府之成立及其政綱〉（1917 年 3 月 27 日）

(3) 〈俄國大革命之影響〉（1917 年 3 月 29 日）

(4) 〈自由與勝利〉（1917 年 5 月 21 日）

(5) 〈法俄革命之比較觀〉（1918 年 7 月 1 日）

(6) 〈俄羅斯文學與革命〉（1918 年）

(7) 〈俄國革命與文學家〉（1918 年 7 月 1 日）

(8) 〈庶民的勝利〉（1918 年 11 月）

(9) 〈Bolshevism 的勝利〉（1918 年 12 月）

(10) 〈新紀元〉（1919 年元旦）

(11) 〈青年與農村〉（1919 年 2 月 20－23 日）

(12) 〈我的馬克思主義觀〉（1919 年 9、11 月）

李大釗的文章熱烈地讚揚俄國革命，指出俄羅斯式的革命是世界歷史的

30　列寧：〈俄共（布）第七次（緊急）代表大會文獻──關於更改黨的名稱和修改黨綱的決議〉（1918 年 3 月 8 日），《列寧全集》（34），第 53 頁。

31　《中國現代史》（下），第 366 頁。

潮流，「1917 年的俄國革命，是二十世紀中世界革命的先聲」，[32]「歷史上殘餘的東西，什麼皇帝咧，貴族咧，軍閥咧，官僚咧，軍國主義咧，資本主義咧，──凡可以障阻這新運動的進路的，必挾雷霆萬鈞的力量摧拉他們。他們遇見這種不可當的潮流，都像枯黃的樹葉遇見凜冽的秋風一般，一個一個的飛落在地。由今以後，到處所見的，都是 Bolshevism 戰勝的旗。到處所聞的，都是 Bolshevism 的凱歌的聲。……1917 年俄羅斯的革命，不獨是俄羅斯人心變動的顯兆，實是二十世紀全世界人類普遍心理變動的顯兆。」[33] 1919 年元旦，李大釗撰文讚揚俄國革命開創了新紀元，世界革命會打倒全世界的資本階級，「1914 年以來世界大戰的血、1917 年俄國革命的血、1918 年德、奧革命的血，好比作一場大洪水──諾阿以後最大的洪水──洗來洗去，洗出一個新紀元來。……從今以後，生產制度起一種絕大的變動，勞工階級要聯合他們全世界的同胞，作一個合理的生產者的結合，去打破國界，打倒全世界資本的階級。……這個新紀元是世界革命的新紀元，是人類覺醒的新紀元。」[34] 同年 9 月、11 月，李大釗在《新青年》發表了二萬餘字的〈我的馬克思主義觀〉一文，對馬克思主義作了有系統和全面的介紹與宣傳。這篇文章顯示李大釗成為一位馬克思主義者，並展開馬克思主義在中國的傳播階段。

俄國革命遠在中國千里之外發生，推翻帝制，改朝換代，用一套新思想治國，與中國有何關係？為什麼會引起中國報刊，尤其是知識份子的關注？

幾篇報刊文章當然無法掀起震撼全中國的浪潮，最重要的是俄國外交部在國際和中國政壇與社會投下了兩枚重型炸彈，俄國主動宣佈廢除與中國以前締結的一切不平等條約，放棄在華特權和庚子賠款，讓全世界和中國人民

32　李大釗：〈庶民的勝利〉（1918 年 10 月 15 日），中國李大釗研究會編：《李大釗全集》（2）（北京：人民出版社，2006 年），第 254－256 頁。

33　李大釗：〈Bolshevism 的勝利〉（1918 年 10 月 15 日），《李大釗全集》（2），第 258－263 頁。

34　李大釗：〈新紀元〉（1919 年元旦），《李大釗全集》（2），第 266－268 頁。原刊《每週評論》第 3 號（1919 年 1 月 5 日）。

感受到俄國革命政權的革命作風！

1919 年 7 月 25 日，俄國副外交人民委員加拉罕發佈了〈俄羅斯蘇維埃聯邦社會主義共和國對中國人民和中國南北政府的宣言〉。

工農政府宣告廢除與日本、中國和以前各協約國所締結的一切秘密條約。

蘇維埃政府把沙皇政府獨自從中國人民那裏掠奪的或與日本人、協約國共同掠奪的一切交還中國人民以後，立即建議中國政府就廢除 1896 年條約、1901 年北京協議、1907 年至 1916 年與日本簽訂的一切協定進行談判。

蘇維埃政府已放棄了沙皇政府從中國攫取的滿洲和其他地區。

蘇維埃政府拒絕接受中國因 1900 年義和團起義所付的賠款。

蘇維埃政府廢棄一切特權，廢棄俄國商人在中國境內的一切商站。任何一個俄國官員、牧師和傳教士不得干預中國事務，如有不法行為，應依法受當地法院審判。[35]

中國社會各界渴望廢除不平等條約多年，英美法日等帝國主義國家無動於衷。現俄國主動宣言放棄，自然令中國各民眾團體熱烈歡迎，紛紛致電俄國政府表示感謝。

1920 年 4 月 8 日，全國報界聯合會致蘇俄政府電：「我們謹代表中國的輿論，對於俄羅斯社會主義聯邦蘇域共和國人民表示最誠懇的謝意！」

4 月 11 日，全國學生聯合會致蘇俄政府電：「你們這一次的大舉動，足為世界革命史開一新紀元，我們實在是欽佩得很。至於對於最近你們在致我儕的通牒中所表示之盛意，尤覺無限感謝。」

4 月，全國各界聯合會致蘇俄政府電：「頃接俄國勞農政府通牒，不勝欣喜。……此次通牒聲明，將中東鐵路礦產森林權利，及其他由俄帝國政府，克倫斯基政府，土匪霍爾瓦特、謝米諾夫、俄國軍人、律師、資本家所得之

---

35 〈俄羅斯蘇維埃聯邦社會主義共和國對中國人民和中國南北政府的宣言〉（1919 年 7 月 25 日），《共產國際、聯共（布）與中國革命文獻資料選輯》（1917－1925）（2），第 79－80 頁。

特權，皆歸還中國；俄商在中國內地所設之一切工廠，與夫俄國之官員、牧師或委員等所以不受中國法庭之審判之特權，皆一律放棄，並拋卻庚子賠款，無非以俄國人民極信仰之自由、平等及互助主義，推行於世界，不獨向中國人民表示好感也。……本會謹依俄羅斯社會主義聯邦蘇域共和國人民所組織之勞農政府之通牒，正式聲明：收回各項權利，庚子賠款；並恢復中俄兩國人民之邦交。」

4 月，中華實業協會致蘇俄政府電：「此項偉大壯舉，非僅為世界七千年歷史第一次創見；抑且足以掃清舊世界國際間一般罪惡，開闢現世界全體民族互助宏基。」

4 月，國會議員致蘇俄政府電：「吾人奉讀貴政府外交委員喀拉罕致中華民國國民之通牒，關於放棄從前取得中國一切不正當之權利，純基於正誼人道平等自由之觀念，絕不含有國際間一種市恩責償之意思，允為世界放一光明。茲對於貴政府之通牒感謝之忱，尤非言語所能盡達。」

4 月，中華勞動公會致蘇俄政府電：「你們全俄的農民、工人和紅衛兵，是世界上最可愛的人類。中華全體的平民，都欽佩你們創造的勢力和犧牲的精神。我們勞動界尤其歡欣鼓舞，願與你全俄的農民、工人、紅衛兵提攜，立在那人道正義的旗幟下面，一齊努力，除那特殊的階級，實現那世界的大同。」

4 月 14 日，上海《民國日報》評論：「這一次俄國勞農政府對中國國民的通告，自傳到上海以來，中國人民心理上起了一個極大的震動。……中國人從鴉片戰爭以來所受外國侵略的禍害，真是書不勝書。……這些歷史，實在是中國人從小到老，從現在到將來，永遠不能忘記的。……在這許多慘酷的歷史事實裏面的中國人，這一次接着俄國勞農政府這樣光明正大平和誠懇的通告，並不是激發『撫我則後，虐我則仇』的恩怨心；實在是激發起中國人來，使我中國人覺悟『壓迫』是一切罪惡的根源；『互助』是一切『善美』的起點；『自由』『平等』是一切正義的歸宿，『民主的平和』是一切人類普遍的希望。……把各團體各報紙的言論綜合起來，主義的意思可分為五項。（一）

認識俄國此次的舉動，是世界有史以來為全人類圖幸福的空前創舉。（二）主張對於俄國人民及俄國所表現的正義，表示美滿的謝意。（三）准據勞農政府的通牒，收回一切勞農政府歸還的權利。（四）否認俄羅斯帝國時代及克林斯基政府時代所派來中國的官吏，正式與俄羅斯社會主義蘇域共和國修好。（五）與俄國國民提攜，致力於廢除國際的壓迫，及國家的、種族的、階級的差別。」

5 月 22 日，中國工人聯合會致俄勞農政府書：「貴國政府的宣言令中國人民喜出望外，頗受感動，已得到全體勞動人民讚許。……中國人民目前仍處於本國和外國資本家的壓迫之下，但是希望貴國政府竭誠相助。貴國政府深切同情中國人民，定會伸出援助之手，使中國人民在貴國的正確指導下掙脫國內外資本家的禁錮。這就是我們的全部希望。」

5 月，陳炯明致列寧書，讚揚俄國革命「開創了世界歷史新紀元」，這宣言令全中國人民感激，「堅信布爾什維主義定將造福於人類」，他願盡全力將布爾什維主義原則傳播到全世界。[36]

由於北京政府對承認俄國蘇維埃政府反應冷淡，加拉罕在 1920 年 9 月 27 日再公開宣言：「一、俄羅斯蘇維埃聯邦社會主義共和國宣佈，以前俄國政府歷次同中國訂立的一切條約全部無效，放棄以前奪取中國的一切領土和中國境內的俄國租界，並將沙皇政府和俄國資產階級從中國奪得的一切，都無償地永久歸還中國。二、兩國政府採取一切必要措施，迅速建立正常的貿易和經濟關係。隨後根據締約雙方遵照最惠國的原則，另行締結有關貿易經濟的條約。」而中國則不支持俄國反革命的個人和團體，不准他們在中國境內活動。[37]

俄國蘇維埃政府對華兩次宣言不單產生良好的宣傳效果，更成為中外關

36　〈中國社會各界的反應〉，《共產國際、聯共（布）與中國革命文獻資料選輯》（1917－1925）（2），第 82－91 頁。

37　〈俄羅斯蘇維埃聯邦社會主義共和國對中國政府的宣言〉（1919 年 9 月 27 日），《共產國際、聯共（布）與中國革命文獻資料選輯》（1917－1925）（2），第 91－93 頁。

係的照妖鏡，比對俄國放棄在華特權、租界和庚子賠款，哪一個國家願意採取俄式待華態度，就是中國友好國家。美國駐華公使舒爾曼（Jacob Gould Schurman）到達廣州與孫中山會晤，孫中山對舒爾曼說：「如果美國欲對中國表示真正之友誼，應先歸還上海之美租界，以為誠意之保證。」舒爾曼無言以對。美國自稱是民主自由的國家，但欺壓中國，拒絕廢止對華的不平等條約，拒絕放棄在華特權。俄國可以放棄在華租界、特權和庚子賠款，美國為什麼不能放棄？美俄兩國，誰是邪惡國家？直到今天，西方史學界仍然美化外國租界（條約港口）對中國現代化的貢獻，無視其侵犯中國主權、經濟侵略和對中國民族感情的傷害。[38] 缺乏正義的歷史觀，永遠寫不出公正真實的歷史！

在處理庚子賠款方面，法國的態度更為惡劣，不但沒有放棄賠款，反而更霸道地要求中國用金法郎賠款，令中國人民增加負擔。這就是號稱民主自由的法國帝國主義的真面目！

比對之下，英美法日等帝國主義國家和蘇維埃俄國誰對中國友好，清楚不過！這兩份宣言對孫中山和蔣介石也有很大的衝擊。蔣介石指出：「百年來中國所受不平等條約的束縛，蘇維埃俄國是首先自動撤廢了，故其對中國影響之大，而其所收穫之富，亦是史無前例的。」[39] 因此，當年的蔣介石也像其他中國青年一樣，崇拜馬列主義，希望到俄國學習。孫中山亦高度讚揚俄國革命，說俄國人把自己帝國主義的國家變成新社會主義的國家之後，「主張抑強扶弱，壓富濟貧，是專為世界上伸張公道打不平的」；幫助土耳其「趕走希臘，修改一切不平等的條約」；「歐洲各國人是主張侵略，有強權，無公理。俄國的新主義（社會主義），是主張以公理撲滅強權的。」[40] 中國政壇和社會各階層掀起了親俄的狂潮，為成立中國共產黨奠下了良好基礎。

38　費正清編：《劍橋中華民國史》（1912－1949 年）（上）（北京：中國社會科學出版社，1993 年），第 1－231 頁。

39　蔣介石：《蘇俄在中國》（台北：中央文物供應社，1974 年），第 13－14 頁。

40　孫中山：〈民族主義〉（1924 年 1 月 27 日第一講），《國父全集》（1），第 1－12 頁。

當列寧領導俄國共產黨人進入建設共產主義高級階段社會的時候，西方的英法意等帝國主義國家卻陷入第一次世界大戰後經濟蕭條的困局，地方殘破，大量民眾失業，於是歐亞兩洲出現世界性的革命浪潮。1918 年芬蘭人民在歐洲首先爆發了起義，接着有德國革命，和翌年 3 月的匈牙利革命，並先後建立了芬蘭社會主義工人共和國、匈牙利蘇維埃共和國、斯洛伐克蘇維埃共和國以及巴伐利亞蘇維埃共和國。無產階級和被壓迫的殖民地民族如朝鮮、土耳其、伊朗、印度、印尼、菲律賓也相繼爆發佔領工廠、佔領農田和反抗殖民地管治的獨立運動。這些革命和鬥爭在資本主義國家血腥鎮壓之下，先後失敗，但馬克思主義已在歐亞兩洲流行起來，成為一股重要思潮。

這時有一批中國青年學生到歐洲留學，其中相當部分積極學習馬克思主義，成為馬克思主義的信徒，並進行組織共產黨的活動。

事緣國民黨內無政府主義者李石曾和吳敬恆主張「勤於工作，儉以求學，以進勞動者之知識」，在蔡元培的支持下，推動留法勤工儉學運動，計劃用「勤工儉學」的辦法，安排青年學生到法國留學，希望他們能夠學習到西方社會、政治和科學知識，將來回國服務。計劃構思是每人只需付四百元治裝費及旅費即可赴法，遂吸引了大批受戰禍影響而失學失業的青年。自1919 年 3 月至 1920 年 12 月止，共有十七屆學生分乘二十船次赴法，人數共有一千八百餘名。但李石曾不善組織，缺乏人手、經費，沒有嚴格審查學生是否具備法語、體力、技術、資金的赴法條件，結果出現許多流弊。學生缺乏語文能力和學費，無法入學；又缺乏技術和體力，難以覓工。再加上法國戰後經濟衰退，法國人都失業，何況外國來的學生？最後，千多名留法學生大部分失學失業，被遣送或自行回國，留法勤工儉學運動失敗告終。這時，俄國革命成功，國勢蒸蒸日上。對比英法資本主義國家，經濟衰退，百業凋零，中國旅法青年自然相信馬列主義能為中國革命展開新的一頁。

4. 中國知識份子的選擇

中國知識份子為什麼會傾向共產主義，組織共產黨來進行革命？

留法勤工儉學運動的失敗，說明了中國不能藉工學主義帶領國家走上富強之路，這事例顯示無政府主義的失敗和資本主義社會的失敗。不過，這個運動創造了一個機會，讓一千八百多名中國青年有機會從窮貧落後的中國到達先進的歐洲英法等國家，直接在資本主義社會居住生活和工作學習一段時間。他們看到資本主義國家的真實面貌，大批被解僱的工人從工廠走出來，垂頭喪氣，面如死灰。英法無產階級的生活是如此不安和痛苦，資本主義的政治、經濟和社會制度還有什麼值得中國效法呢？中國怎能再重蹈覆轍？站在巴黎戰爭廢墟的中國青年，遙望莫斯科的紅旗飄揚，列寧信心十足的帶領布爾什維克黨人進入共產主義高級階段，豈能不吸引中國青年投入共產主義革命？

留法勤工儉學生蔡和森是歐洲中國共產主義組織的主要發起人，他文才甚佳，和毛澤東是湖南第一師範的同學，一起創辦新民學會。這時新民學會部分會員參加了留法勤工儉學運動，會員李維漢、李富春等聯絡了一班人，在巴黎成立了「勤工儉學勵進會」，希望可以免除孤獨生涯之煩苦，並計劃互相勉勵和疾病救助等。1920 年 2 月 2 日蔡和森到達巴黎後，迅速成為新民學會旅法會員的領袖。他沒有進入學校讀書，卻搜集了近百種共產主義書報小冊子，猛看猛譯，成為了狂熱的共產主義者。[41] 7 月 6 日至 10 日，十三名新民學會旅法會員在法國蒙達爾舉行會議，大家決定會務進行的方針在「改造中國與世界」，但在改造方法起了很大的爭論。蔡和森力主組織共產黨、無產階級專政及俄式革命；蕭子昇主張溫和的革命，傾向無政府主義，[42] 當時各

41　蔡和森：〈蔡林彬給毛澤東〉（1920 年 5 月 28 日）及〈蔡林彬給毛澤東〉（1920 年 8 月 13 日），《蔡和森文集》（北京：人民出版社，1980 年），第 49–53 頁。

42　〈蕭旭東給毛澤東的信〉（1920 年 8 月初），張允侯：《五四時期的社團》（1）（北京：三聯書店，1979 年），第 43 頁。

會員多不贊同蔡的主張。[43] 但蔡和森並不灰心，分別在 8 月和 9 月兩次寫了封長信給毛澤東，宣傳共產主義及主張建立共產黨，以影響國內會員的思想。1921 年 1 月 1 日至 3 日，新民學會在長沙舉行新年大會，毛澤東報告蔡的提議，供各人參考。[44] 蔡和森在 8 月 13 日的信說：「我近對各種主義綜合審諦，覺社會主義真為改造世界對症之方，中國也不能外此。…… 我以為先要組織黨——共產黨，因為他是革命運動的發動者、宣傳者、先鋒隊、作戰部。以中國現在的情形看來，須先組織他，然後工團、合作社，才能發生有力的組織，革命運動、勞動運動，才有神經中樞。但是宜急宜緩呢？我以為現在就要準備。…… 擬於今冬聯絡新民會友、少年學會友、工學勵進會友，以及赴德之王光祈、赴英之某某（周恩來？），開一聯合討論會。我將擬一種明確的提議書，注重『無產階級專政』與『國際色彩』兩點。…… 將來討論如得一致，則擬在此方旗鼓鮮明成立一個共產黨。」[45] 蔡和森在這封信清楚表明了他對共產主義的看法及組織共產黨的意圖。9 月 16 日，他再次致函毛澤東闡明組織共產黨的重要性。他說：「階級戰爭就是政治戰爭，因為現政治完全為資本家政治，資本家利用政權、法律、軍隊，才能壓住工人，所以工人要得到完全解放，非先得政權不可。…… 我以為非組織與俄一致的（原理、方法都一致）共產黨，則民眾運動、勞動運動、改造運動皆不會有力，不會徹底。…… 凡社會上發生了種種問題，而現社會制度不能解決他，那麼革命是一定不能免的了。…… 不趁此時加一番徹底的組織，將來流血恐怖自然比有組織要狠些。有了強有力的組織，或者還可以免掉，所以我認黨的組織是很重要的。」[46]

「勤工儉學勵進會」在蔡和森的影響下，在 8 月中改名為「工學世界社」，

43　李維漢：〈回憶新民學會〉，《五四時期的社團》(1)，第 625－626 頁。

44　〈新民學會會務報告〉第二號，《五四時期的社團》(1)，第 585－607 頁。

45　蔡和森：〈蔡林彬給毛澤東〉（1920 年 8 月 13 日），《蔡和森文集》，第 49－54 頁。

46　蔡和森：〈蔡林彬給毛澤東〉（1920 年 9 月 16 日），《蔡和森文集》，第 63－72 頁。

決定以「工學的精神與方法，謀世界的改造與進步」。[47] 同年 12 月 27 至 31 日，工學世界社在法國蒙達爾中學舉行第一次年會，蔡和森與向警予在會上宣傳無產階級專政、社會革命理論。李維漢則主張無政府主義。29 日大會進行表決，均同意採取革命。換言之，工學世界社在蔡和森影響之下，確定了社旨為信仰馬克思主義和實行俄式革命，[48] 成為留法勤工儉學生中第一個傾向共產主義的團體。

蔡和森聽聞國內陳獨秀主張社會主義，1921 年 2 月 11 日自法國蒙達爾致函陳獨秀，表示他是「極端馬克思派，極端主張：唯物史觀、階級戰爭、無產階級專政」。蔡和森的信反覆論證其馬克思主義觀點。這時，陳獨秀對共產主義的認識尚不如蔡，還弄不清唯物史觀與階級鬥爭的關係，他回信給蔡說：「鄙意以為唯物史觀是研究過去歷史之經濟的説明，主張革命是我們創造將來歷史之最努力最有效力的方法，二者似乎有點不同。」[49] 此後，蔡和森繼續在法國進行組黨活動，他與趙世炎、李立三的勞動學會經數次接觸後，雙方同意成立一個共產主義同盟會。1921 年 7 月 23 日至 25 日，工學世界社在蒙達爾舉行第二次大會，李立三代表勞動學會應邀參加。蔡和森在會上提出成立少年共產黨的動議。但被郭春濤等人堅決反對，結果沒有達成協議，少年共產黨流產。不久，蔡和森因組織「進佔里大運動」，被法國政府遣送回國。組織少年共產黨（後成為中共旅法支部）的工作其後由趙世炎負責完成。蔡和森回國後，由陳公培介紹加入中國共產黨，中共第二次全國代表大會召開時，蔡和森以法國支部代表名義出席，並被選為第二屆中央委員，負責宣傳工作。

除了蔡和森之外，很多留法勤工儉學生都加入了中共旅歐支部（包括旅法、旅德、旅比等三個支部），其中不少更是中共的重要領導人物，如周恩

47　子暉：〈法國通信──介紹工學世界社〉，《時事新報》（1920 年 12 月 23、24 日）。

48　賀果：《留法勤工儉子日記》（長沙：湖南人民出版社，1985 年），第 40－41 頁。

49　蔡和森：〈馬克思學說與中國無產階級〉（1921 年 2 月 11 日），及陳獨秀回信。《蔡和森文集》，第 74－80 頁。

來、鄧小平、朱德、聶榮臻、陳毅、李富春、蔡暢、向警予、李立三、趙世炎、陳延年、陳喬年等。中國知識份子為何轉向馬克思主義，周恩來的革命歷史可以為我們提供一個很好的例證。

1920 年 1 月 29 日，南開大學學生周恩來領導天津各校學生數千人前往直隸省公署請願，省長曹銳不敢出見。學生公推總指揮周恩來、于方舟、郭隆真和張若茗等四人為代表進去見省長，不久門外軍警與學生發生衝突，入內之代表竟被無理拘捕。囚禁半年之後，天津地方審判廳才在 7 月 6 日開始公開審理周恩來等的妨害安全及騷擾案，律師劉崇佑為周據理力爭。17 日，天津地方審判廳宣判周恩來等有罪，因拘留時間已久，宣佈「期滿」釋放。10 月 8 日，周恩來為進一步探求救國真理，在南開學校創辦人嚴修資助下，到英國考察留學。[50] 11 月 7 日，周恩來自上海赴法，隨即前往英國辦理就讀蘇格蘭愛丁堡大學手續。1921 年 1 月 30 日他致函表兄陳式周談論其思想狀況，表示：「在求實學以謀自立，虛心考查以求了解彼邦社會真相暨解決諸道，而思所以應用之於吾民族間者；至若一定主義，固非今日以弟之淺學所敢認定者也。……有以保守成功者，如今日之英也；亦有以暴動成功者，如今日之蘇維埃俄羅斯也。……執此二者，取俄取英，弟原無成見，但以為與其各走極端，莫若得其中和以導國人。」[51] 周恩來在英國住了五星期後返回巴黎，遇上了 2 月 28 日留法勤工儉學生使館請願事件。周恩來以天津《益世報》記者身份報道了這事的來龍去脈，這時他仍然認為「勤工尚可能也！」[52] 仍然相信工學主義可以解決中國問題。自此之後，周恩來不斷在《益世報》報道西歐近

50　中共中央文獻研究室編：《周恩來年譜（1898－1949）》（北京：中央文獻出版社，1990 年），第 37－43 頁。

51　周恩來：〈來歐主要意旨——致陳式周〉（1921 年 1 月 30 日），中共中央文獻研究室：《周恩來書信選集》（北京：中央文獻出版社，1988 年），第 24 頁。

52　周恩來：〈西歐通信——留法勤工儉學生之大波瀾〉（1920 年 3 月 21 日），《周恩來旅歐通信》（北京：人民日報出版社，1979 年），第 5－28 頁。原刊天津《益世報》（1921 年 5 月 9 日－18 日）。

況，到同年 10 月 14 日發表〈勤工儉學生在法最後之運命〉一文時，周恩來的思想有很大的變化，態度傾向支持爭回里大運動的學生，又在文章喊共產主義口號：「馬克思同昂格斯合聲嚷道：『世界的工人們，聯合起來啊！』他們如今也覺悟了『全體勤工儉學的同志們，趕快團結起來啊！』」[53] 1922 年 3 月周恩來在致友人諶小岑、李毅韜的信詳述他的轉變原因，「我們當信共產主義的原理和階級革命與無產階級專政兩大原則，而實行的手段則當因時制宜！」「我認清 C.sim 確實比你們晚，一來因為天性富於調和性，二我求真的心又極盛，所以直遲到去年秋才定妥了我的目標。」[54] 周恩來在另外一封給李錫錦、鄭季清的信說：「我認的主義一定是不變了，並且很堅決地要為他宣傳奔走。」周恩來聽聞覺悟社友黃愛因長沙紗廠工人罷工事，遭趙恆惕同資本家誘殺，百感交集之下，寫下了詩句明志：「壯烈的死，苟且的生，貪生怕死，何如重死輕生！……沒播革命的種子，卻盼共產花開！夢想赤色的旗兒飛揚，卻不用血來染他，天下那有這類便宜事？」周恩來詳細描述他思想轉變的過程：「思想是顫動於獄中，津會時受了不少施以（諶小岑）等主張的暗示，京中的『全武行』（天安門學生與軍警的打架）與我以不少的啟發，其中以衫崎、衫逸、石逸三人之力為最大。出國後得了施山一封談主義的信，引起我探求的興味，最後又同念吾、奈因經了多的討論，直至十月後才正式決定了。到德後，得到正品這個死耗，更使我的意念十分堅決。」[55] 簡單的說，周恩來是因受軍閥無理拘捕入獄、友人黃愛被殺害，所以反覆思量之下，選擇了走上馬克思主義革命之路。

留法勤工儉學生蔡和森等人組織共產黨和周恩來思想轉變的事例，說明

53　周恩來：〈旅歐通信——留法勤工儉學生在法最後之運命〉，《周恩來旅歐通信》，第 29－57 頁。原刊天津《益世報》（1921 年 12 月 18 日－1922 年 1 月 9 日）。

54　周恩來：〈當信共產主義的原理——致諶小岑、李毅韜〉（1922 年 3 月），《周恩來書信選集》，第 40－41 頁。

55　周恩來：〈我認的主義一定是不變了——致李錫錦、鄭季清〉（1922 年 3 月），《周恩來書信選集》，第 46－49 頁。

了帝國主義和軍閥壓迫下的中國青年，動輒被殺害和監禁，因此激進求變。這是中國成立共產黨的必然性。馬林的中共是個早產兒的說法，只是他個人的觀點，並非歷史的全貌。無論共產國際是否派馬林等人來華，中國共產黨也必然成立。當時中國青年紛紛尋求救國之道，成立政黨是其中一個手段。當時學習外國政治理論而組織政黨的留法勤工儉學生，除了組織共產黨之外，還有仿效德國國家主義的青年黨，青年黨其後發展為國共兩黨之外的第三大黨。因此，組織政黨推動中國政治改革，並非共產黨專利。難道沒有外國力量支持，中國人自己便不懂組織政黨嗎？中國共產黨的成立完全依靠外力的觀點並不符合客觀事實。

若說學生年少無知，思想行動比較衝動急進，那麼如何解釋中國共產黨的兩位主要創辦人「南陳北李」，陳獨秀和李大釗都是北京大學教授，中國為數極少的高級知識份子，工資尚算不薄，又是五四運動新思潮的領袖，他們帶領中國的新思潮引領着眾多青年學子，他們為什麼選擇了共產主義，為什麼願意獻出生命來搞革命？──李大釗被軍閥張作霖捕殺，陳獨秀的兒子陳喬年和陳延年在國民黨清黨時遇害。

中國共產黨其中一個創辦人張國燾分析陳獨秀走上共產主義道路的原因：陳獨秀雖以 1915 年 9 月 15 日出版提倡新文化運動的《新青年》月刊而著名於世，但他早就是中國革命的一個活躍份子。辛亥革命時，曾任安徽都督柏文蔚的主任秘書，曾因革命失敗而流亡日本。他的信仰馬克思主義和組織中國共產黨，主要是由實際政治觀點出發。中國半殖民地的處境和內部政治的黑暗，以及他個人政治上的遭遇，使他由一個急進的民主主義者走上國際共產主義的道路。北京大學學生、中共其中一位創辦人──張國燾說中國組織共產黨的原因有五點：

一、社會革命的內涵是中國無產階級和廣大窮苦人民的自求解放。以中國實際狀況而論，就非走馬克思主義的階級鬥爭、無產階級奪權的道路不可，俄國革命的經歷就是如此。

二、孫中山的三民主義和他所領導的革命運動不夠徹底。而無政府主義

又過於空想，沒有實行的方法。其他各派社會主義的議會政策又不能實現於中國，因中國在可見到的將來不會有良好的議會制度。

三、未來的中國共產黨仍應從事新文化運動、反軍閥運動、反日愛國運動等；只要是站在共產黨的立場去適應的進行，就沒有說不通的道理。

四、不應顧慮共產主義的曲高和寡。站在革命立場上，應當有一個「各盡所能、各取所需」的最終目標，長期努力來促其實現。要講革命──不分主張溫和或急進──都會被視為洪水猛獸，遭到慘酷的鎮壓，現在我們進而組織共產黨，在舊勢力的心目中也不過是在十大罪狀中加上一條「共產公妻」的罪狀罷了。

五、中國工業不發達，工人數量甚少，文化落後，因此一般工人還談不上階級覺悟，還不能成為共產運動的骨幹。但五四以來，信仰馬克思主義的知識青年日有增加，如果集合起來，就是推進這一運動的先驅。未來的中國共產黨雖然一時無奪取政權的希望，但現在就必須認真的發動起來。[56]

中國知識份子信奉了馬克思主義之後，由初時認識學習的階段，再發展到落實執行的階段，成立共產黨，進行共產主義革命，是理所當然的過程。

三、中國共產黨成立的經過

1. 南陳北李、相約建黨

陳獨秀和李大釗都是北京大學教授，一起推動新文化運動，兩人何以分別在上海和北京成立共產黨組織？中國共產黨的創立過程是否全由共產國際主導進行？

俄國革命之後，李大釗深受鼓舞，在報刊發表了大量文章，通過演講和

56　《我的回憶》（1），第 94－95 頁。

課堂教學等形式宣傳馬克思主義。1920年起，李大釗在北京大學史學系、經濟系、法律學系和政治系，先後正式講授「唯物史觀」、「工人的國際運動」等馬克思主義理論課，吸引了一批傾向馬克思主義的知識青年，他們是鄧中夏、黃日葵、高君宇、何孟雄、朱務善、張申府、羅章龍、劉仁靜、張國燾等人，於是北京大學成為傳播馬克思主義的中心。[57]

1920年3月31日，北京大學學生高崇煥、王有德、鄧中夏、吳汝明、羅章龍、黃紹谷、王復生、黃日葵、李駿、楊人杞、李梅羹、吳溶滄、劉仁靜、范鴻劼、宋天放、高君宇、何孟雄、朱務善、范齊韓等十九人發起成立了「北京大學馬克思學說研究會」，他們在李大釗的指導下，研究和宣傳馬克思主義，成為中國最早宣傳馬克思主義的革命團體。研究會會員有北京國立八所大學的學生和工人參加，共有兩三百人，並在上海、天津、廣東、山西、河北、山東、湖南等地方也發展了會員。各地的研究會成為傳播馬克思主義的主要陣地。研究會「是馬克思主義者的結合，企圖建立共產黨」。後來北京建立共產黨組織時，「參加黨的人就是組織研究會的發起人」。[58]

社會主義大論戰的時候，李大釗和陳獨秀都在文章透露了他們組黨的意圖。李大釗承認他「偏於紙上空談的多，涉及實際問題的少，以後誓向實際的方面去作」。[59] 實際工作是什麼，就是組織共產黨。陳獨秀在廣州演講時也提出只有「組織革命團體」，才能改變這種狀態。[60] 於是兩位新文化運動的領袖攜手合作組織共產黨。這時，中國輿論界也有組織政黨的主張。1920年1月29日，邵力子發表〈勞動團體與政黨〉一文，主張「勞動者應該盡國民監督政治的天職，勞動團體也可以有政治的活動，但勞動團體應當自己起來做

57　蕭超然：《北京大學與五四運動》（北京：北京大學出版社，1995年），第260頁。
58　沙健孫：《中國共產黨史稿》（1）（北京：中央文獻出版社，2006年），第242頁。
59　李大釗：〈再論問題與主義〉（1919年8月17日），《李大釗全集》（3），第1-7頁。
60　陳獨秀：〈覆東蓀先生底信〉，《陳獨秀著作選》（2），第207-212頁。

一個大政黨」，[61] 認為勞動者亦應該組織政黨參加政治活動。

　　五四運動期間，陳獨秀為了深化愛國運動發展，親自起草了《北京市民宣言》的傳單，要求：對日外交，不拋棄山東經濟上之權利，並取消民國四年七年兩次密約；免徐樹錚、曹汝霖、陸宗輿、章宗祥、段芝貴、王懷慶六人官職；市民須有絕對集會、言論自由權等。並請胡適譯為英文，印成中英兩種文字的傳單，到中央公園散發。翌日（1919 年 6 月 11 日）陳獨秀到市區香廠新世界屋頂花園，向下層露台上看電影的人群散發，隨即被埋伏的暗探逮捕。[62] 陳獨秀被補下獄後，北京學生會、國民大會上海幹事部、江蘇省教育會、全國校友會、北京中等校以上學校學生聯合會、安徽協會、工業協會、全國學生聯合會等團體紛紛致函北京政府有關部門，強烈要求釋放陳獨秀；報界亦撰文表示聲援。個人方面，章太炎、章士釗、田桐都有致電參加救援。[63] 7 月 9 日，廣州軍政府總裁岑春煊致電北京政府總統徐世昌和代總理龔心湛，請釋陳獨秀。9 月上旬，孫中山在上海會見徐世昌、段祺瑞的和談代表許世英時，鄭重地提出陳獨秀被捕之事，要他們立即放人，「你們做得好事，很足以國民相信，我反對你們是不錯的證據。」「只是他們（陳獨秀等）這些人，死了一個，就會增加五十、一百。」許世英聽了後立即打電報給徐世昌，徐因欲與南方謀和，故主張從速開釋陳獨秀。[64] 7 月 14 日，毛澤東在長沙創辦《湘江評論》，在創刊號上撰寫〈陳獨秀之被捕及營救〉一文，稱譽陳

61　邵力子：〈勞動團體與政黨〉，傅學文編：《邵力子文集》（北京：中華書局，1985年），第 203 頁。原載 1920 年 1 月 29 日上海《民國日報》〈評論〉。

62　高一涵：〈李大釗同志護送陳獨秀出險〉，中國人民政治協商會議全國委員會文史資料研究委員會編：《文史資料選輯》（61）（北京：文史資料出版社，1986 年），第 61－65 頁；鄭學稼：《陳獨秀傳》（上）（台北：時報文化出版企業有限公司，1989年），第 324 頁－334 頁；唐寶林：《陳獨秀全傳》（香港：香港中文大學出版社，2011 年），第 115－119 頁。

63　《陳獨秀傳》（上），第 324 頁－334 頁；《陳獨秀全傳》，第 116－117 頁；唐寶林、林茂生：《陳獨秀年譜》（上海：上海人民出版社，1988 年），第 101－103 頁。

64　《國共兩黨關係通史》，第 17 頁；《陳獨秀年譜》，第 105 頁。引自《神州日報》（1919年 7 月 9 日）及《申報》（1919 年 7 月 15 日）。

是「思想界的明星」,「他曾說,我們所以得罪於社會,無非是為着『賽因斯』(科學)和『克莫克拉西』(民主)。陳君為這兩件東西得罪了社會,社會居然就把逮捕和禁錮報給他。也可算是罪罰相敵了!⋯⋯陳君原自說過,出試驗室,即入監獄。出監獄,即入試驗室。又說,死是不怕的。陳君可以實驗其言了。我祝陳君萬歲!我祝陳君至堅至高的精神萬歲!」[65] 北洋政府迫於輿情,而員警廳又偵查不到陳獨秀有何犯法的事,遂在 9 月 16 日讓安徽同鄉保釋。但陳的行動仍受限制,重大行動須得政府批准。北大同學在北京大學第三院舉行大會,熱烈歡迎他出獄。陳獨秀當場發表演說:聲稱他自己不受壓迫與威脅,此後無論在北大與否,仍當繼續奮鬥。不久,陳獨秀接納同事們的勸告,離京南下。[66]

12 月,廣東軍政府政務會議通過陳炯明的倡議,撥關餘一百萬元創辦西南大學,委託章士釗、汪精衛為籌備員。章電陳獨秀赴粵共同擔任,陳電覆答應。1920 年 1 月 29 日陳離京到達上海,住法租界環龍路老漁陽里 2 號原柏文蔚的住宅。2 月初到武漢三鎮講演,7 日晚乘車返回北京。這時北京從武漢《國民新報》發現陳的演講報道,才知陳已離京活動,於是在陳的北京池子寓所設站崗,企圖等陳回家再將他逮捕。高一涵等得到這個消息,就同李大釗商議,派人先到北京西站接陳到王星拱家暫避。後由李大釗安排一輛騾車,親自護送陳離京赴津。李先幫陳獨秀換上一件充滿油跡的廚師背心,頭戴氈帽,扮作下人,自己則扮作到外地收賬的老闆,兩人拿着賬簿坐在騾車離開北京。到達天津後,立即購外國船票,陳獨秀坐船前往上海。[67] 李大釗仍然留在北京,自此,「南陳北李,相約建黨」的局面形成,陳獨秀在上海、李大釗在北京分別展開建立中國共產黨的行動。

65　毛澤東:〈陳獨秀之被捕及營救〉,《湘江評論》創刊號(1919 年 7 月 14 日)。

66　《我的回憶》(1),第 63 頁。

67　高一涵:〈李大釗同志護送陳獨秀出險〉,《文史資料選輯》,第 61 輯,第 61−65 頁;《陳獨秀傳》(上),第 334 頁;《陳獨秀全傳》,第 144 頁;《陳獨秀年譜》,第 113 頁。

不過，這時李大釗尚沒有組織共產黨及同共產國際聯繫的決心。1920年7月12日，李大釗以直皖戰爭一觸即發，擔心親日派將加緊迫害反日的學生領袖，勸與他一同進行抵抗北洋政府壓迫的張國燾離京暫避。張國燾表示願到上海避難並和陳獨秀商談一下關於馬克思研究會和進行工人運動的步驟。李大釗說陳獨秀最近的來信更急進了，主張採取實際行動，大幹一場。他認為張去一趟正可和陳當面商討，要張向陳表達他的意思，「大意是他雖主張從研究馬克思主義入手，但陳先生如有進一步的計劃，他也很贊成」。[68] 張國燾到達上海後，到漁陽里二號找到陳獨秀，轉告他與李大釗的談話經過。陳獨秀大為高興，表示正要找張商談關於共產主義運動的事，並熱誠地要張搬到他家居住，以便從長計議。7月底，陳獨秀開門見山的對張說：「研究馬克思主義現在已經不是最主要的工作，現在需要立即組織一個中國共產黨。」陳滔滔不絕地說明這種主張的各項理由，陳獨秀和張國燾多次談論組織共產黨的各項問題，如共產黨的黨綱和政綱、黨章和實際組織的問題、黨員的入黨要求、如何展開各項實際工作等等。

陳獨秀向張國燾表示了組織中國共產黨的意向，已和在上海的李漢俊、李達、陳望道、沈定一、戴季陶、邵力子、施存統等人談過，他們都一致表示贊成。陳獨秀特別提到戴季陶對馬克思主義信仰甚篤，而且有過相當的研究，但戴與孫中山的關係極深，是否會參加中共，便不得而知。邵力子亦因早具國民黨籍的關係，正在考慮之中。[69]

約在8月20日晚，張國燾從外面回到陳獨秀家，發現維經斯基和楊明齋與陳獨秀在書房談話。翌日，陳告訴張說：共產國際有一位代表來了，已經和他接了頭，未來的中國共產黨將來會得到共產國際的支持。中國共產主義運動基礎薄弱，至今連馬克思的《資本論》都沒有中文譯本。故要做的工作十分繁重，如能同共產國際建立關係，無論在馬克思的理論上和這一運動的

68　《我的回憶》（1），第85–87頁。
69　《我的回憶》（1），第92–97頁。

實際經驗上，都可以得着莫大的幫助。如果共產國際能派一位得力代表做我們的顧問，我們也將獲益不少。8 月下旬，中國共產黨第一個小組——上海小組正式成立，成員有陳獨秀、李達、李漢俊、陳望道、沈定一、邵力子、施存統等七人，他們也成為中共最初的發起人。戴季陶因國民黨籍的關係，沒有加入中共。

中共上海小組由 1920 年 5 月、6 月間開始集會商談，經過籌備，直到 8 月下旬正式組成。稍後，北京支部正式請求以上海支部負責聯絡全國各支部。這種主張得到各地支部的贊成。[70]

8 月底，張國燾回到北京，以「興奮的心情將和陳獨秀先生的談話的經過告訴李大釗先生。李先生略經考慮，即無保留的表示贊成。…… 相信我們現在起來組織中國共產黨，無論在理論上和實際上的條件都較為具備，…… 陳獨秀和我在上海所擬議的要點都是切實可行的，在北京可以依照着發動起來」。[71] 李大釗和張國燾立即開始活動，首先請北大一位講師張申府為發起人。因他稍後要啟程到英國留學，故李大釗、張申府、張國燾三人在李大釗的圖書館主任室商談了兩次，首先計劃由張申府乘便在西歐留學生中展開活動。但張申府並不是勇於實行的人，到達英國後即放棄了他發起人的責任，後來連黨員的名義也因此消失了。張國燾邀請了他的同學劉仁靜和羅章龍加入小組，兩人對馬克思主義較有研究，欣然答應參加。李大釗和無政府主義者接洽，黃凌霜、陳德榮、張伯根等無政府主義者應允加入。9 月中旬，北京小組在李大釗的圖書館主任辦公室舉行第一次會議，到會的有李大釗、張國燾、羅章龍、劉仁靜、黃凌霜、陳德榮、張伯根等九人（內欠兩人姓名）。[72] 劉仁靜的回憶則為：李大釗、張國燾、羅章龍、劉仁靜、陳德榮、宋價、鄧

70　《我的回憶》(1)，第 95－109 頁。

71　《我的回憶》(1)，第 104 頁。

72　《我的回憶》(1)，第 107－108 頁；羅章龍：〈回憶黨的創立時期的幾個問題〉(1978
　　年 4－9 月)，《「一大」前後：中國共產黨第一次代表大會前後資料選編》(1)，第
　　200－201 頁。

中夏、李梅羹、吳汝明等九人。[73] 會議宣佈小組正式成立，與會者一致表示贊成組黨，並自願為黨員。小組決定：李大釗負責聯絡和發起馬克思學說研究會，張國燾擔任發動職工運動，並和羅章龍、劉仁靜負責發起組織社會主義青年團，黃凌霜、陳德榮創辦《勞動音》週刊，分任編輯和發行工作。李大釗每月捐出個人薪俸八十元作各項工作之用。

11 月，北京共產黨小組的無政府主義者拒絕接受領導、職務名銜和紀律，及反對無產階級專政，因無法協調分歧，結果那五位無政府主義者和和氣氣的退出北京小組。此後，北京小組與無政府主義者仍保持友誼關係。[74] 無政府主義者退出後，北京小組決定邀請社會主義青年團的骨幹鄧中夏、高君宇、何孟雄、繆伯英（女）、吳汝明等人轉為黨員，又邀請李韶九、江浩加入，於是小組擴大為十五人。11 月底，北京小組正式會議決定命名為中國共產黨北京支部，李大釗被推舉為書記；張國燾負責組織工作，指導職工運動；羅章龍擔任宣傳工作，主要是編輯《勞動音》週刊。[75]

2. 共產國際協助組黨

1920 年 4 月，共產國際批准俄共（布）遠東局伊爾庫斯克（又譯符拉迪沃斯托克）處負責人維連斯基（Vilensky，又名西比里亞科夫，曾任俄羅斯通訊社《紅色青年》週刊編輯）派俄共黨員維經斯基（G. Voitinsky，另譯威丁斯基、威金斯基，又名簡爾欣，中文名吳廷康、伍廷康、胡定康，筆名魏琴、衛金）攜其妻庫茲涅佐娃、翻譯楊明齋（華工，十月革命後加入布爾什

---

73 劉仁靜：〈回憶黨的「一大」〉，（1979 年 3 月 14、17 日），《「一大」前後：中國共產黨第一次代表大會前後資料選編》（1），第 207 頁。

74 《我的回憶》（1），第 105 頁。

75 《我的回憶》（1），第 108 頁。

維克黨）等來華。[76] 維經斯基對李達說：「東方局（即遠東局）曾接到海參崴方面的電報，知道中國曾發生過幾百萬人的罷工、罷課、罷市的大革命運動，所以派我到中國來看看。」[77]

這時，北京大學除了李大釗和陳獨秀傾向馬克思主義外，教職員也有同情俄國革命的，如俄文系俄籍教員柏烈偉（另譯作鮑立維）就是其中之一，他與李大釗來往頗密，常送贈莫斯科出版的小冊子給北大圖書館，如布哈林的《共產主義 ABC》英文本。維經斯基經柏烈偉介紹與李大釗接觸，然後要求見見參加過五四運動的一些同學，李大釗遂安排了鄧中夏、羅章龍、劉仁靜、李梅羹、張國燾等同學在圖書館與維經斯基開座談會。維經斯基帶來了一些俄文、英文、德文版本的書籍，向同學宣傳馬列主義和介紹十月革命。他詳細介紹蘇聯的各項政策，十月革命勝利後面臨的種種困難，蘇聯如何解決等；又介紹列寧提出的電氣化宏偉規劃，令同學耳目一新，非常感到興趣，對蘇聯有了一個比較清楚的認識，看到了一個新型的社會主義革命的輪廓。參加會談的羅章龍對維經斯基的印象很好，認為他是一個有知識、有學問、有工作經驗、很細緻的人，又有鬥爭經驗，看問題比較客觀，對人家提出的問題，能夠恰如其份的回答。維經斯基鼓勵同學們說：你們都是當前中國革命需要的人才，要好好學習，要了解蘇聯十月革命。正因如此，中國應有一個像蘇聯共產黨那樣的組織！[78]

張國燾說他和維經斯基在李大釗的辦公室會談過好幾次，多數是他和李大釗兩人都在座，有一次是北京支部全體黨員共同參加的會談。談論的問題很廣泛，如共產黨人的基本信念、組織原則、共產國際成立的經過、俄國革

76　K. B. 舍維廖夫：〈中國共產黨成立史〉，《「一大」前後：中國共產黨第一次代表大會前後資料選編》（3），第 155 頁。譯自（蘇）《遠東問題》1980 年第 4 期。

77　李達：〈中國共產黨的發起和第一次、第二次代表大會經過的回憶〉（1955 年 8 月 2 日），《「一大」前後：中國共產黨第一次代表大會前後資料選編》（2），第 6 頁。

78　羅章龍：〈回憶黨的創立時期的幾個問題〉（1978 年 4－9 月），《「一大」前後：中國共產黨第一次代表大會前後資料選編》（2），第 196－197 頁。

命的實況、中國革命運動的發展等等。張國燾讚揚維經斯基充滿青年的熱情，使人覺得他是可以合作的同伴，他又態度謙虛，表示出的確是俄國革命後的新式人物。

維經斯基對中共北京支部黨人詳談共產國際和蘇俄政府的關係：

共產國際是由各國共產黨共同組織起來的世界革命大本營，總部雖然設立在莫斯科，但與蘇聯政府是兩個不同的組織。以中俄關係為例，蘇聯政府的外交對像是北京政府，有必要和北京建立關係，不過這不表示蘇聯同情和支持中國人民所不喜歡的北京政府。至於共產國際所要聯絡的對象則是中國共產黨。中國革命是中國共產黨和中國人民自己的事情，蘇聯政府自然不能干預，而共產國際站在國際主義的立場上，當然予以支持。蘇聯政府和共產國際各就其立場推行政策，沒有矛盾的地方。

俄國共產黨不過是共產國際的一員。根據國際主義精神盡一個支部的義務，享一個支部的權利。共產國際的一切決議都須經多數通過才算有效，並不是俄共所能操縱的。不過，俄共在各兄弟黨中是唯一革命勝利的一個，它的領袖列寧和托洛茨基又都具有極高的國際聲望，故在共產國際具有領導黨的地位。但它決不會濫用它這種地位，要求共產國際來適合蘇聯的外交政策，也不會強迫其他各國共產黨採取某種不適合於其本國革命要求的政策。

維經斯基的解釋得到中共黨員的接納。張國燾說：「也許這真是初期共產國際的方針，也許只是他過於天真的說法，⋯⋯後來事實上的表現卻完全不是如此簡單。」維經斯基臨離開北京之前表示極希望中國各地的共產主義雛型組織能夠從速聯合起來，舉行第一次全國共產黨代表大會，正式成立中國共產黨，並迅速加入共產國際，成為它的一個支部。[79]

李大釗寫了一封介紹信，讓維經斯基拿信到上海找陳獨秀。維經斯基到上海後，訪問了陳獨秀、李漢俊的《新青年》，沈玄廬、戴季陶的《星期評論》、鄭振鐸的「共學社」等雜誌和團體的負責人。經過多次交談，中國的

79　《我的回憶》(1)，第 118－120 頁。

馬克思主義者更加明白蘇聯和蘇共的情況，得到了一致的結論：「走俄國人的路」。維經斯基表示他來中國的主要任務是聯繫，看了情況之後，認為中國可以組織中國共產黨。[80]

3. 各地共產主義小組的成立

陳獨秀受到鼓勵之後，積極展開組黨工作，加緊籌劃和策動各地發動共產主義小組：上海小組將擔負蘇、皖、浙等省的組織和發展，曾任浙江參議會議長的沈定一，辦《浙江潮》的施存統和俞秀松等三人，將負責發起浙江杭州一帶的組織；他自己則擔任在南京、安慶、蕪湖等地物色一些青年發起社會主義青年團，高語罕負責在安徽活動；李大釗和張國燾從速在北方發動，先組織北京小組，再向山東、山西、河南等省和天津、唐山等城市發展，如有可能，也應注意在東北、蒙古和西北等廣大地區發展組織。陳獨秀又與毛澤東早有聯絡，請他發動湖南的中共小組；李漢俊是湖北人，負責聯絡武漢地區的董必武和惲代英等為發起人。海外則以留法的勤工儉學生最有希望，陳獨秀將「與著名的馬克思青年學者蔡和森通信，請他在德、法等國留學生中發起共產主義的組織」。施存統快要到東京，可由他負責和日本社會主義者及在留日學生中發展中共組織。[81]

（1）上海小組

1920 年 8 月成立，由陳獨秀直接領導，組員有李漢俊、李達、陳望道、俞秀松等。因陳獨秀負責籌組中國共產黨的工作，故上海小組成為各地建黨活動的聯絡中心，起着中國共產黨發起組的重要作用。9 月組成上海社會主義青年團，初時約有三十多位青年參加。上海小組創辦了一所外國學校，由楊

80　李達：〈中國共產黨的發起和第一次、第二次代表大會經過的回憶〉（1955 年 8 月 2 日），《「一大」前後：中國共產黨第一次代表大會前後資料選編》（1），第 7 頁。

81　《我的回憶》（1），第 98−99 頁。

明齋主持，訓練預備留俄的學生。1920 年冬派出了劉少奇、彭述之、羅覺、任弼時、卜士奇、袁達時、抱扑、廖化平等八個青年團團員到莫斯科東方大學學習。後來繼續派學生到俄留學。宣傳方面，在上海發行了《共產黨》月刊、《勞動者》週刊及印製《共產黨宣言》等小冊子。

共產主義運動以上海為中心向四周發展。1920 年 10 月，沈定一、施存統、俞秀松在杭州組織了一個社會主義青年團，有二十多人參加。其他如南京、蕪湖、安慶都有成立社會主義青年團，人數由數人至十餘人不等。

（2）北京小組

1920 年 10 月，李大釗、張申府、張國燾等三人發起成立，羅章龍、劉仁靜、鄧中夏、高君宇、何孟雄、繆伯英、范鴻劫、張太雷等先後加入，成員大多為北京大學馬克思學說研究會的骨幹。北京小組以工人運動做得最有聲有色。1921 年初，天津成立社會主義青年團，有李振瀛、韓麟符、于方舟、湛小岑等十餘人。山西社會主義青年團，有賀昌、王振翼等三十餘人。開封、西安和內蒙古均相繼成立了社會主義青年團。

（3）濟南小組

濟南小組由北京小組協助成立，組員有王盡美、鄧恩銘等八人，此外又成立了社會主義青年團。

（4）湖南小組

1920 年 11 月，毛澤東在長沙以新民學會骨幹為核心發動成立。最初參加的有夏曦、易禮容、何叔衡、郭亮等人。毛澤東受北大學生羅章龍和李大釗的薰陶，信仰了馬克思主義，最後在法國勤工儉學的蔡和森和上海的陳獨秀鼓勵下，發起成立湖南小組。毛澤東主編的《湘江評論》鼓吹新文化運動，在各省的小型刊物中，其聲望僅次於施存統、俞秀松的《浙江新潮》。

（5）武漢小組

1920 年 11 月，董必武、陳潭秋、包惠僧、林育南、項英等在武昌正式成

立，包惠僧為書記。武漢社會主義青年團有惲代英、蕭楚女、李書渠、劉昌群、李求實等人參加。辦有《武漢評論》，鼓吹新文化運動。

（6）廣州小組

1920 年 12 月，陳炯明邀請陳獨秀前往出任廣東省政府教育委員會委員長。陳獨秀徵求各地共產主義小組意見。李大釗和張國燾去信表示贊成，認為有兩個重要作用：一、可以將新文化和社會主義的新思潮廣泛的帶到廣東；二、可以在那裏發起共產小組。陳獨秀到廣州後，在 1921 年 1 月間，邀約譚平山、陳公博、譚植棠等及無政府主義者區聲白等共同組織廣東小組，出版了《勞動聲》週刊，又利用教育機構向學生宣傳共產主義，並開始注意農民運動。廣東社會主義青年團也同時成立，團員有彭湃、羅綺園、阮嘯仙等，其後推動了農民運動。廣州小組內的無政府主義者其後因意見不合，最後退出。[82]

（7）旅日小組

1920 年秋，施存統前往日本留學，出發前受陳獨秀所託組織共產主義小組，於是和周佛海等在日本東京建立日本小組，施存統為負責人。

（8）旅法小組

北京小組發起人之一的張申府前往法國蒙特爾中學教書，出發前受李大釗所託組織留法學生成立共產黨主義小組。但張申府並無履行發起人的責任，執行籌備成立小組的工作。與此同時，留法勤工儉學生蔡和森在法國閱讀大量馬克思主義書籍後，成為狂熱的馬克思主義信徒，主張成立中國共產黨。他一方面致函國內的陳獨秀和毛澤東，表達他組黨的主張，同時在留法勤工儉學生中進行組黨工作。他以湖南新民學會旅法會員為骨幹的工學世界社，邀約趙世炎、李立三的勞動學會成立一個共產主義同盟會。1921 年 7 月23 日至 25 日，工學世界社與勞動學會開會，討論蔡和森成立少年共產黨的動

82　《我的回憶》（1），第 123－129 頁。

議，但被否決，暫未成立。其後，蔡和森被法國政府以侵佔里昂大學一事遣送回國。於是組織少年共產黨（後成為中共旅法支部）的工作其後由趙世炎（張申府寫信督促下）負責完成。[83]

當時這些組織都沒有統一的名稱，有「共產黨」、「共產黨支部」或「共產黨小組」等，現在史學界將這些組織通稱為共產主義小組。

4. 中國共產黨第一次全國代表大會

1921 年 4 月間，中國共產黨的主要發起人認為組黨時機已經成熟，上海、北京和廣州各地同志互相函商，決定於 6 月中旬在上海舉行中國共產黨第一次全國代表大會。6 月下旬，預定到會代表都已齊集上海，立即開始大會的籌備工作。上海代表是李漢俊和李達，代表上海九個黨員；張國燾和劉仁靜代表北京十五個黨員；董必武、陳潭秋、包惠僧代表武漢八個黨員；毛澤東、何叔衡代表湖南十個黨員；陳公博代表廣東七個黨員；王盡美、鄧恩銘代表山東八個黨員；周佛海代表日本留學生的兩個黨員。中國共產黨第一次全國代表大會時，出席者共十三人，代表全國黨員五十九人，全國社會主義青年團團員約三百五十人左右。

中國共產黨的發起人「南陳北李」都沒法出席。陳獨秀在廣州任教育委員會委員長，向陳炯明辭職未獲批准，無法出席；李大釗因北大學年終結，校務紛繁，亦不能抽身出席。這時，維經斯基已經回國，共產國際派了馬林和尼科羅夫斯基來華。

各地代表交換意見後，決定 7 月 1 日正式舉行大會，開會地點借用法租界蒲石路博文女校的課堂，多數代表也就寄住在這間學校裏。議事日程共有四項：一、黨綱與政綱；二、黨章；三、中心工作與工作方針；四、選舉。

83　陳敬堂：〈論中共旅歐總支部的發起組〉，《中國歷史學會史學集刊》第 19 期（台北：中國歷史學會，1987 年），第 369－379 頁。

大會召開之前，幾位主要代表會商過代表的資格問題，認為何叔衡既不懂馬克思主義，又無工作表現，不應出席大會。毛澤東接到這一決定通知後，以湖南有某項緊急工作需處理為由，請何叔衡先行返湘。因此，後來出席大會的代表只有十二人。張國燾被推舉起草黨綱和政綱，他彙集了陳獨秀和各地代表的意見後，擬出兩個草案，再交李漢俊、劉仁靜、周佛海等共同審查。張國燾擬定草案後，李漢俊等人並不完全同意，但認為可以作為討論的基礎。張太雷將草案譯為英文交馬林看。馬林提出了較嚴格的批評，說這個草案在理論的原則上寫得不錯，主要缺點是沒有明確地規定中共在現階段的政綱。這草案表示中共將支持民主的民族革命，以期真正的民主共和國能在中國迅速建立起來，這是對的，但可惜沒有說明如何實現的具體步驟。張國燾當時覺得馬林的批評很有價值，曾請他提出一些具體意見供大會討論參考，但馬林並未這樣做。

1921 年 7 月 1 日下午 3 時，中國共產黨第一次全國代表大會開幕，張國燾被推為主席，首先宣佈中國共產黨正式成立；接着通過原擬訂的四項議事日程，決定每日分上下午舉行兩次會議，並立即開始第一項議程的討論。

討論第一項黨綱政綱草案時，李漢俊提出世界上有俄國和德國革命，應從事精深研究後，才作最後決定。但大多數代表主張中共應確立無產階級專政的基本原則。經過幾天的討論，到會者的意見歸納為幾點結論：

一、中國共產黨是無產階級的革命政黨，以實現無產階級專政為基本原則；

二、目前應着重馬克思主義理論的研究和實際的工人運動，擴大共產黨的組織與影響，為實行共產革命之準備；

三、中國共產黨不否定議會活動和其他的合法運動，但認為這些活動只是擴大工人階級勢力的手段；

四、中國共產黨站在共產主義的立場可以贊助孫中山先生的革命，但仍以實現共產革命為主，並不能將共產黨的社會革命與國民黨的革命混為一談。

這四點結論為大會正式通過，認為是中國共產黨綱和政綱的要點。

一般代表的心目中，似都認為中國應有兩次革命：一次是民族的民主的革命，另一次是社會革命。共產黨人並不以民主共和國為滿足，還應繼續社會革命，以期實現蘇維埃式的政權。當時大會尚未考慮到國共合作從事國民革命，再由國民革命進展到社會革命的想法。其他如土地國有、農民問題、八小時工作制、反對列強對中國的侵略、反對軍閥政治等，都曾被代表們提到，但未深入探討。

大會通過的黨章如下：

一、凡加入共產黨者須信仰共產主義，遵守決議，並參加實際工作，經由兩個黨員介紹和地方委員會的批准，方得成為黨員；

二、中國共產黨中央設在上海，其他各省設地方委員會，地方委員會之下按工廠學校街區分設支部；

三、各級組織均採委員制，至少有一人任書記，一人任組織，一人任宣傳；

四、一切決定須經由黨員的民主討論，少數服從多數，下級服從上級；

五、黨員應該服從紀律，保守秘密；

六、全國代表大會每年召開一次；如有兩個地方組織表示不信任中央時，中央應召集全國臨時代表大會，從事解決。

因李漢俊、李達等對馬林的印象欠佳，只將他當作一個顧問，沒有遇事向他請教，故馬林和尼科羅夫斯基未列席大會，直至討論黨章結束時，才邀請馬林出席演說。

7月8日晚7時，大會為方便馬林與尼科羅夫斯基出席，改在李漢俊家裏樓上書房舉行。正要宣告開會的時候，突然有一個陌生人揭開書房的門簾，窺探了一下，說聲「我找錯了人家」，就轉身走了。代表們都警覺到這人可能是法租界的暗探。張國燾立即請大家將文件收拾好，準備立即離開，並將此事翻譯給馬林聽。馬林十分機警，以手擊桌說：「我建議會議立即停止，所有的人分途離開。」說完就同尼科羅夫斯基首先走了。各代表亦隨之散去。李漢俊是屋主不應離開，陳公博願意留下作伴。十分鐘後，一個法國巡捕帶了

一批警探圍住李家，大肆搜查，找不到什麼可以入罪的證據，只好離去。

為避暗探監視，李達的夫人王會吾安排大會改在她家鄉浙江嘉興的南湖舉行，一面遊湖一面開會。7 月 10 日清晨，各人從上海乘滬杭線早班車到達南湖，登上了安排的大畫艇，繼續上海未完的會議。各人不再長篇大論的發言，集中研討急需解決的具體問題，如「中心工作和工作方針」的議題有很多項目，都只略略談到大要，就決定交未來的中央負責處理。最後，代表一致認為現在黨員人數很少，暫不必根據黨章組設人數較多的中央執行委員會，只須選出三個委員，分任書記、組織、宣傳等工作就夠了。大會旋即一致推舉陳獨秀任書記，李達任宣傳，張國燾任組織。大會要求這三位委員立即就職，從速組成中央，並決定將大會所通過各方案原則由中央整理後作成正式文件。一切尚未決定的事，由中央全權處理。全部議程討論完畢，大會旋即舉行一個簡單的閉幕儀式，由張國燾致閉幕詞。[84]

至此，中國共產黨正式成立，開始了中國革命的新一頁。

四、中國共產黨加入國民黨的爭議

有些資料說共產國際命令中共加入國民黨，以篡奪它的黨統。那麼中共黨員是否欣然從命呢？事實上並非如此。當時，中共黨人及共產國際都瞧不起國民黨，並沒有考慮與孫中山和國民黨合作，更沒有考慮加入國民黨這個問題。

1. 馬林的佈局與中共黨人的分歧

馬林是共產國際東方問題的權威，常以和列寧在共產國際第二次大會共

---

84 《我的回憶》（1），第 133－147 頁。

同制定殖民地問題決議案的事自傲。故來華之後，一開始就憑其主觀見解為所欲為，與中共黨人發生矛盾。馬林來華之初，與李漢俊和李達第一次見面就談得不大投機。李漢俊說馬林曾毫不客氣地向他要工作報告，被他拒絕，理由是中共組織還在萌芽時期，沒有什麼可報告的。馬林又問他要工作計劃和預算，表示共產國際將予經濟的支持。李漢俊直率地表示中國共產黨還沒有正式成立，是否加入共產國際也還沒有決定；即使中共成立之後加入了共產國際，它將來與共產國際所派的代表的關係究竟如何，也還待研究，現在根本說不上工作報告計劃和預算等。李漢俊認為，中國共產運動應由中國共產黨自己負責，共產國際只能站在協助的地位。我們站在國際主義的立場，可以接受它的理論指導，並採一致的行動；至於經費方面，只能在我們感到不足時才接受補助，我們並不期望靠共產國際的津貼來發展工作。且共產國際派來中國的代表只能是我們的顧問，決不應自居於領導的地位。[85] 除李漢俊之外，馬林與陳獨秀的關係也鬧得很不愉快，1921 年 9 月，馬林與陳獨秀談中國共產黨與共產國際的關係問題，馬林認為中國共產黨應該接受共產國際的領導和經濟上的支援，陳獨秀並不同意，雙方爭執不下。[86] 於此可見，馬林一開始便與中共黨人格格不入。

　　1921 年底至 1922 年初，馬林前往桂林拜訪孫中山和考察廣州國民黨情況後，根據其在爪哇的革命經驗，力主中共加入國民黨，在國民黨內進行共產主義宣傳；又把領導機關駐地移往廣州，以便公開工作。

85　《我的回憶》（1），第 134－135 頁。

86　姚維斗、丁則勤：〈馬林在華活動紀要〉，《馬林在中國的有關資料》（增訂本），第262 頁。

2. 第一次西湖會議

1922 年 3 月 29 日馬林與陳獨秀、李大釗、瞿秋白等在杭州西湖召開第一次西湖會議，向中共建議（已經建議了數次）放棄對國民黨的不介入態度，而在國民黨內開展政治活動，同時保持共產黨的獨立性。[87]

4 月 6 日，陳獨秀寫信給維經斯基解釋中共反對馬林提議中國共產黨及社會主義青年團均加入國民黨的理由如下：

一、共產黨與國民黨革命之宗旨及所據之基礎不同。

二、國民黨聯美國、聯張作霖、段祺瑞等政策和共產主義太不相容。

三、國民黨未曾發表黨綱，在廣東以外之各省人民視之，仍是一爭權奪利之政黨，共產黨倘加入該黨，則在社會上信仰全失（尤其是青年社會），永無發展之機會。

四、廣東實力派之陳炯明，名為國民黨，實則反對孫中山派甚烈，我們倘加入國民黨，立即受陳派之敵視，即在廣東亦不能活動。

五、國民黨孫中山派向來對於新加入之份子，絕對不能容納其意見及假以權柄。

六、廣東、北京、上海、長沙、武昌各區同志對於加入國民黨一事，均已開會議決絕對不贊成，在事實上亦已無加入之可能。

第三國際倘議及此事，請先生代陳上列六條意見為荷。[88]

馬林的建議被中共拒絕後，於 4 月 24 日離開上海，經新加坡、柏林返回

87　姚維斗、丁則勤：〈馬林在華活動紀要〉，《馬林在中國的有關資料》（增訂本），第264 頁。

88　陳獨秀：〈陳獨秀致吳廷康的信〉（1922 年 4 月 6 日），《共產國際、聯共（布）與中國革命文獻資料選輯》（1917－1925），第 222－223 頁。

莫斯科。

　　5 月 1 日，廣州舉行了五一勞動節的慶祝活動，召開了第一次全國勞動大會。約有二十至二十五人出席會議，約佔中共全國黨員五分之一。另一位共產國際代表達林在會議根據莫斯科遠東革命組織代表大會的決議，講了「關於建立工人、農民、小資產階級和中國資產階級關心中國的民族解放革命的那一部分人的反帝民族統一戰線的必要性」。達林具體說明了將與國民黨就這個問題達成協議，指出工人階級應支持孫中山政府。中共應該前進一大步，應該擺脫單純的宣傳工作和閉塞的小圈子式的工作方法，而登上群眾性政治行動的舞台，成為中國歷史的動力，與孫中山以及他的黨結成反帝民族革命統一戰線。「會議提出了共產黨加入國民黨的問題，但要以保持黨在組織上和政治上的獨立性為條件。」達林強調指出：「與孫中山談判時所說的不是共產黨員以個人身份加入國民黨。以個人身份加入不需要孫中山的同意。共產黨隨時可以讓本黨的這些或那些黨員大量地或少數地以個人身份加入國民黨，以便在國民黨內開展工作，並影響其政策。我們談的是指共產黨作為一個政黨加入國民黨，但是要以保持政治和組織上的獨立性為條件。我們認為，這樣加入國民黨就是反帝民族革命統一戰線的具體形式。這一點我同孫中山也談過了。當然，統一戰線要有一個前提，即國民黨不應對工人運動進行任何限制，承認工人有組織工會的權力，有罷工的權力。」關於與國民黨建立統一戰線的問題在會議上引起了熱烈的爭論，廣州組織的代表不發表意見，實際上是支持陳炯明反對孫中山，張國燾一派則反對統一戰線。張太雷和瞿秋白則支持達林，認為「在反帝的資產階級民主革命階級與小資產階級結成廣泛的統一戰線是必要的，和國民黨聯合以及共產黨加入國民黨都是必要的」。大會沒有通過決議，決定繼續討論。廣州會議對中共的歷史產生了重大影響，開始轉變對國民黨的政策。

　　1922 年 6 月 15 日，中國共產黨中央局發表了《對於時局之主張》，表示願意同所有的民主黨派合作。主張說：「無產階級在目前最切要的工作，還應該聯絡民主派共同對封建的軍閥革命，以達到軍閥覆滅能夠建設民主政治為

止。」「中國共產黨的方法，是要邀請國民黨等革命的民主派及革命的社會主義各團體開一個聯席會議，在上列原則的基礎上共同建立一個民主主義的聯合戰線，向封建式的軍閥繼續戰爭。」[89] 同年 7 月 16 日至 23 日舉行的中國共產黨第二次全國代表大會，通過了《關於「世界大勢與中國共產黨」的決議案》和《關於「國際帝國主義與中國和中國共產黨」的決議案》，都只提「建立一條民主主義的聯合戰線」、「民主革命的戰線」，沒有提及與國民黨合作的問題。[90]《關於「民主的聯合戰線」的議決案》亦只是強調：「無產階級一方面固然應該聯合民主派，援助民主派，然而亦只是聯合與援助，決不是投降附屬與合併，因為民主派不是代表無產階級為無產階級利益而奮鬥的政黨。」中國共產黨第二次全國大會認定中央執行委員會所發表民主聯合戰線的主張，其計劃亦只是「先行邀請國民黨及社會主義青年團在適宜地點開一代表會議，互商如何加邀其他各革新團體，及如何進行」。[91] 這些文件根本沒有提及與國民黨合作的問題，顯示當時中共仍然反對加入國民黨。[92] 這時陳獨秀等中共領導對同孫中山的合作，並沒有信心。1922 年 6 月 30 日，陳獨秀給維經斯基的信說：我們很希望孫文派之國民黨能覺悟改造，能和我們攜手，但希望也很少。[93] 事實上，當時達林向孫中山提議實行兩黨「平行合作」，被孫中山拒絕。[94]

7 月 11 日，回到莫斯科的馬林在向共產國際和蘇聯中國問題專家拉狄克

89　中國共產黨中央執行委員會：〈中國共產黨對於時局的主張〉（1922 年 6 月 15 日），《中共中央文件選集》（1921－1925）（1），第 45－46 頁。

90　《中共中央文件選集》（1921－1925）（1），第 59－65 頁。

91　中國共產黨中央執行委員會：〈關於「民主的聯合戰線」的議決案〉，《中共中央文件選集》（1921－1925）（1），第 65－66 頁。

92　《中國回憶錄》（1921－1927），第 89－91 頁。

93　〈陳獨秀致吳廷康的信〉（1922 年 6 月 30 日上海），《共產國際、聯共（布）與中國革命文獻資料選輯》（1917－1925），第 304 頁；向青：〈中國共產黨創建時期的共產國際和中國革命〉，《近代史研究》1980 年 6 卷 4 期，第 107 頁。

94　《國父年譜》（下），第 1238－1239 頁。

提交報告，他繼續提出中共加入國民黨，在其內部開展工作的主張。[95] 共產國際執委會接受了馬林的建議；7 月 17 日，共產國際會議決定給中國和日本的共產黨發一封信。馬林被委託起草這封信。[96] 信件由維經斯基通知中共：共產國際主席團在 7 月 18 日決定，「中共中央委員會在接到通知後，必須立即把地址遷到廣州，所有的工作都必須在和菲力浦同志（斯內夫利特，即馬林）緊密聯繫下進行」。[97]

1922 年 8 月，共產國際發出了《給共產國際駐中國特派代表的指示》，文件主要內容包括：

一、根據馬林的報告，代表的所有活動必須以共產國際第二次代表大會關於殖民地問題決議為基礎。

二、共產國際執委會認為國民黨是一個革命的政黨，這個政黨堅持辛亥革命的使命，並渴望建立一個獨立的中華民國。

三、共產黨人為完成他們的任務，必須在國民黨內部和在工會中組成從屬於他們自己的團體。在這些團體之外，建議成立一個宣傳機構，宣傳與外國帝國主義作鬥爭，創建民族獨立的中華民國以及組織反對中外剝削者的階級鬥爭的主張。

四、這一機構的建立要盡可能地得到國民黨的同意，當然，它應保持完全的獨立性。由於國民黨在南方政府中負實際責任，它暫時需要避免與帝國主義國家發生衝突。[98]

95　馬林：〈向共產國際執行委員會的報告〉（1922 年 7 月 11 日於莫斯科），《共產國際、聯共（布）與中國革命文獻資料選輯》（1917－1925），第 223－239 頁。

96　道夫・賓：〈對《是否有一個斯內夫利特戰略？》一文的答覆〉，《馬林在中國的有關資料》（增訂本），第 65 頁。

97　維經斯基：〈共產國際遠東局的指示〉（1922 年 7 月），北京師範學院政教系、上海師範學院政教系：《共產國際與中國革命資料選輯》（1919－1924）（北京：人民出版社，1985 年），第 178 頁。

98　道夫・賓：〈對《是否有一個斯內夫利特戰略？》一文的答覆〉，《馬林在中國的有關資料》（增訂本），第 65－66 頁。

3. 第二次西湖會議

1922 年 8 月 12 日，馬林以越飛的助手身份再次到達中國，返回上海。這時，孫中山亦在 14 日到達上海。23 日，李大釗代表中共到莫利愛路拜訪孫中山，真摯地向他表示中共願意與國民黨合作，組成統一戰線，誠心贊助國民革命。稍後，陳獨秀也拜訪孫中山。25 日，馬林、格克爾前往拜訪孫中山，商談孫中山吳佩孚合作、俄國援助、中共黨員加入國民黨等問題。孫中山拒絕與吳佩孚合作，只同意中共黨員個別加入國民黨。國民黨史書說：孫中山的用意在使其接受三民主義洗禮，共同為國家奮鬥，動機實為「出於愛之極與仁之至」，「包荒之情，藹然如天之覆地之載」。[99] 孫中山答允取消打手模和宣誓服從他的原有入黨辦法，並依照民主化的原則改組國民黨。馬林說服孫中山後，立即召集中共中央全體委員於 8 月 28 日至 30 日在杭州西湖召開會議。[100] 這時距離第二次代表大會約三個星期，參加者有陳獨秀、李大釗、馬林、蔡和森、張太雷、高尚德和張國燾等共七人。會議為期兩天，專討論共產黨員加入國民黨的問題，國共兩黨的合作方針，就是這次會議確定的，實際是修改了原定的政策。

馬林是這次會議的主要發言者，他堅持共產黨員必須加入國民黨，這是實現國共建立聯合戰線唯一可行的具體步驟。其主要理由是：

一、中國在一個很長的時期內，只能有一個民主的和民族的革命，決不能有社會主義的革命；而且現在無產階級的力量和其所能起的作用，都還很小。

二、孫中山先生的國民黨是中國現在一個有力量的民主和民族革命的政黨，不能說它是資產階級的政黨，而是一個各階層革命份子的聯盟。

---

99 《國父年譜》（下），第 1238－1240 頁。

100 〈馬林工作記錄〉（1922 年 8 月 12 日－9 月 7 日），《共產國際、聯共（布）與中國革命文獻資料選輯》（1917－1925）（2），第 326 頁。

三、孫中山先生可以而且只能容許共產黨員加入國民黨，決不會與中共建立一個平行的聯合戰線。

四、中共必須學習西歐工會運動中，共產國際所推行的各國共產黨員加入社會民主黨工會的聯合戰線的經驗；中共須尊重共產國際的意向。

五、共產黨員加入國民黨既可以謀革命勢力的團結，又可以使國民黨革命化；尤其可以影響國民黨所領導的大量工人群眾，將他們從國民黨手中奪取過來。

張國燾和蔡和森都發言反對馬林的主張，認為不能與西歐的情況相提並論。國民黨是一個資產階級的政黨，中共加入進去無異是與資產階級相混合，會喪失它的獨立性，這與共產國際第二次大會所通過的原則不合。與國民黨建立黨外的聯合戰線是有先例可援的。因此，張蔡兩人要求不接納馬林的主張，並請共產國際重新予以考慮。陳獨秀也支持張蔡兩人的觀點，反對馬林的主張，並詳細說到，一個共產黨員加入國民黨以後，會引起許多複雜而不易解決的問題，其結果將有害於革命勢力的團結。但陳獨秀聲言，如果這是共產國際的不可改變的決定，我們應當服從。馬林說這是共產國際已經決定的政策。陳獨秀提出只能有條件的服從：只有孫中山取消打手模及宣誓服從他等原有入黨辦法，並根據民主主義的原則改組國民黨，中共黨員才能加入進去。否則，即使是共產國際的命令，他也要反對。[101]

當時出席會議的六個中共中央委員，除張太雷外，其餘陳獨秀、李大釗、張國燾、蔡和森及高尚德等五人，都反對此提議。最後，馬林提出中國黨是否服從國際議決案？中共中央為尊重國際紀律才接受國際提議，同意加入國民黨。[102]

---

101 《我的回憶》（1），第 242－244 頁。

102 〈陳獨秀在中國共產黨第三次全國代表大會上的報告〉，《中共中央文件選集》（1921－1925）（1），第 168－169 頁；陳獨秀：〈告全黨同志書〉（1929 年 12 月 10 日），《中國共產黨史稿》（1），第 94 頁。

4. 共產國際對國共合作的決議

　　1922 年 11 月 5 日至 12 月 5 日，陳獨秀率領中共代表團出席莫斯科共產國際第四次代表大會。共產國際主席團成員拉狄克批評：「在廣州和上海工作的同志很不懂得同工人群眾相結合」，「同志們，你們必須懂得，無論是實現社會主義的問題，還是建立蘇維埃共和國的問題，在中國都沒有提上日程。遺憾的是，在中國甚至連全國統一和建立全國統一的共和國的問題，都還沒有提上歷史的日程」，指示中共「走出孔夫子式的共產主義學者書齋，到群眾中去！」[103] 陳獨秀根據大會為東方無產階級指示出目前爭鬥所需要的兩個策略，即民主的聯合戰線及反對帝國主義的聯合戰線，制定了《中國共產黨對於目前實際問題之計劃》，指出「中國無產階級的目前爭鬥，應該以這兩個策略為不可離的根本原則，應用在各種實際問題，以消除為中國民族發展的兩大障礙物——軍閥及國際帝國主義」，「對於國民黨問題：國民黨雖然有許多缺點與錯誤，然終為中國唯一革命的民主派，自然算是民主的聯合戰線中重要份子，在國民黨為民主政治及統一政策爭鬥時期，無產階級不但要和他們合作參加此爭鬥，而且要在國民黨中提出反對帝國主義及為工人階級利益與自由的口號，以擴大其爭鬥，更要向國民黨中工人份子宣傳促進他們階級的覺悟，使他們了解國民黨終非為無產階級利益爭鬥的政黨。若國民黨與最反動的黑暗勢力（如張作霖，段祺瑞，曹錕等）攜手或與帝國主義者妥協時，吾人即宜反對之，絕不容顧忌。總之：我們共產黨在任何問題的爭鬥中及與任何黨派聯合運動中，總要時刻顯示我們的真面目於群眾之前，更不可混亂了我們的獨立組織於聯合戰線之中。」[104] 陳獨秀寫信給共產國際執委會東方部

103　拉狄克：〈第二十次會議 —— 討論東方問題〉（1922 年 11 月 23 日），《國際共產主義運動史文獻》編輯委員會編譯：《共產國際第四次代表大會文件》（2）（北京：中國人民大學出版社，1990 年），第 805－806 頁。

104　陳獨秀：〈中國共產黨目前的策略〉（1922 年 11 月於莫斯科），《中共中央文件選集》（1921－1925）（1），第 120－121 頁。

主任薩法羅夫説：「中國國民黨當然還不是一個很好的黨，因為在這個黨裏還存在着許多舊思想，但這個黨已有許多年歷史；其中有許多革命人士。在當今的中國，只有國民黨是革命的政黨。我們應該把開展國民革命運動看作是我們的中心任務，因此我們應該擴大和改組國民黨。如果該黨領導執行錯誤的政策，我們就來糾正錯誤。如果我們不加干預，不與他們合作，國民黨人就會犯更多的錯誤。在許多城市，恰恰是我們能夠組織國民黨的地方團體並把它們掌握在我們手裏。目前，國民黨雖還不是一個群眾性的政黨，但我們應該將群眾吸收到國民黨裏來，因為只有國民黨才能領導國民革命運動。我們應該利用這個黨並且還要改善這個黨。如果我們不這樣做，我們就不能開展國民革命運動，而國民革命也就不能迅速實現。」[105]

1923 年 1 月 12 日，共產國際執委主席團開會，通過《共產國際執行委員會關於中國共產黨與國民黨的關係問題的決議》：

一、中國唯一重大的民族革命集團是國民黨，它既依靠自由資產階級民主派和小資產階級，又依靠知識份子和工人。

二、由於國內獨立的工人運動尚不強大，由於中國的中心任務是反對帝國主義者及其在中國的封建代理人的民族革命，而且由於這個民族革命問題的解決直接關係到工人階級的利益，而工人階級又尚未完全形成為獨立的社會力量，所以共產國際執行委員會認為國民黨與年青的中國共產黨合作是必要的。

三、因此，在目前條件下，中國共產黨黨員留在國民黨內是適宜的。

四、但是，這不能以取消中國共產黨獨特的政治面貌為代價。黨必須保持自己原有的組織和嚴格集中的領導機構。

五、在對外政策方面，中國共產黨應當反對國民黨同資本主義列強及其代理人——敵視無產階級俄國的中國督軍們的任何勾搭行為。

---

105 陳獨秀：〈陳獨秀給薩法羅夫的信〉（1923 年 7 月 1 日於廣州），《聯共（布）、共產國際與中國國民革命運動》（1920－1925），第 262 頁。

六、中國共產黨應當對國民黨施加影響，以期將它和蘇維埃俄國的力量聯合起來，共同進行反對歐洲、美國和日本帝國主義的鬥爭。

七、只要國民黨在客觀上實行正確的政策，中國共產黨就應當在民族革命戰線的一切運動中支持它。但是，中國共產黨絕對不能與它合併，也絕對不能在這些運動中捲起自己原來的旗幟。[106]

簡而言之，共產國際為中共制定革命策略，指示中共與國民黨合作，阻止其與軍閥和帝國主義妥協，但是要保持中共在國民黨內的獨立性。

五、國共合作的成敗得失

國共關係是中國現代史的重要課題，但由於涉及現實政治，兩岸學者常受其政治環境所制約，跟隨官方立場論述，因此研究結果無法客觀持平。或因資料尚在保密情況，檔案尚未公開，無法運用，這都影響我們研究、講述和了解事情的真相。如果不是近年蘇聯解體，俄羅斯檔案解密，我們根本不知道西安事變發生之前，張學良已經秘密申請加入中國共產黨，但被共產國際拒絕。這則資料影響到張學良的評價，究竟他是「黨國罪人」，或是「愛國將領」？又如西安事變之前近一年時間，蔣介石已經秘密派心腹到莫斯科找中共代表商談合作，國共代表繼而在南京密談，這些資料又令西安事變的內容增加了變數。國共既然已經秘密接觸了，張學良也是知情，為何仍要用他的辦法促進國共合作？又蔣介石既然早已和中共秘密談判，那麼和談是一個騙局的結論便不符合歷史事實了。還有，如果不是俄羅斯檔案解密，中國學者耗費心力翻譯這大批珍貴檔案，我們根本不知道孫中山的歷史也被隱瞞改

---

106 〈共產國際執行委員會關於中國共產黨與國民黨的關係問題的決議〉（1923 年 1 月 12 日），《共產國際與中國革命資料選輯》（1919－1924），第 236－237 頁；姚維斗、丁則勤：〈馬林在華活動紀要〉，《馬林在中國的有關資料》（增訂本），第 272－273 頁。

寫。如果不是找到孫中山寫給列寧的信，我們不知道當時共產國際私下採取拉壟孫中山吳佩孚合作消滅張作霖的策略，不知道孫中山義薄雲天，為了保護這位盟友，向列寧嚴詞警告：進軍東北打擊張作霖是帝國主義行為，他不會為了聯吳而放棄張。遂令病重的列寧嚴斥有些俄共黨員是「機會主義」，損害其世界革命的威信。這封信結束了共產國際在華支持吳佩孚的策略，改為全力支持孫中山，停止壓迫張作霖，讓孫中山段祺瑞張作霖的三角聯盟可以全力對付吳佩孚，取得第二次直奉戰爭的勝利。這些資料在《國父全集》和《國父年譜》都找不到，國民黨黨史委員會對國父的資料保管得真好！

忽略蘇聯檔案，怎能了解歷史的真相？

1. 蘇聯方面

孫中山聯俄容共政策的國共合作模式十分特別，究竟是誰人構思的？「聯俄」只是中國的觀點，只得一個蘇維埃俄國可以聯合，別無選擇。「聯華」則不同。蘇聯爭取中國的目的是要瓦解英美帝國主義者在殖民地的霸權，讓其因為失去原料供應地和市場，最後經濟崩潰而爆發無產階級革命，故設法讓中國這個帝國主義最大的原料供應地和市場爆發無產階級革命。一般書刊只描述共產國際如何協助中國共產黨成立，如何援助國民黨建立黃埔軍校，大多數忽略了蘇聯如何爭取中國北京政府承認蘇維埃政權，建立外交關係；如何爭取中國華北的實力派吳佩孚、華南的陳獨秀，以及稍後崛起的馮玉祥。

蘇聯在中國活動的對象不限於孫中山，蘇聯的檔案可能令國民黨人感到不快。檔案資料顯示，遠東共和國（赤塔）的蘇聯人認為吳佩孚是中國的實力派，是蘇聯的爭取對象，甚至陳炯明的力量也比孫中山要強，這些蘇聯人包括維經斯基、維連斯基、越飛、契切林在內，都認為孫中山是個不切實際的夢想家。直至香港海員大罷工，馬林看到國民黨人的力量，返回莫斯科向共產國際報告，力主與國民黨合作，共產國際才表示支持孫中山。但越飛被派來華落實政策時，仍然彈性地將政策變成拉壟吳佩孚與孫中山合作，並非

單獨支持孫中山。

其後，蘇聯為什麼放棄爭取吳佩孚？有些觀點認為吳佩孚血腥鎮壓京漢鐵路大罷工，故吳不能成為無產階級的盟友。這只是其中一個原因，仍然忽略了其他重要因素。

共產國際既然視中國為擊潰帝國主義的重要戰場，在中國招兵買馬，擴張其影響力，難道帝國主義會視若無睹，坐視共產國際勢力在中國坐大嗎？

1922 年 1 月，香港海員在國民黨領導和經濟支持下進行大罷工，250 多艘輪船被迫在香港港口滯留，海上運輸全面癱瘓了數週之久，香港海員大挫英帝國主義威風。1923 年 1 月 26 日，孫中山和越飛發表聯合宣言，這宣言對中國以至國際政局都產生了重大震撼。蘇聯竟然承認了英、美、法、日等帝國主義所不承認的廣州政權，並聲言援助他進行國民革命，這意味着孫中山不再孤立，他的革命軍隊將會在蘇聯支持下有能力統一中國，帝國主義支持的軍閥將面對前所未有的挑戰。同時，國民黨領導的工人運動將染上世界無產階級革命的色彩。

數日之後，2 月 1 日中共籌組京漢鐵路總工會被禁，發動京漢鐵路大罷工，令全線 1,200 公里鐵路癱瘓；被吳佩孚血腥鎮壓，殺害罷工領袖和工人共52 人，打傷 500 餘人，監禁百餘人。吳佩孚婉拒越飛的聯孫反張建議，拒絕與孫中山合作，反而採取行動設法消滅孫中山的廣東政權。換言之，吳佩孚回應孫中山和越飛的聯合聲明，就是停止與蘇俄和中共合作，投靠英國。爭奪吳佩孚是英蘇在中國的政治角力，蘇俄財力兵力均遠遜英國，失敗是正常的結果。蘇俄既然無法爭取中國的實力派，只得爭取中國的夢想家——孫中山，給予大力支持，將他的夢想變成現實。

3 月 8 日，俄共（布）中央政治局召開會議，同意給予孫中山 200 萬盧布和協助籌建黃埔軍校，開始了蘇俄與帝國主義在中國的交鋒。

2. 國民黨方面

（1）國民黨改組與發展

1922 年 9 月初，李大釗由張繼介紹、孫中山主盟，最先以個人資格在上海正式加入國民黨。陳獨秀、蔡和森、張太雷等亦由孫中山主盟，先後正式加入了國民黨為黨員。稍後，張國燾等中共黨員亦相繼加入國民黨為黨員，[107] 9 月 4 日，孫中山召集在上海各省同志張繼等五十三人，商討國民黨改進事，各人均表贊同。6 日，孫中山指定丁惟汾、管鵬、茅祖權、陳獨秀、覃振、張秋白、呂志伊、陳樹人等九人為規劃國民黨改進方略起草委員，籌商起草改進計劃。[108] 陳獨秀等人加入國民黨後，被委以重任，如陳獨秀參與改組國民黨，李大釗任北京支部總幹事，夏曦、劉少奇任湖南第一、二分部籌備主任。6 月 16 日，旅歐中國少年共產黨周恩來、任卓宣、李富春等八十餘人，在歐洲加入國民黨。周恩來被孫中山委任為巴黎中國國民黨通訊處籌備員。[109] 11 月 25 日國民黨駐歐總支部在里昂成立，周恩來當選執行部總務科主任，李富春為宣傳科主任，聶榮臻為巴黎通訊處處長。（香港某政客的父親，是國民黨官員，常吹牛說自己當年曾與周恩來爭取留法勤工儉學生加入國民黨或共產黨，但卻不知道周恩來負責成立國民黨駐歐總支部這段歷史，在周恩來給國民黨的報告和眾多勤工儉學生的回憶錄，亦找不到這人的活動紀錄！）開始了歐洲地區的國共合作。周恩來返國後，於 1924 年 11 月就任黃埔軍校政治部主任。

1924 年 1 月 20 日中國國民黨第一次全國代表大會在廣州舉行，出席代表 165 人。1 月 30 日通過國民黨政綱，推選中央執行委員 24 人，當中有譚平山、李大釗、于樹德三個中共黨員，候補中央執行委員 17 人，有沈定一、于方舟、韓麟符、林祖涵、毛澤東、張國燾、瞿秋白等七個中共黨員。同日

---

107 《我的回憶》（1），第 239－249 頁。
108 《國父年譜》（下），第 1241 頁。
109 孫中山：〈委任王京岐等職務狀〉（1923 年 9 月 3 日），《國父全集》（8），第 570 頁。

發表《中國國民黨第一次全國代表大會宣言》，痛斥軍閥勾結列強，列強假手軍閥在中國製造內亂，以獲取利權，各佔勢力範圍，號召打倒帝國主義和軍閥。國民黨歷史認為「決定了反帝國主義綱領」，是第一次全國代表大會的一項成就。這綱領列為對外政綱，發表後，「中國人感到興奮鼓舞，外國人則感到震驚恐懼」。[110]

國民黨第一次全國代表大會後，正式開始了國民黨的聯俄容共時期。1924 年 11 月 2 日至 22 日，馬林用「孫鐸」的筆名在《嚮導》週報第八至十一期連續發表了〈俄國革命五周紀念〉、〈吳佩孚和陳炯明〉、〈國民運動、革命軍和革命宣傳〉、〈外國資本家對孫中山的勸告〉、〈新俄羅斯〉和〈中國勞動群眾的覺醒〉等六篇文章，建議國民黨與蘇俄聯合、支持勞動階級和工人運動、加強革命宣傳。[111]

與此同時，蘇聯政府委派鮑羅廷為駐廣州常設代表。1923 年 10 月 6 日，鮑羅廷到達廣州。24 日，孫中山派廖仲愷、鄧澤如等召集特別會議，商國民黨改組問題。孫中山説：「今日改組，應保持本黨原來之情感，採取蘇俄之組織，則得其益而無其弊。」25 日，孫中山委派胡漢民、鄧澤如、林森、廖仲愷、譚平山、陳樹人、孫科、吳鐵城、楊庶堪等九人為國民黨臨時中央執行委員，委派汪精衛、李大釗、謝英伯、古應芬、許崇清等五人為候補執行委員，組織國民黨臨時中央執行委員會；聘鮑羅廷為國民黨組織訓練員，籌備國民黨徹底的改組。[112]

鮑羅廷到達廣州之後，考察國民黨和廣州的情況，發現廣州國民黨黨員號稱有三萬人，但改組登記時約有三千人，且與這些黨員缺乏聯繫。「國民黨

---

110 蔣永敬：〈北伐之準備〉，教育部主編：《中華民國建國史——統一與建設》（1）（台北：國立編譯館出版，1989 年），第 254－255 頁。

111 姚維鬥、丁則勤：〈馬林在華活動紀要〉，《馬林在中國的有關資料》（增訂本），第 271 頁。

112 《國父年譜》（下），第 1385－1386 頁；張注洪、楊云若：〈鮑羅廷在中國活動紀要〉（1923－1927 年），《鮑羅廷在中國的有關資料》，第 293 頁。

作為一支有組織的力量已經完全不存在。」再加上連年征戰，廣州市民背負沉重的苛捐雜稅和兵役，「對孫的政府持強烈反對的態度」。[113] 另一位蘇聯駐華人員斯列帕克說：「把國民黨作為一個政黨來談論時，我覺得可笑。實際上可能除了在全中國可以數得出來的無愧於國民黨員這個稱號的七至十個人之外，這樣的黨並不存在。其餘的則是一些由於友誼和關係而同孫逸仙聯繫在一起的人。……當國民黨受到威脅的時候，國民黨員之間還有某種團結。而一旦形勢好轉，就又重新開始扯皮——出現新的紛爭、新的傾軋。你可以想像，在既沒有黨的紀律，實際上也沒有黨的組織的情況下，這樣一些國民黨人混進工會，各行其是，自然會把他們的糾紛和爭吵帶進去。」[114]

鮑羅廷在兵臨城下的廣州上了寶貴的一課，他根據俄國革命的經驗和他在廣州觀察所得，向孫中山等國民黨人建議，根據確切闡明的綱領和黨章來着手改組國民黨，並成立軍官學校和培養一些政工幹部，以改組整個軍隊。為了吸引群眾支持國民黨，鮑羅廷建議國民黨首先在廣東本地的勞動、土地關係和改善小資產階狀況等方面進行改革。

鮑羅廷認為目前擺在孫中山面前的任務有三個：

一、辦報宣傳：繼續在全國範圍內進行在廣州業已開始的國民黨的改組工作，必須立即在中國的各大中心城市如廣州和上海創辦報紙。

二、建立革命根據地：堅守廣東，使廣東作為向全中國發展和推進國民革命運動的根據地。首先必須根據政府在社會勞工法、調整土地關係等方面的具體措施，做工人、農民和小資產階級的宣傳說服工作，同時緩解無地、少地和村社農民的處境等等。在廣東建立社會基礎，以證明革命政府存在的合理性並使它能夠提出全民族的任務。

三、改組軍隊：改組現在共有五萬到十萬人的軍隊，使它完全服從國民

---

113 〈鮑羅廷關於華南形勢的札記〉，《聯共（布）、共產國際與中國國民革命運動》（1920－1925）（1），第 367 頁。

114 〈斯列帕克給維經斯基的信〉（1923 年 11 月 25 日），《聯共（布）、共產國際與中國國民革命運動》（1920－1925）（1），第 319 頁。

黨的領導。創立幾所軍事學校，同時重視培養政治工作人員。[115]

鮑羅廷努力籌劃協助改組國民黨和召開第一次全國代表大會。臨時中央執行委員會舉行了多次會議、重新辦理黨員登記、招收新黨員、選舉大會代表等。孫中山邀請鮑羅廷為國民黨起草了黨章黨綱，由廖仲愷將它翻譯成中文，再交孫中山審定。1924 年 1 月 23 日大會通過了宣言和黨綱。

〈大會宣言〉對三民主義作了新解釋：

一、民族主義

國民黨之民族主義有兩方面之意義：一則中國民族自求解放，免除帝國主義之侵略；二則中國境內各民族一律平等，承認中國以內各民族之自決權，要組織自由統一的（各民族自由聯合的）中華民國。

二、民權主義

國民黨之民權主義，於間接民權之外，復行直接民權。為一般平民所共有，非少數者所得而私。凡賣國罔民以效忠於帝國主義及軍閥者，無論其為團體或個人，皆不得享有此等自由及權利。

三、民生主義

國民黨之民生主義：一曰平均地權；二曰節制資本。

平均地權就是私人所有土地由地主估價，呈報政府，國家就價徵稅，並於必要時依報價收買之。農民之缺乏田地淪為佃戶者，國家當給以土地，資其耕作，並為之整頓水利。移殖荒徼，以均地力。農民因高利借貸而負債終身者，由國家設立農民銀行，供其匱乏。

節制資本就是要將本國人及外國人之企業或有獨佔的性質，或規模過大為私人之力所不能辦者，如銀行、鐵道、航路之屬，由國家經營管理之。使

---

115 〈鮑羅廷關於華南形勢的札記〉（1923 年 12 月 10 日於北京），《聯共（布）、共產國際與中國國民革命運動》（1920－1925）（1），第 371－377 頁。

私有資本制度不能操縱國民之生計。[116]

　　大會最後選舉了中國國民黨中央執行委員，中共黨員約佔委員總數的四分之一。一大閉幕次日，孫中山召集國民黨一屆一中全會，推廖仲愷、戴季陶、譚平山為中央執行委員會常務委員，並決定成立秘書處及組織、宣傳、青年、工人、農民、婦女、軍事、調查八部。其中組織部長譚平山、秘書楊匏安、農民部長林伯渠、秘書彭湃，以及工人部秘書馮菊坡等，皆為共產黨員。工人部長廖仲愷、婦女部長曾醒，被視為國民黨左派。因此，中央黨部中，共產黨人及國民黨左派較佔優勢。中國國民黨第一次全國代表大會的召開，標誌着國民黨改組的完成和第一次國共合作的正式形成。[117]

　　鮑羅廷寫信給加拉罕說：國民黨的綱領是一份不錯的黨的文件，它分為三部分：第一部分，國民黨的過去，以及其他黨派的建議；第二部分，對國民黨的原則作出了解釋，旨在使未來的中央委員會根據這些原則制定出我們可以稱之為最高綱領的綱領；第三部分，是當前的綱領，打算把中國所有的單獨個人聚集在自己的周圍，為建立全國的黨打下基礎，然後黨將開展充分的宣傳鼓動工作。[118]

　　加拉罕寫信給契切林說：國民黨從來沒有召開過代表大會，這是國民黨的第一次代表大會。「這個第一次代表大會不僅是黨的歷史上而且也是國民革命運動歷史上的一個轉折點，因為它為國民革命組織，為它的戰鬥核心奠定了基石。孫本人在代表大會上提到黨的第一次代表大會的特殊意義，認為它是一次重大的歷史性事件。」「這次代表大會在國內引起了很大反響，引起了各界的關注。」代表大會引起了報界、各種團體和知識界、民族團體和學生界的巨大興趣、希望和期待。「這次代表大會不僅對南方孫直接領導的廣州

116　孫中山：〈中國國民黨第一次全國代表大會宣言〉（1924 年 1 月 31 日），《國父全集》
　　　（2），第 131-140 頁。
117　《中國共產黨歷史》（1 上），第 83 頁。
118　〈鮑羅廷給加拉罕的信〉（1924 年 1 月 25 日於廣州），《聯共（布）、共產國際與中
　　　國國民革命運動》（1920-1925）（1），第 403 頁。

國民革命運動，而且對中國其他所有地方的國民革命運動都會產生巨大的影響，對此現在還很難作出估計。國民黨的代表從中國的四面八方第一次聚集在一起，沒有一個省沒有向那裏派去自己的代表；會上不僅有中國各省的代表，而且有來自一些殖民地的華人，即來自澳大利亞、加拿大、美國、菲律賓、新加坡、邏羅和安南的代表。」「國民黨正在變成一個真正生氣勃勃的、積極的、組織良好的國民革命黨，這是我們在任何其他國家都沒有的。無論是在印度，還是在土耳其、波斯，都沒有這樣一個舉足輕重的國民革命黨。我現在要強調的是，正是國民黨處於我們的影響之下，正是國民黨對我們的威望充滿尊敬和崇拜，正是這個黨，它如此馴服地接受我們的指示和共產國際的決議。」我們應該提供援助。[119] 事實上，加拉罕誇大了蘇俄對孫中山的影響，孫中山雖然接受了鮑羅廷許多建議，但仍執最後決定權。兩人的意見也不盡一致。鮑羅廷發現要改變孫中山的想法簡直不可能。[120] 孫中山雖然爭取越飛，請求蘇聯援助，但不認同其拉壟孫吳合作打擊張作霖的策略，指斥「這不是遊手好閑的投機生意」，他不會背叛盟友，自壞其制定的反直三角聯盟。蘇聯意圖進軍東北的行動，孫中山更嚴肅地致函列寧，指責這是舊俄國帝國主義者的行徑，勸其切勿採取這種不智行動。孫中山是中國偉大的革命家，自然有其革命理想，有其做人原則。雖然有求於蘇聯。不過「馴服地接受蘇聯顧問的指示和共產國際的決議」，只是加拉罕等幾位蘇聯顧問的一廂情願的看法而已，中國革命家行事自有其風範。

　　但無論如何，孫中山是認真地推行「聯俄容共」、「以俄為師」的政策。孫中山指出聯俄的原因是：「使雙方採取一種共同政策，俾吾人得與列強平等

<hr>

119 〈加拉罕給契切林的信〉（1924 年 2 月 9 日於北京），《聯共（布）、共產國際與中國國民革命運動》（1920－1925）（1），第 410－415 頁。

120 韋慕庭：〈孫中山的蘇聯顧問〉（1920－1925），《中央研究院近代史研究所集刊》（第16 期）（1987 年 6 月）（台北：中央研究院近代史研究所，1987 年），第 288 頁。

相處，及脫離國際帝國主義之政治、經濟的壓迫。」[121] 1924 年 1 月 20 日，孫中山在廣州中國國民黨第一次全國代表大會演講，解釋其以俄為師的原因：「中國革命六年後，俄國才有革命。俄國革命黨不僅把世界最大威權之帝國主義推翻，且進而解決世界經濟、政治諸問題。這種革命，真是徹底的成功，皆因其方法良好之故。」[122]「俄乃以六年之短期，剗除根深蒂固之專制階級，戰勝其四圍之帝國主義之惡魔，且以其勢力振發全世界被壓迫民眾之奮鬥精神。而吾黨自辛亥迄今，垂十三年，國內軍閥官僚之橫暴，日甚一日，國外帝國資本主義之侵凌，日迫一日；以視乎俄，瞠乎其後。則俄誠足為吾黨借鏡之資，而亦當引為吾國互助之友。蓋以言主義，則彼此均能吻合，以言國情，則彼此有若弟兄。」接着孫中山解釋容共的原因：「來者不拒。所以昭吾黨之量能容物，而開將來繼續奮鬥之長途，吾黨之新機，於是乎在。彼此既志同道合，則團體以內無新舊份子之別。在黨言黨，唯有視能否為本黨、為主義負責奮鬥而定其優劣耳。」[123] 孫中山「以俄為師」的態度是認真的，他寫信給中共黨員趙世炎等同志說：「諸兄現留俄國，於其革命主義之所以能澈底，及其黨之組織與紀律，與其為國民利益而奮鬥之方策，必多真知灼見，望時時以所心得，餉之國內同志，俾得借鏡，是所至囑。」[124] 孫中山畢生為中國的富強而奮鬥，認為只有他的三民主義才適合中國國情，共產主義並不適合。但有俄國革命成功的經驗可資借鏡，當然不會放棄。借俄國經驗，協助他改組國民黨，事實上令國民黨迅速壯大起來，廣東迅速成為全國認同的革命中心。

---

121 孫中山：〈覆加拉罕望促進中俄親善以謀兩大民族之自由與和平發電〉（1923 年 9 月 16 日），《國父全集》（5），第 476 頁。

122 孫中山：〈中國現狀及國民黨改組問題〉（1924 年 1 月 20 日），《國父全集》（3），第 410－412 頁。

123 孫中山：〈釋本黨改組容共意義致黨員通告〉（1924 年 3 月 2 日），《國父全集》（2），第 140－142 頁。

124 孫中山：〈致留俄同志說明黨之改組意義函〉（1924 年 2 月 6 日），《國父全集》（5），第 504－505 頁。

1923 年 6 月 12 日至 20 日，中共召開了第三次全國代表大會，通過與國民黨合作，中共通過決議：「我們須努力擴大國民黨的組織於全中國，使全中國革命份子集中於國民黨，以應目前中國國民革命之需要。」[125] 中共黨員積極協助國民黨在各地創建執行部和省黨部，使國民黨在全國範圍內得到空前的發展。

　　有些國民黨學者承認「鮑羅廷協助國民黨之改組，強化了國民黨的組織功能，其對國民黨之貢獻，自當不應忽視」。[126]

　　某台灣學者承認中共這些跨黨黨員，「是所謂新派人物，年紀輕、有理想、活力十足、任勞任怨，沒有一般老國民黨員的官氣和暮氣。他們積極參加國民黨中央的改組，尤其是熱心於國民黨地方黨務的重建」，以及恢復國民黨的組織。[127] 據 1926 年 1 月國民黨二大前統計，正式成立黨部的有廣東、湖南、湖北、江西、山東、直隸、河南、察哈爾、內蒙古、綏遠、熱河等十一省黨部，特別市黨部有廣州、北京、漢口、哈爾濱等四市，籌備中的黨部有廣西、福建、奉天、浙江、吉林、四川、甘肅、安徽等八省。除新疆、雲南、貴州等少數省、區外，已在全國大多數省、區建立起黨部組織。這些黨部組織大都以共產黨員和國民黨左派為骨幹建立起來的。如 1924 年 2 月 25 日，國民黨上海執行部成立，毛澤東、惲代英、邵力子分任組織、宣傳、工人農民三部秘書，羅章龍、施存統、沈澤民、鄧中夏、王荷波、向警予等任幹事。4 月 20 日，北京執行部成立，組織部長李大釗、青年部長于樹德等。4 月，漢口執行部成立，組織部長林伯渠、幹事李立三、工人農民部長劉伯

125 〈關於國民運動及國民黨問題的議決案〉，《中共中央檔選集》（1），第 147－148 頁。引自 1923 年 7 月印行的《中國共產黨第三次全國代表大會決議案及宣言》。

126 蔣永敬：〈鮑羅廷與中國國民黨之改組〉，中華民國建國史討論集編輯委員會：《中華民國建國史討論集——北伐統一與訓政建設史》（3）（台北：中華民國建國史討論會，1981 年），第 88 頁。

127 陳永發：《中國共產革命七十年》上冊（台北：聯經出版事業公司，1998 年），第 92－93 頁。

垂等。4月1日，湖南臨時省黨部成立，委員何叔衡、夏曦等。4月，湖北臨時省黨部成立，委員董必武、陳潭秋、劉昌群等。此外，浙江省黨部的宣中華、沈定一，四川省黨部的吳玉章，直隸省黨部的于方舟、李永聲，江蘇省黨部的侯紹裘，陝西省黨部的楊明軒、劉含初，熱河省黨部的韓麟符等，都是中共黨員。

國民黨黨員人數迅速增加，高達二十萬之多。據統計，北京執行部所轄華北、東北、西北十五個省、區，有黨員一萬四千餘人。江蘇省縣、市、區黨部發展到二十五個，黨員三千五百多人。浙江省黨部在二十多個縣建立了組織，黨員約有二千人。四川省有黨員八千多人。黨員成分也發生很大變化，工人、農民和青年學生佔了相當大的比重。如廣東各縣黨部，農民佔80%；廣州市黨部，工人佔60%。山東省黨部，學生佔40%，工人佔25%，農民佔15%，教師佔15%，其他佔5%。湖北省黨部在陳潭秋主持下，到1925年10月，全省國民黨員中，工、農和青年學生佔75%以上。[128]

（2）軍力倍增

孫中山落實「以俄為師」的措施，一方面是改組國民黨，二方面是建立一支由黨指揮的軍隊，培養效忠黨的軍事幹部。1924年6月16日，孫中山在陸軍軍官學校開學典禮致訓詞，詳細明確解釋創辦軍官學校的原因：因為「中國的革命有了十三年，現在得到的結果，只有民國之年號，沒有民國之事實。……所以中國十三年的革命，完全是失敗，就是到今天，也還是失敗」。而俄國革命卻徹底成功，拿兩國的歷史來比較：滿清皇帝是外族人，他的威權到革命時，已經是很薄弱，政治也是很腐敗，當那個時候，滿清的國勢，是世界上最衰微的國家；俄皇是本國人，又是俄國的教主，在國內的威權是第一，當沒有革命的時候，俄羅斯的國勢，是世界上最強盛的國家。像這樣比較，可以說中國是對權勢很薄弱的皇帝來革命，俄國是對權勢很強盛的皇

---

128 《中國共產黨歷史》（1上），第69頁；張玉法：《中華民國史稿》（台北：聯經出版事業公司，1998年），第133頁。

帝來革命，所以就對內這一方面講，中國革命是很容易的，俄國革命是很艱難的。就對外一方面說，中國革命之後，列強毫沒有理會。俄國發生了革命之後，英、法、美、日等國軍隊侵進俄國境內，外國人集合全世界的力量來干涉俄國革命。這樣看來，中國革命只在內對付一個很衰弱的政府；俄國革命，在內要對付一個威權很大的政府，在外還要對付全世界的列強。

「為什麼俄國遭了那樣大的艱難，遇了那樣多的敵人，還能夠在六年之內，把所有的障礙都一概打消，革命是澈底的成功。」由中國和俄國革命的結果不同，推求當中原因，「就是俄國發生革命的時候，雖然是一般革命黨員做先鋒，去同俄皇奮鬥，但是革命一經成功，便馬上組織革命軍，後來因為有了革命軍，做革命黨的後援，繼續去奮鬥，所以就是遇到了許多大障礙，還是能夠在短時間之內，大告成功。」

「簡單的說，就是由於我們革命，只有革命黨的奮鬥，沒有革命軍的奮鬥，因為沒有革命軍的奮鬥，所以一般官僚軍閥，便把持民國，我們的革命，便不能完全成功。」因此，孫中山倣效俄國，創辦這個軍官學校，「就是要從今天起，把革命的事業重新來創造，要用這個學校內的學生做根本，成立革命軍，諸位學生，就是將來革命軍的骨幹，有了這種好骨幹，成了革命軍，我們的革命事業，便可以成功。如果沒有好革命軍，中國的革命，永遠還是要失敗，所以今天在這地方開這個軍官學校，獨一無二的希望，就是創造革命軍，來挽救中國的危亡。」「有了這種理想上的革命軍，我們的革命，便可以大告成功，中國便可以挽救，四萬萬人便不至滅亡。」「革命事業，就是救國救民。」[129]

研究黃埔軍校歷史的學者，客觀承認：俄國革命的成功，對孫中山的戰略思想不無影響。「黨與軍的結合，乃列寧所領導布爾什維克黨成功的地方，

---

129 孫中山：〈革命軍的基礎在高深的學問〉（1924 年 6 月 16 日在廣州對陸軍軍官學校開學訓詞），《國父全集》（3），第 472－479 頁。

也是過去的同盟會、國民黨、中華革命黨以至於中國國民黨失敗的地方。」[130]

　　國民黨一方面組織散渙、毫無紀律，同時又不斷內鬥。廣州國民黨兩大力量——孫中山和陳炯明不斷鬥爭。陳炯明迫走孫中山後，孫中山在張作霖的援助下，於 1923 年 1 月 16 日重奪廣州，陳炯明退守惠州及東江一帶，負隅頑抗。8 月 23 日孫中山親自領軍東征，但陳炯明得直系接濟，全力反撲，擊敗各路討賊軍，並圍攻博羅、增城。27 日，增城告急，蔣光亮違反軍令、拒絕赴援。9 月 24 日，孫中山親自指揮進攻惠州，久攻不克。10 月 28 日，陳炯明部佔平湖，蔣光亮部潰敗。30 日，海軍永翔等四艦叛變，開赴汕頭。11 月 5 日陳炯明林虎部攻佔龍門，進逼增城。次日，數萬討賊軍連日敗退，潰兵如潮。孫中山連夜開會，商討挽救軍事頹勢。8 日，博羅失守，滇、桂、粵軍退卻。10 日，孫中山下令反攻，無效。12 日，陳炯明部攻佔石龍，廣州危急。國民黨立即召開臨時中央執行委員會第五次會議，研究應付時局，討論組織義勇軍。14 日，北伐軍譚延闓部被吳佩孚沈鴻英部擊退，撤返廣州。孫中山派楊希閔為滇粵桂聯軍總指揮。楊希閔以「重賞之下有勇夫」，請孫中山預頒十萬金為準備，孫中山大怒，楊庶堪、李烈鈞以漢高祖封韓信為齊王故事勸阻。於是孫中山發交擬辦。15 日，臨時中央執行委員會第六次會議，議決國民黨義勇軍組織。18 日，陳炯明部五路猛攻廣州，在市郊激戰。豫軍樊鍾秀部及時增援，令守軍增強實力。19 日，湘軍譚延闓部、豫軍樊鍾秀部與滇軍協同作戰，擊敗陳炯明部，廣州遂轉危為安。同日，臨時中央執行委員會第七次會議，議決：先招有軍事學識黨人約十數人，日間為學生講習高深軍事學及黨義，夜間教練義勇軍。22 日，臨時中央執行委員會舉行第八次會議，決議推譚平山、陳樹人、謝英伯為臨時中央執行委員會秘書，組織秘書處。26 日，孫中山親自主持臨時中央執行委員會第十次會議，決議義勇軍學校定名為「國民軍軍官學校」，以蔣介石為校長，陳翰譽為教練長，廖仲

130 范英：〈國父晚期的軍事思想與黃埔軍校的創立〉，國防部史政編譯局：《黃埔建校六十週年論文集》（上）（台北：國防部史政編譯局，1984 年），第 13 頁。

愷為政治部主任。27 日，臨時中央執行委員會舉行第十一次會議，到會者林森、馮自由、孫科、謝英伯、陳樹人、鮑羅廷、吳鐵城、譚平山、鄧澤如、廖仲愷；制定全國代表大會議事日程綱要，及國民軍軍官學校籌備事項。[131] 陳炯明的背叛，反映國民黨軍事力量薄弱，必須建立一支效忠革命理想的黨軍，否則北伐固然難以進行，連堅守廣州這革命根據地也不易辦到。

1924 年 1 月，孫中山委任軍校校長蔣介石，以及籌備委員王柏齡、鄧演達、沈應時、林振雄、俞飛鴻、張家瑞、宋榮昌，又指定距廣州約四十里的黃埔為校址。2 月 6 日，軍校籌備處在廣州南堤二號正式成立。8 日召開首次校務籌備會，隨即開始辦理招生工作。原定計劃錄取 324 名學生，結果報名數人數超過二千人，只好舉行考試作為甄別。最後，錄取了五百餘人，成為黃埔第一期學生。

孫越宣言公佈後，越飛的蘇聯駐華武官格克爾（A. I. Gecker）立即返回莫斯科選拔派華的軍事顧問。格克爾曾任烏克蘭總司令部參謀長、戰區司令，與伏龍芝同為紅軍重要領導，又是莫斯科工農紅軍陸軍大學校長。他從陸大東方學系中選拔了五個第三期的畢業生：帕凡爾·斯摩林哲夫（Pauel Smolenstov）、雅科夫·格日曼（Yakov German）、尼古拉·捷列沙托夫（Nikolai Tereshatov）、弗拉基米爾·波梁克（Vodimir Poliak）、亞·伊·趙列潘諾夫（A. I. Cherepanov），他們以志願者的身分派往中國。1923 年 6 月 21 日，格克爾率領第一批蘇聯軍事顧問到達北京，9 月鮑羅廷首先率格日曼和波梁克前往廣州。1924 年 6 月，孫中山命令蔣介石正式聘請波梁克、捷列沙托夫、趙列潘諾夫、格日曼為軍校顧問。同月，蘇聯顧問相繼到達廣州。除格日曼為政治顧問，波梁克為首席顧問外，其餘顧問多數在軍校擔任技術性教官，教導軍校學生如何裝配和使用軍械，以及如何採用俄式的凌厲進攻戰術，以改變中國傳統的防禦戰術。

購買外國武器，聘請外國軍事教官教導軍隊使用武器、指揮作戰和戰鬥

131 《國父年譜》（下），第 1285－1407 頁。

技巧，在中國不是新生事物，曾國藩、李鴻章、袁世凱、張作霖、吳佩孚等人都用此法訓練出其精銳部隊。黃埔軍官與眾不同的，是「以俄為師」，引入了蘇聯紅軍的黨代表制度。

蘇聯顧問斯他委諾夫解釋黨代表制度的作用：蘇聯解散舊軍隊，組織新紅軍時有很多舊軍官極端反對革命，時常暗中通敵，或圖謀不軌。德法英各國聯絡這些壞份子，在蘇聯各地搞破壞，製造暴動。蘇聯馬上組織一個非常委員會，派黨代表到各軍隊中間，又設立了一個革命審判廳，於是反革命軍官逐漸消滅，革命力量於是鞏固。黨代表負責對士兵群眾和所在地民眾宣傳，講解何為國家？何為敵人？讓人人都能明白自己的利益何在，認清敵人，為主義而奮鬥，不像以前那樣糊裏糊塗地打仗。

黨代表不怕辛苦，常常用種種方法與士兵親近，教他們讀書識字、政治常識，為軍官和士兵解決各種困難，令他們像親人一樣的相信黨代表。最後，斯他委諾夫呼籲：「諸位現在應努力在軍隊中作政治宣傳的工作，使他們了解為什麼要打仗，怎麼樣犧牲個人而為主義奮鬥，為國為黨而奮鬥。」[132]

國民革命軍成立後，公佈國民革命軍黨代表條例，今引述其重要條文如下：

第一章　國民革命軍部隊之黨代表

第一條：為貫輸國民革命之精神，提高戰鬥力，鞏固紀律，發展三民主義之教育起見，於國民革命軍中設置黨代表。

第二條：黨代表在軍隊中，為中國國民黨之代表，關於軍隊中之政治情形及行為，黨代表對黨員負完全責任。關於黨的指導，及高級軍事機關之訓令，相助其實行，輔助該部隊長官鞏固並提高革命的軍紀。

第三條：黨代表為軍隊中黨部之指導人，並施行各種政治文化工作。軍隊中一切普通組織之工作，如俱樂部青年軍人聯合會，孫文主

132　斯他委諾夫講演、黃錦輝筆記：〈俄國紅軍黨代表制度〉，廣東革命歷史博物館：《黃埔軍校史料》（1924－1927）（廣州：廣東人民出版社，1995年），第163－167頁。

義學會，體育會等，均受其指導，並指導其所轄各級黨代表及政治部。

第六條：黨代表應推行黨及政治勢力於所屬部隊，並按上級黨代表之意，指導其政治工作。

第七條：黨代表為所屬軍隊之長官，其所發命令，與指揮官同，所屬人員須一律執行之。

第八條：黨代表有會同指揮官審查軍隊行政之權。

第九條：黨代表不干涉指揮官之行政命令，但須副署之。

第十條：黨代表於認為指揮官之命令有危害國民革命時，應即報告上級黨代表，但於發現指揮官分明變亂或叛黨時，黨代表得以自己的意見，自動的設法使其命令不得執行，同時應該報告上級黨代表、政治訓練部、及軍事委員會主席。

第十四條：凡軍隊所駐之地，黨代表須與該地黨及農工等團體發生密切之關係，務使軍隊與人民接近。[133]

孫中山「以俄為師」，請蘇聯協助他培養一支為革命而奮鬥的武裝力量。雖然國民革命軍引進了紅軍的黨代表制，但黨人多數不明白這制度能有效監管軍隊，防止武人擅政，不懂「黨指揮槍」的道理。蔣介石深明此制度的厲害，孫中山逝世後，發動中山艦事變，借機廢止黨代表制，於是國民黨的黨軍，變成蔣介石和其他軍官的私人軍隊，伏下國民黨新軍閥大混戰的禍根！

孫中山落實「聯俄容共」政策後，1923 年 9 月 5 日照會北京公使團，要求立將關餘攤分給軍政府，但被外交團拒絕，且聯合派遣戰艦十多艘闖入黃埔示威。1924 年 9 月 12 日，孫中山致函加拉罕請求援助：「中國同世界帝國主義展開公開鬥爭的時刻現已到來。在這場鬥爭中，我向你的偉大國家尋求友誼和援助，這種友誼和援助將能幫助中國從帝國主義強大鷹爪下解放出

---

133 〈國民革命軍黨代表條例〉，《黃埔軍校史料》（1924－1927），第 139－140 頁。

來，能幫助恢復我國的政治和經濟獨立。」[134] 孫中山的「聯俄容共」政策受到嚴峻的考驗，蘇聯迅速行動。10 月 7 日，第一批俄援軍火運抵黃埔，自此開通了從海參威到廣州的俄援航線，大批蘇聯顧問亦隨船而來。這時，蘇聯來華的軍事顧問中以加倫（Galen，原名 V. K. Blucher）最為重要，他曾任紅軍總司令、國防部長、軍事委員會主席，是一個戰功彪炳的軍事家。[135] 黃埔軍校培訓了三期學生之後，便爆發了商團事變，迅即被學生軍平定。1925 年 3 月，以學生軍為基礎的部隊，重挫盤據在東江的陳炯明林虎部；6 月，撲滅了不聽指揮的楊希閔、劉震寰兩軍，統一廣東，鞏固了國民革命的基地。[136]

不過，有些國民黨學者仍然否認黃埔軍校曾得到蘇聯的經濟援助：「中國方面並沒有直接的記載，亦看不到蘇聯經援支配運用的紀錄，究竟黃埔建校之初有否蘇聯的財務支持？支持的數額是多少？」都是不確定的。雖然美國哥倫比亞大學韋慕廷教授已有研究分析，提出三項理據：

一、1926 年 4 月，俄人來自廣東的報告，指稱黃埔軍校建校之初，得到蘇俄的金錢援助。

二、鮑羅廷在數年之後曾對 Louis Fischer 言及軍校創建之初，蘇聯政府曾幫助三百萬盧布，約合中國幣值 270 萬元。

三、1925 年 3 月 17 日，N. Mitarevsky 引述一封由莫斯科寄給北平的蘇什赤夫斯基（Comrade Soustchefsky）的信函中，提及撥給加倫 45 萬盧布，並以 10 萬盧布維持黃埔軍校二個月。

但這位學者逐點駁斥：

134 孫中山：〈赴韶關督師前致加拉罕函〉（1924 年 9 月 12 日），《國父全集》（5），第 529－530 頁。

135 陳存恭：〈黃埔建校前後在華南的蘇俄軍事顧問〉，《黃埔建校六十週年論文集》（上），第 379－389 頁。

136 呂芳上：〈先總統蔣公與黃埔軍校的創建〉，《黃埔建校六十週年論文集》（上），第 32－41 頁。

一、所謂金錢援助，既無時間，又無數目，顯係一種想當然的「隨便說說」而已，不能作為歷史的依據。

二、鮑羅廷對 Louis Fischer 的談話在國民黨「清共」以後，他以失敗者的心情，對中國國民黨實施栽贓行為。270 萬銀元，不是個小數目，如果真拿到，當時的廣州政府與黃埔軍校不會窮困到那種程度，且在支用過程中或多或少的留下一些痕蹟。但無任何發現。故對鮑某的談話，只好用史學方法「孤證不採」，予以揚棄。

三、當時蘇聯在中國各地找對象合作。加倫所領的 45 萬盧布，究作何用？無資料可查，或許為其顧問自己使用，即指明 10 萬盧布用於「黃埔」，亦找不出蛛絲馬蹟。黃埔軍校不曾向蘇聯提報預算，當然不會得到蘇聯的經濟援助。

這位學者又指英國資料提及蘇聯提供建校經費 100 萬元，每月用費 20 萬元，都是無中生有，造謠中傷。此種援助數字，毫無根據，編織而出。[137] 從而否定國民黨曾經拿取過蘇聯的援助。

國民黨由聯俄容共轉變為反共抗俄，痛罵中共是拿取共產國際的盧布黨，對自己曾經從共產國際拿取比中共更多的金錢和武器，當然有點難為情，很難自圓其說！不過，近年蘇聯檔案解密，國民黨從共產國際拿了多少好處，是清清楚楚的。

1922 年 8 月 12 日，蘇俄駐北京全權代表越飛抵達北京，準備與中國洽商建交問題。8 月 30 日，越飛發電報給加拉罕指出：中國「是國際衝突的焦點和國際帝國主義最薄弱的地方」，歐洲帝國主義遇到了經濟困難，有可能拋棄中國殖民地來拯救自己。因此，在中國打擊帝國主義是很有意義的。[138] 越飛在翌日給加拉罕的電報繼續分析：中國政府沒有錢，外國銀行團不肯向中

---

137 王正華：〈黃埔建校經費初探〉，《黃埔建校六十週年論文集》（上），第 451－453 頁。
138 〈越飛給加拉罕的電報〉（1922 年 8 月 30 日於北京）（絕密），《聯共（布）共產國際與中國國民革命運動》（1920－1925）（1），第 112 頁。

國提供 2,000 萬金美元的擔保貸款。「如果我們自己能利用這一有利時機，那麼，我們在全世界人們的眼裏就會是中國的救星，而帝國主義的信譽會一落千丈。⋯⋯ 這筆貸款無疑會提高我們的聲譽，給予被壓迫各國人民以希望，就是説，他們在這場反對帝國主義的鬥爭中不僅在思想方面，而且在物質方面都可以依靠俄國。請政治局研究一下我們對中國的總政策問題，其中包括向中國提供貸款問題。」[139] 9 月 1 日，越飛給加拉罕和斯大林電報，催問貸款給孫中山和吳佩孚的問題。[140] 9 月 4 日，越飛給加拉罕和斯大林電報説，美國原駐中國公使芮恩施，後轉為中國效勞，他説誰向中國提供資金，誰就拯救了中國，現在只有俄國能貸款 2,000 萬美元給中國。越飛游説加拉罕説：「我們不僅在中國人民的眼裏仍然是他們的救星，而且還會取消帝國主義的最後立足之地。⋯⋯ 哪怕有一點點可能性，我都懇請給予中國上述貸款。」[141]

9 月 7 日，俄共（布）中央政治局召開會議，斯大林、托洛茨基、季諾維也夫等討論關於給中國貸款問題，會議責成加拉罕答覆越飛：中央對越飛同志的建議表示十分驚訝，越飛同志本該了解蘇維埃共和國的財政狀況。[142] 否決了越飛貸款給中國的建議。由於越飛進行組織孫中山吳佩孚聯盟對付張作霖，孫中山拒絕放棄他和張作霖的三角聯盟與吳佩孚合作，在 12 月 6 日寫信給列寧警告蘇軍佔領東北將會被中國人民視為「舊俄帝國主義政策的繼續」，請列寧「不要採取任何不明智的行動」。列寧閱讀孫中山的信後大為憤怒，12 月 31 日撰文公開譴責那些「用粗暴的態度對待盟友」的共產黨人是「不可寬恕的機會主義」，損害了蘇俄在東方的威信。1923 年 1 月 4 日，俄共（布）中

---

139 〈越飛給加拉罕的電報〉（1922 年 8 月 31 日於北京）（絕密），《聯共（布）共產國際與中國國民革命運動》（1920－1925）（1），第 116 頁。

140 〈越飛給加拉罕的電報〉（1922 年 9 月 1 日於北京）（絕密），《聯共（布）共產國際與中國國民革命運動》（1920－1925）（1），第 121 頁。

141 〈越飛給加拉罕的電報〉（1922 年 9 月 4 日於北京）（絕密），《聯共（布）共產國際與中國國民革命運動》（1920－1925）（1），第 123－124 頁。

142 〈俄共（布）中央政治局會議第 25 號記錄〉（1922 年 9 月 7 日於莫斯科），《聯共（布）共產國際與中國國民革命運動》（1920－1925）（1），第 125 頁。

央政治局在莫斯科召開會議，決定採納外交人民委員部關於贊同越飛同志的政策的建議，全力支持國民黨，「資助國民黨的費用從共產國際的後備基金中支付」。[143] 不過，撥款支持孫中山的過程仍然是有波折的。1 月 20 日托洛茨基寫信給越飛，批評越飛「給中國不知是 4,000 萬盧布還是 4,000 萬美元的貸款（越飛建議 2,000 萬美元）」的建議，提醒他：「俄國也很貧窮，根本沒有能力來資助它周圍的殖民地和半殖民地各國人民，不言而喻，向中國放棄中東鐵路的財產，也就是說贈送 8 億盧布，另外再加上提供 4,000 萬盧布貸款（顯然也沒有償還的希望）。」「物質恩施所取得的那點好感是非常不穩固的。」[144]

這時，越飛正在上海和孫中山進行頻密的會談，1 月 26 日，兩人達成諒解，發表聯合聲明。同日，越飛立即寫信給蘇聯政府和共產國際領導人，游說列寧、托洛茨基、季諾維也夫、斯大林、加米涅夫、拉狄克、契切林等領導，向孫中山提供 200 萬盧布的援助。越飛説，「儘管我曾接到過中央對向中國提供貸款的建議的批駁」，但請注意，「不管歐洲發生什麼事件，遠東畢竟是帝國主義的致命弱點。不管現在在近東和歐洲發生什麼事件，將來解決世界歷史問題終究在這裏，在太平洋，在中國。」[145]

3 月 8 日，斯大林主持的俄共（布）中央政治局會議，認為可以給孫中山約 200 萬墨西哥元的資助，及向孫中山派去政治和軍事小組。[146] 3 月 13 日，托洛茨基寫信給斯克良斯基和加米涅夫，詢問：「我們能否在孫中山建立某個

143 斯大林：〈俄共（布）中央政治局會議第 42 號記錄〉（1923 年 1 月 4 日於莫斯科），《聯共（布）共產國際與中國國民革命運動》（1920－1925）（1），第 187 頁。

144 〈托洛茨基給越飛的信〉（1923 年 1 月 20 日於莫斯科）（絕密），《聯共（布）共產國際與中國國民革命運動》（1920－1925）（1），第 201 頁。

145 〈越飛給俄共（布）、蘇聯政府和共產國際領導人的信 —— 第八封〉（絕密）（1923 年 1 月 26 日於上海），《聯共（布）共產國際與中國國民革命運動》（1920－1925），第 206－217 頁。

146 〈俄共（布）中央政治局會議第 53 號記錄〉（1923 年 3 月 8 日於莫斯科），《聯共（布）共產國際與中國國民革命運動》（1920－1925）（1），第 226 頁。

規模巨大的軍事建制（師、軍團）方面給他以幫助，在哪些方面給予幫助？」[147]
8月2日，俄共（布）中央政治局會議同意任命鮑羅廷為孫中山的政治顧問。[148]
就是這樣，越飛堅持他援助孫中山的主張，成功地為孫中山爭取得經濟和軍
事援助。孫越宣言公佈後，馬林到廣州與孫中山保持緊密聯繫，每週會晤三
至四次，商談與蘇聯的聯盟和國民黨的改組問題。最後，孫中山決定派遣蔣
介石率領一個代表團去蘇聯考察軍事、政治和黨務，與蘇聯直接洽談援助的
問題。8月5日，蔣介石在上海會見馬林，商談去蘇聯訪問的事宜。馬林建議
蔣組成包括中共黨員張太雷等人在內的「孫逸仙博士代表團」。

　　9月2日至11月29日，蔣介石以孫中山全權代表身份，前往莫斯科，直
接與蘇聯和共產國際領導人洽談援助中國革命的問題，及考察蘇聯紅軍的訓
練和裝備。8月16日，代表團從上海啟程赴蘇聯訪問。11月26日蔣介石會
見共產國際領導人，直接向契切林、托洛茨基和斯克良斯基等蘇聯領導人遞
交他親自撰寫的中國軍事行動草案，清楚表明請蘇聯支持中國革命。雙方詳
細討論這方案，共產國際並不認同「孫逸仙只從事軍事行動」的革命策略，
托洛茨基認為國民黨的絕大部分注意力應當放到宣傳工作上，「應該把全部注
意力集中在政治工作上來，把軍事活動降到必要的最低限度」。[149] 雖然蘇聯達
不到孫中山的要求，令蔣介石有點失望，[150] 但蘇聯革命軍事委員會答覆，通過

---

147 〈托洛茨基給斯克良斯基和加米涅夫的信〉（1923年3月13日於莫斯科），《聯共
　　（布）共產國際與中國國民革命運動》（1920－1925）（1），第232頁。

148 〈俄共（布）中央政治局會議第21號記錄〉（摘錄）（1923年8月2日於莫斯科），《聯
　　共（布）共產國際與中國國民革命運動》（1920－1925）（1），第265頁。

149 〈巴拉諾夫斯基關於國民黨代表團拜訪托洛茨基情況的書面報告〉（1923年11月27
　　日於莫斯科），《聯共（布）、共產國際與中國國民革命運動》（1920－1925）（1），
　　第340頁。

150 楊天石：《國民黨人與前期中華民國》（北京：中國人民大學出版社，2007年），第
　　249－265頁。

為中國革命者學習軍事成立學校的方案。[151] 根據蘇聯檔案，1925 年 6 月至 8 月，共產國際以全俄工會中央理事會和國際革命戰士救濟會名義，從蘇聯國庫寄給上海中共五卅運動的經費是 20 萬盧布，而從 4 月至 10 月提供給國民黨武器的經費是 460 萬盧布。1925 至 1926 年財政年度中安排的軍事供應撥款達 1,100 萬盧布。同這些給予國民黨的撥款相比，中共從共產國際系統得到的款項只佔一個很小的比例。[152]

1925 年 3 月 13 日，俄共（布）中央政治局研究了加拉罕關於給國民軍（蘇聯視國民軍為國民黨的軍隊）提供援助的建議，又通過伏龍芝提出的建議：

一、一年內撥出 100 萬盧布在洛陽和張家口建立兩所軍事學校，伏龍芝負責在最短時間內為此組織兩個軍事教官團，每團三十至四十人。

二、用蘇聯的主要型號武器裝備國民黨及同情國民黨的軍隊，伏龍芝負責解決與此事有關的所有技術問題。

三、伏龍芝負責全面照料和領導教官學校的工作。[153]

3 月 19 日，俄共（布）中央政治局決定成立由伏龍芝任主席，契切林、莫洛托夫和彼得羅夫（後由維經斯基取代）組成的委員會——俄共（布）中央政治局中國委員會，監督日常援助國民黨和支持它的軍事集團的措施的執行情況。[154] 4 月 17 日，中國委員會舉行第一次會議，決定：為了領導中國的整個軍事工作，在北京成立由蘇聯全權代表加拉罕、軍事領導者格克爾和軍政

---

151 〈巴拉諾夫斯基關於國民黨代表團訪蘇情況的書面報告〉（1923 年 12 月 5 日於莫斯科），《聯共（布）共產國際與中國國民革命運動》（1920－1925）（1），第 345－346 頁。

152 〈馮玉祥政變與俄共（布）和共產國際對華政策新重點〉，《聯共（布）共產國際與中國國民革命運動》（1920－1925）（1），第 546 頁。

153 〈俄共（布）中央政治局會議第 52 號記錄〉（1925 年 3 月 13 日於莫斯科），《聯共（布）共產國際與中國國民革命運動》（1920－1925）（1），第 583 頁。

154 〈俄共（布）中央政治局會議第 53 號記錄〉（1925 年 3 月 19 日於莫斯科）〉，《聯共（布）共產國際與中國國民革命運動》（1920－1925）（1），第 589 頁。

工作領導者沃羅寧組成的中心。[155]

孫中山病逝後，廣東政局不穩。5 月 7 日，伏龍芝就加拉罕提出與廣州局勢有關的要求，建議在廣州組建新的可靠部隊，為此目的向廣州派遣 200 人的教官團，撥出約 50 萬盧布的補充資金，以及 2 萬枝步槍、100 挺配備子彈的機槍、一定數量的擲彈炮和手榴彈。[156]

5 月 29 日，伏龍芝主持中國委員會第二次會議，決定：

一、中國委員會統一集中發放中國的一切軍政工作和經費。

二、將廣州組經費納入中國軍政工作的總預算。

三、由外交人民委員部支配用於支持廣州小組、黃埔軍校、政訓班的 200 萬盧布已經用完。故撥出 45 萬盧布給廣州的加倫，用於組建兩個新師團，維持一個老師團以及黃埔軍校。

四、用 100 萬盧布在馮玉祥和岳維峻處（洛陽和張家口）各建一所黃埔式的軍政學校，由蘇聯教官管理。

五、隆格瓦、德本科和里德曼三人組成專門委員會系統編製中國軍政工作的開支預算。

六、加拉罕和沃羅寧提議給廣州物質援助，除步槍子彈外，還有飛機 6 架和無煙火藥；給馮玉祥和岳維峻的除步槍子彈外，有 300 挺機槍、200 門炮、製造炮彈的機床、化學製劑、功率強大的無線電台、飛機和坦克，及用蘇聯資金組建馮玉祥的騎兵隊。當時已經預定發運：給廣州：9,000 支步槍（已在途中）、950 萬發子彈、1 萬枚手榴彈、100 挺帶子彈、彈盒和小型機器的機槍、10 支 1,000 發的擲彈炮；給馮玉祥：4,000 支步槍和 400 萬發子彈（已在途中）。預定從上烏丁斯克向張家口運送步槍 9,000 支、子彈 900 萬

155 〈俄共（布）中央政治局中國委員會會議第 1 號記錄〉（摘錄）（1925 年 4 月 17 日於莫斯科〉），《聯共（布）共產國際與中國國民革命運動》（1920－1925）（1），第 604 頁。

156 〈俄共（布）中央政治局會議第 62 號記錄〉（1925 年 5 月 7 日於莫斯科〉），《聯共（布）共產國際與中國國民革命運動》（1920－1925）（1），第 611 頁。

發。另撥出帶炮彈的炮 12 門，帶子彈、子彈帶等的機槍 40 挺。給馮玉祥運去 1,000 部機器和 5,000 支矛。[157]

6 月 5 日，伏龍芝主持中國委員會第三次會議，決定：

一、1925 年 4 月 1 日至 10 月 1 日中國軍政工作開支預算案。

A、中國軍政工作開支預算確定為 1,196,019 盧布 54 戈比，該預算的各項目內包括派遣人員的費用、國外工作人員的生活費用、業務開支、秘密開支、資助中國兩所軍校（21,180 盧布）、莫斯科訓練班的費用（24,000 盧布）、文獻和電影膠卷費用、郵電開支、組建部隊的經費（250,000 盧布）、為組建部隊運送器材的費用（27,000 盧布）、運輸公司費用（100,000 盧布）、沒有預見到的開支（20,000 美元）。資助廣州的 45 萬盧布只用於組建部隊，師團建成以後的費用應當完全由中國人承擔。在兩個月內另給加倫撥款 10 萬盧布資助黃埔軍校和一個老的師團。加倫需送上維持學校的詳細開支預算。

B、提供軍事器材價值為 3,044,076 盧布。

C、運輸費用預算為 270,039 盧布。

D、三項預算換成蘇聯貨幣為 4,610,134 盧布 74 戈比。

二、決定接受伏龍芝在蒙古境內組建國際部隊以便支援馮玉祥的建議。

A、部隊的構成：一個騎兵團，包括四個馬刀隊、一個機槍騎兵連、一個馬力牽引炮排和一支由三輛裝甲汽車組成的隊伍。隊員從北高加索軍區和從解散的游擊隊及紅軍的志願人員中招募。

B、該部隊作為中國軍隊的組成部分存在和活動。

C、部隊的組建費用 150 萬盧布及軍事器材和馬匹由蘇聯供給，建成後由馮玉祥負擔費用。蘇聯用遠東革命委員現有的鴉片基金組建部隊，委託遠東局兌現基金。立即預支 25 萬盧布交伏龍芝支配。[158]

---

157 〈俄共（布）中央政治局中國委員會會議第 2 號記錄〉（1925 年 5 月 29 日於莫斯科），《聯共（布）共產國際與中國國民革命運動》（1920－1925）（1），第 623－627 頁。

158 〈俄共（布）中央政治局中國委員會會議第 3 號記錄〉（1925 年 6 月 5 日於莫斯科），《聯共（布）共產國際與中國國民革命運動》（1920－1925）（1），第 628－631 頁。

9 月 23 日和 28 日，中國委員會在會議上通過了以下支援國民軍和廣州武器裝備的計劃。

（1）將國民軍軍隊擴充到 10 萬人，將騎兵擴充到 3,000 人，給馮玉祥的第一國民軍撥出總額為 3,486,596 盧布的炮兵器材。

（2）給岳維峻撥出總額為 701,879 盧布的武器裝備。

（3）根據張之江的訂貨，給他撥出總額為 975,635 盧布的武器裝備。

（4）加強黃埔軍隊，人數由 6,000 人，增加到 25,000 人，給廣州調撥總額為 3,988,242 盧布的武器裝備。

（5）調撥金額為 741,000 盧布的毒氣彈，根據需要在各軍之間分配。

（6）還認為必須擁有數額的 3,082,795 盧布的儲備以備支援第三國民軍和預料不到的補充調撥之需。

（7）為了加強空軍，根據所收到的訂單撥給：

（A）馮玉祥──飛機 10 架

（B）岳維峻──飛機 10 架

（C）廣州──飛機 15 架

總額為 858,000 盧布。

建議總共給國民軍和廣州調撥總額為 18,834,147 盧布的炮兵器材和飛機，而這些器材的運輸和裝卸費用為 1,722,989 盧布 12 戈比，總共 20,557,136 盧布 12 戈比。在上述數額中，1924－1925 年度發運了金額為 6,056,990 盧布的炮兵器材，花費運費 445,273 盧布 12 戈比。在 1925－1926 預算年度調撥金額為 12,777,157 盧布的器材，其運費為 1,277,716 盧布，總共 14,054,873 盧布。[159]

159《溫施利赫特和博爾特諾夫斯基給斯大林的書面報告》（絕密）（1925 年 9 月 30 日於莫斯科），《聯共（布）共產國際與中國國民革命運動》（1920－1925）（1），第 696－701 頁。

蘇聯軍事部門在 1924－1925 年度調撥和
預定於 1925－1926 年度調撥的炮兵器材的分配

物件名稱	馮玉祥（數量）	岳維峻（數量）	張之江（數量）	廣州（數量）	儲備（數量）	總數
步槍	30,000	4,500	3,000	15,000	15,000	67,500
步槍子彈	38,600,000	5,000,000	3,000,000	20,000,000	17,500,000	84,100,000
帶附件的機槍	172	10	50	100	50	382
輕便雙馬敞篷車	24					24
帶瞄準器的 3 英吋炮	54		12	24	12	102
3 英吋炮彈	44,000		12,000	24,000	12,000	92,000
帶瞄準器的 6 英吋榴彈炮	4					4
榴彈炮彈	4000					4000
手榴彈	10,000			10,000		20,000
騎兵軍刀	4,000					4,000
矛	2,000					2,000
擲彈炮	10		18	50	50	128
擲彈炮彈	1,000		18,000	5,000	5,000	12,800
坦克				3		3
無煙火藥				1,000	1,000	2,000
毒氣彈					20,000	20,000
飛機	10	10		15		35
馬	3,000					3,000
馬鞍	3,000					3,000
價值（盧布）	3,486,596	701,879	975,635	3,988,242	3,082,795	18,834,147
總價值（盧布）						20,557,136 盧布 12 戈比

注：飛機價值 858,000 盧布，而爆破和電話器材只列入武器裝備總價值中。另運輸費 1,722,989 盧布。

　　9 月 28 日，俄共（布）中央政治局中國委員會決定「責成工農紅軍空軍局盡快準備派遣十二架飛機，給廣州六架，給馮玉祥六架。並為飛機配備必

要的飛行員，使每個機組在派出時自成一個完整的飛行中隊」。又決定通過其派出的教官，協助「建立流動的技術裝備精良的部隊（摩托部隊、機槍部隊、裝甲部隊等）來提高廣州軍隊的作戰能力」。[160]

10 月 7 日，斯莫連采夫就上述向廣州提供的援助擬定了一份支援計劃説明：要使黃埔軍隊人數從 6,000 人增加到 25,000 人，組成改組後的政府軍的堅強核心，能夠完全勝任廣州面臨的任務：「一、徹底消滅該省境內的一切敵對軍閥集團；二、使全省統一起來，財政掌握在政府手中；三、確保自己不受北方的攻擊。」並且能夠擴大自己對鄰近省份的影響。[161]

蘇聯檔案清楚記錄共產國際援助國民軍和廣州的軍隊名額、武器數量和種類內容。伏龍芝領導的中國委員會嚴格評估當時中國的局勢、廣州國民政府和馮玉祥國民軍的軍事需要，再經俄共中央政治局審批，通過決議後才提供援助的。其援助國民黨的軍備雖然「不應是歐洲現代化武器裝備的軍團」標準，[162] 但已經足以打敗當時中國裝備最好的軍隊——奉軍。[163]

共產國際向國民黨供應了大量軍事物資，包括當時在中國戰場上最先進的武器：大炮、坦克和飛機，又協助國民黨建立了三所軍校。一般人都只知有黃埔軍校，但多數不知道蘇聯還協助馮玉祥在洛陽和張家口創辦了兩所軍校。這些蘇聯教官教導國民黨軍官最先進的戰鬥技術和使用那些先進的武

---

160 〈俄共（布）中央政治局中國委員會會議第 12 號記錄〉（1925 年 9 月 28 日於莫斯科）（絕密），《聯共（布）共產國際與中國國民革命運動》（1920－1925）（1），第 684－686 頁。

161 〈斯莫連采夫對向人民軍和廣州提供物質支援計劃的説明〉（1925 年 10 月 7 日於莫斯科）（絕密），《聯共（布）共產國際與中國國民革命運動》（1920－1925）（1），第 707－709 頁。

162 〈越飛給俄共（布）、蘇聯政府和共產國際領導人的信 — 第八封〉（絕密）（1923 年 1 月 26 日於上海），《聯共（布）共產國際與中國國民革命運動》（1920－1925），第 206－217 頁。

163 〈斯莫連采夫對向人民軍和廣州提供物質支援計劃的説明〉（1925 年 10 月 7 日於莫斯科）（絕密），《聯共（布）共產國際與中國國民革命運動》（1920－1925）（1），第 708 頁。

器，令國民黨軍迅速壯大成為那時中國最現代化的軍隊。這三所軍校訓練出來的軍官和配備的大量軍事物資，奠下了國民黨北伐中原，統一全國的基礎。沒有共產國際的援助，國民黨連一支效忠他的部隊都沒有，有什麼本錢來統一中國？國民黨人罵共產黨是盧布黨，是嘲笑共產黨拿盧布比它少，不及它拿得多？

同期中共得到蘇聯的援助，只有 12,000 元，是 2,055 萬與 1.2 萬之比。中國共產黨 1923 年支出預算如下：

月支出		金盧布
支持週報（嚮導）	210	
支持工人報紙（工人週刊）	40	
印刷傳單、宣言等	60	
組織員和宣傳員的費用		
（1）漢口三人		60
（2）湖南三人		60
（3）北京四人		80
（4）上海三人		60
（5）香港一人		40
（6）廣州一人		40
（7）山東二人		30
兩名中央委員旅差費		100
兩名固定宣傳演講員的食宿旅差費		120
意外開支		100
總計月支出		1,000
總計年支出		12,000 金盧布 [164]

---

164 〈中國共產黨 1923 年支出預算〉（1922 年 12 月於莫斯科），《聯共（布）共產國際與中國國民革命運動》（1920－1925），第 184－185 頁。

共產國際給國民黨這麼多援助，給共產黨卻這麼少，真的不公平！國民黨還失掉了大陸，真是⋯⋯？！

國民黨不拿這些盧布，行嗎？當然不行，國民黨連廣東根據地也可能失掉。當時，陳炯明背叛，迫使孫中山離開廣州，避居上海，遙控部隊反攻廣州。但是彈盡糧絕，於是寫信給張作霖請求援助糧餉，[165] 張作霖慷慨支持，孫中山才得以收復廣州。孫中山連張作霖這隻日本狗——（孫中山曾罵張為日本狗）——的錢也可以要，他多次向蘇俄請求援助又何足為奇？如果孫中山不是拿了盧布，有蘇俄壯膽，那有膽量向帝國主義挑戰？在此之前，孫中山因廣州鄰近香港，連公開聯俄都沒有膽量。正式聯俄之後，有錢有槍，便有膽量向帝國主義挑戰。第一步行動是宣佈收回關餘，撤換不聽命令的英國人稅務司，面對英美炮艦駛入廣州白鵝潭示威，仍然毫不畏懼，就是因為孫中山已經擺脫外交孤立、財政困難、軍力薄弱的困局。這是「聯俄」的初步收獲！國民黨擁有一支俄式武器裝備的現代化軍隊，這支黨軍成為擊潰陳炯明、掃平商團之亂、鞏固廣東革命根據地的主力部隊。商團之亂時，外有英國兵艦撐腰，內有陳炯明伺機反擊，客軍乘機要脅，廣州形勢極度危急，孫中山因此曾有放棄廣東的計劃，幸得俄援及時趕到，送來 8,000 支步槍和相關彈藥，讓黃埔學生軍得以平息動亂，使廣州轉危為安。「俄援」是實實在在的利益，不拿，拿什麼去革命？從 1923 年 1 月孫越宣言發表到 1926 年 7 月誓師北伐，短短三年，國民黨從沒有自己的黨軍發展到擁兵十萬，其軍費、槍炮、戰術、戰略全都是來自蘇聯的援助，沒有「俄援」，廣東根據地都保不了，更談不上北伐中原，統一全國。

孫中山的「聯俄容共」政策除成功地壯大國民黨部隊外，又招攬了以練兵聞名的馮玉祥，讓國民黨的軍力暴增。我們都知道孫中山領導辛亥革命時，推翻滿清政府其中一個重要力量支柱就是新軍，將滿清政府指揮的軍隊

165　孫中山：〈復張作霖請出兵北京並派汪兆銘面洽書〉（1922 年 9 月 22 日），《國父全集》（5），第 351 頁。

變為革命黨的武裝，這就是近代中國最早的「兵運」，孫中山是近代中國兵運的先鋒。民國成立之後，孫中山繼續運用「策動軍隊」的策略支持其革命活動，雖然這些軍隊大多數不可靠，但最後孫中山成功地感化了馮玉祥，令他發動「首都革命」，馮玉祥將他的部隊改名為「國民軍」，意即為「孫中山國民黨的軍隊」。這支部隊在第二次直奉戰爭中發揮了重要作用，迫使賄選的曹錕總統下野；重挫吳佩孚，使他狼狽逃返長江老家。最後，國民軍成為國民黨在北方的重要軍事力量，在蘇聯扶持之下，予以蘇式現代化軍事訓練和武器裝備，壯大到擁兵力二十餘萬人，成為抗衡張作霖和吳佩孚的精銳，是國民黨北伐時期四大軍事集團軍之一。成功策動馮玉祥參加國民革命，令國民黨軍力倍增，是孫中山革命事業其中一個偉大成就。

(3) 解決農民問題

孫中山是中國偉大的革命家，很了解工農商學兵各階層的痛苦。他在多次演講和宣言都詳細描述中國在帝國主義侵略下，農工商界所受壓迫的痛苦：「中國為農業的國家，近代受經濟的帝國主義之壓迫，及國內軍閥官僚之刮削，遂至失業日多。飢寒所迫，或行劫掠以圖苟全；或入行伍，以求倖存。良好之農民，化而為強暴之兵匪，直接則受軍閥之虐待及驅使，間接則為列強所利用，使吾國產業基礎，日就崩壞。」[166]

「環顧國內，自革命失敗以來，中等階級瀕經激變，尤為困苦。小企業家漸趨破產，小手工業者漸致失業，淪為游氓，流為兵匪。農民無力以營本業，以其土地廉價售人，生活日以昂，租稅日以重。如此慘狀，觸目皆是，猶得不謂已瀕絕境乎？中國以內，自北至南，自通商都會以至於窮鄉僻壤，貧乏之農夫，勞苦之工人，所在皆是。因其所處之地位，與所感之痛苦，類皆相同。其要求解放之情至為迫切，則其反抗帝國主義之意亦必至為強烈。故國民革命之運動，必恃全國農夫工人之參加，然後可以決勝，蓋無可疑

---

166 孫中山：〈撫輯平民士兵案——在中國國民黨第一次全國代表大會提出〉（1924 年 1 月 29 日），《國父全集》（9），第 619－620 頁。

者。國民黨於此，一方面當對於農夫工人之運動，以全力助其開展，輔助其經濟組織，使日趨於發達，以期增進國民革命運動之實力；一方面又當對於農夫工人要求參加國民黨，相與為不斷之努力，以促國民革命運動之進行。蓋國民黨現正從事於反抗帝國主義與軍閥，反抗不利於農夫工人之特殊階級，以謀農夫工人之解放。質言之，即為農夫工人而奮鬥，亦即農夫工人為自身而奮鬥也。」[167]

孫中山的顧問鮑羅廷在黃埔軍校演講時，為孫中山闡述國民革命與農民問題的關係。

鮑羅廷説孫中山在南京就任臨時大總統的時候，就提出了革命的兩個基本問題：農民問題和實業問題。「我們要有革命的政府，必先注重農工問題，換句話説，我們要革命成功，必先要革命的基礎穩固。不然我們的革命終是空談的了。」「什麼是基礎問題——農工問題呢？人們告訴我，中國有五千萬戶農民，五百萬至六百萬戶工人，每戶以六口計，要有三萬萬三千萬以上的工農群眾，差不多佔全中國人口百分之八十以上。所以我們要革命成功，就非解決工農問題不可。諸位要知道，這大部分生產的工農群眾所產生的東西，不盡是他們自用，都供給了不生產的人們，自用的不過百分之五十。其餘百分之五十，供給那個了呢？就是軍閥、官僚、地主、惡紳，以及帝國主義者。」「任我們喊叫打倒帝國主義的聲浪怎樣高，若不解決這百分之五十以上的出產被剝削的農工問題，我們請別希望真正的革命成功了。」[168]

鮑羅廷説：看看孫中山的著作，便知他非常重視土地問題。土地問題不解決便不能達到三民主義。「因三萬萬三千萬的人口未有購買力，他們無錢買鞋，當然不能希望鞋業來發展。他們無錢買衣，當然不能希望衣業發展。農民無錢買新式的機器去耕田，只能用不好的犁耙。」「無購買能力，使工業品

---

167 孫中山：〈中國國民黨第一次全國代表大會宣言〉（1924 年 1 月 31 日），《國父全集》（2），第 131－140 頁。

168 鮑羅廷：〈革命的基礎問題〉（1926 年 9 月 30 日），《鮑羅廷在中國的有關資料》，第 92－93 頁。引自《黃埔軍校第四期紀念冊》。

不能發展。」「如無法解決土地問題，中國人民將繼續窮下去，國民運動將仍沉下去，帝國主義在中國的壓迫和侵略將更凶猛的實施下去！」「僅叫打倒帝國主義打倒軍閥是不夠的。如不能解決土地問題，那些口號便成空的了。」「二年前（1924年）總理曾說自己簽字一個命令，即減少農民現納租稅——從百分之五十中減少百分之二十五。使此命令能執行，農民即可減少十二石半穀了。……使此命令早日實行，則農民將老早起來擁護國民黨了。」「因為當時國民黨沒有力量去執行，黨未有強迫黨員去執行的權力，鄉村沒有黨的力量，縣省沒有黨的力量，大家不服從黨，如何去執行？」鮑羅廷批評國民黨員好像都怕解決土地問題，寧可同帝國主義軍閥爭鬥而死，也不願去努力解決這實際問題，結果這命令未能執行。鮑羅廷強調：「不解決土地問題，國民革命是不能成功的。無革命化的鄉村，便無革命的地方政府，無革命的地方政府，便無革命的省政府。無革命的省政府，便無革命的全國政府。即有，也是空的，靠不住的。」[169]

孫中山有感帝國主義侵略，令「自耕農、佃農相繼淪落而為兵匪流氓，貧困日甚，騷擾日多，中國國家根本遂以搖動」，「農民益陷於水深火熱」，故此，孫中山強調國民政府的特別任務是「督促佔全國民百分之八十的農民使之加入國民革命運動」，「根據農民目前所受之痛苦，認為應督促一般農民之自覺，引導其團結於國民革命旗幟之下，為全國國民一大聯合之奮鬥。茲對農民運動有應為規定者如左：一、農民欲達到解除上述種種壓迫，應即時組織農民協會。此種農民協會之性質，為不受任何拘束完全獨立之團體。二、農民協會在目前戰爭過渡期間之重要工作，為防禦土匪兵災起見，特許其在一定計劃之下，組織農民自衛軍。」[170] 可見領導農民運動，組織農民協會，組織農民自衛軍，爭取農民參加革命，是由孫中山倡導的。

---

169 鮑羅廷：〈土地問題〉（1926年10月1日），《鮑羅廷在中國的有關資料》，第101–103頁。引自《黃埔軍校第四期紀念冊》。

170 孫中山：〈組織農民協會及農民自衛軍宣言〉（1924年7月），《國父全集》（2），第153–155頁。

（4）領導工人運動

孫中山分析國人受經濟侵略的原因：「就洋布洋紗而論：當歐戰的時候，本是中國商人最賺錢的生意，當時之所以賺錢，是由於洋貨不能入口，沒有洋貨來競爭。……那些工廠在這幾年中極虧本，早已停工。虧本的原因，是由於和洋紗洋布相競爭，在上海所做的布和紗，都不能賺錢。」由於沒有關稅保護，「上海紡出來的紗、織出來的布，便不能和洋布洋紗相競爭，便要虧本，紗廠便因此停工。工廠停工，工人自然是失業。當布紗生意極盛的時代，這種工廠在上海之內的工人，至少有十萬人；這十萬人，現在因為停工失業，謀生無路，總有多少是餓死的。那些餓死的工人，就是間接受了不平等條約和國際經濟壓迫的影響。」[171]

「因為有了這種（帝國主義）經濟力的壓迫，每年要受這樣大的損失，故中國的社會事業都不能發達，普通人民的生機也沒有了。專就這一種壓迫講，比用幾百萬兵來殺我們還要利害。況且外國背後更拿帝國主義來實行他們經濟的壓迫，中國人民的生機自然日蹙，游民自然日多，國勢自然日衰了。」[172]

一般觀點認為國民黨忽視工人力量，讓工人運動悉數被中共壟斷。這觀點並不正確！孫中山和國民黨人是重視工人運動，在其領導之下，曾取得輝煌的成績，其中最顯著的例子便是領導香港海員大罷工。罷工浪潮席捲全港，罷工人數超過十萬。香港交通癱瘓、生產停頓、商舖關門、物資缺乏、物價暴漲、市民瘋狂搶購米糧和日用品。港英政府被迫妥協，答應海員的要求。[173] 這時中共雖然已經成立，但廣州共產主義小組並無採取任何行動支持罷工。國民黨領導的罷工贏得重大勝利，在廣州、香港和汕頭大約有1.2萬名海員加入了國民黨，還有其他行業工人五萬名在廣州參加了工會組織。國民黨

---

171 孫中山：〈國民會議為解決中國內亂之法——在上海莫利愛路二十九號招待上海新聞記者演講〉（1924年11月19日），《國父全集》（3），第516－523頁。
172 孫中山：〈民族主義第二講〉（1924年2月3日），《國父全集》（1），第12－22頁。
173 《中國共產黨歷史》（1上），第64頁。

領導的工人運動，令時在廣州的共產國際代表馬林大為讚賞！[174]

　　五卅運動前後，英帝國主義多次肆意屠殺手無寸鐵的中國群眾，尤其在廣州沙面用機關槍掃射工人、學生和黃埔學生軍的遊行隊伍，當場殺害三名學生群眾和五十多名學生軍，釀成沙基慘案。由於雙方軍力懸殊，國民政府無法採用軍事報復，於是用「罷工」這非軍事武器，對付英帝國主義者。雖然有些資料說省港大罷工是由中共領導的，[175] 但罷工領袖鄧中夏卻在他當年發表的文章和演說透露：省港大罷工爆發的時候，香港的共產黨員還不滿十人，而且多為最下層的碼頭工人。共產主義青年團員雖比黨員多幾個，但多數為學生。且香港工會多由國民黨領導，傾向國民黨，以中共當時的力量估計起來，「罷工能否發動，確無把握」。其次是罷工的支援問題，有些工會領袖提出罷工之後，如何解決工人的生活問題？鄧中夏雖然想說服工會領袖說罷工是得到廣東政府支持的，但那些工會領袖並不相信他，他們自行派代表往廣州接洽，得到滿意答覆後，才同意參加罷工。[176] 這事反映中共在香港各工會的威信不高，不是三言兩語便能夠動員他們。鄧中夏也同意，客觀的情況是如果沒有國民黨的幫助，十幾萬罷工工人的伙食經費從何取得？沒有經濟支援，罷工不到一個星期便要倒台。從罷工開始直到 1926 年 6 月，罷工委員會收入共 490 萬元，其中 280 萬元來自國民政府，即過半數款項由國民政府提供。另外，國民政府財政部自始至終是每月送給罷工委員會 1 萬元經費，[177] 又向罷工委員會提供辦事處，找尋房屋安置罷工工人住宿。這些物質資源都不是每年只有共產國際 1 萬元經費的中共所能夠負擔的。

---

174 馬林：〈向共產國際執行委員會的報告〉（1922 年 7 月 11 日於莫斯科），《共產國際、聯共（布）與中國革命文獻資料選輯》（1917－1925），第 238 頁；馬林：〈我對孫中山的印象〉（1925 年 3 月 20 日），《共產國際、聯共（布）與中國革命文獻資料選》（1917－1925），第 247 頁。

175 褚倩紅：〈國共兩黨與省港罷工〉，《近代史研究》（1991 年第 3 期），第 257－270 頁。

176 鄧中夏：〈省港大罷工〉，《省港大罷工資料》，第 24 頁。

177 鄧中夏：〈省港大罷工〉，《省港大罷工資料》，第 39－40 頁。

國民政府很清楚的宣佈罷工的目的，是「為抵抗強權壓迫，推倒帝國主義及維持國家民族獨立自由，保障人民生命財產」。這是與英帝國主義的鬥爭。1925 年 7 月 7 日國民政府頒佈訓令：飭令公安局、建設廳、商務廳等機構配合罷工；飭令三水、河口、九江、江門等口岸，禁止糧食出口。[178] 這樣罷工委員會才有法理依據禁止糧食運港，才能封鎖香港。封鎖行動需要武力支持，罷工糾察隊毫無裝備和訓練，於是國民政府提供槍械汽船，及派黃埔學生軍訓練糾察隊，讓糾察隊可以對付破壞禁令的反革命份子，使封鎖各口岸的行動能夠進行。國民政府又修築廣州至汕頭的公路，擴建黃埔港，與香港航運競爭；准許英船以外的洋船進港貿易，在帝國主義群中孤立英國予以打擊。這一環扣一環的佈局，不是純粹罷工，讓香港的工作沒人幹，迫洋人自食其力，製造一點小麻煩。其背後是國民革命與英帝國主義的政治和經濟較量，這豈是當時中共的人力和物力所能策動的？最後，國民政府為了全力北伐，改變鬥爭策略，結束罷工，中共亦只能認同，表態支持。[179] 整個罷工的進程，規模有多大，是進是退，完全由國民黨決定，所以說國民黨領導了省港大罷工。很多罷工幹部雖然是共產黨員，他們仍然只能用國民黨身份活動。

　　不少資料說國民黨工人部部長廖仲愷兼職太多，故許多事務都由其秘書馮菊坡處理，中共遂得以操縱工人運動。換言之，這些資料就是罵廖仲愷失職了！實情卻不是這樣，這講法對廖仲愷欠公道。

---

178 〈中華民國國民政府訓令第三號〉（1925 年 7 月 8 日），《五卅運動和省港罷工》，第260－261 頁；李曉勇：〈國民黨與省港大罷工〉，《近代史研究》（1987 年第 4 期），第 232－242 頁。

179 《反帝國主義的新策略》（中國國民黨中央執行委員會工人部印行，1926 年 10 月）；〈省港罷工工人代表大會對罷工變更政策之決議〉，引自《工人之路》（第 452 期，1926 年 10 月 1 日）；〈中國共產黨廣東區委員為省港罷工自動停止封鎖宣言〉，引自《人民周刊》（第 26 期，1926 年 10 月 1 日）；〈中華全國總工會省港罷工委員會為停止封鎖宣言〉，引自《工人之路》（第 460 期，1926 年 10 月 10 日）；〈中國共產主義青年團廣東區委員會為省港罷工自動停止封鎖港澳告民眾並告青年〉，引自《少年先鋒》（5）（中國共產主義青年團廣東區委會印行，1926 年 10 月），《省港大罷工資料》，第 681－697，697－699，699－702，703－706，707－709 頁。

1924 年 3 月 5 日，廖仲愷召集各工會的千多名骨幹在廣州太平戲院舉行「廣州工人代表會」籌備會議。5 月 1 日，「廣州工人代表會」在廣州西瓜園正式成立，參加會議的有一百六十多名代表，分別代表了七十多個工會和十多萬工人。為團結香港工人，廖仲愷又派馮菊坡在 7 月前往香港籌建國民黨臨時黨支部，聯絡持平工會、米行工會、沙藤工會、雜貨工會、茶居工會、貨箱工會、水貨工會、革履工會、車衣工會、木匠工會、海員工會和聯義社等工人組織。並批出特別補助三百元租賃會址，作為吸收黨員之用。馮菊坡在香港成立了籌備委員會，挑選了凌公愛、梁子光、唐麗波、杜滄洲、胡澤泉、廖祝三、譚海山、梁麗堂、黃忠、周樹垣、馮敬、黃臣洲、梁日清、袁新、蘇兆徵、熊振父、文棠、黃金源、胡蔭等十九人為籌備委員會委員，他們稍後成為省港大罷工的領袖，如省港大罷工委員會委員長蘇兆徵，工人糾察隊總隊長黃金源，罷工總指揮部成員梁子光、譚海山、胡蔭等。廖仲愷已為日後發動大罷工做好了準備工作。[180]

　　1925 年五卅慘案發生，國民黨準備罷工，6 月 13 日成立省港罷工委員會，汪精衛、廖仲愷擔任顧問。廖仲愷一方面派人到香港和沙面聯繫。同時，為進行長期的鬥爭，封閉廣州各賭館、煙館、空屋，作為罷工工人飯堂和宿舍。廖仲愷廢寢忘餐地工作，直接指導和發動省港大罷工。[181] 故他的工作得到當時中共的肯定和罷工群眾的認同，感激他對罷工工人代表大會「指導特多」。[182] 廖仲愷亦因此被英帝國主義者視為眼中釘，以二百萬元收買反革命軍人將之刺殺。這些指控無論是否屬實，可以肯定一點的是，廖仲愷是為罷工而犧牲的！

　　鮑羅廷讚揚：「廖先生之死，是中國工人農人失卻一個最大領袖，也是我

180 趙慶雲：〈工運先鋒馮菊坡〉，《環球人物》（2011 年第 18 期），第 51－53 頁。

181 李曉勇：〈國民黨與省港大罷工〉，《近代史研究》（1987 年第 4 期），第 233－234 頁。

182 梁家生：〈罷工工人代表大會〉，《省港大罷工資料》，第 204 頁。引自《省港罷工工人代表大會第一百次紀念刊》（1926 年 5 月）。

們革命軍人的領袖,我們再沒有法子來找這樣一個領袖了。」[183] 撰寫《中國職工運動簡史》的鄧中夏稱讚:「廖先生是一個真正的國民革命者,是真能遵從孫中山先生的主義、政策、遺囑而奮鬥的國民革命者,是真能反對帝國主義到底以及擁護工農群眾利益的國民革命者。這樣一個意志堅決一往無前的革命者,自然是帝國主義者的眼中釘。……自省港罷工發生後,廖先生盡其力之所及以援助罷工工人,香港帝國主義百計破壞無效,……勾結反革命之政客官僚,用最下流無恥的手段,殺死我幫助罷工之重要人物。」鄧中夏呼籲:「我省港罷工工友應繼續努力,應本廖先生奮鬥精神,堅持罷工到底,達到打倒帝國主義的最後目的。」[184] 這是共產國際代表和共產黨員對國民黨員領導工人運動工作的肯定,間接否定了國民黨沒有領導工人運動的說法。

3. 共產黨方面

(1)黨員人數大幅上升

帝國主義和軍閥敵視共產主義,故中共成立之後,處於秘密狀態,不能公開活動。國共合作之後,為中共提供了發展機會,中共可以在國民黨控制的範圍內公開活動。中共在第三次全國代表大會通過議案,協助國民黨發展,同時也指示黨員「努力從各工人團體中,從國民黨左派中,吸收真有階級覺悟的革命份子,漸漸擴大我們的組織,謹嚴我們的紀律,以立強大的群眾共產黨之基礎」。[185]

1924 年 5 月中共第三屆中央執行委員會第一次擴大會議強調發展產業工人入黨的重要性,這決定令中共的黨的組織得到較快的發展。到四大時,黨

183　鮑羅廷:〈在湘軍講武堂追悼廖黨代表會上的講演〉(1925 年 9 月 6 日),《鮑羅廷在中國的有關資料》,第 34 頁。原載《先鋒》半月刊第 1 期(廣州:國民革命軍第二軍軍官學校政治部,1925 年 11 月)。

184　鄧中夏:〈嗚呼廖仲愷先生之死!〉(1925 年 8 月 22 日),《鄧中夏文集》,第 156－157 頁。引自《工人之路》特號第 59 期。

185　〈關於國民運動及國民黨問題的議決案〉,《中共中央文件選集》(1),第 147 頁。

員發展至 994 人，比三大時增加了一倍多。[186]

　　1925 年 1 月 11 日至 22 日，中共召開第四次全國大會，通過了《中國共產黨第二次修正章程》，對黨員、組織、會議、紀律、經費等問題，都作了相應調整和明確規定。[187] 同時又通過了《對於組織問題之議決案》，決定加強黨組織建設，設立「一有力的中央組織部，實際上真能指導地方之黨的組織」；並決定「吾黨在國民黨及其他有政治性質的重要團體中，應組織黨團，從中支配該黨和該團體的活動」。為吸收工人和貧農一般的革命份子入黨，議決案將原黨章中「有五人以上可組織一小組」的規定，改為「有三人以上即可組織支部」，以支部作為黨的基本組織。[188]

　　會議還要求加強宣傳出版工作，集中力量辦好《嚮導》、《新青年》、《中國工人》、《黨報》（秘密黨刊），以加強對全黨的馬克思列寧主義和政策策略的宣傳教育。中共中央主辦的政治機關報《嚮導》，1926 年每期銷量達到 2.5萬份左右。此外，影響較大的報刊還有《新青年》、《人民通訊》、《黨報》、《熱血日報》。規模較大的地方刊物有北京的《政治生活》、廣東的《人民週刊》、湖北的《武漢評論》、湖南的《戰士》、河南的《中州評論》，以及全國總工會的《工人之路》、上海總工會的《上海總工會五日刊》和天津總工會的《工人小報》等。中共還通過上海的印刷所和上海書店，出版了《中國革命問題論文集》等一批宣傳馬列主義和論述中國革命問題的書籍。[189]

　　中共四大決定了在全國範圍內加強黨組織的建設，令黨建工作進入一個新階段。10 月第四屆中央執行委員會第一次擴大會議召開時，黨員人數達到 3,000 人，其成分有工人、農民、學生、教師、軍人、商人、店員以及其他革

186 《中國共產黨歷史》（1 上），第 74 頁。

187 〈中國共產黨第二次修正章程〉，《中共中央文件選集》（1），第 383–389 頁。引自 1925 年 2 月印行的《中國共產黨第四次全國大會議決案及宣言》。

188 〈對於組織問題之議決案〉，《中共中央文件選集》（1），第 380–381 頁。引自 1925 年 2 月印行的《中國共產黨第四次全國大會議決案及宣言》。

189 《中國共產黨歷史》（1 上），第 114 頁。

命份子。1926 年 9 月，黨員有 13,281 人。全國除新疆、青海、貴州、西藏、台灣外，都建立了黨的組織或有了黨的活動。據中共中央局不完全統計，到 11 月，黨員總數達到 18,526 人，其中軍人 1,500 人，婦女 1,992 人。

1927 年 4 月中共五大召開時，黨員發展到 57,967 人，其中工人佔黨員總人數 50.8%、農民為 18.7%、知識份子為 19.1%、軍人為 3.1%、中小商人為 0.5%、其他成分為 7.8%，女黨員佔黨員總人數 8.27%。[190]

（2）農民運動的發展

農民佔俄國人口的大多數，所以列寧爭取農民參加無產階級革命。俄國革命成功後，他將這經驗推廣到世界革命去。1920 年他為共產國際第二次代表大會草擬了《民族和殖民地問題提綱初稿》，強調：「必須特別援助落後國家中反對地主、反對大土地佔有制、反對各種封建主義現象或封建主義殘餘的農民運動，竭力使農民運動具有最大的革命性，使西歐共產主義無產階級與東方各殖民地以致一切落後國家的農民革命運動結成盡可能密切的聯盟。」[191] 因此，中國共產黨在多篇重要文件都強調農民在革命運動的重要地位：如果沒有農民參加，中國革命不會成功。中國共產黨在第二次全國大會宣言指出：「中國三萬萬的農民，乃是革命運動中的最大要素。……大量的貧苦農民能和工人握手革命，那時可以保證中國革命的成功。」[192]

中共在《目前實際問題之計劃》強調：「農業是中國國民經濟之基礎，農民至少佔全人口百分之六十以上，其中最困苦者為居農民中半數之無地的佃農；此種人數超過一萬二千萬被數層壓迫的勞苦大群眾（專指佃農），自然是工人階級最有力的友軍，為中國共產黨所不應忽視的。中國共產黨若離開了

---

190 《中國共產黨歷史》（1 上），第 111－113 頁。
191 列寧：〈民族和殖民地問題提綱初稿〉（1920 年 6 月 5 日），《共產國際、聯共（布）與中國革命文獻資料選輯》（1917－1925）（2），第 117 頁。
192 〈中國共產黨第二次全國大會宣言〉（1922 年 5 月），《中共中央文件選集》（1），第 113 頁。

農民，便很難成功一個大的群眾黨。」[193] 又在《黨綱草案》重申：「農民當中國人口百分之七十以上，佔非常重要地位，國民革命不得農民參加，也很難成功。」「農民正面的敵人，更是列強與軍閥官僚，故中國的無產階級應當最先竭全力參加促進此國民革命，並喚醒農民，與之聯合而督促苟且偷安的資產階級，以引導革命到底。」[194]

彭湃是中國農民運動的先鋒，1921 年他從日本早稻田大學畢業回國後，在廣州加入中國社會主義青年團，隨即返回家鄉海豐宣傳農民運動，經過一年多的努力，成立了海豐縣總農會，會員達二十餘萬人。1923 年 7 月海豐縣總農會擴大成立「廣東省農會」，彭湃當選為執行委員長。國民黨改組時，中共黨人林伯渠出任農民部長，彭湃任農民部秘書，協助林伯渠制定農民運動的方針政策，指導各地農民運動。1924 年 7 月，國民黨中央執行委員會根據彭湃的倡議，開辦農民運動講習所，委任彭湃為第一屆農講所主任。彭湃親自講課，經常帶學員到廣州四郊，進行調查和宣傳。彭湃吸取海豐農會多次被武力鎮壓的教訓，增加了「軍事訓練」和「農民運動實習」課程。他將第二屆農講所的二百多名男學員改編為廣東農民自衛軍，即農團軍，自任總指揮，成為廣東最早建立的農民武裝組織。這支農團軍稍後參加了平定廣州商團叛亂。[195]

1926 年 1 月 1 日至 19 日，國民黨召開第二次全國代表大會，毛澤東同丁君羊、侯紹裘等五位代表，受大會主席團指定，修改《農民運動決議案》。[196] 決議案指出：「中國尚在農業經濟時代，農民生產佔全生產百分之九十，其

193 〈中國共產黨對於目前實際問題之計劃〉（1922 年 11 月），《中共中央文件選集》（1），第 124 頁。

194 〈中國共產黨黨綱草案〉（1923 年 7 月），《中共中央文件選集》（1），第 139 頁。

195 〈彭湃〉（1896－1929），侯國隆、侯月祥：《廣東省志·人物志》（廣州：廣東人民出版社，2004 年），電子版。

196 中共中央文獻研究室：《毛澤東年譜》（1893－1949）（上）（北京：中央文獻出版社，1994 年），第 153 頁。

人數佔全人口百分之八十以上，故中國之國民革命，質言之，即是農民革命。」決議案又指出農民運動已初見成效：「吾黨在廣東作農民運動的工作為期不過七月，已有農民協會組織的有 37 縣，會員 62 萬人，有組織之農軍達 3 萬人。前次討伐楊劉，此次統一廣東，農民皆能以實力參加，此可證明吾黨對於農民運動之進步。」於是決定：一、各省黨部均應設立農民部，並與中央農民部發生密切關係，實行中央黨部之統一運動計劃。二、在中央黨部領導之下，於本國中、北兩部選擇相當地點，各設農民運動講習所，以培養農民運動人材。三、確定並擴大農民運動經費。四、各省、區、市黨部之宣傳部，須與各該省、市之農民部發生密切關係，尤須與中央農民部發生密切關係，使此種運動成為本黨之整個的統一的運動。[197]

1926 年林伯渠再度出任為農民部長後，根據《農民運動決議案》，特別是發展中國中部、北部的農民運動，林伯渠在新成立的農民運動委員會第一次會議，決定擴大農講所的名額為三百名，將以往各屆農講所主要招收廣東學員的辦法，改為招收廣東以外各省的學員，並決定聘請毛澤東為第六屆農講所所長，擬請汪精衛、林祖涵、陳公博、甘乃光、張太雷、蕭楚女、熊銳、黃平、鄧中夏、劉一聲、高語罕、張伯簡、譚植棠、阮嘯仙、羅綺園等為農講所教員。第六屆農講所招收了 327 名學員，他們來自全國十九個省區，其中來自湖南、湖北、江西、河南、陝西、河北、山東、安徽和福建等省的學生比較多，廣東省僅有兩人。他們在毛澤東等教員悉心培訓下，絕大多數成為各地農運的骨幹。

林伯渠領導農民部和農民運動委員會又致力編輯和出版有關農運的刊物與書籍，把彭湃等領導廣東農民運動的經驗擴大到各省，給各地農運幹部提供有關農運的理論、方針、政策和實際運動的材料。農民部出版了《中國農

---

197 〈農民運動議案〉（1926 年 1 月 19 日第二次全國代表大會通過），榮孟源：《中國國民黨歷次代表大會及中央全會資料》（北京：光明日報出版社，1985 年），第 133–135 頁。

民》月刊（每期發行五千份），增設幹事，專責編輯《農民叢書》、《農民運動小叢書》。先後出版了《農民運動須知》、《孫中山先生對農民之訓詞》、《中國國民黨與農民問題》、《農民國際》、《國民政府之統一廣東政策與反革命勢力》、《廣東省黨部代表大會關於農民運動之決議案》、《革命政府對於農民運動第一、二次宣言》、《農民協會章程與農民自衛軍組織大綱》、《廣東省農民協會擁護革命政府宣言》、《廣東第一次農民代表大會決議案及宣言》、《廣東省第二次農民代表大會之重要決議案》、《農民合作概論》等文獻。

為了加強對各地農民運動的領導，林伯渠領導的中央農民部派特派員百數十人到各處幫助農民組織農民協會。於是，各省相繼建立從事農運的機構，有計劃有組織地開展農運工作，到 1926 年北伐前，廣東、廣西、湖南、湖北、河南、山東、山西等省區也都相繼建立了農民協會，全國農民協會的會員已發展到近百萬人。[198]

（3）工人運動的發展

中國共產黨是無產階級的政黨，要領導無產階級進行革命，在其醞釀成立時，便出版報刊宣傳其主張，如上海的《勞動者》、北京的《勞動音》和廣州的《勞動聲》等週刊。

北京共產主義小組成立後，張國燾在京漢路北段總站長辛店開辦工人子弟學校，借此以接近群眾，然後組織工會。經過半年的努力，長辛店工人要求成立工會。因被打壓，故先組織工人俱樂部，實際上是工會的變名。以後，「工人俱樂部」這名稱，成為當時全國各地（廣州除外）工會通用的名稱。自長辛店工人俱樂部成立之後，北方各鐵路紛紛模仿組織，成為了工會的萌芽組織。李啟漢又在上海小沙渡紗廠集中區開辦勞動補習學校，接觸群眾，開展工人運動。長辛店和小沙渡兩地成為中國共產黨最初做職工運動的

---

198 《林伯渠傳》（北京：北京電子出版物出版中心，2001 年），第 118－143 頁。

起點。[199]

　　1921 年 9 月中共成立專責領導工人運動的「勞動組合書記部」，張國燾任上海總部主任，李啟漢任秘書，董鋤平任勞動週刊編輯，北方分部由鄧中夏及羅章龍負責，武漢分部由林育南及項英負責，湖南分部由毛澤東負責，廣州分部由譚平山負責。「勞動組合書記部」是中共中央領導下一個最活躍的組織，大多數的黨團員都參加了這組織的實際工作，它是中華全國總工會的前身組織，對領導工人運動起了重大的作用。[200]

　　1920 年至 1921 年，全國自發的大小罷工不下九十餘次，部分是由共產黨領導的。1921 年 10 月上海英美煙廠罷工，勞動組合書記部領導罷工，參加者萬餘人。中共武漢黨部領導 1921 年 3 月的漢口人力車夫罷工和 10 月的粵漢路武長段罷工。1922 年 1 月至 1923 年 2 月，是中國近代罷工的高潮，歷時十三個月之久，大小罷工超過一百次，參加人數約在三十萬人以上。其中最重要的就是中共領導的京漢鐵路大罷工，因吳佩孚血腥鎮壓，屠殺和追捕罷工領導人，令中國職工運動暫時陷入低潮。[201]

　　國共合作後，廣州有一百六十多個大小不同的工會組織，但各自為政，彼此間成見極深，時有發生械鬥衝突、流血事件。廖仲愷召集各工會成立「廣州工人代表會」，派其秘書馮菊坡起草組織章程；又開辦工人運動講習所，招收了六十多名工會幹部入所學習，馮菊坡親任教導主任，為工人講授社會主義、工會組織、帝國主義侵華史、國民革命等課程。

　　共產國際東方部主任薩法羅夫給共產國際執委會主席團的報告，讚揚中共領導的工人運動已獲得成效：「中國共產黨一年前（1922 年）還是個知識份子的宣傳團體，目前已經同中國工人大群緊密而牢固地聯繫在一起了。在共產黨的影響下，中國的工會運動具有鮮明的階級形式。去年 10 月 15 日和 11

<hr />

199 《我的回憶》（1），第 110－116 頁；《中國職工運動簡史》（1919－1926），第 14－17 頁。
200 《我的回憶》（1），第 167－168 頁。
201 《中國職工運動簡史》（1919－1926），第 17－23 頁。

月 7 日的罷工以及最近京漢鐵路的罷工，明顯表明中國無產階級處於最高發展階段。⋯⋯ 顯示了中國無產階級的覺悟性和組織性的迅速提高。在不遠的將來可望我們共產黨的人數和威望迅速提高。」[202]

4. 國共合作的爭議

有些資料說，中共加入國民黨的目的是要篡奪國民黨的黨統。根據中共和蘇聯的檔案資料，中共成立時，黨人根本瞧不起國民黨。如陳獨秀狠批國民黨有很多毛病，如：「注重上層、勾結土匪、投機取巧、易於妥協、內部份子複雜、明爭暗鬥等等。」[203] 中共黨人原本是反對加入國民黨的，不少中共的創辦成員，如李達因反對中共黨員加入國民黨而退出中共。[204] 張國燾因反對中共黨員加入國民黨而被共產國際貶為反對派的首腦、機會主義者、反共產國際和右派等。[205] 馬林這種打壓異己的手段，共產國際的部分幹部也表示異議。

維經斯基就中國形勢給共產國際執委會東方部的報告指出，不應在工人運動失敗時，「使黨和工會的一位領導人在這樣重要的時刻離開工作崗位」。報告說：中國京漢鐵路工人大罷工被吳佩孚血腥鎮壓，中共黨人「情緒非常沮喪，對今後工作的前景看得過分悲觀」，「過分驚慌失措的結果是工人運動的中心脫離了我們的積極份子和張國燾不知為甚麼被派往莫斯科去報告罷工情況。在他往返莫斯科的這兩個月裏，他本來最好應該呆在漢口和北京，組

---

202 薩法羅夫：〈東方部就 1923 年第一季度工作給共產國際執委會主席團的報告〉（1923 年 4 月 4 日於莫斯科），《聯共（布）、共產國際與中國國民革命運動》（1920－1925）（1），第 240 頁。

203 《我的回憶》（1），第 213 頁。

204 《我的回憶》（1），第 216 頁。

205 《我的回憶》（1），第 217 頁。

織工會的剩餘力量。」[206] 維經斯基寫信給張國燾，讚揚他是「年輕的有潛力的工人運動的傑出代表」，鼓勵他「應該始終不渝地主張年輕的但還弱小的中國共產黨的統一，儘管黨內有一些應該加以糾正的意見分歧，你應該仍像從前，甚至比從前更加積極地從事黨的工作」。[207]

斯列帕克說：「張離開了中央（張國燾在第三次黨代表大會未被選入中共中央執委會委員）。依我看，這是一個很大的錯誤。這裏有荷蘭人（馬林）的蠱惑宣傳。我有理由更相信張，而不是後者。即使有大批積極工作的幹部，也不能讓張離開中央。……曾經有很短一段時間，張完全處於失寵狀態，當時甚至沒有給他安排任何工作。」[208]

資料顯示馬林的表現在共產國際和中共都不得人心，中共加入國民黨只是馬林多次向共產國際推銷其對華策略的結果，並不符合中共本身的意願。蔡和森說：「這時候黨員和團員對加入國民黨非常不滿意。」[209]

1922 年 8 月，西湖會議討論國共合作問題，出席會議的六個中共中央委員，有五人反對馬林的建議。最後馬林拿出由他撰寫，共產國際主席團給中共中央委員會的信和《給共產國際駐中國特派代表的指示》，這才讓各人接受馬林的建議。張國燾說：「馬林施展了全身解數，才使他的主張獲得勉強通過；是他的勝利，也是他的失敗。」馬林的表現令中共黨人甚為反感，失去了對他的敬意。[210]

---

206 〈維經斯基就中國形勢給共產國際執委會東方部的報告〉（摘錄）（1923 年 3 月 24 日於海參崴）（絕密），《聯共（布）、共產國際與中國國民革命運動》（1920－1925），第 234 頁。

207 〈維經斯基給張國燾的信〉（1923 年 10 月 24 日於莫斯科），《聯共（布）、共產國際與中國國民革命運動》（1920－1925），第 304 頁。

208 〈斯列帕克給維經斯基的信〉（1923 年 11 月 25 日於北京），《聯共（布）、共產國際與中國國民革命運動》（1920－1925），第 317 頁。

209 蔡和森：〈蔡和森談西湖會議〉（1926 年），《共產國際、聯共（布）與中國革命文獻資料選輯（1917－1925）（2），第 342 頁。

210 《我的回憶》（1），第 246－247 頁。

事實上，馬林這種作風是違反了列寧的政策，他謊話連篇、欺上瞞下。馬林推動中共黨人加入國民黨的策略雖然被中共各人激烈反對，但他卻在共產國際執委會主席團會議謊稱：「以個人身份加入國民黨組織，這個問題沒有遇到激烈反對。」「在我們黨內，關於加入孫逸仙黨的決定幾乎沒有遭到任何反對而被通過。」[211] 他與美國麻省理工學院政治教授伊羅生談話時，否認曾用高壓手段迫使中共接受他的主張，謊稱共產國際沒有給他什麼專門的指示，「我提出這些意見時，從來沒有莫斯科得到什麼具體專門指示的問題。我離開莫斯科時沒有什麼指示。我只是以我自己在爪哇伊斯蘭教聯盟運動中取得的經驗作為依據。……伊斯蘭教聯盟這一鬆懈組織形式，使我們社會民主同盟的印尼人、爪哇人、馬來亞人的影響迅速增長。……在中國努力同國民黨建立這種形式的合作是直接以爪哇的成功經驗為依據的。保持我們中國共產黨的獨立性是這條路線的邏輯結論。」「在杭州，絕大多數人接受了這些觀點。只有一兩個人反對，如果我沒有記錯的話，反對最強烈的是張國燾。」伊羅生指出馬林關於這次會議的敘述同陳獨秀所說的有出入。馬林回答說：「如果陳獨秀的敘述是真實的，那麼，第一，杭州會議後的一個時期，這個問題曾有許多機會拿到莫斯科討論，中國的同志也可以把這個問題提交同年後期來華的越飛，但當時沒有此種做法。第二，沒有『服從紀律』這個問題，我向來十分反對這種手段。何況，我並沒有從共產國際得到什麼專門指示，我手頭沒有任何文件。」[212]

根據蘇聯解密檔案和張國燾、陳獨秀等人的回憶錄和文章，馬林是謊話連篇，否認他曾壓迫中共加入國民黨。於是中共便在毫不心甘情願的情況下加入國民黨，且在多次與國民黨產生摩擦之後，仍然被共產國際強迫留在國

---

211 〈共產國際執委會主席團會議中國問題議程速記記錄〉（1922 年 12 月 29 日於莫斯科），《聯共（布）、共產國際與中國國民革命運動》（1920－1925）（1），第 179－180 頁。

212 伊羅生：〈與斯內夫利特（馬林）談話記錄 —— 關於 1920－1923 年的中國問題〉，《共產國際、聯共（布）與中國革命文獻資料選》（1917－1925），第 251，254－256 頁。

民黨之內，直至國共關係全面破裂為止。

　　不過，中共是積極面對新的革命形勢，努力擴充自己的力量。劉仁靜在共產國際第四次代表大會作報告說：「要在中國消滅帝國主義，就必須建立反帝的統一戰線，我們黨根據這一原則，已決定和國民革命的政黨即國民黨建立統一戰線，其形式是我們共產黨員以個人名義參加國民黨。通過這樣的形式，我們想要達到兩目的：第一，我們希望通過我們在國民黨內許多有組織的工人中進行宣傳，把他們爭取到我們這邊來；第二，我們只有把自己的力量同小資產階級和無產階級的力量結合起來，才能打擊帝國主義，我們打算在組織群眾和通過宣傳說服群眾方面和國民黨競爭。如果我們不加入國民黨，我們就會孤立，我們所宣傳的共產主義就會是一種雖然偉大崇高，卻不能為群眾接受的理想。群眾會寧可追隨小資產階級政黨並且被該黨利用來達到自己的目的。如果我們加入國民黨，我們就可以向群眾說明我們也是贊成革命的民主的，但是這種革命的民主，對我們來說，只是為了達到目的的一種手段。……我們能夠把群眾團結在我們周圍，並分化國民黨。」[213]

　　國共兩黨就在這樣充滿矛盾的背景下，開始合作建立反帝的統一戰線。第一次國共合作期間，國共兩黨的糾紛摩擦雖然不斷，但基本上對兩黨都是有利的。雙方在第一次合作時，軍事、經濟、政治和黨員人數等各方面的力量都有很大的增加。國民黨的勢力由局限於廣東一隅，發展到全國。軍事力量尤其有飛躍發展，由朝不保夕變成統一全國，全靠成立了一支效忠革命的黨軍。這支由蘇聯紅軍教官訓練出來的黨軍和配備了蘇聯供應的飛機大炮，先後打敗吳佩孚、孫傳芳和張作霖的部隊，使國民政府能夠定都南京，開始了民國時期歷史新的一頁。

　　中國共產黨因為沒有根據地和財政來源，沒有得到共產國際的軍事物資

213　劉仁靜：〈關於中國形勢的報告〉〈共產國際第四次代表大會〉（1922 年 11 月 5 日－
　　12 月 5 日），中國社會科學院近代史研究所翻譯室：《共產國際有關中國革命的文獻
　　資料》（1919－1928）（1）（北京：中國社會科學出版社，1981 年），第 62－63 頁。

援助，但學習到重要的革命經驗，致力於培養革命幹部，進行宣傳運動，發展工農運動，為稍後取得無產階級革命勝利奠定了重要基石。

國共兩黨第一次建立的反帝統一戰線並不成功，沒有把帝國主義趕出中國，但也不是毫無收穫的。第一是結束了舊軍閥政權，吳佩孚、孫傳芳、張作霖的勢力都被消滅了。其次是抑制了帝國主義者的侵略野心，撲滅其欺壓中國人的氣焰。仍然健在的老一輩香港人（迄今已年近百歲）告訴我們：二十世紀二十年代，除上海之外，香港兵頭花園大門外也高懸一塊「華人與狗，不得入內」的牌匾，[214] 二十年代，中國革命的火紅年代，五卅慘案、沙基慘案和省港大罷工發生的年代；中國群眾衝入漢口租界，收回主權的年代。最後，這塊懸在中國土地上──上海和香港，侮辱中國人的牌匾在反帝國主義浪潮下自動拆除下來！

214 陳敬堂：〈劉培──海上游擊戰先導者〉，陳敬堂：《香港抗戰英雄譜》（香港：中華書局，2014 年），第 43 頁；陳敬堂：《楊奇先生訪問紀錄》（2013 年 5 月）。

第八章

國民革命軍北伐

1　唐生智
2　孫傳芳
3　郭松齡
4　加倫

5　　北伐軍炮兵

6　　五原誓師

7　　五三濟南慘案

5

6

7

一、北伐的目的

1924 年 11 月 10 日，孫中山發表《北上宣言》，闡述國民革命和北伐的目的：「國民革命之目的，在造成獨立自由之國家，以擁護國家及民眾之利益。此種目的，與帝國主義欲使中國永為其殖民地者絕對不能相容。……換言之，北伐之目的，不僅在推倒軍閥，尤在推倒軍閥所賴以生存之帝國主義。」[1]

1926 年 1 月《中國國民黨第二次全國代表大會宣言》重申：「國民革命之目的，在求中國之自由平等。」宣言解釋由於帝國主義用不平等條約束縛中國自由，「故打倒帝國主義，實國民革命之第一工作。」這宣言詳盡分析國內外形勢，在國際方面，指出歐戰以後，世界人口為十七億五千萬，其中有十二億五千萬人被帝國主義作牛馬奴隸，這些被奴役的民族和民眾已經覺醒，展開其民族運動。「中國之國民革命，由中國言之，為中國民族之自求解放。由世界言之，為一大部分人類自求解放。故中國之國民革命，實為世界革命之一大部分。」「其努力之目標，在打倒帝國主義。」在中國方面，指出英法日帝國主義利用中國大小軍閥作為阻遏國民革命運動之工具，法日慫恿「唐繼堯起兵，寇桂窮粵」，英國支持陳炯明為患，「公然以香港為其寇粵之大本營。運兵籌餉，皆以香港為策源地。北洋兵艦，集中於香港，以往來窺伺廣東之沿海岸。復由香港輸運軍械，以接濟南路諸賊。而陳炯明等更於海豐摧殘農民運動，於汕頭摧殘工人愛國運動，務殘害同胞，以取媚於帝國主義」。所以中國的生路必須對外打倒帝國主義，對內打倒一切帝國主義之工具——軍閥。「去年 5 月 30 日以後，青島、上海、九江、漢口、廣州等處之慘殺案，接踵而起。帝國主義窮凶極惡的面目，暴露無遺。」而軍閥與帝國主

---

1   孫中山：〈北上宣言〉（1924 年 11 月 10 日），《國父全集》（1），第 173－176 頁。

義勾結，非但不能恃以為固，反而因此犯眾怒而促其死亡。[2]

7月6日，國民黨發佈《中國國民黨為國民革命軍出師北伐宣言》，痛陳當時全國人民的苦難，不得不出師北伐的原因：「入則有老弱待哺之憂，出則無立業謀生之地，行則逢擄身喪命之變，居則罹舉家凍餒之禍，災害深於水火，困苦甚於倒懸，凡此皆帝國主義之侵略及賣國軍閥之竊權之所致也。」「本黨從來主張用和平方法，建設統一政府。」但由於帝國主義煽動軍閥，「吳佩孚得英帝國主義者之助，死灰復燃，竟欲效袁世凱之故智，大舉外債，用以摧殘國民獨立自由之運動。帝國主義者復餌以關稅增收之利益，與以金錢軍械之接濟，直接幫助吳賊壓迫中國國民革命；間接即所以謀永久掌握中國關稅之權，而使中國經濟生命，陷於萬劫不復之地。……中國人民之唯一需要，在建設一人民的統一政府，而過去數年之經驗，已經證明帝國主義者及賣國之軍閥，實為和平統一之障礙，為革命勢力之仇敵；故帝國主義者及賣國軍閥之勢力不被推翻，則不但統一政府之建設無希望，而中華民國唯一希望所繫之革命根據地，且有被帝國主義者及賣國軍閥聯合進攻之虞。本黨為實現中國人民之惟一需要，統一政府之建設，為鞏固國民革命根據地，不能不出師以剿除賣國軍閥之勢力。」[3]

7月9日，蔣介石在廣州東校場就職國民革命軍總司令，發佈《北伐宣言》：「自辛亥革命，迄今十有五年，禍亂相仍，擾擾不止。人民陷溺於水火之中，日益深烈。追求致亂之源，悉由帝國主義者為之厲階。彼既挾砲艦政策，以保持其脅迫而取得之不平等條約，攘奪我關稅自主，妨害我司法獨立，壟斷我全國金融與交通，使我新興工業，受其扼制，所有農產被其把

2　〈中國國民黨第二次全國代表大會宣言〉（1926年1月），中央宣傳委員會編：《中國國民黨第一二三四次全國代表大會彙刊》（中國國民黨中央執行委員會，1934年），第65頁。

3　〈中國國民黨為國民革命軍出師北伐宣言〉（1926年7月6日），彭明編：《中國現代史資料選輯》（2）（1924－1927）（北京：中國人民大學出版社，1988年），第296－299頁。

持。因而商業蕭條，民生凋敝，以致遍地皆匪，百廢莫舉。而彼復利用萬惡之軍閥為其工具，摧殘愛國運動，剝奪人民自由，更驅使全國軍人，同室操戈，自相殘殺，必使我國內亂不絕，而彼乃得操縱我政治與經濟之全權。環境險惡，如此其甚，猶謂於國民革命以外，別有救國途徑，寧非欺人之談。革命戰爭之目的，在造成獨立自由之國家，以三民主義為基礎，擁護國家及人民之利益，故必集中革命之勢力於三民主義之下，乃得推倒軍閥與軍閥所賴以生存之帝國主義。」[4]

四份國民黨重要文獻均強調北伐的目的是打倒軍閥和帝國主義。

二、北伐出師前之國內形勢

1. 帝國主義者和軍閥的聯合壓迫

帝國主義者打敗腐朽的滿清帝國，迫使簽訂多條不平等條約，得以在中國肆行經濟侵略，限制中國制訂關稅保護的權力，霸佔中國礦產資源，奪取內河及沿海航行權，又用龐大資本侵略中國，壟斷金融業務，傾銷其廉價貨物，使中國農工商業陷入破產邊沿。

國民黨分析帝國主義能夠在中國肆虐的原因如下：

一、高度發展的工商業，龐大的資本積聚。此等資本積聚，能供給帝國主義以偉大之信用。

二、強大的海軍及其航空隊，能使所有殖民地半殖民地之民族，雖蓄怨望、謀反抗，而卒不能脱離其勢力範圍之外。

三、強有力的宣傳機關，若千百種之新聞雜誌，若千百種之學校，若教會及戴面具的慈善事業，若無數受薰陶於統治殖民地人民的精神之官吏，皆

---

4   毛思誠：《民國十五年以前之蔣介石先生》（8 編 3），第 15–16 頁。

足以為帝國主義之喉舌與爪牙。對於殖民地半殖民地之奴隸，不特有摧殘的能力，而且有麻醉的作用。對於一切帝國主義者，不特能冪蔽其罪惡，且能使人相與歌功頌德之不暇。[5]

　　幸而，孫中山不斷號召國民革命，終於令國人日漸覺醒，帝國主義者見無法繼續其麻醉欺騙的手段，便改用鎮壓政策，瘋狂地血腥地屠殺中國群眾，先後在香港、上海、青島、漢口、廣州開槍，甚至用機關槍射殺手無寸鐵的學生和工人群眾，大街小巷，血流成河。軍閥政權不但沒有保護國民，更站在帝國主義一方殺戮自己的同胞，甚至在首都也發生這種慘案。1926 年 3 月 7 日，駐守天津大沽口的國民軍開炮擊退企圖侵襲之奉系軍艦，在 9 日在大沽口敷設水雷，封鎖港口。10 日，英、法、日、美、意等十二國駐華使館認為國民軍封鎖大沽口違反《辛丑條約》，要求北京政府撤除一切入京障礙。國民軍被迫在 12 日宣佈開放大沽口岸。當日下午，兩艘日艦闖入大沽口，奉系四艘軍艦尾隨衝入，國民軍鳴槍示警阻止，日艦竟然開炮轟擊大沽口。釀成「大沽口事件」。14 日，國共兩黨北京黨部聯合召開「北京國民反日侵略直隸大會」，抗議日艦炮轟大沽口。16 日，日、英、美等八國公使向北京政府發出最後通牒，要求拆除大沽口國防工事，不能阻礙北京至出海口的交通。17 日，國共兩黨再次召開聯席會議，針對最後通牒，決定在 18 日組織學生群眾到外交部、國務院請願。北京政府沒有乘機爭取民心，反而開槍鎮壓，擊斃學生和市民四十七人，擊傷一百五十餘人。事為「三一八」慘案。[6] 國人生不如死，不能不奮起「打倒軍閥」和「打倒帝國主義」。

5　〈中國國民黨第二次全國代表大會宣言〉，《中國國民黨第一二三四次全國代表大會彙刊》，第 65 頁。

6　《吳佩孚傳》（下），第 723 頁。

2. 國內軍閥之割據

國民黨第二次全國代表大會宣言指出軍閥割據的形勢：「軍閥之大者，藉口武力統一，把持中央；其小者，藉口聯省自治，把持地方。其唯一目的，在掠奪國家及人民之利益；其唯一手段，在擁兵自衛。」[7] 北伐出師一月前，中國力量較為龐大的軍閥如下：

（1）吳佩孚

吳佩孚治軍甚嚴，訓練有方，自護法戰爭後，先後在直皖戰爭打敗段祺瑞，在第一次直奉戰爭打敗張作霖，聲威顯赫。[8] 唯在第二次直奉戰爭兵敗，勢力大減。重返洛陽後，殘兵僅餘三萬。因張作霖背棄不入關的諾言，在北方壓迫馮玉祥的國民軍，又揮軍南下佔領山東和上海，導致馮玉祥和孫傳芳不滿，兩人都爭取吳佩孚反奉。東南反奉戰事爆發，吳佩孚乘機重振旗鼓。1925 年 10 月 21 日，在武漢通電宣佈受川、黔、桂、粵、湘、浙、閩、蘇、皖、贛、鄂、豫、晉、陝等十四省擁戴，就任「十四省討賊聯軍總司令」職。不過，吳佩孚誓報馮玉祥「倒戈之仇」，11 月 30 日通電各省軍政長官聲明結束討奉戰爭。12 月，張作霖代表楊宇霆與吳佩孚代表蔣方震在大連達成諒解，合力消滅馮玉祥與國民軍。1926 年 1 月 1 日，馮玉祥通電下野，赴蘇聯考察。張吳兩人不為所動，誓報前仇。26 日，吳佩孚下令進攻河南岳維峻國民軍第 2 軍。3 月，吳佩孚擊潰岳維峻部，重佔河南。

4 月 15 日，國民軍受直、奉聯軍包圍，全部從北京西撤，退守南口。18 日，直、奉聯軍進入北京，段祺瑞下野。國務院顏惠慶攝行大總統職務。直、奉兩軍聯合圍攻南口，激戰至 8 月 9 日，南口陷入三面包圍之中，無力再戰。15 日，國民軍總部下總退卻令，有步驟地撤退。與此同時，南方國民

7　〈中國國民黨第二次全國代表大會宣言〉，《中國國民黨第一二三四次全國代表大會彙刊》，第 76 頁。

8　李宗仁：《李宗仁回憶錄》（香港：南粵出版社，1986 年），第 242 頁。

革命軍開始北伐，22 日，唐生智部攻佔岳州，吳佩孚被迫回師。此時吳佩孚仍然控制湖北、湖南、河南三省，及直隸保定一帶，兵力約有二十萬人。對兩廣區區數萬之眾，根本不放在眼內。直至革命軍攻佔長沙，才感到事態嚴重，親率大軍回師對付革命軍。[9]

（2）孫傳芳

1925 年 5 月 27 日，奉軍大舉入關，進至天津，迫國民軍向宣化、張家口一帶撤退，直接控制了中央政權。6 月 13 日，張學良乘「五卅」慘案發生，率奉軍二千人到達上海，對記者說：「此次來滬有二任務：一為調查『五卅』案真相及保護國土與華界居民之生命財產；二為順道視察滬寧線駐軍。」21 日，張學良北返，姜登選率奉軍到滬駐防，奉軍第 20 師師長邢士廉以戒嚴司令名義進駐上海，控制中國金融中心。

奉軍勢力南侵，引起江蘇軍隊不滿，陳調元、白寶山、馬玉仁、張仁奎等聯絡孫傳芳，聯合抵抗奉軍。10 月 7 日，杭州召集皖、贛、蘇、閩、浙五省會議，決定成立「五省聯盟」，推孫傳芳為總司令。10 日，五省聯軍準備向蘇、皖奉軍發動總攻。14 日，奉軍江蘇督辦楊宇霆主動將駐滬軍隊撤退至蘇、常一帶，以觀察形勢發展。15 日，孫傳芳通電反奉，正式就任五省聯軍總司令職。16 日，邢士廉放棄抵抗，孫傳芳垂手佔有上海及全江蘇。孫傳芳敦請名流陳陶遺為江蘇省長、地質學家丁文江為上海市政督辦，銳意刷新吏治，整理市政以收民心，訓練軍隊以備作戰。[10] 孫傳芳善於隨機應變，慣用漁人奪利手法，對人面面俱圓，「遙尊吳佩孚而不與段政府決裂，與奉方解釋嫌怨，而亦不開罪於他方」。孫傳芳虎踞長江下游多年，餉裕財豐，彈械充足，其實力較吳佩孚有過之而無不及。孫傳芳亦素有悍將之稱，不易屈服。其江蘇、浙江、安徽、江西、福建五省兵力，約二十萬人左右。主力部隊為盧香

9　《李宗仁回憶錄》，第 242 頁；《吳佩孚傳》（下），第 692－734 頁。

10　《吳佩孚傳》（下），第 701－705 頁。

亭第 2 師，謝鴻勳第 4 師，鄭俊彥第 10 師。[11]

（3）張作霖

張作霖在第二次直奉戰爭獲勝，違背不入關的諾言，率大軍入關，乘機擴張勢力，囊括了從直隸到長江下游的廣闊地盤，操控了中央政府，但再進一步向江浙擴張則受孫傳芳所阻。由於戰線過長，不易取勝，約馮玉祥國民軍助攻孫傳芳則未獲回應。於是決定全力壓迫馮玉祥，進迫北京。馮玉祥為保存實力，將所部退守南口。

1925 年 11 月 20 日，奉軍大將郭松齡不滿張作霖窮兵黷武，又久受楊宇霆抑壓，在第二次直奉戰爭中又無任何獎賞，故在馮玉祥部將韓復榘慫恿下，與馮玉祥簽訂反張的密約七條。22 日，郭松齡通電反對張作霖，指責他「窮兵黷武」、「信用群小」，請他即日下野。郭松齡麾下第 2、第 6 兩旅，是奉軍精銳，又有重炮隊，全軍共約五萬人，突然倒戈兵諫，迅速佔領新民屯，距離瀋陽只有六十里。張作霖大為震驚，準備逃往外國。日本派軍兩師幫助，又出動八十架飛機把白旗堡附近三十里炸為一片焦土；又以南滿鐵路附屬地不得干犯為藉口，阻止郭軍前進。日本因與郭松齡交涉，知道郭之駐地，通知張作霖派騎兵奔襲，俘獲郭松齡，並將他就地處決，反奉戰爭遂失敗。張作霖經此打擊，元氣雖損，但實力不減。1926 年 2 月，乘李景林、張宗昌與國民軍劇戰於津浦路北段，吳佩孚猛攻河南的機會，派張學良攻佔山海關。國民軍西撤。張作霖遂入主北京，成為北京政府新主人。張作霖又俟吳馮兩軍在南口惡鬥到兩敗俱傷後，從後突襲南口，迫退國民軍，控制察哈爾。這時奉軍佔據東北三省、熱河、察哈爾和北京、天津地區，連同受他節制、統治山東的張宗昌軍隊在內，約有兵力三十多萬人。主力部隊是張學

11　《李宗仁回憶錄》，第 256 頁；〈國民革命軍北伐戰爭之經過〉（上），《東方雜誌》（25
　　卷 15）（1928 年 8 月 10 日），第 23－24 頁。

良、韓麟春的第 3、4 方面聯合軍。[12]

（4）段祺瑞及其他

首都革命後，段祺瑞再度入主北京，他為鞏固勢力，花盡心思為其嫡系部下謀取地盤及招攬舊直系不安於位的小軍閥於門下，以便與奉系、國民系成鼎足之勢。初期因處於奉、國兩大勢力之間，難以發展，如鄭士琦在山東，王揖唐在安徽，劉鎮華、吳新田在陝西，均以失敗告終。到反奉戰爭爆發，外受獨立省分電責，內受國民軍監視，仍然不能有所作為。惟一能做之事乃挑撥各方，以圖漁利。始則下令國民軍討奉；及國民軍敗退，又陰謀聯奉以傾覆國民軍，卒被駐北京之國民軍鹿鍾麟發覺，只得黃夜逃入使館避難。所以段祺瑞只是一個無兵司令，「竊據中央」的政治可憐蟲。

除張作霖、吳佩孚、孫傳芳三大集團，還有一些軍閥控制一省或一省內某些地區。如山西閻錫山，擁兵約十萬，既同張作霖、吳佩孚聯合進攻國民軍，又同國民黨保持聯繫。雲南唐繼堯地處偏僻，擁兵約六萬，割據一方。

其他尚有湖南趙恆惕，倡聯省自治，實為吳佩孚附從。四川劉湘，貴州袁祖銘、周西成，則搖擺於段祺瑞、吳佩孚、國民政府各方，以求自存。[13]

3. 共產國際支持國民革命

帝國主義軍事干涉俄國革命，企圖消滅蘇維埃政權。列寧於是成立共產國際，鼓動世界革命，推翻資本主義政權。不久，歐洲的匈牙利、斯洛伐克、巴伐利亞、芬蘭、愛沙尼亞和波蘭相繼爆發了革命，但很快被鎮壓失敗。1919 年 8 月 5 日，托洛茨基致函俄共中央，建議把革命重點轉向亞洲。

---

12 〈國民革命軍北伐戰爭之經過〉（上），《東方雜誌》（25 卷 15）（1928 年 8 月 10 日），第 24 頁；《馮玉祥傳》（上），第 232－236 頁；《我的生活》，第 541－551 頁。

13 〈國民革命軍北伐戰爭之經過〉（上），《東方雜誌》（25 卷 15）（1928 年 8 月 10 日），第 24 頁；《中華民國史》（2 編 5），第 2 頁。

布哈林也指出：英國經濟實力的根源在亞洲。共產國際領袖們都認為英國若失去其亞洲的殖民地，經濟便會破產，最後其資本主義制度便會自行崩潰。1921 年 7 月，共產國際放棄對資本主義「直接進攻」的策略，改為支持亞洲殖民地和半殖民地國家的工人群眾起來革命，反抗殖民主義者的統治。

　　蘇聯觀察到中國正竭力反抗帝國主義者的侵略，謀求國家民族的解放和獨立，判定中國是反對帝國主義的重要戰場，決定支持中國革命。根據蘇聯解密檔案，蘇聯在華採用了統一戰線策略（United Front 或譯為聯合陣線），聯合所有反對軍閥和帝國主義的力量，結為一個鞏固的同盟，集中全力，先消滅帝國主義在華的爪牙——軍閥，再協助革命政權將帝國主義驅逐出中國。

　　這策略是全面出擊、遍地開花、分路合圍的。有些用蘇俄外交部名義，有些用共產國際身份，總之蘇聯代表到中國接觸各界力量，組成反帝國主義聯盟。為了爭取中國各界，蘇聯首先發表兩次加拉罕聲明，表示放棄在華特權和交還租界。這舉措在中國產生了震撼的效果，讓大多數中國人思索：共產主義與帝國主義確有天淵之別，為什麼俄國新政權願意主動放棄在華特權，交還租界，平等待我，而英國卻繼續在上海租界花園門外掛着「華人與狗不得入內」的木牌，橫行霸道地欺壓我國？誰是正義國家，誰是邪惡國家？黑白分明，誰都清楚。這宣言不但令李大釗、陳獨秀等知識份子和大部分國人感動，也令孫中山非常欣賞。蘇聯遂輕易在中國組織了反帝國主義聯合陣線。

　　共產國際促進國共兩黨建立政黨的統一戰線，對兩黨的發展都有很大幫助，尤其是重視爭取工農商學群眾加入革命，立即壯大了革命力量。工農群眾佔人口的大多數，若他們不參加革命，怎能在省港大罷工中重挫英國威風？怎能樹立國民政府的威望？北伐初期的補給怎能供應不絕？

　　除政黨統一戰線外，共產國際還建立了軍事統一戰線。打倒軍閥，必須用武力解決。故共產國際考慮參加軍事統一戰線的成員，除了具備政治開明的立場（至少是態度不反蘇和保護工農利益），最重要的是擁有一定的軍事力量。當時（直奉第二次戰爭前）共產國際代表認為中國軍力最強的首選吳佩

孚，其次是陳炯明，而非孫中山。不過，列寧高度讚揚孫中山堅決捍衛中國權益，不屈不朽地領導中國人民進行革命，在中蘇兩國都有崇高的威望，認定只有他才能領導和聯合中國各界進行反帝國主義的鬥爭。但礙於孫中山缺乏實力，難以獨力消滅中國軍閥，於是共產國際設法為孫中山組織一條軍事統一陣線，以增加孫中山的力量。

越飛來華後，提出了孫（中山）吳（佩孚）合作計劃，積極推動兩人合作、組成聯盟，蘇聯將會支持這個聯盟作為中國強大的基礎。吳佩孚背後有英國支持，視孫中山為他統一全國的絆腳石，無意與孫結盟；孫中山亦視吳為心腹大患，正組織粵皖奉同盟消滅吳，堅決反對越飛的建議，並寫信向列寧投訴。越飛孫吳合作計劃失敗，孫吳兩人勢不兩立。蘇聯二選其一，最後選擇了以孫中山和國民黨為核心，建立反帝國主義的軍事統一戰線。

首都革命成功後，粵皖奉聯盟隨即結束。蘇聯察覺到冒起的國民軍是反軍閥的重要支柱，認為是消滅張作霖勢力的唯一力量，遂積極栽培國民軍，讓其軍力足以擊敗張作霖。共產國際細心安排，結成了國民黨和國民軍的軍事統一陣線，讓國民黨兵力暴增一倍，佈下了南北夾擊之勢，奠定了消滅軍閥、統一全國的軍事基礎。

1923 年 1 月 26 日，越飛與孫中山發表共同聲明：越飛向孫中山保證，蘇聯援助中國成功統一與國家完全獨立。當天越飛便寫信給列寧、托洛茨基等蘇聯政府和共產國際領導人，游說他們向孫中山提供 200 萬盧布的援助，指出：將來解決世界歷史問題終究在中國這裏，要求大力援助中國革命。蘇聯中央政治局開會後，同意援助中國。同年 9 月 16 日，蔣介石代表孫中山前往莫斯科，商談援助內容。11 月 26 日，蔣介石往見契切林、托洛茨基等共產國際領導，請求蘇聯支持中國革命。1925 年 3 月 19 日，俄共（布）中央政治局決定成立中國委員會，委任伏龍芝為主席，監督日常援助國民黨和支持它的軍事集團（指國民軍）的措施的執行情況。4 月至 10 月，伏龍芝向國民黨提供了 460 萬盧布的武器。1925 至 1926 年財政年度又向中國供應了 1,100 萬盧布的軍事物資。

以下是蘇聯在華軍事統一戰線的實力：

（1）國民黨

孫中山推行聯俄容共政策，創辦黃埔軍校時，很明確的向鮑羅廷説：國民黨的首要任務是按照蘇聯式樣建立一支軍隊，準備好北伐的根據地；要求蘇聯把在反對帝國主義者武裝干涉、並把他們趕出本國的鬥爭經驗傳授給我們的軍校學生。蘇聯紅軍教官不負所託，訓練出來的黃埔學生軍，先後平定商團之亂，擊潰陳炯明餘部，統一兩廣，鞏固了廣州革命根據地。1925 年 7 月 1 日，國民政府成立，冷靜應付英帝國主義者血腥屠殺廣州人民和黃埔軍校生——沙基慘案——的挑釁，運用省港大罷工的策略進行國民革命，實施封鎖禁運和築路開黃埔港，奪取了英國在華的近岸航運和商業貿易，繁榮發展了廣州經濟，重創香港經濟。這場經濟戰收效宏大，大滅英帝國主義者威風，為五卅以來各地被帝國主義者屠殺的工人學生群眾討回公道，樹立了領導全國進行國民革命的威望。全國的工人、學生聞風而至，紛紛投奔廣州，使廣州成為當時的革命聖地，鞏固了北伐的基礎。

孫中山逝世後，蔣介石便籌劃北伐。但支持這行動的蘇聯軍事總顧問加倫和鮑羅廷相繼回國，新任的軍事總顧問季山嘉卻阻止北伐。因時為 1925 年 10 月，孫傳芳聯合浙、皖、贛、蘇、閩五省反奉，得到直系吳佩孚響應，通電就任討賊聯軍總司令。蘇聯利用此良機，全力策動孫傳芳、吳佩孚和馮玉祥聯合反奉，企圖乘機打垮親日反蘇的張作霖。11 月，馮玉祥邀請維經斯基在張家口會議，維經斯基向莫斯科報告：「馮認為，同孫傳芳和蕭耀南可以建立軍事聯繫，但不能同吳建立這種聯繫。」因此，維經斯基認為「現在對吳佩孚採取任何行動，都可能是一個在策略上錯誤的，和對反奉鬥爭事業有害的步驟」。[14] 若廣州國民政府在此時北伐，威脅吳佩孚、孫傳芳等後方，便會破壞反奉戰爭。故共產國際東方部部長明確告訴其在中國的代表：「我們強烈

---

14 〈維經斯基的書面報告：摘錄〉（1925 年 11 月 11 日於北京），《聯共（布）共產國際與中國國民革命運動：1920－1925》（1），第 733－735 頁。

譴責北伐。」季山嘉遂執行莫斯科方針，反對北伐。其後，反奉戰爭結束，張作霖和吳佩孚聯合圍攻國民軍，北方政治軍事形勢又急劇轉變。

1926 年 1 月 1 日，馮玉祥宣佈下野，國事由吳佩孚、孫傳芳、閻錫山、岳維峻等主持，並聲明國民軍名義早已取消，不再沿用。4 日，馮玉祥電段祺瑞辭職，將國民軍第 1 軍交張之江指揮，鹿鍾麟、張之江、李鳴鐘、宋哲元、劉郁芬分任京畿、察哈爾、綏遠、熱河、甘肅司令。自己離張家口赴平地泉，準備經蒙古赴俄。3 月 27 日，馮玉祥與其團長魏鳳樓、徐謙及蘇聯林顧問（Henry A. Lin）自庫倫赴莫斯科。馮玉祥旅蘇期間，徐謙、于右任和鮑羅廷等人不斷勸說他參加革命。5 月 10 日，馮玉祥決定加入中國國民黨。6 月 3 日，譚延闓、蔣介石致電邀請馮玉祥赴粵參加革命。馮立即派李鳴鐘、劉驥為全權代表駐廣州，與國民政府和共產國際鮑羅廷保持緊密接觸。李鳴鐘、劉驥與國民政府譚延闓、徐謙、宋子文、孫科等人商談，決定：

一、馮玉祥統率所部的國民軍接受孫中山先生的三民主義和聯蘇、聯共、扶助農工三大政策，從北方協助國民革命軍北伐的進行；

二、國民政府對於國民軍按照國民革命軍的標準、一律待遇。

劉驥致電在莫斯科的馮玉祥，不久，馮回電完全同意。[15]

國民黨中央黨部任馮為國民軍之國民黨黨代表、國民政府委員及軍事委員會委員等職。馮玉祥從蘇聯回國後，致電譚延闓、蔣介石等，敦促國民革命軍進攻武漢。[16] 國民革命軍得到國民軍在北方配合，力量大增，北伐戰爭全面展開。

國民革命軍從南方進攻的共有八個軍，人數約十萬左右。

第 1 軍軍長何應欽，因留鎮潮梅，由第 1 師師長王柏齡兼該軍指揮官、第 2 師師長劉峙、第 3 師師長譚曙卿、第 14 師師長馮軼裴、第 20 師師長錢大鈞，合共兵力步兵十八個團，炮兵一個團。由黃埔軍校教導團和收編粵軍

15　劉驥：〈南行使命〉，《文史資料選輯》（4），第 64 頁。

16　《馮玉祥傳》（下），第 252 頁。

一部發展編成。兵力約一萬八千人。

第 2 軍軍長譚延闓、因留守廣州，由副軍長魯滌平兼代。第 4 師師長張輝瓚、第 5 師師長譚道源、第 6 師師長戴岳，教導師師長陳嘉祐，炮兵團團長謝慕韓。共兵力步兵十一個團，炮兵一個團。由原建國湘軍譚延闓部發展編成，兵力約一萬人。

第 3 軍軍長朱培德，第 7 師師長王均、第 8 師師長朱世貴、第 9 師師長朱培德兼，共計步兵八個團，炮兵、憲兵各一個營，兵力約七千人。由滇軍朱部發展而成。

第 4 軍軍長李濟深，留鎮廣州，副軍長陳可鈺兼代，第 10 師師長陳銘樞、第 11 師師長陳濟棠、第 12 師師長張發奎、第 13 師師長徐景唐、獨立團團長葉挺。此軍由廣東省長的警衛軍蛻變而來，是孫中山早期培養的革命武力。後部份粵軍跟隨陳炯明叛變，餘部為追從孫中山的討賊粵軍，經多次改編，最後由李濟深出任軍長，共計步兵十三個團，炮兵兩個營，兵力約一萬人。

第 5 軍軍長李福林、第 15 師師長李群、第 16 師師長陳炳章，獨立團第 1 團團長梁林、獨立第 2 團團長林駒，共計步兵八個團，炮兵一個營，共約八千人。由李福林所部福軍發展而成，李福林早年加入同盟會，武昌起義時，率領所部二千餘人起義，後任孫中山大元帥府親軍總司令。

第 6 軍軍長程潛、第 17 師師長鄧彥華、第 18 師師長胡謙、第 19 師師長楊源濬，共計步兵九個團，炮兵兩個營，約八千人。由程潛所率的湘軍及廣州國民政府警衛軍，並以鄂、贛、豫部隊改編而成。

第 7 軍軍長李宗仁、第 1 旅旅長夏威、第 2 旅旅長李明瑞、第 3 旅旅長劉日福、第 4 旅旅長黃旭初、第 5 旅旅長伍廷颺、第 6 旅旅長韋雲淞、第 7 旅旅長胡宗鐸、第 8 旅旅長鍾祖培、第 9 旅旅長呂煥炎、合共兵力步兵九旅十八團，炮兵兩個營，全部官兵約四萬人。第 7 軍由李宗仁、黃紹竑的廣西部隊改編而成。1926 年廣西同意隸屬國民政府之下，其現有軍隊全部改編為國民革命軍，因北伐在即，未及照國民革命軍的三三制改編，不設師而設旅。

第 8 軍軍長唐生智、教導師師長周斕、第 2 師師長何鍵、第 3 師師長李品仙、第 4 師師長劉興、第 5 師師長葉琪、鄂軍第 1 師師長夏斗寅、教導團團長周榮光、炮兵團團長王錫燾。共計步兵二十二個團，炮兵一個團。由湘軍唐生智第 4 師，並收編起義投誠部隊發展而成。[17]

在北方牽制奉軍和吳佩孚後方的馮玉祥，共有兵力二十五萬人。

李宗仁評論當時廣東第 1 至 6 軍，認為第 4 軍的作戰能力最強，其班底是粵軍中訓練裝備最佳的第 1 師，帶兵官都是一時之選。軍長李濟深，師長張發奎、陳銘樞、陳濟棠、徐景唐，團長葉挺、蔡廷鍇、黃琪翔等都是能戰之將。此外，第 1 軍也是勁旅，黃埔軍校每期訓練時間雖不過數月，實際上只是一些軍士教育，距軍官教育相差甚遠，然全軍受革命風氣薰陶，頗有朝氣。其餘各軍則無足稱道。第 2 軍軍長譚延闓只是一政客，治軍非其所長。第 3 軍即朱培德的滇軍，全屬雲南人，入伍時不拘體格年齡。但朱培德貪婪成性，不顧官兵死活，故作戰能力甚弱。第 5 軍李福林是一名地方主義者，士氣底落，毫無戰鬥力。第 6 軍軍長程潛雖是名將，但所部由地方軍雜湊收編而成，士兵既無鬥志，亦無作戰能力。李宗仁自誇其桂系第 7 軍則士氣旺盛，軍官來自各軍事學校，身經數十戰，能與士兵共甘苦。作戰時無不身先士卒，士兵都能勇往直前，有進無退。故南自鎮南關，北至山海關，戰無不摧，攻無不克，紀律嚴明，秋毫無犯。[18]

（2）國民軍

1925 年首都革命，馮玉祥、胡景翼和孫岳等三部合組「國民軍」，並分任第 1、2、3 軍軍長（胡景翼病故後，岳維峻接任第 2 軍軍長）。新成立的國

17　《李宗仁回憶錄》，第 216 頁；《白崇禧先生訪問紀錄》（下），第 800－806 頁；〈國民政府成立與出師北伐〉，《中華民國建國史——統一與建設》（1），第 399－421，435－437 頁；郭春龍：〈國民革命軍建軍與北伐之研究〉，《國防雜誌》（第 29 卷第 4 期）（台北：國防大學出版，2014 年 7 月），第 28 頁。

18　《李宗仁回憶錄》，第 216－218 頁。

民軍控制了京津一帶的中國精華之地，引起張作霖嫉妒，將國民軍駐北倉孫積孚部及天津王承斌部繳械，佔領天津。馮玉祥下野，以示退讓。

蘇聯為對付親日的張作霖，秘密大力協助馮玉祥擴張兵力。伏龍芝為國民軍同時在張家口和洛陽設立兩所軍校，提升其軍官的指揮和作戰能力，又供給大量現代化武器，使之能與奉軍抗衡。[19] 因馮為人深藏不露，沒有公開這兩所存在的軍校，一般人甚至連部下都只知道馮軍有蘇聯教習，而不知有紅軍式學校。清末民初，很多華軍都聘用外國軍官當教習，不足為奇。但開辦軍校這個層次，馮與蘇聯的關係便非比尋常了！

馮玉祥支持郭松齡倒戈時，國民軍曾攻佔天津。但郭迅速失敗，吳佩孚又猛攻河南，國民 2 軍被迫回師作戰，奉軍乘機收復天津，進迫北京，令國民軍陷入奉直聯軍夾擊之中。1925 年 11 月，馮玉祥在張家口召開絕對保密的軍政會議，除馮玉祥和國民 1 軍參謀長劉驥外，出席的有國民黨政治委員會徐謙等三名代表，及蘇聯維經斯基、蘇聯駐華北軍事顧問團領導人沃羅寧兩人。馮玉祥向維經斯基提出了「所有急待解決的問題和矛盾」。[20] 會議之後，1926 年 1 月 1 日，馮玉祥宣佈下野遊蘇，以張之江任全軍總司令。4 月 15 日，張之江將京津駐軍，退駐南口。張作霖和吳佩孚繼續派三路大軍五十萬人，圍攻南口，企圖聚殲南口國民軍。國民軍向廣州國民政府求救，國民政府同意支持，出師響應。8 月 14 日，張之江下令放棄張家口和南口，全軍向西北極邊撤退。

1926 年 5 月 9 日，南口血戰期間，馮玉祥到達莫斯科。蘇聯政府派曾任加倫參謀長的烏斯曼諾夫為馮的顧問，為他講解辯證法唯物論。馮會見了蘇聯外交委員長齊趣林、蘇聯政府主席加里寧、伏羅希洛夫、托洛茨基、拉狄克、列寧夫人克魯普斯卡亞等多位重要軍政人物，經常與第三國際加拉罕和

19　〈俄共（布）中央政治局會議第 52 號記錄〉（1925 年 3 月 13 日於莫斯科），《聯共（布）共產國際與中國國民革命運動》（1920－1925）（1），第 583 頁。

20　〈維經斯基的書面報告：摘錄〉（1925 年 11 月 11 日於北京），《聯共（布）共產國際與中國國民革命運動》（1920－1925）（1），第 733 頁。

中共劉伯堅商談，又與同行的國民黨人徐謙、于右任保持緊密接觸。馮在徐謙努力工作下，終於決定加入國民黨。馮玉祥在返國之前，到克里姆林宮會見了蘇共和共產國際主要負責人季諾維也夫，要求提供援助。其後，斯大林決定為馮提供四十萬人的軍事裝備。[21] 尤其是協助馮玉祥將騎兵擴充到 3,000 人，提供相關武器，內有戰馬 3,000 匹、馬鞍 3,000 具、騎兵軍刀 4,000 把、矛 2,000 枝，以及蘇式騎兵訓練。[22] 馮玉祥曾參觀紅軍騎兵學校和庫倫的騎兵連，很欣賞蘇聯騎兵，讚揚：「飛馬上山，我們也可做到，惟下山亦驟馳如飛，我們就斷不能了。所謂哥薩克騎兵甲於天下，真是名不虛傳！」[23] 6 月 4 日馮玉祥拜訪托洛茨基，特別記下他的治軍之道：「一、治軍在主義，不在武器；二、作戰以騎兵為要，尤重在宣傳。」[24] 故馮玉祥很重視訓練騎兵，其麾下騎兵發揮了長途奔襲的威力，在北伐戰爭和中原大戰都曾立下大功。

8 月 7 日，馮玉祥在蘇聯莫斯科國家銀行接洽款項。[25] 16 日，與劉伯堅和烏斯曼諾夫等回國。9 月 16 日到達五原，國民軍諸將一致推舉他為「國民軍聯軍總司令」。17 日，馮玉祥在五原宣誓就職：「本國民軍之目的，以國民黨之主義，喚起民眾，剷除賣國軍閥，打倒帝國主義，求中國之自由獨立，並聯合世界上以平等待我之民族，共同奮鬥。」是為「五原誓師」。馮玉祥以嚴格練兵聞名，其軍隊又配備蘇聯現代化武器，兵力共有二十五萬餘人。[26] 國民軍全體加入國民黨，令消滅軍閥的革命武力暴增。

21　《中華民國史》（2 編 5），第 92－94 頁。

22　〈俄共（布）中央政治局中國委員會會議第 12 號記錄〉（1925 年 9 月 28 日於莫斯科）（絕密），《聯共（布）共產國際與中國國民革命運動》（1920－1925）（1），第 684－686 頁。

23　《我的生活》，第 564 頁。

24　《馮玉祥日記》（2），第 188 頁。

25　《馮玉祥日記》（2），第 212 頁。

26　《馮玉祥傳》（下），第 250－252 頁；《馮玉祥日記》（2），第 225－226 頁。

三、北伐第一階段（1926年1月至9月）

1. 序幕戰

　　1926年1月20日，吳佩孚出兵攻擊河南國民軍2軍岳維峻部，國民2軍遂從山東撤退。30日，完全退出山東。2月2日，吳佩孚、蕭耀南、齊燮元通電，指斥馮玉祥狡稱下野，伏處平地泉，密籌餉械，特集師討伐。6日，國民1軍張之江等通電討吳佩孚。接濟國民軍之俄艦奧利格在大沽口被奉天軍艦攔阻，折返海參崴。7日，中共發出通告，指責吳佩孚破壞全國反奉戰線，轉而與張作霖聯合，進攻友軍國民軍；號召：全國革命民眾起來，打倒吳佩孚，援助國民軍！打破吳張的聯合！打倒張作霖！打倒英日等帝國主義！請求廣州國民政府出兵北伐。[27] 9日，國民3軍孫岳等通電討吳佩孚，並請起用馮玉祥為討逆總司令。15日，吳佩孚以李景林為討賊聯軍直軍總司令，張宗昌為魯軍總司令，發動對馮玉祥之戰。16日，中國國民黨中央執行委員會宣言國民軍已陷於奉直夾擊中。23日，國民政府通電聲討奉直軍閥，援國民軍。

　　3月1日，岳維峻國民2軍敗退豫西。3日，從洛陽向西潰退。6日，岳部完全潰散，岳等隻身逃到山西被拘禁。劉鎮華部會同閻錫山軍攻佔潼關。10日，閻錫山部在大同集結重兵，威脅國民軍後路。11日，奉軍張學良在昌黎下令總攻國民軍。15日，張之江電張作霖商和平。但張作霖決與吳佩孚聯合消滅國民軍。20日，接濟國民軍之俄艦「Oley」號又在大沽被奉軍截留。21日，京奉、津浦兩路國民1軍下總退卻令，國民3軍孫岳亦聲明主和。31日，國民1軍向吳佩孚求和。

　　4月2日，吳佩孚委劉鎮華為陝甘討賊軍總司令。7日，直魯聯軍總攻北京國民軍。15日，鹿鍾麟下令國民軍退出北京，扼守南口。

27　〈中國共產黨中國共產主義青年團為吳佩孚聯奉進攻國民軍事告全國民眾〉（1926年2月7日），《中共中央文件選集》（2），第39－41頁。

6月3日，吳佩孚決定三路進攻國民軍，請奉魯軍分攻多倫、南口。14日，吳佩孚各軍總攻南口，但久攻不下。7月5日，奉魯軍接力總攻南口。7日，吳佩孚軍田維勤部屢次進攻懷來，均無進展。18日，張宗昌、張學良、吳佩孚懸賞攻南口難兒谷。8月1日，奉魯軍及吳佩孚軍再對南口、懷來總攻擊。張學良親自督戰，以重砲猛攻南口正面。7日，國民軍與奉魯軍激戰於南口昌平。11日，南口國民軍被奉軍鄒作華部砲兵猛轟，傷亡慘重。同時多倫湯玉麟、戢翼翹；懷來田維勤大軍迫近，形勢危急。14日，經過四晝夜血戰，國民軍劉汝明師向西北撤退，旅長王書篋被俘，奉軍攻佔南口。國民軍死傷一萬餘人，奉魯軍二萬餘人。17日，奉軍高維嶽、戢翼翹等佔領張家口。張之江、鹿鍾麟退向綏遠。

2. 出師

1926年3月7日，馮玉祥派馬伯援等自平地泉赴廣州，商量合作。31日，馬伯援在廣州與譚延闓商談北伐。4月2日，馬伯援與蔣介石會談。3日，蔣介石向國民黨中央執行委員會提出《整軍肅黨準備北伐》的計劃，詳細分析當時中國形勢，說國民軍退出京津後，中國形勢迅速發生重大變化：

> 如奉軍佔領京津，則日本在華之勢力，愈加穩固。吳佩孚在鄂豫之勢力，英必竭力助長之。孫傳芳盤踞江浙，英必逼孫與吳聯。美國近且有聯孫以牽制日本之傾向。法國恐蘇俄在華之勢力復張，故急使與英日聯合戰線，在滇助唐（繼堯），以牽制廣東之北伐。總之，此後列強在華，對於北方國民軍處置既畢之後，其必轉移視線，注全力於兩廣革命根據地無疑。且其期限，不出於三月至半年之內也。以吳得鄂豫，挾有鞏縣、漢陽二大兵工廠，握京漢路之要衝，據全國中心之武漢，如英以經濟助之，不至半年，必可恢復其舊日之勢力。張作霖佔領京津，擁有奉天、徐州二大兵工廠，且控制京奉、津浦二大鐵路，

日本為鞏固其勢力計，其必助之以經濟。一旦北京政府成立，必有數種借款，以補充張、吳之軍費。當北方國民軍未經完全消滅以前，英、日二國必協定以奉軍對西北之國民軍；以吳佩孚對南方之廣東革命軍；而復益以法，令滇唐出兩廣，以牽制我廣東。而香港政府必慫恿我兩廣內部之土匪散軍，盡力搗亂。如北，則廣東仍陷於四面包圍之孤立地位，其勢岌岌，可以知矣。列強謀我既如此，敵方形勢復如彼，如不亟謀所以解決之方，則稍縱即逝，挽救莫及也。今據以上之形勢，而定本黨應行之策略如左：

一、聯絡北方國民軍，使其退守西北，保留固有之實力。

二、聯絡蘇俄，以增進革命之勢力。

三、派員聯絡川黔，以牽制滇鄂兩軍。

四、聯合湘贛，作攻守同盟之勢，約其共同出兵之期限，以牽制吳軍之南下。

五、聯合孫傳芳，使之中立，不為敵用。

六、兩廣決於三個月內（即本年 6 月底），實行出兵北伐。如能於此三個月內北伐準備完畢，則北方之國民軍不至消滅，而吳佩孚之勢力亦不至十分充足之際，一舉而佔領武漢，則革命前途，尚有可為也。[28]

4 日，鮑羅廷、于右任在庫倫與馮玉祥商國民軍與國民黨合作，勸馮加入國民黨。這時廣東的北鄰省份湖南政局出現變化，唐生智原是直系趙恆惕部將，與白崇禧同是保定同學，白與陳銘樞秘密到長沙勸唐獨立，歸向革命政府。唐因和譚延闓、程潛有舊怨，恐怕兩人會對他不利。白崇禧保證譚延闓

28 《民國十五年以前之蔣介石先生》（8 編 2），第 2−6 頁；王正華、李又寧：〈國民政府成立與出師北伐〉，教育部主編：《中華民國建國史──統一與建設》（1）（台北：國立編譯館出版，1989 年），第 369 頁。

第 2 軍、程潛第 6 軍若對他不利時，「我們廣西幫你！」令唐下定決心，驅逐趙恆惕，處決效忠趙之將領劉鉶、劉重威、張雄輿等多人，就任湖南省代省長。[29] 但唐的態度搖擺不定，又派人向吳佩孚保證：「決無聯粵北伐之事」。吳下令唐討伐廣東，以表心跡。但受拒絕，吳遂任命趙恆惕的兩名部將葉開鑫為「討賊聯軍」湘軍總司令，賀耀祖為副司令，再增派其直系軍隊組成「援湘軍」，率領三路大軍討伐唐生智。

4 月 10 日，蔣介石與譚延闓、朱培德、李濟深、蔣作賓等會商北伐，決定出兵湘贛。同日，國民政府函覆馮玉祥決積極準備北伐，期會師中原，共定國難，打倒帝國主義，完成國民革命。16 日，國民黨中央黨部及國民政府開聯席會議，推選譚延闓為政治委員會主席，蔣介石為軍事委員會主席，由蔣介石、朱培德、李濟深、宋子文籌備北伐。30 日，蔣介石與中央執行監察委員會闡述其北伐計劃。同日，唐生智放棄長沙，全軍南撤醴陵、湘潭一線。唐一面向廣西求救，一面派代表劉文島赴粵，表示願意加入國民革命軍，作為北伐前驅，請求國民政府出兵。

5 月 3 日，國民黨政治會議推胡漢民、蔣介石、顧孟餘、陳友仁、鮑羅廷擬具與國民軍合作辦法。11 日夜，國民政府軍事委員會開會，蔣介石、譚延闓、朱培德、李濟深、程潛、白崇禧等出席。會議決定起兵入湘，稍後，任命唐生智為國民革命軍前敵總指揮，兼理湖南民政事宜及第 8 軍軍長等職。12 日，蔣介石與李宗仁等商北伐及援湘事。同日，國民革命軍第 7 軍胡宗鐸旅自桂林抵衡陽，援唐生智，擊退進攻衡山之葉開鑫部。19 日，唐生智在湘潭附近擊敗葉開鑫部。20 日，中國國民黨中央執行委員會接受《海內外請願北伐案》。23 日，唐生智軍在湘鄉戰敗。29 日，葉開鑫部佔衡山。6 月 2 日，唐生智得第 7 軍之助，在湘鄉擊敗葉開鑫、賀耀組軍。3 日，蔣介石電邀馮玉祥到粵共籌大計。4 日，國民黨中央執行委員會臨時全體會議通過《速行出師

29　陳三井、陳存恭、馬天綱、賈廷詩：《白崇禧先生訪問紀錄》（下）（台北：中央研究院近代史研究所，1984 年），第 796－797 頁。

北伐、任蔣介石為國民革命軍總司令案》。5 日，國民政府任蔣介石為國民革命軍總司令，專命北伐，以李濟深為總參謀長。[30] 蔣介石最初考慮用的戰略是同時攻佔湖南和江西，但加倫主張各個擊破，先取兩湖。蔣介石連日與張靜江、加倫研究北伐戰略。21 日，軍事委員會接受了蔣介石提出、加倫擬訂的北伐戰略計劃。北伐進程依軍事進展可分三期，所採取的戰略方針為集中兵力、逐一擊破。第一期以武漢為目標，集中力量首殲吳佩孚；第二期目標為南京，討伐對象為孫傳芳；第三期直抵北京，肅清張作霖及殘餘軍閥。首先向湖南、湖北進軍，長驅直進，迅速消滅吳佩孚所部；同時和孫傳芳談判，使之中立。並向湖南、江西邊境和廣東、福建邊境分別派兵監視和防備，待攻佔兩湖後，再集中兵力消滅孫傳芳。最後，集中兵力消滅張作霖，統一全中國。[31]

6 月 23 日，北伐行動開展，國民革命軍第 7 軍軍長李宗仁自梧州赴桂林，往湖南督師。25 日，孫傳芳要求蔣介石停止進兵湖南，否則即助吳佩孚攻粵。28 日，蔣介石令第 4 軍陳銘樞、張發奎兩個師自韶關出發援湘。

7 月 1 日，蔣介石以軍事委員會主席名義，頒發北伐部隊動員令：「本軍繼承先大元帥遺志，欲求貫徹革命主張，保障民眾利益，必先打倒一切軍閥，肅清反動勢力，方得實行三民主義，完成國民革命。爰集大軍，先定三湘，規復武漢，進而與我友軍國民軍會師，以期統一中國，復興民族。」（第一、第二、第三、第六等軍即出動）。[32] 6 日，革命軍開始進軍長沙，渡過漣水，左路第 8 軍劉興師克婁底。次日何鍵師克瀏水。8 日，革命軍中路第 8 軍李品仙、周斕、夏斗寅師渡過漣水易俗河，進攻湘鄉、湘潭。9 日，蔣介石就

30 美國斯坦福大學胡佛研究所檔案館藏：《蔣介石日記》（手稿本）（1917－1936 年），第 126－132 頁；《民國十五年以前之蔣介石先生》（第 8 編 2），第 78 頁。

31 中共中央黨史研究室：《中國共產黨歷史》（第 1 卷上冊）（北京：中共黨史出版社，2010 年），第 103 頁。

32 《中華民國史》（2 編 5），第 7－20 頁。

任國民革命軍總司令，誓師北伐。[33]

北伐時，革命軍提出了「打倒吳佩孚，妥協孫傳芳，不理張作霖」的口號。[34]

3. 湖南戰況

國民革命軍出師援助唐生智時，正面敵人為吳佩孚，側面是孫傳芳，兩人同屬直系。孫所據的江西，南可襲革命軍後路，西可增援湖南北軍；其福建部隊則可以直搗廣東革命根據地，嚴重威脅國民革命軍的側背。因此，蔣介石令第 4 軍長李濟琛鎮守廣州，何應欽率第 1 軍一部坐鎮潮汕，以防福建；第 2 軍一部扼守韶關，以護北江；第 3、6 兩軍警戒湘西，以防鄧如琢全力出擊；第 1 軍之第 1、2 兩師則為總預備隊。國民革命軍能直接用於正面湖南戰事，只有第 4、7、8 軍三個軍，約五萬兵力而已。

（1）長沙之戰

唐生智得到革命軍增援後，與敵相持於湘鄉、湘潭之間。7 月初，湖南大水，直軍將領以為革命軍無艦隊，難渡過漣水，疏於防範。5 日，革命軍發動攻勢，左路軍由第 7 軍和第 8 軍一部組成，得到當地民眾提供三十艘木船，強渡漣水成功，6 日攻佔婁底。9 日，中央軍第 8 軍進佔潭市、湘鄉。葉開鑫部向湘潭、長沙敗退。右路軍由第 4 軍組成，張發奎率第 12 師主力主攻醴陵，葉挺率獨立團助攻泗汾鎮，得群眾協助破壞北軍鐵路，截斷其補給及擾亂後方。10 日，北軍放棄淥水防線，葉挺獨立團急追三十里，在同日下午佔領醴陵。北軍主力因撤退迅速未被殲滅，但士氣已經崩潰，無心戀戰。10 日夜間，葉開鑫部放棄長沙逃走。11 日晨，第 8 軍第 3 師李品仙部進入長沙。第 7、8 軍分兵追擊，至 12 日，佔領瀏陽、寧鄉、湘陰、益陽等城。

33　《中華民國史事日誌》（2），第 59–61 頁。
34　《中華民國史》（2 編 5），第 56 頁。

革命軍順利佔領長沙，一方面堅定了國民政府的勝利信心，也大為提高了國民政府和革命軍的聲望。游移不決的西南地方勢力紛紛表態，願意加入北伐。7 月 27 日，貴州袁祖銘致電國民政府，表示願效力黨國，討伐吳賊。國民政府委任他為左翼軍總指揮，其部下彭漢章、王天培為國民革命軍第 9 軍、第 10 軍軍長。贛軍賴世璜、湘軍賀耀祖、四川劉湘、劉文輝、賴心輝、劉成勳等也表示願意參加國民革命。[35]

(2) 汨羅江大戰

葉開鑫退守岳陽，援湘軍總司令李倬章率軍增援。兩方軍隊分三路對峙：中路汨羅、東路平江、西路湘西。兩方都全力爭奪東路，革命軍得平江，則可抄過汨羅後方，避開直軍海軍，不戰而下岳州，又可由通城入湖北攻武漢。再由平江進瀏陽，與贛軍聯合進迫長沙。

8 月 19 日，革命軍第 4、第 7、第 8 軍在汨羅江前線向湘北發起總攻。防守平江的守軍是陸澐指揮的部隊，共有六個團，約一萬人，其第 50 旅戰鬥力最強。總攻開始後，第 4 軍第 12 師第 35 團繆培南部在平江以南發動進攻，遇頑強抵抗。第 4 軍獨立團葉挺部和第 12 師 36 團黃琪翔部得到中共平江地方黨組織的民團隊引導，突破敵軍陣地，迂迴到達平江城。兩部合圍發起進攻，激戰一小時後，佔領全城。黃琪翔率軍直搗陸澐司令部，迫陸澐自殺。革命軍僅以一天時間和官兵 173 人傷亡的代價，攻佔敵人中心據點，擊潰敵人戰鬥力最強的部隊，俘敵 1,500 餘人。

第 7 軍李宗仁部隊也得到農民協會幫助，清除敵人埋下的地雷，讓部隊安全通過。8 月 20 日，第 8 軍唐生智渡過汨羅江後，沿武（昌）長（沙）鐵路向北追擊，先後佔領黃沙街、桃林街等地。革命軍獲得群眾的支持，再加上作戰勇猛，迅速擊敗北軍，汨羅江防線全線崩潰。22 日，革命軍佔岳陽。汨羅江會戰歷時五天，革命軍擊潰葉開鑫湘軍和吳佩孚援湘軍主力，俘敵

---

35 《中華民國史》（2 編 5），第 25－28 頁。

七千餘人，將吳佩孚的勢力逐出湖南，打開了進軍湖北的大門。[36]

4. 湖北戰事

吳佩孚得到緊急戰報後，離長辛店南下，分別在保定、鄭州召集重要軍事會議，研究對策。8月25日率劉玉春、陳德麟、張占鰲、靳雲鶚等精銳部隊趕抵漢口，親自指揮固守汀泗橋、賀勝橋。

(1) 汀泗橋、賀勝橋血戰

汀泗橋、賀勝橋之戰是兩湖戰場的一次決定性會戰。

汀泗橋是武（昌）長（沙）鐵路線上的天險：南、西、北三面環水，東面高山聳立，僅西南端有鐵路可通行，鐵路橋稍東亦有深河，是易守難攻之地。吳軍據險防守，在橋上設鐵絲網，附近山水要道全部建築鞏固防禦工程。8月26日，吳佩孚在漢口召開將領會議，決定以宋大霈、董政國率由平江、岳州退卻各軍約兩萬人，憑險固守汀泗橋一線。湖北軍務督理兼第25師師長陳嘉謨率所部精兵萬餘人增援。吳佩孚同時電催孫傳芳由江西出兵湖南，進攻革命軍右翼。

革命軍佔岳州後，亦有乘敵軍新敗，急取武漢，殺吳佩孚一個措手不及之計。8月23日，第4軍在通城截獲吳佩孚密電，知他已率部南下。唐生智、李宗仁在羊樓司會議，決定四路合攻汀泗橋：

一、第4軍陳銘樞、張發奎兩師由崇陽通山抄攻汀泗橋；

二、第7軍速取蒲圻，會攻汀泗橋；

三、第8軍一部助第7軍由蒲圻會攻汀泗橋；

四、第8軍何鍵、劉興兩師沿江下嘉魚，抄攻汀泗橋。[37]

36　〈國民革命軍北伐戰爭之經過〉（上），《東方雜誌》（25卷15）（1928年8月10日），第29頁；《中華民國史》（2編5），第28-34頁。

37　〈國民政府成立與出師北伐〉，《中華民國建國史——統一與建設》（1），第440頁。

8 月 25 日晚，第 4 軍主力趕到汀泗橋正面，為不失戰機，即於 26 日拂曉發起進攻。因地形險要和敵軍火力猛烈，未能取勝。敵軍以江水突然暴漲，難以進攻，遂疏於防範。第 4 軍第 12 師第 36 團團長在附近港灣覓得漁船數十隻，在午夜率全團偷渡過河，奪取敵人中央陣地赤崗亭等處制高點。27 日拂曉，守橋敵軍仍在酣睡中，第 29、第 30 團從敵後衝向橋北守軍；葉挺獨立團同時從右插入敵後，吳軍立刻陷入混亂狀態，潰不成軍。上午 7 時半，第 35 團衝過汀泗橋，殺入汀泗橋鎮街區。吳軍放棄陣地，沿武長鐵路北逃，逃走不及者紛紛投降。上午 9 時，葉挺率獨立團攻佔敵後重鎮古塘角，因吳軍已越過此鎮逃走，葉挺遂向咸寧方向窮追。張發奎要求葉挺追敵不可超過 15 里，但葉挺發現汀泗橋到咸寧一線地形險要，若被敵人再佔，則不利友軍。遂在兩小時內窮追 30 華里，在 28 日上午 11 時佔領咸寧，鞏固了汀泗橋的戰果。是役，革命軍以 379 人的傷亡代價，殺敵千餘人，俘敵 2,400 餘人，繳獲大炮 4 門，步槍 3,000 餘支。8 月 27 日，第 7 軍攻佔崇陽，28 日佔蒲圻，並推進到咸寧與第 4 軍會合。第 8 軍乘吳軍集中在武漢以南，長江左岸兵力空虛，渡過長江，向漢陽推進。

8 月 27 日，吳佩孚率精銳部隊趕到賀勝橋，設立司令部，計有吳氏親率的第 13 混成旅、陳嘉謨的第 25 師、劉玉春的第 8 師等，都是吳軍精銳，從來所向披靡，號稱無敵。此外還有自汀泗橋退下的前武衛軍馬濟，以及宋大霈、董國政等殘部萬餘人，合計不下十萬人；配備鐵甲列車和野炮、山炮數十門、重機關槍 200 餘挺，全部實力較革命軍作戰部隊第 4、第 7 兩軍總數多出數倍。吳軍又根據地形搶修工事，設置兩道防線。又命令劉玉春、陳嘉謨各備大刀隊監視各軍，凡退卻者，殺無赦。自己則乘坐豎着「吳」字大旗的專列巡行督戰。革命軍在賀勝橋之戰面對的守軍是當時中國最享負盛名的直系部隊精華，督戰者又是直系主帥——能攻善守的吳佩孚。進攻的革命軍也是北伐軍的中堅，雙方都傾盡全力孤注一擲。[38]

---

38 《李宗仁回憶錄》，第 246－247 頁。

同日，蔣介石到達蒲圻車站，前敵總指揮唐生智建議乘勝搶攻武漢三鎮，蔣同意並立即下令進攻賀勝橋。29日，第4、第7軍發動進攻，因吳軍炮火猛烈，又有鐵甲車助戰，未獲進展。第4軍張發奎第12師和葉挺獨立團決定利用夜色和複雜地形發動夜襲。30日拂曉前，全線出擊；第4軍右側的第7軍亦全面進攻。因黑夜、地形波浪起伏，通訊設備落後，吳軍炮火雖然猛烈，但無法阻止革命軍穿插推進。當日拂曉，第4、第7軍突進到吳軍第一線主陣地。吳佩孚見主陣地危急，立即派劉玉春率其精銳的第8師在炮火掩護下，全線反撲。葉挺獨立團首當其衝，被三面包圍。獨立團頑強抵抗，頂住了吳軍猛烈攻勢。第4軍蔡廷鍇第28團前來增援，李宗仁第7軍主力也猛攻賀勝橋東側石南山、余家坪，插入吳軍側後。吳軍亦不斷增援，雙方部隊在戰場上反覆包圍，展開了慘烈的白刃戰。革命軍不要命式的衝殺，殺退了吳軍，上午7時突破了吳軍第一道防線。吳軍遂出動鐵甲車沿鐵路線攻擊革命軍。鐵路工人組織的交通破壞隊冒着吳軍炮火，破壞鐵路，令吳軍的鐵路裝甲車寸步難行。第4軍各部乘勢衝鋒，獨立團首先搶佔第一線主陣地楊林塘。第7軍亦出擊策應，直撲吳軍第二道防線主陣地桃林鋪。上午10時，吳軍第二道防線崩潰，革命軍全力向賀勝橋吳軍正面衝鋒前進。吳佩孚見情勢危急，除令劉玉春、陳嘉謨各率隊押陣外，親率衛隊、憲兵隊、軍官團、學生隊到賀勝橋頭督戰，以壯氣勢。再在橋上排列機關槍、大刀隊，見凡畏懼退卻的，立即射殺。吳佩孚並親手斬殺逃至的旅、團長十餘人，懸其頭於電線桿上，以示有進無退。但吳軍被革命軍拚命衝殺之下，已經士氣崩潰，全線敗退。劉玉春、陳嘉謨阻止不住，吳佩孚仍想用大刀隊力阻，在橋邊殺死官兵數百人。[39] 潰兵見無路可走，向大刀隊作反衝鋒，數萬人一哄而過，奪路逃命。[40] 第4軍窮追不捨，密集射擊吳佩孚所乘列車，吳急令開車逃向武昌。這時，數千吳軍官兵堵在鐵路橋，火車從人群中碾過，把鐵路軌上的大批官

39　《蔣介石日記》（手稿本）（1917－1936年），第141頁。

40　《李宗仁回憶錄》，第248－249頁。

兵碾斃或將之擠落江水淹死。第 4 軍尾追衝過鐵路橋，佔領賀勝橋主陣地。8月 31 日晨，賀勝橋一帶吳軍已經盡逃。革命軍攻佔賀勝橋之後，距離武昌城只有數十里。是役，吳佩孚精銳盡失，死、傷、被俘的官兵在兩萬人以上，革命軍僅傷亡 830 人。[41] 革命軍因此威名大震，第 4 軍「鐵軍」的威名，就是在這場血戰中打出來的。[42]

（2）攻佔武漢

武漢是華中的政治和經濟中心，又有漢陽兵工廠，是吳佩孚不容有失的重要據點。武昌城牆高厚，堅實無比，牆外有護城壕溝，水深沒頂。城內有蛇山居高臨下，易守難攻，對革命軍是極大的考驗。

8 月 30 日，吳佩孚逃回武漢。次日，立即召集緊急軍事會議，決定堅守武漢三鎮。任命靳雲鵬為「討賊聯軍」副總司令，為武漢防禦司令，劉玉春為武昌守備軍總司令，劉佐龍為湖北省省長。陳嘉謨、劉玉春率一萬人守武昌，劉佐龍率所部一萬人守漢陽。吳佩孚親自坐鎮漢口查家墩司令部，他在長江和漢水佈置軍艦和炮艇，阻止革命軍渡江；又放棄保定地區，抽調該地駐軍南下增援。

同日晚，第 4 軍推進至武昌城郊，武漢攻防戰於是開始。李宗仁擬乘敵喘息未定立即攻城。士兵向民間徵發木梯數百架，吶喊衝向城腳。但從居民徵集的梯子過短，距離城牆上端甚遠，無法登城。守軍見革命軍爬梯攻城，立用步、機槍射擊，並投下大量手榴彈和燃燒物，攻城士兵傷亡慘重。天亮前，攻城部隊只得撤退，第一次攻城失敗。

9 月 1 日，革命軍第 4、7 兩軍全部抵達武昌城下，預備隊第 1 軍第 2 師劉峙部趕到增援。李宗仁任攻城總指揮，吸收了上次攻城器具不良的經驗，先令工兵用毛竹紮成一長約三、四丈的長竹梯，奮勇隊每十二人一小隊，抬

---

41 《中華民國史》（2 編 5），第 35－41 頁。

42 〈國民革命軍北伐戰爭之經過〉（上），《東方雜誌》（25 卷 15）（1928 年 8 月 10 日），第 31 頁。

一長竹梯架設攻城。3日凌晨3時左右，第二次大規模攻城戰開始，炮兵首先炮轟城上守軍，然後奮勇隊攜竹梯蟻附而上。城內敵軍及楚望台、蛇山、龜山和江中敵艦的機槍和大炮同時猛轟攻城部隊。因牆高水深，竹梯笨重，攻城的竹梯尚未架好，奮勇隊已經全部陣亡。第二次攻城戰又告失敗。

這時，第4軍攻佔鄂城，切斷武昌與外界陸路聯繫；第8軍主力由長江左岸迫近漢口、漢陽；中共領導的工會發動各行業工人破壞吳軍水陸交通，中共湖北區委和國民黨湖北省黨部秘密策動劉佐龍陣前起義。李宗仁分析吳軍困守孤城，內無糧草，外無救兵。與其作不可能的攻堅戰，不若坐困守軍，待其生變，決定停止硬攻。[43]

9月3日晚，蔣介石帶同白崇禧、唐生智、加倫等到達余家灣，視察武昌戰況。4日召集緊急攻城會議。蔣自恃有進攻惠州城經驗，並未分析敵情，便用非常嚴厲的態度說：限四十八小時內攻下武昌。在場各高級將領皆面面相覷，未發一言。[44] 蔣任命李宗仁、陳可鈺為攻城正、副司令。唐生智對劉峙師的戰鬥力失去信心，堅決要求蔣介石將該師調赴江西。蔣介石對唐生智此舉極之痛恨，認為他「以下凌上，使人難堪」，「如此奇辱，豈能忘乎？」蔣遂前往巡視第10、第2兩師，訓斥劉峙：「如不爭氣，不能見人，雖積尸疊城亦所不惜，非奮勇攻城，不能維持光榮也。」蔣介石在9月6日的日記說：「當第2師之不爭氣，愧悔恥辱，憂患共痛之憂，莫甚於此也。」[45]

9月5日凌晨3時，第三次攻城戰開始，蔣介石下令各軍「肉搏猛衝」。第1、4、7軍都挑選三百至五百人的奮勇隊，配備雲梯、繩索、手槍、手榴彈等裝備，準備攻城。進攻開始，首先猛烈炮轟武昌城內、城牆和吳軍陣地，攻城士兵齊呼「革命萬歲」，便衝向城牆。進攻通湘門一線的第4軍，其獨立團第1營爬城部隊，潛至城腳，掛梯數具，官兵相繼攀登。吳軍彈如

43　《李宗仁回憶錄》，第250–251頁。

44　《李宗仁回憶錄》，第251頁。

45　《蔣介石日記》（手稿本）（1917–1936年），第142頁；《民國十五年以前之蔣介石先生》（8編4），第14頁。

雨下，登城官兵全部被擊斃，無一生還。第 10 師和第 2 師的奮勇隊亦傷亡過半，被迫停止進攻。

第 7 軍第 2 路兩個旅向中和門、保安門、望山門發起進攻，該地城牆旁建有很多民房，奮勇隊將雲梯架在民房屋頂爬上城牆。吳軍早已準備炸藥包、燃燒罐和手榴彈迎敵，爬牆部隊一攻城，便一齊拋下，令那些已被吳軍灌注煤油的民房迅速陷入火海。敵軍機槍野炮同時俯射，攻城部隊傷亡枕藉。這時軍中忽然謠傳第 1 軍劉峙部已攻入忠孝門，第 4 和第 7 兩軍聞訊大為振奮，拼命向城牆衝去，結果士兵整連整排的倒下，仍然無法爬進城內。蔣介石和李宗仁親到戰場視察，認為攻城無望，遂下令停止進攻。[46] 第三次硬攻武昌失敗。

這時，唐生智第 8 軍何鍵、夏斗寅兩師已在嘉魚渡江，9 月 3 日迫近漢陽。5 日，守軍劉佐龍鄂軍第 2 師應約宣佈歸順革命，就任國民革命軍第 15 軍軍長，與革命軍合攻守禦漢陽兵工廠的高汝桐師，炮轟高汝桐在漢陽龜山的指揮所，高無心戀戰，退往漢口。9 月 6 日，劉部佔領漢陽，第 8 軍何鍵第 1 師部乘勢衝入漢陽城，中共湖北區委領導的漢陽工人武裝起而響應，解除廠內吳軍武裝，並用廠內武器向吳軍陣地射擊。吳佩孚令靳雲鶚從漢口向漢陽反撲，但吳在漢口查家墩司令部亦受劉佐龍部炮轟，自河南向武漢增援的部隊也被劉軍截擊，在漢水中淹斃甚眾，不敢渡江，吳佩孚只得乘火車北逃。漢口、漢陽兩地吳軍頓失指揮，陷入混亂，潰兵紛紛逃亡。7 日上午，革命軍完全佔領漢口（除租界範圍）。吳軍悉數北撤，江面艦隊亦順流下駛，武昌守軍陷入四面重圍。只剩劉玉春率三萬餘人，困守武昌孤城。第 8 軍繼續窮追吳佩孚，吳雖用鐵甲車掩護吳軍反攻，但被擊退。15 日，第 8 軍以一千二百餘人傷亡代價，攻下鄂豫兩省之間的交通要衝武勝關，擊斃吳軍七百多人，俘五百多人，繳獲鐵甲列車三列。吳軍殘部逃往河南。

9 月上旬，革命軍左翼第 9 軍（湖南常德黔軍第 1 師起義後改編）賀龍第

46　《民國十五年以前之蔣介石先生》（8 編 4），第 15 頁。

1 師在湘西擊潰吳軍葉開鑫、劉鉶部。14 日擊潰鄂軍王都慶部，佔領公安。下旬，打敗王都慶和于學忠部的反攻，並在 28 日攻佔沙市。賀龍説革命軍獲勝的原因：「竟能以少勝多，固由於士卒猛勇敢戰，而農民暗中援助，如報告敵情，嚮導追擊等，收效亦宏。」[47]

武昌陷入全面包圍後，雙方曾進行和談，讓守軍整隊撤退，但未獲結果。9 月 21 日，革命軍再度攻城，以守軍頑強抵抗，故改用挖地道的戰術進攻。至 10 月 1 日，各坑道都已接近城牆。這時，孫傳芳軍隊一部在 9 月 25 日開到黃石港，向大冶前進。劉玉春聞訊後，立即組織奮勇隊，企圖乘機出城破壞坑道、搶糧和孫傳芳部隊取得聯繫。10 月 1 日晨，二千餘人分別由通湘門、中和門、望山門衝出，但都被截擊，死傷過半退回城內。3 日，吳軍再度衝出，仍被擊退。5 日，孫傳芳進攻大冶的軍隊撤退，武昌再無援軍！7 日，革命軍攻城司令部限守軍在 10 月 10 日開城投降，由第 15 軍軍長劉佐龍收編，但被劉玉春阻止。吳軍第 3 師師長吳俊卿遂單獨與革命軍接洽，在 10 日凌晨 4 時打開保安門。於是，唐生智、陳可鈺指揮第 8、4 軍各部同時總攻武昌城，各軍紛紛從各門衝入武昌城，守城吳軍已失鬥志，紛紛棄械投降。是役共俘吳軍軍官 740 人，士兵 9,495 人。劉玉春、陳嘉謨企圖化裝逃走，被第 4 和第 8 軍分別查獲。

武昌攻防戰歷時四十日，此戰之後，吳佩孚逃至河南鄭州，苟延殘喘，革命軍徹底控制兩湖。革命軍佔領武漢三鎮，中國革命的政治中心遂由廣州移到武漢。[48]

47　《李宗仁回憶錄》，第 252－253 頁；《中華民國史》（2 編 5），第 43－44 頁。引自〈賀師長進攻荊沙之又訊〉，長沙《大公報》（1926 年 9 月 29 日）。

48　《中華民國史》（2 編 5），第 44－48 頁；〈國民革命軍北伐戰爭之經過〉（上），《東方雜誌》（25 卷 15）（1928 年 8 月 10 日），第 32 頁。

(3) 吳佩孚最後歲月

吳佩孚逃到鄭州後，革命軍步步進迫，奉軍又想乘機搶奪其河南地盤。1927 年 3 月 1 日，吳佩孚部將靳雲鶚在鄭州召開軍事會議，脫離吳氏自任河南保衛軍總司令。吳眾叛親離，被迫離開鄭州，5 月 13 日逃至南陽。7 月 13 日，進入四川，幸得楊森庇護。川北劉存厚、成都鄧錫侯、田頌堯等各方皆有饋贈，生活無憂。「九一八事變」後力主抗戰。1932 年 2 月 1 日到達北京，意圖聯合張學良共同抗日，但張學良顧左右而言他。吳叱道：「國恨你不報，私仇你不報，沒出息，忘記了自己的國仇家恨，真是不忠不孝。」[49] 張有難言之隱，只好對吳敬而遠之。宋哲元請他移居大後方以保安全，吳笑說：「我願為烈死，決不苟活。倭奴如果殺我，正是為我成名哩！」吳佩孚為向全世界表明自己的民族立場、愛國熱情，特請國學大師章太炎代書一篇聲討偽「滿洲國」和日本侵略者的檄文。日本雖然不斷拉攏吳佩孚，威迫利誘，但吳決不就範。汪精衛投日後，1939 年 6 月 6 日，日本五大臣會議正式通過《建立新中央政府》議案，爭取吳佩孚工作改為汪吳合作，建立汪吳聯合的中央政府。汪精衛在日本特務的安排下到北京見吳，但被吳拒見。日本特務坂西、大迫、岡野等人多次說吳出山，吳問：「如果要出山，請貴國人等一概退出，連東北也在內，可以嗎？」甚至說：「余出山之後，成為中國之元首，當與貴國之天皇立於平等之地位；余所任命之國務總理，當與貴國首相立於平等之地位；余所任命之各部總長，在進行交際時，當與貴國各省大臣平等。」[50] 日本拿吳沒法，惱羞成怒，最後借為吳治牙痛，派同仁醫院軍醫石田，到吳宅將吳殺死。重慶國民政府當時宣佈：敵威脅利誘，「被吳拒絕，乘吳牙病就致死」，決定「追贈一級上將」。蔣介石發唁電吊喪，表彰其：「精忠許國」、「正氣長存」、「大義炳耀」。[51]

49　陶蕘：〈吳佩孚與日偽的勾結〉，《文史資料選輯》（35），第 215 頁。

50　《吳佩孚傳》（下），第 775 頁。引自〈昭和十四年六月十八日吳佩孚大迫少將會見記錄〉，《日本原駐華大使館檔案》75－1－186。

51　《吳佩孚傳》（下），第 744－810 頁。

四、北伐第二階段（1926年9月至1927年5月）

1. 江西、福建之戰

東南江蘇、浙江、安徽、江西、福建五省是中國富庶的省份，1925年11月被推選為五省聯軍總司令的孫傳芳，是最明幹而具機警縱橫之才的北洋後起軍閥。他自知掩有五省未及一年，地盤未鞏固，勢力未充實，不足以與人爭霸中原，故提出「保境安民」口號，一以杜外人覬覦，二以迎合東南紳商的願望。革命軍進入湖南後，1926年6月12日，孫傳芳召開軍事會議，宣佈「不加入任何漩渦」。吳佩孚曾要求孫傳芳援湘，但孫希望吳與革命軍惡戰後兩敗俱傷，坐收漁人之利。這時，國共兩黨在江浙的組織亦動員掀起和平運動，以牽制孫傳芳出兵；孫傳芳亦借此阻止革命軍入境。9月10日，他會見全浙公會代表時說：「破壞和平，在蔣不在我。」「只須蔣中正將入贛境之部隊完全退出，我決不追趕一步。」20日，他會見江蘇、上海和平代表時進一步提出三項條件：

一、撤退入贛黨軍，停止湘鄂戰爭；

二、組織內閣，各方自由推戴人選，取決多數；

三、召集南北和平會議，劃分軍區，均配財權。[52]

事實上，孫傳芳也不是毫無動作的，他秘密施展其連橫合縱之術，一方面與國民革命軍修好，同時也同張作霖、張宗昌結盟。孫傳芳一時反吳，一時援吳，全無立場，只是投機取巧，從中漁利。1925年12月，孫傳芳秘密派王季文到粵會見蔣介石，次年2、5月兩次派人赴粵與國民政府「修好」。孫的連串動作是爭取有利於他的維持現狀。於是，孫蔣雙方除有函電頻密聯繫外，更在1926年8月下旬在南京會談了兩次，蔣介石指令駐滬代表何成濬和

52　《中華民國史》（2編5），第50–51頁。引自〈全浙公會奔走和平之趨勢〉及〈南京和平會議消息〉，《申報》（1926年9月12日、22日）。

孫傳芳接洽，何與孫兩人是日本陸軍士官學校同學，奉令爭取孫參加革命運動，一致倒吳，但未獲協議。

革命軍連戰皆捷，北洋派系的王占元從天津到達南京，動員孫傳芳與張作霖拋卻前嫌，合作援吳。9 月 8 日，革命軍攻下漢陽那天，孫傳芳見吳軍兵敗，急忙與張作霖、張宗昌修好。他致電張作霖：「今赤焰梟張，勢將燎原」、「願追隨左右，共挽頹局。」9 日，張作霖覆電：「東南半壁，全賴我兄支柱」，「弟但知大局為重，微嫌小隙，早付東流。」11 日，孫傳芳致電張宗昌：「請聯合出兵，共同討赤。」提倡大北洋主義的靳雲鵬也建議「聯孫制蔣」。14 日，靳雲鵬、王占元到濟南向張宗昌傳達孫傳芳合作之意，請奉魯軍速由京漢路進攻武漢，孫方將由贛進攻黨軍側面。經靳雲鵬、王占元的斡旋，蘇孫、魯張、奉張之間的聯盟初具形成。孫傳芳還在 9 月 14 日派出密使會見英國駐滬領事，以「中國的安全岌岌可危」，「英國利益同樣受到威脅」為理由，要求英國給以任何形式的合作，表示「只要能消滅布爾什維克的威脅」，孫傳芳準備冒奉軍賴在長江一帶，以及被指責「向外國人出賣祖國的風險」。15 日，英國公使麻克類（Macleay）向外交部建議，由駐滬領事向孫傳芳保證，視孫軍與廣州軍隊作戰情形，予以「最適當、最有效的援助」。[53]

8 月革命軍與吳軍在汨羅、平江大戰時，孫傳芳派謝鴻勳師及楊震東旅前往九江，向武寧、修水、銅鼓推進，企圖由此斜出通城、平江；江西軍唐福山師在萍鄉，蔣鎮臣等在贛州活動；周蔭人在福建積極部署，均威脅國民革命軍的側背，阻止其進攻武漢及危害廣東革命根據地。因此，革命軍總司令部判定孫不可靠，決定討孫，9 月 3 日令第 2、3、6 軍進攻江西，以何應欽為東路軍總司令，率譚曙卿、張貞等數師攻福建。7 日，孫用最後通牒電報致蔣介石，限於二十四小時內撤攻江西軍隊及放棄湖南。江西、福建之戰於是爆發。

53　《中華民國史》（2 編 5），第 54 − 55 頁。引自 Foreign Office Archives, Public Records Office, London, 405 Series, Further Correspondence, China,Vol. 252A, p. 218.

時人分析戰爭發生的原因有四點：

一、孫傳芳控制的江西、福建兩省，與廣東相鄰，非友即敵，革命軍必需解決以絕威脅大後方的心腹之患。革命軍主力抵武漢後，後防空虛，此危險程度益增，故此一戰，是解除革命根據地的危險；

二、革命軍佔領武漢而出長江，但敵方扼守九江湖口，即足以制武漢之死命，故非打通此關，則革命軍坐困長江之內，不能有所作為；

三、孫傳芳為北洋後起之秀，整理東南，其志不小，既不願參加國民革命，倘若容許其盤據東南財賦之地，羽翼長成，必為革命軍的最大勁敵，此戰實殲敵於萌芽狀態；

四、「打倒吳佩孚」之役，主要是陳可鈺第 4 軍、李宗仁第 7 軍和唐生智第 8 軍的功勞，蔣介石親自教導的第 1 軍，不但未立寸功，更被前敵總指揮唐生智批評為戰鬥力薄弱，請蔣將之調離武漢戰場。甚至致函蔣介石，不願他在武昌，令蔣感覺是「恥辱已極，如不發奮圖雪，誠非人矣」，自責用人不當，「第 2 師長（劉峙）指揮無能，致該師損傷不堪，又恥又愧，又恨又悲，平時用人之不考察，臨時決策又無果斷，為人所制，為人所侮」。故蔣決定離鄂向贛，進軍江西，以新闢戰場「樹立其在國民革命軍之聲威」。[54]

2. 兩方兵力與佈置

（1）孫傳芳的兵力及其佈置

孫傳芳決定作戰後，便組織五個方面軍，後又加組第 6 方面軍，其將領及兵力如下：

第 1 方面軍：司令鄧如琢，所部第 1 軍唐福山一師，張鳳岐一旅；第 2 軍蔣鎮臣一師，謝文炳部；第 3 軍鄧部第 1 師；第 4 軍楊如軒、楊池生各一師（兩楊共僅 7,000 人），共約 45,000 人。

---

54 《蔣介石日記》（手稿本）（1917–1936 年），第 142 頁；《國民革命軍北伐戰爭之經過》（中），《東方雜誌》（25 卷 16）（1928 年 8 月 25 日），第 26 頁。

第 2 方面軍：司令鄭俊彥，兵力李彥青一旅，王良田兩團，鄭自率礦工輜三大隊，共約 12,000 人。

第 3 方面軍：司令盧香亭，兵力盧本部一師，謝鴻勳一師，周鳳岐一師，李俊義一混成旅，楊賡和一混成旅，楊震東一旅，共約 50,000 人。

第 4 方面軍：司令周蔭人，兵力周部二旅及一騎兵團，張毅一師，李鳳翔一師，共約 35,000 人。

第 5 方面軍：司令陳調元，兵力王普一混成旅，劉鳳圖一混成旅一團，畢化東一旅一礦兵團，共約 30,000 人。

第 6 方面軍：司令顏景崇，兵力顏本部一混成旅，馬登瀛一旅，共約 10,000 人。

以上兵力約 172,000 人，援軍尚未算在內。

原來佈置：以第 1 方面江西原有軍隊任贛南及萍鄉兩路，第 2 方面軍為攻擊部隊；第 5 方面軍由武穴沿江西進，解武昌之圍；而其主要點，在以盧香亭率第 3 方面軍勁旅由修水、銅鼓出湘鄂邊境，襲擊革命軍。其第 4 方面軍則由福建乘虛攻廣東。孫軍號令森嚴，各軍戰鬥力亦不在吳佩孚各軍之下。[55]

（2）革命軍進攻計劃

革命軍對江西之計劃，重點在襲取南昌，衝出鄱陽，使孫軍應付不及；至於孫軍進攻各地，則以重兵迅速截擊，使其不能立足。革命軍兵分三路：

右翼：蔣介石親自指揮第 1、2、3 各軍，第 2 軍由贛南吉安沿贛江北進；第 3 軍由萍鄉出高安；第 1 軍第 2 部由銅鼓經奉新東進，均以南昌為目標。

中路：程潛指揮，其第 6 軍由平江攻修水、銅鼓，第 1 軍王柏齡第 1 師由瀏陽攻萬載，以截斷南潯鐵路為目的。

55　李宗仁：《李宗仁回憶錄》，第 254-256 頁。

左翼：李宗仁部第 7 軍沿長江東進，經陽新、武穴、瑞昌，直搗孫傳芳九江總司令部。

福建方面以何應欽率留守各師進攻，新附義的賴世璜自江西攻汀杭楊池生、楊如軒兩個較弱的部隊。[56]

3. 江西戰事

1926 年 8 月 29 日，蔣介石決定親自指揮江西戰事。9 月 2 日命第 2 軍魯滌平部、第 3 軍朱培德部、第 6 軍程潛部協同作戰，三天後進攻。5 日，國民革命軍開始進攻。

9 月 2 日，孫傳芳派盧香亭代赴九江指揮全軍，並委鄧如琢為第 1 方面軍司令。鄧如琢部隊被鬥志高昂的革命軍打得節節敗退。6 日，第 2、3 軍佔領萍鄉。7 日，第 14 軍賴世璜及第 2 軍譚道源第 5 師收復贛州。11 日，程潛第 6 軍佔領修水，孫軍謝鴻勳退守建昌。是為「第一次贛北之戰」。蔣介石以革命軍連戰皆捷，12 日電令朱培德從速督軍「猛進南昌」。[57]

程潛發現孫軍主力集中在樟樹與第 2、3 軍相持，南昌兵力空虛，只有鄧如琢的騎兵團和少數警察共六百人左右，於是下令第 19 師星夜兼程前進，搶先佔領南昌。9 月 19 日，第 19 師便衣隊二百餘人潛入南昌，在工人、學生和省長公署警備隊的響應下，向鄧如琢的騎兵團發動攻擊，張軫第 56 團亦炸毀惠民門進入市區。南昌警備司令劉煥臣、省長李定魁聞訊後逃跑。程潛率第 19 師入城，王柏齡率總預備隊部分人員進入南昌。

九江盧香亭隨即親率鄭俊彥等部由南潯路攻南昌，鄧如琢由南路回師北攻，孫傳芳亦趕至九江督師。在猛烈炮火、雄厚兵力的打擊下，程潛的萬餘部隊傷亡慘重，被迫在 21 日撤離南昌。23 日晨，在南昌城南郊蓮塘市一帶被

56　李宗仁：《李宗仁回憶錄》，第 256－257 頁。

57　《中華民國史》（2 編 5），第 57－58 頁。

鄧如琢部重重包圍，程潛軍七次衝鋒，肉搏前進，犧牲過半。最後程潛剪掉鬍鬚，易上便服逃生，全軍潰不成軍。此戰中了鄧如琢誘敵深入之計，王柏齡在佔領南昌後，得意忘形，潛入妓寮尋歡。豈料敵軍驟至，該師因軍中無主，在牛行車站被敵人衝殺得七零八落。第 6 軍第 17 師、第 19 師，第 1 軍第 1 師損失了大部分兵力。是為「第一次南昌之戰」。[58]

孫傳芳奪回南昌後，派兵沿長江西上，令馬登瀛旅突進石炭窰，攻大冶，其第 5 方面軍繼進，由陽新轉入通山，以威脅武漢兼斷革命軍鄂湘之聯絡。李宗仁第 7 軍則沿江東進。9 月 30 日，李宗仁到箬溪，孫軍謝鴻勳為孫部勇將，以衝鋒陷敵著稱，在箬溪修水河東北盤龍嶺率兩萬人構築工事固守。李軍在拂曉發動進攻，數度衝到河邊均被對岸高地炮火壓制，傷亡數百人，直至下午 3 時，仍然無法強渡。李宗仁於是派李明瑞率領一旅自左翼隱蔽地帶向敵軍右翼作大迂迴，又令夏威、胡宗鐸在日落前一定要攻下箬溪。全軍於是再度衝鋒，雙方部隊正在血戰時，敵人後方忽然響起密集槍炮聲，原來李明瑞旅已迂迴至敵後，敵軍陣腳大亂，全線崩潰，指揮部亦失守，官佐或被殺或被俘，甚少漏網。敵軍兩萬人部分跳河逃走，參謀長、旅長等萬餘人被俘。謝鴻勳身負重傷被俘，因李軍不認識此人，被他的衛士偷偷抬出逃去，將他送到上海，但傷重不治身亡。是役戰利品有大炮八門、水龍機關槍十餘挺、手提機槍百餘挺、步槍二千餘枝。箬溪一役，革命軍以少勝多，一日便全殲孫軍的精銳謝鴻勳部隊，令孫傳芳全軍為之膽寒。[59] 李軍繼續追擊，10 月 3 日進攻南潯路中心德安，該地是孫軍補給站，由盧香亭親自指揮段承澤、陳光祖、李俊義等部約三四萬人防守，盧在城外鐵路西側高地構築堅固工事，配備鐵甲車數輛、山炮十餘門、機槍數十挺。李軍到達後，隨即發動攻勢，李軍兩萬餘人前仆後繼，瘋狂撲向敵陣，由晨早激戰至午後，攻

---

58 《李宗仁回憶錄》，第 269 頁；《中華民國史》（2 編 5），第 58−60 頁；〈國民革命軍北伐戰爭之經過〉（中），《東方雜誌》（25 卷 16）（1928 年 8 月 25 日），第 27 頁。

59 《李宗仁回憶錄》，第 260−261 頁。

勢並未停止。盧曾派兵反撲，及迂迴攻擊，但都被李軍堵截。激戰至下午 6
時，終將敵右翼突破，佔據南潯路鐵橋。接着從鐵橋南下衝擊，發動總攻，
敵軍全線潰敗逃走。當晚李軍進入德安城，佔據南潯鐵路，截斷九江南昌之
間的交通，是為「第一次德安之戰」。是役，李軍以傷亡兩千餘人的代價，
擊潰孫軍盧香亭精銳，擄獲山炮十餘門、機槍數十挺、步槍彈藥無數。[60] 五日
後，李軍撤退，孫軍重佔德安。

　　駐紮在萬壽宮附近的朱培德第 3 軍與自南昌退出的程潛第 6 軍商議，用
誘敵深入之計，相機殲敵。9 月 30 日，孫軍鄭俊彥第 2 方面軍一萬餘人，向
第 3 軍陣地進攻。朱培德以王均第 7 師正面迎敵，朱世貴第 8 師迂迴敵後，
擊敵側背，其親自指揮的第 9 師為預備隊增援力量。激戰至 10 月 2 日，佔領
萬壽宮。在鄰近的鄧如琢坐視鄭部兵敗不救，被孫傳芳撤職，以鄭俊彥繼任
為江西總司令。

　　由於第 7 和第 3 軍相繼告捷，蔣介石決定再攻南昌。以第 1 軍劉峙第 2
師為主力，會同第 2、3 軍，第二次進攻南昌。10 月 12 日晨，各軍同時進
攻，但南昌城垣堅固，城上守軍火力猛烈，進攻受挫。同日，蔣介石趕到南
昌，與白崇禧、魯滌平研究戰局，白崇禧反對硬攻；但蔣求勝心切，親往北
門劉峙第 2 師陣地，指揮部隊在半夜 12 時爬城進攻。當第 2 師文志文第 6 團
正在準備攻城之際，敵軍敢死隊突然從城下水閘潛出，包圍猛攻攻城的第 6
團。血戰後，第 6 團幾乎全軍覆歿，團長文志文陣亡，裝備遺棄無數。蔣介
石和白崇禧在前線指揮，但情勢危急。蔣介石數度執白氏之手問：「怎麼辦？
怎麼辦？」白崇禧保持鎮定，下令全軍沿贛江東岸南撤。[61] 蔣介石只得在 13 日
下令撤圍，並在 14 日通知各軍暫取守勢。外傳蔣於此役受重傷，且有殞命之
謠。蔣雖然未死，但自認「疏忽魯莽，致茲失敗，罪莫大也。當自殺以謝黨

60　《李宗仁回憶錄》，第 262－263 頁。
61　《李宗仁回憶錄》，第 270 頁。

國」，[62] 唐生智想乘機取代蔣的地位，多次向蘇聯顧問鐵羅（Typyhn）表示：「假如我來指揮，將不僅奪取江西，南京也不在話下。」[63]

當蔣介石南昌兵敗的時候，李宗仁第 7 軍卻連戰皆捷，屢敗強敵。10 月 12 日仰攻在王家鋪依山防守的陳調元部，以中央突破，反撲兩側的戰術，一日便攻克王家鋪。陳調元對李大為佩服，譽之為「鋼軍」，又有稱李軍為「飛軍」。

由於兩次硬攻堅城無效，革命軍遂改變戰略：截斷孫軍南潯路交通線、消滅孫軍主力。革命軍兵分三路：

一、右翼軍：由第 2、3 軍組成，朱培德任指揮；

二、中央軍：第 6 軍組成；

三、左翼軍：由第 7、4 軍與獨立第 2 師等組成。

另設總預備隊，由第 1 軍及炮兵團組成，劉峙任指揮。11 月 2 日，第 2 軍第 4、5 兩師從東、南兩面迫近南昌。

11 月 7 日，右翼軍攻佔瀛上、牛行，切斷南昌地區孫軍退路。

11 月 3 日，中央軍佔領蘆坑車站。4 日，佔領樂化。5 日攻佔涂家埠，殘敵向鄱陽湖畔的吳城潰退。6 日，第 2 師追擊至吳城。

11 月 2 日，左翼軍第 7 軍再度進攻德安，擊敗孫軍第 6 方面軍三千餘人，將之佔領。同日，賀耀祖獨立第 2 師在德安北部猛攻駐有重兵的馬迴嶺，戰況激烈。幸第 4 軍張發奎第 12 師及第 7 軍第 1 旅及時增援，在 3 日將之攻佔。

4 日，孫傳芳乘司令艦（決川艦）赴武穴，促陳調元進攻武漢，以解九江之圍。但陳按兵不動，孫只得退回九江。5 日賀耀祖師乘勝北上，佔領九江、瑞昌。6 日，孫傳芳乘艦返回南京。周鳳岐部不戰而退回浙江，陳調元、王普

62　《蔣介石日記》（手稿本）（1917－1936 年），第 147 頁。

63　《中華民國史》（2 編 5），第 61－63 頁。引自 Document 44, Wilbur and How: *Documents on Communism, Nationalism and Soviet Advisers in China*, Columbia University Press, 1955, p. 145.

兩部退回安徽。

南昌守軍知道九江根據地失守的惡耗，軍心大亂，且僅餘殘兵二三千人，更無心戀戰。11月8日，蔣介石下令攻城，城內殘敵紛紛投降。9日蔣介石入南昌，江西戰役勝利結束。革命軍佔領江西全省，令湘鄂得到屏障，並打開了向長江下游進軍的大門。至此，孫傳芳的第1、2、3方面軍被殲滅殆盡。全軍十萬人，除武穴陳調元軍、九江周鳳岐師得全退外，其親信軍隊，僅盧香亭、鄭俊彥率領退去一部，餘部悉被截獲繳械，師旅長唐福山、岳思寅、張鳳岐、李彥青、王良田、楊賡和等被俘。[64] 國民革命軍也元氣大傷，出師以來，死傷在 25,000 以上，疾病與逃亡的還未算在內。中下級軍官損失很大，約佔七成，團長則佔半數。[65]

4. 福建戰場

孫傳芳派兵援吳時，同時派周蔭人威脅粵邊。9月5日，周宣佈就任五省聯軍第4方面軍總司令。17日，乘艦抵達漳州，召開軍事會議，聲言陸軍將於23日攻粵，海軍則聯合陳炯明由潮汕進攻廣州。當時國民革命軍部署在潮州、梅縣一帶的軍隊，僅有第1軍譚曙卿第3師、馮軼裴第14師、張貞獨立第4師，計槍六千支，炮八門。周蔭人的部隊有張毅第1師，李鳳翔第3師，劉俊第12師第24旅，計槍三萬餘支，機槍六十餘挺，炮二十餘門。雖然敵強我弱，但何應欽向蔣介石分析敵情：革命軍在鄂、贛節節勝利，周軍士氣低沉；且北人不善山戰，更竭力搜括地方，令閩人恨之入骨。故要求入閩作戰，獲蔣批准。

9月19日，周在龍岩設總司令部，分三路南犯：

---

64 《中華民國史》（2編5），第67–72頁；〈國民革命軍北伐戰爭之經過〉（中），《東方雜誌》（25卷16）（1928年8月25日），第28–29頁。

65 〈加同志報告〉，中央檔案館編：《北伐戰爭》（資料選輯）（北京：中共中央黨校出版社，1981年），第26頁。

東路張毅第 1 師李芳池、田寶琴兩旅由福建漳浦、雲宵、平和地區出動，進攻廣東北部饒平；

中路劉俊第 12 師第 24 旅由福建永定，攻廣東松口；

西路李鳳翔第 3 師曹萬順、杜起雲兩旅、合衛隊旅孫雲峯部由汀州、上杭向粵北蕉嶺推進。

周蔭人擬用聲東擊西策略，明攻饒平，實攻松口。

此時，西路李鳳翔師轄下的曹萬順和杜起雲兩旅，經國共兩黨人員活動之後，願意參加革命，秘密把周軍情報告知革命軍東路總司令何應欽，於是革命軍對敵情作出相應部署。

9 月 27 日，何應欽抵高坡督師，指揮三路進攻：

一、左翼：譚曙卿第 1 軍第 3 師，合曹萬順、杜起雲部由大埔攻永定；

二、中路：馮軼裴第 1 軍第 14 師，由饒平攻永定；

三、右翼：張貞第 4 獨立師，合錢大鈞第 20 師，出松柏關攻和平。

另以賴世璜第 14 軍迫汀州，胡謙之第 6 軍一師守梅縣，福建民軍所組織的閩軍參謀團，指揮建國民軍在周蔭人軍後方起事。

10 月 5 日，周蔭人將司令部移到永定，下令全線總攻。7 日，攻佔松口。周聞訊大喜，永定防備因而鬆懈。何應欽遂決定集中兵力殲滅該地敵人。8 日，曹萬順、杜起雲在蕉嶺起義，分別就任國民革命軍第 17 軍第 1 師及第 2 師師長。9 日，譚曙卿第 3 師猛攻永定，與周軍孫雲峰部激戰，孫軍退入城內。10 日，敵軍增援，何應欽亦親率總預備隊參戰，以重兵襲取永定。當地人民因痛恨周軍，自動割斷其電線及破壞交通。周與部隊失去聯絡，遂率親信十餘人棄城逃跑，敵軍一千四百餘人於是投降。

攻佔永定後，何即回師松口，夾擊劉俊。13 日，劉軍陷入重圍，歸路斷絕，大敗潰散。劉俊所屬第 12 師在袁世凱時以模範營為基礎編成，歷大小十餘次戰鬥，從未戰敗，現被革命軍全殲，劉亦死於亂軍之中。

永定、松口之役，革命軍以千餘人傷亡代價，生擒敵騎兵團長李寶珩，斃傷敵人千餘人，俘四千餘人，繳槍四千支，炮十餘門。

因周蔭人兵敗，原已攻佔饒平的張毅，立即下令撤退，於是粵東平定。這時孫軍兵敗如山倒，周蔭人逃到龍岩後，所部潰不成軍，於是再退永安，繼而退至延平；李鳳翔師退守汀州，再退向清流、寧化；張毅部因損失較輕，在退往漳州途中，與革命軍談判起義，且談且走，企圖避免被殲。最後逃至閩侯地區被革命軍海陸包圍。12 月 9 日，張部一萬餘人被分割改編，張毅因殘殺俘虜被槍決。

北洋軍閥兵敗如山倒，故閩系海軍亦自尋出路。海軍首領第 1 艦隊司令陳季良秘密與何應欽談洽，達成歸附革命軍的協議。陳季良又與福州城防司令李生春聯繫，請他參加革命。李生春和周蔭人有矛盾，故在 12 月 2 日，表示接受福州保安司令一職。1927 年 1 月李生春不聽指揮，所部不穩。3 月初，何應欽奉蔣介石令，將之繳械，以絕後患。[66]

5. 江浙戰事

按照北伐出師前的決策，打下武漢之後，本應北上河南，與國民軍會師。1926 年 11 月 8 日，蔣介石與加倫商量向長江下游進軍問題，加倫認為：「如果現在繼續向安徽、江蘇前進，這事現在不是時候，並且危險。」建議利用夏超、周鳳岐佔領浙江，使江蘇、安徽成為緩衝地。[67] 1927 年 1 月 1 日至 7 日，國民革命軍總司令部在南昌召開軍務善後會議，蔣介石提出向長江下游進軍問題，鄧演達與加倫反對。但由於蔣的堅持，會議決定對河南吳佩孚部暫取守勢，對浙江、江蘇、安徽的孫傳芳等部取攻勢。會議同時決定將北伐軍分編為東路軍、中路軍和西路軍三個作戰序列。

東路軍：總指揮何應欽，前敵總指揮白崇禧，下轄第 1、第 14、第 17、

---

66 《中華民國史》（2 編 5），第 65－67 頁；《國民革命軍北伐戰爭之經過》（中），《東方雜誌》（25 卷 16）（1928 年 8 月 25 日），第 29－31 頁。

67 〈加同志報告〉，《北伐戰爭》（資料選輯），第 28 頁。

第 19、第 26 等軍，分為六個縱隊，分由閩、贛入浙。以主力進至浙西，一部集中浙南，進取上海，夾攻南京。

中路軍：總指揮由蔣介石兼任，下分江右軍、江左軍兩路。江右軍：總指揮程潛，下轄第 2、第 6 軍及獨立第 2 師等三個縱隊，由贛東北進取南京（第 6 軍由贛東入浙西，協助東路軍）；江左軍：總指揮李宗仁，下轄第 7、第 10、第 33 軍三個縱隊，由鄂東北進取安慶、合肥，側擊津浦路敵軍。

西路軍：總指揮唐生智，下轄第 4、第 8、第 11、第 15 軍等四個縱隊，主力集中於鄂北及京漢路南段，一路集中於鄂東北，牽制河南方面敵軍。

另以朱培德指揮的第 3 軍為總預備隊，主力集中在南昌，一部集中於九江附近，留守江西，策應全局。

（1）浙江自治失敗及浙軍的折損

江浙人民對於孫傳芳的援吳始終持反對態度。10 月 15 日，杭州軍政當局及省議會、教育會、商會、律師公會等集會，決定致電孫傳芳，要求允許陳儀第 1 師、周鳳岐第 3 師刻日回浙，以衛桑梓。16 日，浙江各界在省長公署緊急會議，議決浙人治浙，隨即將孫傳芳在杭衛隊及憲兵數百人繳械，資遣出境。同日，與國民黨馬敘倫、鈕永建已有密約的浙江省長夏超宣佈杭州獨立。17 日，派章燮率第 2 總隊部下二千人，由杭州向上海進發。18 日，孫傳芳派第 8 師第 15 旅旅長宋梅村為前敵總指揮，率部迎戰夏超；任第 76 混成旅旅長李寶章為駐滬各軍總指揮兼淞滬防守司令，率部進駐龍華、松江。20 日，宋部進佔嘉善。21 日，雙方交火，夏超迎戰，因部下均是警察，缺戰鬥訓練和經驗，無力抗敵。且陳儀和周鳳岐兩人未有同時起事，結果，孫傳芳部在 22 日佔領杭州。23 日，夏超在西湖附近被捕殺。[68] 11 月 1 日，陳儀被孫傳芳委任為署理浙江省長，到杭州接任。陳儀企圖用自治的口號，阻擋革命軍和孫傳芳部入境。陳儀派參謀長葛敬恩往見蔣介石，請蔣同意其中立。經

---

68 《中華民國史》（2 編 5），第 77−80 頁；《國民革命軍北伐戰爭之經過》（中），《東方雜誌》（25 卷 16）（1928 年 8 月 25 日），第 31 頁。

數次談判，最後，蔣回答是：「捨加入革命合作，無他途。」同時陳儀聯同杭州總商會等團體，向孫傳芳提議浙江自治，請他同意。12 月 11 日，周鳳岐參加革命，在衢州就國民革命軍第 26 軍軍長職，回師杭州。因此，孫表面上允許浙江自治，但秘密派孟昭月及白寶山、馮紹閔兩師搶在周鳳岐之前控制杭州。孫傳芳委任孟昭月接替盧香亭為第 3 方面總司令，孟決意消滅浙軍。22 日，孟昭月兩路進入杭州，包圍省政府，收繳陳儀第 1 師駐杭部隊槍械。25 日，把陳儀押赴南京解釋。浙江自治失敗。[69] 第 1 師餘部退紹興後，隔錢塘江與孫軍炮戰，同時接受改編為國民革命軍第 19 軍。

孟軍先集中重兵猛攻富陽的周鳳岐第 26 軍，將之擊潰，擊斃其團長錢駿。1927 年 1 月 5 日，周鳳岐放棄富陽，退回龍游、衢州。

堅守錢塘江岸的第 19 軍被孟昭月進攻，節節敗退。撤退途中，在奉化遇上由福建撤回浙江的周蔭人部，陷入兩面夾攻，損失慘重。1 月 14 日，在寧波附近突圍，退到溫州集結。孫軍孟昭月、周蔭人兩部在蘭谿會師，繼續橫徵暴斂，搜刮民財。[70]

（2）孫傳芳聯奉

11 月 7 日，孫傳芳兵敗逃回南京，失去江西福建兩省。14 日張作霖在天津蔡家花園召開軍事會議。18 日，孫傳芳秘密赴津，謁見張作霖，且行跪拜之禮，與「少帥」張學良結八拜之交，認張作霖為「義父」。[71] 張喜出望外，即刻捐棄前仇。孫傳芳如此卑恭屈膝，只求「接濟餉械」，並不要求奉魯聯軍南下助威。但張作霖與張宗昌兩人乘機擴張地盤，無意提及「接濟餉械」。孫傳芳無奈，只得就範。20 日，孫傳芳帶頭擁戴張作霖為「安國軍總司令」，張宗昌率直魯軍十五萬人，攜帶軍用票一千萬元，南下援孫。12 月 1 日，張

69　《中華民國史》（2 編 5），第 87－91 頁。

70　〈國民革命軍北伐戰爭之經過〉（中），《東方雜誌》（25 卷 16）（1928 年 8 月 25 日），第 32－34 頁。

71　《李宗仁回憶錄》，第 294 頁。

作霖在天津蔡家花園就安國軍總司令職，[72] 孫傳芳與張宗昌為副司令，楊宇霆為總參謀長，聯合兩派的力量，及敗退鄭州的吳佩孚，對抗國民革命軍。

當時安國軍的軍事行動第一步計劃：吳佩孚由河南反攻湖北；孫傳芳由浙江反攻江西；張學良率奉軍，入河南援吳；張宗昌的直魯軍接防蘇皖北部，並由皖分兩路攻湖北、江西。但吳佩孚的部下諸將恐奉軍侵奪其河南地盤，始終持反對態度；同時，張宗昌必欲取得江南及全皖，延不出兵；只有孫傳芳不惜讓江蘇安徽北部給張宗昌，用浙江作為與革命軍決戰之地。[73]

(3) 東路軍攻取浙江之戰

東路前敵總指揮白崇禧兵分兩路：在浙西，以主力進攻錢塘江西岸向杭州及餘杭之敵，支援浙軍陳儀及周鳳岐兩部。何應欽另率一部在浙東由處州、溫州方面消滅周蔭人殘部。

這時，孫傳芳的軍事部署如下：

中路孟昭月第 3 方面軍；右翼白寶山第 4 方面軍，迂迴淳安、開化進攻衢州、常州；左翼周蔭人部改編的第 5 方面軍，鄭俊彥率第 2 方面軍駐常州、宜興作為聲援。

衢州位於錢塘江上游，有浙贛路通過，扼浙、贛、閩、皖四省交通要樞，是浙江通向閩、贛兩省的門戶。1927 年 1 月 20 日，白崇禧率軍到衢州，召集各將領會議，以敵節節進迫，而衢州無險可守，為使東路軍安全集中，必須佔領嚴州以西地區，決定轉守為攻，分兵三路，一部沿衢江南岸，以主力沿衢江北岸，攻擊金華、蘭溪方面敵軍，將其主力在蘭溪、壽昌地區間包圍消滅。

1 月 27 日，進攻開始。中路劉峙第 1 軍第 2 師佔領衢江南岸的龍游。29 日拂曉，三路同時進攻，右路周鳳岐第 26 軍攻佔湯溪；中路第 1 軍以重大傷

---

72 《吳佩孚傳》（下），第 746－749 頁。

73 〈國民革命軍北伐戰爭之經過〉（中），《東方雜誌》（25 卷 16），（1928 年 8 月 25 日），第 31－32 頁。

亡代價攻佔衢江北岸的洋埠、游埠；左路魯滌平第 2 軍在永昌、壽昌間與敵膠着對峙。2 月 1 日，中路軍先遣部隊佔領蘭溪。2 日，周鳳岐部佔領金華。同日，白崇禧率兵增援左路軍，守敵退卻。3 日，各軍相繼佔領浦江、嚴州、淳化等地，並向杭州推進。

孫軍孟昭月親到富陽督戰，雖然兵力雄厚，且佔地利，可惜軍心散亂，見革命軍捨命衝鋒，望而生畏。11 日，桐廬之役，兩軍正在激戰，孫軍見革命軍「白」字大旗，誤認為己方白寶山部已歸附革命軍而反戈相向，立即「向後崩潰，自相踐踏」，向富陽方向潰逃。嚴州之役，孫軍在遊埠高地用大砲向下猛轟革命軍，但被嚴重第 21 師一口氣便衝上攻佔。

孫軍退守杭州後，孟昭月、周蔭人因爭奪浙江地盤而內鬥。革命軍得到情報後，集中兵力擊破右翼李俊義部，攻下富陽；又派第 26 軍所部聯絡諸暨人民起事，牽制其左翼。17 日，孟昭月下令所部由杭州急退嘉興，寧波部隊由海道退至吳淞，右翼各軍由吳興退蘇常，周蔭人部亦紛紛撤退。18 日，白崇禧率中路軍入杭州，周鳳岐第 26 軍入紹興，將撤退不及的孫軍衛隊旅繳械。21 日，佔領浙東水陸交通中心寧波。至此，革命軍完全佔領浙江，將孟昭月等部主力打垮，使孫傳芳聯合奉、魯，以浙江為基地實行反攻的計劃徹底粉碎，為北伐軍進攻江蘇、安徽，奪取上海、南京創造了有利條件。[74]

（4）上海第一次起義

1927 年 2 月 3 日，漢口英軍禁止革命軍宣傳隊在英租界附近講演，開槍射殺群眾，引起全市公憤，人民衝入並佔領英租界。英帝國主義者無法抵禦革命浪潮，唯有承認事實，經與革命政府談判後，同意中國收回漢口英租界。7 日，九江英租界亦以同樣形勢收回。但英帝國主義者不願繼續退讓，設法全力保持上海英租界，以免徹底喪失在華商業根據地。英國海陸軍當局立即派艦隊、調重兵，前往上海，其他帝國主義國家亦增派軍艦來華。中國人

---

74 〈國民革命軍北伐戰爭之經過〉（中），《東方雜誌》（25 卷 16）（1928 年 8 月 25 日），第 33 頁；《中華民國史》（2 編 5），第 195－199 頁。

民革命熱情澎湃，上海人民經歷五卅慘案，深受帝國主義和軍閥迫害，亦決定與帝國主義者周旋。打倒帝國主義之聲浪，日益高張！[75]

2月19日，上海開始全市大罷工，有向增兵上海的帝國主義者示威，與反對軍閥孫傳芳、響應革命軍的兩種作用。孫軍李寶章與租界當局協力鎮壓罷工運動，在通衢大道殘殺宣傳演講的學生工人；再派偵探搜捕有關人等，造成「路絕行人、座憚偶語」的恐怖世界。

第一次上海全市大罷工因松江方面軍事未能配合而失敗，在24日復工，但工人復工後仍暗中活動，秘密召開市民代表會，選出受國民政府節制的市委員會委員；鐵路工人繼起罷工，破壞北軍運輸，對打倒軍閥貢獻很大。

(5) 上海局勢的變化

孫傳芳兵敗如山倒，奉軍、直魯軍為確保上海、南京，兼程南下，增援孫傳芳。張學良親率奉軍到徐州作為策應。2月23日張宗昌到達南京，與孫傳芳商定：孫部擔任松江前線防務，3萬直魯軍進駐南京、鎮江、常州一帶，防守滬寧線西段，協同孫軍守淞滬，在南京設安國軍蘇魯聯軍總司令部。24日，直魯軍第5路總指揮兼第8軍軍長、渤海艦隊司令畢庶澄率艦隊到上海，加強防務。直魯軍褚玉璞大隊繼續進駐南京、鎮江，沿滬寧路線與上海聯接。25日，蘇魯聯軍會議決定：孫軍苦戰數月，士卒勞苦不堪，即日起調回後方休整，由直魯軍擔負淞滬前線防務。換言之，孫傳芳將其江南地盤送給張宗昌，部下全部退往江北。各路孫軍由盧香亭以訓練總督名義指揮調防，分道齊退。在前線與革命軍對抗的，除宜興常州一路全由孫部白寶山、馮紹閔、鄭俊彥三師擔任，松江方面有周蔭人部少數軍隊外，其餘悉由直魯軍負責。

孫傳芳投奉，內部出現嚴重不穩和分裂狀態，各軍將領紛紛倒戈參加革命。2月20日，第15師師長劉寶題在徽州起義，就國民革命軍新編第3軍軍

---

75 〈國民革命軍北伐戰爭之經過〉（中），《東方雜誌》（25卷16）（1928年8月25日），第33頁。

長兼江右軍第 4 縱隊指揮官職；3 月 4 日，第 3 旅旅長王普宣告就國民革命軍第 27 軍軍長職，安徽省長兼第 6 師師長陳調元宣告就國民革命軍第 37 軍軍長兼北路軍總指揮職，葉開鑫宣告就國民革命軍新編第 5 軍軍長職。於是，長江北岸重鎮安慶及皖南大片土地不戰而定。[76]

6. 佔領南京、上海之戰

1927 年 2 月 25 日，東路軍召開軍事會議，何應欽、白崇禧和蘇聯軍事顧問切列潘諾夫等人出席，與會者認為截斷滬寧線，使敵首尾不能相顧，造成革命軍東可以攻上海，西可以打南京的有利態勢。會議決定：

一、江左軍總指揮李宗仁率本部第 7 軍，王天培第 10 軍，劉佐龍第 15 軍之一部，會合陳調元第 37 軍，柏文蔚第 33 軍，由長江北岸陸路橫截津浦鐵路南段的臨淮、蚌埠，斷敵北歸之路。

二、江右軍總指揮程潛率本部第 6 軍，魯滌平第 2 軍，賀耀祖第 40 軍，王普第 27 軍沿江東下，直取南京。在蕪湖以東再分三路進攻：（甲）中路攻小丹陽，（乙）左翼攻大勝關，（丙）右翼攻溧水。

三、滬寧鐵路線作戰的東路各軍，兵分三路：（甲）東路軍總司令何應欽率第 1 軍一部及賴世璜第 14 軍，曹萬順第 17 軍由湖州進攻宜興、丹陽，與江右軍聯合攻南京，並出鎮江、常州，斷敵軍鐵路線的聯繫；（乙）前敵總指揮白崇禧率先遣軍李明揚部，第 1 軍薛岳師及第 26 軍攻取上海；（丙）第 1 軍劉峙第 2 師、嚴重第 21 師，遙受白崇禧指揮，攻吳江、蘇州，斷上海敵軍後路。

2 月中旬，東路軍隊迫近松江後，暫緩推進，等待各軍一致行動。3 月 6 日，程潛江右軍攻佔蕪湖。15 日，江右軍分兵三路進攻，激戰一日，中路

---

76 〈國民革命軍北伐戰爭之經過〉（中），《東方雜誌》（25 卷 16），（1928 年 8 月 25 日），第 34 頁。《中華民國史》（2 編 5），第 200－203 頁。

佔小丹陽，右路佔溧水，側迫秣陵關，左路奪大勝關。17 日，佔領當塗。蕪湖、當塗兩地是皖南交通樞紐，進入江蘇的大門。

19 日，張宗昌嚴令褚玉璞限三日收復失地。直魯軍遂集中徐源泉、王棟之能戰部隊，以白俄兵當先鋒，猛攻革命軍中路。20 日，程潛發動進攻。21 日，賀耀祖部攻破秣陵關、陶吳鎮；第 1、第 2 縱隊分別攻佔江寧鎮和龍都鎮。22 日，第 2 縱隊攻佔淳化鎮。何應欽東路軍佔領鎮江。隨即進攻宜興，在蜀山擊敗白寶山部，迫之退往常州。3 月 20 日，何軍攻佔常州，敵軍只有再退江北。何應欽分兵攻佔無錫、鎮江，勢如破竹。

革命軍完全掃清南京外圍敵人據點，迫敵退入南京。

(1) 南京附近戰事及 3 月 24 日之「南京事件」

孫傳芳下令第 6 軍軍長褚玉璞指揮直魯軍 10 萬餘人及白俄兵一團守衛南京。褚玉璞閉城堅守，依靠南京城高濠深，抵抗強敵。23 日，程潛親臨城下指揮進攻，猛撲三日。第 3 縱隊擊潰將軍山、牛首山、韓府山之敵後，向武定門、通濟門進攻。第 1 縱隊攻佔雨花臺後，進迫中華門守軍。何應欽東路軍亦由鎮江攻龍潭、棲霞。直魯軍恐被包圍，立即向浦口撤退。特派員章傑得員警之助，乘機開各城門歡迎革命軍入城。24 日，南京戰鬥結束。是役俘虜直魯軍四千餘人，步槍三萬餘支，大炮、機槍約百門、挺。

當時入駐南京的第 6 軍士兵曾在城內搶刼，襲擊外國領事館、外人機關及住宅，搶刼財物，導致英國領事受傷，金陵大學美籍副校長和震旦大學美籍預科校長都被殺。李宗仁解釋第 6 軍已被中共滲透，故借刀殺人，挑起外釁，利用外人與革命軍為難，以坐收漁人之利。外人對此事的情報甚為靈通，南京事件發生時，一向蠻橫的日本海軍竟奉命不許開炮。當時駐下關江面的日本海軍指揮官在駛抵上海後自裁殞命。遺書說：他奉命不許開炮，致海軍護僑不周，無面目以見國人。[77] 24 日，英美兵艦向城內開砲一個多小時

---

77 《李宗仁回憶錄》，第 299－300 頁。

報復，打死軍民三十九人，傷數十人，房屋財產被轟毀無數。[78] 此後數月，外艦沿江任意砲轟各地，革命軍無力制止，沒有要求外國向我國受害者道歉賠償，亦沒採取省港大罷工的方法對付凶殘的帝國主義者。國民革命高呼「打倒帝國主義」的口號，至此備受考驗。[79]

（2）上海戰事及第二、三次起義

1927 年 1 月，革命軍制定對長江下游的作戰方針。中共上海區委為配合革命軍，2 月 16 日開始，積極準備第二次起義。18 日，上海總工會發佈《為總同盟罷工的通告》：19 日起，舉行總同盟罷工，援助革命軍，打倒孫傳芳。罷工發動了四天，人數在三十六萬以上。畢庶澄上海防守司令佈告：「遇有煽惑罷工或阻止上工以及擾亂地方秩序者，一律格殺勿論。」由於罷工缺乏完善計劃，工人初時並不知道為何罷工，亦無暴動的準備，大部分工人不知道這是「人民奪取政權的革命」。22 日下午 5 時 50 分，停泊在高昌廟江邊的建康、建威兩炮艦開炮二十餘響，炮轟兵工廠。但工人沒有響應上船拿武器然後進攻兵工廠，結果各地只有零聲戰鬥，起事失敗。23 日，罷工停止。中共中央和上海區委聯席會議同時決定：「擴大武裝組織，準備暴動。」成立了由陳獨秀、周恩來、羅亦農、趙世炎、汪壽華等八人組成的特別委員會，以周恩來為首的五人軍事委員會和以尹寬為首的五人宣傳委員會，借助革命軍進軍上海的聲勢，發動大規模的武裝起義，推翻軍閥統治，建立市民政權。為了爭得市民政權的領導地位，中共積極地準備武裝起義：

一、建立上海總工會糾察委員會，統一領導糾察隊的擴充和訓練工作。掌握巷戰技術，如怎樣聯絡、衝鋒、繳械，各種武器的使用及效力等。到第三次起義前夕，糾察隊員發展到五千名；

二、秘密購置槍械彈藥；

---

78 《中華民國史》（2 編 5），第 340－343 頁。

79 〈國民革命軍北伐戰爭之經過〉（中），《東方雜誌》（25 卷 16）（1928 年 8 月 25 日），第 35－36 頁；《中華民國史》（2 編 5），第 203－204 頁。

三、聯絡商界保衛團和幫會勢力，爭取他們的同情與支持；

四、各區制定詳細的巷戰計劃；

五、建立四百個宣傳隊和《平民日報》等報章，以公開或秘密方式向工人市民講解革命形勢，宣傳中共的任務和政策；

六、迅速發展共產黨員，壯大中共的隊伍。從 1927 年 1 月 10 日到 3 月 14 日，上海市中共黨員從 3,075 名猛增至 4,400 人；

七、改組國民黨省、市黨部，大力發展國民黨黨員，壯大左派隊伍。

這次武裝起義，一方面是響應革命軍，同時也是建立由共產黨領導的市民政權，使革命軍一踏進上海，便面臨着既成的革命局面，從而遏止蔣介石的反動。[80]

中共雖然設法爭取團結中、小資產階級和國民黨人的同情及支持，但是蔣介石在 1 月 12 日被鮑羅廷當眾侮辱和被武漢政府扣留軍餉不發之後，已經迫他反共。加上工農運動失控，上海自五卅以來，爆發多次罷工，現今革命軍迫近，上海工人又進行起義。口號雖然是迎接革命軍入城，不過大資本家始終擔心工農運動之火會蔓延到上海，遂秘密派人與蔣接洽，尋求蔣的承諾，保護其財產生命的安全。蔣介石與大資本家的利益捆綁在一起，中共以為用成立市民政府的辦法來奪取政權，迫蔣接受既成事實，似乎不知道蔣介石熟讀俄國革命史和法國革命史，也懂得「槍桿子出政權」的道理。

3 月 19 日，白崇禧攻松江、吳江。中共認為武裝起義時機成熟，下達第三次武裝起義預備動員令。20 日晚，革命軍佔領上海近郊龍華鎮，奉令停止前進。同日午夜 12 時，上海總工會主席團召集特別緊急會議，一致決議於 21 日正午 12 時開始總罷工。各工會工人共八十萬人在三小時內便實現了全市總同盟罷工，徒手工人按既定的作戰方案在七個區同時舉行，進攻警署及奪取槍械，上海第三次起義於是爆發。直魯守軍亂作一團，薛岳部隊在便衣隊引領下，由明星橋進襲上海，不戰而佔領上海南部閘北。

80　《中華民國史》（2 編 5），第 208–213 頁。

畢庶澄軍隊集中在上海北部滬寧鐵路總站，閘北區的總工會糾察隊企圖奪取其槍械，向北火車站進攻。畢庶澄向吳淞調動的援兵，因鐵路被工人糾察隊拆毀，火車翻側，只有在中途佈陣，誤會車站已被革命軍佔據，用巨砲猛轟。車站畢軍誤認為被革命軍砲攻，亦用巨砲還擊，雙方砲戰幾達二十小時。工人糾察隊乘機放槍進攻。22 日中午，上海第二次市民代表大會開會，推舉白崇禧、楊杏佛、虞洽卿、羅亦農、汪壽華等十九人為市政府委員，組成上海特別市臨時市政府，並請白崇禧火速派出部隊進入上海。但白崇禧按兵不動。第 1 軍薛岳第 1 師自動請纓向上海推進，那時進攻北火車站的糾察隊將無法支持，薛岳師及時趕到，迅速擊潰畢軍。畢庶澄早已逃入租界，松江、吳淞直魯軍殘部聞訊相繼投降。21 日，嚴重、劉峙分別攻入蘇州、崑山。劉峙隨即率師到上海，與薛岳聯絡，肅清上海附近各地。

中共領導的上海第三次起義勝利後，擁有一支 2,400 多人的武裝糾察隊，令資本家大為擔心，棉紡業鉅子榮宗敬說：「工人手中一有槍械，聞者寒心，務須收回槍械，以維治安。」3 月 26 日下午，蔣介石到達上海，上海資本家一致擁蔣，表示「商界當與合作到底」。29 日，臨時市政府召開成立大會，市政府委員舉行就職典禮，蔣介石送來一函，請市政府「務望暫緩辦公」，完全否定了市政府的合法性。[81]

（3）皖海軍參加革命

海軍總司令楊樹莊自海軍砲擊孫軍控制的製造局後，乘其坐艦駐吳淞口外，電令所部各艦集中吳淞。畢庶澄繼李寶章為上海防守司令，企圖以所部渤海艦隊，與陸軍聯合控制上海。但為楊氏艦隊阻止，不敢南下。1926 年 12 月 14 日，楊樹莊正式宣告就國民革命軍海軍總司令職，電令馬江、廈門、寧波、吳淞各艦一律易幟，並派三艦冒險沿江西上，越江陰、鎮江、南京各砲台的防線駛往九江，聽蔣介石總司令調用。

---

81 〈國民革命軍北伐戰爭之經過〉（中），《東方雜誌》（25 卷 16）（1928 年 8 月 25 日），第 36 頁；《中華民國史》（2 編 5），第 208－217 頁。

7. 寧漢分裂與「清共」

革命軍佔領武漢後，蔣介石力主遷都武漢。1926 年 11 月 26 日，國民黨中央政治委員會正式決定把國民政府和國民黨中央遷移到武漢。12 月 13 日，鮑羅廷宣佈成立「中國國民黨中央執行委員暨國民政府委員臨時聯席會議」，以國民黨員徐謙為聯席會議主席。又在 1927 年 3 月 10 日至 17 日在漢口召開國民黨二屆三中全會，議決對現行國民黨和國民政府的政治制度進行改革，撤銷了蔣介石軍事委員會主席等職務，限制了他國民革命軍總司令的權力。鮑羅廷以為通過這種辦法，便可以把黨政權力從蔣介石手中奪回來。蘇聯顧問顯然對蔣介石認識不足，中山艦事變發生時，蘇聯顧問代表團團長斯切潘諾夫認為蔣介石不會反共。上海「清共」前夕，維經斯基從上海致函共產國際的信估計蔣介石不會冒險與武漢國民政府決裂。結果與斯切潘諾夫和維經斯基的評估完全相反，共產國際一手扶植出來的蔣介石被迫投到帝國主義懷抱，成為反共的死硬派。蔣介石首先否定武漢國民黨中央的權威，拒絕接受削去他權力的所有議案。並在他武力控制的範圍內，操縱當地國民黨黨部。蔣介石面對被國民黨左派和共產國際奪權的挑戰，只有另尋出路，爭取國民黨右派的支持和投到共產國際的敵人——帝國主義——陣營，另行籌組國民黨中央，和武漢國民黨中央對峙。

為確保南京和上海這兩個政治和金融中心的安全，1927 年 4 月 12 日凌晨，蔣介石在上海進行「反共清黨」，收繳工人糾察隊武器，殺害中共黨人。廈門、福州、寧波、南京、杭州、長沙同時進行清黨，開始了國民黨在全中國範圍內對共產黨人的迫害和殺戮。4 月 18 日，南京國民政府正式成立，南京、武漢兩地同時出現兩個國民政府，史稱「寧漢分裂」。因國民黨陷入分裂狀態，北伐行動暫時停頓。

8. 西安解圍

　　1926 年 9 月 17 日，馮玉祥「五原誓師」之後，改變其原定之戰略為「固甘援陝，聯晉圖豫」，放棄反攻張垣（張家口）、南口而克北京的企圖，改道由隴入陝，大迂迴作戰。先搶救在陝被困的國民軍第 2 軍，繼而逕出潼關與南軍會師中原，共同北伐。當時，國民黨北京政治委員會李大釗和李石曾力主此計劃，派人北上綏遠獻計，並將偵察所得奉魯軍勢力之內容，及駐兵地點等確實軍事情報與重要政治消息彙報。馮玉祥於是毅然決定施行這新戰略。9 月下旬，編定七路「援陝軍」：第 1 路方振武、第 2 路弓富魁、第 3 路孫良誠、第 4 路馬鴻逵、第 5 路石友三、第 6 路韓復榘、第 7 路陳希聖、劉汝明、韓占元、韓德元各師。孫良誠兼任援陝總指揮，方振武為副總指揮。[82]

　　是年 4 月 11 日，吳佩孚委任劉鎮華為討賊聯軍陝甘軍總司令，率領「鎮嵩軍」八萬人圍攻西安。守將楊虎臣、李虎臣二人均屬國民軍第 2 軍舊部，強頑耐戰，決死守城，糧盡則以豆渣充飢，彈少則以石頭應敵。劉鎮華無力攻下堅城，於是環城掘深濠，隔絕城內外交通，使守軍久困食盡而自斃。城內人民遂因糧食斷絕每日餓斃數百，道路之上，屍骸狼籍。孫良誠奉令急行援陝，與士兵徒步同行，晝夜不停。行軍冰天雪地沙漠不毛之地，僅得稀粥一碗充飢，棉衣缺乏，駝馬甚少。士兵凍死於道路，或殘廢而難行者，為數頗多。但官兵以救援友軍與參加革命大義，士氣高昂，勇猛前進，令敵軍望風撤退。11 月 23 日，攻克咸陽。28 日西安城外一戰，馮軍攻至城外，守軍開城夾擊，圍城部隊大敗，紛紛潰逃。劉鎮華撤往潼關，西安之圍遂解。[83]

82　《馮玉祥傳》（下），第 255 頁。

83　《馮玉祥傳》（下），第 256－259 頁。

五、北伐第三階段（1927 年 5 月至年終）

南京國民政府正式成立，公開否認武漢中央的合法地位。武漢方面也同時以國民政府主席汪精衛名義，下令撤去國民革命軍蔣總司令職務，另以馮玉祥為國民革命軍總司令，唐生智為副司令，並擬組織東征軍，順流而下，討伐叛逆。唐生智、張發奎、程潛、朱培德等軍事領袖均對蔣不滿，恨不得一舉蕩平東南。南京面對這威脅，只得採取相當防禦措施。

寧漢兩方部隊雖然沒有發生自相殘殺的內鬨，但亦影響軍事行動，讓敵人有機可乘，孫傳芳傾全力反擊，三路大軍渡江猛撲南京，爆發了激烈的南京保衛戰——龍潭之役，幸革命軍拚命奮戰，始將孫軍擊退。與此同時，張作霖在北京組織安國軍政府，以「陸海軍大元帥」名義代表中華民國行使行政權，軍政府置國務員輔佐大元帥執行政務。國務員為：國務總理、外交部長、軍事總長、內務總長、財政總長、司法總長、教育總長、實業總長、農工總長和交通總長。因張作霖企圖搶奪吳佩孚的河南地盤，導至吳張爆發河南爭奪戰。

1. 攻佔徐州

孫傳芳、張宗昌敗退江北後，仍擁有二十萬兵力，其中孫傳芳約五萬人，張宗昌約十五萬人。他們乘寧漢分裂，積極準備南犯。4 月 5 日，孫軍周蔭人、鄭俊彥部展開攻勢，泰州守軍寡不敵眾，退回江南。10 日，孫軍大舉進攻蘇北重鎮揚州，曹萬順第 17 軍受重創，退往鎮江。於是東起南通，西至揚州的廣大地區完全被孫軍收復。孫傳芳更在瓜州、都天廟構築炮台，炮轟長江南岸，又在揚州、十二墟等地試圖南渡，準備重奪江南。4 月 8 日，張宗昌、褚玉璞直魯聯軍十六萬人，攻佔滁州。12 日圍攻合肥，守軍馬祥斌獨立第 5 師和王金韜獨立第 4 旅死守待援。張宗昌派白俄兵鐵甲車隊直迫浦口，企圖截斷蕪湖、合肥間的聯繫。16 日，直魯軍不斷用飛機巨炮攻擊南京。奉

軍渤海艦隊進攻吳淞，企圖衝入長江，掩護其陸軍渡江。張學良親自到蚌埠與張宗昌研究奉軍由河南進攻皖北，協助直魯軍南攻。

4月下旬，南京方面軍事委員會決定繼續北伐，以消除江北敵軍的威脅，並解合肥之圍。當南京決定繼續北伐時，武漢籌備東征，李宗仁遂派其參謀長王應榆往武漢，向各軍政領袖陳述李的意見：雙方均承認既成事實，大家分道北伐，會師北京，再開會和平解決黨內糾紛。王氏抵漢後，不久便回電：武漢中央大體同意李宗仁的建議。但江西主席朱培德與蔣積怨甚深，親自寫一長信給何應欽，歷數蔣的褊私狹隘，市私恩、圖獨裁等各項罪，力勸何氏加入反蔣陣營。於是李宗仁在5月12日乘船親到湖口游說朱培德，指出若武漢東征，在雙方前線的朱培德第3軍和李的第7軍便會自相殘殺，李問朱有無制勝的把握？如兩敗俱傷，豈不是替北方軍閥製造機會，使寧漢同歸於盡嗎？如今之計，只有寧漢雙方承認既成事實，暫時相安，並分路同時北伐，直搗燕京；內部問題，再緩圖解決。最後，朱培德接納李的建議，去武漢報告，寧漢暫緩衝突，分途北伐。[84]

5月1日，軍事委員會正式發佈命令，各軍分為三路，繼續北伐：

一、第1路軍總指揮何應欽（兼第1軍軍長），率第1軍（欠第1、3兩師）、周鳳岐第26軍、賴世璜第14軍、雷萬順第17軍，由鎮江、常熟渡江，進攻揚州，奪取淮海；

二、蔣介石自任第2路軍總司令，由白崇禧代行，以陳調元為前敵總指揮兼第37軍軍長，率賀耀祖第40軍，楊杰第1軍（第1、3兩師）及第6軍，由浦口渡江北上，進攻津浦路南段；

三、第3路軍總指揮李宗仁，前敵總指揮王天培，率夏威第7軍、葉開鑫第44軍、王普第27軍、王天培第10軍、柏文蔚第33軍及第15軍劉鼎甲第2師，與馬祥斌獨立第5師，分組五個縱隊，由蕪湖分兩路推進：一、截斷津浦路攻浦口直魯軍之側背；二、北上解六安、合肥之圍，聯合進攻隴海

84　《李宗仁回憶錄》，第308－309頁。

路，截斷敵軍與河南奉軍之聯絡。

白崇禧指揮的第 2 路軍分為三個縱隊，在海軍炮火掩護之下，分別渡江。5 月 11 日，第 3 縱隊陳調元部自馬鞍山渡江；13 日，第 2 縱隊楊杰部由江寧鎮、慈湖鎮渡江；15 日第 1 縱隊賀耀祖部由下關、大勝關之間渡江。17日，三個縱隊同時告捷，張部白俄軍猛烈炮火阻截無效。19 日，張宗昌下令總退卻。

5 月 5 日，第 3 路軍委王天培為前敵指揮官，指揮葉開鑫、夏威、胡宗鐸、王天培、柏文蔚等五個縱隊，在蕪湖、大通等地渡江。15 日夜，張宗昌軍得蚌埠方面的馬濟率白俄騎兵等軍隊增援，夜襲梁園，革命軍被殺一個措手不及，倉皇應戰。同日夜，在合肥固守待援的馬祥斌、王金韜部知道援兵接近，主動出擊。李宗仁第 7 軍、王天培第 10 軍、王普第 25 軍及時包抄敵後，在合肥、六安與敵許琨、孫百萬、馬濟各軍激戰。19 日，夏威、胡宗鐸部攻克定遠，馬濟兵敗陣亡。20 日，攻克臨淮關、鳳陽。21 日，第 3 路軍佔蚌埠。張宗昌敗退徐州。

何應欽指揮第 1 路軍，下分四個縱隊，除曹萬順、賴世璜、劉峙等三個縱隊外，自兼第 4 縱隊指揮官。因第 2、3 路軍進展順利，於是提前渡江。在六合抵擋第 1 路軍渡江之孫傳芳部隊，因糧餉困難、子彈缺乏、士兵厭戰、無險可守，故何部大軍並無遇到頑強的抵抗。21 日佔六合，22 日佔儀徵。24日，第 1 路軍攻佔揚州及通泰各縣，孫軍自津浦路撤退。第 1 路軍相繼佔領南通、邵伯、高郵、淮安、漣水等地。

6 月 2 日，第 2 路軍擊敗直魯軍程國瑞第 3 軍，佔領靈璧。接着攻佔宿遷、洋河。9 日，佔領海州。孫軍馮紹閔第 17 師、鄭俊彥第 10 師被殲，白寶山第 5 師殘部投降，六千餘人被俘。孫軍元氣大傷，周蔭人第 12 師殘部退入山東日照，憑險固守。其餘各部經臨沂向膠濟路退卻。

第 3 路軍佔領蚌埠之後，沿津浦路北進。5 月 25 日攻佔六安。張作霖下令張宗昌收縮戰線，節節後退，第 3 路軍於是順利攻佔蒙城、穎上、阜陽、

宿縣等地。31 日，張宗昌放棄徐州。6 月 1 日，王天培第 10 軍佔領徐州。[85]

2. 鄭州會師

　　吳佩孚敗走鄭州後，奉軍借助吳反攻之名，企圖搶奪吳之河南地盤。吳軍靳雲鶚遂團結反奉各軍及南聯革命軍抵抗奉軍。1927 年 2 月中旬，奉軍收繳吳佩孚部黃河北岸軍隊槍械，兩軍遂爆發衝突。靳雲鶚軍能戰的將領，如高汝桐、劉培緒或陣亡，或被俘。至 3 月底，奉軍憑其兵精勢大，相繼佔領鄭州、開封。這時，寧漢分裂，革命軍無法採取軍事行動，只令靳雲鶚負責阻止奉軍南下。另任馮玉祥部由潼關東征，進攻鄭州。

　　武漢國民政府為打通聯絡蘇聯之交通，以爭取援助，決定繼續北伐，派唐生智率第 8、35、36 軍，與張發奎第 4、11 軍等五個軍及兩個獨立師進軍河南。5 月 1 日，奉軍企圖在駐馬店圍繳靳雲鶚軍槍械，革命軍突然殺到，被其反包圍，被內外夾攻，損失慘重，只得退守漯河北岸。

　　5 月 5 日，兩軍在上蔡縣激戰，雙方傷亡慘重，每日後撤至漢口的革命軍傷亡數達二三千人。革命軍攻佔上蔡後，張發奎第 4、11 軍及賀龍獨立師進攻張家口，佔領後，兵分三路進攻開封、臨潁、許昌三地。26 日，奉軍兩面受敵，調兵增援。韓麟春親臨許昌指揮，發動總攻，因軍心散亂，士無鬥志而敗。29 日，張發奎攻佔許昌。唐生智與之配合進迫郾城，並在 27 日將郾城、臨潁兩地攻佔。兩軍隨即聯合北進，在 30 日，攻下新鄭。武漢北伐軍在是役為擊潰奉軍主力付出了巨大代價，傷亡達一萬四千人之多。[86]

　　武漢繼續北伐時，與馮玉祥電商：唐生智及張發奎部沿京漢路北上；馮軍則沿隴海路東出，會師鄭州及開封。[87] 5 月 1 日，馮玉祥在西安宣誓就第 2

85　《中華民國史》（2 編 5），第 492－495 頁。

86　《中華民國史》（2 編 5），第 477 頁。引自《晨報》（1927 年 7 月 7 日）。

87　《馮玉祥傳》（下），第 272 頁。

集團軍總司令職，馮派劉驥為駐武漢全權代表。5日，馮下總動員令，親赴潼關指揮全軍東進。馮委孫良誠為前敵總指揮，方振武、馬鴻逵二人為副總指揮。6日攻佔靈寶，7日佔陝州。奉軍張治公部頑強抵抗。21日，馮軍圍新安，次日佔領之，繳械六千餘人，槍炮軍需甚多。尤其是得到鐵路工人協助，獲得鐵路機車一輛，車輛百餘，此後馮軍利用鐵路運輸糧食、彈藥和士兵，軍事行動大為方便。23日，方振武攻磁澗。奉軍萬福麟率三旅之眾，連同張治公殘兵約四萬人，設三道防線，配以密集炮火，拚命抵抗。孫良誠、方振武各軍，連同石友三部及鄭大章騎兵師，連日猛攻。26日，奉軍不敵，退守洛陽。鄭大章騎兵繞出敵後，與方振武夾攻奉軍，即日攻破洛陽防線，俘四千餘人，虜獲槍炮數千、炮彈無數、機車數輛及車輛數十。奉軍兵敗如山倒。馮軍繼續沿鐵路東進。29日，敵軍援兵趕到，在黑石關憑險固守。馮軍殺到，與之激戰終日，將之擊退。30日，佔領孝義。同日，鄭大章騎兵推進到鄭州。奉軍三面受敵，向東、北兩路潰退。騎兵乘機截擊，奪獲槍炮甚多。奉軍過黃河撤退時，被當地紅槍會乘機截刼繳械。5月30日，馮軍亦開始進攻鄭州。翌日上午11時，石友三第五路軍完全佔領鄭州。6月1日佔開封，武漢之唐生智、張發奎部亦相繼到達。[88] 另一支國民軍騎兵旅，在張華堂率領下，追擊奉軍至開封，在31日晚上開到開封郊外，國民軍第3軍梁壽愷師首先攻入，奉軍棄城而逃。6月1日，張發奎部趕至，佔領全城。馮玉祥和唐生智兩軍遂在鄭州和開封會師，完全控制黃河南岸。[89] 武漢此次北伐，迭破強敵，但亦傷亡慘重，犧牲官兵一萬四千名之多；馮玉祥國民軍亦陣亡二千多人。汪精衛說：「如果不是第二集團軍出兵，恐怕在鄭州、開封等處還有幾場大血戰。」[90]

馮軍右路孫連仲部出荊紫關向南陽推進，牽制吳佩孚的于學忠部。鄭州

88　《馮玉祥日記》（2），第336頁；《馮玉祥傳》下冊，第272-275頁。

89　〈國民革命軍北伐戰爭之經過〉（下），《東方雜誌》（25卷17）（1928年9月10日），
　　第42-48頁；《馮玉祥傳》（下），第272-275頁。

90　〈北伐之中挫〉，《中華民國建國史——統一與建設》（1），第593，596頁。

失陷後，于學忠陷於四面包圍之中，南陽的吳佩孚被迫逃往四川，于學忠亦離軍他去。[91]

3. 蔣馮聯合北伐

6月19日，馮玉祥應蔣介石邀請，由開封前往徐州。20日，馮玉祥和南京中央委員蔣介石、胡漢民、吳敬恆、李石曾、李烈鈞、張人杰在徐州花園飯店舉行聯席會議，決定蔣馮兩軍的進軍路線分配如下：

一、白崇禧指揮革命軍第 1、2 兩路軍任東路，由贛榆、郯城兩線北進，攻略山東各地，與第 3 路軍會師泰安，並分兵進攻膠濟鐵路。第 1 路軍總指揮何應欽回鎮南京；

二、李宗仁指揮革命軍第 3 路軍任津浦路正面作戰；

三、革命軍第 3 路軍之馬祥斌、王金韜、王普各部與國民軍劉鎮華、鄭大章聯合進攻濟寧；

四、孫良誠指揮國民軍中路軍任京漢鐵路正面作戰。[92]

6月23日，蔣馮兩部軍隊發動總攻擊：

李宗仁部三路圍攻韓莊，敵人憑險抵抗一日後，不支潰退，24日將之攻佔。26日，克臨城，俘敵軍馬玉仁部萬餘人。又在紅槍會幫助下，27日佔滕縣。

27日，白崇禧部佔臨沂，準備與李宗仁部會攻泰安，直迫膠濟鐵路。7月2日，孫傳芳軍周蔭人部陳以燊第 12 師宣佈受馮玉祥委任為國民聯軍援魯總司令兼第 39 軍軍長，加入革命軍，白崇禧遂停止前進。

革命軍第 3 路軍馬祥斌、王金韜由碭山北進，深入山東，在 29 日佔單

---

91 〈國民革命軍北伐戰爭之經過〉（下），《東方雜誌》（25 卷 17）（1928 年 9 月 10 日），第 48 頁。

92 〈國民革命軍北伐戰爭之經過〉（下），《東方雜誌》（25 卷 17），（1928 年 9 月 10 日），第 42－48 頁。

縣、金鄉，進攻濟寧。因王金韜部內變退兵，馮之鄭大章騎兵未能及時赴援，遂退回碭山。

4. 蘇皖潰敗與蔣介石下野

6月28日，張宗昌召集孫傳芳、褚玉璞等高級將領在濟南開會，決定集中兵力全力奪回徐州，並撥款30萬元，作為攻克徐州的賞銀。7月4日，孫傳芳被張宗昌譴責後，派鄭俊彥勸說陳以燊取消軍長名義，但被拒絕，於是孫傳芳用武力解決。6日，張宗昌派魯軍總參謀長李藻麟率白俄軍、騎兵、炮兵、鐵甲車隊督陣，又派褚玉璞為安國聯軍東路總司令，孫軍鄭俊彥為副司令，聯合進攻陳以燊。

7月5日，日本田中內閣會議決定出兵山東，援助張作霖張宗昌保持其殘餘勢力。7日，日本步兵二大隊、機關槍兩隊自青島開往濟南，強迫陳以燊部退出膠濟路。這時，馮玉祥部尚未進入魯南戰場，而蔣介石又忙於收縮北伐戰線，抽調軍隊應付武漢東征。原擬和陳以燊一起革命的陸殿臣更在8日突然宣佈與陳脫離關係，並將陳軍駐守車站的部隊繳械。陳以燊遂陷入孤立無援的絕境，只得率領少數嫡系潛逃，餘部唯有向孫傳芳「輸誠」。

與此同時，張宗昌部在7月4日向運河革命軍陣地發動猛烈攻擊，迅速攻佔滕縣、臨城等地。王天培第10軍因革命軍主力紛紛南撤，孤軍奮戰，傷亡慘重。7日，王天培放棄臨城退守韓莊，電蔣告急。在賀耀祖第40軍支援下，一度收復臨城，但元氣大傷，殘部已難以抵擋直魯軍攻勢。19日，第40軍奉令南撤徐州。褚玉璞立即分兵三路猛攻臨城。革命軍陣地紛紛被突破，被迫棄城後撤，直魯軍尾隨窮追。20日，王天培退守運河南岸，尚未展開部署，直魯軍已經殺到，一方面用重炮猛轟運河南岸守軍防線，同時分兵渡河，進軍蘇北，襲擊革命軍側背。22日，革命軍前線總指揮王天培下令向徐州撤退，固守待援。但立足未穩，直魯軍便衣隊已經潛入城內，四處破壞及偷襲守軍，各部隊遂爭先恐後奪路而逃。24日，直魯軍許琨等部重奪蘇北重

鎮徐州。南京北伐軍因此全線動搖，紛紛自魯南撤退，南京為之震動。

同日，馮玉祥致電蔣介石說：「徐州不保，諸事棘手。」李宗仁在高級將領會議上建議各軍南撤，固守淮河南岸天險，待武漢局勢澄清後，再圖規復。但蔣介石力主及時奪回徐州，並決定親率部隊反攻，行前聲言：「不打下徐州便不回南京」。25 日，蔣介石嫡系第 1 軍第 21 師抵達蚌埠，會同第 6、第 10、第 33、第 37、第 40、第 44 軍發起反攻。27 日，蔣介石電請馮玉祥盡快從豫東派部隊夾擊。不過，革命軍由於寧漢分裂和南京內部蔣桂兩派矛盾，將領鬥志消沉，態度消極。張宗昌分析馮玉祥鹿鍾麟部受直魯軍牽制，未能迫近徐州，蔣軍只是孤軍深入，於是採用誘敵深入之計，逐步後撤，等蔣自投羅網。

8 月 2 日，蔣率軍迫近徐州城垣，突然被張宗昌、孫傳芳軍隊四面包圍，蔣軍各部迅即陷入混亂。5 日起紛紛向南撤逃。蔣介石也在當日乘車逃到蚌埠，下令全軍退守淮河一線，持久防禦。6 日，蔣介石率先逃回南京，各軍無心戀戰，紛紛自行南撤。

蔣檢討此戰失敗原因：「輕敵驕急，一也；交通未籌備，補充不濟，二也；各部未就開進位置，先定期攻擊日期，三也；余親自督戰前線，而致各方政治、軍事不能兼顧，四也。此次應用政治方法可以解決徐州，而乃一意輕敵深進，是余一生之大病。」蔣又指責其部下，「軍官驕縱，保持私利，不肯犧牲，擅自撤兵，不守命令。」[93]

9 日，蔣下令扣押王天培，稍後以與唐生智勾結、擅自退卻、扣餉等罪名，將之槍決。12 日，孫傳芳軍全線渡過淮河。17 日，南京軍事委員會鑒於前線部隊已不堪再戰，下令撤至長江以南，整頓部隊，扼險固守。尾追的孫軍推進到浦口、六合、揚州一線。

從 8 月 5 日到 18 日的十三天裏，蔣介石指揮的軍隊自徐州至浦口，潰逃

93　《蔣介石日記》（手稿本）（1917－1936 年），第 185 頁。

了七百餘里，成為北伐出師以來最大的一次敗績。[94]

徐州會議之後，馮玉祥、孔祥熙、居正、宋子文等努力促使寧漢合流；武漢政府分共之後，亦同意合流，只是表示必須以自己為正統。7月29日，武漢國民政府發表宣言，抨擊蔣介石「挾持黨軍，遂進而挾持黨部，個人獨裁之結果，使國人知有蔣中正，不知有黨，此實為黨所不容」，提出要提高黨的威權，「務使黨的威權高於一切」。[95] 8月9日，唐生智通電痛斥蔣介石：「以軍治黨，以黨竊政」，操縱黨權、軍權、政權於一人之手，以反共為名，叛黨抗命，自立政府，屠殺異己，要求海內同志共起平亂。[96]

南京方面，桂系亦乘機拉攏武漢，合力排斥蔣介石。8月8日，李宗仁領銜致電汪精衛與譚延闓，聲稱讀了汪精衛8月3日致馮玉祥的電報之後，「喜極而涕」，共黨既已退出，則國民黨「只有整個善後，並無兩派爭執」，當前大計在於北伐，要求武漢方面及早到南京召開中央全會。12日，南京國民黨召開中央執、監委員會議。李宗仁說：「請總司令自決出處。」白崇禧也說：「為團結本黨，顧全大局計，總司令離開一下也好。」這時，蔣介石兵敗逃回南京，認為被李宗仁、白崇禧「詞迫勢逼，甚為難堪。余惟有以中央監察委員會之主張為依歸，即進退亦如之。李白聞之大不為然，且藉此以為倒蔣之機會」。蔣曾考慮「此時寧滬駐軍皆我第一軍勢力，即消滅駐蕪之第七軍，亦非難事」。張群到訪蔣介石，勸他避免成各方攻擊目標。於是引退，「再為革命根本之圖也」。[97]

這時，孫軍推進到長江北岸，於是蔣在當晚將軍事交給何應欽、李宗仁、白崇禧三人負責，自己離開南京去上海。

94 《中華民國史》（2編5），第513－517，604－605、608頁。

95 《中華民國大事記》（2）（1923－1929），第656頁。

96 《中華民國大事記》（2）（1923－1929），第664頁。

97 《蔣介石日記》（手稿本）（1917－1936年），第186頁。

5. 龍潭之役

　　孫傳芳趁國民黨「寧漢分裂」，蔣介石下野，乘勝渡江，進攻南京。8 月 22 日至 24 日，孫軍自浦口炮轟南京，以吸引南京增兵防衛，其主力則分別秘密向南京上、下游集結。24 日拂曉，孫軍乘木船在大勝關上游兔耳磯附近偷渡，被守軍第 19 軍第 1 師發現，開炮阻止。恰巧李宗仁等乘艦下行，陳調元乘艦上行，途經該處，聯合開炮射擊，孫軍被迫退回江北。25 日夜，孫軍先在八卦洲、十二墟等處向燕子磯及鎮江一帶偷渡，吸引南京守軍。主力部隊實際在南京以東的烏龍山、棲霞山、龍潭一帶強渡。當晚吹北風兼大霧，江面泊有外艦，結果孫軍成功強渡烏龍山，南京守軍被迫後撤。

　　26 日，孫傳芳動員其「五省聯軍」全部十一個師及六個混成旅，大舉渡江。革命軍除第 7 軍八卦洲防區能夠阻止渡江外，其餘沿江防線相繼被突破，棲霞車站、龍潭車站及棲霞山、烏龍山部分陣地攻佔，把高資、鎮江、

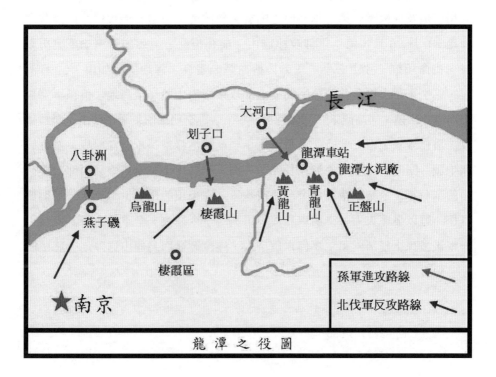

龍 潭 之 役 圖

南京、上海之間的鐵路及電訊交通全部截斷。孫軍第 2、4、7、8、9、10、11、12、13、14 等師，及第 15、27、29、補充第 1 混成旅，共約六萬餘人，攻佔龍潭以西的黃龍山、以南的青龍山、虎頭山，和東西的大石山、雷台山等險隘，構築成一堅固不拔的根據陣地，進可以攻，退可以守。孫傳芳駐節水泥廠，親自督戰。其悍將李寶章、上官雲相、梁鴻恩、崔錦桂、段承澤、鄭俊彥等都在龍潭前線指揮。孫軍官兵俱帶數日乾糧。船隻在部隊渡河後，悉數開往北岸，以示全軍有進無退的決心。[98]

防守此線的第 1 軍無力阻止，何應欽急報李宗仁及到上海籌款的白崇禧赴援。李宗仁指揮第 7 軍副軍長夏威奪回棲霞山陣地，隨即交還第 1 軍防守。白崇禧由上海趕回南京，途中鐵路被破壞，無法返南京，遂改到鎮江指揮。這時，孫軍再度攻佔棲霞山主要陣地，並尾隨追擊向南京後撤的第 1 軍。李宗仁見形勢緊急，電令夏威率部出擊，奪回棲霞山部分陣地，迫使孫軍停止窮追，並回師固守已佔據的棲霞山等險要陣地。孫軍二萬餘人在高處利用巨炮及機槍瞰射第 7 軍，使之陷於劣勢險境，被迫不惜代價奪回棲霞山陣地。8 月 26 日，第 7 軍仰攻棲霞山，前仆後進，視死如歸。孫軍驍勇頑強，拚命頑抗，寸土必爭。雙方肉搏血戰一晝夜，陣地屍積如山。27 日清晨，第 7 軍付出慘重代價後，終於全部攻佔棲霞山麓一帶高地。但孫軍殘部仍然退守山頂，居高臨下，死守待援。[99] 第 7 軍李明瑞師長親率部下，繼續猛攻，浴血攀登絕頂。此時，革命軍海軍艦艇開炮轟擊孫軍渡江船隻，雙方展開炮戰。同時，有數艘停泊在長江的英國軍艦，用十英吋巨炮猛轟仰攻棲霞山的革命軍，令整個棲霞山全被煙霞籠罩，在山頂的孫軍槍炮無法瞄準射擊目標，難以發揮火力。李明瑞見機不可失，下令總攻，全軍拚命衝上山頂，一舉殲滅孫軍殘部。第 7 軍傷亡數千人，遂全師撤回烏龍山原陣地，將棲霞

98　《李宗仁回憶錄》，第 337 頁。

99　《李宗仁回憶錄》，第 332－333 頁。

防地再度交給第 1 軍防守。[100]

　　8 月 26 日清晨 3 時，渡江孫軍攻佔龍潭車站，把京、滬交通完全截斷。白崇禧聞訊，立即電令駐京滬路東段的第 1 軍第 14 師師長衛立煌就近率部反攻龍潭，電令自常州開往杭州的第 1 軍第 2 師劉峙回師往援。26 日晨，衛立煌率部把敵人逐出龍潭車站。但敵人仍據守江邊，掩護大軍渡江，向第 1 軍反攻，使之漸呈不支。白崇禧聞訊，自無錫趕往鎮江坐鎮，調駐滬杭路第 1 軍第 1、3、21 等師星夜馳援。第 1 軍是蔣介石嫡系部隊，向來不受外人指揮，故白崇禧嚴令各師赴援時，第 1 軍各師、團長開秘密會議，討論是否服從白參謀長命。幸而各人深明大義，以南京危在旦夕，決定服從指揮，向龍潭進兵。不過援兵尚在途中之時，龍潭在 28 日晚再度失守。第 1 軍第 2、14 師被孫軍猛攻，無法抵禦，紛紛後撤，棲霞山亦第三次失陷。革命軍潰散部麋集南京城外麒麟門一帶，混亂不堪。[101] 孫軍便衣隊更進入南京堯化門一帶，令國民政府人心惶惶，各政府機關紛紛準備撤退。29 日晨，李宗仁到南京第 1 路總指揮部勸何應欽堅守，以免軍心渙散，全線崩潰。何應欽接受建議，通令第 1 軍即刻準備反攻，他本人將親赴前線指揮。於是南京情況穩定下來，兩人又到軍委會與李烈鈞等商討反攻大計，最後用軍委會名義致電白崇禧，約定在 30 日東西兩方同時向龍潭之敵反攻。

　　29 日，東線第 1 軍王俊第 1 師、顧祝同第 3 師、陳誠第 21 師到達龍潭附近。30 日拂曉，革命軍三路全線反攻。第 7 軍的第 1、3 兩師和第 19 軍的第 1、2 兩師在夏威和胡宗鐸指揮之下，自棲霞山向東進攻，沿鐵路及江邊前進，目標為龍潭鎮及青龍山、黃龍山的敵軍陣地。何應欽親自指揮第 1 軍第 2、第 22、第 14 師，自東陽鎮進發，會攻龍潭。當革命軍發動反攻時，孫軍也發動全線逆襲，於是龍潭周圍數十里地區，炮火蔽天，血肉橫飛。戰鬥的

---

100 《李宗仁回憶錄》，第 332－333 頁；《白崇禧先生訪問紀錄》（上），第 68－69 頁。

101 劉峙：〈國民革命軍劉峙部關於在龍潭殲滅孫傳芳殘部戰鬥詳報〉（1927 年 9 月），中國第二歷史檔案館編：《中華民國史檔案資料匯編》（5 輯 1 編軍事 1）（南京：江蘇古籍出版社，1994 年），第 410－416 頁。

慘烈，實為北伐以來所罕見！

激戰終日，孫軍後援不繼，漸呈不支，於是退守山隘，據險頑抗。革命軍仰攻，死傷極大，青龍、黃龍二山的爭奪戰，均戰況慘烈。至下午 3 時，革命軍攻佔二山，午後 5 時，克服龍潭。31 日清晨 5 時，革命軍正部署追擊殘敵，孫軍鬥志頑強，竟然發動反攻，拚死相搏。革命軍援軍相繼到達，四面包圍孫軍，卒將孫軍攻勢擋下，並發動反攻，將孫軍迫至江邊，包圍繳械。孫傳芳登上小艇逃走，李寶章、段承澤相繼退回江北，其餘孫軍亦紛紛北渡逃命。革命軍清剿南岸孫軍，下午 2 時，無法北渡的孫軍殘部惟有繳械投降。

龍潭之戰是北伐戰爭的著名惡戰，孫軍過江者不下七萬人，死傷及溺斃萬餘，被俘四萬餘，高級軍官，師、旅長被擒數十名。俘虜自龍潭押返南京明孝陵時，分四路縱隊前進，排頭已抵南京城郊，而排尾猶在龍潭，俘虜人數之眾，可以想見。此外，繳槍三萬餘枝，炮數十門。革命軍動員近十萬人參戰，第 1、7、19 等三軍傷亡人數達八千餘人。[102] 白崇禧說這場仗敵我雙方「屍體遍地，骸骨盈野。我們發動士敏土廠工人及紅十字會收屍，結果收不勝收，據說半年之內，火車經過龍潭，屍臭仍然逼人」。可見這仗的慘烈。他分析革命軍在此戰獲勝的原因有三：

一、參加龍潭之役的革命軍以第 1、7 兩軍為主，兩軍都是主力部隊；

二、白崇禧由滬回寧，在無錫指揮第 1 路軍，與李宗仁、何應欽部隊造成夾擊之勢；

三、孫部渡江後，渡口被革命軍截斷，後援不繼，加以海軍支持，孫軍補給完全斷絕。反之，上海南京之間補給方便。雙方血戰六晝夜，有無糧

---

102 〈李宗仁何應欽報告殲滅渡江偷襲南京鎮江孫傳芳殘部情形通電〉（1927 年 8 月 27－
　　31 日），《中華民國史檔案資料匯編》（5 輯 1 編軍事 1），第 408－410 頁；《李宗仁
　　回憶錄》，第 337－339 頁；《中華民國史》（2 編 5），第 612－613 頁；〈國民革命
　　軍北伐戰爭之經過〉（下），《東方雜誌》（25 卷 17）（1928 年 9 月 10 日），第 51－
　　53 頁；〈北伐之中挫〉，《中華民國建國史——統一與建設》（1），第 616 頁。

食、彈藥、兵源補給，自然成為決定勝負之重要因素。

白崇禧認為：「龍潭之役在北伐大業中是最重要一仗，因為勝利了才能西征消滅唐生智之反動力量；遷都南京穩定國內之政治局面；促使徘徊觀望之友軍加入革命行列——如閻錫山之北方軍在龍潭戰役前便與革命軍有連絡，但畏於奉軍遲遲不敢明白表示態度。龍潭戰役之勝利對奉軍是一大威脅，閻鑒於革命之趨勢，很快便附和了革命軍。如果龍潭之役失敗，不但江、浙、閩、贛、皖五省重歸孫傳芳，唐生智之勢力一定高漲，其他抱游離態度之友軍，更遠離革命軍。如此，革命軍能否再回廣東重整旗鼓，便是一大問題。所以說龍潭之役是北伐大業成敗極大之關鍵。」[103]

6. 北方國民革命軍之對奉作戰

（1）北方國民革命軍對奉作戰前之活動

革命軍北伐後，張作霖對閻錫山便盡力威迫利誘，不斷派人到太原活動，務使閻斷絕與革命軍關係，並助奉軍攻擊馮玉祥。閻錫山虛與委蛇，不置可否。1926年12月1日，閻錫山秘密派趙芷青為代表見蔣，表示願加入國民革命軍。[104] 革命軍攻佔徐州、鄭州後，6月5日，山西太原開國民會議，推閻錫山任北方國民革命軍總司令，閻得國民政府加委後，在6日通電就職，改編山西軍十二萬人為北方國民革命軍，向大同、娘子關推進。

（2）北方國民革命軍與奉軍之戰

閻錫山面對奉軍大軍壓境，早已擬定作戰計劃，兵分三路：

一、商震指揮北路軍，自大同出兵，斷京綏鐵路奉軍東西兩段之聯絡，並攻取張家口，拊北京之背；

二、徐永昌指揮南路軍，自井陘攻取石家莊，並分兵沿鐵路西面前進，

---

103 《白崇禧先生訪問紀錄》（上），第70－72頁。

104 《蔣介石日記》（手稿本）（1917－1936年），第153頁。

會師保定；

三、傅存懷指揮中路軍，自山西西北山地分路潛行出發，在涿州襲擊南路奉軍後方，使之首尾不能相應，或乘虛徑取北京。

9月27日，商震乘奉軍不備，突然發動攻勢，捕奉軍北路檢閱使于珍，北路奉軍失去統帥，相繼被殲。商震揮軍急進，連佔要地。10月5日，佔張家口，進攻宣化。南路亦同時進攻，10月4日，越過正定。7日，閻錫山親至石家莊督師，前鋒進至保定附近的望都，與奉軍激戰。10日，中路經過重重山嶺到達北京西部門頭溝等地，及京漢路之涿州。

奉軍立即從後方調兵上前線增援，10月5日，楊宇霆、韓麟春由奉天趕至北京，韓麟春隨即赴保定助張學良作戰；張作相率吉（林）黑（龍江）軍赴宣化。10日奉軍戢翼翹襲取定縣，迫退進攻保定的閻軍。17日，進迫石家莊。11月6日，閻錫山無力抵抗，下令三路軍隊後撤，北路退雁門關，中路退蔚州，南路退井陘。只餘中路傅作義一部堅守涿州，威脅北京，牽制奉軍大部兵力。

(3) 傅作義守涿州

傅作義率八千精兵堅守涿州八十餘日，以輕微的傷亡代價，力抗奉軍五萬大軍飛機大炮的猛攻。最後彈盡援絕，力竭而退。

傅作義時年三十餘歲，保定軍校畢業。奉令後，率部攜鋼炮十六門，機關槍四十挺，手榴彈多箱，及三個月的糧食彈藥，由天鎮出發。10月1日佔領蔚縣，10日到達張坊鎮，13日，乘虛佔領涿州。涿州在北京南面百餘里，位於長辛店、高碑店之間，是京漢鐵路最北端的軍事要地，故奉軍立即派大軍收復。19日，萬福麟率麾下全軍及各部奉軍發動第一次總攻擊，巨炮猛轟城池，無功而退。24日和27日，繼續發動第二和第三次總攻擊，張學良亦率衛隊旅及威力素著的鄒作華炮兵集團助攻，又派飛機從天空投擲炸彈、工兵在地下掘隧道前進、敢死隊在地面冒死猛攻，三路攻勢都被傅作義擋下來。因傅專門研究防守戰術，佔領涿州後，立即迅速在這面積周圍僅十里的城池

修築了完整堅固的防禦戰壕，減低炸彈及重炮的殺傷和破壞力；又佈置炮兵和手榴彈隊，消滅來犯的敢死隊；派專人探測敵人挖掘隧道的方向及位置，然後埋設地雷，炸死從隧道來犯的敵人。傅又多次出擊，偷襲城外奉軍，奪取其炮彈槍械、軍需糧食。結果奉軍以五萬之眾，傷亡數千，重炮發彈二萬數千發、坦克、毒氣彈、炸彈，發動五次總攻擊，仍然無法攻佔涿州。11 月15 日，張學良發動最後一次攻勢，在飛機大炮狂轟猛炸之後，坦克車掩護敢死隊衝鋒。奉軍雖曾進入城內，但墮入守軍預設的陷阱之中，死傷近半而退。經此一役，奉軍將士望涿州城而生畏。張學良只得改變計劃，改強攻為軟困。12 月初，慈善團體代表以救濟城內被困婦孺為名，展開和平運動，傅作義尚表示不屈。月底，傅與閻錫山所約堅守三個月之期將屆，儲糧將盡，為免城內人民痛苦，亦外無援兵，傅乃答允有條件之讓城。1928 年 1 月 6日，傅作義出城與奉軍攻城主將萬福麟會晤，涿州守城戰至此結束。[105]

7. 徐州會師與第三階段最後戰役

9 月 4 日，國民政府再申北伐令，各軍分路渡江北進。張作霖以孫傳芳殘部守蚌埠，直魯軍全軍褚玉璞、張敬堯、王棟、程國瑞、徐源泉、潘鴻鈞、劉志陸、孫殿英等共十餘萬人，由徐州至京漢路的數百里戰線圍攻河南。10月下旬攻佔衛輝，壓迫歸德、蘭封。奉軍飛機轟炸投彈掩護地面坦克進攻歸德，血戰八晝夜，仍無法獲勝。

11 月初，馮玉祥軍採取攻勢，以劉鎮華、孫良誠兩軍攻曹州，鹿鍾麟指揮韓復榘、石友三由隴海路攻徐州。何應欽令第 1 路軍攻宿遷、蚌埠，苦戰月餘，終與鹿鍾麟軍合力擊敗張宗昌、褚玉璞軍隊。12 月 4 日，攻至徐州近郊。這時馮玉祥部隊在山東取得勝利，徐州敵軍調大軍往救。何應欽於是猛

---

105 〈國民革命軍北伐戰爭之經過〉（下），《東方雜誌》（25 卷 17）（1928 年 9 月 10 日），第 55－56 頁。

攻徐州，鹿鍾麟部亦由碭山趕至，張宗昌、褚玉璞被兩軍夾擊。12 月 13 日到 16 日，大戰四天。結果北伐軍獲勝，直魯軍陣亡八千餘人，被俘一萬餘人，損失慘重。張、褚倉皇退至韓莊，憑險固守。[106]

六、北伐第四階段（1928 年 4 月至 5 月底）

1. 第四階段戰爭

（1）雙方籌劃

蔣介石在國民黨各方挽留下，1928 年 1 月 9 日通電宣佈繼續行使國民革命軍總司令職權。2 月 6 日，國民黨第四次中央全體會議大會議決《集中革命勢力限期完成北伐案》，交國民政府責成軍事委員會，北伐全軍總司令統籌全局，從速遵辦。蔣介石在 9 日赴徐州檢閱各軍，召集重要軍事會議。又在 16 日到開封與馮玉祥會晤，商量北伐全部計劃。

張作霖安國軍政府鑑於奉、孫、直魯各軍步驟不一致，軍令不統一，未能發揮聯合作戰之效，1928 年 1 月起，多次分別在北京、濟南召開會議，研究對策。

（2）雙方兵力

A. 革命軍

北伐第四階段，蔣介石把全部國民革命軍改編為四個集團軍。

第 1 集團軍：全軍總司令蔣介石兼任，下轄四個軍團，一個總預備隊。兵力約二十九萬人。

第 1 軍團總指揮劉峙，第 1 軍軍長劉峙、第 4 軍軍長繆培南、第 9 軍軍長顧祝同、第 10 軍軍長楊勝治。由津浦路正面進軍；

---

106 〈北伐之完成〉，《中華民國建國史 — 統一與建設》（1），第 630－631 頁。

第 2 軍團總指揮陳調元，第 17 軍軍長曹萬順、第 26 軍軍長陳焯、第 37 軍軍長陳調元。由海州攻山東東部，會師泰安；

第 3 軍團總指揮賀耀祖，後改為方鼎英，第 27 軍軍長夏斗寅、第 33 軍軍長張克瑤、第 40 軍軍長賀耀組、第 46 軍軍長方鼎英。由徐州西面豐沛兩縣攻濟寧；

第 4 軍團總指揮方振武，第 34 軍軍長阮玄武、第 41 軍軍長鮑剛、第 42 軍軍長馬文德（後歸第 4 集團軍）、第 47 軍軍長高桂滋。由歸德、碭山北進。

總預備隊總指揮朱培德，第 31 軍軍長全漢鼎、第 3 軍軍長王均。

第 2 集團軍：總司令馮玉祥，下轄五個方面軍。兵力約三十一萬人。

第 1 方面軍總指揮孫良誠，第 3 軍軍長孫良誠、第 4 軍軍長馬鴻逵、第 5 軍軍長石友三，由豫東攻曹州、濟寧，與第 1 集團軍取聯絡；

第 2 方面軍總指揮孫連仲，第 1 軍軍長韓占元、第 14 軍軍長秦德純、第 22 軍軍長馮治安。由京漢路北進；

第 3 方面軍總指揮韓復榘，兼第 6 軍軍長，進軍路線初與第 1 方面軍相同，後移石家莊向河間、南苑前進；

第 8 方面軍總指揮劉鎮華，兼第 33 軍軍長、第 26 軍軍長劉茂恩、第 28 軍軍長萬選才。攻大名取德州；

第 9 方面軍總指揮鹿鍾麟，兼北路總司令、第 18 軍軍長。第 2 軍軍長劉汝明、第 27 軍軍長王鴻恩、第 30 軍軍長劉驥、騎兵第 1 軍軍長鄭大章。

第 3 集團軍：總司令閻錫山，下轄三個軍團。兵力約十五萬人。

第 1 軍團總指揮商震，任北路攻勢，出京綏路；

第 2 軍團總指揮徐永昌，任南路攻勢，攻佔石家莊；

第 3 軍團總指揮楊愛源，任中路攻勢，出廣靈、靈邱。

第 4 集團軍：總司令李宗仁，未赴前敵，由前敵總指揮白崇禧統率各軍，下轄八個軍兩個師。兵力約二十四萬人。

第 7 軍軍長夏威、第 8 軍軍長李品仙、第 12 軍軍長葉琪、第 13 軍軍長白崇禧、第 19 軍軍長胡宗鐸、第 30 軍軍長魏益三、第 36 軍軍長廖磊、第 37

軍軍長周瓓，獨立第 2 師師長羅啟疆、獨立第 8 師師長劉春榮。

四個集團軍總兵力約近百萬人。

B. 安國軍

面對革命軍大軍壓境，張作霖組織安國軍，成立安國軍政府，統一指揮奉、孫、直魯各軍。總兵力約六十萬人。

安國軍第 1 方面軍團：

由孫傳芳部隊組成，總司令孫傳芳、副司令鄭俊彥。第 1 軍軍長孫傳芳自兼、第 2 軍軍長鄭俊彥、第 3 軍軍長李寶章，另直隸兩個補充旅。由濟寧攻徐州西面，負責截斷革命軍第 1、2 集團軍的聯絡。

安國軍第 2、7 方面聯合軍團：

由張宗昌直魯軍組成。第 2 方面軍團總司令張宗昌，任魯南方面戰區；第 7 方面軍團總司令褚玉璞，任大名方面戰區。兵力有二十三個軍。

第 1 軍軍長張宗昌兼、第 2 軍軍長張敬堯、第 3 軍軍長程國瑞、第 4 軍軍長方永昌、第 5 軍軍長王棟、第 6 軍軍長徐源泉、第 7 軍軍長許琨、第 8 軍軍長榮雲陛、第 9 軍軍長朱泮藻、第 10 軍軍長吳奠卿、第 11 軍軍長張宗輔、第 12 軍軍長寇英傑、第 13 軍軍長劉志陸、第 14 軍軍長孫殿英、第 15 軍軍長褚玉璞、第 16 軍軍長袁振青、第 17 軍軍長曲同豐、第 20 軍軍長李藻麟、第 21 軍軍長王振、第 23 軍軍長楊青臣、第 28 軍軍長紀元林、第 30 軍軍長毛思義、第 31 軍軍長武衍周。

安國軍第 3、4 方面聯合軍團：

由奉系中堅部隊組成。第 3 方面軍團總司令張學良，第 4 方面軍團總司令楊宇霆，兩軍團負責娘子關、平型關及由京漢路南下之責。共有十一個軍、一個騎兵集團和炮兵集團。

第 8 軍軍長萬福麟、第 9 軍軍長高維嶽、第 10 軍軍長王樹常、第 13 軍軍長王瑞華、第 14 軍軍長富占魁、第 15 軍軍長汲金純、第 16 軍軍長胡毓坤、第 17 軍軍長榮臻、第 20 軍軍長于學忠、第 28 軍軍長岳兆麟、第 29 軍

軍長戢翼翹，炮兵司令鄒作華和騎兵司令竇聯芳。

安國軍第 5 方面軍團：

由吉林軍組成。總司令張作相，第 11 軍軍長富雙英、第 12 軍軍長湯玉麟、第 30 軍軍長于燕山、第 31 軍軍長鄭澤生，兵力共四個軍。任晉北方面戰區。

安國軍第 6 方面軍團：

由黑龍江軍組成。總司令吳俊陞，兼援軍總司令，後備軍齊恩銘。[107]

2. 山東戰場

1928 年 4 月 9 日，蔣介石下總攻擊令，各路攻勢即同時發動。10 日，第 1 集團軍第 2 軍團攻佔郯城，隨即側攻泰安。敵軍憑運河之險防守。第 1 軍團第 9 軍顧祝同第 14 師佔領台兒莊。11 日，第 2 集團軍孫良誠第 1 方面軍攻克鄆城。

4 月 12 日，第 1 軍團第 1 軍劉峙部克韓莊，繞攻臨城。第 4 軍繆培南部克棗莊。13 日，第 1 軍克臨城，迫張宗昌部退滕縣界河。第 26 軍陳焯部佔臨沂。孫傳芳軍主力自濟寧攻徐州西面。15 日，第 3 軍團圍攻艾亭、魚台失利。第 40 軍師長龔憲陣亡，豐縣被孫傳芳佔領，第 27 軍夏斗寅部退守沛縣，徐州受威脅。

4 月 16 日，第 2 集團軍石友三部由蘭封東進增援，克復豐台。第 2 集團軍孫良誠乘孫部悉調徐西，猛攻濟寧一日，擊潰孫傳芳守軍，予以佔領。

4 月 17 日，劉峙第 9 軍、第 10 軍攻佔滕縣、界河，重創張宗昌部，把孫傳芳攻徐州的精銳部隊全部包圍繳械。孫傳芳損失慘重。18 日，石友三部克魚台。孫傳芳反攻濟寧，與孫良誠、方振武部鏖戰。21 日，第 1、第 2 集團軍在濟寧獲勝，俘虜甚多。22 日，孫傳芳與張宗昌退守泰安、界首。27 日劉

---

107 〈北伐之完成〉，《中華民國建國史——統一與建設》（1），第 632–638 頁。

峙第 1 集團軍佔領泰安。29 日，攻下張宗昌許琨第 7 軍三萬人防守的界首，
打開濟南門戶。5 月 1 日晨，劉峙第 1 集團軍第 1 軍團佔領濟南，第 3、4 軍
軍團賀耀祖、方振武部、第 2 集團軍孫良誠部亦趕至會師。第 2 集團軍騎兵
渡河攻佔濟南側的長清。張宗昌、孫傳芳撤離濟南，退至德州，其殘部亦渡
黃河北撤。[108]

3. 攻取濟南

1928 年 4 月 5 日，張學良、楊宇霆兵分三路猛攻第 2 集團軍鹿鍾麟防
守之彰德，褚玉璞進攻劉鎮華堅守的大名。次日，豫北第 2 集團軍孫連仲、
鄭大章攻磁州，劉鎮華、韓德元、張維璽攻大名，以牽制奉軍，期解山西之
圍。自 9 日起，濮縣、觀城、南樂、內黃爆發激戰。第 2 集團軍以兵力薄
弱，處於下風，於是馮玉祥急電李宗仁第 4 集團軍增援。李宗仁下令葉琪接
防豫中，讓馮玉祥韓復榘部得以立即星夜北上增援。4 月 17 日，韓軍與奉軍
激戰竟日，觀城失陷，韓軍 3 名師長及 2 名旅長均負重傷，韓本人亦受傷。
韓軍於是深溝固守，俟機反攻。這時，革命軍各路部隊迫近濟南，28 日，
全線發動總攻。5 月 1 日夜，奉軍戰敗，濟南失守。第 2 集團軍乘勝追擊，
3 日，收復彰德，5 日收復大名。馮玉祥隨即派韓復榘赴石家莊與第 3 集團
軍會師，鹿鍾麟率大軍攻德州。德州戰略位置重要，可阻截革命軍自津浦路
前進、自膠濟路北行，故張作霖視此為掩護天津的惟一要地，派何豐林為東
防總司令，與張宗昌協同駐守，又調吉林黑龍江奉軍前來增防。但革命軍在
攻佔濟南後，第 1 集團軍第 2 軍陳調元、總預備隊朱培德迅速越過膠濟路北
上，第 2 集團軍席捲池騎兵在長青繞渡黃河急進，兩集團軍乘奉軍陣腳未穩

---

108 〈北伐之完成〉，《中華民國建國史——統一與建設》（1），第 641–642 頁。

便兩面夾攻。13 日，席掖池騎兵攻佔張作霖企圖固守的德州。[109]

4. 五三濟南慘案

1928 年 4 月中旬，革命軍連克山東台兒莊、泰安等地。日本首相田中義一為暗助張宗昌，在閣議迭次提議再度出兵山東。19 日，日本參謀部長鈴木奏准日皇派駐熊本第 6 師團由福田彥助統率前赴青島，並調天津駐屯日軍三中隊前往濟南。5 月 2 日，革命軍佔領濟南翌日，濟南衛戍司令方振武立即往訪日軍齋籐旅團長，聲明維持秩序，保護外僑，請撤日兵之警備。齋籐答允，豈料次日日兵便挑釁革命軍，用機關槍大炮猛轟，殺傷大量北伐軍。更將中國山東交涉使蔡公時割耳槍決，其屬員十數人亦同遭殺害，史稱「五三濟南慘案」。蔣介石在日記寫下：「誓雪五三國恥」，急令各軍忍耐退讓。日軍繼續肆意殺戮中國軍民。6 日，蔣介石下令各軍退出濟南城，繞道長清等處渡黃河繼續北伐，濟南城內僅留兩團士兵維持秩序。8 日，日軍司令福田彥助繼續用飛機大炮猛轟濟南，屠殺城內軍民。[110] 當時中日兩國並非處於交戰狀態，日軍肆意殺害我國軍民，嚴重破壞國際公法，但未有任何國家政府譴責日本暴行！

慘案後，5 月 6 日，蔣介石與馮玉祥在黨家莊開會研究北伐及應付日本方略，決議：皆主忍耐。採取外交手法應付日軍，北伐軍迂迴北進。今後，蔣介石回南京主政，馮玉祥全權指揮第 1 集團軍、第 2 集團軍前線軍事。[111]

109　〈北伐之完成〉，《中華民國建國史——統一與建設》(1)，第 643－644 頁；〈國民革命軍北伐戰爭之經過〉(下)，《東方雜誌》(25 卷 17)(1928 年 9 月 10 日)，第 54－63 頁。

110　《蔣介石日記》(手稿本)(1917－1936 年)，第 221 頁。

111　《蔣介石日記》(手稿本)(1917－1936 年)，第 221 頁；〈北伐之完成〉，《中華民國建國史——統一與建設》(1)，第 644 頁。

5. 華北戰場

馮玉祥第 2 集團軍在山東與奉軍鏖戰時，其麾下的樊鍾秀受奉軍利誘，突然叛變，乘虛突襲第 2 集團軍後方，先後攻佔郟縣、鞏縣、偃師、密縣等地，並進攻洛陽。馮玉祥立即調宋哲元為剿樊總司令。4 月 28 日擊敗樊部二萬人，5 月 1 日收復偃師，迫使樊部退往魯山、襄城、方城一帶。

這時閻錫山晉軍在保定、新樂間與奉軍對峙，形勢危急，急電馮玉祥求援。馮玉祥一方面派鐵甲車隊正面助戰，另一方面派鄭大章騎兵及韓復榘部策應其右翼。5 月 16 日，韓部打敗奉軍，並越過石家莊追擊敗退的奉軍。[112]

6. 攻佔保定

1927 年 10 月下旬，奉軍猛攻閻錫山的北方國民革命軍，兩軍爆發多次劇戰。1928 年 5 月，閻錫山奉命為第 3 集團軍總司令，負責進攻正太路，策應第 2 集團軍，佔領石家莊，斷奉軍後路。4 日，第 3 集團軍分為左右兩路，發動全面攻擊。左路軍總指揮商震、副指揮傅存懷、前敵指揮張蔭梧。下轄第 1 路軍，總指揮豐玉璽；第 2 路軍，總指揮張蔭梧。右路軍總指揮徐永昌，副總指揮楊愛源，前敵指揮孫楚。下轄第 2 軍楊愛源（兼）、第 3 軍徐永昌（兼）。

右路軍在 6 日克洪子店，7 日佔溫陽鎮，8 日佔平山，9 日佔石家莊。騎兵抵達正定一線。左路軍在 7 日被敵在郝家莊猛攻，爆發激戰。8 日，夜襲擊退奉軍。9 日到達石家莊。奉軍向東北撤退。第 3 集團軍遂控制平漢路。

第 3 集團軍繼續追擊敗退之奉軍。13 日，進佔望都、完縣。同日，左路軍攻克正定，先鋒抵達大同。因第 3 集團軍孤軍深入，第 2 集團軍未能配合，被奉軍左右包圍夾攻。閻錫山以形勢危急，屢次急電求援。蔣介石於是

112〈北伐之完成〉，《中華民國建國史——統一與建設》（1），第 644 頁。

急調武漢第 4 集團軍北上，任平漢路正面作戰；並電馮玉祥轉令第 1、2 集團軍在 5 月 25 日前在慶雲、南皮、交河、武強、晉縣、正定之線集結，準備會師京津。

5 月 19 日，第 3 集團軍分別佔領綏遠城及大同。25 日，左路軍張蔭梧攻下保定；商震再次攻佔張家口，次日佔領下花園，奉軍向熱河撤退。第 3 集團軍趁勢沿京漢路兩側向保定進攻。31 日，左右兩路軍同日攻入保定。[113] 蔣介石隨即下令四個集團軍全力迅速開始追擊奉軍。

7. 收復京津與全國統一

奉軍敗局已成，張學良、楊宇霆等早在 5 月 11 日已電覆上海總商會，表示願和。20 日，張作霖向日方表示願退往關外，但需革命軍不追擊。25 日，第 3 集團軍攻入張家口，奉軍撤退。5 月底，第 1、2、4 集團軍相繼到達正定。北伐的四個集團軍雲集京津前線，準備進攻京津。31 日，第 3 集團軍佔領保定，第 2 集團軍佔領高陽，兵鋒直指北京，張作霖決定離北京回瀋陽。6 月 2 日，第 1 集團軍陳調元部攻下滄州；張作霖發出下野通電，政務交國務院攝理，軍事交各軍團長負責，政治問題悉聽國民裁決。3 日，孫傳芳見大勢已去，通電下野，所部歸鄭俊彥率領向革命軍輸誠。當晚，張作霖乘火車自北京返回瀋陽。4 日，車至皇姑屯，被日軍在路軌埋下炸藥炸死，次日卒。

4 日，國民政府明令特任閻錫山為京津衛戍總司令。6 日，北伐軍正式接收北京，閻錫山通電就職；6 日，韓復榘部二萬餘人急行軍直迫北京，佔領南苑，遵馮玉祥令沒有進入北京城。8 日，第 3 集團軍先遣部隊和平進入北京。11 日，閻錫山入北京，接收財政、交通等機構。7 月下旬，盤據天津的張宗昌直魯軍殘部 3 萬人，仍拒絕投降。蔣介石與馮玉祥、閻錫山在北平（北伐

---

113 蔣緯國主編、國防部審定：《北伐統一》（4）（台北：黎明文化事業股份有限公司，1980 年），第 138－141 頁。

軍進駐北京後改名為北平）商議，決定由白崇禧組成各集團混成軍，名為右路軍，負責函、榆關以西之責。

白崇禧以第 4 集團軍第 12 路軍李品仙第 8 軍第 1 師、魏益三第 30 軍、劉春榮獨立第 8 師，及第 2 集團軍鄭大章騎兵師，編為左翼軍，由李品仙指揮，在玉田附近集中；第 3 集團軍徐永昌部為中央軍，在蘆台、楊家泊一帶集中；范熙績軍為右翼軍，在寶抵附近集中。第 12 路軍之葉琪第 12 軍、劉興第 36 軍為總預備隊，在天津附近待命。上述部隊在 8 月 5 日集中完畢。

張學良圖說服張宗昌、褚玉璞下野，部隊由中央接收改編，請求白崇禧暫緩行動。9 月初，張宗昌仍不聽勸告，繼續頑抗。白崇禧遂在 9 月 2 日下令開始攻擊。8 日至 13 日，先後攻佔豐潤城、唐山、開平、灤河等地。直魯軍退至灤河東岸。張學良以直魯軍拒降，在榆關以西、石門一帶佈防，阻止直魯軍退入東北；並電請北伐軍暫勿渡河，由他們負責將直魯軍繳械。9 月 21 日，奉軍總攻，直魯軍無力抵抗，部分被奉軍繳械，大部分向北伐軍投降。23 日，直魯軍殘部完全肅清。

1928 年 7 月 6 日，蔣介石偕各集團軍總司令暨中央黨政代表，恭詣碧雲寺孫中山先生靈前行祭告禮，告慰孫中山先生在天之靈。10 月，國民政府制定「訓政綱領」，開始實施訓政，開啟國民政府新的一頁。

日本以武力阻撓中國統一，支持奉軍，目的就是要中國四分五裂，以趁機漁利。但張作霖拒絕受日本控制，被日本殺死。張學良秘密回到瀋陽，6 月 21 日為其父發喪。張學良在國仇家恨的驅使下，不顧日人百般阻撓，7 月 1 日通電贊成中國統一，由國民政府領導。4 日，就任東北三省保安總司令。10 日，派代表至南京晉謁蔣總司令，定於 7 月 22 日實行易幟。由於英美聲明滿洲為中國領土，否認日本在滿洲的特別權利，南京及東北又先後派張群和莫德惠到東京與日本首相田中義一協商，最後，田中不再反對。1928 年 12 月 29 日東三省全境正式改懸青天白日滿地紅國旗，宣佈「東北易幟」，歸順中

央，使分裂十餘年的中國終歸統一，北伐大業卒告完成。[114]

南京取代北京成為管治中國的權力中心，外國接受現實，紛紛到南京向國民政府呈遞國書，承認國民政府。12 月 20 日，英國公使藍浦生從北京到達南京呈遞國書。1929 年 6 月 3 日，日使芳澤、德使卜爾熙、義使華雷相繼呈遞國書。7 月 29 日，秘魯公使卜尼邁遜呈遞國書。9 月 30 日，瑞典駐華公使賀德曼呈遞國書。10 月 7 日，新任駐華日使佐分利貞男呈遞國書。12 月 16日，古巴公使庇德賴呈遞國書。1930 年 2 月 1 日，美使詹森呈遞國書。11 月15 日，法使韋禮德呈遞國書。至此，國民黨人建立的國民政府得到世界各國正式承認為中國的合法政權。

較早之前，1928 年 6 月 1 日，張作霖宣佈自北京返回瀋陽那一天，上海公共租界公園撤除了「華人與狗，不得入內」的木牌。同一時間，香港兵頭花園也撤除了這侮辱中國人的木牌。中華民族的尊嚴在革命軍人的英勇犧牲下得到了尊重！

七、北伐成功的原因

孫中山領導國人革命共約四十年，屢次受挫。他檢討了革命失敗的原因就是中國革命被帝國主義破壞，於是修改了革命的目的和策略，領導國人進行打倒「帝國主義」的鬥爭。1924 年 3 月 28 日，孫中山發表了《國民黨致各界書》，闡述了國民黨的奮鬥目標是「為全體國民脫離軍閥壓迫、外國帝國主義壓迫而奮鬥」，「現時國民革命的口號是『打倒軍閥，打倒帝國主義』。」孫中山強調：「國民革命之目的，在造成獨立自由之國家，以擁護國家及民眾之

---

114 〈北伐之完成〉，《中華民國建國史——統一與建設》（1），第 644－651 頁；〈國民革命軍北伐戰爭之經過〉（下），《東方雜誌》（25 卷 17）（1928 年 9 月 10 日），第54－63 頁。

利益。此種目的，與帝國主義欲使中國永為其殖民地者絕對不能相容。……換言之，北伐之目的，不僅在推倒軍閥，尤在推倒軍閥所賴以生存之帝國主義。」[115]

為了進行北伐，消滅北洋軍閥，統一全中國，廢除不平等條約，孫中山作出了全面而周密的部署。他雖然看不到其培植的革命幼苗茁壯成長，但在國人的努力下，終於讓國民革命在他逝世後三年開花結果，革命軍隊北伐成功，統一全中國。

1. 孫中山聯俄容共政策的成功

（1）聯合蘇聯

帝國主義國家承認軍閥政權，拒絕承認孫中山的革命軍政府，原因是軍閥政權承認與外國簽訂的不平等條約繼續有效，而孫中山則主張廢除不平等條約。因此，英、美、法、日等帝國主義國家都不肯支持追求民主自由的孫中山，不但拒絕承認其軍政府，更設法推翻這政權。為免陷於外交孤立和取得經濟及軍事援助，孫中山採取了聯俄政策，與蘇聯一起進行世界革命，一齊抵抗帝國主義的侵略。自此，孫中山擺脫了外交孤立的困局，並在蘇聯顧問鮑羅廷的協助下，進行改組國民黨，創建黨軍。這支新成立的黨軍，由加倫為首的蘇聯紅軍教官在黃埔軍校訓練，共產國際提供經濟和蘇式武器援助，黃埔軍校學生軍成為了北伐的重要力量。此外，馮玉祥號稱是國民黨軍隊，其國民軍亦得到蘇聯援助，肩負擊敗張作霖和牽制吳佩孚的重任。孫中山推行了聯俄政策，國民黨才有軍事力量打敗軍閥。

（2）團結各界

一般書籍只留意孫中山的容共政策，容許共產黨人以個人身份加入國民

---

115 孫中山：〈北上宣言〉（1924 年 11 月 10 日），《國父全集》（1），第 173－176 頁。

黨，使老朽的國民黨恢復生機，但忽略了孫中山的胸襟廣闊，包容天下。他誠敬待人，以國家民族利益為依歸，只有公仇，不存私怨。早前政敵只要能改弦易轍，支持他的主張，立即可以化敵為友。孫中山堅決維護盟友，如他與張作霖結盟時，反對共產國際代表越飛提出「孫吳合作抗張——孫中山與吳佩孚合作對付張作霖」的策略，清楚表示：「以我同那些仍然忠於我的統一國家計劃的老朋友的決裂為條件的合作，我是不能同意的！」孫中山不但拒絕越飛的建議，更直接致函列寧，為張作霖辯護，指出紅軍在滿洲邊界集結並準備佔領東北，是等同恢復沙俄時代帝國主義侵略政策，請列寧「不要採取任何不明智的行動，諸如佔領北滿」。結果成功制止蘇聯入侵東北，及取消越飛「聯合孫吳」，對付張作霖的策略。最後，孫中山組成的粵（孫中山）、皖（段祺瑞）、奉（張作霖）三角同盟，在第二次直奉戰爭大敗吳佩孚。這便是孫中山化敵為友的成功例子。

孫中山時時關心國人的愛國表現，他發現馮玉祥通電反對內戰後，便派人到馮玉祥處活動，成功使馮傾向革命，乘第二次直奉戰爭爆發，發動首都革命，推翻曹錕政權，與奉軍夾擊吳佩孚，將吳的勢力逐出華北。國民黨人徐謙等執行孫中山遺命，繼續對馮的工作。最後，馮玉祥在孫中山精神感召下，加入國民黨，並率領其部隊全體參加革命，令國民黨軍力倍增，佈下南北合擊軍閥、統一全中國的有利態勢。

孫中山雖然是國家元首，但絕不自視高人一等，瞧不起別人。對年青一輩尤為愛護提攜，循循善誘。如留法儉學生王京岐自法國返國，向孫中山推介周恩來的才幹，孫中山立即委任周恩來在法國籌組國民黨通訊處籌備處籌備員，協助籌組國民黨旅法支部。[116] 由於周恩來工作表現出色，於是被調回國，出任黃埔軍校政治部主任。

致函向孫中山提出建議的青年，孫中山均禮貌回信，對意見相同者，予以稱讚鼓勵；對未能採納者，亦詳細解釋因由。如趙世炎（中共早期領袖，

116 孫中山：〈委任王京岐等職務狀〉（1923 年 9 月 3 日），《國父全集》（8），第 570 頁。

後被國民黨殺害）等旅俄學生致函孫中山，提出國共合作和以俄為師等問題，孫中山在覆函中首先稱讚他們留學蘇聯，「於其革命主義之所能澈底，及其黨之組織與紀律，與其為國民利益而奮鬥之方策，必多真知灼見，望時時以所心得，餉之國內同志，俾得借鏡，是所至囑」。接着解釋不能採納他們意見的原因。[117] 張學良致函孫中山提出對付吳佩孚的戰略，孫中山回信讚揚張學良有見識和策略高明，「望力持定見，他日運籌決勝，可為預期也」。[118]

孫中山兼容並包，其「容共」政策，吸納共產黨員成為國民黨員，讓國民黨增加了一批有幹勁的青年幹部，令國民黨活力大增，短短一年之間，在全國十九個省和四個市成立或籌備成立黨部組織，黨員人數迅速增加二十萬人之多。此外，孫中山也注意團結工農群眾，孫中山的革命政府曾領導香港海員大罷工，除成功癱瘓了香港的航運，更爭取了大量工人加入國民黨工會。農民運動方面，孫中山除提出「耕者有其田」的有利農民政策外，更重視培養農民運動幹部，在廣州成立農民講習所，先後聘請了彭湃和毛澤東出任所長，兩人對培育農民幹部作出了重要貢獻。

孫中山對各人、各界兼容並包，使國民黨迅速壯大起來，為革命招募了龐大的革命隊伍！所以蔣介石推崇孫中山的包容，對青年的厚愛：「總理責任交給國內青年，願以奮鬥之青年替代國民黨。」[119]

2. 國民革命為國人所認同

1924 年 1 月 27 日起，孫中山開始系統地在廣東高等師範學校禮堂公開講述三民主義，並在 1 月 31 日《中國國民黨第一次全國代表大會宣言》提出了

---

117 孫中山：〈致留俄同志説明黨之改組意義函〉（1924 年 2 月 6 日），《國父全集》（5），第 504－505 頁。

118 孫中山：〈覆張學良派汪兆銘就商討伐曹吳函〉（1922 年 9 月 22 日），《國父全集》（5），第 350－351 頁。

119《蔣介石日記》（手稿本）（1917－1936 年），第 129 頁。

三民主義的主張，「國民黨現正從事於反抗帝國主義與軍閥，反抗不利於農夫工人之特殊階級，以謀農夫工人之解放」。由於北洋軍閥限制國民黨活動，故孫中山的革命主張未被大多數國人認識。直至同年 10 月 23 日，馮玉祥發動首都革命成功，推翻曹錕政權，邀請孫中山北上指導一切，國民黨人才能在北方自由活動。已經病入膏肓的孫中山便不顧自己的健康，風塵僕僕，沿途演講、開記者會，宣傳他的革命主張。雖然孫中山抵達天津便病發，但他仍然抱病入京，把他的革命理想遺留給國人，把革命種子撒遍神州大地。

孫中山演講三民主義時，曾警告國人說中國有亡國滅種的危機，有些人認為列強在中國勢力成為平衡狀態，故中國不會亡。孫中山駁斥這些想法只是「癡心妄想」。因為白種人已經把美洲的紅番消滅，並正在消滅非洲的黑種人、印度的棕色人，亞洲黃種人在白人的壓迫下，不久或要消滅。當時，中國知識份子、青年學生大部分受英美教育，意識形態深受英美影響，認為這些自由民主國家不會對紅種人進行種族滅絕的大屠殺。直到五卅慘案發生，「青島、上海、九江、漢口、廣州等處之慘殺案接踵而起，帝國主義窮凶極惡的面目，暴露無遺」。[120] 當時中國有些知識份子仍然呼籲國人冷靜，冷酷漠視學生工人屍橫遍地的殘酷事實。幸好，學生工人的犧牲，終於喚醒國人，令國人相信中山「亡國滅種」的忠告並非危言聳聽，國家的存亡與他們並非毫無關係，打倒軍閥、打倒帝國主義的國民革命浪潮於是迅速翻起巨浪，衝擊全國，成千上萬的國人都知道要進行國民革命！廣州國民政府領導工人進行省港大罷工，重挫香港經濟，大滅英帝國主義者的威風。國民政府因而獲得國人擁護，成為領導國民革命的核心，廣州遂成為愛國志士投奔的革命聖地。馮玉祥、李宗仁、白崇禧、閻錫山等愛國將領，亦離棄賣國軍閥，相率加入國民黨，使革命力量迅速壯大。

革命軍誓師出發之後，省港罷工工人組織運輸隊，不怕艱苦攀越崇山峻

---

120 〈國民革命軍北伐戰爭之經過〉（上），《東方雜誌》（25 卷 15）（1928 年 8 月 10 日），第 22 頁。

嶺，為革命軍運送彈藥糧食，解決了北伐大軍的補給困難，有力地支援革命。被軍閥管治的人民群眾，或進行罷工罷市，迫使軍閥軍隊撤退；或破壞軍閥的鐵路交通；或向革命軍提供重要軍事情報，讓革命軍避實擊虛；或向軍閥部隊提供虛假軍情，使其戰敗被殲。被迫投靠軍閥的軍隊亦紛紛聯絡國民政府，洽商加入革命陣營，在適當時候陣前起義，加速軍閥部隊的敗亡。

國民革命得到全國各階層的響應，國人以不同的方式支持北伐。甘心當帝國主義走狗的賣國軍閥，犯了眾怒，其失敗滅亡是必然的！

3. 革命軍勇不可擋

孫中山領導革命多年，缺乏效忠革命的軍隊，依附孫中山的軍人如陳炯明等甚至背叛孫中山，炮轟總統府，迫使孫中山離粵。其後陳炯明兵敗潛逃東江，在吳佩孚、英帝國主義的支持下，恢復力量，打敗孫中山親自率領的討伐軍，並反攻廣州，意圖消滅革命軍政府。在此兵臨城下的危急關頭，蔣光亮違反軍令、拒絕赴援；被孫中山委派為滇粵桂聯軍總指揮的楊希閔，竟借口「重賞之下有勇夫」，要求孫中山預頒十萬金為準備，乘機勒索。孫中山大怒，但無奈忍氣答允。擊敗陳炯明之後，國民黨臨時中央執行委員會開會議決教練義勇軍。1923 年 11 月 26 日，孫中山親自主持會議，決議義勇軍學校定名為「國民軍軍官學校」。這時孫中山已推動聯俄容共政策，決定仿效俄國革命的成功經驗，培養一支效忠革命的軍隊。他派「國民軍軍官學校」（校址位於黃埔，故習稱黃埔軍校）校長蔣介石到蘇聯實地參觀考察，將蘇聯紅軍的編制引進中國。軍校設政治部，負責訓練軍隊，灌輸政治知識及三民主義，令軍隊與軍閥的部隊截然不同，這是一支用革命思想武裝起來的戰鬥部隊。同時，黃埔軍校自校本部以及團、營、連均設黨代表，其職權為檢查軍隊內的行政，監督和指導黨務、政工的實施，副署軍隊主官頒發的命令，確

保黨能有效指揮軍隊。[121]

　　被國民黨派到馮玉祥作政治工作的清華大學教授簡又文根據向南軍同鄉戰友調查所得，説：「國民革命軍飽受政治訓練，人人肯為主義犧牲，簡直不知有生死。每遇大敵當前，無論敵人炮火如何猛烈，充當下級幹部之黃埔健兒，及指導政治工作之黨代表，以至上中級軍官，振臂一呼，口號齊喊（廣東兵將更以『XX媽』三字經為最有效的作戰口號），即率隊奮勇向前衝鋒，前仆後繼，有進無退，以故無堅不克。其中，以張發奎所率之第4軍、11軍號稱『鐵軍』者，尤為銳不可當。敵人甚至一聞其名，而膽戰心驚。南軍是次戰術，一與敵人接觸，放彈不到三四粒，即行衝鋒，血肉相搏。這是北方軍人所不常用的戰術，以不肯輕於冒險犧牲也。……我革命軍人喑嗚叱咤，一往無前，整排整排的戰士，血肉橫飛，倒在河裏，後隊幾至踏屍而過。奉軍氣餒，不得不敗退。」簡教授又説：「南軍與奉軍相比，人不及其眾，械不及其精，彈不及其多，糧不及其足，而奉軍更有重炮多種，炮彈堆積如山。又有騎兵及坦克戰車等，均南軍所無者。惟南軍作戰之妙術，惟靠衝鋒；作戰之工具惟憑主義，卒以制勝。尤可笑者，奉軍雖有重炮掩護前線之步兵，然而後來簡直不敢放一炮。何則？因炮聲一響，南軍大喊幾聲『三字經』，即有數百人向着炮煙起處，拚命越過炮火線，蜂擁前進，奪其大炮。奉軍上了幾回大當，於是連炮也不敢再放了。至於奉軍如張學良、韓麟春的第3、4方面軍團，是奉軍之精銳，甚有軍事訓練。然素乏精神訓練；士兵不知主義，不知為什麼而戰。戰時軍士所倚靠者，惟在器械。及一遇不怕槍械大炮，並不知生死的革命軍人，自然不是敵手。」此外，奉軍「軍心不振，兵無鬥志」，因為「前敵的奉軍在火線拚命打仗，而其將領輩在後方日夜也拚命打麻將，打茶圍，狂賭狂嫖。如此之軍隊，與萬眾一心，甘為主義犧牲之革命軍作戰」，焉能不敗？[122]

121　蔣永敬：〈北伐之準備〉，《中華民國建國史——統一與建設》（1），第254-255頁。
122　《馮玉祥傳》（下），第276-277頁。

革命軍視死如歸，壯烈犧牲！北伐戰爭開始到佔領江西時，革命軍傷亡人數已達 25,000，中下級軍官陣亡人數更高達一半。後期京漢線大戰兩星期，傷亡 14,000 人，政治工作人員及黨代表等陣亡人數亦有四五十人。革命軍人在北伐戰爭中「先後陣亡者殆不下十萬人，因傷殘廢者，尤不知凡幾」。[123]北伐戰爭的勝利，是革命軍將士以重大生命代價換回來的！

4. 蘇聯援助

一般書籍認為北伐戰爭勝利其中一個重要原因是戰略成功，蔣介石提出、加倫擬訂的戰略方針是「集中兵力、逐一擊破」，設法讓孫傳芳中立，集中力量首殲吳佩孚，再對付孫傳芳，最後殲滅張作霖。

表面看到的事實：

1925 年 11 月 22 日，奉軍郭松齡聯合馮玉祥反張作霖，但失敗。1926 年 1 月 1 日，馮玉祥宣佈下野遊蘇，14 日，馮軍由包頭撤往平地泉，希望避免戰爭。但張作霖和吳佩孚堅決要消滅國民軍，戰事爆發。1 月 26 日，吳佩孚下令進攻河南岳維峻國民軍第 2 軍，岳維峻兵敗被俘，殘部放棄河南，撤退入陝。國民軍第 3 軍孫岳亦戰敗。2 月，張學良攻佔山海關，因形勢不利，鹿鍾麟率領國民軍第 1 軍自天津撤返北京，再在 4 月 15 日總撤退到南口。吳、張三路大軍五十萬人，隨即圍攻南口。同月 11 日，吳佩孚派劉鎮華率領「鎮嵩軍」八萬人圍攻西安，國民軍第 2 軍守將楊虎臣、李虎臣死守待援。廣州國民政府應國民軍所請，北伐大軍從廣州出發，攻入湖南，擊潰吳佩孚；然後直出長江，沿江東下，攻佔江西、福建、浙江，驅逐孫傳芳；最後，渡過黃河，直抵北京，迫張作霖撤返東北。站在國民政府角度，北伐的進程就是如此，戰爭的進展過程就是執行既定戰略。

不過，這事情的表象忽略了蘇聯因素，忽略了中國革命是世界革命的一

---

123 《北伐統一》（1），第 210−211 頁。

部分，忽略了（或者根本不知道）蘇聯不只在廣東黃埔設立軍校，在北方還用 100 萬盧布在馮玉祥和岳維峻處（張家口和洛陽）各建一所黃埔式的軍政學校。蘇聯不只軍援國民黨，同時也援助國民軍。其目的何在？

根據蘇聯檔案，國民軍得到的援助比廣州還要多，如 1925 年 9 月 23 日和 28 日，伏龍芝任主席的「中國委員會」，分別開會兩次，通過了支援國民軍和廣州武器裝備的計劃：國民軍和廣州分別得到 516 萬和約 400 萬盧布的武器。伏龍芝這樣的分配，顯然是有理由的。因為黃埔軍校新辦，其訓練出來的軍官學生能力、質素如何？尚待考驗。而馮玉祥部隊的訓練水準和戰鬥能力，已經獲得很高的評價。更重要的是張作霖得到日本的大力援助，東北是日本侵略蘇聯西伯利亞的前進基地。此外，張作霖又收容了大量蘇聯內戰中戰敗逃華的白軍，為免白軍死灰復燃，蘇聯紅軍集結東北邊境，並試圖聯合吳佩孚，內外夾擊張作霖，但事為孫中山阻止。於是蘇聯只好放棄原定計劃，改為「借中國一派軍閥對付另一派」的策略，馮玉祥肩負了對付張作霖的重擔。故蘇聯重點扶持國民軍，為之設立了兩所軍校，提升其軍官的指揮能力和戰鬥技巧。因俄國革命戰爭史上，龐大的騎兵隊起了重要的作用——掩護、偵察和突襲，保證了蘇維埃政府的勝利，故建議馮玉祥建立強大的「歐式戰略騎兵」。[124] 其蘇式武器裝備的軍隊火力雖然未達到歐洲軍團的水準，但已經足以打敗張作霖的軍隊。

馮玉祥部隊既然得到大量蘇援，為何步步退卻呢？馮玉祥在 1926 年 8 月 23 日日記解釋其戰略撤退的原因：放棄其地盤，「以誘至其（張作霖與吳佩孚）自相火拼」。[125] 蘇聯檔案記錄：南口之戰爆發半年之前，即 1925 年 11 月，馮玉祥、國民黨人徐謙和蘇聯維經斯基、蘇聯駐華北軍事顧問團領導沃羅寧，在張家口召開絕對保密的軍政會議。會議內容暫時尚未找到詳細資

---

124 〈關於騎兵的報告——普里馬科夫同志給馮玉祥的報告〉，《共產國際、聯共（布）與中國革命文獻資料選輯》（1926－1927）（上），第 59－63 頁。
125 《馮玉祥日記》（2），第 216 頁。

料，但由事情的發展看到，這是針對全中國軍事力量的精心策劃、一個十分高明的戰略部署。早已得到蘇式訓練和武器裝備的國民軍不斷敗退，馮玉祥更放棄領導其部隊，下野出國，誘騙吳佩孚主力盡調北方追殲國民軍。直奉五十萬聯軍圍攻南口，八萬大軍圍攻西安。《孫子兵法》：「能而示之不能，用而示之不用。」馮玉祥用的是孫子的「誘敵之計」，將主力部隊撤退到南口一線，在蘇聯顧問林中將（Henry A. Lin）率領的步、炮、工軍事人員協助之下，擬定防守計劃，指導構築堅固集團工事，以輕重機關槍為主，編成嚴密的步兵火網；輕重迫擊炮、野炮、山炮、重炮的地下堅固掩體；火網前設外壕和電網，及球形碉堡，各以縱橫的交通壕連接；並派督辦公署官處長張允榮駐庫倫，協助運輸蘇聯援助的械彈器材到張家口。[126]

吳佩孚和張作霖誤以為有機可乘，結果主力部隊在南口和西安被牽制了四個月之久，湖南防務因而空虛，唐生智乘機叛變自立，加入革命軍，倒戈相向，讓兵力只有十萬的北伐軍輕易進入湖南，攻佔長沙。吳軍未能全力回師，連失要地，最終失敗。馮玉祥說他曾定下「兩虎爭食」之計，此計雖然未能讓吳佩孚和張作霖為爭奪他的地盤打起來，但「調虎離山」是成功的。若非如此，革命軍能否離開廣東都成問題！

蘇聯在北方扶持馮玉祥，在南方則栽培蔣介石。1925 年 3 月 12 日孫中山病逝，廣州政局不穩。鮑羅廷認為蘇聯應全力支持廣州（儘管會損害其他工作）。[127] 5 月 7 日俄共中央政治局會議，書記斯大林建議：有必要在廣州組建新的可靠部隊，並責成伏龍芝為此目的向廣州派遣二百人的教官團。[128] 29 日俄共中央政治局中國委員會開會，伏龍芝決定撥 45 萬盧布給加倫在黃埔組建兩個新師團，並提供步槍 9,000 支、950 萬發子彈、配備子彈的機槍 100 挺、

126　張樾亭：〈國民軍南口戰役親歷記〉，《文史資料選輯》（51），第 100－113 頁。

127　〈維爾德給維經斯基的信〉（摘錄）（1925 年 5 月 13 日於上海），《聯共（布）、共產國際與中國國民革命運動》（1920－1925），第 615 頁。

128　〈俄共（布）中央政治局會議第 62 號（特字第 45 號）記錄〉（1925 年 5 月 7 日於莫斯科），《聯共（布）、共產國際與中國國民革命運動》（1920－1925），第 611 頁。

10 支各附 1,000 發炮彈的擲彈炮。[129] 鮑羅廷把這些俄援全數送給蔣介石，而非交給國民政府，讓它公平分配予廣東各部隊，於是黃埔一系軍人得以獨大。8 月 20 日，廖仲愷遇刺身亡。鮑羅廷乘機大力支持蔣介石，與汪精衛、許崇智組成「廖案特別委員會」，「授以政治、軍事、警察全權，以應付非常之局勢」，安排蔣進入權力核心，迅速從所有國民黨元老之中脫穎而出。[130] 廖仲愷案涉及胡漢民從弟和許崇智部下，蔣介石迅速派兵收繳叛軍武器，軟禁胡漢民。稍後，汪精衛請胡漢民赴俄考察，蔣介石派兵送走許崇智。於是汪精衛與蔣介石共掌廣州黨政軍大權。1926 年 4 月 20 日發生中山艦事變，迫汪精衛稱病離粵赴法。於是，國民黨元老胡漢民、汪精衛等盡離廣東，國民政府黨政軍大權盡入蔣介石一人手中。蘇聯顧問團評估形勢，認為蔣介石不敢背叛革命，國民黨內只有蔣介石一人有才具領軍北伐。其中一位顧問索洛維約夫主張遷就蔣介石並召回季山嘉，以便贏得時間和做好準備除掉蔣。[131] 斯大林的助手斯切潘諾夫向共產國際報告：「為全體事業起見，無論如何終當利用之。」[132] 斯大林遂對蔣採取遷就策略，以為可以繼續利用蔣介石，等他再沒有利用價值的時候，才「像一隻擠乾的檸檬把它扔掉」。[133] 5 月，符拉迪沃斯托克（海參崴）繼續運送武器給黃埔，支持蔣介石北伐。[134]

129 〈俄共（布）中央政治局中國委員會會議第 2 號記錄〉（1925 年 5 月 29 日於莫斯科），《聯共（布）、共產國際與中國國民革命運動》（1920－1925），第 624－626 頁。

130 楊奎松：《國民黨聯共與反共》（北京：社會科學文獻出版社，2008 年），第 108－109 頁。

131 〈索洛維約夫給加拉罕的信〉（1926 年 3 月 24 日於廣州「紀念列寧」號輪船上），《聯共（布）、共產國際與中國國民革命運動》（1926－1927）（上），第 176－177 頁。

132 斯切潘諾夫：〈關於「三二〇」事件的報告〉（1926 年），《共產國際、聯共（布）與中國革命文獻資料選輯》（1926－1927）上，第 148－152 頁。

133 托洛茨基：〈共產國際執委會第八次全會關於中國問題的討論〉（1927 年 5 月 18－30 日），網頁：《中文馬克思主義文庫：托洛茨基》，網址：www.marxists.org/chinese/Trotsky/mia-chinese-trotsky-192705.htm。

134 （日）毛里和子：〈關於國民革命的分歧 —— 中山艦事件和布勃諾夫使團〉（1977），《共產國際、聯共（布）與中國革命文獻資料選輯》（1926－1927）上，第 192 頁。

斯大林分析：「中國革命的勝利必將重創世界資本主義，以致帝國主義列強將試圖不擇手段地破壞革命。」不能「忽略了或低估了帝國主義對中國的干涉問題。……帝國主義在現今的條件下進行干涉，偏重於採取在附屬國內組織內戰的辦法，採取資助反革命勢力反對革命的辦法，採取在精神上和財政上支持其中國走狗反對革命的辦法。……假使各國帝國主義者不鼓勵吳佩孚和孫傳芳、張作霖和張宗昌，假使各國帝國主義者不供給他們款項、軍械、教官、顧問等等，這些反革命軍閥反對中國革命的鬥爭簡直是不可能的。」「帝國主義對中國的干涉是毫無疑問的事實。」[135] 為了進行世界革命，共產國際協助中國應付帝國主義的干涉。1925 年 5 月 30 日，英國在上海鬧市開排槍射殺和平示威的中國學生，6 月 22 日，俄共中央政治局會議接受加拉罕立即派遣維經斯基去中國的建議。同時決定：「務必推進以抵制、局部罷工和總罷工，而特別是鐵路總罷工的形式進行的革命運動，不要害怕危機加劇。」[136] 23 日，英帝國主義者在廣州沙面開機關槍掃射在珠江對岸巡行示威的隊伍，死難者包括了兒童和女學生，製造了沙基慘案，向正在籌備成立的國民政府發出一個嚴厲的挑釁！

鮑羅廷根據俄共中央政治局的決定，他參加的國民黨中央委員會，開會議決全力發動省港大罷工，用總罷工的形式進行的革命運動，省港工人同時在香港和廣州沙面罷工，癱瘓了香港航運和各種服務；廣東沿海封鎖香港糧食物資供應，阻止英貨經廣州進入內地。省港大罷工歷時十五個月，重挫香港經濟，狠狠地教訓了英帝國主義者！英國找不到藉口進行武力干涉，只好承認廣州國民政府的地位，與之平等地進行談判，再不敢輕視革命力量。廣

---

135 〈斯大林論中國革命的前途〉（1926 年 11 月 30 日在共產國際執行委員會中國委員會會議上的演說），中國社會科學院近代史研究所翻譯室編譯：《共產國際有關中國革命的文獻資料》（1919－1928）（1）（北京：中國社會科學出版社，1981 年），第264－265 頁。

136 〈俄共（布）中央政治局會議第 68 號（特字第 51 號）記錄〉（1925 年 6 月 22 日於莫斯科），《聯共（布）、共產國際與中國國民革命運動》（1920－1925），第 636 頁。

東革命根據地因此鞏固，再無後顧之憂，得以全力北伐。

1926 年 6 月開始的北伐初期，蘇聯顧問加倫擔任了戰略策劃的重要角色，同時也參與了整個北伐的作戰計劃工作。國民黨所有的原屬軍團和部分步兵師都長期駐有蘇聯的顧問，這些顧問甚至冒險去執行重要的戰鬥任務。蘇聯又派出飛行員駕駛其送贈國民黨的飛機參加戰鬥。蘇聯人員在北伐戰爭有很大的貢獻，因此，蔣介石在 1927 年 4 月「清共」之後，到 5 月還要求加倫繼續協助。[137]

蘇聯在軍事、經濟、策略和人力資源提供了大量援助和多方面部署，奠定了北伐勝利的基礎。

八、國民革命的終結

中國國民黨南北兩軍聯合擊敗了吳佩孚、孫傳芳和張作霖，統一全國，國民政府得到各國承認，開始了其黨史所宣稱的「黃金十年」時代。不過，如果客觀地分析，北伐戰爭並未達到預期目的，國民革命亦隨着戰爭的結束而終結。

1. 新軍閥與嫡系非嫡系部隊的形成

孫中山多次強調國民革命之目的，不僅打倒軍閥，也打倒帝國主義。可惜，國民黨雖然在北伐戰爭消滅了吳佩孚、孫傳芳和張作霖等舊軍閥的勢力，但卻產生了新的軍閥。他們不斷內戰，嚴重消耗國家元氣，妨礙生產建設，削弱了抗日力量，最後更因分裂內鬨導致兵敗大陸，喪失了政權！

---

137 韓迪德：〈蘇俄軍事顧問與中國國民黨〉（1923－1927），中華民國建國史討論集編輯委員會：《中華民國建國史討論集──北伐統一與訓政建設史》（3）（台北：中華民國建國史討論會，1981 年），第 146－147 頁。

孫中山鑒於革命屢次失敗的原因，是缺乏效忠革命的軍隊，於是號召「以俄為師」，學習俄國革命成功的經驗，改革國民黨，建立一支為主義奮鬥的革命軍。將蘇聯紅軍制度引進中國，從黃埔軍校開始，國民政府轄下各軍均設有黨代表，其權力甚大，有權副署軍隊主官頒發的命令，確保軍隊由黨指揮。蔣介石知道黨代表等同監軍，不願受其約束。孫中山逝世後不及一年，蔣介石發動中山艦事變，其目的就是廢除黨代表制度。蘇聯顧問代表團團長斯切潘諾夫為了利用蔣介石反對帝國主義，對蔣採取退讓策略，主動由第 1 軍調回一切政治宣傳人員及共產黨員。[138] 其他國民黨人根本不明白黨代表制有防範軍閥形成的功能，不予深究。國民黨「清共」之後，各軍藉口黨代表多由共產黨人擔任，全部撤消黨代表。國民政府的軍隊遂再次淪為私人武力。

蔣介石以黃埔軍校學生為基礎，在共產國際的金錢和武器支持下，建立第 1 軍。他並沒有把共產國際援助的武器公平分配給其他國民革命軍。第 1 軍得到的彈械補充、給養調劑、編制擴展等，常比他軍為優厚。李宗仁批評蔣介石忘記了自己是主帥的地位，而不單是第 1 軍的軍長。這樣故意使第 1 軍待遇特殊化，當然會令其他各軍官兵對第 1 軍產生嚮往羨慕之心，但亦產生令友軍懷怨不平、部曲離心的反效果！

蔣介石私心自用，其他革命軍自然傚效。唐生智佔據武漢後，取得大量戰利品和漢陽兵工廠，於是乘機招兵買馬，擴充實力，正式要求擴編為四個軍。因蔣介石的第 1 軍正在湘、粵兩地擴編，故無法駁回唐的要求，讓唐生智的兵力瞬間由一個軍擴充為四個軍，革命軍的制度和體制因此被破壞無遺！唐生智第 8 軍既開其端，第 4 軍亦要求擴充。第 2、3、6 各軍因待遇不公，心懷憤懣，逐漸萌生反蔣情緒，國民黨遂形成蔣介石嫡系部隊與非嫡系部隊（雜牌軍）的局面，播下稍後國民黨新軍閥大混戰的種子。國民黨軍隊各

---

138 斯切潘諾夫：〈關於「三二〇」事件的報告〉（1926 年）及〈關於「三二〇」事件後廣東情況的報告〉（1926 年 4 月），《共產國際與中國革命資料選輯》（1925－1927），第 118、120 頁。

佔地盤，新軍閥割據之局於是形成。[139] 蔣介石不斷培養壯大自己的嫡系部隊，設法吞併和消滅雜牌部隊，以擴張自己的地盤和勢力，導致雜牌軍反抗，不斷爆發國民黨的內戰。蔣介石又藉剿共、抗日等名義來消耗雜牌軍，讓雜牌軍傷亡殆盡後，撤消其番號，雜牌軍洞悉蔣介石借刀殺人之計，於是消極避戰，以保存實力。蔣介石眾叛親離，軍心渙散，怎能不敗？

2. 國民革命的轉向

小學生都知道：水有三態，液態、氣態和固態。水因溫度不同，其形態亦隨之而變化。人隨着形勢和利害關係的轉移，更是千姿百態。變臉是中國國粹，政治人物玩得出神入化，又何足為奇？

國民黨的書籍常罵共產國際代表鮑羅廷專擅跋扈，操縱了國民黨中央執行委員會下之政治委員會。「順我者生，逆我者死。」[140] 既然一個外國顧問在華橫行霸道，國民黨各領袖為什麼不把他解僱？國民黨清黨的時候不是輕而易舉地解僱鮑羅廷，把他送回蘇聯嗎？任由外國顧問囂張跋扈，當然事出有因，國民黨有何難言之隱？作為得到共產國際重點援助項目的黃埔軍校校長蔣介石是什麼立場？他有站出來反對鮑羅廷嗎？國民黨的書籍為什麼只說西山會議派要求解僱鮑羅廷，沒有說蔣介石如何領導國民黨人反對鮑羅廷？蔣介石不是反共先知、堅決反共的嗎？

原因十分簡單，俗語說：「吃了人家的口軟，使了人家的手軟。」

當時蘇聯與中國北京政府建立了正式的外交關係，不便直接援助國際不承認的廣州政權，故共產國際用「全俄工會中央理事會和國際革命戰士救濟會」名義，向孫中山提供經濟和軍事援助，委派鮑羅廷負責每個月發放撥款。試問國民黨人每月向鮑羅廷領取盧布，腰骨能挺得多直？

139《李宗仁回憶錄》，第 276－280 頁。
140《中國共產黨史稿》（1），第 156－157 頁。

況且，蔣介石和中國大部分年青人一樣的嚮往馬克思主義、研究俄國革命和學習俄語。1923 年 9 月 2 日，蔣介石代表孫中山前往莫斯科，洽談援助中國革命的問題。他親自撰寫計劃書，11 月 26 日在莫斯科共產國際執行委員會會議上，親自向蘇聯和共產國際領導人游說（王登雲即時翻譯）：「中國的革命政黨，即國民黨是世界的革命因素之一。共產國際代表着全世界無產階級的利益，它也有領導革命運動的責任，特別是領導那些遭受資本主義和帝國主義壓迫的國家的革命運動的責任。中國受外國列強即資本主義和帝國主義利益的沉重壓迫，共產國際應該特別注意中國的革命，並向中國的革命政黨提出坦率的建議。」「外國資本主義列強必然利用中國的軍閥作為其在中國奪取強有力地位的工具，以便進行有效的剝削。國民黨建議：俄國、德國（當然是在德國革命取得成功之後）和中國（在中國革命取得成功之後）組成三大國聯盟來同世界資本主義勢力作鬥爭。」「同時我們也希望，共產國際對遠東，特別是對中國革命予以特別的注意。」最後，蔣介石說：「我們希望，共產國際將派一些有影響的同志來中國，仔細研究中國的局勢，他們也將領導我們並就中國革命的問題給我們提出建議。」[141] 就是這樣，會議之後，共產國際決定援助中國革命，並派鮑羅廷到中國。

鮑羅廷是應蔣介石的請求來華的，蔣怎會反對他？況且，鮑羅廷大力扶持蔣介石，協助他建立一支蘇式現代化武器裝備的黃埔軍，更把這軍從 6,000人擴充到 20,000 人。鮑羅廷又乘廖仲愷被刺案，迫走胡漢民和許崇智，將蔣的地位提升到和汪精衛平等。其後，共產國際派季山嘉到粵任顧問，調走鮑羅廷。季山嘉不再大力支持蔣介石，聯合汪精衛試圖削弱蔣的軍權。蔣介石遂發動中山艦事變，迫蘇聯撤回季山嘉，再派鮑羅廷來華。中山艦事變一事反映出蔣介石對鮑羅廷的倚重，這時不但找不到蔣介石反共言行的記錄，反

---

141 〈有國民黨代表團參加的共產國際執行委員會會議速記記錄〉（1923 年 11 月 26 日於莫斯科），《聯共（布）、共產國際與中國國民革命運動》（1）（1920－1925），第330－333 頁。

而找到蔣介石為共產國際和鮑羅廷辯護的言論。1925 年 12 月 11 日，蔣介石在汕頭東征軍總指揮部蘇俄革命紀念宴會上說：「本黨不改組，蘇聯同志不來指導我們革命的方法，恐怕國民革命軍至今還不能發生。我們今天能夠消滅叛逆，到達這個目的，大半可說是蘇俄同志，本其民族精神，國際的勢力，與其革命的使命，起來以至誠與本黨合作，幫助我們中國革命的效力。」「我敢老實說，叫革命先進國蘇俄來指導我們中國革命，我們世界革命的中國革命黨員，實是願意接受的，而且是應該接受的。去年總理將要北上的時候，對我不但有面諭，而且是有手諭。總理的面諭是：『鮑羅廷同志的主張，就是我的主張，凡是政治上的事情總要容納他的主張；你聽他的主張，要像聽我的主張一個樣才好。』……事實上，蘇聯同志並非居在指揮的地位，不過我們以世界革命黨員自居，也很願意受革命先進國同志的指揮。這並不是妄自菲薄、甘居人下的一件倒霉的事，實在是世界革命、聯合被壓迫民族的戰線，指揮統一是現在對帝國主義者作戰最要緊的一個戰鬥原則。」「我們要中國革命成功，一定要聯合世界的革命同志，才能打倒世界的帝國主義。」[142]

　　蔣介石這番說話當然不可能在國民黨「清共」後的刊物找到，但當時的革命形勢確是有此需要。同年 7 月 1 日，蔣將撰寫的《軍政意見書》提交國民黨軍事委員會，建議：國民黨成立「國際部」，聯合世界各國的革命黨，一起反抗世界帝國主義。蔣介石不單痛斥英國煽動商團作亂，意圖推翻國民政府，他在 1926 年 1 月 7 日接見美國新聞記者時，更「痛詆美國外交政策之錯誤，及基督教之虛偽」。[143] 國民黨史書不敢說，也不便說蔣介石和國民黨曾經與英美帝國主義鬥爭。但當時國民黨尤其是蔣介石，拿了共產國際那麼多錢，能不有所表示？

142　蔣介石：〈汕頭東征軍總指揮部蘇俄革命紀念宴會講辭〉（1925 年 12 月 11 日），《蔣介石的革命工作》（上海：太平洋書店，1926 年），第 56－57 頁；蔣介石：〈再論聯俄〉（1926 年 1 月 10 日），《蔣介石言論集》（2），第 337－338 頁。引自《國民黨的聯共與反共》，第 109－110 頁。

143　《民國十五年以前之蔣介石先生》（8 編 1），第 14 頁。

寒來暑往，露結為霜。氣溫下降，水由液態變為固態。政治形勢轉變，人際關係亦隨之逆轉。北伐之後，鮑羅廷眼前的形勢是：軍閥兵敗逃跑，地方政權崩潰，權力真空，工農運動如火如荼，無產階級力量大為發展。於是以為是操控國民黨，與國民黨爭奪革命領導權的大好機會。他愚蠢到以為成立一個未獲國民黨人認同的國民政府，通過幾項條例，宣佈把蔣介石降級，便可剝奪蔣的兵權。但他卻忽略了蔣介石的軍隊已經攻佔中國最富庶的土地，可抽取大量賦稅，兵精糧足。到 1926 年底，蔣介石擁有兩廣、兩湖和閩浙贛七省，賦稅收入總數約 1,900 萬元，軍費為 1,300 萬至 1,500 萬元；擁兵200 團，26 萬人，其中戰鬥兵為 164,000 人，槍 227,000 枝，嫡系第一軍則有槍 3 萬。[144] 蔣的聲望如烈日當空，不必再依靠鮑羅廷的提攜。鮑羅廷完全不懂中國歷史，「陣前易帥，兵家大忌」。歷代帝皇從來不會把正在領兵作戰的統帥革職，以免迫他作反。藩鎮割據、清君側、弒君奪位的例子罕見嗎？西方的辯證法——敵人的敵人就是自己的朋友，這在中國不管用。鮑羅廷不懂中國的政情軍情，以為國民政府許多軍人都同蔣介石不和，會支持他反蔣，忽略了蔣介石是由他一手扶持出來。國民黨將領雖然妒恨蔣介石專擅，但更恨鮑羅廷養虎為患、藐視他們，這些將領怎會為鮑羅廷討蔣？他們正等待欣賞蔣介石反噬鮑羅廷的好戲。鮑羅廷又以為拉攏馮玉祥和唐生智可以對付蔣，豈料，馮玉祥從來都反對內戰，又收了蔣 200 萬元，故不為所動。唐生智是新歸附起義者，缺乏聲望和實力，結果獨力挑戰南京失敗。

鮑羅廷最錯誤的地方是忘記了帝國主義才是蘇聯和中國的最大敵人。當時北伐戰爭尚在進行，孫傳芳、張作霖勢力仍未消滅，帝國主義虎視眈眈，俟機反撲之際，鮑羅廷竟然急不及待地與蔣介石和國民黨決裂，迫蔣介石轉身投向帝國主義，致令蘇聯利用中國革命反對帝國主義的策略失敗，斯大林把中國革命失敗的原因歸罪鮑羅廷，可不算是冤枉！當時是中國革命浪潮高漲，在華帝國主義正在垂死掙扎，鮑羅廷竟然讓帝國主義者有機可乘。

---

144 《蔣介石日記》（手稿本）（1917－1936 年），第 155，157 頁。

1923 年 1 月 26 日，孫中山和越飛在上海發表聯合聲明，這聲明意義極為重大，表示了蘇聯領導的共產主義革命與孫中山領導的國民革命合流，蘇聯援助國民革命，幫助中國革命黨人擺離孤立無援的窘境，有能力將帝國主義驅逐出中國。帝國主義國家當然不會坐視不理，任由中國革命成功，因為中國一旦革命成功，將會傳染給英國殖民地。資產階級國家對這類事情反應敏捷，最積極地把威脅它們的全部危險消滅在萌芽之中。[145] 所以帝國主義者必然用盡辦法破壞中國革命。

例如：

一、挑釁生事：英國不斷借故挑釁，以製造出兵侵華的藉口。直奉第二次戰爭時，吳佩孚兵敗，馮玉祥進兵追擊，英國派一名軍官闖入馮玉祥軍營，打傷馮部士兵，故意生事，企圖迫使馮軍動手傷害該名英軍，以製造出兵藉口。但馮軍忍辱，英國無法得逞。國民政府成立時，英軍在廣州沙面開機關槍射殺遊行示威群眾，火力更集中射擊黃埔學生，當場射殺五十多人。用血腥屠殺的殘酷手段，迫國民政府和蔣介石報仇，導致戰爭爆發，以便派遣大軍消滅這支革命武裝於萌芽階段。

二、軍事干預：俄國革命時，英帝國主義者即曾出兵干涉，並用彈藥物資援助反革命軍隊。北伐戰爭時，英、日帝國主義者亦在軍閥部隊處於劣勢時，直接出兵干涉。如日本出兵濟南，阻止革命軍進攻張作霖。龍潭之役時，孫傳芳猛攻南京，英艦炮轟長江南岸革命軍陣地，支持孫軍作戰。

三、製造動亂：英國帝國主義者以經濟和軍事物資援助陳炯明，使其兵敗潛逃惠州之殘部有力反攻廣州。又煽動香港匯豐銀行買辦兼廣州商團會長陳廉伯作亂，扶持他籌組商人政府，以破壞廣州革命軍政府。

四、血腥屠殺：首都革命後，國民黨人重新在北方公開活動，國民革命的主張漸為國人認識，革命浪潮席捲全國。由於中國人民覺醒，帝國主義惶

---

145 〈加拉罕給鮑羅廷的信〉（1923 年 12 月 27 日於北京），《聯共（布）、共產國際與中國國民革命運動》（1920－1925）（1），第 387 頁。

恐不安，竟用大屠殺的手段來恐嚇中國人民。上海、青島、漢口、廣州、濟南、南京等地相繼發生血腥屠殺平民的血案。英美日等國初時使用步槍射殺示威學生和工人，猶辯解無法控制群眾，被迫開槍。其後開機關槍瘋狂射殺群眾，便不作任何辯解了。北伐時，英美日軍艦炮轟南京、日軍炮轟濟南，國人傷亡不計其數。面對覺醒的中國人，帝國主義已經再無其他方法可以挽救其在華滅亡的命運！

正當帝國主義者窮途末路、束手無策的時候，斯大林、鮑羅廷和共產國際的一眾官僚竟然破壞列寧國際革命的策略，不再無私的援助中國革命，而是公然霸佔國民革命的領導地位，搶奪國民黨政權，把國民黨人排擠出權力核心，尤其是剝奪正在領兵打仗的蔣介石軍政大權，這不是把國民黨和蔣介石送給帝國主義者嗎？

中山艦事變，蔣介石派兵包圍蘇聯顧問住宅區，收繳罷工委員會武器。被省港大罷工弄到焦頭爛額的香港總督金文泰聞訊大喜，認為是廣東政府重回正軌的訊號（與共產國際決裂）。[146] 日本幣原外相也認為，中國正出現分裂的跡象，國民政府內部親共與反共之爭加劇。若外國支持蔣介石反共，讓他自己清除共產黨，是最有效的辦法。[147] 帝國主義國家認為由蔣介石組織一反對蘇聯的中央政府，為它們作反共先鋒，[148] 是遏制世界革命和瓦解國民革命的良方妙藥。英美日帝國主義國家於是承認國民政府為中國的唯一合法政權，與蔣介石妥協，把他由共產國際栽培的反帝國主義領袖，轉變為反共的急先鋒。國民革命於是轉向，打倒的對象不再是英美日帝國主義，而是蘇聯的共產主義。共產國際與西方帝國主義者在華的角逐於是功虧一簣，蘇聯的影響力暫時在中國煙消雲散。

---

146 鄧中夏：〈中國職工運動簡史 1919－1926〉，《鄧中夏文集》，第 630－631 頁。

147 費正清編：《劍橋中華民國史 1812－1949 年》（下）（北京：中國社會科學出版社，1993 年），第 130 頁。

148 《劍橋中華民國史 1812－1949 年》（下），第 128－130 頁。

3. 國民革命的終結

中國國民黨把國民政府遷往南京辦公之後，國民革命隨即終結。原因如下：

（1）背棄革命理想

孫中山先生偉大之處，值得國人尊敬的地方，是他有一個崇高的理想。他說：「我們的革命的目的，是為民眾去謀幸福。因不願少數滿洲人專利，故要民族革命；不願君主一人專利，故要政治革命；不願少數富人專利，故要社會革命。這三樣有一樣做不到，也不是我們的本意。」[149] 1924 年 11 月，孫中山北上的時候重申：國民革命之目的，是要擁護國家及民眾之利益。孫中山畢生領導革命，但從不貪戀權位，他為了避免內戰，甘願退讓臨時大總統職位，以爭取袁世凱反清。他對黨人解釋他處理任何事均以國家利益為重，從不計較私怨；用武力反對軍閥，只是「不得已而用之」，若有可能必用和平方法解決。如他曾組織護法軍討伐段祺瑞，後來段支持他的政治主張，孫中山便與段組織粵皖奉三角聯盟反對吳佩孚。他應付群眾的辦法，更是諄諄善誘，耐心開導。港英政府煽動商團作亂，商團群眾列隊到總統府請願，孫中山自總統府走出大門，演講了一個小時，最後把群眾勸服散去。後來，陳廉伯指使商團開槍射殺群眾，佔據廣州，孫中山才被迫動武制裁。革命是為了維護國人的生命財產利益，殺戮國人，還算是革命黨人嗎？由於革命不斷受挫，孫中山不斷檢討失敗原因，不停糾正革命方略，但從來都不會背棄他革命的目的。他為了對付吳佩孚，曾經聯合段祺瑞和張作霖，但其後段祺瑞的決策傷害國家利益，孫中山立即明確表示反對。孫中山推行「聯俄容共」政策時，雖然爭取蘇聯援助，但並無用犧牲國家利益和個人的政治主張作交換。他在爭取蘇俄援助時，仍然嚴辭致函列寧反對蘇軍入侵東北，並致函越

---

149 孫中山：〈民報周年紀念演說詞〉，中國史學會：《中國近代史資料叢刊：辛亥革命》（2）（上海：上海人民出版社，1957 年），第 280 頁。

飛拒絕犧牲與張作霖的盟約來換取與吳佩孚結盟。孫中山的革命策略會因時制宜，但革命目的絕不改變。

孫中山胸襟廣闊，對各界人士和政治力量兼容並包，故能使革命力量不斷壯大。如在北洋軍閥中獨樹一幟的馮玉祥和共產黨便在孫中山的革命理想感召下加入革命陣營，直至孫中山病逝，他的革命精神仍然能夠感動愛國志士投奔廣州這個革命大本營，這是因為國人認同孫中山國民革命的理想！孫中山和許多革命先烈慘淡經營奠下的革命基業，卻因國民黨人背棄孫中山原本的革命理想而毀於一旦！

1927 年 4 月 12 日，國民黨在上海開始清黨，用機關槍射殺遊行請願的學生和工人群眾。這暴行與軍閥和英美日帝國主義者有何分別？機關槍不能殺盡為國家民族奮鬥的烈士，只能摧毀國民黨的革命領導地位，摧毀國民黨這個吸引愛國志士投奔的政黨，毀滅了工農學群眾對國民黨的支持。上海槍聲一響，宣佈了國民革命的結束！蔣介石曾經痛斥軍閥鎮壓農工是軍人的最大恥辱！革命軍必竭全力、誓死保護農工，且為農工復仇；又說「革命軍不特要保護工人、農民，並且還要參加工人、農民運動」。言猶在耳，不足一年，蔣介石變成吳佩孚、張宗昌之流的殘暴軍閥，與吳張相比，只有過之而無不及。孫中山在世，會容許這些事情發生嗎？雖然工農運動失控，應該制止，但是否應該繩之於法，按律處分，而非濫捕濫殺？中國國民黨人忘記了國民革命的目的嗎？對國人如此殘暴，如何為國人謀求幸福？國民黨肆意屠殺工農群眾，即是放棄爭取工農階級，不讓這兩個佔全國人口大多數的階級參加革命，國民革命還有成功的希望嗎？

國民黨軍人變為殘殺國人的新軍閥，嚴禁罷工，當然不能再用罷工手段對付帝國主義國家，失去反抗帝國主義國家的重要手段。蔣介石與所有國民黨重要將領都不顧國家安危，不停爆發大大小小的內戰，自傷國家元氣，無力應付日本侵略，在其蠶食鯨吞之下，失掉了大半個中國土地，人民家破人亡者不計其數。八年抗戰勝利前夕，蔣介石又與蘇聯簽訂友好條約，以承認外蒙古獨立、旅順大連為蘇聯勢力範圍的條件，換取蘇聯不支持中共和收回

東北主權。稍後又與美國簽訂《中美商約》，給予美國大量特權，換取美國支持他打內戰。蔣介石和國民黨出賣國家主權比北洋軍閥還要厲害！國民黨還有何顏面領導國人進行國民革命？

（2）國民黨專制獨裁

孫中山雖然推行「聯俄容共」政策，號召黨人「以俄為師」。這只是要求國民黨人學習和引進俄國革命成功的經驗，他仍然認為他的三民主義才符合中國國情，馬克思主義並不適用於中國。孫中山多次說革命的目的，是造成獨立自由之國家，擁護國家及民眾的利益。專制獨裁絕對不是孫中山的政治主張，革命成功之後，軍政府便需還政於民。軍政府統一全國後分三期移交政權給國人。第一期為軍法之治，地方每一縣的行政，以三年為期，進行改革，改變積弊，未及三年已有成效的地方，全部解除軍法，頒佈約法。第二期為約法之治，每一縣解除軍法後，軍政府把地方自治權歸還其地方人民；地方議會議員及地方行政官，皆由人民選舉產生。軍政府和人民的權利與義務，悉規定於約法。以天下平定後六年為限，然後解除約法，頒佈憲法。第三期為憲法之治。全國行約法六年後，制定憲法。軍政府解除兵權、行政權，國民公舉大總統，及公舉議員以組織國會。[150] 軍政府需按時交還政權給人民，而非無了期的實施訓政，由國民黨獨裁，拒絕其他政黨和人民參政。國民黨的終身總統和袁世凱有何分別？

南京國民政府借口實施訓政，制定《確立訓政時期黨、政府、人民行使政權治權之分際方案》，其中一條「於必要時得就人民之集會、結社、言論、出版等自由權，在法律範圍內加以限制。」這條文徹底違反 1924 年 1 月 31 日《中國國民黨第一次全國代表大會宣言》：國民黨之政綱，乙、對內政策第六條：確定人民有集會、結社、言論、出版、居住、信仰之完全自由權。[151] 南京

---

150 孫中山：〈同盟會革命方略：軍政府宣言〉，《國父全集》（1），第 233－235 頁。
151 孫中山：〈中國國民黨第一次全國代表大會宣言〉（1924 年 1 月 31 日），《國父全集》（2），第 131－140 頁。

國民黨人背棄其對全國人民的宣言，完全忘卻孫中山的革命理想是什麼？為國人爭取的是什麼？政治誠信破產，這樣的一個政黨還能得到國人支持嗎？

南京國民黨人轉變為孫中山的叛徒，由革命黨淪落成為反革命黨。

（3）革命黨人腐化墮落

革命是對抗帝國主義侵略者和腐敗政權，由於反革命勢力龐大，參加革命者需要冒着犧牲個人和家庭幸福，甚至要奉獻寶貴生命的風險。故革命的領導者必須具備大公無私、為國為民的道德情操、偉大的治國方略，才能聚集愛國志士投奔麾下。當然亦有跟紅頂白者，視參加革命為謀求私人權位的良機。蘇聯顧問鮑羅廷協助孫中山改組國民黨時，已發現孫中山周圍有一些大騙子和投機鑽營者，以及沽名釣譽的貪婪將軍。作為革命大本營的廣州，簡直是罪惡天堂，妓院和賭場完全公開地出現在所有街道上，因為向妓院和賭場徵稅要比向商人徵稅容易得多。實際上革命的全部重負都落在最貧困的人民身上。富人把自己的巨額資金存在外國銀行裏，而貧民被洗劫一空，還要被抓去，進行強制性勞動。孫中山清楚了解這情況，歸因於一個可悲的事實，就是他沒有足夠追隨他並幫助他實現全國幸福的好學生。[152] 鮑羅廷在他的筆記描述國民黨的元老「下面隱藏着某些自私自利的目的」，「形形色色的狡猾的家伙、政治投機者正以國民黨的名義作幌子，在僑居海外的華人中間為『爭取獨立而鬥爭』募集巨款。光在加拿大就有一萬華人（主要是工人）支持國民黨。事實上這些經費中只有很少一部分用在中國革命鬥爭的需要上。國民黨的全部進款都落入了那些狡猾的家伙的腰包。」[153]

辛亥革命的時候，孫中山早已知道革命黨內有人借籌款的機會中飽私囊，「有些人曾盜用我的名字行騙。…… 有一個大家所唾棄的背叛者，他公然

---

152 〈鮑羅庭關於華南形勢的札記〉，《聯共（布）、共產國際與中國國民革命運動》（1920－1925）（1），第 370－371 頁。

153 〈鮑羅廷筆記〉（1924 年），《共產國際、聯共（布）與中國革命文獻資料選輯》（1917－1925）（2），第 566－567 頁。

將一筆付託給他的鉅款侵吞」。不過，孫中山寬厚待人，連這人的姓名都沒有公佈。[154] 君子可欺以方，國民黨內奸騙取革命捐款的情況十分嚴重，連共產國際的代表都知道了。孫中山病逝後，這些吃國民黨飯的元老更無所畏懼，負責統一財政、整頓稅收的廖仲愷更被國民黨反革命軍人公然行刺斃命，原因之一就是廖仲愷的改革直接傷害他們的利益。

一個政黨是朝氣勃勃，還是昏庸老朽，看看其處事態度，便能清楚明白。寧漢分裂時，1927 年 7 月 16 日，馮玉祥公開對其部隊少校以上官佐批評國民黨：「大敵當前，危機四伏，而武漢南京兩方面竟各是其是，互相攻擊，致使仇者快而親者恨，殊屬痛心。」又批評武漢方面委員在鄭州會議的表現：原本規定五點開會，誰料至九點，人數仍未到齊，不能舉行。而會議桌上，則桔子蘋果、茶食點心爛然雜列。馮玉祥感歎地寫了一對聯，諷刺汪精衛等出席鄭州會議的國民黨大員：「三點開會，五時到齊，此之謂革命政府；半桌桔桃，幾盤茶食，誰曾念前敵官兵。」鄭州會議結束後，馮稍加修改，用信寄去武漢，當中並嵌有「官僚舊樣」四大字。[155] 當時北伐戰爭尚在進行之中，國民黨高層仍然態度懶散，怠慢重要的軍政會議，這些人能夠肩負國家重任嗎？

馮玉祥對國民黨人貪污腐敗尤為不滿，甚至對蔣介石也公開批評。7 月30 日，馮玉祥批評「蔣介石位高權重，任意揮霍，因招怨尤，致起內訌」。[156]

1929 年西北地區災情嚴重，馮玉祥推動發債賑災。不過，因為官員貪污，致餓死載道。11 月 14 日，馮玉祥會見孫百川說：「余在南京時，曾費九牛二虎之力通過發行賑災公債，結果公債雖大發特發，賑糧卻杯水車薪，致西北同胞餓死載道。革命黨做黨官以後，只知汲汲為革命夫人打赤金首飾，為革命如夫人置鑽石戒指，又焉記尚有所謂革命債未償還耶？」[157]

154 孫中山：〈我的回憶〉（譯文）（1911 年 11 月中旬），《國父全集》（2），第 269 頁。
155 《馮玉祥日記》（2），第 349 頁。
156 《馮玉祥日記》（2），第 356 頁。
157 《馮玉祥日記》（3），第 76 頁。

國民黨人失去革命情操，失去革命理想，還怎能號召群眾？領導群眾？國民黨自稱是所有階級的聯合政黨，但為了和共產黨爭奪革命的領導權，竟然放棄領導工人運動和農民運動，放棄為工農階級爭取權益，放棄了這兩個佔全國人口大多數的階級，革命怎可能成功？國民黨雖然在北伐戰爭打敗吳佩孚、孫傳芳和張作霖等軍閥，但搖身一變便成為向帝國主義低頭的軍閥，完全達不到孫中山主張打倒軍閥和打倒帝國主義的目的。國民革命未竟之業便只好交棒給共產黨！

第九章

國共分裂

1　鮑羅廷
2　羅易
3　李宗仁
4　李濟深

5 何應欽
6 吳敬恆
7 上海「清共」

5

6

7

一、國共分裂的原因

1. 三民主義與共產主義有別

　　孫中山領導辛亥革命時，在海外主要依靠有知識和有勢力的華僑與會黨群眾，國內是少數有知識者和有恆產者，他們的階級成分很難接受共產主義的階級鬥爭理論，所以國民黨內部意見分歧，不少黨員反對「聯俄容共」。孫中山多次向黨員解釋：「共產主義與民生主義毫無衝突，不過範圍有大小耳。」「本黨既服從民生主義，則所謂社會主義、共產主義與集體主義均包括其中。」事實上，1922 年 6 月孫中山在廣州與共產國際代表馬林會談時，他認為自己的三民主義源於美國，與林肯總統所謂「民有、民治、民享」的口號意義相通。而中國的問題更與西方不同，外國是患不均，中國是患貧。因此，中國只有大貧與小貧之分，還不存在西方社會那樣的階級鬥爭。在這種情況下，中國的問題是如何用溫和建設的方法，預防西方資本主義弊病的問題，而不是用共產主義去提倡階級鬥爭，用蘇維埃制度去實行階級專政。孫中山並不認為馬克思主義符合中國國情，適宜在中國實施。

　　1924 年 8 月 3 日，孫中山演講闡釋三民主義說：「民生主義就是社會主義，又名共產主義，即是大同主義。」[1] 他推崇「馬克思所著的書和所發明的學說，可說是集幾千年來人類思想的大成。所以他的學說一出來之後，便舉世風從，各國學者都是信仰他，都是跟住他走；…… 因為他的研究透徹，理由充足，所以從前許多反對社會主義的人，後來都變為贊成社會主義」。[2] 不過，孫中山也指出馬克思學說許多錯誤的地方，「顛倒因果，本源不清楚，所以從他的學說出世之後，各國社會上所發生的事實便與他的學說不合，有的

1　孫中山：〈三民主義·民生主義〉第一講（1924 年 8 月 3 日），《孫中山全集》（9），
　　第 355 頁。

2　孫中山：〈三民主義·民生主義〉第一講（1924 年 8 月 3 日），《孫中山全集》（9），
　　第 362－363 頁。

時候並且相反」。當馬克思的時代，英國工人用罷工的手段要求八小時的工作時間，馬克思便批評以為這是一種夢想，資本家一定是不許可的。到後來，英國工人八小時工作的要求，成為事實，由英國國家定為法律，令全國大工廠、銀行、鐵路工人都是作工八小時；又指出馬克思的眼光，「以為資本發達了之後便要互相吞併，自行消滅。但是到今日，各國的資本家不但不消滅，並且更加發達，沒有止境，便可以證明馬克思的學理了」。[3]

孫中山繼續指出用革命手段來解決政治經濟問題的辦法，俄國革命時候已經採用過了，「用革命手段來解決政治問題，在俄國可算是完全成功。但是說到用革命手段來解決經濟問題，在俄國還不能說是成功。俄國近日改變一種新經濟政策，還是在試驗之中。由此便知純用革命手段不能完全解決經濟問題。」[4]「由於他們的社會經濟程度還比不上英國、美國那樣的發達，還是不夠實行馬克思的辦法。俄國的社會經濟程度尚且比不上英國、美國，我們中國的社會經濟程度怎麼能夠比得上呢？又怎麼能夠行馬克思的辦法呢？所以照馬克思的黨徒，用馬克思的辦法來解決中國的社會問題，是不可能的。」[5] 孫中山清楚明白馬克思在西方世界實施的經驗，認為馬克思學說並不能解決中國政治、社會、經濟等問題，所以雖然與蘇聯合作，但在上海與蘇聯政府外交代表越飛簽訂的《聯合宣言》，便在第一段寫下了「共產組織，甚至蘇維埃制度，事實均不能引用於中國」一句。[6] 孫中山雖然推行「聯俄容共」政策，但不等於孫中山贊同中國實施馬克思主義，因為在政策實施的時候，孫中山

3　孫中山：〈三民主義‧民生主義〉第一講（1924 年 8 月 3 日），《孫中山全集》（9），第 371－372 頁。

4　孫中山：〈三民主義‧民生主義〉第二講（1924 年 8 月 10 日），《孫中山全集》（9），第 378 頁。

5　孫中山：〈三民主義‧民生主義〉第二講（1924 年 8 月 10 日），《孫中山全集》（9），第 392 頁。

6　〈孫文越飛聯合宣言〉（1923 年 1 月 26 日），《共產國際、聯共（布）與中國革命文獻資料選輯》（1917－1925），第 409 頁。

已經認定三民主義才適合中國國情，馬克思主義並不適宜在中國實施。

2. 國共兩黨在矛盾中合作

國共兩黨存在互相重視又互相輕視的矛盾，無法化解。鮑羅廷從鄧澤如的談話中得到國民黨的資料：廣州國民黨分部有三萬黨員，其中繳納黨費者有六千人。國民黨改組時，重新登記者約有三千人。但國民黨與這三千名黨人沒有任何聯繫，沒有在他們當中散發書刊，沒有舉行會議，沒有說明孫中山在各個戰線上的鬥爭目標，特別是同陳炯明的鬥爭目標。「國民黨作為一支有組織的力量已經完全不存在。」再加上連年戰爭，軍費開支龐大造成苛捐雜稅，大量強制徵兵、徵夫、徵糧，「廣東人民對孫的政府持強烈反對的態度。……孫從上海回來時，他們曾熱烈歡迎他，現在他們對他的政府的命運漠不關心，對其勝敗根本不感興趣」。[7] 鮑羅廷於是在一次歡迎宴會中向孫中山介紹俄國的革命經驗。1923 年 10 月 10 日，孫中山在廣州國民黨黨務會議公開承認：「十年來黨務不能盡量發展，觀之俄國，吾人殊有愧色！俄國革命六年，其成績既如此偉大；吾國革命十二年，成績無甚可述。故此後欲以黨治國，應效法俄人。」[8] 孫中山認識到單靠政治和軍事的手段不能令革命成功，要振興中國，必須先要振興國民黨；要振興國民黨，就必須學習俄國的革命經驗，提高組織和宣傳能力。共產黨善於組織和宣傳，引入共產黨人為我所用，理所當然。於是孫中山立即聘請鮑羅廷為顧問，協助他改組國民黨，制定國民黨新的政綱政策，並借助一批有幹勁的共產黨員，協助推動這些新政綱新政策。孫中山對記者說：委任中共黨人譚平山在國民黨中央執行委員會

7　〈鮑羅庭關於華南形勢的札記〉，《聯共（布）、共產國際與中國國民革命運動》（1920－1925），第 367 頁。

8　孫中山：〈在廣州國民黨黨務會議的講話〉（1923 年 10 月 10 日），《孫中山全集》（8），第 268 頁。

擔任要職，就是因為譚平山有能力和才智。[9] 1924 年 1 月 20 日中國國民黨第一次全國代表大會在廣州開幕，數量較少的中共黨人佔了全體代表人數的百分之十，最後選出的二十五名中央執行委員中，譚平山、李大釗、于樹德三名中共黨員當選；在十七名候補委員中，沈定一、林祖涵、毛澤東、于方舟、瞿秋白、韓麟符、張國燾等七名中共黨員當選。孫中山更把組織部、工人部和農民部交予中共黨人負責，讓中共協助發展組織。孫中山對自己的三民主義和力量充滿信心，他並不認同中共黨人模仿蘇聯的做法，認為他們只對社會主義感興趣，對中國政治毫無作用。他直率地對張太雷說：「為什麼青年要從馬克思那裏尋求靈丹妙藥，從中國的古典著作中不是也能找到馬克思主義的基本思想嗎？」

孫中山一方面重用中共黨人，同時也防範中共，任命對中共深懷疑懼的鄧澤如、吳敬恆、李石曾、張繼和謝持五人為中央監察委員，並支持嚴防中共不合乎國民黨利益的活動。[10] 甚至在廣州商團作亂時，工人糾察隊和農民自衛軍前往韶關，向孫中山要求供給武器，也沒有結果，因為孫中山和國民黨根本不願武裝成為中共控制的力量。[11]

共產黨方面，黨員對國共合作的政策也是有異議的。中共第一次全國代表大會決議：「對現有其他政黨，應採取獨立的攻擊的態度。……我們應始終站在完全獨立的立場上，只維護無產階級的利益，不同其他黨派建立任何關係。」[12] 陳獨秀知道共產國際代表馬林主張國共合作，並建議中共中央移往廣州時，立即在 1922 年 4 月 6 日寫了一封信給共產國際東方部負責中國問題的吳廷康（俄文音譯維經斯基〔G. N. Vojtinsky〕，強調廣東、北京、上海、長

9　孫中山：〈與順天時報記者的談話〉（1925 年 1 月），郝盛潮主編：《孫中山集外集補編》（上海：上海人民出版社，1994 年），第 465 頁。

10　楊奎松：《國民黨聯共與反共》（北京：社會科學文獻出版社，2008 年），第 40 頁。

11　《國民黨聯共與反共》，第 55 頁。

12　〈中國共產黨第一次全國代表大會文件：中國共產黨第一個決議〉，《中共中央文件選集》（1），第 9 頁。

沙、武昌各區同志對於加入國民黨一事，均已開會議決，絕對不贊成，在事實上亦無加入之可能。[13]

中共黨人和所有共產黨人一樣，堅信自己是當今世界最先進的階級的代表，是人類未來命運的主宰，最具遠見卓識且最能反映全體人民利益，因而具有強烈的階級優越感和政治使命感，自然不會接受孫中山的三民主義和國民黨的政策，只是把孫中山和國民黨視為俄國二月革命時的領袖和資產階級、小資產階級政黨，相信遲早都會發動十月革命，建立自己的政權。[14]

共產國際和中共黨人一方面瞧不起孫中山和國民黨，但同時也認識到自己力量的薄弱。馬林的報告指出：中國共產黨是個「早產兒」，「或者說得更確切一點，是有人過早地製造出來的」。事實表明，中共當時有黨員 420 名，其中工人 160 名。報告還描述了中共的情況：一、繳納黨費的黨員不到十分之一；二、整個工作幾乎都是依靠外國經費；三、黨內的財政管理狀況至今不明；四、多數黨員沒有職業，所以，黨同在職的工人、職員、教師等幾乎沒有聯繫。因為許多人「害怕共產主義」，故「絕對不要為此目標打出共產黨的旗幟，在很長一段時間內也不能在工會的宣傳中利用這面旗幟」。[15] 在這個環境之下，要推動中國革命和發展組織是極端困難的。

1923 年 2 月 1 日中共北方區委籌組京漢鐵路總工會，在鄭州召開成立大會，被吳佩孚武力鎮壓，在京漢南北各站殺害鐵路總工會江漢分會委員長林祥謙、法律顧問施洋和工人五十二人，又打傷五百餘人，監禁百餘人。[16] 這次「血的教訓」，令中共認識到不能依靠罷工來進行革命，於是陳獨秀提出了「革命的資產階級應該和革命的無產階級妥協，打倒共同敵對的軍閥階級」，中共「此時和革命的資產階級共同敵對的目標相同，可以聯合一個革命的戰線」，

13 〈陳獨秀致吳廷康的信〉（1922 年 4 月 6 日），《中共中央文件選集》（1），第 15 頁。

14 《國民黨聯共與反共》，第 2－12 頁。

15 馬林：〈致共產際執行委員會的信〉（1923 年 6 月 20 日），中國社會科學院馬列所編：《馬林與第一次國共合作》（北京：光明日報出版社，1989 年），第 243－250 頁。

16 羅章龍：〈回憶「二七」大罷工〉，《文史資料選輯》第 66 輯，第 4－19 頁。

「和革命的資產階級合作，也是中國無產階級目前必由之路」，呼籲「中國國民黨目前的使命及進行的正軌應該是：統率革命的資產階級，聯合革命的無產階級，實現資產階級的民主革命」。[17]

不過，中共很清楚國民黨人，包括孫中山在內，都看不起共產黨，根本不想同中共合作，已經預計國共合作難以永久，[18] 分裂只是時間的問題。

3. 從政治立場衝突到權力鬥爭

「聯俄容共」政策推行期間，國共兩黨的領袖並無和衷共濟，更因為政治立場的分歧發生矛盾，孫中山甚至因此動怒譴責陳獨秀和李大釗。

陳獨秀加入國民黨後，繼續在中共中央機關刊物《嚮導》雜誌屢次撰文，批評國民黨幻想以廣州一隅之地，利用軍閥來進行革命的做法不切實際。1923 年 7 月 18 日，孫中山用英語憤怒地對馬林說：像陳獨秀那樣在他的週報上批評國民黨的事再也不許發生，「如果他的批評裏有支持一個比國民黨更好的第三個黨的語氣，我一定開除他」。如果我可以不接受財政援助，我就能自由地把共產黨人開除出國民黨。[19] 1924 年 5 月 31 日，蘇聯與北洋政府正式簽訂《中俄解決懸案大綱》。已加入國民黨的李大釗，竟然公開支持蘇聯承認北洋政府為中國的中央政府。這政治立場否定廣東革命政府的政治地位，於是張繼指控中共黨員，「不顧本黨黨義，無論在何地者，皆一致主張北京偽政府承認蘇俄簽字於王正廷加拉罕所議之中俄協定」。孫鏡亞就此事上書孫中山檢舉李大釗帶頭作此主張。孫中山大為憤怒，「着令中央執行委員會查明有無其事」。此外，中共黨人站在蘇聯的立場，「主張外蒙應有『自決權』，應允許

17　陳獨秀：〈資產階級的革命與革命的資產階級〉，《中共中央文件選集》（1），第 102 頁。原載於《嚮導》第 22 期，1923 年 4 月 25 日出版。

18　〈中共廣東區委聯席會議紀錄〉（1924 年 10 月 1 至 6 日），引自楊奎松：《國民黨聯共與反共》，第 55 頁。

19　〈致越飛和達夫謙的信〉（1923 年 7 月 18 日），《馬林與第一次國共合作》，第 294 頁。

其獨立，並斥責國人收回外蒙的言論為帝國主義思想」。這些文章多在中共控制的國民黨上海《民國日報》和《新青年》等報刊發表，引起一般人對國民黨聯俄政策的誤會。1924 年 11 月 10 日國民黨老同志朱和中上呈孫中山，要求究辦《民國日報》和《新青年》「出言不慎，致招是非，影響前途甚巨。請鈞座以總理名義發令本黨言論，須有齊一之步驟，不得自由漫罵，紊亂政綱」。孫中山極為氣憤，批示「着中央執行委員會嚴頒紀律，禁止本黨各報之狂妄」。[20] 孫中山尚且因為中共妄顧國民黨的政治立場而震怒，其他黨員當然會因既有權力地位受損而痛恨中共。

中國歷代推行改革，必然會遇到阻力，其中一個主要原因是改革就是用新的取代舊的，用新制度代替舊制度，用認識或設計新制度的人推行新措施，不懂新政的舊人，缺乏相關知識和能力參與其事者，當然會被棄置不用。這批舊人失去了影響力，隨之而來會失去了既得的權力、財富和地位，自然會伺機阻撓和破壞新政，以證明新不如舊，這樣他們才有機會重掌政權。

國民黨推行「聯俄容共」政策時，也逃不出這歷史的規律。一方面同盟會年代的老國民黨黨員，如鄧澤如、張繼、彭素民、張秋白、居正、呂志伊等都是知識份子、大地主、大資本家和海外華僑，他們有悠久的革命經歷，對加入國民黨的中共黨員並不真心尊重國民黨領袖、真正信仰三民主義，經常在中共的雜誌刊物批評、規勸國民黨，以指導者自居，這些老黨員怎忍得了？[21] 因此，這些老黨員深感不安。1923 年 11 月 29 日，國民黨臨時中央執行委員鄧澤如等人上書孫中山，力圖阻止，認為「本黨之改組，其動機雖出自我總理之乾剛獨斷；惟組織法及黨章黨綱等草案，實多出自俄人鮑羅廷之指揮。……俄人替我黨訂定之政綱政策，全為陳獨秀之共產黨所議定」，正在「借國民黨之軀殼，注入共產黨之靈魂」，「奸人謀毀吾黨，其計甚毒，

20　《國父年譜》（下），第 1558 頁。
21　《國民黨聯共與反共》，第 62－63 頁。

不可不妨」。[22]

鮑羅廷分析這些黨國元老反對綱領的私下原因，是國民黨元老侵吞捐款，國民黨改組會令他們失去原有的生財之道。[23]

孫中山知道黨國元老私吞革命捐款，只是寬容處理。他對黨國元老們解釋新政綱政策是他請鮑羅廷所起，由他審定，切不可疑神疑鬼。孫中山強硬地表示：他絕不會聽從共產黨人在國民黨內自行其事，雖然陳獨秀等已加入國民黨，但「陳如不服從吾黨，吾亦必棄之」。[24]

孫中山既然要借助蘇聯和中共黨人協助改組國民黨，自然需要委任中共黨人以國民黨重要職位，也自然傷害了許多老黨員的利益。國民黨一大改選的結果，便刺激了這批老黨員。剛入黨的中共黨人在新成立的國民黨中央執行委員會，一舉擁有將近四分一的席位，過去長期受孫中山倚重的老黨員大權旁落，當然不滿。另外，中共控制了組織、工人、農民等部。各地新成立的省黨部，所派的籌備員多從中共控制的組織部派出，新的省黨部自然被中共掌控，於是國共關係惡化。廣州幾位老國民黨員組織秘密小團體抵制中共，各地部分老國民黨員亦都紛紛拒絕與中共合作。北京、上海、廣州、漢口等地的國共黨員、工人和學生組織都存在着嚴重的分歧和對立。[25] 原本已經反對「容共」的老黨員鄧澤如、劉成禺、馮自由、謝英伯、劉盧生、徐清和等五十餘人在廣州集會，「通過警告李大釗等不得利用跨黨機會以攘竊國民黨黨統案」，廖仲愷等人知道後，深感此舉有違黨綱黨紀，立即報告。國民黨中央執行委員會根據「一大」通過的章程，想立案革除領頭的馮自由、謝英伯、

---

22 〈鄧澤如等呈總理檢舉共產黨文〉（1923 年 11 月 29 日），中國國民黨中央委員會黨史史料編纂委員會編：《革命文獻》（9）（台北：中央文物供應社，1978 年影印再版），第 65－67 頁。

23 〈鮑羅庭筆記〉（1924 年 1 月），《共產國際、聯共（布）與中國革命文獻資料選輯》（1917－1925），第 566－567 頁。

24 孫中山：〈批鄧澤如等的上書〉（1923 年 11 月 29 日），《孫中山全集》（8），第 458－459 頁。

25 《國民黨聯共與反共》，第 31－33 頁。

劉禺生、徐清和等四人黨籍。孫中山念在他們追隨革命多年，告誡了事。[26]

孫中山雖然知道國共兩黨的紛爭不絕，但為了繼續推行「聯俄容共」政策，只能扮演居中調停的角色。他自信能夠控制局勢，要求黨員遵守黨紀服從，不可質疑他的決定，包括「容共」一事，「本總理受之在前，黨人即不應議之於後」。他對擔心和懷疑的黨員常說：「只要我、汪精衞、胡漢民等綜合派居中調節、掌握，定可支配大局無疑。」[27]

不久，國共合作面臨一次嚴重的考驗。1924 年 6 月初，謝持從巴黎返國的女婿取得一份《中國社會主義青年團第二次大會議決案及宣言》，內有中共第三次代表大會的《關於國民運動及國民黨問題的議決案》，議決案第六項稱：「我們加入國民黨，但仍舊保存我們的組織，並須努力從各工人團體中，從國民黨左派中，吸收真有階級覺悟的革命份子，漸漸擴大我們的組織，謹嚴我們的紀律，以立強大的群眾共產黨之基礎。」第七項：「我們在國民黨中，須注意下列各事：（一）在政治的宣傳上，保存我們不和任何帝國主義者任何軍閥妥協之真面目；（二）阻止國民黨集全力於軍事行動，而忽視對於民眾之政治宣傳，並阻止國民黨在政治運動上妥協的傾向，在勞動運動上改良的傾向；（三）共產黨黨員及青年團團員之言語行動，都須團結一致；（四）須努力使國民黨與蘇俄接近，時時警醒國民黨，勿為貪而狡的列強所愚。」[28]

文件顯示：中共確是以黨團的方式在國民黨內存在，而且試圖左右國民黨政策和擴大自己組織的意圖。於是，謝持與張繼、鄧澤如等中央執行監察委員立即研究，聯名提出彈劾案。6 月 18 日，鄧澤如在中央執行委員會第三十九次會議上提出彈劾案。消息外傳之後，不滿中共跨黨的國民黨人紛紛集會，聯名提交檢控信和彈劾案，這些國民黨人多達二千名。各地上書的內

26　《國民黨聯共與反共》，第 65−66 頁。

27　孫中山：〈與日人某君的談話〉（1924 年 2 月），《孫中山全集》（9），第 536 頁。

28　〈中央監察委員會彈劾共產黨案〉，《革命文獻》（9），第 72−74 頁；〈關於國民運動及國民黨問題的議決案〉（1923 年 6 月），《共產國際、聯共（布）與中國革命文獻資料選輯》（1917−1925），第 490−491 頁。

容甚至直接挑戰「容共」政策，強烈要求革除共產黨人的國民黨黨籍。25 日，謝持和張繼兩人前往鮑羅廷寓所質問「共產黨在國民黨內之黨團問題」，共產黨加入國民黨，而在黨內做黨團活動，是否合理？鮑羅廷毫不含糊地回答：「國民黨已死，國民黨已不成黨，只可說有國民黨員，不可說有國民黨，加入新份子，如共產黨者，組織黨團，可引起舊黨員之競爭心，則黨可復活！」兩人認為：「君所用方法，欲令國民黨復活者，實足以使國民黨死亡耳，使多數小團體在同一範圍內相傾軋相競爭，乃致死之道也。」鮑說：「誠然，可致國民黨死命，惟不希望如是結果，希望右派左派相爭，發生一中央派，作黨之中心。」兩人認為國共兩黨既性質不相容，不如分道揚鑣。鮑說：「徒分離革命實力，前途必不利。」[29]

　　7 月 3 日，國民黨中央執行委員會召開第四十次會議，胡漢民為主席，汪精衛、廖仲愷、邵元沖、林森、張繼、林祖涵、鄒魯、柏文蔚、譚平山和張知本等十人出席。張繼首先講述了他與鮑羅廷的談話情況，並堅持認為鮑羅廷無論如何不能當國民黨的顧問。張繼作了長篇發言，譚平山表示反對，兩人之間辯論持續約兩個小時。最後，汪精衛說：「張繼說了許多多餘的話，鮑羅廷同志對於中國革命來說確實很寶貴，他在援助工作中是忠於革命的。張繼所講的話對他是很不公正的。……顧問是總理任命的，對此我們無可非議。至於兩黨之間的爭論，我們應該找到把它們聯合起來和加強工作的辦法。」廖仲愷說：「『國民黨』這個詞已死亡，這是真的。如果黨員不努力工作，不服從黨規，就意味着這個黨已死亡。至今還有許多組織不贊同黨章。」林森也為共產黨講了話：「如果共產黨遵守國民黨的宣言和原則，那麼國民黨就不應該搞分裂。」柏文蔚指出共產黨員加入國民黨後為它帶來的好處：加強了國民黨政權和它與共產國際的真正聯繫。[30] 會議顯示大多數國民黨中央執

29　〈謝張兩監察委員與鮑羅庭問答紀要〉（1924 年 6 月 25 日），《共產國際、聯共（布）與中國革命文獻資料選輯》（1917－1925），第 577－579 頁。

30　〈國民黨中央執行委員會第 40 次會議情況通報〉（1924 年 7 月 3 日於廣州），《聯共（布）、共產國際與中國國民革命運動》（1920－1925），第 497－502 頁。

行委員仍然支持「聯俄容共」政策。

　　孫中山詳細分析了形勢，知道中共黨員必然受蘇聯影響，也不可能與國民黨步伐一致。但同時又看到推行「容共」政策的結果，中共黨人努力在全國範圍內發展國民黨組織，北京執行部用一年時間就發展了上萬黨員。中共黨人所表現出的魄力和銳氣，遠非那些充滿惰性和暮氣的國民黨老同志可比。同時這份《中國社會主義青年團第二次大會議決案及宣言》證明中共是決心與國民黨合作，不願與國民黨糾紛，並明令其成員必須努力「擴大國民黨的組織於全中國」，「使全中國革命的份子集中於國民黨」。這些要求令孫中山感到安慰，於是堅定繼續進行「聯俄容共」政策。1924 年 7 月 11 日，另外設立「中央政治委員會」以籌劃大政方針和重要人事的任免。孫中山聘鮑羅廷為高等顧問，胡漢民、汪精衛、廖仲愷、譚平山、伍朝樞和邵元沖為委員，把原有老黨員佔多數的中央執行委員會和監察委員會的權力架空。

　　8 月 19 日，國民黨一屆二中全會正式開始討論彈劾共黨案問題，由於孫中山主持的中央政治委員會已經內定解決方案，23 日二中全會通過了中央政治委員會擬定的《關於在國民黨內之共產派問題的決議案》和《關於國民黨與國際革命運動之聯絡問題的決議案》兩項決議草案，「決議在中央執行委員會政治委員會內設國際聯絡委員會，其職務之一，即在直接協商中國共產黨之活動與本黨有關係者之聯絡方法。如是則本黨之最高黨部一方面對於中國共產黨負保守其秘密之義務；一方面對於本黨黨員負了解本黨與中國共產黨之關係之義務」，[31] 希望這個國際聯絡委員會能解決兩黨之間的隔閡與糾紛。孫中山看出國共糾紛問題的關鍵在於有些黨員根本不了解他的三民主義，根本反對「聯俄容共」政策，更有一些黨員是因為喪失了既有的權力地位，站

31　〈關於在國民黨內之共產派問題的決議案〉和〈關於國民黨與國際革命運動之聯絡問題的決議案〉，《聯共（布）、共產國際與中國國民革命運動》（1920－1925），第522－523 頁；〈中國國民黨中央執委會頒發有關容納共產份子問題之訓令〉，榮孟源編：《中國國民黨歷次代表大會及中央全會資料》（北京：光明日報出版社，1985年），第 75 頁。

出來煽動其他黨員的。30 日，孫中山在中全會最後一次會議上公開批評馮自由：「黨要進行改組時，馮自由並不反對，兩個月內他從未講過任何反對改組的話。」「當中央委員會剛選出，他因未能入選，就向我們的敵人（香港《大公報》）供出了他所知道的關於改組和黨的全部情況。馮自由因為未被選為中央委員而煽動一伙人反對共產黨人。」「他入黨已二十多年，在同志中有一定影響，有些同志不自覺地附和他。」「現在我以黨主席的名義宣佈開除馮自由出黨」，並警告以後誰再無端挑起是非，「就採取對馮自由一樣的方法對待他們」。張繼立即表示異議，力圖申辯。孫中山震怒地說：「黨員應絕對服從自己的領袖和他的領導，因此我們在過去組織了中華革命黨。那時每一個黨員都宣誓，但後來表明，宣誓歸宣誓，黨員根本不尊重我的指示。我們的同志，還有我們的軍隊只有黨命令對他們有利時才服從，反之往往拒絕服從。如果所有的國民黨員都這樣，那我將拋棄整個國民黨，自己去加入共產黨。」[32]

國共初次嚴重糾紛在孫中山的聲望和權力之下平息了，孫中山逝世之後，有誰可以解決這個遺留下來的問題？

4. 中國革命領導權之爭

（1）中共對國民黨的工作方針

1925 年 1 月中共在上海召開第四次全國代表大會，通過了《對於民族革命運動之議決案》，指出：「中國為全世界帝國主義者決死必爭之市場；帝國主義者當中的競爭，固然有時給中國民族運動進展的機會，同時也正因他們的競爭，使他們更要爭相勾結中國富於妥協性的上層階級，甚至愚弄上層階級的民族革命派，做他們的工具，因此中國的民族革命運動，必須最革命的

---

32 〈孫逸仙在國民黨中央全會最後一次會議上的講話〉（1924 年 8 月 30 日），《聯共（布）、共產國際與中國國民革命運動》（1920－1925），第 524－527 頁。

無產階級有力的參加，並且取得領導的地位，才能夠得到勝利。」[33]

決議案分析了國民黨自改組大會以後已分化為左中右三派，「左派的成分是工人、農民及知識階級的急進份子；右派的成分是軍人、官僚、政客、資本家，他們在廣東已和大商買辦階級及地主階級合作，壓迫農民、工人」。國民黨右派不但反對中共及國民黨左派，並且反對國民黨中派。「國民黨中派，是些小資產階級知識階級中革命份子，他們在數量上雖不甚重要卻站在國民黨領袖地位，他們總是立在我們和右派之間，操縱取利。」

決議案認為中共在國民黨中的工作，已經進入一個新時期，針對國民黨三個派別的工作方針有三項新的決定：

一、在國民黨中工作，對於各種運動，須努力保存階級爭鬥的成分。

二、在國民黨內各級黨部，國民黨外各社會團體宣傳：反對帝國主義，反對軍閥政治，反對帝國主義工具之買辦階級，擁護工人、農民、一切勞苦群眾之利益，指摘國民黨中及民族運動中的右派和帝國主義妥協和反動的軍閥妥協，和買辦地主階級妥協，及壓迫農工一切勞動平民的每個反革命事實，並暴露國民黨中派游移態度。

三、應當在思想上、組織上、尤其是在民眾宣傳上，擴大國民黨的左派；對於國民黨中派領袖及一切左右派間游離份子，應該在具體事實上，糾正其右傾政策之錯誤，使之明了右派行為違反了革命主義，使之離開右派，從事不妥協的鬥爭。[34]

中共的策略是：「在國民黨內應扶助左派，與左派結合強大的鬥爭聯盟，和他們共同應付中派，公開的反對右派。總之我們只能扶助左派而不能替代左派，只能聯合左派控制中派使之左傾，而不能希望消滅中派；對右派則應

33 〈中國共產黨第四次全國代表大會文件：對於民族革命運動之議決案（3）中國各社會階級在民族運動中的趨向 — 無產階級之領導地位〉（1925 年 1 月），《中共中央文件選集》(1)，第 333 頁。

34 〈中國共產黨第四次全國代表大會文件：對於民族革命運動之議決案（5）我們與國民黨及其他黨派之關係〉（1925 年 1 月），《中共中央文件選集》(1)，第 278－279 頁。

從上至下的反對之。」[35] 簡而言之，就是聯合左派，拉攏中間派，打擊右派。

（2）蔣介石的革命立場

1925 年 3 月 12 日孫中山病逝，隨之而來的問題是由誰繼任黨領袖？

孫中山逝世之後，胡漢民在國民黨內有很大的勢力，右派中委如居正、鄒魯、謝持、丁淮汾、王法勤、覃振、石青陽、鄧家彥、茅祖權等人以他為領袖。蔣介石此時尚未被選為中央委員，但得到孫中山信任，得到中央執監委如張靜江、戴季陶、葉楚傖、邵元冲、吳敬恆等人支持，再加上當時態度前進，得到共產國際和中共的扶持。汪精衛在中央執監委會中勢力孤單薄弱，故國民黨改組後，高呼「革命的往左邊來，不革命的滾出去」，藉以籠絡黨內青年幹部，並暗與蔣合作。國共合作期間，國民黨內真正的左派在中下層的固然很多，但在上層中除中共跨黨人員之外，為數甚少，屬於右派和中間偏右的佔了大多數。[36]

蘇聯和中共立即加入了國民黨領導權的爭奪，蘇聯和中共當時考慮支持誰人繼任孫中山的領導地位呢？當然會考慮誰是「聯俄容共」政策最忠實的追隨者。誰最「進步」？誰最可靠？是廖仲愷、汪精衛、胡漢民，還是蔣介石？

一般資料大多數會認為是國民黨左派的廖仲愷，甚至是汪精衛，很少會答是國民派右派的胡漢民，更加不會挑選殺了無數共產黨人的蔣介石。不過，坊間書刊提供的資料是有限的，是小心地遺漏的，故意隱瞞的。

汪精衛是辛亥革命元老，孫中山的左右手，推行「聯俄容共」政策時，他不斷高呼「要將軍閥和國際帝國主義一齊打倒」，只有「永絕軍閥禍根，人民方能解除痛苦，團結自救」。他開口就是國民黨改組精神，言必稱擁護農工

---

35 〈對於目前時局的幾個重要問題——附四：關於湘區 CP 與 KMT 關係的決議案〉（1926 年 11 月 9 日中央局與遠東局討論所得的意見），《中共中央文件選集》（2），第 308 頁。

36 羅翼群：〈廖仲愷先生被刺前後〉，《文史資料選輯》（85），第 14 頁。

運動，文必舉國民革命大旗。於是汪精衛不僅得到了國民黨左派的信任，得到了共產國際代表和中共的支持，也博得了廣大工農民眾的好感。因此，蘇聯順理成章支持汪精衛接掌孫中山遺留下來的權力和地位。此外，我們也應該留意一個人也因為積極支持「聯俄容共」政策，獲得蘇聯顧問的提拔，在國民黨內的權力地位迅速上升。

這個人是誰？還不容易找到？有多少個國民黨人是送了他的孩子到蘇聯留學的？哪一個家庭還討了一個蘇聯女子當媳婦，讓兒子當了蘇聯人的女婿？誰能真真正正的這樣推行「聯俄容共」？除了蔣介石之外，哪一個「黨國元老」有種這樣做？

歷史為我們提供了答案：1925 年 3 月 12 日孫中山病逝，同年 10 月，蔣介石把他十五歲的長子蔣經國送往蘇聯莫斯科中山大學留學，並加入蘇聯共產黨。這就是「以子為質」！蔣介石的投資是這麼大，是不是值得第三國際和蘇聯顧問鮑羅廷特別欣賞？因此，一般人只看到孫中山左右手汪精衛和胡漢民兩位元老在鬥爭，在爭奪孫中山遺留下來的黨領袖地位，而忽略了在鮑羅廷支持下扶搖直上的蔣介石。不過，話應該說回來，蔣介石早已有聯俄傾向，甚至比孫中山更早主張聯俄，只不過國民黨史書不便說，也不好說了！

辛亥革命，推翻皇權之後，傳統學術思想隨之動搖，新思潮大量湧入，知識份子如飢似渴地閱讀各種新式書報，希望從中能找尋得救國真理。蔣介石亦不例外，閱讀了《新青年》、社會主義和馬克思主義等進步書籍。根據現存美國斯坦福大學胡佛研究所保存的《蔣介石日記》，記錄了蔣介石從 1919 年 12 月到 1926 年 5 月期間，多次閱讀《新青年》雜誌；1919 年 12 月至 1925 年 5 月看孟舍路著的《經濟學原論》、津村秀松的《國民經濟學原論》；1923 年 9 月至 1925 年 10 月，看《馬克思學說概要》，覺得甚為有趣，「樂而不能懸卷」；蔣介石同時又閱讀了《共產黨宣言》、《列寧叢書》，以及《德國社會民主黨史》、《法國革命史》、《俄國共產黨史》和《俄國革命史》等書籍。蔣介石同時產生了到俄國遊歷的想法，並為此認真地學習俄文。1919 年 11 月 27 日開始至 1923 年底，日記寫下了他多次學習俄文的記錄。

這時蔣介石十分嚮往俄國，1925 年 11 月 21 日日記讚揚列寧：「其言權力與聯合民眾為革命之必要，又言聯合民眾以主義的感化與訓練為必要的手段，皆經歷之談也。」1926 年 8 月 11 日閱讀《俄國革命史》後，在日記寫下「甚覺有益」一句。[37] 因此，蔣介石並不認同孫中山單純依靠地方軍閥革命的做法，1920 年 3 月，蔣介石上書孫中山，用俄國革命成功的例子，勸他放棄對歐美、日本外交的期待，指出：「列強各國對於俄國之壓迫，可謂無所不同其極，兵力壓制之不已，繼之以封鎖，及其封鎖之無效，又利用波蘭及反勞農軍以搗亂。而俄國卒不為其所困者，亦以其內部之團結堅強，實力充足，乃有所恃而無恐耳。」蔣介石主張團結內部，放棄外交，以蘇俄自強自立為師法。比對三年後孫中山才明白提出「以俄為師」，他的聯俄觀點起步得比孫中山早一點。[38]

1923 年 8 月 5 日孫中山委任蔣介石為「孫逸仙博士代表團」團長，授予全權，代表他到蘇聯考察其軍事和黨務。這時，國民黨加入了共產國際。蘇聯政治局就此事表決時，以壓倒性多數（托洛茨基一票反對）批准了國民黨加入共產國際。直至上海「清共」之後，共產國際所有負責幹部，在斯大林的命令下，才否認國民黨曾是共產國際的一員，國民黨壓根兒就沒有加入了共產國際。[39]

8 月 16 日代表團從上海出發，12 月 15 日回到上海，詳細考察了蘇聯黨務、軍事和政治各方面。蔣介石考察蘇聯期間，對紅軍的政治工作以及紅軍的裝備很感興趣。在蔣介石的要求之下，9 月 17 日蘇聯安排了一次士兵大會，蔣介石透過翻譯對四百名蘇聯第 144 團步兵講演：「紅軍戰士和指揮員們！你們戰勝了你們國內的帝國主義和資本主義，⋯⋯ 每一個戰士的義務就

37　楊天石：《找尋真實的蔣介石——蔣介石日記解讀》（香港：三聯書店，2008 年），第 11—15 頁。

38　《國民黨聯共與反共》，第 100 頁。

39　《托洛茨基文集：斯大林與中國革命》，網頁：《中文馬克思主義文庫——托洛茨基》，網址：www.marxists.org/chinese/Trotsky/marxist.org-chinese-trotsky-1930b.htm。

是犧牲。……我們是革命者，是革命的國民黨黨員，我們是軍人，我們是戰士，我們也準備在同帝國主義和資本主義的鬥爭中犧牲。」「我們來這裏學習並與你們聯合起來。」我們將向你們「伸出我們友好的同盟者之手，以便共同戰鬥」。[40] 蘇聯軍事院校管理總局秘書盧果夫斯基給外交人民委員部遠東部主任的書面報告，形容蔣介石講話時情緒很高、也很激動，「他在結束講話時幾乎是在吼，他的雙手在顫抖」。蔣介石的講話不時被經久不息的掌聲打斷，蔣介石非常激動和興奮，在整個回來的路上都在談論紅軍的「精神」，請翻譯告訴盧果夫斯基：他為紅軍的「精神」所感染。[41]

維經斯基在 1923 年 10 月 18 日收到蔣介石親自撰寫關於中國國民運動和黨內狀況的書面報告，報告指出中國國民革命的特點是：「我們的國民革命不能帶有妥協性質，我們的目標就是同國際帝國主義及其工具──中國軍閥作鬥爭。正是世界資本主義和帝國主義把中國變成了半殖民地。不推翻世界資本主義和帝國主義就不能指望中國取得真正的獨立。由此得出，我們的任務就是推翻世界資本主義。所以我們的國民革命將具有國際性質。」[42]

11 月 26 日蔣介石會見共產國際領導人時開門見山的說：「國民黨肩負着在中國進行革命工作的責任，這是進行世界革命工作的一部分。……共產國際代表着全世界無產階級的利益，它也有領導革命運動的責任，特別是領導那些遭受資本主義和帝國主義壓迫的國家的革命運動的責任。」蔣介石游説共產國際支持中國革命。接着，蔣提出了國民黨的「世界革命構想問題」：俄國本身有許多敵人，這幾年中已取得了革命的成功。俄國西部戰線的德國仍

40　《找尋真實的蔣介石──蔣介石日記解讀》，第 101 頁；〈杜霍夫斯基關於國民黨代表團情況的札記〉（1923 年 9 月 10 日）及〈關於國民黨代表團訪問第 144 步兵團情況的書面報告〉（1923 年 9 月 17 日），《聯共（布）、共產國際與中國國民革命運動》（1920－1925），第 291－292 頁。

41　〈盧果夫斯基給外交人民委員部遠東部主任的書面報告〉，《聯共（布）、共產國際與中國國民革命運動》（1920－1925），第 291－292 頁。

42　〈國民黨代表團關於中國國民運動和黨內狀況的書面報告〉（1923 年 10 月 18 日），《聯共（布）、共產國際與中國國民革命運動》（1920－1925），第 300－301 頁。

處於資本主義控制之下，「如果德國革命不取得勝利，那麼俄國的西部戰線不會安全」；俄國東部戰線有中國，「如果中國革命不能取得成功，資本主義和帝國主義列強就會在中國取得勝利，進而他們就會進犯俄國的遠東」。「國民黨建議：俄國、德國和中國（兩國在革命成功之後）組成三大國聯盟來同世界資本主義勢力作鬥爭。借助於德國人民的科學知識、中國革命的成功、俄國同志的革命精神和該國的農產品，我們將能輕而易舉地取得世界革命的成功，我們將能推翻全世界的資本主義制度。」我們希望「共產國際對遠東，特別是對中國革命予以特別的注意」。[43] 蔣介石清楚表明請蘇聯支持中國革命。不過，共產國際並不認同「孫逸仙只從事軍事行動」的革命策略，托洛茨基會見國民黨代表團時說：北洋軍閥得到外國的支持，所以，如果共產國際給予孫逸仙以軍事援助，中國的社會輿論就會這樣評價形勢：「張作霖是日本的代理人，吳佩孚是美國和英國的代理人，而孫逸仙是蘇俄的代理人。」這樣革命就不可能成功。解放運動需要有另外一些方式，就是國民黨的絕大部分注意力應當放到宣傳工作上。「一份好的報紙，勝於一個不好的師團。在目前條件下，一個嚴肅的政治綱領比一個不好的軍團具有更大的意義。」托洛茨基歸納地説：「國民黨應當立即堅決地、急劇地改變自己的政治方向盤。……應該把全部注意力集中在政治工作上來，把軍事活動降到必要的最低限度。」[44]

蔣介石考察蘇聯，共產國際亦考察蔣介石。蘇聯東方部主任杜霍夫斯基認為蔣介石「屬於國民黨左翼，是最老的黨員之一，深受孫逸仙的信任。同我們很親近」。[45] 一般國民黨觀點認為蔣介石從來都是堅決反共的，最客觀的

---

43 〈有國民黨代表團參加的共產國際執行委員會會議速記記錄〉（1923 年 11 月 26 日於莫斯科），《聯共（布）、共產國際與中國國民革命運動》（1920–1925），第 330–333 頁。

44 〈巴拉諾夫斯基關於國民黨代表團拜訪托洛茨基情況的書面報告〉（1923 年 11 月 27 日於莫斯科），《聯共（布）、共產國際與中國國民革命運動》（1920–1925），第 340 頁。

45 〈杜霍夫斯基關於國民黨代表團情況的札記〉（不晚於 1923 年 9 月 10 日於莫斯科），《聯共（布）、共產國際與中國國民革命運動》（1920–1925），第 288 頁。

看法蔣只是調和左右派的中間派，但在共產國際的評估卻認為蔣是革命的左派。這時，曾有人動員蔣介石加入中國共產黨，蔣介石回答說「須請命孫先生」，令動員者失望，批評蔣是「個人忠臣」。[46]

1924 年 5 月 3 日，孫中山任命蔣介石為陸軍軍官學校校長，兼粵軍總司令部參謀長。蘇聯提供了軍校經費、武器裝備和教官，令軍校得以順利建成和發展起來。一年之間，軍校招收了三期學生，共有畢業生 2,259 名。[47] 這支兩千餘名軍官學生隊，是國民黨的重要軍事力量，也是蔣介石的嫡系部隊，是蔣的重要政治資本。當上黃埔軍校校長的蔣介石言論更加激進，他經常說：「我們所要仿效的，是俄國的革命黨。」令孫中山視蔣為黨內少數「聯俄容共」政策的堅定支持者，組織革命委員會時，任命他為「全權委員」。蔣介石領兵一平商團之亂，二平廣東軍閥。順利登上長洲要塞司令、東征軍總司令、國民革命軍第一軍軍長之職。1925 年 8 月，鮑羅廷認定蔣介石是最可靠的左派將領，全力支持蔣介石出任廣州衛戍司令，與汪精衛、許崇智組成三人權力中心。蔣介石得到蘇聯大力扶持，迅速從所有國民黨元老之中脫穎而出，進入權力核心。[48]

1925 年 6 月 14 日，國民黨中央政治委員會第十四次會議決定將原大元帥大本營改組為國民政府。次日，國民黨中央執行委員會全體會議通過，由代理大元帥胡漢民於 27 日發佈改組政府令。7 月 1 日，國民政府在廣州宣告成立，改大元帥制為委員制，最高決策機關為國民政府委員會，委員會採取合議委員制，由個人領導改為集體領導，汪精衛、胡漢民、張靜江、譚延闓、許崇智、于右任、張繼、徐謙、林森、廖仲愷、戴季陶、伍朝樞、古應芬、朱培德、孫科、程潛等十六人為委員，汪精衛為主席，聘鮑羅廷為高等顧

46　楊天石：《找尋真實的蔣介石——蔣介石日記解讀》（北京：東方出版社，2018 年），第 116 頁。

47　蔣永敬：〈黃埔軍校創辦的時代意義和背景〉，《黃埔建校六十週年論文集》（上），第 62 頁。

48　《國民黨聯共與反共》，第 108－109 頁。

問。另外，設置國民政府軍事委員會，以蔣介石、汪精衛、譚延闓為常務委員，汪精衛兼任主席。孫中山病逝時，胡漢民任職陸海軍大元帥、中央政治委員會主席和廣東省長，是國民黨最具實力的領袖。[49] 不過，汪精衛在蘇聯的支持下成為孫中山的繼任人，把胡漢民排擠在權力核心之外。於是，國民政府分為左中右三派，中派以許崇智為領袖，右派以胡漢民為領袖，左派以廖仲愷、汪精衛、蔣介石為領袖。

(3) 國民黨的內部鬥爭

1925 年 8 月 20 日，廖仲愷在國民黨中央黨部門外遇刺身亡。國民政府在鮑羅廷的參與、支持下，成立了由汪精衛、許崇智、蔣介石組成的「廖案特別委員會」，「授以政治、軍事、員警全權，以應付非常之局勢」。

廖仲愷衛士當場將兇手之一陳順擊傷擒獲，根據他的口供，刺殺行動由粵軍許崇智部下朱卓文指使。23 日，粵軍第 3 軍長李福林帶來「人證」自首，向汪精衛、許崇智、蔣介石舉報胡毅生（胡漢民的堂弟）、朱卓文等人「口口聲聲說非殺廖仲愷不可」，並供出魏邦平（粵軍總部高等顧問）、梁鴻楷（粵軍第 1 軍軍長）、梁士鋒（旅長）、張國楨（第 5 師師長）、楊錦龍（旅長）等，曾在他的家鄉——廣州珠江南岸大塘村，召開「反共傾覆政府會議」，「擬首先推翻許崇智、蔣介石，重組政府」。於是，「廖案特別委員會」下令拘捕胡毅生、朱卓文、魏邦平等人。

這時，省港大罷工正在進行，港英政府勾結魏邦平和梁鴻楷等反革命軍人，私運米糧蔬菜供應香港，但又被罷工糾察隊阻止，港英政府無法解決困局，於是刺殺領導罷工的廖仲愷作為破壞。[50] 1926 年 1 月 6 日，汪精衛在中

49　蔣永敬：〈政策的分歧與意見的衝突〉，教育部主編：《中華民國建國史》（3）（台北：國立編譯館，1989 年），第 517 頁。

50　鄧中夏：〈罷工政策及其勝利——在省港罷工工人代表大會上的演説詞〉（1925 年 9 月 27 日），《鄧中夏文集》，第 169 頁；鄧中夏：〈嗚呼廖仲愷先生之死！〉（1925 年 8 月 22 日），《鄧中夏文集》，第 156-157 頁；〈一年來省港罷工的經過〉（1926 年 8 月），省港罷工委員會宣傳部編：《省港罷工概觀》，（1926 年 8 月）。

國國民黨第二次全國代表大會報告了刺客林直勉的供詞:「當他參與推倒廖同志的時候,有一個人說這事一定成功的,香港方面可以有 200 萬元的幫助。…… 香港 200 萬元這句話,實和當日拿着的楊錦龍供詞是一樣的;楊曾供出他當初本不敢參與這事,後來胡毅生說香港有 200 萬元的幫助,他才決心參與的。可見此事是很確實的了。」[51]

羅亦農從廣州的政局分析廖仲愷被刺殺的原因:

廖仲愷是「死在國民黨中的右派——國民黨中之反動軍閥、失意的政客和香港政府的手裏」。

因為孫中山「聯俄容共」之後,「改組了廣東省政府,實行軍、財兩政的統一,禁煙禁賭」,是自有國民黨以來唯一盛舉。「但是這種利於民眾的政策與反動軍閥的利益是相衝突的」,「梁鴻楷、李福林、李樹巍、莫雄、鄭潤琦、楊坤如、羅翼群等,不僅不願改組,且公然表示反對,佔據財政機關,包煙包賭,干涉民政,毫無顧忌。」「粵軍大部分有五分之四立於反革命地位以與革命政府相抗,其餘之五分之一又多不甚可靠。」「贊成軍財兩政統一、禁煙禁賭、改組軍隊者,以廖仲愷為最力。」「因此大招右派的反革命軍閥之忌。這就是廖仲愷被他們狙擊的第一個原因。」

「右派的反動軍閥自私自利,甘心作反革命,與劉震寰、楊希閔無異。」「省港罷工委員會的糾察隊實行禁止糧食貨品出口,與香港斷絕營業關係,處處與割據式的反動軍閥以實際上利害之打擊。」「廖於革命政府改組後主持工農運動外,又加上改組軍隊、統一軍財兩政的新責任。這個實際上、名義上與反革命的右派軍閥的利害衝突非常的顯明。此外他們更記得推倒劉楊的時候,廖仲愷主謀之力居多。…… 在他們看來,處此情狀,非狙擊廖仲愷不可。要消滅黨軍又非狙擊蔣介石不可。此外許崇智、汪精衛也是要被他們狙擊的主要份子。」「改組軍隊,黃埔黨軍是主謀,許氏投降黃埔。汪精衛所以

51　汪精衛:〈對中國國民黨第二次全國代表大會政治報告〉(1926 年 1 月 6 日),《共產國際、聯共(布)與中國革命文獻資料選輯》(1926－1927)(上),第 12－14 頁。

要被狙擊，因為他是改組政府後的一個中心人物，他對禁煙禁賭特別主張，不遺餘力，這當然要遭右派軍閥之忌。」「汪、許、蔣、廖都在擬殺之列。」「可以說右派反革命的軍閥大聯合是廖仲愷死的第二個原因。」

「國民政府成立後，許多右派的官僚政客得不到做官的欲望，並且還有許多被裁撤，如胡毅生、林直勉等都是賦閑，且胡毅生失了胡漢民執政時賣官鬻爵的大買賣。……因此胡毅生等就在李福林等的軍隊裏煽動，有許多靠革命吃飯的就在海外華僑宣傳，說政府主張共產。買辦商人周殿邦得了香港政府的大批金錢，在沙基設立了一個大的俱樂部，供給胡毅生、魏邦平、林樹巍等的揮霍；一方面又以金錢接濟趙士覯、胡毅生、林直勉，創辦反對革命派以反共產為口號的《國民新聞》，專門與政府為難。」

「廖仲愷之被狙擊，最近廣州之政局嚴重，英國帝國主義者——香港政府實負勾結主使之責。劉楊打倒後，英國帝國主義者在廣州一時失掉了強有力的武裝工具，不幸又發生『五卅』慘殺後之全國大反帝國主義運動，香港政府非常之恐懼。……想盡方法，以期消滅罷工。當罷工第三禮拜的時候，駐沙面的英國代理領事曾囑日本領事探聽罷工的目的和解決的條件，有要求解決罷工的表示。到後來知道國民政府之下的一部分反革命的軍閥和官僚政客有搗亂的醞釀，因此積極的勾結他們，以期國民政府內部瓦解，達到解決罷工；同時又拚命供給洪兆麟、鄧本殷等槍械子彈，以期從東路、南路撲滅國民政府。此外又在香港各處製造要求英國政府以武力干涉廣州的空氣，並撥出大批的金錢，宣傳國民政府將實行共產，驅逐他們所謂廣州及廣東之布爾什維克。香港政府的計劃可謂精細周到。這也是他迫不得已的情形，因為現在香港與廣州的問題是你死我活的問題，國民政府勝利，則香港的勢力不能肆無忌憚的伸張至廣州；香港政府勝利，則國民政府將被消滅，且使全中國的國民革命運動受一很大的打擊。」

因此，「廖仲愷是被國民黨右派、反革命軍閥、官僚、政客和帝國主義者

香港政府刺死的」。[52]

當年很多共產黨人都認為廖仲愷是因為領導省港罷工而被香港政府刺殺的。蘇兆徵指斥香港政府「買兇刺殺我們的廖部長，想借此破壞罷工」[53]，「廖先生幫助罷工，所以帝國主義者常痛恨，非打死廖先生不可。」[54] 錦華：「港政府無計可施，用到最卑劣之手段，……運動國民黨之右派朱卓民等，行刺我廖部長，……其種種陰謀，無非欲破壞我此次之罷工政策。」[55] 這些國共雙方的資料得到近年出版的中共黨史採納。[56]

罪證確鑿，蔣介石立即「剪除謀叛軍隊」，沒有「商准許（崇智）總司令」便派人逮捕了其部下張國楨和楊錦龍。鮑羅廷再迫許崇智在 8 月 25 日借口開會，召梁鴻楷、梁士鋒、招桂章（處長）至粵軍總部，將之拘捕。蔣介石迅速派兵解散梁鴻楷、楊錦龍、梁士鋒等各部軍隊。同日，派兵搜捕胡毅生，包圍並搜查了胡漢民住宅，把胡漢民移居到黃埔軍校軟禁。

鮑羅廷認為「必須讓他（胡）離開」，汪精衛用「廖案」特委名義，決定「胡漢民出洋」，將胡「請」出廣東，送往俄國；又用參加國民外交代表團的名義，將林森、鄒魯（胡漢民的得力幹部，反對財政統一）等人派赴北京。汪精衛借「廖案」機會，將他的政敵全部「請」離廣東。9 月 19 日，廣州衛戌司令蔣介石以「解決反革命各軍」的名義，宣佈廣州全市戒嚴，派軍包圍了許崇智住宅，四面放槍，實行武力威逼。許崇智只好卸職，在陳銘樞的「護送」之下，遠赴上海。粵軍第 4 師師長許濟亦被令卸職隨行。20 日，蔣派

52 亦農：〈廖仲愷遇刺前後的廣州政局〉，《省港大罷工資料》，第 342－348 頁。引自《嚮導》（第 130 期，1925 年 9 月 18 日）。

53 蘇兆徵：〈關於省港罷工的報告〉，《省港大罷工資料》，第 86 頁。引自廣州《民國日報》（1926 年 6 月 18 日）。

54 〈蘇委員長兆徵報告罷工經過〉，第 207 頁。引自《省港罷工工人代表大會第一百次紀念刊》（1926 年 5 月）。

55 錦華：〈中國工戰之勝利〉，《省港大罷工資料》，第 203 頁。引自《省港罷工工人代表大會第一百次紀念刊》（1926 年 5 月）。

56 《中國共產黨歷史》（1 卷上），第 82－83 頁。

兵到東莞分別包圍、追繳粵軍第 3 師師長鄭潤琦、第 3 旅旅長莫雄所部的槍械。[57] 蔣介石亦借「廖案」，奪得了廣東軍事大權。

至此，蘇聯支持的國民黨左派汪精衛、蔣介石全面控制了廣州國民政府的軍政大局，與中共關係密切的國民黨左派奪得了國民黨的黨權。但是，「以俄為師」的蔣介石是否完全受蘇聯的擺佈，還是另有所圖呢？

5. 國共分裂是以俄為師的必然結果

無論是中共，還是改革後的國民黨都是「以俄為師」，學習蘇聯的革命經驗。蘇聯革命的經驗是什麼？就是建立一個嚴密的黨組織，所有黨員必須絕對服從黨的領導，為黨而犧牲。這個黨建立一支由黨指揮和控制的軍隊進行革命，並保衛專制政權。國共兩黨在治黨、治軍、治國都有相同理念。孫中山、蔣介石要求黨員絕對服從黨領袖，要求黨控制軍隊，與中共並無分別，國共兩黨應該合作無間。但是，問題在於「聽誰的」？誰領導中國革命？

國共兩黨都要求黨員絕對服從黨紀律，服從黨領袖，那麼中共黨人加入國民黨之後，既然是國民黨黨員，是否應像遵守中共黨紀一樣去服從國民黨的紀律，服從黨的領袖？不能質疑國民黨的政策方針和批評國民黨的領袖？

這正就是矛盾所在，國民黨既然實行蘇聯那一套「以黨治國」，一黨專政，還怎能容許中共黨員不服從國民黨黨紀？還怎能容忍中共在國民黨內另搞獨立王國？還怎能容忍中共不斷批評孫中山和三民主義？

蔣介石雖然思想進步，主張以俄為師，但同時又十分傳統，視孫中山和三民主義為最高權威，蔣介石天經地義地要求所有黨員忠誠三民主義和國民黨。1924 年 7 月 30 日他對軍校第一期學生訓話說：「本校是為實施三民主義而創辦的，除了按照三民主義的思想去實行外，沒有別的事，也不許有別的主義侵犯到這個學校裏來。以後我們黨員對於三民主義，絕對要服從，不准

57　羅翼群：〈廖仲愷先生被刺前後〉，《文史資料選輯》（85），第 12－27 頁。

有一毫懷疑，而且不許有批評三民主義的態度。如果有懷疑三民主義，或變更三民主義的人，那都是我們的敵人。我們黨員對於我們的三民主義，絕對不許批評與懷疑。」[58]

蔣介石雖然繼續執行孫中山「聯俄容共」政策，但他力圖擺脫共產國際和蘇聯對中國革命的控制，與左派和中共爭奪對中國革命的領導權。1926 年 3 月 8 日蔣介石在日記中說：「中國國民革命未成以前，一切實權皆不宜旁落，而與第三國際必能一致行動，但須不失自動地位也。」[59] 30 日的日記再說：「只要大權不旁落外人之手，則其他事皆可遷就也。前日政府事事聽命於外人，以致陷於被動地位，此非外人之故，而精衛自讓之也。」[60] 5 月 21 日的日記再說：「革命須求自立，不可勉強遷就，世界革命應統一指揮，但各國革命政權仍須獨立，不能以用人行政亦受牽制。一國政治不能獨立在於其不能自主也。」[61] 蘇聯一黨專政的革命模式，要求黨員絕對服從，蔣介石對此理論是十分欣賞的。

彈劾共黨案發生之後，黃埔軍校內部學生和教員中間，不斷發生派別鬥爭性的分歧和摩擦。1925 年 11 月東征途中，蔣介石召集連以上軍政人員聯席會，要求把所有在黃埔軍校及軍隊中的共產黨員的名字都告訴他，所有國民黨員加入共產黨的名字也都要告訴他。周恩來以此事關係兩黨，需請示中共中央為由，予以拒絕。[62] 後來蔣介石向周恩來進一步提出：為了保證黃埔軍校的統一，共產黨員或者退出共產黨，或者退出黃埔軍校與國民黨。由於當時仍然進行「聯俄容共」，蔣介石不能公開清除中共黨人，只有採取制衡措施，用人的時候，派一個反共的人監控一個中共黨人，中共領導的青年軍人聯合

58　《國民黨聯共與反共》，第 113 頁。

59　《蔣介石日記》，第 120 頁。

60　《蔣介石日記》，第 123 頁。

61　《蔣介石日記》，第 129 頁。

62　中共中央文獻研究室編：《周恩來年譜 1898－1949》（北京：中央文獻出版社，1990 年），第 84 頁。

會在黃埔軍校成立後，蔣介石也容許右派的孫文主義學會活動作為牽制。[63]

　　1925 年 12 月 3 日，黃埔軍校學生賀衷寒發現第 1 師政治部主任李俠公致中共上級的密函和共產黨南方局的通告。[64] 國民黨學生據此指責李視國民黨人為非同志，暗中工作，藉機宣傳共產主義；同時，又發現軍校的中共學生公開批評孫中山，激起部分國民黨學生極大不滿，要求蔣介石監視共產黨人。蔣介石十分震驚，並擔心「本校本軍內部分裂，後患正長」。蔣介石用蘇聯治黨治軍的方法，致力宣傳和推行「一個主義、一個黨」，並據此方針來處理國民黨內的左右派紛爭。1926 年 6 月 7 日，他在黃埔軍校演講說：「俄國革命所以能夠迅速成功，就是社會民主黨從克倫斯基手裏拿到了政權⋯⋯什麼東西都由他一黨來定奪，像這樣的革命，才真是可以成功的革命。我們中國要革命，也要一切勢力集中，學俄國革命的辦法，革命非由一黨來專政和專制是不行的。」同月 26 日，他與邵力子談話，強調「革命以集中與統一為唯一要件」。不久，他派邵力子赴蘇，出席共產國際執委會第七次擴大全會，向共產國際提出：「革命取得勝利的基本條件是統一的領導和統一的意志。中國革命是世界革命的一部分。中國革命也和世界革命一樣需要統一。共產國際是世界革命的領導。因此，國民黨應是中國革命的領導。」要求共產國際承認中國國民黨是中國革命的領導者，取消中共對中國革命的領導權。[65] 他在日記中批評中共：「欲繼承總理遺產而不認總理為總理，天下寧有是理耶？」1926 年 3 月 9 日他在日記說：「共產份子在黨內活動，不能公開，即不能開誠相見。辦世界革命之大事，而內部份子貌合神離，則未有能成者。」[66] 於是，他採取

63　《國共兩黨關係通史》，第 124 頁。

64　李雲漢：〈孫文主義學會與早期反共運動〉，《黃埔建校六十週年論文集》（上），第 81 頁。

65　〈邵力子給共產國際執行委員會的補充報告〉（1926 年 9 月 22 日），《聯共（布）、共產國際與中國國民革命運動》（1926－1927）（上），第 514－515 頁；《蔣介石日記》，第 133 頁。

66　《蔣介石日記》，第 120 頁。

手段限制共產黨的發展。5 月 14 日日記，他對鮑羅廷說：「對共黨提出條件
雖苛，然大黨允小黨在黨內活動，無異自取滅亡。」[67] 5 月 16 日，蔣拜訪鮑羅
廷，表示「甚以兩黨革命，小黨勝於大黨為憂，革命不專制不能成功為憂。
本黨黨員消極抵制共產，而不能積極奮發自強為憂」。[68] 5 月 27 日，他在高級
訓練班致開學詞，聲稱為「集中革命勢力」，主張「加入國民黨之共產黨應退
出共產黨」。[69] 6 月 8 日，他明確向鮑羅廷提出：「共產份子在本黨應不跨黨理
由」。[70] 國共雙方都以俄為師，都爭奪革命的領導權。蔣介石對蘇聯一黨制和
無產階級專政理論早有研究，精通蘇聯革命理論和歷史，深知嚴密控制黨人
和軍隊的重要性，於是以其人之道，還治其人之身，用來對付共產國際和中
共。[71] 孫中山在世之時，已經清楚表明，如果不需要俄援，他便把陳獨秀開除
出國民黨。當蔣介石不再需要蘇援時，他也會擺脫蘇聯控制，清除不受控制
的共產黨。

二、北伐前的國共衝突

共產黨在國民黨內擴張，排擠和打擊右派，令國民黨右派的反共情緒與
力量亦因而滋長和結合起來。就國民黨人的立場而言，排共及反共是一種護
黨行動，亦是一種自衛措施，一方面要保持國民黨獨立的主張、組織和革命
路線，同時亦要保衛自己的權力、地位，甚至生命。孫中山病逝之後，共產
黨人在國民黨內進行分化破壞，曲解三民主義，國民黨人遂挺起抵制，理論
方面，戴季陶連續發表了反共的理論著作，號召國民黨人立即團結為真正的

67　《蔣介石日記》，第 128 頁。
68　《蔣介石日記》，第 128 頁。
69　《蔣介石日記》，第 129 頁。
70　《蔣介石日記》，第 131 頁。
71　《找尋真實的蔣介石——蔣介石日記解讀》，第 28－29 頁。

三民主義國民革命奮鬥；反共運動骨幹，在廣州內部的，以孫文主義學會為代表，在廣州以外的，以西山會議派為代表。

1. 國民黨的反共運動

（1）戴季陶的反共理論

戴季陶是國民黨人中最早研究馬克思主義的，他曾把考茨基的《資本論解説》譯為中文，同時也是中共在上海組黨時的七位發起人之一。不過，他卻反對共產黨人加入國民黨，認為擁有兩個黨籍，將來必起糾紛。他本受孫中山指派為中央常務委員兼宣傳部部長及黃埔軍校政治部主任，因主張共產黨人放棄中共黨籍只做純粹的國民黨員，被中共排擠，於是憤而辭去一切職務，1924 年 6 月 28 日離粵回上海。1925 年 3 月 15 日，孫中山逝世後的第三日，戴季陶發表了〈孝〉一文，呼籲「凡是接受先生主義的人，應該很誠意的對中山先生盡孝」，善繼孫中山先生之志，善述孫中山先生之事；提醒國民黨人努力維護孫中山先生的思想傳統，藉以防範和制止中共對三民主義的曲解與利用。戴季陶接着在上海講演「孫中山主義之哲學的基礎」，強調中山先生的思想是繼承自堯舜禹湯以至周公、孔孟的一貫道統；在廣州對黃埔軍校同學講述「三民主義的一般意義與時代背景」、「三民主義的國家觀」。繼而開始著述《民生哲學系統表》、《孫文主義之哲學的基礎》、《國民革命與中國國民黨》等書籍，以劃清三民主義與共產主義理論上的界限，讓國民黨員得以建立以孫中山思想為中心的共同信仰。《孫文主義之哲學的基礎》一書的主旨，是説明孫中山的思想完全是中國的正統思想，他的哲學基礎是「民生」，國民革命是聯合各階級的革命；馬克思的唯物史觀只能説明階級鬥爭的社會革命，不能説明各階級為革命而聯合的國民革命。《國民革命與中國國民黨》一書被視為是一篇公開的反共宣言，針對共產黨人在國民黨內的破壞策略，予以揭穿、指責與警告，呼籲國民黨人團結抗共。戴季陶的反共理論傳播開後，廣州、上海、北京、武漢等地，反共勢力開始形成，各地孫文主義

學會的組織紛紛建立，全國性的反共浪潮於是掀起。胡漢民、邵元沖、許崇智和蔣介石等人紛紛響應，不少青年受到戴氏著作的影響，加入了孫文主義學會，與共產黨人作正面而且是全面的對抗。由於戴季陶主義影響廣泛，共產國際與中共立即對「戴季陶主義」展開全面攻擊，甚至要求制止《國民革命與中國國民黨》一書的發行。[72]

（2）孫文主義學會的成立與反共運動

中共黨人以個人身份加入國民黨之後，繼續批評孫中山和國民黨。1923年7月11日，陳獨秀在《嚮導》週報發表〈北京政變與國民黨〉一文，批評國民黨不應利用北洋軍閥，「應該斷然拋棄以前徘徊軍閥之間，鼓吹什麼四派勢力的裁兵會議與和平統一政策」。[73] 在同一期的《嚮導》，陳獨秀另一篇文章又批評孫中山說：「素以革命黨自負的國民黨首領孫中山肯與曹錕攜手，⋯⋯那真是自殺了！」問「若孫中山可與曹錕攜手，那末，北伐伐誰？」痛罵孫中山和國民黨聯曹是「名譽掃地」之舉。[74] 這兩篇在中共機關報《嚮導》刊登的文章，令孫中山勃然大怒，向馬林發火說要開除陳獨秀的國民黨黨籍。

試想一想，孫中山也因陳獨秀的批評而大為憤怒，其他忠於孫中山的國民黨人，怎會不痛恨侮辱他們領袖的共產黨人？孫中山為了繼續推行「聯俄容共」政策而壓下他的怒火，並制止其他國民黨人敵視共產黨人。孫中山逝世之後，便沒有人再有這種聲望和胸襟可以再容忍共產黨了。

1925年1月25日，黃埔軍校中共黨人組織了「中國青年軍人聯合會」，吸收軍校及其他軍事機關、部隊中的跨黨份子，秘密進行共產主義的宣傳與活動。國民黨第一次東征的時候，國民黨員賀衷寒在軍校內及軍隊中發現了

72　李雲漢：〈孫文主義學會與早期反共運動〉，《黃埔建校六十週年論文集》（上），第71−78頁。

73　陳獨秀：〈北京政變與國民黨〉，《陳獨秀著作選》（2）（上海：人民出版社，1993年），第519−520頁。原載於《嚮導》周報（1923年7月11日）第31、32期。

74　陳獨秀：〈北京政變與孫曹攜手說〉，《陳獨秀著作選》（2），第526−527頁。原載於《嚮導》周報（1923年7月11日）第31、32期。

共產黨的兩件秘密文件：共產黨南方局的通告和中共跨黨籍者李俠公的給中共的報告。賀衷寒告訴其他國民黨人，各人都感到震驚。於是軍校中的反共學生，亦組織孫文主義學會與之對抗。1925年春夏之交，三民主義的忠實信徒逐漸在廣州、上海、北京、武漢等大城市建立了以信仰、研究、宣傳、實行三民主義為宗旨的組織──孫文主義學會，與中共作理論和行動的對抗。

黃埔軍校教授部主任王柏齡說：中共把持了黨部的一部分，控制新聞輿論機關，鼓吹他們的理論。年輕人認識不清，很多人加入了他們的組織，在我們各級組織中，發生其黨團作用，不必一二年，共產黨就可以偷天換日，替代國民黨了。為免黨陷於危險，忠實的國民黨人最後想到用「以研究孫文主義為目的，來組織一個學會，即不是反對共產黨，而又是研究我們的孫文主義，難道馬克思主義的，會來加入嗎？」賀衷寒、潘佑強等去向黨代表廖仲愷說明這個企圖，要求正式准許成立。廖仲愷大為贊同，笑着說：「我正焦慮了許久，想不出一個好辦法來，居然被你們想着了。好！好！就這樣進行罷，我為你們的後盾。」大家聽到廖仲愷的意見後，十分高興！[75] 國民黨有一種講法是：廖仲愷非一般人所說的是背叛國民黨的左派。他不是被國民黨右派所殺，而是中共所為，這是「一石二鳥」之計。[76]

孫文主義學會在戴季陶理論的支持下，發展十分迅速。它結合了中山大學的反共青年和一部分教授，掌握了廣州學生聯合會和一部分工人團體。蘇聯顧問亦承認這個學會的組織發展很快，「它不再限於黃埔軍校和第一軍；它的分會分佈到其他單位，自中山大學，到其他的教會學校。後來，並想擴展到莫斯科中山大學」。[77] 孫文主義學會在短短兩年間（1925－1926）在國內和

75　李雲漢：〈孫文主義學會與早期反共運動〉，《黃埔建校六十週年論文集》（上），第83－85頁。

76　李雲漢：〈孫文主義學會與早期反共運動〉，《黃埔建校六十週年論文集》（上），第85頁；蔣永敬：〈三月二十日事件之研究〉，《黃埔建校六十週年論文集》（上），第119頁。

77　李雲漢：〈孫文主義學會與早期反共運動〉，第85頁。

海外，同時湧起了聲勢浩大的反共浪潮，迫使共產國際和中共集中力量來對付「戴季陶主義」和「孫文主義學會」。

（3）西山會議派的成立與活動

1925 年 11 月 23 日，林森、鄒魯等國民黨右派，召集了國民黨中央執行委員八人（佔總數三分之一）、候補委員三人、中央監察委員兩人，在北京西山碧雲寺孫中山陵前召開國民黨一屆四中全會，會期十天，通過了《取消共產派在本黨黨籍宣言》、《取消共產派在本黨之黨籍案》，《開除中央執行委員之共產派譚平山等案》。1926 年 1 月 4 日，西山會議又通過《為取消共產派在本黨的黨籍告同志書》，宣佈取消中共黨員在國民黨的黨籍，和「解僱鮑羅廷在本黨之一切職務」，又決定開除汪精衛黨籍六個月；停止廣州中央執行委員會職權，取消國民黨中央政治委員會，議決「中央執行委員」移至上海，並決定「第二次全國代表大會」於 1926 年 3 月 29 日舉行。「西山會議」踏出了國民黨人反共的第一步，出席「西山會議」的國民黨人此後被稱為「西山會議派」。

「西山會議派」在上海成立「國民黨中央黨部」，即是另立國民黨黨統，與廣州國民黨中央對抗，又在北京等地設立地方分部，等於分裂國民黨。1925 年 12 月 14 日，葉楚傖以國民黨中央執行委員會名義在上海辦公，形成國民黨粵滬對峙之局。廣東方面進行政治反攻，汪精衛指上海中央執行委員人數不足，決議無效。1926 年 1 月 1 日，國民黨第二次全國代表大會在廣州開幕，20 日閉幕，出席代表人數 256 人，中共黨員代表約一百人，與國民黨左派佔了代表的多數。大會通過了《彈劾西山會議決議案》，指出其「舉動純屬違法，並足以危害本黨之基礎，阻礙國民革命之前途」，決定永遠開除鄒魯、謝持的黨籍，對居正、葉楚傖、林森、張繼、邵元沖等十二人警告處分，若不接受大會警告，即執行紀律，開除黨籍。《彈劾西山會議決議案》特別指出：戴季陶「未得中央執行委員會許可，即以個人名義發佈《國民革命與中國國民黨》一書，以致發生不良影響，惹起黨內糾紛」，「應由大會予以

懇切之訓令，促其猛省，不可再誤」。[78] 中共和左派控制的大會，選舉產生的第二屆中央執行委員共三十六人，其中三分之一為中共黨員，三分之一為國民黨左派。不過，亦確立了蔣介石在國民黨中央的領導地位。[79]

2. 中山艦事件

1924 年 10 月 15 日，黃埔學生軍一舉平定商團叛亂。自此，黃埔軍校生成為效忠國民黨的軍隊，為國民革命理想犧牲的武裝力量，國民黨依賴統一廣東、統一全國的力量。[80] 孫中山逝世後，蔣介石籌劃北伐，以完成孫中山的遺願。1925 年 7 月，正式編成國民革命軍，支持他北伐的蘇聯軍事總顧問加倫奉調回國。1926 年 1 月，支持北伐，對他大力支持的鮑羅廷也突然辭職回國。全面接替加倫和鮑羅廷的新任軍事總顧問季山嘉，卻阻止北伐。因為在 1925 年 10 月 10 日，孫傳芳聯合浙、皖、贛、蘇、閩五省組成聯軍起兵反奉，直系吳佩孚立即響應，通電受十四省擁戴，就任討賊聯軍總司令。蘇聯利用此良機，全力策劃反奉戰爭，企圖乘機打垮親日反蘇的張作霖。故此，若廣州國民政府進行北伐，便會使吳佩孚、孫傳芳等腹背受敵，令反奉戰爭功敗垂成。因此，共產國際東方部部長就明確告訴其在中國的代表稱：「我們強烈譴責北伐。」季山嘉反對北伐的態度實際上是執行莫斯科的方針，只是不便告訴蔣介石而已。1926 年 2 月 7 日，軍事委員會將原定撥給黃埔軍校的三十萬元經費，削減為二十七萬元；與季山嘉關係較密切的王懋功第 2 師的經費卻由十二萬元，增加為十五萬元。此事引起蔣介石猜忌，懷疑季山嘉借此奪取他的主力部隊第 2 師，架空他的權力，並控制廣州。蔣介石即日找季山嘉談話，認為季山嘉「談政局與軍隊組織，針砭規戒之言甚，而其疑惑戒

78　〈中國國民黨第二次全國代表大會〉（1926 年 1 月），《中國國民黨歷次代表大會及中央全會資料》，第 94－154 頁；《國共兩黨關係通史》，第 117－123 頁。

79　羅翼群：〈廖仲愷先生被刺前後〉，《文史資料選輯》（85），第 21 頁。

80　《國民黨聯共與反共》，第 43－60 頁；《國共兩黨關係通史》，第 137－146 頁。

懼之心，亦昭昭明甚」。季山嘉亦察覺到蔣介石的不滿，立即向汪精衛表示他的態度：一方面信服蔣校長和幫助他，同時又毫不妥協地聲明，在有不同意見時應該直言不隱。汪精衛立即在次日函告蔣介石季山嘉的表態。蔣介石的直接反應是：決定辭去一切軍職。8 日表示不就軍事總監一職，9 日通電辭去軍事委員會委員和廣州衛戍司令職務。汪精衛雖然一再挽留，但到 19 日，蔣仍然向汪正式提出「赴俄」，離粵休養。不過，與此同時，蔣致電鮑羅廷，要求撤換季山嘉。22 日蔣介石應邀參加蘇聯顧問宴會，蔣感覺有人「嫌」他。24 日國民政府成立兩廣統一委員會，改編兩廣軍隊。蔣介石懷疑季山嘉借此活動王懋功背叛他，於是在 26 日革去王懋功師長職，並將他扣押，迅即在 27 日夜派副官陳希曾押送王懋功到上海，改派親信劉峙接任第 2 師師長一職。[81] 王懋功在政治上比較親近汪精衛，蔣介石這樣獨攬軍權，亦即是削弱了汪精衛的勢力。蔣繼續對汪施加壓力，「如不准我辭職，就應令季山嘉回俄」。汪精衛為了緩解蔣介石和季山嘉的矛盾，同意蔣介石「赴俄休養」的要求。3 月 14 日蔣介石與汪精衛談話後，卻認為汪精衛「催他離粵」，擔心汪精衛與季山嘉合謀對付他。

當廣州政局動盪不安之際，西山會議派乘機利用蔣介石和季山嘉、汪精衛之間的矛盾，進行「拆散廣州的局面」、「使共產黨和蔣分家」的陰謀。

1926 年 1 月起，西山會議派的鄒魯、伍朝樞，和廣州孫文主義學會的王柏齡，先後在廣州和香港散佈謠言、製造事端。

一、李濟深陰謀倒蔣，廣州發現以第 4 軍名義指責蔣為吳佩孚第二，想做大軍閥的傳單；

二、第 1 軍要繳第 4 軍的械；

三、第 2、3、4、5 各軍與海軍聯合倒蔣；

四、蔣介石對俄械分配給各軍不滿，將驅逐全體蘇聯顧問回國；

五、王柏齡到處散佈汪精衛反蔣；

---

81 《民國十五年以前之蔣介石先生》（8 編 1），第 68 頁。

六、伍朝樞向蔣介石左右透露：俄國領事説蔣先生將會離粵赴俄的消息；

七、鄒魯散佈假消息：蘇聯因蔣與季山嘉不和，判定蔣是反革命份子，決定派一艘商船以運送贈械為名到廣州，俟機強擄蔣介石到莫斯科受訓。

西山會議派散佈這些謠言的目的在於製造廣東國民政府內部的不和，擴大蔣介石與季山嘉及汪精衛的矛盾，令多疑的蔣介石懷疑共產黨和汪精衛要「幹他」或「趕他」。

3月18日傍晚，上海開往廣州的商船遇刦求救，海軍局即派中山艦出動，次日晨早7時駛往黃埔，開船不久，因俄國考察團上午要求參觀中山艦，於是海軍局代局長（政委）李之龍打電話向正在廣州的蔣介石，詢問可否將中山艦調回。恰巧汪精衛多次問他何時回黃埔，於是懷疑有人用計綁架他。蔣遂先發制人，在20日派兵拘捕李之龍，及各軍黨代表多人，收繳蘇聯顧問衛隊武器，包圍省港罷工委員會，將糾察隊繳械，一舉控制廣州，完全控制了第1軍。事為「中山艦事變」。[82]

1926年4月1日柳亞子寫信給柳無忌説：「報上説共產派倒蔣，完全是胡説。但反動派陷害共產派，是確實的。李之龍是一個共產派的軍人（屬於青年軍人聯合會），而蔣部下很有孫文主義學會的人在那裏搗鬼，他們製造一個假命令，叫李把中山艦開到黃埔去，一方面對蔣説，李要請你到莫斯科去了，蔣大怒，即下令捕李。……兩星期前，沈玄廬告訴陳望道，廣州不出十日，必有大變。所以反動派的陰謀是和上海通聲氣的，他們還在那裏誣賴共產派要倒蔣而創工人政府，真是笑話極了。」[83] 換言之，是有人造謠佈局，製造李之龍將劫持蔣去莫斯科的態勢，誣陷共產黨，迫逼蔣介石反共。

另外，有些資料認為李之龍兼中山艦長，也是爆發「中山艦事變」的原

82　蔣中正：〈中山艦李之龍事件經過詳情〉（1926年4月20日），《革命文獻》（9）（台北：中央文物供應社，1978年影印再版）；楊天石：〈中山艦事件之謎〉，《找尋真實的蔣介石──蔣介石日記解讀》，第131－149頁；《國民黨聯共與反共》，第119－129頁。

83　《柳亞子文集・書信輯錄》（上海：上海人民出版社，1985年），第70－71頁。

因之一。因為當時黃埔軍校沒有建立預算和決算制度，開支經費都由蔣介石信筆亂批。蔣用錢闊綽，公私不分，故有很大的虧空。蔣在軍校的心腹，教育長王柏齡、軍需處長徐桴都一起虧空公款。此外虎門要塞司令陳肇英、廣州市公安局長吳鐵城，以及海軍方面的陳策、歐陽格等，聯同一起貪污，包煙、庇賭和走私。他們借軍警掩護進行走私的事情被李之龍破壞。因為李之龍被委任為海軍局政治部主任，是由蘇聯參謀團與國民政府決定的，這時蔣介石領軍第二次東征，無法反對。其後李轉任海軍局局長，把陳肇英的走私情況報告給汪精衛。汪立即下令嚴禁軍警機關走私，並命令海軍局屬行緝私。李之龍奉命後，立即把虎門要塞司令部的走私船隻扣留、人員拘禁、貨物充公，陳肇英以下有走私嫌疑的人員悉數處分。李之龍忽略了陳肇英是蔣介石的換帖兄弟，又是日本士官學校的同學，有特別的情誼，是蔣的心腹。所以，李之龍對所有走私的軍警機關和人員來說，都是眼中釘，對蔣介石來說也是看不順眼。[84]

「中山艦事變」後，蔣介石只是說：「我現在還不打算公佈，將來我死了之後，你們會知道的。」蔣介石沒有解釋清楚事情的來龍去脈，但有些當年親歷這次事變的人留下了遺言，指控蔣介石是「中山艦事變」的主謀，這事件是蔣介石處心積慮、蓄謀已久，並且經過周密佈置所製造出來的。

舒宗鎏是當時國民政府民生艦艦長，他說：1926 年 3 月 17 日夜，海軍局代理局長李之龍電話通知他，要他把民生艦開到黃埔候命。舒宗鎏回答民生艦正在河南小修。李說：蔣校長有命令，急於要用，你還是開去吧。18 日上午，舒直接往問李之龍這次究竟擔負什麼任務，李說他也不知道。於是，舒宗鎏在下午把民生艦開到黃埔碼頭，中山艦也隨後開到。舒宗鎏和中山艦代理艦長張慎桐先後到黃埔軍校教育長鄧演達那裏去詢問，鄧也不知道調兩艦來的原因。後來通知舒宗鎏說：民生艦的任務是裝運軍火。黃埔軍校軍械

84　包惠僧：〈中山艦事件前後〉，《文史資料選輯》(2)，第 40–42 頁；馬文卓遺稿：〈中山艦事件的內幕〉，《文史資料選輯》(45)，第 2–3 頁。

處長鄧士章接到緊急通知，要他把庫存的軍火迅速裝上民生艦，這批軍火計有 38 式步槍一萬枝、俄式重機關槍二百挺，是蘇聯援助中國革命的第二批武器。民生艦裝完軍火之後，就開到黃埔對岸的新洲海面停泊。中山艦在黃埔停泊不久，就開回廣州去。可是，當天夜間，中山艦又開到黃埔來。

舒宗鎏在當晚接到歐陽格的一封信，說蔣介石命令他擔任艦隊指揮官兼中山艦艦長，要他和中山艦協防。19 日清晨，中山艦已開到黃埔碼頭，舒宗鎏按海軍禮儀，到中山艦看歐陽格。舒宗鎏登上中山艦後，大吃一驚。他看見所有海軍的黨代表全都被捆綁起來，又看見不久之前因走私案被撤職的虎門要塞司令陳肇英也在艦上，得意洋洋的與歐陽格在一起。約在上午 9、10時，蔣介石從廣州乘江風號汽艇到黃埔，檢查民生艦的軍火是否裝載妥當，並對舒宗鎏說：沒有他的命令，不許把軍火交給任何人。大約一小時左右，蔣又乘中山艦去虎門。20 日中午，蔣又乘中山艦由虎門開回黃埔，離艦到黃埔軍校。[85] 這段口述歷史，記載了 3 月 18 日至 20 日中山艦的確實航程，海軍和中山艦長都被蔣介石有效控制，蔣介石亦多次乘坐中山艦往返。李之龍根本動不了中山艦，如何脅持蔣介石？

原東征軍總司令部秘書長兼軍法處長馬文卓的遺稿說：3 月 17 日早晨，黃埔軍校發出謠言：「共產黨在製造叛亂，陰謀策動海軍局武裝政變。」19 日 12時，蔣介石在衛戍總司令部經理處親作嚴密佈置：派惠東昇率領全團兵力和廣州公安局的武裝警察，包圍蘇聯顧問團的住宅和共產黨的機關，包括「省港罷工委員會」，執行這一任務的士兵，全部裝上實彈，上了刺刀，準備廝殺。公安局長吳鐵城率領部分武裝警察，以「保護」名義，包圍汪精衛住宅。蔣鼎文率部佔領海軍局，解除該局的武裝力量。陳肇英和歐陽格率部逮捕海軍局長李之龍，並指定歐陽格兼負劫奪中山艦任務，暫代該艦艦長。蔣又親自用電話命令第一軍親任的各師、團長，立即扣押各該部隊黨代表中的共產黨員。[86]

85　覃異之：〈記舒宗鎏等談中山艦事件〉，《文史資料選輯》（2），第 54–56 頁。

86　馬文卓遺稿：〈中山艦事件的內幕〉，《文史資料選輯》（45），第 4–5 頁。

雖然「中山艦事變」被國共雙方的史書視為蔣介石的一次重要反共行動，不過，共產國際和中共對此事都採用退讓政策，並繼續支持蔣介石擔任國民革命軍總司令，支持國民政府的北伐。原因在哪裏？上世紀九十年代初，俄國政治體制劇變，大量機密的檔案資料首次解密，並被譯為中文陸續出版，讓我們可以從前蘇聯檔案了解事情的真相。

　　事變發生的近因，是中山艦由廣東向黃埔開駛。蘇聯委員會原擬在 3 月 19 日檢閱中山艦，但在 18 日至 19 日夜間，海軍部接到電話，將該艦開往黃埔。代理海軍局局長李之龍（又稱李是海軍政委）認為是蔣介石處所發的命令，未有覆查真偽，即命該艦駛向黃埔。蘇聯顧問似已知悉此中底蘊，立下命令該艦駛回。

　　此事發生之前數日，蔣介石曾接數件恫嚇信，其中一封由李之龍署名（也是偽造的），建議蔣介石在三天內通過政府把廣東企業收歸國有，並威脅說，如果蔣不這樣做就逮捕他，把他流放到俄國去。18 日，蔣聞中山艦始而開往黃埔，繼而復還廣州，停泊於軍官學校之前升火待發。這時，右派（孫文主義學會）向蔣介石說，派出「中山艦」和這封信，顯示蘇聯和中共要把他驅逐出廣東。鑑於形勢，蔣認為有人想殺害自己，於是，下令逮捕海軍政委李之龍、第 2 師所有政委（第 2 師是廣州衛戍部隊）。20 日早上 9 時許，再派軍隊包圍蘇聯顧問東山住所，解除了（蘇聯組建的）原裝甲部隊的武裝，同時包圍城內的省港罷工委員會、車站、中央銀行等處，又派航空隊監視大鏟島。下午 2 時，第 5 團團長到東山，軍事顧問團團長季山嘉請其撤圍。不久，軍隊撤圍，並發還軍械。包圍工人機關的軍隊不久也撤走。下午 6 時，季山嘉派顧問團副團長鄂利金（又譯作拉茲貢、奧爾金）赴蔣介石處，蔣百方道歉。鄂利金發現蔣非常沮喪，說要請求國民黨中央執行委員會給他處分。蔣的心情很沉重，說這裏發生的挑釁事件他本人負有一定的責任。過了兩個小時，鄂利金又同來廣州考察的蘇聯代表團團長、聯共（布）中央書記兼紅軍政治部主任布勃諾夫（伊萬諾夫斯基）一起去見蔣介石，磋商以後問

題。[87]。蔣答允次日至布勃諾夫處商議一切。同時，朱培德、譚延闓二人訪季山嘉，說蔣是反革命，提議嚴厲反蔣之法。此時汪精衛正在抱病昏臥，聞悉蔣的舉動，亦稱之為反革命。總之，全體皆對蔣表示反對。後應國民黨中央執行委員會政治委員會主席汪精衛的堅決要求，當天除海軍政委李之龍外所有被捕者均被釋放。[88]

21 日，蔣介石並未到布勃諾夫處。由蔣處來此的各將領都說：蔣仍舊要求驅逐俄人及共產黨人。因局勢仍然嚴重，布勃諾夫決定更換使團的領袖，即調走季山嘉，並派斯切潘諾夫與蔣介石接洽，通知他布勃諾夫考察團將要回國，而鮑羅廷何時返回尚未知道。蔣表示要到布勃諾夫那裏和他談談。斯捷潘諾夫和蔣一起從黃埔到布勃諾夫那裏談了兩個小時。蘇聯顧問認為蔣介石表面上很誠懇，想為自己辯解，並對 3 月 20 日事件作出解釋。[89]

斯切潘諾夫對中山艦事變前後中國和廣州局勢作了詳盡的分析：

一、自廣東戰事勝利以後國民政府即呈鞏固之象；

二、一般人民確信國民政府之有實力；

三、一般人民確信黨部政策之正當；

四、各個人及團體因反對而攻擊國民黨政治部政策者均歸失敗；

五、軍隊實行歸國民政府統轄；

六、軍事機關之中央軍事委員會已得到統制之權力；

七、各機關皆從事積極工作，以鞏固軍權之集中；

八、關於建設及教育訓練等事，已擬定種種之進行辦法。

簡言之，「國民革命軍現正預備成為一種強大勢力，不僅可以鏟除各軍

87　〈拉茲貢關於廣州 1926 年 3 月 20 日事件的書面報告〉，《聯共（布）、共產國際與中國國民革命運動》（1926－1927）（上），第 222－223 頁。

88　〈羅加喬夫關於廣州 1926 年 3 月 20 日事件的書面報告〉，《聯共（布）、共產國際與中國國民革命運動》（1926－1927）（上），第 232－233 頁。

89　斯切潘諾夫：〈關於「三二○」事件的報告〉（1926 年），《共產國際、聯共（布）與中國革命文獻資料選輯》（1926－1927）（上），第 148－149 頁。

閥，且藉國民政府之指揮，不難進而統一中國」。分析又指出蘇聯的錯誤，在於工作程序的不適當，及中國人因各人性質而造成之一種環境，遂至受人攻擊。分析如下：

一、集中陸軍權力過速（如設立總司令部、警察廳、軍需處各機關）；

二、監督國民軍將領各機關之過甚的監視（俄顧問時常自居於首要之地位直接管理事務）；

三、關於帝國主義問題、農民問題、共產主義問題在軍隊中之激烈宣傳，不盡適當。

以上各節自然難免引起各高級軍官之不快，初時尚能隱忍，繼則公然反對，因為他們尚未脫盡其軍閥主義的積習。蘇聯顧問平時忽略中國的習慣風俗及禮節，雖屬小失，亦「足以引起中國人對於蘇聯顧問之反感」。

分析又批評中國共產黨於黨務的工作及軍隊中的宣傳亦鑄成許多錯誤，他們「不知盡力於組織國民黨默為轉移，只知以顯明的擴充共產黨為工作之總方針，欲在各處完全把持一切指揮之權，致使國民黨因嫉忌而解體」。

接着，斯切潘諾夫對蔣介石的個性詳細分析，認為「蔣介石為特著人物，具有特著個性，其主要之性格則為：喜尊榮，好權力，幻想為中國英雄。自謂彼不僅限於中國之國民革命，且為世界之革命」，「欲達此目的，權力金錢在所必需。然彼之金錢並不以之肥己，犒賞獎勵不惜重費。又喜訂購報紙，意在使人對己有所論著。維護其各種之設施，對於中國及世界上各種問題皆能分擘精詳，了如指掌。其所舉措並不依恃民眾，完全保持個性，但為達其尊榮目的之故，有時亦欲利用民眾，並利用吾輩及中國共產黨。」

「蔣氏欲為中國英雄，而又欲利用國民革命運動，因此在右派及共產黨之間搖擺不定。彼所謂之『赤禍』言論，意在迎合中國輿情，因『赤禍』二字在現時中國為大多數所注意也。」

「蔣氏富於決斷，亦能容忍，其性情較中國通常人特為直爽，對於親信部下所獻之策常容納之；然有時亦懷猜忌，無論何事不容與彼抗爭，無論何人不容代其出頭。」

最後，斯切潘諾夫認為：「為全體事業起見，無論如何終當利用之，使為革命戰鬥，乃毫無疑異者也。」「就喜權勢而論，蔣氏將來或就總司令之職，足以滿足其尊榮欲望。現時彼僅為一軍事委員會之主席，有時已有反對右派之舉動。……設蔣氏對於左派果欲加以打擊，則於革命全局及其本身自然均為不幸。然蔣氏必不能滅絕左派也。左派既受各處歡迎，又有實力；蔣氏與此種實力相搏，適足以自取滅亡而已。蔣氏為喜尊榮及有智慧之人，必不出此。」

斯切潘諾夫主張利用「蔣氏性格以進行國民革命」，滿足其「喜尊榮之欲望」，對蔣的要求作出讓步，並協助蔣介石得到「比較現時更為偉大之權力及實力」。[90]

另一位蘇聯顧問穆辛的報告指出「中山艦事變」明顯暴露了國民黨左派運動和廣州政府主要領導核心的內在軟弱性。以擁有強大力量的蔣介石為一方同以汪精衛、譚延闓、朱培德、宋子文等人為另一方之間的關係的破裂，有可能造成國民黨左派的嚴重分裂，導致廣州政府的垮台。這種關係破裂在目前是很危險的，北方的反動派就可以比較容易地來收拾它。因此，蘇聯顧問認為「現在的主要任務是聯合和團結國民黨左派在廣州政府中和在黨的中央執行委員會政治委員會中的主要核心力量，重新使汪精衛復職，使這一派（汪精衛、蔣介石）聯合和團結起來。現在應當客觀地把蔣介石看作是革命運動方面的一個重要力量，儘管他有種種主觀上的缺點，將來有可能造成新的嚴重麻煩。使這一派團結起來繼續進行反對帝國主義、反對反動派的鬥爭，爭取鞏固和健全南方的革命政權和反對北方軍閥統治，這是目前在廣州的基本任務」。[91]

索洛維約夫給加拉罕的信說：「決定遷就蔣介石並召回季山嘉，是將此舉

90　斯切潘諾夫：〈關於「三二〇」事件的報告〉（1926 年），《共產國際、聯共（布）與中國革命文獻資料選輯》（1926–1927）（上），第 148–152 頁。

91　〈穆辛關於中共在廣州的任務的提綱〉（1926 年 4 月 24 日於廣州），《聯共（布）、共產國際與中國國民革命運動》（1926–1927）（上），第 210–211 頁。

作為一個策略步驟，以便贏得時間和做好準備除掉這位將軍。」[92]

由於蘇聯顧問決定支持國民黨左派和蔣介石，對蔣採忍讓策略，事件迅速解決。3 月 22 日上午，在汪精衛寓所舉行中央政治委員會臨時特別會議，會議記錄的原文如下：

出席：汪精衛、譚延闓、蔣介石、伍朝樞、朱培德、宋子文、陳公博、甘乃光、林祖涵。

列席：薩洛威亞夫（又譯索洛維約夫）、李濟深、張春木、卜世琦。

主席：汪精衛

決議：

1. 應付時局問題：（1）本黨（國民黨）應與蘇俄同志繼續合作，並增進親愛關係；（2）工作上意見不同之蘇俄同志暫行離去，另聘其他為顧問。

2. 汪主席患病，應予暫時休假。

3. 李之龍受特種嫌疑，應即查辦。[93]

稍後，共產國際作出了決定：

一、認為國共破裂問題具有頭等重要的政治意義。認為這種破裂是絕對不能允許的。認為必須實行讓共產黨留在國民黨內的方針。

二、要讓國民黨右派離開（或將其開除出）國民黨。

三、要在內部組織上向國民黨左派作出讓步，重新安排人員，以便基本

92　〈索洛維約夫給加拉罕的信〉（1926 年 3 月 24 日於廣州「紀念列寧」號輪船上），《聯共（布）、共產國際與中國國民革命運動》（1926－1927）（上），第 176－177 頁。

93　蔣永敬：〈三月二十日事件之研究〉，《黃埔建校六十週年論文集》（上），第 133－134 頁。引自《中國國民黨中央政治委員會臨時特別會議紀錄》（1926 年 3 月 22 日）（黨史會藏油印本）。

上保持目前的組織關係。[94]

　　這時，中共曾經主張準備用軍事和蔣介石對抗，派彭述之和共產國際代表面商計劃，但受拒絕，且極力主張援助蔣介石進行北伐；中共要求蘇聯供給國民革命軍的槍械中撥出五千支武裝廣東農民，亦受反對。[95]

　　中共內部亦有意見認為：「退出國民黨就等於放棄廣大的工農勞苦群眾，放棄革命的國民黨旗幟給資產階級，這就是莫可補救的損失。在這個時候是應該採取暫時讓步的政策，以保留在國民黨之內，同時積極的準備着新的進攻，以繼續奪取領導權的鬥爭。」[96] 基於中共的「力量不足以鎮壓蔣介石」，因此中共中央堅決主張採取退守——讓步的策略。[97]

　　於是，中共公開表態把事變的根本原因，說成是帝國主義者分離中國革命勢力的根本政策，指責「誰破壞革命勢力統一，誰便是反革命！」「這陰謀若繼續發展下去，廣東的革命勢力，必然由分裂而全部傾覆，勝利的只有香港帝國主義者。」「我們鑒於北方國民軍之失敗及南方廣州事變，凡是中國的革命份子，應該一齊高聲喊出『中國革命勢力統一』的口號，撲滅分裂革命勢力的一切陰謀！」[98] 將中山艦事件歸罪於帝國主義分裂革命勢力的陰謀。

　　汪精衛因為蘇聯對蔣介石作出讓步，召回他所竭力要保留的季山嘉，讓

94　〈聯共（布）中央政治局會議第 22 號（特字第 16 號）紀錄〉（1926 年 4 月 29 日於莫斯科），《聯共（布）、共產國際與中國國民革命運動》（1926－1927）（上），第 236－237 頁。

95　蔣永敬前引文，第 135 頁。引自陳獨秀：〈告全黨同志書〉，中華民國開國五十年文獻編纂委員會編：《共匪禍國史料彙編》（1）（台北：編者印，1964 年），第 430 頁。

96　蔣永敬前引文，《黃埔建校六十週年論文集》（上），第 134－135 頁。引自華崗：〈1925－27 大革命的中國共產黨〉，《共匪禍國史料彙編》（1），第 418－419 頁。

97　〈陳獨秀在中國共產黨第五次全國代表大會上的報告〉（1927 年 4 月 29 日），《共產國際、聯共（布）與中國革命文獻資料選輯》（1926－1927）（上），第 347－348 頁。

98　陳獨秀：〈中國革命勢力統一政策與廣州事變〉，《陳獨秀著作選》（2），第 978 頁。引自《嚮導》周報（1926 年 4 月 3 日）第 148 期。

他感到自己受了委屈和侮辱，故未經蘇聯的同意，隱藏起來，[99] 在 23 日以養病為由棄職而去。蔣即支持譚延闓代理國民政府主席，張靜江繼任國民黨中央委員會主席，兩人實際上都只是傀儡。蔣又自任為軍事委員會主席，趕走第一軍內所有共產黨員，派繆斌為黨代表，把第一軍變成他的嫡系部隊。從此，蔣介石控制了國民黨的黨、政、軍大權。[100]

國民黨右派——西山會議派和孫文主義學會亦成功破壞了廣東「聯俄容共」政策，令國民黨左派蔣介石和汪精衛關係破裂，迫使蔣介石「從公開反黨走到反共決議」，對共產黨採取愈來愈強硬的措施。可以說，蔣介石已成了右派的俘虜。他以保持軍內團結為藉口，已經在講共產黨人應該退出自己的黨，以好的國民黨左派身份工作。[101] 不過，這些講法只是部分國民黨右派邀功之言！蔣介石會這麼容易受別人擺佈嗎？根據前述資料分析，中山艦事件只是蔣介石政變的其中一個行動，對象不是中共而是汪精衛。當時，中共力量有限，事變之後，國民黨不是輕而易舉的通過《整理黨務案》，由國民黨人接收所有由中共黨人擔任的要職嗎？

蔣介石在國民黨是後起之秀，借廖仲愷被刺案迫走胡漢民、許崇智，取得與汪精衛並立的地位。由於屢立戰功，勢力漸大，威脅國民黨元老的地位，故汪精衛與新到的蘇聯顧問合謀發展自己的軍事力量，以便與蔣抗衡。首先利用蔣介石東征之機，委任共產黨人李之龍為海軍局政治部主任，又爭取蔣的主力部隊王懋功第 2 師，企圖奪取他的軍隊。蔣介石迅速撤換王懋功，控制部下，再製造中山艦事件迫走汪精衛，要求蘇聯調回季山嘉。

因此，中山艦事件並不是國共鬥爭而是國民黨內鬥，蔣介石與汪精衛爭取共產國際支持的國民黨奪權鬥爭。如李宗仁所說：中山艦事件只是蔣介石奪取

---

99 〈索洛維約夫給加拉罕的信〉（1926 年 3 月 24 日於廣州「紀念列寧」號輪船上），《聯共（布）、共產國際與中國國民革命運動》（1926－1927）（上），第 178 頁。

100 馬文卓遺稿：〈中山艦事件的內幕〉，《文史資料選輯》（45），第 7－8 頁。

101 〈鮑羅庭給加拉罕的信〉（1926 年 5 月 30 日於廣州），《聯共（布）、共產國際與中國國民革命運動》（1926－1927）（上），第 281－282 頁。

權力的把戲，蔣「或左或右，縱橫捭闔，以培植其個人地位權力」，「起初聯絡汪精衛、廖仲愷、俄顧問鮑羅廷，和中國共產黨等，以打擊西山會議派的元老集團，並排擠胡漢民、許崇智等。胡氏和西山會議的勢力既除，蔣氏又利用黨內一部分反共情緒和西山會議派等取得默契，發動 3 月 20 日中山艦事變，拘押俄國顧問，並逼汪精衛去國。汪氏既去，蔣又施展手段，將其政變越軌行為嫁禍於人，將反共甚力的所謂右派軍官如 17 師師長兼廣州警衛軍司令吳鐵城及其他反共領袖等拘押，通電痛斥西山會議派，以取悅於俄國顧問及中國共產黨以自固。」「蔣氏如此亦左亦右的手法，並非由於其政治觀點的改變，事實上只是其個人的權術，以虛虛實實的姿態排除異己，其達其個人獨裁的目的。」[102]

李宗仁一語道破了國民黨蔣汪內鬨的內幕，他還有一點沒有明言的，就是中山艦事件標誌着蔣介石對孫中山的背叛，對國民黨的背叛。為什麼這樣説？

1924 年商團之亂爆發前夕，孫中山指示蔣介石馬上成立革命委員會，學習俄國以革命軍隊消滅反革命勢力。孫中山説：「今日革命非學俄國不可，而（胡）漢民已失此信仰，當然不應加入，於事乃為有濟。」「（汪）精衛本亦非俄派之革命，不加入亦可。我黨今後之革命，非以俄為師，斷無成就。而漢民、精衛恐皆不能降心相從。」「今之革命委員會，則為籌備以出此種手段，此固非漢民、精衛之所宜也。」[103]「以俄為師」的精髓在建立一支忠於革命、效忠國民黨的軍隊。怎樣確保這支軍隊能效忠國民黨呢？不是建立了黃埔軍校、培養出一批革命軍官，就能革命成功，而是需要同時引進蘇聯紅軍制度，在軍隊設立黨代表制。鮑羅廷和加倫等蘇聯顧問在黃埔軍校開辦時，仿照蘇軍制度，建立了黨代表制度和政治工作制度。其主張得到國民黨中執委的通過，國民革命軍中師以上單位都設立政治部。從軍到連隊普遍設立黨代表，並賦予黨

---

102 《李宗仁回憶錄》，第 211、281 頁。

103 孫中山：〈致蔣中正指示成立革命委員會及有關黃埔械彈處理事宜函〉（1924 年 10 月 9 日），《國父全集》（5），第 540 頁。

代表與軍事長官同等領導權力。這一制度的確立，對於國民黨的路線和方針、政策的貫徹執行，防止軍隊成為個人獨斷專行的工具起了組織上的保證。[104]

蔣介石知道黨代表制的作用，借中山艦事件，廢除黨代表制，以便建立私人武力來達到他獨裁的目的。國民黨人如胡漢民、汪精衛等革命元老不聽孫中山教導，不肯虛心學習俄國革命經驗，不懂「黨指揮槍」的重要性，任由蔣介石廢除黨代表制，破壞孫中山「以俄為師」的既定方針，令國民黨痛失其黨軍，讓蔣介石擁兵自大。其他國民黨將領紛紛效法，全部撤除黨代表，黨軍淪為私人武力，國民革命如孫中山所言的「斷無成就」！

中山艦事件種下國民黨分裂內鬥的禍根，自此之後，汪蔣持續內鬥，汪精衛不斷煽風點火，國民黨重要將領幾乎沒有一人不和蔣介石發生過軍事衝突的。國民黨連年內戰，國家元氣大傷，黨人不顧大局，甚至在八年抗戰和國共內戰的困難時期，仍然明爭暗鬥。最終，政權崩潰，被逐出中國大陸，結局理所當然！

共產國際為了消滅帝國主義在華勢力──軍閥，明知蔣不可靠，但無人能當大任，只得繼續支持他。1926 年 4 月 29 日，鮑羅廷乘坐運輸艦到達廣州附近公海，5 月 1 日登岸與蔣介石會談，差不多全部接受蔣介石所提的條件，蔣介石同意繼續「聯俄容共」。5 月初鮑羅廷的運輸艦起卸運到的軍火。28 日，另一艘運輸艦再運來軍火和石油，加倫將軍又應蔣介石的邀請再次來粵。[105] 國民黨「聯俄容共」政策遂在蔣介石重獲共產國際支持下繼續進行。

3. 整理黨務案

1926 年 4 月 1 日，蔣介石與譚延闓、朱培德、宋子文等提出「整軍肅

---

104 〈蘇聯顧問在黃埔軍校建設中的作用〉，黃埔軍校同學會編：《黃埔》，2016 年第 3 期。
105 陳存恭：〈黃埔建校前後在華南的蘇俄軍事顧問〉，《黃埔建校六十週年論文集》（上），第 397 頁。

黨、準期北伐」的建議。6日，蔣介石向國民黨中央常務委員會提出召開國民黨第二次中央執行委員會全體會議案。5月15日至20日，蔣介石為主席的國民黨二屆二中全會在廣州召開，共四十多人出席會議。會上蔣介石、譚延闓、孫科等九人，提出《整理黨務案》：

一、改善中國國民黨與共產黨間的關係。

二、糾正兩黨黨員妨礙兩黨合作之行動及言論。

三、保障中國國民黨黨綱、黨章的統一權威。

四、確定共產黨員加入國民黨之地位與其意義。

以上四事為國共合作的理論基點。為實現此基點的意義，特提議組織國民黨、共產黨之聯席會議，希望兩黨黨員不致有違背規約之行為，以後集團的合作得以臻於圓滿。[106]

鮑羅廷和蔣介石商談國共關係，事前沒有和中共協商，便和蔣介石達成「整理黨務」的協定。這協定成為《整理黨務第二決議案》，在5月17日第二屆中央執行委員會第二次全體會議通過。

一、凡他黨黨員之加入本黨者，各該黨應訓令其黨員，明了國民黨之基為總理所創造之三民主義，對於總理及三民主義不得加以懷疑或批評。

二、凡他黨黨員之加入本黨者，各該黨應將其加入本黨黨員之名冊，交本黨中央執行委員會主席保存。

三、凡他黨黨員之加入本黨者，在高級黨部（中央黨部、省黨部、特別市黨部）任執行委員時，其額數不得超過各該黨部執行委員總數三分之一。

四、凡他黨黨員之加入本黨者，不得充任本黨中央機關之部長。

五、凡屬於國民黨籍者，不許在黨部許可以外，有任何以國民黨名義召集之黨務集會。

六、凡屬於國民黨籍者，非得有最高級黨部之許可，不得別有政治關係

---

106 〈第二屆第二次中央全會〉（1926年5月），《中國國民黨歷次代表大會及中央全會資料》，第232頁

之組織及行動。

七、對於加入本黨之他黨黨員，各該黨所發之一切訓令，應先交聯席會議通過。如有特別緊急事故，不及提出通過時，應先將此項訓令請求聯席會議追認。

八、本黨黨員未受准許脫黨以前，不得加入其他黨籍，如既脫本黨黨籍而入他黨者，不得再入本黨。

九、黨員違反以上各項時，應立即取消其黨籍，或依其所犯之程度，加以懲罰。

5 月 25 日，第二十八次中央常務會議召開，毛澤東、林伯渠、譚平山三人按照《整理黨務案》的要求辭職。28 日，第二十九次中央常務會議「照准」三人辭職。蔣介石替代譚平山為中央組織部長（由其秘書陳果夫代理），顧孟餘代替毛澤東任宣傳部長，胡漢民任工人部長，甘乃光取代林祖涵任農民部長，邵元沖任青年部長，何香凝任婦女部長，葉楚傖代替劉伯垂任中央秘書處書記。至此，中共控制之組織部、宣傳部、工人部、農民部全部被國民黨取回。[107] 蘇聯及中共採退守政策，國共雙方仍維持表面合作，但蔣介石和國民黨右派取得了國民黨中央的重要領導權。

三、寧漢對峙的形成

1. 革命領導權之爭

革命軍攻佔武漢後，1926 年 10 月 22 日，蔣介石致電張靜江、譚延闓，力主遷都武漢。11 月 8 日，革命軍攻佔南昌。26 日，國民黨中央政治委員會

---

107 〈第二屆第二次中央全會〉（1926 年 5 月），《中國國民黨歷次代表大會及中央全會資料》，第 133－234，228 頁。

正式決定把國民政府和國民黨中央遷移到武漢。12 月 13 日，中央執行委員和國民政府委員在武昌開會決議組織「聯席會議」，在政府未正式遷來武漢之前，執行最高職權。這標誌國民政府由廣州遷到武漢。「聯席會議」委員計有：孫科、徐謙、蔣作賓、柏文蔚、吳玉章、宋慶齡、陳友仁、王法勤等，鮑羅廷也列席，公推徐謙為聯席會議主席。在武漢的軍事領袖唐生智、鄧演達、張發奎等都表示服從「聯席會議」。[108] 反蔣勢力企圖通過這種辦法把黨政權力從蔣介石手中奪回來。

1927 年 1 月 1 日，在南昌召開軍事善後會議，譚延闓、張靜江、李宗仁、朱培德、程潛、唐生智、鄧演達、蘇聯顧問嘉倫均出席。3 日，南昌國民黨中央政治會議議決中央黨部國民政府暫駐南昌，另在武漢設政治分會，並定於 3 月 1 日召開中央執行委員全體會議。1 月 6 日，武漢徐謙、宋慶齡、孫科、蔣作賓、陳友仁等電南昌，要求中央黨部及國民政府遷武漢，並設政治分會。11 日，蔣介石自南昌到武漢，商討召開中央委員全體會議及政府黨部遷移問題。12 日，鮑羅廷在歡迎蔣介石的宴會上，直言不諱地批評有軍人摧殘黨權、欺壓中共和妨礙工農運動的發展。鮑說：「今日能夠得到武漢，今日能夠在這個地方宴會，是誰的力量呢？並不是因為革命軍會打仗，所以能到這裏的，乃是因為孫中山定下了三大政策，依着這三大政策做去，所以革命的實力才會到這裏的。什麼是中山先生的三大政策呢？第一是聯俄政策，第二是聯共政策，第三是農工政策。——以後如果什麼事情都歸罪到 CP，欺壓 CP，妨礙農民工人的發展，那，我可不答應的。」[109]

鮑羅廷說了這番攻擊蔣介石的說話之後，迅速感到恐懼而退縮。他對蘇聯駐華代表 Fokine 說：「我怕我在這問題上做了錯誤。我起來反對蔣介石是由

108 《李宗仁回憶錄》，第 283－284 頁。

109 李揚、范泓：《重說陶希聖》（台北：秀威資訊科技，2008 年），第 98 頁。引自楊天石：《蔣氏密檔與蔣介石真相》（北京：社會科學文獻出版社，2002 年，第 191 頁。

於輿論壓迫，我不知道我做得可對？」[110] 鮑羅廷的後悔無助消除蔣介石心頭之恨，大感受辱的蔣介石，在 1 月 12 日日記寫下：「席間受辱被譏，生平之恥，無逾於此。」[111]「我校長教學生還沒教得這樣子嚴重。乃在宴會場中幾百人的中間，把我一個國民革命軍的領袖，又是中國國民黨裏面的一個領袖，來給他一個外國顧問蘇俄代表當奴隸一樣教訓，這是怎麼一回事？」「你不止是欺負我個人，不止是壓迫我一個人，你完全是欺負我們中國國民黨，欺負我們中國人。我那裏可以放過你！」[112] 次日，鮑羅廷和孫科拜見蔣介石，蔣怒火中燒說：「那一個軍人是壓迫農工？那一個領袖是摧殘黨權？」「昨晚在宴會中間所講的話，我可以說，凡真正的國民黨員，乃至於中國的人民，沒有一個不痛恨你的。」「並不是我們放棄總理的聯俄政策，完全是你來破壞我們總理聯俄政策，就是你來破壞蘇俄以平等待我民族的精神。」[113]

有學者認為這時鮑羅廷自信他掌握了對付蔣介石的三個殺手鐧：一是蔣介石南昌總部只存萬元，前方催發伙食，急如星火，武漢財政部長宋子文掌握着蔣所需的大筆軍費 1,200 萬元，扣着不放；二是其他中央執行委員，如譚延闓、何香凝等亦不願隨蔣破裂；三是武漢國民政府得到馮玉祥、唐生智等一批非蔣系的北伐將領支持。各地工農運動正蓬勃興起，對國民黨及其北伐軍形成強大的牽制作用，各地贊成迎汪的國民黨人聲勢日漸浩大，對蔣介石造成極大的壓力。[114] 此外，一般資料忽略了徐謙這個人。為什麼一位不見經傳的徐謙突然間躍登成為武漢政府聯席會議主席？因為徐謙奉孫中山之命前

---

110 〈附錄：上海來信〉（1927 年 3 月 17 日），王凡西譯、托洛茨基著：《中國革命問題》（卷一）（1926－1940）。

111 《蔣介石日記》，第 159 頁。

112 蔣介石：〈黃埔同學會會員大會訓詞〉（1927 年 4 月 20 日），《蔣介石言論集》（4），第 280 頁。轉引自楊奎松：《國民黨聯共與反共》，第 161－162 頁。

113 蔣介石：《在慶祝國民政府建都南京歡宴席上的講演詞》，上海《民國日報》，1927年 5 月 4 日。

114 《國民黨聯共與反共》，第 128－164 頁；黃仁宇：《從大歷史的角度讀蔣介石日記》（台北：時報文化，1994 年），第 63 頁。

往馮玉祥工作，馮玉祥下野遊俄期間，與鮑羅廷多次商談中國革命，力勸馮參加革命，結果成功，徐謙在莫斯科介紹馮玉祥加入國民黨。蘇聯扶持馮玉祥對付張作霖，為馮設立了兩所軍校，派紅軍教官訓練國民軍，供給大量軍火，使之成為一支現代化裝備的勁旅，加上馮軍原有的嚴格訓練，其戰鬥力尤在黃埔軍隊之上。所以鮑羅廷認為與馮會師後，有足夠的兵力遏制蔣，輕易奪取其軍政權力。

大感受辱的蔣介石自武漢返回南昌後，1 月 21 日與張靜江、譚延闓自南昌電武漢：請即成立政治分會，中央聯席會議毋庸繼續。25 日，戴傳賢偕何香凝、顧孟餘、鄧演達等自武漢赴南昌，商中央黨部及政府遷鄂事。蔣介石並不力爭國民政府遷武漢一事，只是繼續在南昌召集軍事會議，籌集軍餉，並討論進兵南京、上海的計劃。2 月 8 日，南昌中國國民黨中央執行委員會政治會議議決，中央黨部國民政府遷往武漢，中央委員全體會議暫不召開，並派徐謙、戴傳賢為赴美蘇代表。

3 月 10 日至 17 日，國民黨在漢口召開二屆三中全會，議決對現行國民黨和國民政府的政治制度進行改革。黨制度方面廢除主席制，設中央執行委員會常務委員會，執行黨的最高領導權。中央執行委員會選出汪精衛、譚延闓、蔣介石、孫科、顧孟餘、譚平山、陳公博、徐謙、吳玉章九人為常務委員，共同對中央執委會負責。國家制度方面廢除國民政府主席制，設國府委員二十八人，選孫科、徐謙、汪精衛、譚延闓、宋子文五人為國民政府常務委員，實行常委的集體領導制，處理國家政務。其次，廢除政治委員會主席制，實行主席團制度。規定政治委員會是中央執行委員會領導下的最高政治指導機構，成員除中常委九人兼任外，另選宋子文、陳友仁、鄧演達、林祖涵、王法勤、宋慶齡等六人為委員；汪精衛、譚延闓、孫科、顧孟餘、徐謙、譚平山、宋子文等人組成政治委員會主席團。再次，廢除軍事委員會主席制，實行主席團制，以七人組成的主席團實行集體領導。並規定主席團七人中必須有不任軍職的中執委三人，主席團決議及發佈命令必須有四名成員簽字才能生效。會議通過包括《統一黨的領導機關案》、《統一革命勢力決

議案》及《軍事委員會組織大綱》等十五個文件，決定實施集體領導，限定總司令只是軍委委員之一，包括軍官任免、出征、動員等都須經軍委會集體決議，再提交中央執行委員會通過後，才能交由總司令執行。蔣介石的軍委會主席、軍人部長和黃埔軍校校長等職務被取消；並重申軍事委員會是國民政府的最高軍事領導機關，將原屬國民革命軍總司令的指揮權、人事權集中於軍事委員會，選舉譚延闓等十六人為軍事委員會委員。實際上撤銷了蔣介石的國民黨中常委主席、中央組織部長、軍人部長、國民政府政治委員會主席、軍事委員會主席等職務，限制了他作國民革命軍總司令的權力。[115] 李宗仁認為國民黨中央這種抑制蔣介石軍事獨裁的議案，實未可厚非。當時蔣身兼中央各要職，培植私人勢力，軍事獨裁的趨勢已極明顯。北伐進行時，蔣總司令兼理克復地區民、財兩政，權力甚大，亟須抑制。只因共產國際利用反蔣乘機操縱國民黨，導致國民黨全黨反感，其餘國民黨領袖因為反共而視容共的武漢中央政府只是受中共利用的傀儡，「於是蔣氏由一反軍事獨裁運動下的遁逃者，一變而為領導反共的英雄人物了。其契機的微妙，實難盡述」。[116]

共產國際和中共沒有掌握好國民黨內反蔣的潮流，妥善運用，以為國民黨人和共產國際都反對蔣介石軍事獨裁，兩者就是盟友，反蔣的國民黨人會聽從共產國際的指示。這未免對中國政治文化太缺乏認識。

蘇聯和中共研究，只要汪精衛「到了廣州，事實上便成為左派的中心，政治的中心，並且是黨的中心，所以我們當極力設法勸汪回國。蔣此時在全國迎汪高潮中，對汪亦只能有暗鬥，而不能有明爭，更不至有武裝衝突」。[117] 鮑羅廷認為「汪精衛的名字可以把所有人聯合起來。然後可以在這裏廣泛地完成在廣州曾經做過的工作，逐步解除可能對國民黨左派構成威脅的那些部隊的武裝」，就能達到自己的基本目標：「恢復 3 月 20 日以前的局面，使國民

<hr />

115 《國民黨聯共與反共》，第 182－186 頁。

116 《李宗仁回憶錄》，第 296－297 頁。

117 〈對於目前時局的幾個重要問題〉（1926 年 11 月 9 日中央局與遠東局討論所得的意見），《中共中央文件選集》（2），第 296－297 頁。

黨左派和共產黨人聯盟重新執政。」[118] 維經斯基對共產國際報告中國局勢時，亦主張：「用一個跟我們站在一起的全國性人物與蔣介石相抗衡，這個人物就是汪精衛。……一旦汪精衛回來，蔣介石很可能不去與國民政府作鬥爭，而是退卻，那樣就能在我們的積極參與下大大加強政府，以致再過一段時間蔣介石已不能冒徹底毀滅的危險而去與國民政府決裂。」[119] 於是共產國際決定扶植汪精衛，把國民黨內不滿蔣介石的力量統合起來，與蔣鬥爭。1926 年 11 月 4 日，陳獨秀在中共中央政治局會議上提出：「迎汪復職，繼續總理聯俄、聯共、扶助工農三大政策。」[120] 共產國際「以汪制蔣」這招可算是十分高明，李宗仁也認為「汪精衛當時的德望，和黨員的歸心，可說一時無兩」，「今日聲望能力，可使本黨恢復團結的，實捨汪莫屬。」「他一旦恢復領導，則黨內糾紛，立刻便會煙消雲散。」[121]

共產國際駐華代表顯然低估了蔣介石，登上權力高峰的蔣介石豈能任由宰割，他緊握的大權豈會輕易捨棄？蔣介石與汪精衛曾經鬥法，蔣在中山艦事件迫汪棄權而逃，他會懼怕一個敗軍之將嗎？

2. 從聯共到反共

（1）黨統之爭

原本是國民黨左派的蔣介石，面對國民黨左派元老汪精衛和共產國際的奪權鬥爭，知道不能單用武力解決，他需要爭取國民黨人的支持，尤其是反共的國民黨人，在他們的支持下，建立一個與武漢政權抗衡的國民黨黨中央。

118 〈鮑羅廷在同共產國際執行委員會遠東局委員會會晤時的講話〉（1926 年 8 月 9 日），《聯共（布）、共產國際與中國國民革命運動》（1926－1927）（上），第 371－372 頁。
119 〈維經斯基給聯共（布）駐共產國際執行委員會代表團的信〉（1927 年 1 月 21 日於上海），《聯共（布）、共產國際與中國國民革命運動》（1926－1927）（下），第 95 頁。
120 〈C 同志關於 KMT 問題報告〉（1926 年 11 月 4 日），《中共中央文件選集》（2），第 281－282 頁。
121 《李宗仁回憶錄》，第 302 頁。

1927 年 2 月 21 日，武漢決定召開二屆三中全會的同日，蔣介石在南昌也相應召開會議。南昌中央政治委員會議決設立上海臨時政治委員會，吳敬恆、蔡元培、鈕永建、陳其采、蔣尊簋、楊樹莊、何應欽、葉楚傖、陳果夫、郭泰祺、楊銓、林煥廷、楊賢江為委員，吳敬恆為主席，統一指導上海黨務。蔣介石開始輿論反擊，在南昌行營總理紀念週講演，指責武漢聯席會議是沒有根據的，國民革命軍總司令的權限乃中央黨部和政府所授予，他是受黨的命令，絕非個人獨裁。徐謙以沒根據的漢口聯席會議，自居主席，才是獨裁；又說如有共產黨員跋扈強橫，必定制裁。[122]

2 月 23 日，南昌中央政治會議議決，在黨部與政府未遷以前，武漢不得以中央黨部及國民政府名義另行辦法。26 日，南昌政治會議議決請共產國際執行委員會撤回鮑羅廷。3 月 1 日，蔣介石在南昌勝利紀念會演說，再次指責武漢聯席會議的不當，否定武漢國民黨中央的權威性。武漢國民政府通過一系列議案削弱蔣介石權力後，蔣立即在南昌發表《告黃埔同學書》，表明「革命責任，不容諉卸」，「誓必負責完成北伐」，拒絕接受該決議。

3 月 28 日，國民黨中央監察委員吳敬恆、蔡元培等在上海提出《護黨救國案》。4 月 2 日，吳敬恆、張靜江等人在上海召開國民黨中央監察委員會緊急會議，提出《查辦共產黨函》，要求制止共產黨活動，不能「聽其行使職權，恣為顛倒」。

4 月 1 日，汪精衛返抵上海，共產國際對汪有很大期望，以為「迎汪復職」運動可以遏制蔣介石。但是，蔣介石也巧妙地利用了這機會。首先，蔣介石發表聲明，聲稱他服從汪精衛，令共產國際和中共一部分人喪失了警惕。2 日，蔣介石與汪精衛商討發動清黨，驅逐蘇聯顧問，與中共決裂等問題。汪精衛提出避免過激的解決辦法，建議蔣親自去武漢游說，把國民政府和黨部遷到南京，希望暫時能維持合作，自己願盡調和之責。3 日，蔣介石發表擁汪

---

122 〈蔣總司令駁斥武漢聯席會議之演詞〉（1927 年 2 月 21 日在南昌行營總理紀念週講），《革命文獻》（16），第 10－15 頁。

通電，支持汪精衛復職。4 日，汪精衛與陳獨秀會晤，並在 5 日發表《汪陳聯合宣言》，要求國共兩黨黨員「應該站在革命觀點上，立即拋棄相互間的懷疑，不聽信任何謠言，相互尊敬，事事商協」，重申聲明，中共不會打倒國民黨，國民黨人不會懷疑孫總理的聯共政策。[123] 報紙刊登《汪陳聯合宣言》後，6 日，國民黨留滬中央執監委、暨駐滬軍政負責首領正與汪精衛開會，與會人士對汪氏的行為均不以為然。吳敬恆當眾諷刺汪精衛說：陳獨秀是共產黨的黨魁，是他們的「家長」，他在共產黨裏的領袖身份是無可懷疑的。但是我們國民黨內是否有這樣一個黨魁或「家長」呢？吳說：「現在有人以國民黨黨魁自居，……恐怕也不見得罷？」說得汪氏十分難堪，當晚便秘密乘船到漢口去。蔣介石亦留意到《宣言》全沒有提到要共產黨員暫停一切活動的問題，而且汪竟然代表國民黨保證沒有制裁共產黨的任何意圖。這些無疑與蔣汪在 3 日商定的暫時應急辦法完全相反。同日，武漢決定廢除國民革命軍總司令，建立集團軍，改任蔣為第一集團軍總司令，即是解除了蔣介石國民革命軍總司令職務。蔣無法再啞忍了！

為消除汪精衛對國民黨各級黨部和黨員的影響，蔣介石先發制人，將汪提出制裁共產黨的主張公諸於報章，「發表與汪兆銘重要談話之點，使彼不得藉以造謠」。8 日，上海《申報》報道《蔣介石汪精衛等反共秘密會議》：

與會各人各有建議，「最後乃共依汪精衛氏之主張，暫時容忍，出於和平解決之途。其主要辦法，即於 4 月 15 日召集中央全體執行、監察委員聯席會議於南京，以求解決。在未開會以前，汪精衛氏贊成暫時應急之辦法數條如下：

一、由汪精衛負責通知中國共產黨首領陳獨秀，立即制止國民政府統治下之各地共產黨員，應即於開會討論之前，暫時停止一切活動，聽候開

---

123 〈汪精衛、陳獨秀聯合宣言〉（1927 年 4 月 5 日），彭明：《中國現代史資料選輯第一、二冊補編》（北京：中國人民大學出版社，1991 年），第 452－453 頁。引自《申報》（1927 年 4 月 5 日）。

會解決。

二、對中央黨部及國民政府遷鄂後，因被操縱，聽發命令不能健全，如有認為妨害黨國前途者，於汪同志所擬召集之會議未解決以前，不接受此項命令。

三、現在各軍隊及各省之黨部、團體、機關，認為有在內陰謀搗亂者，於汪同志所擬召集之會議未解決以前，在軍隊應由各軍最高長官飭屬暫時取締；在各黨部、各團體、各機關，亦由主要負責人暫時制裁。

四、凡工會糾察隊等武裝團體，應歸總司令部指揮，否則認其為對政府之陰謀團體，不准存在。」[124]

共產國際代表以汪制蔣的策略於是失敗，共產國際代表指出：汪精衛回國不但沒有抑制蔣介石，反被蔣利用汪精衛的名字宣傳自己的反動措施，說汪精衛與武漢意見相左，支持他在南京召開中央全會的建議等等。[125] 9 日，中央監察委員鄧澤如、吳敬恆、黃紹竑、張靜江、陳果夫等聯名發表《護黨救國通電》（即「青電」），指責武漢國民政府。

蔣介石成功與國民黨右派採取行動，與武漢國民黨左派爭奪國民黨中央的正統地位。

（2）革命的轉向

北伐開始時的三個口號依次為「打倒帝國主義」、「打倒軍閥」和「廢除不平等條約」。軍事行動不久，蔣介石便發覺無法達到這些目的。革命軍攻佔武漢三鎮後，1927 年 1 月 4 日和 9 日，大量示威群眾衝入漢口和九江英國租界，英國無法派出援兵，經過與國民政府外交部長陳友仁交涉，只得讓中

---

124 〈國民黨連日會議黨務之要點〉（1927 年 4 月 8 日），《中國現代史資料選輯第一、二冊補編》，第 454 頁。引用《申報》（1927 年 4 月 8 日）。

125 〈曼達良、納索諾夫和阿爾布列赫特關於蔣介石政變的書面報告〉（1927 年 5 月 21 日於莫斯科），《聯共（布）、共產國際與中國國民革命運動》（1926－1927）（下），第 265－266 頁。

國收回兩地租界，但此後決定不再讓步。隨着中共領導的反帝國主義浪潮的衝擊，長江流域約有上千名傳教士逃往上海避難。鑒於武漢和九江英租界被收回，英國外相張伯倫發表演說，指出必須派遣軍隊，保護上海英僑，以防危險。英政府為事先預防起見，已決定派兵前往上海。[126] 於是，英國調動有史以來規模最大的在華軍隊，以保證不會再失去上海租界。法國也調集一支部隊，2 月 26 日，法國總領事那齊亞要求巴黎方面供應青幫領袖杜月笙武器彈藥，公共租界工部局總董費信惇秘密到杜月笙公館會談，同意杜月笙的武力可以穿過公共租界，前往閘北的左派基地行動。

3 月 24 日，國民革命軍中路軍攻入南京。魯滌平、程潛、賀耀組等部殺害六名外人和掠奪外僑。英、美、日領事分別報告，以大量事例證明搶劫領事館是由中共策動的。長江英美軍艦炮轟南京下關地區報復，殺傷二千餘名華人，事為「南京事件」。此時英國增派了一整隊巡洋艦、一師陸軍，到達香港。美國亦自美本土派了兩艘巡洋艦來華。日本在大連和青島亦有軍事調動。[127] 當時中國水域有列強一百七十餘艘軍艦，陸戰隊正相繼登陸。外人在上海嚴陣以待，準備武裝干涉。4 月 11 日，英、美、日、法、義五國令其代表分別向蔣介石和國民政府外交部長陳友仁提出聯合通牒，對南京事件提出三項要求：一、負責軍隊指揮官及關係者全部之處罰；二、由總司令以書面道歉，保證將來對於外人生命財產，無論以任何形式均不為侵害騷擾之舉動；三、殺傷及損害之完全賠償。五國代表要中國盡速答應其條件，否則將取「認為適當之手段」。[128] 帝國主義武力對中國革命虎視眈眈，如何進行「打倒帝國主義」，這是蔣介石急須處理的嚴峻局勢。

126 〈英國外相張伯倫在伯明翰的演說〉（1927 年 1 月 29 日），《中國現代史資料選輯第一、二冊補編》，第 446 頁。引自懷德：《中國外交關係史》（北京：商務印書館，1928 年），第 110－111 頁。

127 《從大歷史的角度讀蔣介石日記》，第 56－57 頁；《劍橋中華民國史 1912－1949 年》（下），第 129 頁。

128 蔣永敬：〈東南清黨與武漢分共〉，《中華民國建國史》（3），第 558 頁。

北伐行動開始，蔣介石並無切實執行「打倒帝國主義」口號，採取與帝國主義敵對的態度，反而採用友善外交政策。1926 年 9 月 23 日，美國公使麥加利由香港到廣州訪問，蔣介石自前方電令所部給予禮遇，打開與西方國家接觸之門。次日他又催促國民政府通令解散廣州罷工委員會糾察隊，恢復廣州香港間的正常交通，結束了一年零三個月的省港大罷工，令稍後廣州宣佈徵收進出口貨品物品附加稅時，能夠順利進行。中英關係繼續改善，英國新任公使蘭浦生到北京赴任之前，先到武漢拜訪，作為承認國民政府之先聲。這種與「帝國主義」接觸和放棄「打倒帝國主義」，與蘇聯的反帝目標背道而馳，顯示了蔣的疏遠蘇聯，放棄「聯俄容共」的跡象。[129]

1927 年 1 月 2 日，蔣介石通過黃郛向日本駐武漢總領事高尾亨表示：「國民黨軍斷不會對租界發難」，「目前只希望對租界組織實行改良便可滿足，並打算採取緩進的、合理的、和平的手段實現這一目的」。同月 25 日，蔣介石接見日本駐九江領事大和久義郎，說明自己奉行的外交方針是：尊重歷來的條約，不採取非常手段和直接行動加以廢除，一定負責償還外債，充分保護外國企業。同月底，他在廬山會見留日時的老師小室靜時表示：「對於上海租界不欲以武力收回。」[130] 3 月 26 日，蔣介石到達上海，通過報界宣佈：「決不用武力改變租界的現狀，租界問題將通過外交途徑解決。」並派員到英、美、日、法、意領事館就南京事件表示「遺憾」，聲明將「火速解決南京事件」，「解除上海工人武裝」，防止出現「用武力及暴動」收回租界的事件。30 日，蔣介石再向日本新聞記者團說：保證不用暴力收回上海租界。[131] 蔣介石多次向外國保證與租界當局密切合作，表示尊重外商財產，以建立上海的法律與秩序。蔣既然承認租界的地位，即是承認不平等條約，「廢除不平等條約」這口號不再叫了。

129 《從大歷史的角度讀蔣介石日記》，第 79 頁。
130 《找尋真實的蔣介石──蔣介石日記解讀》，第 20 頁。
131 〈蔣介石對外報記者的談話〉（1927 年 3 月 30 日），彭明：《中國現代史資料選輯第一、二冊補編》，第 451−452 頁。引自《申報》（1927 年 3 月 31 日）。

英美日法等國聽聞廣東群眾高呼「打倒帝國主義」，北伐軍帶動國民革命反帝國主義的狂潮席捲長江流域，熱情高漲的群眾湧入九江和漢口租界時，舉足無措。因此，對領導北伐軍的蔣介石的革命態度極為關注。日本幣原外相認為，中國正出現分裂的跡象，國民政府內部親共與反共之爭加劇。若外國支持蔣介石反共，讓他自己清除共產黨，是最有效的辦法。[132] 同時，最重要的是蔣介石可以讓中國出現一個保持穩定的中央政府，這個政府是反對蘇聯的——一個留在華盛頓框架之外的強國。[133] 西方帝國主義與共產主義在中國鬥爭，當然希望在中國能夠找到一些反共先鋒。為了打擊蘇聯在中國進行「打倒帝國主義」活動，公使團支持張作霖搜查北京的蘇聯使館。4月6日，張作霖得到公使團同意，派軍警搜查了北京蘇聯大使館、遠東銀行、中東鐵路辦公處，並逮捕藏身在內多時的李大釗等五十八名華人。在搜出的秘密文件中，發現了蘇聯共產黨給鮑羅廷的電報，指示他不能讓國民革命軍統一中國。蘇聯的目的只是要用北伐牽制帝國主義國家，使其不能從東方攻打蘇聯；還搜出蘇聯計劃赤化中國的千餘份文件，內有共產國際發來的大量指示、訓令、顛覆材料，詳細記載了蘇聯涉入中共之地下滲透活動，及近來之街頭群眾運動的狀況。這些證據顯示蘇聯全面指揮取代中國政府的運動。中國共產黨強烈譴責北京政府粗暴侵犯蘇聯使館尊嚴，並認為此事件乃「帝國主義的挑撥」，中國政府已淪為帝國主義者工具。4月19日，蘇聯召回北京駐華代辦及大使館職員。

當時，工農運動席捲兩湖，無法無天地鬥爭地主和資本家，迫他們跑到上海避難，這些人的悲慘遭遇讓上海的中國大資本家和地主群起恐慌，害怕工農運動會蔓延到上海。事實上，他們已經經歷上海工人發動迫走軍閥的第一次大罷工，不能不擔心工人運動的大火已經燒到眉睫！因此，江浙的財閥急需找一個能保護他們身家性命的力量，當他們知道蔣介石嚴重缺乏糧餉

---

132 《劍橋中華民國史 1912－1949 年》（下），第 130 頁。
133 《劍橋中華民國史 1912－1949 年》（下），第 128－130 頁。

時，便主動上門找蔣介石。上海財閥虞洽卿和錢永銘親自到南昌拜訪蔣介石，答應為他籌集軍費，條件是要蔣維持上海現狀，反對赤化。窮得要命的蔣介石當然同意，表示在勞資問題上，「決不使上海方面有武漢態度」。3月，上海青幫領袖黃金榮又前往拜訪，建議用幫會力量打擊左派工會組織的策略。蔣介石正想殺人放火，又怕受人唾罵，難得有人代勞，於是立即派親信楊虎着手計劃。蔣到上海後，紳商即時供給借款三百萬元，數日之後再給七百萬元。各紳商更承諾資助一千五百萬元，條件為打擊工會及共產黨人。[134]蘇聯、中共和國民黨左派要剝奪蔣介石的權力，帝國主義和和江浙財團卻支持他鞏固軍政大權，蔣介石應如何抉擇？

3. 工農運動失控

蔣介石一直是「扶助農工」政策的擁護者，並且反覆宣傳國民黨的這一政策是先總理的既定方針，不可改變。1927 年以後蔣介石始終強調這是絕不能稍有變動的先總理「三個政策」(反帝、聯俄、扶助農工) 或「四個政策」(反帝、反軍閥、聯俄、扶助農工) 之一。在蔣介石看來，農工問題的關鍵有兩個，一是操之在誰，工農運動斷不能操縱在反對國民黨 (尤其反對蔣) 的黨派份子手裏；一是尺度適宜，即工農運動應當控制在適當的範圍內，戰爭時期尤其要以保持軍事勝利為限度。[135]

農民為國民革命軍運糧食、抬擔架、作偵探，第 1 軍的指揮官們「異口同聲地肯定農民給革命軍提供了巨大的幫助」，相信「沒有農民的幫助我們就不能取得勝利」。因此，蔣對農民運動是十分重視的。他一面向國民黨中央提議起草土地法，一面公開發佈命令，「通令我黨軍全體將校士卒，今後無論在

134 《從大歷史的角度讀蔣介石日記》，第 55－56 頁。
135 〈邵力子給共產國際執行委員會的補充報告〉(1926 年 9 月 22 日)，《聯共 (布)、共產國際與中國國民革命運動》(1926－1927) (上)，第 522－523 頁。

何地方，對於農民利益，須與保護；農民運動，須與扶持，務使我國民政府治內之農民，能得優裕生活，能成有主義有組織之民眾」。[136]

1926 年 12 月 7 日，據第 3 軍政治部主任朱克靖稱，蔣介石在廬山開中央政治會議強調「農工群眾是國民革命的生力軍」，說「求國民革命成功，必須解決農民生活」，為此應「速制定土地總法，減輕農民負擔」，「消除貪官污吏土豪劣紳，使無反革命派」。總之，主張號召「革命的群眾準備與一切殘餘的反革命勢力作最後之決戰」，「很盼望農民同志，有自覺的精神，快起來參加農民協會，組織自衛軍，作革命的後盾」。[137]

蔣介石對工人運動的態度表現比較複雜，蔣對廣東以外的工人運動是同情的，但他北伐時卻明令禁止廣州工人自由罷工，原因是罷工是雙刃劍，在敵佔區罷工，是打擊敵人；在後方罷工，則是影響生產、流通和社會穩定，擾亂的是自己。這在蘇聯和中共蘇區，都同樣絕對禁止罷工。

當北伐軍逐漸推進到英國勢力範圍所在的長江流域之際，蘇聯首席軍事顧問加倫將軍就明白建議：國民黨應當做全面執政的準備，為此，目前應當盡快結束省港大罷工，「好好理順國際關係」，結束持續一年多的省港罷工，緩和與港英當局的關係，將有利於避免在軍事上遭遇英國人的干涉。[138]

另外，蔣介石發現省港罷工委員會及其武裝的工人糾察隊，任意查禁和捕人，這對執政者頗具威脅。其次是廣州工人，分為左中右三派，三派工會常常因為意見相左而劍拔弩張，甚至大打出手，經常要動用軍隊震懾，雙方街頭械鬥斷斷續續，有些工人被打死打傷。蔣雖親自出面調停，亦未見成效。後來，工人運動擴展到革命軍佔領區，工人群起罷工，要求增加工資，

136 〈飭將士保護農民利益扶持農民運動令〉（1926 年 9 月 9 日），《蔣介石言論集》（3），第 202 頁。

137 《國民黨聯共與反共》，第 154－155 頁。

138 〈中共中央執行委員會關於布留赫爾對國民政府的性質和任務的看法的通報〉（1926 年 10 月 7 日），《聯共（布）、共產國際與中國國民革命運動》（1926－1927）（上），第 570 頁。

進而產生種種扣貨、沒收、阻運、封廠，和捉店主、廠主插標戴帽遊街示眾之類的越軌行動。蔣介石和不少國民黨地方軍政大員都深感為難：一方面要依照孫中山遺囑，堅持扶助工人的政策，但同時又必須確保社會安定以及經濟生產的正常運作，這樣才能得到足夠的稅收，維持戰費和地方軍政各項開支。但工人運動易發難收，往往難以控制，商人、廠主不僅利益大受損失，就連人身及財產安全都無法保證，會令社會動盪不安和生產停頓。

　　1926 年 11 月，共產國際執委會第七次擴大會議通過了一個關於中國問題的決議，提出更加激進的革命主張，要求中共必須使革命「超過資產階級的民主革命」，「由現在的國民政府做到工人農民及其他被壓迫階級的民主獨裁制，集中鐵路、航業、礦山、大工業，於國家機關支配之下，以行向社會主義」。[139] 為了最大限度地動員群眾，以便深入革命，鮑羅廷等人明確提出，發動農民，非用痞子、流氓做先鋒不可。[140] 毛澤東在 1926 年 12 月參加湖南農協第一次代表大會後，便提出了：「有土皆豪，無紳不劣」、「矯枉必須過正」兩句名言。受到這種觀點的影響，再加上工農運動發展迅速，懂得正確政策和策略的黨員幹部人數極其有限，以致各地工農運動普遍出現了靠「踏爛鞋皮的、挾爛傘的、打閑的、穿綠長褂子的、賭錢打牌、四業不居的」做「革命先鋒」的現象。工農運動讓痞子、流氓掌握了工會和農會，他們妄顧法紀，用「逮捕、監禁、審判、算賬、罰款、戴高帽遊鄉、殺豬、糶谷」等辦法來打土豪，甚至借口打土豪劣紳，任意殺人放火，產生鎮壓反革命派的恐怖現象。[141] 鮑羅廷急進地推動農民運動，結果令農運左傾蠻幹，無法完全控制，甚至中共中央幹部都身受其害。李立三在中共五大上當選為中央政治局委員，任中央工人部長。不過，他的父親卻被家鄉農民協會當作土豪處決了。1927

139 〈中央政治局對於國際第七次擴大會中國問題決議案的解釋〉（1927 年 4 月 24 日前），《中共中央文件選集》（3），第 13 頁。
140 長沙《大公報》（1927 年 2 月 22 日），第七版。
141 毛澤東：〈湖南農民運動考察報告〉（1927 年 3 月），《毛澤東選集》（1），第 12－44 頁。

年 1 月，李立三成功地領導收回漢口英租界的鬥爭，他的父親逃難來到武漢。不久，拿着他兒子致湖南負責同志的親筆信，擔保這位溫文爾雅、態度嚴肅、心地善良的老人不會有反對農協的態度和行為。這老人家高高興興的返回老家，豈料中央政治局委員李立三的保證書並無任何效力，老父仍被他本鄉的農協「亂幹」殺掉了！這不特顯示出中共湖南區委會對於農協控制力薄弱，也證明反土豪劣紳運動的瘋狂失控程度。[142]

工人運動也一樣失控，如江西贛州店員工會成立時，通過章程規定：凡本會會員每日工作時間應自上午 9 時起至下午 5 時止，休息時間店主不得過問；休假當與各機關同，春節並應放假半月；每年還應准假三個月以探親，外省店員則應准假四個月，最長者可達五個月，店員不願回家者，此期間工資還應照原工資加倍發放；在店供職滿一年者還應分享該店全年利潤十分之二的分紅；另凡本會會員月薪還應增加三至四倍，即原有薪水不足 20 元者應加至 120 元，不足 30 元者加至 140 元，不足 40 元者加至 160 元等。工會提出這些不合理的要求，商人根本無法承擔，於是紛紛結業，地方經濟崩潰，最後連武漢政府也出現財政困難。[143]

上海工人發動三次罷工，協助革命軍佔領之後，意氣風發，謠傳總工會將要攻擊巡捕房，或工人糾察隊將要猛撲租界。由於工人曾經收回武漢、九江的租界，故上海很多中共領導人主張對外國資本家下最後通牒，對租界亦不能示弱，準備發動收回租界的總罷工。總工會委員長汪壽華甚至公開在全上海工人代表大會上宣佈：工會今後在政治上的責任，第一條即為收回租界。[144]

3 月 25 日，外國記者據此詢問東路軍前線總指揮白崇禧，白公開強硬地

---

142 《我的回憶》（2），第 618−620 頁。

143 《國民黨聯共與反共》，第 197−201 頁。

144 〈特委會議記錄〉（1927 年 3 月 25 日晨），上海檔案館：《上海工人三次武裝起義》（上海：人民出版社，1983 年），第 386 頁；〈全上海工人代表大會記〉，《申報》（1927 年 3 月 28 日）。

表示，工人一旦有擾亂，駐軍必將負責繳械。26 日蔣介石到達上海，隨即召見白崇禧表示清黨，問白清黨需要多少軍隊和時間。白說：「只要調走薛岳之第 1 師，留下劉峙之第 2 師及周鳳岐之 26 軍便夠了」，需時「三天差不多，至多不會超過一星期」。由於薛岳第 1 師中共黨人太多，故蔣介石先把薛岳免職回廣東，調第 1 師至鎮江。劉峙部第 2 師接防，監控那裏的上海兵工廠和閘北上海總工會。中共立即召開群眾大會反對，並派人質問白崇禧，堅決反對調離薛岳。白崇禧嚴肅地告訴代表：調動軍隊是總司令決定的，我無權過問，眾人更是無權過問總司令調兵之事。再說，國民革命軍不分彼此，無論第 1 師或第 2 師駐防上海都是一樣的。代表見白崇禧態度強硬，知難而退。[145]

　　上海中共黨人雖然察覺軍隊的異動，但繼續其激進的革命行動，通過市政府致函租界工部局，限三日內「正式表示不再阻止復工」，否則將再行總同盟罷工，此後發生一切問題概由工部局負責。[146] 中共上海區委提出「建立更高偉的工人階級政治地位」，所以公開工會，公開學聯，以提高其政治地位。還要求「要發展，上海有 160 萬革命群眾，我們要 10 萬」，「工人及學生群眾必有很多 C.P.（共產黨），我們要大開門戶，就是包辦革命。」「公開宣傳這次運動是 C.P. 的命令，同志怕人說 C.P.，是純粹軟弱賣黨的心理，以後要公開承認政策與主張。」[147] 陳獨秀在上海特委會上說：「中國革命如不把代表資產階級的武裝打倒，中國就不要想革命，同時只要把此武裝打倒，資產階級就可以服從革命的力量。上海現在的資產階級與右派勾結黨軍也很右傾。我們如果情願拋棄上海，就很容易，如果爭鬥，就要馬上動作。」「我們現在要準備一個抵抗，如果右派軍隊來繳械，我們就與之決鬥，此決鬥或許勝利，即

<hr>

145　陳三井等：《白崇禧先生訪問紀錄》（上）（台北：中央研究院近代史研究所，1984 年），第 73−75 頁。

146　〈上海特別市臨時市政府為復工問題給法租界公董局的函〉（1927 年 3 月 26 日），《上海工人三次武裝起義》，第 405 頁。

147　〈中共上海區委召開擴大活動份子會議記錄〉（1927 年 3 月 25 日），《上海工人三次武裝起義》，第 398−400 頁。

失敗則蔣介石的政治生命完全斷絕，因此此決鬥，實比對直魯軍鬥爭還有更重要的意義。」[148] 這時，陳獨秀仍然判斷蔣介石不敢和國民黨左派決裂，不敢進行反共。

3 月 26 日，上海中共得到消息：江西贛州總工會委員長陳贊賢被軍隊殺害，南昌、九江國民黨左派控制的市黨部均被搗毀和解散，因而情緒更加激憤。上海區委正式決定：

目前最主要策略就是：「擴大反帝軍，維持工人武裝。」

具體工作：「上海舉行反英總罷工，所有華租各界一切工廠辦事人都罷下工來，要使租界死寂，不能不交還租界。」「如果上海工人把右派打倒、租界收回，在革命的前途非常偉大。」「簡單的說，我們要反對反動的新軍閥，積極響應寧案，舉行反英大罷工，達到收回租界的目的。我們要隨時隨地準備武裝與右派軍隊發生總決鬥。」[149]

上海工人計劃罷工來收回租界，高呼打倒代表資產階級的武裝。蔣介石答允洋人保證租界生命財產的安全，又收了江浙財閥過千萬元的保護費；白崇禧也曾表示嚴禁工人搗亂。江壽華和陳獨秀卻革命豪情萬丈，要發展十萬黨員，包辦革命，蔣介石可以怎辦？

四、上海「清共」與寧漢分裂

蔣介石細心和耐心地部署行動，先派陳果夫、陳立夫、溫建剛等人全力奪取其軍力所及的各地黨政權力，破壞左派控制的江西黨部。3 月 6 日，贛州新編第 1 師國民黨黨代表倪弼槍斃中共江西省總工會執行委員、贛州總工會

148 〈特委會議記錄〉（1927 年 3 月 25 日晚），《上海工人三次武裝起義》，第 389 頁。
149 〈中共上海區委召開活動份子會議記錄〉（1927 年 3 月 26 日下午六時），《上海工人三次武裝起義》，第 406－409 頁。

委員長陳贊賢。革命軍攻佔安徽、福建、浙江等地，立即控制當地黨部，但是革命軍調走後，中共和國民黨左派隨即推翻了親蔣的黨部。4月2日，江西中共方志敏等聯合駐防南昌之第3軍朱培德部第7師師長王均、教導團長朱德，搗毀省黨部、教育廳，逮捕教育廳長程天放及省黨部委員羅時實等。

　　3月20日晚，國民革命軍東路軍進入龍華，包圍上海。21日，上海工人在國民黨鈕永建和中共周恩來等領導下，發動第三次武裝暴動，佔領租界以外的上海市區，建立了一支2,700人的工人糾察隊。22日，白崇禧率軍開進上海。26日，蔣介石到達上海。28日，吳敬恆、蔡元培等提出《護黨救國案》。同一日，蔣介石親自接見上海總工會特派交際部主任趙子敬，解釋：「糾察隊本應武裝，斷無繳械之理，如有人意欲繳械，余可擔保不繳一槍一械。」亦會嚴行制止流氓乘機搗亂糾察隊及上海總工會事情。[150]

　　4月2日上午，蔣介石、柏文蔚、宋子文、李濟深、李宗仁、白崇禧、黃紹竑、古應芬、蔡元培、吳敬恆、李石曾、張靜江等人在舊上海道尹公署，用中央監察委員會的名義召開秘密會議，到會委員只佔全體中監委員二十名的四分之一，不能代表國民黨中央。吳敬恆、張靜江等人提出《查辦共產黨函》，要求制止共產黨活動。會議訂立「清黨原則」及組織「清黨委員會」，準備進行反共清黨。同日下午，蔣介石和何應欽、吳敬恆、李石曾、陳果夫、陳立夫、李濟深、李宗仁、白崇禧、黃紹竑等在上海東路軍前敵總指揮部開會，談「反共清黨」的大政方針。

　　4月5日，青幫黃金榮、張嘯林、杜月笙等組織中華共進會和上海工界聯合會，與上海總工會對抗。6日，蔣介石派軍樂隊把親題「共同奮鬥」的錦旗，送給上海總工會工人糾察隊，作為安撫。9日，中央監察委員鄧澤如、黃紹竑、古應芬、蔡元培、吳敬恆、李石曾、張靜江、陳果夫等聯名發表《護

---

150 〈蔣介石初到上海保證不對工人糾察隊繳械〉（1927年3月28日），彭明：《中國現代史資料選輯第一、二冊補編》，第450頁。引自《申報》（1927年3月29日）。

黨救國通電》（即「青電」），指責武漢國民政府「容共」。[151] 同日，蔣介石命令成立「淞滬戒嚴司令部」，由白崇禧、周鳳岐分任正副司令，並頒發「戰時戒嚴條例」十二條。

11 日，蔣密令「已光復的各省，一致實行清黨」。當晚，杜月笙以中華共進會、上海工界聯合會的名義，邀請汪壽華赴晚宴，汪一入杜宅，即被打暈，隨即被運往郊外楓林橋活埋。12 日凌晨，中華共進會和上海工界聯合會人員，身穿藍色短褲，臂纏白布黑「工」字袖標，從上海租界分乘多輛汽車，迅速開往上海總工會糾察隊駐地閘北、南市、浦東、吳淞等地，發動攻擊，雙方發生戰鬥。淞滬戒嚴司令部藉口「工人內訌」，派第 26 軍解除工人糾察隊武裝，沒收三千支步槍，[152] 並搜捕各級政府、公家機構及軍隊中的中共黨人，打死一百二十餘人，打傷一百八十人，另監禁多人。[153] 上午，上海總工會會所和各區工人糾察隊駐所均被佔領。租界和華界內的外國軍警亦搜捕中共黨員和工人一千餘人，交給蔣介石的軍警。

負責上海清黨的白崇禧回憶說：4 月 12 日拂曉，先肅清商務印書館的工人。開始行動之前，白崇禧知道商務印書館工友內有很多地方幫會份子，於是派員與上海幫會首領杜月笙、黃金榮密商，借得工會的符號衣服，分給採取行動的人員化裝成工人混入工廠，以便策應外面包圍的部隊。事前，白還派人與駐滬法國領事交涉，請其准許清黨部隊經過法租界，因為由法租界至商務印書館工廠是一條捷徑。白原定三至七日才完成清黨工作，在 4 月 12 日一個早上，便突破了中共在上海的大本營——商務印書館工廠。逮捕了中共全國總工會委員長汪壽華及總書記侯紹裘，以及同黨多人，汪壽華、侯紹裘

---

151 黃紹竑：〈四·一二政變前的秘密反共會議〉，《文史資料選輯》（45），第 11－15 頁。

152 范紹增：〈關於杜月笙〉，《文史資料選輯》第 84 輯，第 166－170 頁。

153 原中國人民解放軍軍政大學編寫組編寫：〈南昌起義〉，《文史資料選輯》（56），第 13 頁。

依法審判後槍斃。[154]

清黨開始後，上海市民代表大會致電蔣介石要求：「徹底查究，將所繳槍械悉數發還，並予確實保障，此後不再發生此類事端。」[155] 上海臨時市政府亦致函質問白崇禧，指責其「橫肆摧殘」。[156] 上海各區工人分別召開了幾萬人以至幾十萬人參加的大會，大會通過決議，要求：

一、收回工人的武裝；

二、嚴辦破壞工會的長官；

三、撫恤死難烈士的家屬；

四、向租界帝國主義者提極嚴重的抗議；

五、通電中央政府及全國全世界起而援助；

六、軍事當局負責保護上海總工會。

會後遊行示威，閘北區數萬徒手工人行至潮州會館總工會會所，奪回了會址，並立即召開工人代表大會，決定 4 月 13 日上午 10 時舉行總同盟罷工。13 日，上海總工會在閘北青雲路廣場召開工人群眾大會，十萬多工人、學生散會後，前往周鳳岐第 26 軍 2 師司令部請願，要求釋放被捕工人，交還糾察隊槍械。當請願隊伍走到寶山路三德里附近時，早已埋伏的第 2 師士兵突然開機槍猛烈掃射，當場射殺百多人，打傷無數，又捕捉二百餘人。上海南市遊行的工人同時也被軍隊槍擊，死傷無數。同日，蔣下令解散上海特別市臨時政府、上海總工會和一切中共組織，搜捕中共黨員及支持者，逮捕千餘人。

4 月 14 日，黃金榮、張嘯林（張寅）、杜月笙（杜鏞）聯名通電全國，指斥共黨令「某廠停工，某業閉市，某教廢祀，某家破產，共產黨之流行病，

---

154 《白崇禧先生訪問紀錄》（上），75 頁。

155 〈上海市民代表大會致蔣介石電〉（1927 年 4 月 12 日），《中國現代史資料選輯第一、二冊補編》，第 473 頁。引自《四一二反革命政變資料選編》第 147－148 頁。

156 〈上海臨時市政府致函質問白崇禧〉（1927 年 4 月 12 日），《中國現代史資料選輯第一、二冊補編》，第 474 頁。引自《時報》（1927 年 4 月 13 日）。

勢將傳染於大江之南，不早殲滅，蔓草難圖，噬臍莫及」，於是「揭竿為旗，斬木為兵，滅此共產凶魔，以免遺害子孫」，[157] 公開表示幫派份子加入「清共」行動。15 日，上海繼續搜捕中共黨人，殺死三百餘人，拘捕一千多人，流亡失蹤者五千多人。同日，國民政府後方留守主任兼黃埔軍校副校長李濟深在廣州亦進行清黨，派出大批軍警封閉廣州所有革命工會、農民協會、學生及婦女組織團體二百多個，捕去中共黨員（黃埔軍校政治部主任熊雄、黃埔軍校教官蕭楚女、李啟漢等，隨即被殺）和革命群眾二千多人。[158] 廈門、福州、寧波、南京、杭州、長沙同時進行清黨，屠殺中共黨員和革命群眾。張作霖同時也在北京捕殺中共黨員。17 日，蔣介石與中國國民黨右派中央委員在南京召開政治會議，議決國民政府於 18 日在南京辦公，並推胡漢民為國民政府委員會主席兼中央政治會議主席。

4 月 18 日，南京國民政府正式成立，南京和武漢同時出現兩個國民政府，史稱「寧漢分裂」。南京國民政府頒佈第一號命令，通緝中國共產黨首要份子 197 人：首要為鮑羅廷、陳獨秀，其次為林伯渠、瞿秋白、毛澤東、惲代英、周恩來、劉少奇、張國燾、彭湃、鄧穎超、蔡和森、方志敏等人。一些親共左派人士，如沈雁冰、柳亞子、鄧演達、章伯鈞等，也在通緝之列。史稱「上海清黨」。

4 月 20 日，中共發表《為蔣介石屠殺革命民眾宣言》，指出：「國民政府要能夠對付帝國主義及其走狗國內軍閥之聯合勢力，必須發動廣大的群眾自覺的起來擁護，只有他們的力量的犧牲是革命唯一的保障。」「國民革命應該首先是一個農民革命」，「中國人口百分之八十是農民，若不經過農民革命，革命的民主主義的政權是不能夠建設的。」此宣言反映了工人運動鬥爭失敗後，中共認識到農民革命的重要性，開始強調「農民革命是與國民革命不可

---

157 〈黃金榮、張嘯林、杜月笙之電文〉（1927 年 4 月 14 日），《中國現代史資料選輯第一、二冊補編》，第 478 頁。引自《時報》（1927 年 4 月 14 日）。

158 方鼎英：〈黃埔軍校「清黨」回憶〉，《文史資料選輯》（60），第 156－165 頁。

分開的」。[159] 武漢國民政府控制下的武漢、長沙等地召開數十萬群眾參加的反帝討蔣大會。22 日，武漢國民政府汪精衛、孫科、鄧演達、宋慶齡、張發奎、吳玉章、毛澤東、惲代英等聯名發佈通電，斥責蔣的分裂行為。26 日，南京國民政府通令各級黨部徹底實行清黨。28 日，張作霖在北京把李大釗等二十名逮捕的中共黨員，執行絞刑。國民黨此次清黨先後捕獲中共黨人千餘名，中共領袖汪壽華、羅亦農、陳延年（陳獨秀子）、趙世炎（曾致函孫中山先生談論革命問題，獲孫中山覆函和讚揚）等被捕處死。周恩來亦一度被捉，用計獲釋。5 月 7 日，南京中央黨部組織清黨委員會，旋公佈「清黨條例」，並在軍隊、海外及各省組織清黨委員會，在各地及軍隊實行「清共」，各地中共黨員或被殺害，或被迫逃匿。[160]

五、武漢「分共」

1. 武漢國民政府軍隊的反動──夏斗寅叛變與馬日事變

武漢國民政府和共產黨的關係最終也破裂，採取分共行動。其催化劑是夏斗寅叛變和馬日事變。

「4．12 上海清黨」後，武漢政府、中共和共產國際都指責蔣介石為叛徒。4 月 17 日，武漢國民黨中央下令開除蔣介石黨籍，免職通緝。命令如下：「蔣介石屠殺民眾，摧殘黨部，甘心反動，罪惡昭彰，已經中央執行委員會決議，開除黨籍，免去本兼各職。着全體將士及革命民眾團體拿解中央，按反革命罪條例懲治。」[161] 20 日，中共中央發表宣言，完全贊成國民黨中央

---

159 〈中國共產黨為蔣介石屠殺革命民眾宣言〉（1927 年 4 月 20 日），《中共中央文件選集》（3），第 32－34 頁。

160 《國共兩黨關係史》，第 191－195 頁。

161 《東方雜誌》第 24 卷，第 12 號，轉引自《國共兩黨關係史》，第 196 頁。

罷免蔣介石本兼各職的命令,指責:「蔣介石業已變為國民革命公開的敵人,業已變為帝國主義的工具,業已變為屠殺工農和革命群眾的白色恐怖的罪魁。」[162]

不過,武漢當局卻沒有立即討伐蔣介石,因為武漢陷入四面包圍,當時只有湖南、湖北兩省和江西部分地區,兵力只有十二萬人(未計馮玉祥軍隊)。同時位處內陸,經濟遭受嚴重封鎖,加上工農運動,稅收減少,財政極為困難。武漢政府曾向蘇聯要求 1,000 萬盧布及 1,500 萬盧布兩筆資助。直至 6 月 24 日,斯大林仍然決定考慮從 1,000 萬盧布的賬上先寄去 300 至 400 萬盧布,至於 1,500 萬盧布一事則等等再說。[163]

軍事方面受三方面包圍:東有蔣介石、北有張作霖、南有李濟深。外交方面亦相當孤立,武漢江面有外國軍艦三十五艘,嚴重威脅武漢政權。5 月 9 日,英外相張伯倫在議院演說,南京事件為共產黨所造成,已受中國懲罰,英對南京政府決採取緩和政策,並謂武漢政府已失去其統治地位。[164]

面對勢力不斷壯大的南京國民政府,武漢當局意見分歧,共產國際及其駐華代表對中國革命的策略也搖擺不定,甚至因此互相攻擊。上海「清共」前夕,4 月 3 日,共產國際出席中共第五次全國代表大會代表團團長羅易(M. N. Roy,又譯魯易、亦名瓊森)到達武漢,他不單無法解決混亂的局勢,更令情況惡化。4 月 27 日至 5 月 9 日,中共在漢口召開第五次全國代表大會。羅易根據共產國際執委會第七次擴大會議關於中國問題的決議案,指示中共立即推行土地革命,沒收土豪劣紳田地和處決土豪劣紳;消滅不可靠之軍官,組織革命法庭懲辦反革命軍人,動員共產黨員兩萬人,編成農工新軍五萬人。中共根據指示推行土地革命,結果波及革命軍軍官家屬,引起軍隊不滿而反

162 〈中國共產黨為蔣介石屠殺革命民眾宣言〉(1927 年 4 月 20 日),《中共中央文件選集》(3),第 32−36 頁。

163 斯大林:〈斯大林致莫洛托夫〉(1926 年 6 月 24 日),沈志華等:《蘇聯歷史檔案選編》(6)(北京:社會科學文獻出版社,2002 年),第 306 頁。

164 《中華民國史事日誌》(2),第 196−197 頁。

共。

大多數湖南人當兵的目的是為了養家糊口，士兵領餉之後多半把錢寄回老家養妻活兒。而軍官們一般家境比較富裕，才能被栽培到投考軍校，當上軍官。做官之後，自然略有積蓄，買田買地，僱人耕種，成為地主。當時鮑羅廷急進推動農民運動，吸納流氓地痞進入農會，結果讓許多農民協會被流氓地痞操縱，他們鼓動農民抗租抗稅，打富豪，吃大戶，乘機勒索，罰款罰糧，如不從者，更關押、毆打，甚至殺人，結果令富戶逃亡，生產廢弛，糧食失收。由於地方貧困，農會竟然鬥爭軍官家屬，侵犯其土地財產，甚至連士兵寄回家供養父母妻兒的餉錢都被截扣。北伐軍中經常有人談論兩湖的農民運動，如說「官兵寄回家的薪餉被農會沒收分配了」；「某人的父親被農會抓着戴高帽子遊墟了」；「湖南要實行共產、公妻了」等等。有些官佐的地主親族逃難到武漢時，他們的痛苦經歷，便成為大家議論的中心。許多人痛恨的說：「這太無法無天了。」受害的官兵更拍桌大罵共產黨，「革命革到老子頭上來了」。[165] 農民運動的失控，令軍心渙散，士無鬥志，最終迫使軍隊站到農民運動的對立面去。

北伐軍佔領武漢後，夏斗寅的鄂軍第 1 師，改稱為「國民革命軍獨立第14 師」。該師政治部代主任李伯剛提倡民主的革命軍風，說革命軍隊要官兵平等，只能相對服從，反對絕對服從；令夏斗寅惶恐不安，認為這是煽動士兵反對長官。1927 年 4 月中旬，蔣介石派密使至宜昌，與夏的代表秘密會談，游說夏斗寅乘武漢空虛，發動奇襲。

5 月 13 日夜，夏斗寅全師向沙市集中。14 日晚，夏部到達嘉魚縣，即發出通電，指斥中共「盤踞要津，藉口總理容共，而喧賓奪主，以暴民政治擾亂兩湖」，並立即逮捕了政治部主任李伯剛和政工人員。軍隊途經之地，全部封閉、搗毀黨部、工會、農會等組織，並捕殺中共黨人和工農群眾。17 日，夏斗寅部進至武昌土地堂，武漢震動。第 20 軍楊森亦自宜昌東下。19 日，夏

---

165 魏鎮：〈馬日事變親歷記〉，《文史資料選輯》（45），第 16－35 頁。

斗寅軍萬耀煌、張森兩旅，在距武昌城僅 30 華里紙坊被葉挺第 24 師及獨立第 1 師（武昌軍校學生所編成，惲代英為黨代表，施存統為政治部主任）擊敗，程潛、魯滌平兩軍亦自鄂東開向武漢增援。

夏斗寅因反共有功，受蔣介石招攬，1935 年 4 月晉升中將，1948 年當選為第一屆立法委員。武漢解放前夕，曾一度參加湖北和平運動，並在佈告上簽名歡迎解放軍進城。後來考慮其反共歷史難容於中共，其和平運動亦不會見諒於台灣，故最後選擇移居香港，在港島灣仔六國飯店，以占卜星相為業，終老香港。[166]

與此同時，工會繼續與軍人衝突。5 月 19 日，長沙總工會與軍人衝突，搜第 35 軍軍長何鍵住宅，拘捕何父，令何鍵大為忿怒。其部下許克祥亦因父親在湘鄉老家被農會鬥爭，與中共結下不共戴天之仇，毅然反共。較早時（5 月 17 日），何鍵部下余湘三、王東原、許克祥、陶柳、李殿臣、晏國濤、魏鎮等人在長沙小吳門外許克祥團部開會，決定動武徹底消滅中共和工會農會組織，推定許克祥擔任指揮。

19 日晚，第 35 軍駐長沙部隊收繳了工人糾察隊十多人的槍枝，傷兵又與工人糾察衝突。中共湖南省委、國民黨省黨部和省政府在 20 日夜採取緊急措施，但無兵力阻止局勢惡化。21 日晚上 11 時許，許克祥指揮千多名士兵，解除工人糾察隊和農民自衛軍武裝，包圍湖南省黨部、總工會、農民協會，並殺害共產黨人。至 22 日上午，搗毀和襲擊了七十餘個機構，殺害中共黨員、國民黨左派和工農群眾百餘人，拘捕四十餘人，被臨時拘押的無法計算。許克祥又把被工會農會拘押的人全部開獄釋放。因 21 日的電報代日韻目為「馬」字，所以這次事件稱為「馬日事變」。

23 日，何鍵自信陽電武漢，請拿辦擾亂後方軍人之人。許克祥等人在長沙市戒嚴司令部（周榮光兼司令）成立「中國國民黨湖南省救黨臨時辦公

166 〈夏斗寅的一生〉，《武漢市情網》，網址：http://www.whfz.gov.cn:8080/pub/wcqz/mcjx/rwjs/thlrw/201006/t20100603_36012.shtml。

處」，由許克祥、周榮光、李殿臣、王東原、張敬分等五人組成「臨時主席團主席」，發佈「拿捕暴徒份子」命令；以「長沙救黨運動大會」的名義，發出五團長清黨反共通電：

　　始則驅農工與其他各界鬥爭，繼則驅農工交互鬥爭，終則驅農與農鬥爭，工與工鬥爭，拆斷聯合戰線，發揮部落思想。未及數月，已令市井蕭條，失業滿目，田多荒蕪，邑有流亡。……現在錢荒鹽荒米荒，到處見告；厘稅鹽稅雜稅，概無收入。公私破產，救濟術窮；……將士親屬，動輒誣為豪劣殺之；將士財產，動輒指為地主收之。以致同仇自危，壯夫氣短。……凡從前未經政府核准之捕押，一律釋放，未經政府核准之沒收，一律發還。曩日暴行，悉與滌除。此其一。外交重大，影響全國，後此應付，悉秉中央成模，不逞一時之意氣，而授帝國主義者以口實。此其二。前方將士，鏖戰經年，備極勞苦。此後應充分接濟其餉糈，保護其親屬，尊重其財產，調融其意見。此其三。各有子女，均望成立，此輩青年，實為中國未來之主人翁。此後務使安心求學，儲學濟世，庶讀書不忘救國，救國不忘讀書。此其四。誓以至誠，執行斯事。……群策群力，救黨救國。[167]

馬日事變，許克祥竟能以一團的兵力，解決湖南四百多萬有組織的農民、三十多萬有組織的工人、五千支槍以上的工農武裝，還有幾十萬的農民梭鏢隊，顯示出湖南工農組織雖然龐大，但只是不堪一擊的烏合之眾。[168] 24日，武漢政府下令禁擾害軍人家屬、剝奪軍人財產土地。同日，湖南共產黨在湘潭集合農團軍，佔據縣城，準備向長沙進攻，並在常德與旅長熊震部衝

---

167 魏鎮：〈馬日事變親歷記〉，《文史資料選輯》（45），第 16－35 頁；許克祥：《「馬日事變」回憶錄》。
168 《我的回憶》（2），第 650－651 頁。

突。25 日，武漢中央政治委員會自認湖南農工運動方法幼稚，派鮑羅廷、譚平山、陳公博、彭澤湘及唐生智代表鄧紹芬、周鰲山組織委員會前往查辦 21 日長沙事變。許克祥聞訊武漢派員來查辦，電令岳陽駐軍將鮑羅廷等四人就地槍決。28 日，鮑羅廷、譚平山、陳公博、彭澤湘等行抵岳州，當地駐軍團長彭德懷示以許克祥逮捕槍決電報，鮑等立即折回武漢。

5 月 29 日，江西省政府主席朱培德亦採取行動，遣送政治工作人員一百四十二名中共黨人離江西。30 日，湖南農民軍進逼長沙，被中共中央所制止退去。6 月 5 日，朱培德令共產黨人劉一峰、李松風、方志敏、王枕心等二十二名出境，暫停全省總工會、農民協會活動，收繳農民自衛軍槍械。

武漢國民政府無力控制農民運動和工人運動，破壞經濟和地方安寧，最後迫使效忠自己的部隊叛變。[169]「馬日事變」發出了國民黨左派軍隊「清共」的信號。

2. 武漢「分共」的經過

由於鮑羅廷和羅易的鬥爭，來自中國的情報混亂，斯大林在沒有完全掌握中國的情況下，仍幻想中共有能力改造國民黨左派。1927 年 5 月 30 日，聯共（布）中央政治局會議徵詢政治局委員意見，聽取關於中國問題，決定給鮑羅廷、羅易和柳克斯（又名普利切）發去以下電報：

一、不進行土地革命，就不可能取得勝利。不進行土地革命，國民黨中央就會變成不可靠將領手中的可憐的玩物。必須同過火行為作鬥爭，但不能動用軍隊，而要通過農會。我們堅決主張從下面實際佔領土地，羅易對譚平山之行的擔心是有一定道理的。不應脫離工農運動，而應千方百計對其加以促進，否則就會葬送事業。

二、對手工業者、商人和小地主作出讓步是必要的，同這些階層聯合是

---

169 《國共兩黨關係史》，第 201－202 頁。

必要的。只應沒收大、中地主的土地，不要觸及軍官和士兵的土地。如果形勢需要，暫時可以不沒收中地主的土地。

三、國民黨中央的一些老領導人害怕發生事件，他們會動搖和妥協。應從下面多吸收一些新的工農領導人加入國民黨中央。他們的大膽意見會使老頭們變得堅決起來，或者使他們變成無用之人。應該改變國民黨目前的構成。務必要更新國民黨上層人士，充實在土地革命中脫穎而出的新領導人，而地方機關應當依靠工農組織中的數百萬人加以擴大。不這樣做國民黨恐怕會有脫離生活和喪失一切威信的危險。

四、應當消除對不可靠將領的依賴性。要動員兩萬共產黨員，再加上來自湖南、湖北的五萬革命工農，組建幾個新軍。要利用軍校學員做指揮人員，要組建自己可靠的軍隊，現在還不晚。不這樣做就不能保證不失敗。這是很困難的事情，但沒有別的路可走。

五、要成立以著名國民黨人和非共產黨人為首的革命軍事法庭，懲辦和蔣介石保持聯繫或唆使士兵迫害人民、迫害工農的軍人。不能只是說服教育，到採取行動的時候了，要懲治壞蛋。如果國民黨人不學會做革命的雅各賓派，他們就要為人民、為革命去捐軀。[170]

6月7日，羅易在中共中央政治局會議宣讀了這份電報，所有到會者都感到啼笑皆非，一致覺得這是無法執行的。陳獨秀發言指出：「電報表明，莫斯科不了解中國的實際情況。」「農民運動引起的過火行為（破壞了）同地主、紳士和軍官的統一戰線，過火行動妨礙了土地問題的解決。……共產國際可能不知道，沒有過火行為，反動派的統一戰線不會這麼容易形成。」「共產國際建議由工農領導人來加強國民黨的領導。國民黨的領導是在黨的代表大會上選舉產生的。現在我們怎麼能改變它呢？」「組建革命法庭實際上是不可行的。我們衷心贊同指示，但問題是我們黨未必能夠貫徹執行。」譚平山說：

170 莫洛托夫：〈1927 年 5 月 30 日徵詢政治局委員意見〉，《聯共（布）、共產國際與中國國民革命運動》（1926－1927）（下），第 298－300 頁。

「我們不應過高估計莫斯科的電報。……如果我們像共產國際建議的那樣有力量，那我就會更加理直氣壯地發表意見了。解決土地問題，這是一項重大任務，完成這一任務需要做充分準備，僅有響亮的口號是不行的。」「建立武裝力量非常重要。湖南有三十萬起義農民，困難在於如何獲得武器。」[171] 到會者都表示莫斯科太不懂武漢的情形了，因此，會議一致決議，回電莫斯科，告以無法立即付諸實施。1929 年 12 月 10 日陳獨秀在《告全黨同志書》，逐點解釋共產國際訓令無法執行的原因：

一、土地革命應從下級沒收土地，不用國民政府下令沒收，然而不要侵犯軍官的土地。陳獨秀解釋：兩湖的資產階級、地主豪紳幾乎沒有一個不是當時的兩湖軍官的本家親戚故舊，而或明或暗，受他們的包庇之。沒收土地若以不侵犯軍官為條件，便是一句廢話。

二、以黨部的力量制止農民的「過火」行動。陳獨秀指出：過去就實行了制止農民的「過火」行動這一可恥的政策，然而事後國際卻批評中國黨「常常成了群眾的阻礙物」，指為中國黨三個最大的機會主義的錯誤之一。

三、消滅現在不可靠的將領，武裝兩萬共產黨員，加上從兩湖挑選五萬工農份子組織新軍隊。陳獨秀辯解：如果能得到這許多軍器，為什麼不直接武裝工農而還要擴張國民黨的新軍隊？又為什麼不能建立工農兵蘇維埃？既沒有工農兵蘇維埃，又沒有武裝工農，試問有什麼人，用什麼方法消滅那些不可靠的將領？想必仍舊是哀求國民黨中央撤換他們，國際代表羅易把國際訓令送給汪精衛看，自然是這個用意。

四、在國民黨中央委員會中，以新的工農份子代替老委員。陳獨秀說：我們既然能夠這樣自由處分老委員，重新改組國民黨，為什麼不能自己組織蘇維埃，而必須把工農領袖送到已經屠殺工農的資產階級國民黨裏去，替他們裝璜呢？

---

171 〈羅易給聯共（布）中央政治局的電報〉（1927 年 6 月 8 日於漢口），《聯共（布）、共產國際與中國國民革命運動》（1926－1927）（下），第 308－310 頁。

五、以知名的國民黨員做領袖（不是共產黨員），組織革命法庭，裁判反動的軍官。陳獨秀問：已經反動的國民黨領袖所組織的革命法庭，事實上將是誰裁判誰呢？[172]

由於中共中央領導並不認同共產國際的指示，羅易向共產國際批評：陳獨秀的「領導無疑有害於黨」，「他是個典型的激進知識份子，是國民黨在共產黨內的代理人。他不顧共產國際提綱、（中共）五大決議、莫斯科指示和政治局決定，反對共產黨黨團在國民黨內工作，支持國民黨內搖擺不定的和反革命的傾向。他完全支持國民黨鎮壓湖南『過火行為』的政策，這實際上是向農民運動進攻。他認為湖南的同志對發生反革命叛亂有嚴重過失。在目前革命處於危機的情況下，這樣的領導對黨是極其有害的。」[173]

另一方面，羅易竟在沒有和其他人商議的情況下，「本着他貫徹共產國際指示的天真願望」，把這份機密電報的副本交給汪精衛，以為共產國際對武漢政府尚有影響力，因為較早前斯大林曾通過遠東銀行上海分行撥給漢口中央銀行 200 萬盧布。[174]

汪精衛把這份電報送給其他國民黨左派，表示已到爭掌舵時候了。他詳細講述羅易把電報交給他的經過：6 月 1 日蘇俄代表羅易約他去談話，說莫斯科有一種決議案，給他與鮑羅廷的。問：鮑羅廷有給他看沒有？汪答沒有。羅易於是把決議案交給汪，一是俄文的，一是中文的。中文的是他們自己翻譯出。汪看過之後，覺得嚴重時期已經到了，要求送他一份。當時，羅易有點遲疑，最後說要修改幾個字，晚上才送給他。汪晚上收到決議案原文，認

172 〈陳獨秀告全黨同志書〉（1929 年 12 月 10 日），《共產國際、聯共（布）與中國革命文獻資料選輯》（1926－1927）（下），第 355－356 頁；《中國共產黨史稿》（1），第 460－461，468－470 頁。

173 〈羅易給斯大林和布哈林的電報〉（1927 年 6 月 5 日於漢口）（1927 年 6 月 7 日），《聯共（布）、共產國際與中國國民革命運動》（1926－1927）（下），第 302－303 頁。

174 〈聯共（布）中央政治局會議第 94 號（特字第 72 號）紀錄〉（1927 年 4 月 7 日於莫斯科），《聯共（布）、共產國際與中國國民革命運動》（1926－1927）（下），第 173 頁。

為決議案是「對於本黨的生命加以根本的危害」，立即在 6 月 5 日把決議案副本交給孫科、譚延闓、陳友仁等國民黨要人傳閱，證明不是國民黨不聯俄容共，而是共產國際違反它的諾言，另具「消滅國民黨之陰謀」。[175]

他認為決議案有幾點很要注意：

「第一點，是說土地革命，主張不要由國民政府下命令，要由下面做起，實行沒收土地。這實為湖南事變的原因，為農民運動脫離了國民黨的原因。

第二點，對於軍官和士兵的土地，不要沒收，以避免軍官和士兵的反對。

第三點，要改造中國國民黨中央執行委員會，在執行委員會中，增加農工領袖，其實即是要增加共產黨人入去。他不說穿便了，並且公然的說，國民黨現在的構造，必須變更。

第四點，要武裝二萬 CP 黨員，並挑選五萬農工份子武裝起來，他說的農工份子，其實也即是指共產份子。

第五點，是要國民黨領袖組織革命法庭，來裁判反共產的軍官。這是要國民黨領袖替共產黨做劊子手，來自己殺自己。」汪精衛接着說：「已到了爭船的時候了，已到了爭把舵的時候了。要將國民革命帶往共產主義那條路去的，不能不將國民黨變做共產黨，否則只有消滅國民黨之一法。要將國民革命帶往三民主義那條路去的，不能不將共產黨變做國民黨，否則只有消滅共產黨之一法。」[176]

各人閱後非常憤怒，認為共產國際企圖併吞國民黨，不能繼續執行聯俄容共政策，遂在政治會議議決，解除鮑羅廷顧問及所有蘇聯顧問合同，並進行清黨。[177]

---

175 《我的回憶》（2），第 654－655 頁；〈容共政策之最近經過——武漢政治委員會主席團 7 月 16 日報告〉，《中國共產黨史稿》（1），第 468－469 頁。

176 汪精衛：〈武漢分共之經過〉（1927 年 11 月 5 日在廣州中大演講），《汪精衛全集》，（上海：光明書局，1929 年），第 97－99 頁。

177 《馮玉祥傳》，第 284－285 頁。

（1）鄭州會議

寧漢分裂之後，武漢政府沒有立即出師東征蔣介石，而是繼續北伐。因武漢政府希望借徐謙和馮玉祥的關係，拉壟馮玉祥支持。同時，馮玉祥早已修築與蘇聯連接的道路，取得蘇聯大量軍事物資援助，武漢政府想借馮玉祥的交通網取得蘇聯援助。於是與馮電商：唐生智及張發奎部沿京漢路北上；馮軍則沿隴海路東出，會師鄭州及開封。

1927 年 5 月 1 日，馮玉祥在西安宣誓就第 2 集團軍總司令職，並派劉驥駐武漢為全權代表。5 日，馮下總動員令，親赴潼關指揮全軍東進。31 日，攻佔鄭州。6 月 1 日佔開封，武漢之唐生智、張發奎部亦相繼到達。7 日，武漢政府汪精衛、孫科、徐謙、顧孟餘、譚延闓、鄧演達、張發奎、唐生智相繼到達鄭州。10 日，馮玉祥亦到達。11 日至 12 日，各人開聯席會議。汪精衛報告羅易所交共產國際決議內容，又說羅易因將那份決議案交給他而受鮑羅廷責備。羅易以為國民黨左派必當與共產黨同其生存，否則必為右派所消滅，故應該將這決議案給左派知道。鮑羅廷則以為國民黨左派和共產黨不同，他們仍然是為國民黨的，見了這決議案，必然和共產黨決裂，責羅易輕率誤事。汪精衛把消息告知各人，請各人在軍隊中留心防範。鄭州會議各人都不滿中共行為，決定促鮑羅廷回國，在武漢之國民政府委員及中央委員不見諒於各方者可出洋，其餘與南京合而為一，並由馮玉祥與南京接洽。武漢政府為爭取馮玉祥，議決通過軍、政、黨務多項對馮有利的方案：

一、軍事方面，河南全省及陝甘兩省併歸第 2 集團軍防地；豫東、豫北之餘敵由其肅清。而唐、張各部即回武漢，以處理夏斗寅之變，及楊森部東侵之事。

二、軍制方面，第 2 集團軍改編為八個方面軍，各總指揮依次為：孫良誠、靳雲鶚、方振武、宋哲元、岳維峻、于右任（後于不就，改委石敬亭）、劉郁芬、劉鎮華。馮玉祥統領全軍，嫡系二十餘萬，連新編各部不下四五十萬。為馮玉祥畢生統兵的巔峰時期。

三、政治方面，以馮兼任河南省政府主席，劉郁芬兼任甘肅省政府主

席，于右任兼任陝西省政府主席（于不就，亦由石敬亭兼代）。

四、黨務方面，設開封政治分會，由馮玉祥任主席，督導豫、陝、甘三省黨務政治。[178]

這時羅易尚未知道馮玉祥已經改變態度，仍致書馮玉祥，主張立即摧毀南京，奪回廣東，肅清各地反動勢力。15 日，武漢國民黨中央執行委員會覆中共 6 月 4 日公開信，說湖南不正當之軍事行動必須制止，農民運動的魯莽行為必須糾正。

6 月 27 日，斯大林分析中國政局：「只要有可能，就要想方法使武漢不受南京的控制，因為一旦失去了作為獨立中心的武漢，就意味着失去了革命運動的中心，工人就不可能進行自由集會，共產黨就不可能公開存在，革命刊物就不能公開出版。總之，無產階級和革命就失去了公開組織的條件。請你們相信，為了這個原因值得再向武漢提供 300 萬至 500 萬盧布，只要武漢不向南京投降，我們的錢不白花就行。」這時，斯大林甚至考慮承認蔣介石政權，只是武漢政權仍然存在，如承認蔣介石，就是對武漢的打擊，故暫且與蔣介石維持現狀。[179]

顯然，斯大林判斷錯誤！次日，武漢中央政治會議決湖北總工會糾察隊繳械解散，漢口第 8 軍李品仙部繳總工會糾察隊械，並佔領會址。同日，中共領袖陳獨秀、周恩來、張太雷、蔡和森、張國燾、譚平山等在鮑羅廷宅開會，決將中共中央及省委機關移到武昌，並將總工會糾察隊併入武昌張發奎部。29 日，武漢中共人物紛紛去職。中共長江局書記陳延年（陳獨秀長子）及韓連仙、趙丹在上海被捕。7 月 2 日，武漢通令解散共產黨機關。同日，中共中委趙世炎在上海被捕，隨即被殺。4 日，陳延年亦被處決。

農民運動亦影響到馮玉祥部隊，國民 2 軍一個旅長向馮玉祥報告，在西

---

178 《馮玉祥傳》（下），第 279－280 頁。

179 斯大林：〈斯大林致莫洛托夫和布哈林〉（1926 年 6 月 27 日），《蘇聯歷史檔案選編》（6），第 307－308 頁。

安附近一帶，農民協會領導農民拒絕納租納稅，且在中共的支持下，不經地方軍政長官的准許，擅自捕人、殺人，把一些鄉鎮長殺掉，馮非常不滿。上海清共後，馮部的政治工作人員提出倒蔣口號，上街貼出倒蔣的標語。馮不以為然，立即集合大家訓話：「在目前的情況下，首要的任務就是團結一致，打倒軍閥，萬不可自相水火。」可是，一位政治部科長表示反對，說：「我們一致要求倒蔣，因為他已經背叛革命，可是有一個人偏偏要庇護蔣，庇護蔣的就是軍閥，就是反動，我們就連他一塊兒打倒。」馮聽了之後，找那位科長說：「你要倒蔣，你倒你的去，我們還不到時候。」那科長竟然反駁，與馮爭論起來，並提出自由、平等的口號，說馮不應借自己的地位，對他專制和高壓。馮大為不滿，以維持軍紀為理由，把這人拘押。政治部長劉伯堅聞訊，立即前來解釋，馮才將此人釋放。[180] 但這事情令馮玉祥驚覺工農運動已經過火，不得不及早制止。

　　7月7日，馮玉祥集合在洛陽官佐及總部人員朝會演講，將湖南黨員所作非法事件報告一二：「湖南黨員任意破壞秩序，殺害人民，沒收財產，以致稍有資產者逃避一空，若不早行制止，吾恐湖南靡爛，不堪設想矣。且一般黨員，借打倒土豪劣紳，提倡勞工神聖為口號，煽惑工人毆打廠主，店員毆打店主，每日除開會要求增加工資，縮短工作時間外別無他事，以致工廠、商店相繼倒閉。此風不速鏟除，吾恐不惟工商業將從此破壞無餘，而勞工生活狀況之悲慘，亦將因之愈以增加矣。」現在社會上發現種種不安之情況，故馮玉祥下了兩個命令：「一是不准開秘密會議，一是不准秘密工作。如有何種工作，必須開會商議者，在軍中必須報告軍長，在師中必須報告師長，不經軍長、師長之許可，一律禁止開會。」對於共產黨的辦法，「第一是要注明何時入黨，何人作保，願意走者，發給川資，其不願走而願加入國民革命之戰線者，必須宣言脫離共黨，聽國民黨之指導，守國民黨之規則，然後始收容之。至於各級各處政治人員，一律開缺，俟調開封訓練後，再行另派職務」。

180　劉驤：〈南行使命〉，《文史資料選輯》（4），第68－69頁。

又告訴各人，湖南湖北正在清黨。[181] 馮玉祥亦開始制止軍中的共產黨人活動。

（2）徐州會議

武漢政府爭取馮玉祥的時候，南京政府亦爭取馮。5 月 31 日，南京代表毛以亨到達潼關，對馮說：蔣允每月接濟五十萬元。馮希望先撥給一、二百萬元，又表示：蔣介石是「始終合作之革命同志，不受任何方面所轉移」，希望蔣「早復徐州，俾隴海可以聯絡」。[182]

6 月 1 日，馮軍攻佔開封，蔣介石部隊亦在 2 日佔領徐州。12 日，鄭州會議結束，馮玉祥立即請毛以亨赴徐州，與李宗仁、白崇禧商量和蔣介石會見問題。此後，馮玉祥連日與蔣通電聯繫。17 日，蔣由徐州致電馮玉祥邀約前往，共商北伐軍事。馮玉祥欲借此機會，「以調停寧漢、共同北伐，早日完成國民革命」。19 日，馮由開封前往徐州，蔣介石親率在徐將領李宗仁、白崇禧等到徐州前一站——九里山前站迎接。20 日，南京方面中央委員胡漢民、吳敬恆、李石曾、李烈鈞、張人杰均到達。眾人在徐州花園飯店舉行聯席會議，商討清黨及貫徹北伐大計。蔣主先定武漢，馮反對。[183] 這天蔣介石提議和馮聯名通電北伐，並取消武漢政府，馮沒有表示反對，蔣介石以為馮同意。次日，蔣介石打電話給馮說：如武漢軍東下，請派兵直搗武漢。馮一口拒絕了蔣的要求。蔣恐怕馮變卦，立即派黃郛、李石曾、李烈鈞探詢原因，得知為經濟關係，於是蔣立即允諾：由他負責，「每月發二百萬元資助煥章」。馮才來繼續開會，重新決議，馮個人勸武漢政府取消，而與蔣聯名通電北伐。[184]

---

181 《馮玉祥日記》（2），第 343 頁。

182 《中華民國史》（2 編 5），第 572 頁。

183 〈國民革命軍北伐戰爭之經過〉（下），《東方雜誌》（第 25 卷第 17 號），（1928 年 9 月 10 日），第 42－48 頁。

184 《蔣介石日記》（手稿本）（1917－1936 年），第 179 頁；毛以亨：《俄蒙回憶錄》（台北：文海出版社，1974 年），第 244－245 頁；。

馮玉祥離開徐州時，便帶着第一批五十萬銀元返回開封。[185] 於是，蔣介石和馮玉祥可以在同日聯合通電全國：「謹偕全國革命軍，誓為三民主義而奮鬥。凡百誘惑在所不顧，凡百艱險在所不避，凡百犧牲在所不憚，必期盡掃帝國主義之工具，以完成國民革命使命而後已。」這封電報表示蔣馮合作局面正式形成，寧漢對峙力量的天秤倒向南京一邊，給予武漢一個巨大的打擊。7月6日，蔣介石在上海全市黨員報告會上說：「現在中國政治重心，在南京國民政府，吾們黨國最重要的，就是徐州會議。吾黨之成敗，吾黨之存亡有關於此。」蔣介石在他6月19日的日記這樣說：「今之余與煥章相會，實為歷史上得一新紀元也，當非普通之會。」說明了徐州會議是蔣介石一次重要的勝利！[186]

6月21日，馮玉祥返回開封，立即致電武漢促鮑羅廷回蘇聯，請汪精衛、譚延闓速決大計，並請唐生智將所部調回鄭州，協力北伐。馮回鄭州後，即着手清黨，由徐謙訂立辦法。22日，馮玉祥諭令省政府嚴防共黨，並告知徐謙徐州會議經過及結果：一、鮑羅廷為共產黨員，應令其回國。二、賣國軍閥是共同敵人，應一致討伐。26日，馮玉祥集合政治人員講話，告以當認清主義，勿受共黨所誘惑，勿為第三國際所利用。30日，馮在鄭州對軍官講對於時局的主張：一、送鮑羅廷回國。二、化除私見。三、一致北伐。[187]
7月7日，蔣介石私人代表孔祥熙到達洛陽。8日，馮玉祥請蔣介石總司令代為解決財政困難，並實行「清共」，轄下國民聯軍的政治人員全需甄別，以示反共誠意。10日，馮玉祥電蔣介石迅速專力北伐，勿緩其所急，而急其所

---

185 《中華民國史》（2編5），第577頁。引自黃紹竑口述：《徐州會議的回憶》，全國政協文史資料，未刊稿。

186 《蔣介石日記》（手稿本）（1917－1936年），第178頁；王正華：〈北伐前期的蔣馮關係（民國15至16年）──以《蔣中正總統檔案》為中心的考查〉，《國史館學術集刊》（7），第204－209頁；《中華民國史》（2編5），第575－578頁。引自《徐州會議與國民革命》，第50頁。

187 《馮玉祥日記》（2），第337－340頁。

緩；又告孔祥熙説：自己因種種關係，所部不能攻武漢，盼蔣介石總司令勿萌退志。12 日，馮玉祥致電南京、武漢兩方，竭力調停説：「為國家計，為總理革命四十年積勞病故計，為全國人民計，為陣亡殘廢官兵計，均當化除意見，努力北伐。凡有妨礙北伐者，即是反革命。」[188] 電文表示馮意在統一全中國，無意作某一勢力的傀儡軍隊。

寧漢對峙時，馮玉祥成為舉足輕重的力量，雙方都竭力拉攏他。最後，馮選擇投蔣，簡又文有如下的解釋：

1927 年 7 月 28 日，鮑羅廷途經鄭州返回蘇聯。次日與馮玉祥會晤，由簡又文負責翻譯，鮑説：「蘇俄用了三千餘萬鉅款，我個人費了多少心血精神，國民革命才有今日之成功，而今則人人皆迫我去。」馮答：「我國所需要的是國民革命，不是共產革命。你們在兩湖橫行無忌，使舖夥打店東，佃戶打地主，學生打師長，猶且焚殺搶掠，行同土匪。你須認罪！」

鮑問馮與蔣聯合原因？馮請他猜猜。

鮑説：「第一、因餉械之補充，須仰仗寧方；第二、因雜牌隊伍及山西閻錫山之牽制，使你不敢助漢攻寧。」

馮答：「你所猜的都對，不過尚有一要點，你所不知。蔣已聯絡岳維峻（舊國民軍 2 軍），使其攻陝，襲吾後路。我舉動稍一不慎，全軍即被截為數段。蔣已叉着我的咽喉。我怎能不到徐州呢？」

其時，汪精衛密電馮玉祥就地殺鮑羅廷，但馮不欲當汪的兇手，特派兩名高級軍官隨行保護鮑，直送到庫倫。[189]

在馮玉祥的日記亦記錄了馮對武漢政府的態度和有求於蔣。

7 月 2 日，馮玉祥送一對聯給武漢政府：「三點鐘開會，五點鐘到齊，是否革命精神應該如此；半桌子水果，一桌子餅乾，念卻前敵將士飢餓未曾。」橫額是「官僚舊樣」，以諷武漢政府各人號為革命人物，而開會時仍未脱遲到

---

188 《馮玉祥日記》（2），第 346－347 頁。
189 《馮玉祥傳》（下），第 285－291 頁。

與鋪張之惡習，流露瞧不起的態度。

4 日之後（6 日），馮玉祥致電南京政府，請發給槍械子彈及醫藥品，以備北伐之用。8 日，馮玉祥囑咐毛以亨：馮軍財政困難，請蔣總司令代為設法；槍炮子彈材料，亦請蔣總司令補充，並告李鳴鍾在滬從速購買。[190]

（3）武漢分共

7 月 13 日，中共中央執行委員會發表對時局宣言，批評武漢國民黨的政策——實足以「使國民革命陷於撕滅」，使武漢同化於南京，「變成新式軍閥的結合與紛爭」。因此，決定撤回參加國民政府之共產黨員，但「中國共產黨決意與一切革命份子合作，只要他們能夠誠實的堅決的根據三民主義、三大政策而奮鬥——民族解放、民權政治、民生改善的三民主義，聯俄、聯共、贊助工農的三大政策，是偉大的孫中山先生之遺訓。⋯⋯完成中國的國民革命」。[191] 14 日，共產國際執行委員會作出了關於中國革命當前形勢的決議：「武漢政府已成為反革命勢力」。共產國際認為，必須做到以下幾點：

一、中國共產黨人需要刻不容緩地公開宣佈退出武漢政府；

二、退出武漢政府時，需要發表一個原則性的政治宣言，說明採取這個步驟的理由，是因為武漢政府仇視土地革命和工人運動，要求懲辦一切迫害工人和農民的份子，從各方面揭穿武漢政府政策；

三、但不退出國民黨，仍留在該黨內，即使國民黨領導者正在進行把共產黨員從國民黨開除出去的運動。與國民黨的下層群眾保持密切的聯繫，在他們中間提出堅決抗議國民黨中央行動的決議案，要求撤換現在的國民黨領導機關，並在這一基礎上面，籌備召集國民黨的代表大會；

四、用一切辦法加強在無產階級群眾中間的工作，建立群眾性的工人組織，鞏固職工會，準備工人群眾去進行堅決的行動，領導無產階級的日常鬥爭。

---

190 《馮玉祥日記》（2），第 342−345 頁。

191 〈中國共產黨中央委員會對政局宣言〉（1927 年 7 月 13 日），《中共中央文件選集》（3），第 175−183 頁。

五、展開土地革命，繼續用「平民」式的方式，即用在無產階級領導之下的工人、農人、城市貧民聯盟之革命行動，為完成資產階級民主革命而鬥爭；有系統地武裝工人和農民；

六、鑑於壓迫和慘殺，應建立戰鬥的不合法的黨的機關；

七、採取種種辦法，糾正中國共產黨中央底機會主義錯誤，在政治上健全黨的領導機構。[192]

同日，武漢政治會議決定處理共產黨辦法。15 日，武漢國民黨中央執行委員會召開第二十次擴大會議，汪精衛指 7 月 13 日中共中央《對時局宣言》是「破壞本黨容共政策之最大表示，共產黨既然宣佈退出國民政府，則在國民革命軍中、各級政府機關中，亦無須存在」。會議通過《取締共產黨案》：

一、在一個月內召開第四次中央執行委員會全體會議；

二、制裁反對本黨主義政策之言論行動；

三、派員赴蘇聯討論切實聯合辦法；

四、保護農工及共產黨員個人身體自由。

武漢國民政府正式分共。會後，汪精衛即下令逮捕共產黨人。同日，第 35 軍何鍵部在漢口作反共示威，佔據漢口漢陽各工會，並搜捕吳玉章等。16 日，武漢中國國民黨中央執行委員會發表兩令：

一、限制共產黨言論行動提案乃根據革命利益，執行紀律，非妨害共產同志之個人身體自由，有壓迫妨害者，依法嚴辦；

二、農工政策不因限制共產份子而停止活動，對農工團體利益仍極力保護維持，如有違背黨意，少加摧殘，即執行革命紀律，決不寬貸。

7 月 17 日，第 35 軍軍長何鍵實行反共，控制漢陽漢口。宋慶齡宣言反對武漢中央黨部所採取之排斥共產黨措施，指為違背孫中山之主義與政策，立

---

192 〈共產國際執委員關於中國革命目前形勢的決定〉（1927 年 7 月），《中共中央文件選集》（3），第 212－213 頁；〈共產國際執委員關於中國革命當前形勢的決議〉（1927 年 7 月 14 日），《共產國際、聯共（布）與中國革命文獻資料選輯》（1926－1927）（上），第 494 頁。

即離武漢赴廬山。25 日，武漢中央政治會以鮑羅廷即將回國，致書蘇聯共產黨中央政治局，證明鮑在中國工作及最近決議，派代表赴莫斯科，又警告中共中央，令制止中國共產主義青年團執行委員會誣衊國民黨。26 日，武漢中央政治會議決：

一、凡列名國民黨之共產黨員，在黨政各機關任職者，應即日起聲明脫離共產黨，否則一律停職；

二、共產黨員在國民革命期間，不得有妨害國民革命之行動；

三、國民黨員不得加入他黨，違者以反黨論。

同日，馮玉祥再電武漢，主與南京合作。27 日，鮑羅廷離武漢赴鄭州，陳友仁同行，國民黨要人赴車站送別（羅易先已取道河南陝西回蘇聯）。至此，孫中山確定的「聯俄、容共、扶助農工」等三大政策結束。28 日，武漢國民黨中央執行委員會發佈《告中國共產黨書》，勸放棄對國民黨敵視態度，否則將執行紀律。30 日，汪精衛、孫科、張發奎等在廬山招集張發奎部將領會議，決定分共，命賀龍、葉挺撤回九江，扣留第 2 方面軍秘書長高語罕，第 4 軍政治部主任廖乾吾，第 24 師黨代表惲代英等。

8 月 5 日，湖北省黨部、漢口市黨部均由改組委員會接收，總工會亦被接收，武漢衛戍司令捕殺共產黨人。6 日，唐生智、程潛、朱培德等電何應欽、李濟深等，請合力討共。汪精衛發表〈錯誤的糾正〉一文，聲稱「最大的錯誤是誤解了總理的容共政策」，並說：「如今不是引咎的時候，而是補過的時候。」[193] 7 日，武漢中央執行委員會將列名南昌革命委員會之譚平山、林祖涵、吳玉章、惲代英、高語罕開除黨籍，取消其在國民黨中之中央執監及候補委員資格，並拿辦；又定清除共產黨員辦法四條，令登記及登報聲明，否則以反革命論。

8 月 8 日，武漢中央政治會議決：

一、譚平山、林祖涵、吳玉章、惲代英、高語罕開除黨籍，褫奪現職與

---

193 《中華民國史》（2 編 5），第 604 頁。引自《漢口民國日報》（1927 年 8 月 6 日）。

張國燾等一併通緝；

　　二、楊匏安、毛澤東、董用威（即董必武）、鄧穎超、許甦魂、韓麟符、于樹德、江浩、夏曦開除黨籍，並免現職；

　　三、徐特立、李立三、張國燾、周恩來、彭湃通緝；

　　四、跨黨及任職之共產黨員一併開除黨籍並免職；

　　五、湖北全省人民團體停止活動。

　　至此，國民黨左派繼右派之後，亦和共產黨關係破裂。

六、寧漢復合

　　國民黨因為「容共」問題分裂為左右中三派，現在各派都和中共割裂關係，於是尋求團結，重新組織國民政府。

　　上海「清共」之後，4 月 25 日，武漢譚延闓電南京胡漢民，請調停寧漢之爭，孔祥熙亦由上海赴武漢調解。7 月 1 日，武漢政府財政因下游受封鎖，現金缺乏及工農運動，陷於絕境，幣值下跌，市場大多停閉。但汪精衛仍在 5 日正式提出討伐東南案，6 日，獲得武漢政治委員會通過。不過三軍未動，糧草先行，武漢國民政府的部隊因缺乏糧餉，於是馮玉祥轉投蔣介石。7 日，南京新軍事委員會成立，胡漢民、馮玉祥、閻錫山、蔣介石等為委員。

　　7 月 14 日晚上，武漢國民黨中央政治委員會主席團秘密舉行「分共會議」，汪精衛力主分共。15 日下午，汪精衛召開國民黨中央常務委員會擴大會議，討論分共事宜。18 日，胡漢民等覆馮玉祥 14 日電，希望勿同室操戈。汪精衛等覆馮玉祥 14 日電，力爭國民政府法統。21 日，武漢政治黨務機關改組，共產份子均去職，陳公博繼鄧演達為總政治部主任，李書城等任湖北省政府委員。24 日，武漢汪精衛等再覆馮玉祥電，驅共及遷都南京均無問題，開封可開預備會議，如能和平統一，戰事可免。27 日，馮玉祥、張靜江、鹿鍾麟電南京就軍事委員會委員職。

8月2日，胡漢民等覆馮玉祥電，對武漢去共，已相當原諒，贊成開中央執監委員會。3日，武漢汪精衛等覆馮玉祥電，中央執行委員會第四次會議已決定召集，如寧方尊重中央（武漢），討共北伐，個人問題，無關輕重。4日，馮玉祥將昨日汪等電轉寧，主速開中央執監委員會。同日，汪精衛致函推崇許崇智，表示認錯。許崇智先派代表往武漢協商，汪主武漢與上海西山會議派合作，許於是與居正、伍朝樞到廬山會晤汪精衛，並到漢口晤唐生智。

8月8日，李宗仁、白崇禧、何應欽、蔣介石電馮玉祥，贊同召開中央執行委員會第四次會議，促成第三次全國代表大會，軍事上由李濟深坐鎮南中，唐生智肅清上游，蔣介石、馮玉祥、閻錫山北伐。同日，胡漢民、吳敬恆、李宗仁等電武漢自承鹵莽，贊成合作。

8月9日，武漢汪精衛等通電，決定一月以內召開第四次中央全體會議，解決黨內糾紛，如有改組必要，亦可提出。10日，武漢汪精衛、譚延闓等覆胡漢民等8日電，自承認防共過遲，贊成寧漢合作。11日，武漢中央執行委員會通告第四次全體大會改9月15日在南京舉行。

同日，何應欽、黃郛、張群調解蔣介石與李宗仁、白崇禧意見。李等主張蔣介石辭職，以便寧漢順利合作。於是，蔣介石辭總司令職，與黃郛離南京赴上海，發表8月8日之告國人書，述反共經過，並希望：

一、寧漢同志共集南京團結一致；

二、武漢軍隊併力北進，完成國民革命；

三、湘鄂贛徹底清黨。

8月13日，白崇禧、夏威、胡宗鐸電汪精衛、譚延闓、李宗仁、程潛等，蔣已去職，亟應繼續努力，完成革命。14日，南京中央五委員胡漢民、張靜江、蔡元培、李石曾、吳敬恆辭職赴滬。馮玉祥電蔣介石，懇切挽留。15日，蔣介石正式電南京國民政府辭職。何應欽、李宗仁、白崇禧電請胡漢民、蔡元培等回寧。18日，南京會議議決要求武漢繼續清黨，並將中央黨部、國民政府照未自廣州北遷前狀態改組。19日，武漢中央黨部國民政府依中央擴大會議之決議，發表遷都南京宣言，並撤銷南京各中央執監委員處

分。同日，李濟深、楊樹莊、李宗仁、何應欽等通電慰留蔣介石。20日，汪精衛、譚延闓、孫科、于右任、顧孟餘、唐生智、程潛等自漢口到九江，與南京代表胡宗鐸會商。9月4日，譚延闓、孫科到上海，邀胡漢民等回南京。5日，汪精衛自九江到南京，發表演説，主張真誠合作，挽留胡漢民等。譚延闓、孫科在上海晤胡漢民、許崇智，決定寧漢滬三方合作。

9月5日，李濟深發表宣言，主蔣汪合作，暫時保留總司令制，蔣為最適宜之軍事領袖，中央委員從速集會，寧漢政府同時廢除，另組第三政府。10日，汪精衛等在上海與蔡元培、李石曾及上海中央黨部（即西山派）居正、鄒魯、覃振等商寧漢合作。11日，汪精衛、譚延闓、孫科、于右任、程潛、褚民誼、蔡元培、張靜江、李石曾、李宗仁、伍朝樞、王伯群、葉楚傖、李烈鈞、楊樹莊、張繼、謝持、許崇智、覃振、鄒魯、居正等，在上海開第一次談話會，汪主召開中央執行委員第四次全體會議，為蔡元培等所拒。12日，汪精衛、譚延闓、蔡元培、張靜江、張繼、謝持等在上海開第二次談話會，商定由寧漢滬三方合組特別委員會為黨的最高機關，定明年1月開第三次全國代表大會。

9月12日，武漢各機關人員停止辦公，開始東下。13日，汪精衛通電辭職，自認防制共產黨徒過遲，聽候中央處分。15日，象徵寧漢合流的中國國民黨中央執監委員臨時聯席會議（出席者二十人）在南京開會，上海中央黨部委員（西山派）在紫金山開會，均議決設中央特別委員會，行使中央執行及監察委員會職權，籌備定期明年1月1日之第三次全國代表大會（中央執監臨時會議又決議開除彭澤民、鄧演達黨籍，恢復王寵惠黨籍，將徐謙、詹大悲等五人有無附共嫌疑交中央監察委員會審查），特別委員為蔡元培、伍朝樞、李宗仁、李烈鈞、李石曾、王伯群（寧方另候補三人為葉楚傖、褚民誼、繆斌）、孫科、程潛、何香凝、朱培德、譚延闓、于右任（漢方另候補三人為顧孟餘、甘乃光、陳公博）、謝持、林森、居正、許崇智、鄒魯、覃振（滬方另候補三人為茅祖權、劉積學、傅汝霖）、胡漢民、汪精衛、張繼、楊樹莊、蔣介石、唐生智、閻錫山、馮玉祥、張靜江、吳敬恆、戴傳賢、李濟深、何

應欽、白崇禧。

9月16日，中央特別委員會開第一次會議，議決：

一、發表宣言中國國民黨統一，繼續清黨北伐；

二、中央黨部組織；

三、國民政府組織（分外交、內政、財政、司法、農工、實業、交通七部及大學院，與軍事委員會）；

四、設監察院；

五、推定中央黨部各部長委員，及國民政府各部部長委員，軍事委員會委員之人選提案人。

中央執監臨時會議挽留汪精衛、胡漢民、吳敬恆。

9月17日，特別委員會通過丁惟汾等四十六人為國民政府委員，汪精衛、胡漢民、李烈鈞、蔡元培、譚延闓五人為常務委員，于右任等六十七人為軍事委員會委員，白崇禧、何應欽、李宗仁、李濟深、汪精衛、胡漢民、唐生智、程潛、馮玉祥、蔣介石、楊樹莊、閻錫山、譚延闓十四人為主席團，蔡元培為大學院長，孫科為財政部長，王伯群為交通部長，王寵惠為司法部長，伍朝樞為外交部長。

9月18日，張靜江、于右任、蔡元培、李石曾等往上海，挽留汪精衛、胡漢民、蔣介石、吳敬恆。19日，中央特別委員會推汪精衛、蔡元培、謝持為常務委員，中央黨部各部改委員制，並定10月1日取消政治會議與政治分會。20日，南京特別委員會產生之國民政府委員及軍事委員同時就職，國民政府發表成立宣言，內容為「繼續北伐，削平軍閥」；「竭智盡能，肅清共黨」。12月16日，汪精衛在國民黨內鬥中再次失敗，發表引退通電，離滬赴法。

1928年1月9日，蔣介石在南京通電全國，宣佈復任國民革命軍總司令職。[194]

---

194 朱漢國：《南京國民政府紀實》（合肥：安徽人民出版社，1993年），第1−46頁；《中華民國史事日誌》（2），第179−308頁。

七、國共分裂的影響

國共分裂是中華民族的悲劇，無論是國民黨還是共產黨，都因為這次分裂而有很大的損失。接着而來的十年內戰，國家分裂，國力因內鬥而大損，經濟科技文化建設受阻，日本乘機入侵，以致國土日喪，國人家破人亡。最後國共兩黨停止內鬥，全國團結抗戰，才能打敗侵略者。

1. 國民黨黨員流失

蔣介石清黨的時候遇上一個很大的難題，就是誰是共產黨？因為中共黨人在國民黨內身份是秘密的。除少數已經暴露的中共黨人外，絕大多數的中共黨員的身份沒有公開。那麼如何從國民黨內分辨出誰是「共黨」？

張國燾說：陳立夫曾在抗戰時期的一次會議上追述清黨情形時談到，清黨時最大的困難，是分不清誰是共產黨，誰又不是共產黨。他於是想出一個辦法，在各地召集國民黨大會時，就是要他們打鬥，因為一打了起來，國民黨和共產黨兩邊的人自然就會分出鴻溝來。[195] 廣州清黨時，軍警將凡是穿西裝、中山裝和學生服的，以及頭髮向後梳的，統統當作共產黨予以逮捕。上海清黨時，清黨委員會由陳群、楊虎二人負責，國民黨上海市黨部亦無權過問，以至陳群將市黨部的一名國民黨「忠貞黨員」張君毅捕去殺害，市黨部雖一再向警備司令部交涉亦失敗。[196]

國民黨無法找出誰是共產黨，卻又不辨忠奸的濫捕濫殺，導致許多不是共黨的國民黨人無辜遇害。如國民黨江蘇省黨部總結清黨經驗教訓時指出：「清黨運動發生以後，本黨多數革命忠實份子卻失其保障，隨時有被土劣貪污構陷羅織之危險，其情形之悲慘，有如喪家之犬。」白色恐怖令所有人都人

195　陳立夫：《成敗之鑑——陳立夫回憶錄》（台北：正中書局，1994 年），第 97－98 頁。
196　《成敗之鑑——陳立夫回憶錄》，第 104 頁。

人自危，中下層的國民黨人一樣會被人誣告為共產黨，被人置於死地。往日同人有仇的，誣諂人為共產黨，便可以報仇雪恨；平常與人有利害衝突的，誣諂人為共產黨，便可以輕易除去對手；甚至有人索婚不遂，亦誣告對方為共。1928 年 4 月 10 日至 11 日國民黨《中央日報》連載一封題為〈在下層工作同志的傷心慘絕的呼聲〉的讀者來信，清楚地反映了當時國民黨地方黨員惶惶不安的情形：「本黨不幸，為實際需要所迫而有清黨運動之發生，致予貪污豪劣及投機腐化份子以乘機崛起，向革命勢力反攻機會，凡屬忠實同志，受其誣諂摧殘，幾至與共產黨同歸於盡。現在同志等均在腐化份子一網打盡之中，被毆辱者有之，被劫掠者有之，被殺害者有之，被誣告者有之，被緝拿者有之，被繫獄者有之。」[197]

　　結果，有相當多的國民黨人因清黨而灰心、失望以至脫黨。1928 年江蘇省黨部舉辦國民黨員總登記時，「黨員對黨灰心，不來登記者佔十之三四；存觀望登記者十之四五；因受反宣傳不登記者十之二三。」這種情形不獨江蘇一省為然。廣州市重新登記的國民黨員不及全市原有黨員的 10%；廣東全省申請登記者亦不過原有黨員總數的 35%。在漢口，清黨前有黨員 3 萬多人，登記時僅 5,000 人。在長沙，清黨前號稱有黨員 19 萬之多，清黨後僅剩下「合格黨員」1,526 人。這 1,500 多名「合格黨員」中，「農工兩界寥寥無幾」。

　　清黨前，國民黨普通黨員人數（不含軍政和海外黨員）約 121 萬（一說 65 萬），其中有國民黨員身份的共產黨員不超過 5 萬。清黨一年後的 1928 年 3 月，國民黨員人數為 22 萬。1929 年 12 月回升到 27 萬，其中絕大多數黨員還是軍隊或高級黨政機關人員。北伐前後各省建立的縣、鄉基層組織，「清黨後基本瓦解，恢復得十分緩慢」。到 1933 年，全國僅有 17% 的縣建立有縣黨部，浙江省建立縣黨部的縣份為 69%。「只能在城市的上層可以看到，農村中是很難找到黨的勢力的微弱影響」；「不但在農民中很難找到國民黨黨員，並且在一切農民運動負責人員中，在地方自治工作人員中，在農村文化教育負責人

197 〈在下層工作同志的傷心慘絕的呼聲〉，《中央日報》（1928 年 4 月 10、11 日）。

員中，以及農村經濟建設負責人員中，都不容易看到國民黨黨員的蹤跡。」[198]

陳立夫晚年時亦承認，清黨「對本黨之失去學界同情及一般人民之失望，均屬無可補償之損失也」。[199] 國民黨盲目清黨，結果嚴重破壞自己的黨組織，令到黨員大量流失。最致命的，是在這場清黨運動中，國民黨內被淘汰、受打擊的，主要是一批對革命有理想、有熱情的黨員。以後，國民黨缺乏幹部去發展群眾和動員群眾，對抗日戰爭和以後的國共內戰都帶來嚴重影響，沒有動員能力，如何動員人民參軍？缺乏兵源，如何打仗？

2. 國民黨員質素下降

國民黨內一批有革命理想的黨員因為思想行為「急進」被當作中共黨人而遭殺害，或因對國民黨失望而退黨。但是，同時亦有大批投機份子混入國民黨，遂令國民黨急速腐化墮落。這些投機份子加入國民黨的目的，是借取得黨籍在政界活動，或借國民黨力量維持其封建勢力，或加入國民黨靠黨吃飯，撈取好處，也有些是國民黨高層乘機擴充勢力、植黨營私的家奴。

國民黨的優秀黨員被誤殺和被害退黨，令國民黨員質素下降，民眾對國民黨的信仰因而一落千丈。國民黨江蘇省黨部在清黨報告中寫出問題所在：「反革命之勢稍殺，不革命之勢代興。土豪借名清黨，實施報復而圖復燃。共黨要犯逸走，忠實遭污，清濁不分，是非顛倒。意志薄弱者視革命為畏途，感情熱烈者，傷本黨之無望，而投機腐化，紛至沓來」，從而導致「黨德淪亡」，「黨權日墜」，「黨機毀滅」，「民眾對黨的信仰全失」。蔣介石也承認：「清黨時期，候逾半年，共產黨之逆跡固已大暴國中，本黨之精神亦日見湮沒。」「各級黨部的職員大部未曾受過訓練，不明白黨，不明白社會、國家、世界大勢」，黨員

198 何漢文：〈如何樹立國民黨在農村中的基礎〉，《國民黨中央週刊》第 1 卷第 30 期，1939 年 3 月。

199《成敗之鑑——陳立夫回憶錄》，第 97－98 頁。

「猶之烏合之眾」。[200] 1929年國民黨「三大」檢討清黨運動時亦坦言：清黨的結果，「使本黨起了一個很大的分化和損失」，「一般投機腐化惡化份子都紛紛混入本黨」。[201] 蔣介石等人已經知道問題嚴重，但無法解決問題。國共內戰失敗之後，論者說國民黨敗於人材不如共產黨，溯本尋源，清黨未嘗不是原因之一。

3. 國民黨組織癱瘓

國民黨清黨之後，不僅沒有起到純潔黨的隊伍、嚴密黨的組織和增強黨的戰鬥力的作用，相反導致了國民黨自身組織的分裂和黨內人才的逆淘汰。國民黨在清黨以後的一段時間裏，自中央至地方的整個組織系統幾乎處於癱瘓狀態。[202] 當年國民黨資料顯示：「分共以後，黨的糾紛更多，黨的威信尤見低落。」「自從清黨以後……黨的組織反日益渙散，黨員不受黨的支配，不受紀律的制裁……黨的組織乃愈來愈渙散，而幾乎看不見黨的整個行動和整個意志的表現。」「清黨以後，共產黨固然清了出去，但是黨的紀律也似乎清除了。」[203]

國民黨員不受黨命，使黨組織渙散，甚至令前來指導的黨務委員生命亦受威脅。1928年4月16日國民黨中央執行委員會訓令全體黨員：「凡我同志，自應深喻中央分配任務之重要，服從黨命，共同努力，不得假借黨部及民眾團體之名義，擅佈主張，妄施攻擊，使黨務更受影響。中央為此已令國民政府通令各省政府，對各指導委員負責保護。茲特訓令全體黨員，共體此意，務當嚴守紀律，不得有軌外之舉動。」[204]

因為，清黨之後，原由中共控制的省市黨部職位空缺，成為國民黨各派

---

200 蔣介石：〈整理黨務計劃案〉，《中央日報》（1928年2月12日）。

201 王奇生：《黨員黨權與黨爭》（上海：上海書店出版社，2003年），第98–99頁。

202 《黨員黨權與黨爭》，第92頁。

203 張楚珩：〈國民黨與黨員〉，《三民半月刊》創刊號，1928年9月1日；《滬市執委會第6次紀念周》，《中央日報》（1929年4月10日）。

204 〈中央執行委員會兩個要令〉，《中央日報》（1928年4月17日）。

覬覦的目標。各派之間都以「共產份子」誣陷對手，置政敵於死地。國民黨人你爭我奪，互相傾軋的情況十分嚴重。雪崖在〈省黨部的地位問題〉一文指出：「安徽一省，自去年 3 月到現在，為期不過一年，省黨部已經變更過五六次；浙江一省也變更三四次；此外如湖北、湖南、江西各省也常有變更省黨部的事情；而且每更換一次人員，就發生一次糾紛。人選愈趨愈下，黨的威信亦發生動搖。弊害最大的，就是因為省黨部變更頻繁，互相爭奪，演成甲興乙起，丙去丁來的局面。致使『黨內無派』的理想不能實現。」[205]

如此循環報復，爭鬥不息，令國民黨的地方組織迅速陷入癱瘓狀態。直到 1934 年，國民黨在全國建立正式省黨部的省份還不到 40%，多數省區長期處於混亂狀態。[206] 縣以下基層組織和黨員比省黨部更受嚴重的衝擊，多數基層組織成為土豪劣紳的天下，他們利用清黨的機會打擊昔日領導工運農運的幹部，恢復其舊有權勢地位，並進而搶奪國民黨黨權。

國民黨人何民魂在《中央日報》撰文〈痛念與自惕〉說：「蘇皖閩浙各地，土豪劣紳也乘時蠢起，捏詞誣告本黨青年忠實同志為 C. P.（共產黨），從事農工運動者為共黨⋯⋯忠實同志致遭殘殺的到處皆是，信仰不堅被金錢軟化墮落的更多。」[207]《中央日報》多篇資料報道土豪劣紳利用清黨逼害善良的事，「馬日事變發生，土豪劣紳乃乘機以清黨為號召，勾結軍隊，召集土匪，亂誣良善，大倡其『召盡天下刀客，殺盡天下黨員』的口號，凡從前參加黨務及民眾團體者，無論是國民黨或共產黨，皆一律捕殺。」「豪劣之族，挾嫌報私，假清鄉之名，行宰割之實，對於薄有資產僅足以自給之家，或平時稍有不快意之人，輒任意誣衊，傾陷指輯其人；勒罰其家，捉拿其親屬，株累其戚朋，以致鄉里人人自危，不能安其居業。」[208]

---

205 雪崖：〈省黨部的地位問題〉，《中央日報》（1928 年 3 月 30 日）。
206 《民國二十三年中國國民黨年鑒》（中國國民黨中央執行委員會黨史史料編纂委員會編印），第（丙）233–241 頁。引自《近代史研究》2003 年第 5 期，第 46 頁。
207 何民魂：〈痛念與自惕〉，《中央日報》（1928 年 3 月 15 日）。
208 〈反動勢力壓迫下的湖南石門縣〉，《中央日報》（1928 年 6 月 15 日）。

4. 共產黨的損失

大量中共黨人被捕殺，有多少人在「清黨」中遇害，已經很難有精確統計數字。目前有以下幾種主要的統計數字：

一、中共「六大」所作的不完全統計，1927 年 4 月至 1928 年上半年，在「清黨」名義下被殺害的有 31 萬多人，其中共產黨員 2.6 萬餘人。

二、當時全國各地慈善救濟機關所作的不完全統計，在 1927 年 4 月至 1928 年 7 月間，全國各省被國民黨逮捕和殺害的人數總計 81,055 人，其中被殺害者 40,643 人，被逮捕者 40,412 人（見附表）。

三、《大公報》比較籠統的說法，到 1930 年，已有數以十萬計的人被殺害。[209]

上海「清共」各省中共人員被捕被殺人數統計

年份	1927		1928	
省份	逮捕	殺害	逮捕	殺害
江蘇	5657	1836	1673	481
浙江	1805	931	502	60
福建	1303	569	23	0
廣東	7563	7896	1750	648
廣西	411	511		
湖南	5540	21353	1507	924
湖北	2690	1271	1568	393
江西	435	513	278	82
安徽	325	200	135	4
四川	2500	1200		
山東	500	350		
山西	531	50		
河南	723	450	55	11
東三省	513	120	382	50
共計	**30496**	**37250**	**7873**	**2653**

此後，國民黨繼續長達十年的鎮壓和搜捕，全中國絕大部分城市地區，

---

209 《黨員黨權與黨爭》，第 95－96 頁。

中共組織都無法展開活動。

國民黨為了持續進行反共鎮壓，1928 年 3 月 9 日正式頒佈了《暫行反革命治罪條例》，規定：任何意圖顛覆中國國民黨及國民政府，或破壞三民主義而起暴動者，或與外國締結損失國家主權利益或土地之協定者，利用外力或外資勾結軍隊而破壞國民革命者，均得處以死刑。凡以反革命為目的，破壞交通，引導敵人，侵入國民政府領域，刺探重要或秘密消息交付敵人，製造收藏販運軍用品，以款項或軍用品接濟反革命者，均可處以死刑、無期徒刑，或二等（即十年）以上有期徒刑；凡以反革命為目的組織團體或集會者，其執行重要事務者，處二等至四等有期徒刑並解散其團體或集會。[210] 國民黨還接着通過了《制止共產黨陰謀案》和《防制共產黨案》等幾項專門針對共產黨問題的要重決議案。

國民黨除搜捕和追殺共產黨人之外，亦在 1928 年 10 月 24 日頒佈《共產黨人自首法》，讓共產黨人主動自首，減免其刑罰的三分之一或二分之一。如檢舉其他共產黨人，更可免除刑罰。國民黨對共產黨採取撫剿並用政策，在 1928 年至 1930 年間，對中共地方黨組織起到很大的破壞作用。中原大戰之後，蔣介石更集中全力，派戴笠負責收集情報，連續破獲中心城市內中共中央高層的重要機構。

1931 年 1 月 17 日，在上海東方大旅社破獲中共秘密集會，逮捕了包括何孟雄、李求實、胡也頻、柔石、馮鏗、殷夫等二十位中共重要領導人，2 月 7 日全部處決。

4 月 25 日，中共中央政治局候補委員兼中央特科負責人顧順章在武漢被捕，顧順章叛變供出中共在上海國民黨特務機關安插的重要線人楊登瀛，以及惲代英與蔡和森的行蹤，令他們被捕殺。

6 月 15 日，共產國際執委會聯絡局派駐上海的負責人牛蘭夫婦被捕。

---

210 《中華民國六法理由判結匯編》（C），第 779－781 頁，引自楊奎松：《國民黨聯共與反共》，第 266 頁。

6 月 22 日，中共中央總書記向忠發被捕，3 日後被處決。

7 月 25 日，中共中央宣傳部領導人羅綺園、楊匏安等被捕，楊在 8 月上旬被殺。

8 月，中共中央軍委委員、江蘇省軍委書記李超時被捕，在 9 月 19 日被殺。

從 1931 年底到 1933 年夏，國民黨特務機關接連捕獲了廖承志、鄧中夏、羅章龍等多個中共中央領導人，對中共造成嚴重打擊。[211]

5. 蔣介石奪權勝利

上海清黨標示孫中山「聯俄容共」政策結束，自此國民政府與蘇聯斷絕邦交，共產黨成為被消滅打擊的對象。蘇聯以中共聯合國民黨左派對蔣介石的權力鬥爭失敗。共產國際在中國革命犯下嚴重錯誤，完全違犯統一戰線的策略，一方面鬥爭國民黨左派蔣介石，逼蔣從左轉右，同時又批鬥國民黨右派、西方帝國主義、江浙大財閥大地主、全國軍閥、全國中產階級和企業商人、小地主和中農等階級，甚至連革命軍人也打擊。在財力困乏、軍力薄弱的條件下，盲目發動無產階級革命，一起挑戰所有敵人，怎可能勝利？

蔣介石在蘇聯支持下出兵北伐，勢如破竹，軍事上的成就令他的威望節節上升。這時，鮑羅廷和武漢國民政府竟然企圖用扣着北伐軍一千萬軍費不發的辦法，逼迫窮到只餘一萬元糧餉的蔣介石就範。但在那麼多敵人尚未消滅之前，便企圖完全剝奪蔣介石的一切軍政大權，難道沒有考慮會迫虎跳牆的後果？蔣介石不會轉變和與共產國際的一切敵人合作嗎？

結果，蔣介石多得中共發動工人運動和農民運動，令兩湖地區動亂不安，大批被批鬥的地主商人逃亡到上海，讓上海江浙大財閥感到大難臨頭，惶恐不安，急需找一支能夠保護他們身家性命的軍隊，軍威正壯的北伐軍恰

211《國民黨聯共與反共》，第 263－273 頁。

巧符合要求。於是立即往訪蔣介石，提供大量軍費，不但令蔣介石可以完全擺脫鮑羅廷的掣肘，更可以豪花二百萬元收買馮玉祥，讓他脫離武漢政府。孫中山早已對馬林說過，如果他不需要蘇聯援助，便立即把陳獨秀開除出黨。蔣介石袋中有錢還不是一樣？

除了江浙財團之外，西方帝國主義也擔心中共領導的群眾運動繼收回武漢和九江租界之後，也收回上海租界，所以也尋找一個合適的人物，借他的手來對付中共。蔣介石被共產國際和武漢政府排擠，正好借用他來清除共產黨。於是共產國際和武漢政府的敵人全都站到蔣介石一邊，令蔣在與共產國際和武漢政府的鬥爭中輕易獲勝。自此，蔣以龐大的財力和軍力，清除中共，合併寧漢國民黨政府，進一步鞏固自己在國民黨的領袖地位，再憑着這基礎統一全中國。蔣介石熟悉蘇聯革命歷史和技巧，鮑羅廷卻沒有學習劉邦封韓信為齊王的歷史，豈能不敗？

6. 國民革命的迷失

孫中山說他的三民主義是源自美國林肯總統的「民有、民享、民治」，經過多次革命失敗，又得不到西方民主國家的同情和支持，發現搞革命必須要有一個嚴密的黨組織，於是組織中華革命黨的時候，便要求黨員打手指模，向他宣誓效忠。這時便引起黃興等辛亥革命同志不滿，認為與推翻專制、追求民主的理念不相同，因而和孫中山分道揚鑣。不過，缺乏經濟和軍事力量的孫中山仍然陷入困境，革命局面無法打開。經過蘇聯代表的不斷游說，最後孫中山決定採納「聯俄容共」策略，以俄為師，改組中國國民黨。三民主義於是亦有新的內涵，那就是政治制度「民治」那一部分，沒有採用美國兩黨制衡方式而換上蘇聯一黨專政。孫中山說很多同志都不明白他的三民主義，不過，不要緊，所有黨員只能服從他，不能懷疑他的政策。因為孫中山認為他是少數先知先覺的人，其他人都是不知不覺和後知後覺的。孫中山要求黨員對他這個黨魁絕對服從，不能質疑，這就是美式民主外衣加蘇式革命

內涵的三民主義。

　　孫中山在世的時候，曾經有二十年革命歷史的老同志——馮自由大膽的質疑他的「聯俄容共」政策，結果被孫中山公開譴責和開除黨籍，令其他黨員不敢再公開表示異議。但孫中山逝世之後，國民黨便再沒有人有足夠權威和聲望可以解釋三民主義了。國民革命的目標究竟是什麼？孫中山「聯俄、容共、扶助農工」的三大政策是否繼續？這些問題在蔣介石進行「清共」之後，所有國民黨人都需要面對，都需要解釋。但事實上，維繫國民黨和蘇聯及共產黨的關係，只是利益，而非有共同的革命理想，當利害衝突，便關係破裂。「打倒帝國主義」，「打倒資產階級」，「打倒軍閥」，「中國革命是世界革命的一部分」，這些都只是口號，不能當真。蔣介石帶頭喊過，汪精衛也帶頭喊過，所有進步青年和革命群眾都跟着一齊喊過。不過，蔣介石收了江浙財閥巨款之後，便不再喊「打倒資產階級」了；進入了列強百多艘巨艦包圍的上海灘，便不宜再喊「廢除不平等條約」、「打倒帝國主義」了；自己成為新軍閥之後，還喊什麼「打倒軍閥」。這些不合時的口號和政治主張以後提也不許提，否則就是「反革命」。

　　孫中山在晚年反覆強調民生主義就是共產主義，令本來就信仰模糊的國民黨青年莫衷一是。[212]「聯俄容共、扶助農工」是孫中山的重要政策。蔣介石在黃埔軍校曾一再強調「服從第三國際領導」、「反共便是反革命」、「反農工便是替帝國主義服務」等等。革命軍從廣州出發的時候還得到工人群眾的大力支持，運送糧食補給，協助控制鐵路。現在國民黨和蔣介石率領革命軍進入上海之後，突然進行反共清黨，鎮壓農民工人運動，屠殺工人，不單令一般工人群眾莫明其妙，也令黃埔學生感覺到彷徨，紛紛向蔣校長要求解釋。[213]反共是不是背叛了孫中山的決定？國民革命究竟革誰的命？國民革命要打倒的是資產階級、大財閥、大地主，還是鎮壓貧苦的大多數農民工人？國民

---

212 《黨員黨權與黨爭》，第 75−76 頁。
213 《李宗仁回憶錄》，第 301 頁。

黨進行清黨，推翻了孫中山的重要政策。誰人還有權威和聲望可以解釋三民主義？誰人還可以指示出國民革命的方向？國民黨全黨的意識形態陷入大混亂，三民主義和國民革命的社會魅力蕩然無存。

第十章

十年內戰：國共內戰

1

2

3

1 廣州起義失敗被捕人士
2 葉挺
3 張太雷

一、引言

有些書籍説 1927 年至 1937 年這一段時間，是國民政府歷史的黃金十年。香港社會言論和思想自由，喜歡怎樣説也沒有人禁止，只有廢紙回收，沒有禁書下架這回事。不過，我們也應該看一看在這十年內發生了什麼事。

1927 年國民政府在上海進行「清共」之後，在全國範圍搜捕和屠殺中共黨人，中共為了繼續進行革命和反抗國民黨的屠殺，被迫進行武裝起義，建立自己的軍隊和根據地，開始了此後十年的國共內戰。與此同時國民黨內派系內鬨不息，常有兩個黨中央並立的情況；國軍自相殘殺，互相攻伐。其黨人內鬥的大戰，傷亡上萬甚至數十萬人，國家元氣因此大傷。除了國民黨黨內黨外的內戰不息之外，日本步步進逼，蠶食中國國土，1931 年開始的「九一八事變」，翌年的「一二八事變」，「偽滿洲國成立」等一連串喪失領土和主權的事接疊而來，國家危在旦夕。國民黨元老胡漢民主編的《三民主義》月刊痛罵蔣介石專政八年，被日本侵吞了國土達 8,513,304 平方華里，失掉了四分之一個中國的領土，如以外國相比，實際已失掉四個半法國、五個德國、六個日本那麼大的面積。32,348,864 國人活於日本鐵蹄之下。[1] 中國在國民政府統治之下，國家都差不多「亡」了，1934 年田漢寫下《義勇軍進行曲》的歌詞，精闢地代表了全國人民的心聲：

> 起來！
> 不願做奴隸的人們！
> 把我們的血肉，築成我們新的長城！
> 中華民族到了最危險的時候！

---

1 胡漢民：〈介紹：中國的親日家與排日家〉，《三民主義》月刊第五卷第四期（1935年 4 月 15 日），第 72 頁。

中國在「黃金十年」出現了「中華民族到了最危險的時候」的呼號,是何道理?真不知歌頌「黃金十年」的「人」是在説「真話」,還是「反話」?現在簡介這兵連禍結、內外交困的「黃金十年」,國民黨與中共的內戰,以及國民黨內各派系的內戰。

二、中共武裝起義

國共關係分裂後,中共通過武裝起義,進入創造紅軍進行革命戰爭的新時期,中共的「八七會議」確定了土地革命和武裝起義的方針,仿照俄國十月革命及北伐戰爭的經驗,走先取城市後佔農村的道路。在南昌起義,計劃南下先取廣東作為根據地,再進行第二次北伐的策略;湖南秋收起義會攻長沙;廣州起義固守廣州,進而奪取全省政權的意圖。這些起義全部失敗,證明都不符合中國革命的實際情況。

毛澤東在收秋起義受挫之後,認識到中國革命的特點和無產階級領導的農民鬥爭對革命的極端重要性,放棄原定進攻長沙的計劃,率領起義軍向敵人統治力量薄弱的農村退卻,在井崗山地區開展游擊戰,實行「工農武裝割據」,建立了第一個農村革命根據地和一支工農革命軍隊,為各地起義武裝樹立了榜樣。自此,為中國革命開闢了一條新道路:在農村建立根據地,以農村包圍城市,最後奪取全國勝利。[2]

1. 共產國際指示混亂

中國國民革命的迷失,與共產國際一連串失誤有關。共產國際派代表來

2　軍事科學院軍事歷史研究部:《中國人民解放軍全史》(3)(北京:軍事科學出版社,2000 年),第 72－73 頁。

華催生中國共產黨，協助孫中山改組國民黨，目的是在中國進行社會主義革命，以摧毀中國這個帝國主義最大的市場和原料供應地，令帝國主義因失去市場和原料供應地而走上末路。不過共產國際急於求成，希望同時打倒的敵人太多，統一戰線策略連番失誤，令它的盟友完全走到敵對面，於是蘇聯不單無法利用中國革命打倒帝國主義，擴大在華影響力，反而處處碰壁，被逐出中國，對華政策徹底失敗。

概括來說：蘇聯希望打倒帝國主義，首先是清除日本和英國在中國的影響力，於是爭取和北洋政府建立外交關係，承認張作霖控制的北京政權為中國的合法政府，以爭取張作霖在日蘇之間保持中立，最少不倒向日本。不過，蘇聯卻同時支持孫中山的國民黨進行改革，並成立黃埔軍校，訓練軍隊，提供武器和軍事顧問，使國民黨有本錢進行統一中國的北伐；並向馮玉祥提供大量軍事援助，發動倒張運動。蘇聯這種策略當然觸怒張作霖，他在日本協助下打敗馮玉祥，驅逐加拉罕，搜查蘇聯駐北京大使館，以示不滿。

蘇聯協助中共成立和幫助孫中山改組國民黨，推行「聯俄容共」政策，壯大國民黨的力量，尤其細心培養蔣介石，作為統一中國，打倒帝國主義的唯一人選。但北伐未完成、帝國主義尚未打倒，蘇聯便想奪取蔣介石的權力，逼迫蔣介石轉投江浙財閥和帝國主義。蘇聯顧問辛辛苦苦在中國經營多年的努力，培養壯大的軍隊，援華多年的金錢武器，便隨着蔣介石的向右轉，隨風而逝。其他如馮玉祥的國民軍、國民黨左派汪精衛等，最後都棄蘇聯而去。執行共產國際指示的中國共產黨，亦因此傷亡慘重，元氣大傷。一段時間內，蘇聯影響力徹底從中國土崩瓦解！[3]

列寧逝世之後，蘇聯內部有激烈的派系鬥爭，先是斯大林聯合季諾維也夫等反對托洛茨基，接着是斯大林與布哈林聯合起來反對季諾維也夫，然後是季諾維也夫聯合托洛茨基與斯大林對抗。蘇聯派系就中國問題互相攻訐，

3　楊奎松：《中共與莫斯科的關係》（1920－1960）（香港：海嘯出版事業有限公司，1997 年），第 69－139 頁。

導致對華政策搖擺不定。

斯大林堅持把親日反蘇的張作霖視作頭號敵人，支持馮玉祥聯合吳佩孚等北方軍閥反對張作霖，因此不能支持蔣介石北伐，令吳佩孚後方受威脅，破壞反張運動。托洛茨基反對派則主張與張作霖改善關係，將中東鐵路交給張作霖，利誘他在蘇聯和日本之間保持中立。但因蔣介石北伐順利，馮玉祥反張戰爭失敗，於是斯大林又轉而支持北伐，對蔣介石採取容忍態度。

「中山艦事件」被視為是蔣介石的一個小政變，以後是否應該繼續支持蔣介石？是否繼續與國民黨合作，支持其北伐，統一全中國？中共是否應該繼續留在國民黨之內？莫斯科和共產國際內部對這些問題都意見分歧，並且互相攻訐，指責對方錯誤。

中山艦事件後，很多蘇聯顧問都認同對蔣介石讓步的策略，穆辛報告指出：蔣介石是革命的一個重要力量，因此要令他這一派繼續進行反對帝國主義，和反對北方軍閥統治。[4] 羅加喬夫評估蔣介石不會「靠犧牲部分左派（汪精衛、譚延闓等）和共產黨人同右派達成真正的和解」，「他作為同孫逸仙聯繫最密切的人和作為最有軍事素養的人，畢竟是指揮北伐的唯一候選人。」「我認為他現在是一個力量，沒有這個力量，右派就一事無成。」「由於想為國民革命運動留住蔣介石，20 日（我們）對蔣介石作出了讓步。」[5] 索洛維約夫說遷就蔣介石只是一個策略，以便贏得時間和做好準備除掉他。[6] 最後，共產國際決定：國共破裂是絕對不能允許的，必須實行讓共產黨留在國民黨內

4　〈穆辛關於中共在廣州的任務的提綱〉（1926 年 4 月 24 日於廣州），《聯共（布）、共產國際與中國國民革命運動》（1926－1927）（上），第 210－211 頁。

5　〈羅加喬夫關於廣州 1926 年 3 月 20 日事件的書面報告〉（1926 年 4 月 28 日於莫斯科），《聯共（布）、共產國際與中國國民革命運動》（1926－1927）（上），第 234－235 頁。

6　〈索洛維約夫給加拉罕的信〉（1926 年 3 月 24 日於廣州「紀念列寧」號輪船上），《聯共（布）、共產國際與中國國民革命運動》（1926－1927）（上），第 176－177 頁。

的方針,「要在內部組織上向國民黨左派作出讓步」。[7]

　　當然,這些顧問也指出蔣介石的動搖危險,如鮑羅廷向加拉罕指出:國民黨的「黨軍」有五個師,此外還有六千名學員,「在 3 月 20 日以前是黨的軍隊,3 月 20 日以後應把它看作是蔣介石的軍隊。」「蔣介石成了勝利者,他從軍隊中趕走了大多數政治委員,只留下忠實於他的人。」「至少由五種人(共產黨人、國民黨左派、中派、右派和被二大開除出黨的一些人)組成的小資產階級黨不能領導軍隊,更不能對它發號施令。」「儘管他一再保證,他始終是革命者,永不背叛革命等,但實際上他不得不向中派和右派作出讓步。⋯⋯講共產黨人應該退出自己的黨,以好的國民黨左派身份工作了。」「他每天都向我抱怨,說什麼共產黨人和左派都不相信他,不相信他是願意為革命而獻身的。」[8]

　　雖然共產國際對蔣介石有疑慮,但直至上海「清共」發生前的一個星期,1927 年 4 月 5 日斯大林仍然在莫斯科積極份子代表大會上拒絕了拉狄克的意見,並再次聲明,蔣介石是服從紀律的,那些警告缺乏根據,我們要利用中國資產階級,然後像一隻擠乾的檸檬把它扔掉。托洛茨基批評斯大林的通篇講話是「安撫和平息大家的不滿,是麻痺我們黨和中國黨」,「因為幾天以後,那隻被擠乾的檸檬就奪取了政權和軍隊」,證明斯大林是判斷錯誤的,托洛茨基嘲笑說:雖然曾經有幾千人都聽了斯大林這個講話,但講話的速記記錄消失了。[9]

　　斯大林為自己的中國政策作出辯護,他說:「反對派常常把蔣介石的政變估計為中國革命的低落,那是錯誤的,把蔣介石的政變估計為中國革命低落的人,事實上是擁護蔣介石,事實上是擁護蔣介石回到武漢的國民政黨裏

7　〈聯共(布)中央政治局會議第 22 號(特字第 16 號)紀錄〉(1926 年 4 月 29 日於莫斯科),《聯共(布)、共產國際與中國國民革命運動》(1926－1927)(上),第236－237 頁。

8　〈鮑羅廷給加拉罕的信〉(1926 年 5 月 30 日於廣州),《聯共(布)、共產國際與中國國民革命運動》(1926－1927)(上),第 281－282 頁。

9　托洛茨基:〈共產國際執委會第八次全會關於中國問題的討論〉(1927 年 5 月 18－30日),網頁:《中文馬克思主義文庫:托洛茨基》,網址:www.marxists.org/chinese/Trotsky/mia-chinese-trotsky-192705.htm。

去。……蔣介石的政變事實上是使國民黨洗去了污點，把國民黨的核心向左推移。……事實上整個革命已隨蔣介石的政變而進入其發展的更高階段，即土地運動階段。」[10]

斯大林在共產國際執委會第八次全會公開反駁托洛茨基對他的批評：

托洛茨基的基本錯誤在於他不懂得中國革命的意義和性質。共產國際的出發點是：封建殘餘是現時在中國推動土地革命的壓迫的主要因素。共產國際的出發點是：中國農村中的封建殘餘和這種殘餘上面的全部軍閥官僚上層建築及其督軍、省長、將軍、張作霖之流等等，是現在的土地革命藉以發生和日益展開的基礎。……現在中國正經歷着一個按其力量和規模來說，是最偉大的土地革命。

托洛茨基的基本錯誤在於低估了中國的土地革命，不懂得這個革命的資產階級民主性質，否認中國千百萬人所參加的土地運動的前提，低估了農民在中國革命中的作用。

既然南京是國內反革命的中心，而武漢是中國革命運動的中心，那末，在保證無產階級及其政黨在國民黨黨內和國民黨黨外的領導作用的條件下，必須支持武漢國民黨，共產黨人必須參加武漢國民黨及其革命政府。

現在用立即成立蘇維埃的辦法來推翻武漢政府，就是給蔣介石和張作霖以直接的和明顯的援助。

只有瞎子才會否認左派國民黨有革命鬥爭機關的作用，有反對中國封建殘餘和帝國主義的起義機關的作用。……既然有了這樣一個特殊的革命組織，適合於中國條件的特點，並已證明自己適合於中國資產階級民主革命的進一步發展，那末在資產階級民主革命剛剛開始，還

10　斯大林：〈和中山大學學生的談話〉（1927 年 5 月 13 日），《斯大林全集》（9）（北京：人民出版社，1954 年），第 234 頁。

沒有勝利，而且不會很快勝利的現在，就把這個費了多年時間才成立起來的組織加以破壞，未免太愚蠢無知了。

中國目前正經歷着既反對封建殘餘又反對帝國主義的土地革命。

土地革命是中國資產階級民主革命的基礎和內容。

武漢國民黨和武漢政府是資產階級民主革命運動的中心。

南京和南京政府是國內反革命的中心。[11]

概括來說，斯大林在蔣介石清黨之後，仍然主張在中國推行土地革命，支持武漢國民政府，中共黨員仍然留在國民黨之內。

布哈林支持斯大林的觀點說：「武漢及忠於武漢政府的軍隊應當成為軍隊的組織中心。武漢方面對蔣介石採取的斷然措施（據悉武漢政府已發出通緝蔣介石的命令）是符合革命要求的適當措施。國民黨在排除了奸細、叛徒和破壞份子之後應當成為真正的群眾性組織。把國民黨的旗幟交給蔣介石集團是絕對錯誤的。相反，必須把蔣介石作為國民黨和民族解放事業的叛徒處理。因此，現在，可以說特別是現在，採取退出國民黨的策略是荒謬的。」[12]

5 月 24 日，斯大林在莫斯科講演的時候，還沒有收到中國的情報。十天之前，武漢政權轄下的軍隊，因為反對土地革命，已經爆發了 5 月 14 日的馬斗寅叛變和 21 日的馬日事變，武漢政權已經面臨崩潰了！

斯大林遠在莫斯科，當然無法掌握中國急速變化的情況，作出恰當的判斷，給予適當的指示。就算是位處中國的蘇聯顧問亦因上海「清共」而起衝突，互相攻擊。

曼達良、納索諾夫和阿爾布列赫特就上海「清共」一事，給共產國際的書面報告，批評：「武漢和鮑羅廷以提出讓汪精衛回國、建立軍事委員會等口

11　斯大林：〈中國革命和共產國際的任務〉（1927 年 5 月 24 日在共產國際執行委員會第八次全會第十次會議上的演說），《斯大林全集》（9），第 259－279 頁。

12　布哈林：〈中國革命問題〉（1927 年 4 月 19 日），《1919－1927 蘇聯〈真理報〉有關中國革命的文獻資料選編》，第 383－384 頁

號與蔣介石的戰略計劃相對抗，不敢使同右派的鬥爭具有明顯的社會政治性質。……這就便於蔣介石後來發動政變。」[13]「武漢政府與蔣介石決裂的直接原因是我們黨和武漢政府在如何對待蔣介石的問題上採取的政策不堅定，是共產國際執委會代表和鮑羅廷沒有方針可循。」「所有同志都認為是犯了一些重大錯誤：不能無情地濫用計謀和遊行示威來反對蔣介石，而不提出同他作鬥爭的任何具體措施。」「我們的軍事顧問一致表示，在 3 月 23 日到 4 月 3 日期間，完全可以輕而易舉地解除蔣介石的武裝。加倫不止一次地主張採取堅決的行動或一定的方針。」「如果採取更為堅定的策略，那麼消滅蔣介石取得成功的機會是很大的。」[14]

羅易多次致電莫斯科，指責鮑羅廷處事獨斷專行，甚至壟斷蘇聯顧問與莫斯科之間的通訊：

「這裏的局勢非常嚴重。國民黨國民政府完全處於反動軍閥的控制之下。除汪精衛和鄧演達外，國民黨中央委員會是右傾的。……他們讚賞夏斗寅的反農民的叛亂。鮑羅廷完全贊成這種趨向，並要求共產黨支持國民黨的退讓政策，他認為共產黨人的良好行為是改變局勢的唯一手段。……簡言之，鮑羅廷實行的是葬送革命的徹頭徹尾的社會民主主義的政策。他處事獨斷專行，不同許多負責人商量，無視他們的意見。他向共產黨發號施令。他的權力不是建立在政治影響的基礎上，而是建立在對同莫斯科的關係的壟斷的基礎上。說明整個情況、但不符合他的政策的報告不能發出。他拒絕發我的電報。這裏的多數俄國同志都反對他的政策，不滿意他的工作方法。莫斯科應趕緊進行干預。……他說，莫斯科不了解情況，不能給半殖民地下達指

---

13 〈曼達良、納索諾夫和阿爾布列赫特關於蔣介石政變的書面報告〉（1927 年 5 月 21 日於莫斯科），《聯共（布）、共產國際與中國國民革命運動》（1926－1927）（下），第 261 頁。

14 〈曼達良、納索諾夫和阿爾布列赫特關於蔣介石政變的書面報告－阿爾布列赫特補充〉（1927 年 5 月 21 日於莫斯科），《聯共（布）、共產國際與中國國民革命運動》（1926－1927）（下），第 267－269 頁。

示。」[15]

「國民黨打着糾正這些『過火行為』的幌子，策劃消滅湖南農民運動。鮑羅廷支持國民黨的這種政策。共產黨不敢反對鮑羅廷的政策，因為他的政策被認為是莫斯科的政策，只好不情願地採取違心的行動。」「由於國民黨和國民政府沒有擺脫將領們的控制，同蔣介石的決裂沒有好處，甚至是個大錯誤。決裂的直接結果是唐生智作為局勢的軍事獨裁者取代了蔣介石。……同蔣介石決裂是個最大的錯誤。……加快了同蔣介石的決裂。資產階級很幸運，帝國主義也很高興。」

羅易向莫斯科批評鮑羅廷的論點：

一、中國革命十年內不可能取得成功。應當有一個軍事混亂時期。如果我們北上，南方就會喪失。如果我們返回收復南方，北方就會喪失。

二、中國共產黨不可能成獨立的政黨，它是國民黨的小資產階級左翼。

三、談論中國無產階級領導權問題，這是幻想。鮑羅廷不相信群眾的力量。

四、不建立無產階級專政和實行無情的恐怖，就不能鞏固革命的社會基礎。

五、中國革命只有在西北建立軍事基地、組建革命軍隊的情況下才能取得成功。

六、國民黨在佔優勢的武裝力量面前就會退卻。共產黨人應當支持國民黨的這個政策。應向群眾說明這種退卻（即進攻工農活動、禁止階級鬥爭、寬恕湖南反革命的罪行、趨向於同蔣介石和解、實際停止反帝鬥爭等）的必要性。

七、工農運動應當借助於宣傳和武力來加以控制。

八、應當解除工農糾察隊的武裝，以滿足我們的小資產階級和「左派」

---

15 〈羅易給某人（斯大林）的電報〉（1927年5月25日於漢口），《聯共（布）、共產國際與中國國民革命運動》（1926－1927）（下），第273－274頁。

軍閥盟友的要求。

九、共產國際的提綱指出了長遠前景。我們應當同現在的國民黨一起行動，並期待在幾年內出現真正的小資產階級領導。

十、莫斯科不了解中國的形勢。革命提綱容易寫，鼓動演講容易做（援引布哈林在莫斯科黨的積極份子大會上的講話和斯大林為中央委員會起草的提綱）。實際政策的決定則要在這裏作出。

十一、完全有必要在當地實行堅強的領導。[16]

「共產黨實際上是由鮑領導的，沒有認真對待共產國際代表。我本着你們電報中的指示精神提出的建議常常遭到拒絕或抵制。這種不正常的狀況應當改變。」[17]

1927 年 5 月 30 日聯共（布）中央政治局會議，徵詢政治局委員意見，聽取關於中國問題。決定致電鮑羅廷、羅易和柳克斯：共產國際要求中共組織五萬新軍、發動土地革命、軍法審訊反革命軍人。不過，羅易犯了一個嚴重的紀律錯誤，就是把這份機密電報原文，送給汪精衛，導致汪精衛等國民黨左派也走上分共的道路。鮑羅廷向莫斯科指控羅易犯下大錯，羅易向莫斯科申辯：

「局勢在惡化。鮑不同意你們的指示，並且公然對抗這些指示。他的態度和行為使我無法根據正確的方針領導黨。黨在走向投降而不是在進行革命鬥爭。」

「鮑認為，汪在我給他看了莫斯科勸國民黨人充當革命雅各賓黨人的電報之後叛變了。在這份電報中沒有什麼不可以向國民黨左派說的話，如果我們需要給他們指出來自右面的危險和擺脫業已形成的局面的唯一出路的話。

16 〈羅易就中國形勢給共產國際執行委員會政治書記處和斯大林的書面報告〉（1927 年 5 月 28 日於漢口），《聯共（布）、共產國際與中國國民革命運動》（1926－1927）（下），第 276－295 頁。

17 〈羅易給聯共（布）中央政治局的電報〉（1927 年 6 月 2 日於漢口），《聯共（布）、共產國際與中國國民革命運動》（1926－1927）（下），第 301－302 頁。

電報沒有造成任何損害，多數國民黨領導人在汪看到電報以前早就決定採取反革命行動了。……現在（鮑）還在違背你們的指示進行兩黨共同綱領的談判。……鮑在共產黨政治局中表示反對沒收大地主的土地。」「現在的危機是鮑羅廷過去實行的政策造成的，挽救中國革命的責任現在落在莫斯科的肩上。鮑應當服從黨的命令，應當把陳獨秀清除出共產黨領導機構。這裏必須創造條件使你們的指示得到有力貫徹，共產黨領導應當服從（共產）國際。」[18]

「柳克斯蓄意誇大。我只不過是給汪看了僅僅一份編號電報。其中沒有什麼要向左派領導人保密的，我們應當贏得他們的信任，並應明確地給他們指出革命的道路。」[19]

最後，共產國際決定：「立即將羅易同志從共產國際執委會代表職位上召回，因為他給國民黨中央的一些委員看了只發給鮑（羅廷）、羅（易）、柳（克斯）三同志而無論如何不能給其他人看的電報。」[20]「致鮑羅廷、加倫、羅易：我們召回羅易是因為他違反了紀律。我們認為鮑羅廷有責任執行指示，而不要阻礙執行。」[21] 結果，羅易與鮑羅廷在中國的鬥爭失敗了。

2. 中國革命失敗的責任

共產國際對中國的革命政策搖擺不定。上海「清共」後，主張中共繼續留在國民黨，並大力支持國民黨左派和壯大它，又反對中共用「暴動」策略

---

18 〈羅易給斯大林和布哈林的電報〉（1927 年 6 月 17 日於漢口），《聯共（布）、共產國際與中國國民革命運動》（1926－1927）（下），第 320－323 頁。

19 〈羅易給聯共（布）中央政治局的電報〉（1927 年 6 月 22 日於漢口），《聯共（布）、共產國際與中國國民革命運動》（1926－1927）（下），第 323 頁。

20 〈共產國際執行委員會政治書記處秘密會議第 30 號紀錄〉（1927 年 6 月 22 日於莫斯科），《聯共（布）、共產國際與中國國民革命運動》（1926－1927）（下），第 344 頁。

21 〈聯共（布）中央政治局會議第 112 號（特字第 90 號）紀錄〉（1927 年 6 月 23 日於莫斯科），《聯共（布）、共產國際與中國國民革命運動》（1926－1927）（下），第 345－346 頁。

來應付蔣介石的屠殺，認為暴動是「玩」不得的。中共在 1927 年 5 月召開的第五次全國代表大會完全接受共產國際第七次大會關於中國問題的決議，決定「依然加入國民黨內」，認為「國民黨代表一個革命的同盟，此政治同盟將領導德謨克拉西的革命破壞封建制度，消除軍閥，推翻帝國主義的統治」。在這階段中，國共兩黨的關係，建築在無產階級在鬥爭中的領導權上，「無產階級因為要保證革命的前途，必定加入左派的國民黨」。[22]

共產國際第八次執行委員會全體會議認為：「最近事變完全是證明了共產國際對於中國革命之觀點，更明顯的證明了列寧對於中國革命的國際作用之預言。」「共產國際執行委員會認定，資產階級反革命的政變（上海、南京、廣州等處），中國革命的部分失敗，相當的加強了反革命的聯合。……若說這個失敗便決定了革命的全部命運，這是錯誤的見解。」這時的革命是「過渡於更高階級的發展」，更有力的動員群眾、壯大農民運動、組織暴動武裝隊，「共產黨及國民黨左派之增大無已」，指示中共「動員群眾組織群眾，在工人中極力發展黨員，在城鄉勞動群眾中極力為國民黨發展黨員，必須使國民黨以極大的速度成為最廣大的組織。——這是目前中國共產黨之主要任務」，「共產國際特別以為有些同志在蔣介石上海政變時，建議實行暴動的策略，十分謬誤。……有了相當勝利的希望存在，才可着手暴動。暴動是『玩』不得的。『無論如何都要暴動』的策略，不是列寧主義的策略。」[23]

1927 年 5 月 30 日共產國際指示中國共產黨組織五萬新軍，發動土地革命。中共領導們都認為莫斯科不懂武漢的形勢，回電莫斯科拒絕。一個多月之後，中國局勢的發展證明共產國際的策略徹底失敗，武漢國民黨左派在 7 月 15 日開常務委員會決定分共。

中共中央回應的策略是：

---

22 〈關於小資產階級問題共產黨與國民黨的關係〉（1927 年 5 月 13 日中央政治局議決），《中共中央文件選集》（3），第 87－88 頁。

23 〈共產國際第八次執行委員會全體會議關於中國問題決議案〉（1927 年 5 月），《中共中央文件選集》（3），第 107－121 頁。

一、認為武漢中央政府已完全反動,不再為革命中心而為反革命中心,不可再事擁護其罪惡。

二、與國民政府合作之條件既已消滅,當然應立即召回國府內之黨員。惟仍須留在國民黨內工作,以團結下層左派份子在國民黨內組織在野反對派,反對中央的反動政策。

三、立即懲辦摧殘工農佔領工農會的武人,總罷工與抗稅是必要的。

四、在國民政府領土內今年秋收時,極積做廣大的減租抗租運動,以鼓勵農民悉起奪取鄉村政權,實行沒收大地主的土地,向土豪劣紳反攻,殘忍地推翻其鄉村政權而建立農會政權。[24]

共產國際把中國革命失敗的錯誤推給中國共產黨領導,説它曾「在關於政權、關於對武漢政府態度、關於合作、關於以後鬥爭方針等問題上,卻給中國同志們指出了相適應的策略方向」,「共產國際依靠着列寧的學説,過去曾認為而且現在也認為,在一定的階級上,在殖民地民族資產階級與帝國主義進行革命鬥爭的範圍內,與它的聯盟和聯合,是正常的,是完全允許和必要的。在革命進程底一定階段上,援助資產階級反對帝國主義或其軍閥、買辦勢力之軍事行動,也是可允許的,而且甚至是必需的,因為這種反帝國主義的鬥爭是對革命事業有益的」,「都是完全正確的」,「但是這種聯盟的策略,自從武漢政府投降革命底敵人的那一刹那起,就根本變成謬誤的了。」「如果在革命發展底一定階段上,中國共產黨方面援助武漢政府曾經是需要的,那末現在援助武漢政府的方針,對中國共產黨便是自取死亡,要把它投到機會主義的泥坑裏去的。」

共產國際指責:「中國共產黨底現今的領導機關,近來曾犯了一連串的重大的政治錯誤。中國共產黨應當依照共產國際底指示,展開和領導土地革命,公開地批評和揭穿武漢政府和國民黨中央底『急進』的領導者之不徹底

---

24 〈中央對於武漢反動時局之通告〉(1927 年 7 月 24 日),《中共中央文件選集》(3),第 190－192 頁。

的和怯懦的立場，警告群眾預防軍閥方面叛變的可能，武裝大量的工人，十二分堅決地推動國民黨和武漢政府走上真正革命的道路。但中國共產黨中央和中央政治局，沒有執行這些指示。」「共產國際在秘密的指示中，一再最嚴厲地批評了中國共產黨的領導機關；共產國際曾經警告，如果中國共產黨中央不糾正自己的錯誤，那末，它就要公開地批評它了。現在中國共產黨中央拒絕了共產國際底指示，共產國際執委認為，公開號召中國共產黨黨員起來反對中央的機會主義，乃是自己的革命責任。」[25]

陳獨秀應否承擔中國革命失敗的責任？托洛茨基客觀指出：陳獨秀只是忠心耿耿地執行共產國際的指導方針。當陳獨秀同志不再願意作那緘默的替罪羊，而是渴望光明磊落地討論中國革命失敗的原因，共產國際的一切寫作班子，就全都撲上來圍攻陳獨秀。這並不是因為他對革命犯了致命的錯誤，而是因為他不願繼續欺騙工人，不願再作斯大林的擋箭牌。毀滅他們與革命的，是領導層的機會主義路線。然而這個領導層，不是廣州、上海和武漢的中共領袖，而是從莫斯科發號施令的「總書記」們。這將是歷史的定評！[26]

托洛茨基說：「共產國際本來是作為世界革命的工具而被建立起來的，這時卻成了蘇聯官僚機構追求本國利益的工具。」「說明了何以共產國際會遭到一系列災難性的失敗。」

「在 1925 至 1927 年的期間，中國革命有了巨大的爆發，最初的一些事件使中國資產階級及其政黨——國民黨——能夠取得了領導權。共產國際宣佈它同國民黨及其軍事領袖（蔣介石）完全團結一致。中國共產黨被迫放棄獨立政策，不得不參加國民黨並完全受它的支配。這樣，第二次世界代表大會的一切教訓都被拋在一邊了。」

「可是，儘管匍伏在軍事官僚面前而對無產階級革命力量缺乏信心的斯大

---

25 〈共產國際執委會關於中國革命目前形勢的決定〉（1927 年 7 月），《中共中央文件選集》（3），第 207－213 頁。

26 《托洛茨基文集：斯大林與中國革命》，網頁：《中文馬克思主義文庫——托洛茨基》，網址：www.marxists.org/chinese/Trotsky/marxist.org-chinese-trotsky-1930b.htm。

林官僚機構採取了機會主義政策，中國的無產階級群眾和貧苦農民卻轉向共產主義，希望在他們的國家實現『十月革命』，分配土地，摧毀資產階級軍閥的國家機器並代之以蘇維埃。」

「金融資本使國民黨資產階級同地主和富農結合在一起，所以國民黨資產階級竭力反對土地革命。中國共產黨人既然在斯大林主義的支配下受制於國民黨，農民一直沒有革命的領導機構，中國的革命喪失了它的最強有力的槓桿。」

「儘管斯大林主義採取了屈從政策，中國的資產階級卻並沒有就此罷手，不去解決由共產主義日益高漲的浪潮所產生的潛在危險。國民黨的軍閥領袖發動了反革命的政變；並且，當人們還在莫斯科歡呼蔣介石是革命英雄的時候，他就下令槍殺了成千成萬已經被斯大林主義政策剝奪了權力和武器的中國無產者。在蔣介石『背叛』（不是背叛中國資產階級的階級利益，而是背叛斯大林主義的一廂情願）之後，斯大林主義官僚集團便慫恿同國民黨『左派』（汪精衛）結成同盟，結果從汪精衛那裏取得了同樣痛苦的經驗。當失敗已成定局之後，這個官僚集團才求助於其絕大多數剛剛被打倒的無產階級群眾。結果產生了廣州起義。這次起義帶有局部暴動的性質，其勢非陷於完全孤立並因而遭到失敗不可，但回想起來，它再度確鑿無疑地表明了中國革命的階級性質，組織蘇維埃和建立無產階級專政的可能性與必要性，從而也就突出地暴露了整個斯大林主義政策的罪惡的愚蠢想法。」[27]

列寧早已警告俄國共產黨切勿用粗暴的態度對待盟友：「哪怕極小的粗暴態度和不公正態度而損害了自己在東方的威信，那就是不可寬恕的機會主義。」[28]

27　〈第四國際第一次國際會議文件（1936 年 7 月）──共產國際的演變：從世界革命的黨到帝國主義的工具〉，《中文馬克思主義文庫：第四國際》，網址：www.marxists.org/chinese/fourth-international/ marxist.org-chinese-FI-193607.htm。

28　列寧：〈關於民族或「自治化」問題〉（1922 年 12 月 31 日），《列寧全集》（43），第 355 頁。

中國革命失敗的責任應由誰人負責？列寧和托洛茨基的言論，是很值得我們思考的！

3. 南昌暴動

這時，不少中共領袖如瞿秋白和陳獨秀，因為共產國際和蘇聯顧問的政策矛盾、指揮錯誤，露出了消極的意向。[29] 為了應付這個艱難時刻，有些中共領袖發揮了他們的艱苦奮鬥精神，毛澤東自動選擇回湖南去，負責領導農民武裝的任務；周恩來提出一個進取的建議，他認為與其受人宰割，不如先發制人，利用大批同志都隨第四軍行動的機會，在南昌九江地區發起暴動。[30] 於是在共產國際幫助下，中共策動了南昌起義、秋收起義和廣州起義等三次起義（當時中共文件稱為暴動，其後又稱起義）。毛澤東指出：「革命失敗，得了慘痛的教訓，於是有了南昌起義、秋收起義和廣州起義，進入了創造紅軍的新時期。這個時期是我們黨徹底地認識軍隊的重要性的極端緊要的時期。」[31]

1927 年 4 月 30 日，魯易在中共代表大會演說，強調應使農民出身之士兵反對軍閥，並在國民黨內及政府中建立由共黨領導之集團。5 月 9 日，中國共產黨依第五次大會決議，整頓黨內紀律，繼續與國民黨左派提攜，訓練工農予以武裝等。18 日，共產國際中央執行委員會第八次會議，通過關於中國革命問題決議案：令中共繼續與國民黨左派合作，使成為廣大群眾的革命民眾組織。20 日，共產國際變更中國共產黨作戰方略，武裝工農，使武漢政府及國民黨為工農之革命民主獨裁機關，制裁一切反革命陰謀，徹底進行土地革命，仍留共產黨於國民黨內，以便握指導工人革命之權。24 日斯大林在共產國際第八次擴大會議繼續強調：「共產黨應成為中國新革命中之唯一指導者。」

29　《我的回憶》（2），第 655 頁。

30　《我的回憶》（2），第 674－675 頁。

31　毛澤東：〈戰爭和戰略問題〉，《毛澤東選集》（2），第 512－513 頁。

馬日事變發生後，6 月 4 日，中共要求國民黨「削平湖南反革命」，摧毀許克祥等之組織，宣佈工農組織及中共在湖南得享完全自由，並武裝農民；又發表「告全國農民群眾書」。15 日，陳獨秀電告共產國際，說明其訓令無法執行，請延緩實行土地沒收，並謂民主獨裁短期內不可能完成，仍須與國民黨維持良好關係，引誘左派領袖制定一共同政綱。目前工作是應糾正過火，以平息軍官與左派國民黨之恐慌。

6 月 30 日，布哈林警告中國共產黨，馮玉祥已轉入反革命陣營，應對其宣戰，勿再信任軍人，組織自己武力。同日，中共在武昌舉行中央擴大會議，決定中央各機關仍回漢口，以便於與國民黨左派聯絡，工農團體均應受國民黨之領導監督。7 月 1 日，中共中央擴大會議通過國共兩黨關係決議案，謀繼續兩黨合作，並商討東征蔣介石。

7 月 15 日，武漢國民政府正式分共，汪精衛下令逮捕共產黨人。7 月中旬，中共臨時中央常委會議，初步決定以在「東征討蔣」口號下，以賀龍、葉挺和朱德的部隊為基礎，在南昌舉行武裝起義，周恩來為中共前敵委員會書記。會後，周恩來指定以聶榮臻為書記的前敵軍委，先去九江做準備，並交代何時發難要聽中央命令。7 月 20 日，李立三、鄧中夏、譚平山、惲代英、葉挺、聶榮臻在九江舉行談話會，認為「依靠張（發奎）為領袖之回粵運動，很少成功之可能」，提議「拋棄依張之政策，而決定一獨立的軍事行動」。24 日，中共臨時中央常委會議，周恩來要求中央從速決定南昌起義的名義、政綱和策略，切實計劃發動湘、鄂、贛和廣東東江一帶工農勢力，並要求共產國際經由汕頭迅速接濟軍火物資。會議最終決定以國民黨革命委員會名義在南昌舉行武裝起義，並確定起義後部隊的行動方向：立即南下，佔領廣東，取得海口，求得共產國際的援助，再舉行第二次北伐。

7 月 26 日，葉挺的第 11 軍第 24 師和賀龍的第 20 軍抵達南昌。周恩來派聶榮臻到馬回嶺動員第 4 軍第 25 師到南昌參加起義。同日，瞿秋白、李維漢、張國燾、張太雷，以及蘇聯顧問與共產國際代表羅明納茲、紐曼等在漢口開會。共產國際代表認為如暴動無勝利希望，最好不必發動，在張發奎軍

中之共產黨員應全部退出，派往農民中工作。俟張發奎部回抵廣東後，再與國民黨分離，暫勿在南昌採取行動。30 日，張國燾以中共中央代表身份到達南昌，在中共前委緊急會議上提出起義如有成功把握，可以舉行，否則不可行動；又應徵得張發奎同意，免與張發奎決裂。周、李、譚等堅持起義不能遷延，更不可停止。周恩來更憤而辭職相爭。31 日，周恩來主持中共前委緊急會議，繼續辯論起義一事。因得到張發奎參加廬山反共會議消息，張國燾表示服從多數，會議最終決定 8 月 1 日凌晨舉行武裝起義。

8 月 1 日凌晨，周恩來、賀龍、葉挺、朱德、劉伯承的領導下，賀龍的第 2 方面軍新編第 20 軍，葉挺的第 11 軍第 24 師（黨代表聶榮臻），周士第的第 4 軍第 25 師，周逸群的第 20 軍第 3 師、朱德的第 3 軍軍官教育團等，共 20,500 人在南昌起義。經過五小時激烈戰鬥，全殲南昌國民黨守軍三千餘人。[32] 汪精衛、孫科等在廬山聞訊，立即派張發奎、朱培德等部反攻南昌，汪等即返回武漢。

中共在南昌成立中國國民黨革命委員會，以譚平山、林祖涵、吳玉章、惲代英、郭沫若、蘇兆徵、江浩、高語罕、周恩來、張國燾、彭湃、向忠發、夏曦、方維夏、李立三、徐特立、張曙時、韓麟符、姜濟寰、賀龍、葉挺等為委員；國民黨左派宋慶齡、于右任、何香凝、陳友仁、張發奎、鄧演達、黃琪翔、朱暉日、彭澤民、經亨頤等均被列名單。譚、賀、惲、郭、宋、鄧、張發奎為主席團，譚為主席，吳玉章為秘書長，張曙時為黨務委員會主席，周恩來為軍事委員會主席，兼參謀團主任，惲代英為宣傳委員主席，張國燾為工農委員會主席，林祖涵為財務委員會主席，李立三為政治保衛處長，賀龍為第 2 方面軍總指揮，廖乾吾為黨代表，劉伯承為參謀長，郭沫若為政治部主任，葉挺為前敵總指揮、第 11 軍長兼副總指揮，聶榮臻為黨代表，姜濟寰為江西省政府主席。

32　劉伯承：〈南昌暴動始末記〉（1928 年 7 月 7 日莫斯科），《劉伯承軍事文選》（北京：解放軍出版社，1992 年），第 34 頁；《周恩來年譜 1898－1949》，第 118－120 頁。

8月2日，武漢國民政府明令討伐共產黨，免賀龍、葉挺職，急令張發奎、朱培德等部向南昌進攻。3日，起義部隊按照中共中央原定計劃，決定攻佔廣東為革命根據地。劉伯承說當時的考慮是：「一、廣東東江地區包括惠州、潮州、嘉應州（梅縣）三州所屬25個縣，中共在那裏有群眾基礎，『工農力量在東江的厚』，農民運動正在蓬勃地發展。二、東江地形較北江平易，且敵軍已集中於北江，不能各個擊破它。三、東江海口便利，可望蘇聯接濟，財政亦豐，取得國際援助，再舉行第二次北伐。四、可以以福建為後方。」[33] 起義軍選擇國民黨兵力較為薄弱的從贛東經尋鄔直取東江的行軍路線，但時值暑天，勞師遠征，補給困難，疲憊疫病，造成嚴重減員，不僅把炮丟了，武器彈藥也丟了不少。第10師蔡廷鍇率部離開南昌後，隨即離去。[34] 起義部隊沿途被國民黨錢大鈞和黃紹竑兩部重兵堵截，在壬田戰鬥，擊潰了起義部隊三個團。起義軍在8月26日攻佔瑞金。28日至30日，周恩來、朱德、聶榮臻、賀龍、葉挺指揮起義軍，猛攻會昌，擊潰錢大鈞部，攻佔會昌，但也傷亡一千七百餘人。

經過一個月的行軍戰鬥，減員近萬人。中共前委和參謀團分析形勢後，決定改道經福建長汀，再沿汀江、韓江進入東江地區。9月23日進佔潮州，24日進入汕頭；第25師進佔大埔三河壩。李濟深派錢大鈞前往堵截，黃紹竑率一萬五千人冒險越過梅縣與潮州之間的大山脈鱷魚障，攻擊起義軍的側後揭陽。[35] 中共前委和參謀團決定派主力六千五百人到湯坑迎敵。9月28日，雙方部隊在湯坑東南的白石發生遭遇戰，血戰了三晝夜，起義軍雖然斃敵三千人，但亦傷亡二千餘人，無力再戰，遂退出戰鬥。[36] 10月，聶榮臻和葉挺率

33 〈南昌暴動始末記〉（1928年7月7日莫斯科），《劉伯承軍事文選》，第20頁。

34 《聶榮臻回憶錄》（上）（北京：戰士出版社，1983年），第66頁；原中國人民解放軍軍政大學編寫組編寫：〈南昌起義〉，《文史資料選輯》（56），第40頁。

35 黃紹竑：〈阻擊葉賀南征軍的戰事〉，《文史資料選輯》（24），第183－185頁。

36 原中國人民解放軍軍政大學編寫組編寫：〈南昌起義〉，《文史資料選輯》（56），第52頁；《中國人民解放軍戰史》（1），第7－8頁。

領的第 24 師殘部轉進到海陸豐，因部隊傷亡甚大，一個成建制的部隊也找不到，最後只剩下聶榮臻、葉挺、周恩來、楊石魂等四個人，由陸豐甲子港撤到香港。[37] 留守三河壩的朱德、陳毅第 25 師，被國軍追擊，北撤福建，再轉戰至湘南游擊。1928 年 4 月下旬到達井岡山，與毛澤東的部隊會師，合編為中國工農革命軍第四軍。

南昌起義打響了中共武裝起義的第一槍，開始了中共獨立領導的武裝鬥爭和創建革命軍隊，自此有了自己的武裝力量來進行革命。1933 年 7 月 1 日，中華蘇維埃共和國臨時中央政府決定，自是年開始，每年 8 月 1 日為中國工農紅軍成立紀念日。中華人民共和國成立後，將此紀念日改稱為中國人民解放軍建軍節。[38]

4. 八七會議與土地革命

1927 年 7 月 9 日，斯大林指責莫洛托夫和布哈林沒有提供詳細的中國情報給他：「你們兩真不像話，使我有點兒為難：你們既要徵求我對（關於中國的）新指示的意見，卻又不提供具體的新材料。」接着斯大林對中共退出國民黨的問題仍然是無寧兩可地回答：「我並不認為，退出國民政府和國民黨後共產黨的處境就會有所好轉，就能『站穩腳跟』。相反，退出只會使共產黨人更易受到殺戮，造成新的意見分歧，並有可能釀成諸如分裂的危險。但是別無選擇，反正我們最終還是要走這條路。」接着，斯大林指出目前的主要問題：「中國共產黨是否能光榮地渡過這個新時期（地下狀態、逮捕、槍殺、自己隊伍中的背叛行為、自己隊伍中的奸細活動等等），從而變得強大起來、得到鍛煉，不會發生分裂、分化、瓦解，墮落成一個或若干個小集團派。」「現

37　《聶榮臻回憶錄》（上），第 69－74 頁。

38　〈南昌起義〉，《文史資料選輯》（56），第 3－4 頁；《中華民國史事日誌》（2），第 179－267 頁。

在的中央（它的上層領導人）是在國民革命時期鍛煉出來的，正是在這時期受到了洗禮，但它完全不適應新的土地革命階段。中共中央不理解新革命階段的涵義。中央沒有一個能理解所發生的事件的內情（社會內情）的馬克思主義頭腦。中共中央不善於利用這個與國民黨合作的寶貴時期，去大力開展工作：公開地組織革命、組織無產階級、組織農民和革命軍隊，實現軍隊革命化、促使士兵與將軍相對立。整整一年，中共中央靠國民黨養活，享受着工作的自由和組織的自由，但它沒有做任何工作，以便促使被錯誤地稱之為政黨的（的確有相當戰鬥力的）各種人物的大雜燴變成為一個真正的政黨……當然，在基層是做了工作。」「這就是共產國際的指示未能被執行的原因所在。」

「怎樣醫治在我們這裏被錯誤地稱之為中國共產黨的這個大雜燴？」「現在到了着手在中共中央、中央各部、每個省的地區組織、地區組織各部、共青團、中央農民部、中央軍事部、中央機關、中國總工會，認真建立黨務顧問制度的時候了。」「應該這樣來安排此事：讓所有黨務顧問在工作中形成一個整體，受中央總顧問（他也是共產國際的代表）的指導。鑒於現時的中央軟弱、混亂，政治上不定形和業務不精通，這些『保姆』在現階段還是需要的。」[39]

早一天，共產國際發出中共改組領導機關的指示：「中國共產黨應該召開（最好是秘密召開）緊急代表會議，以便根據共產國際執委會的指示糾正黨的領導所犯的根本性錯誤。必須採取各種措施保存黨。…… 共產黨應在實際上和通過它的領導機關成為工農群眾革命運動的中心。」[40]

39　〈斯大林給莫洛托夫和布哈林的信〉（1927 年 7 月 9 日於索契），《聯共（布）、共產國際與中國國民革命運動》（1926－1927）（下），第 405－409 頁；〈斯大林致莫洛托夫和布哈林〉（1927 年 7 月 9 日），《蘇聯歷史檔案選編》（6），第 311－314 頁。

40　莫洛托夫：〈聯共（布）中央政治局緊急會議第 116 號（特字第 94 號）記錄〉（1927 年 7 月 8 日於莫斯科），《聯共（布）、共產國際與中國國民革命運動》（1926－1927）（下），第 398 頁。

共產國際建議：

一、向中國，包括向漢口和上海，派遣一批能夠闡明我們的觀點並能與中共領導人的機會主義作鬥爭的東方勞動者共產主義大學和中山大學的學生。

二、必須召集上述兩所大學中的中國共產黨黨員並向他們說明共產國際執委會的方針。

三、建議中共中央政治局立即召開中共中央全會，討論共產國際執委會的指示。

四、建議全會選出能保證無條件執行共產國際方針的新一屆政治局。

五、在中共所有地方組織中廣泛開展一場揭露前領導機會主義錯誤和說明共產國際執委會方針正確性的運動。

六、建議中央全會討論關於吸收布林斯基、邵和鄧（分別為：任弼時、周恩來和鄧中夏）同志參加黨的領導工作的問題。

七、根據這些指示責成中央全會立即着手籌備黨的代表會議。

八、認為有必要立即向中國派遣一名有影響的俄國工作人員，取代被召回的「銀行家」（鮑羅廷）。[41]

7 月 12 日，中共中央政治局會議根據共產國際指示，決定改組中共中央，成立由張國燾、周恩來、李維漢、張太雷、李立三組成的臨時中央常務委員會，代行中央政治局職權。自此陳獨秀即不視事。臨時中央立即籌備緊急會議。

雖然中國局勢緊急，共產國際急需知道斯大林如何處理國共關係的指示，但斯大林仍然是游移不定。7 月 16 日，他寫信給莫洛托夫：「你們急於確定與蔣介石的外交關係，這給人一種不好的印象。……為什麼這麼着急？」[42]

7 月 23 日，新派的共產國際代表羅米納茲到達武漢，和瞿秋白、張國燾

41 〈拉斯科爾尼科夫關於對中國共產黨採取組織措施的建議〉（不早於 1927 年 7 月 13 日），《聯共（布）、共產國際與中國國民革命運動》（1926－1927）（下），第 412－413 頁。

42 〈斯大林致莫洛托夫〉（1927 年 7 月 16 日），《蘇聯歷史檔案選編》（6），第 317 頁。

見面。26 日，臨時政治局常委會議決定，張國燾到南昌向周恩來、李立三傳達有關起義的指示，瞿秋白、李維漢、張太雷留在武漢，同羅米納茲一起負責召開中央緊急會議的文件起草等各項籌備工作。[43]

8 月 7 日，在漢口原俄租界三教街 41 號召開了中央緊急會議。因為國民黨正在全國搜捕和殺戮中共黨人，交通非常不便，不但北方、上海、廣東等地代表來不及召集，就是江西代表雖經召集也不能到會。直到 8 月 7 日，出席的人仍不能到齊，中央委員到了不過半數。「在這種情況下，便只有召集在武漢的中央委員、監察委員、共青團中央委員及湖北、湖南、上海的負責人開會。因此，這次會議既不叫中央全會，也不叫中央政治局會議，而是叫中央緊急會議。」[44] 因在 8 月 7 日召開，故史稱「八七會議」。

參加會議的中央委員有：李維漢、瞿秋白、張太雷、鄧中夏、任弼時、蘇兆徵、顧順章、羅亦農、陳喬年、蔡和森；

候補中央委員有：李震瀛、陸沉、毛澤東；

中央監察委員有：楊匏安、王荷波；

共青團代表有：李子芬、楊善南、陸定一，湖南省委代表彭公達，湖北省委代表鄭超麟，中央軍委代表王一飛，中央秘書鄧小平等二十二人。還有共產國際代表羅米納茲及另外兩位蘇聯顧問。

會議由李維漢主持，因形勢緊迫，會期只有一天。共有三項議程：一、國際代表報告；二、常委代表報告；三、改組中央政治局。[45]

（1）國際代表報告

共產國際代表羅明納茲（Neumann 或譯紐曼）一開始發言便說：「國際

43　李維漢：〈關於八七會議的一些回憶〉，《回憶與研究》（上）（北京：中共黨史資料出版社，1986 年），第 158 頁；《周恩來年譜 1898－1949》，第 117 頁。

44　〈關於八七會議的一些回憶〉，《回憶與研究》（上），第 161 頁。

45　〈李維漢的開幕詞〉，中共中央黨史徵集委員會：《八七會議》（北京：中共黨史資料出版社，1986 年），第 48 頁。

要中國共產黨集此會的原因是中國共產黨的指導錯得太遠了。不召集此會來糾正，則 C.P. 將不成其為 C.P. 了。現在中國共產黨的錯誤已經很深了，非召集此會不可。」「此會雖無權改組中央，但有權可以選舉臨時中央政治局。此臨時中央政治局有權通告全黨，指出過去的錯誤及將來方針，並有權可以召集代表大會代〔或〕臨時代表大會。此臨時中央政治局要得到國際的同意後，方能正式成立。」接着，羅明納茲報告了他起草的《中國共產黨中央執行委員會告全黨黨員書》草案的主要內容。他分析了中國各階級的情況，指出「目前中國已進到土地革命時期。土地革命可以引中國革命到另一新的階段。…… 只有無產階級能領導農民，農民也只有在無產階級的領導之下才能求得自身之解放」。如果過去中共中央能有正確的不動搖的來領導無產階級，不在農民運動和工人運動問題上對國民黨讓步，堅持黨的獨立性，就不會使革命失敗。他又認為南昌起義的政策是對的，不過，「現在不應退出國民黨，與國民黨破裂時，要在國民革命成功，社會革命時才能提出」。最後，他講一講「中國黨中央對國際的關係和錯誤的責任問題」，他堅決的聲明：「國際無一天不打算將中國黨的路線引上正軌的。過去最大的錯誤是中央未將國際的指導傳達到群眾中去，比如第八次擴大會議對中國問題的主要決議案尚未譯出，許多中央委員都還不知道。即第七次大會的決議都未傳達到群眾中去討論。中央委員即知道了也不過僅是口頭上的承認，甚至不接受。所以國際要喚起所有的各國支部及中國全體黨員來批評此錯誤。」[46]

接着，毛澤東、鄧中夏、蔡和森、羅亦農、任弼時都在會上發言。內容主要是下述五個問題：

一、國民黨問題

毛澤東指出：國民黨是中共一個很長久的問題，直到現在還未解決。首先是加入的問題，繼而是工人和農民應不應加入的問題。當時大家的根本觀念都以為國民黨是人家的，不知它是一架空房子等人去住，其後雖然入住

---

46 〈共產國際代表羅明納茲的報告〉，《八七會議》，第 49－55 頁。

了，但始終無當此房子主人的決心。直到現在，才改變了策略，使工農群眾進國民黨去當主人。[47]

二、機會主義問題

鄧中夏說：「過去有許多同志都感覺到中央的指導不好，現在再拿事實去看更見明確，機會主義發生不自今日始，已早有由來。現在由於階級鬥爭加劇，就更加明顯地表現出來。…… 以前我們將小資產階級看得太低，第五次大會又把小資產階級看得太高了。甚至將譚延闓、唐生智、孫科等地主買辦軍閥都看成小資產階級了，這樣還說什麼土地革命呢？中央對國際決議並未了解，以致將小資產階級看得比土地革命更重。」王荷波是個工人，「他以為現在用不着這樣看重小資產階級，只要我們有力量，小資產階級自然要跟着我們走的」。[48] 蔡和森完全同意國際代表的報告及國際決議，中共中央的錯誤實不能寬恕，顯然是機會主義。中共中央「向小資產階級讓步，所以完全受了小資產階級影響而反對一切『過火』的運動。…… 素來黨的指導即未建築在群眾方面，以致中央完全成了普通的政治團體，非階級的指導」。[49]

羅亦農認為：中共的機會主義源於「中國共產黨無一堅決奪取政權的決心」。五大以前對大資產階級估量太高，大會時對小資產階級估量太高，所以對國民黨看得太高。「中國共產黨是革命的作客者，不是革命的主人。中國共產黨需要有不郎基主義（工人運動中的冒險主義思想）的精神。」[50]

任弼時同意：中國共產黨有機會主義的傾向完全是事實，原因是中共僅僅作了上層的工作，忘記了要以革命的力量來領導小資產階級，「不但未深入領導民眾，而且還要抑制群眾的爭鬥。…… 民眾致遭摧殘，我們反失掉群眾」。[51]

---

47 〈毛澤東關於共產國際代表報告的發言〉，《八七會議》，第 57 頁。
48 〈鄧中夏關於共產國際代表報告的發言〉，《八七會議》，第 59–60 頁。
49 〈蔡和森關於共產國際代表報告的發言〉，《八七會議》，第 61 頁。
50 〈羅亦農關於共產國際代表報告的發言〉，《八七會議》，第 63 頁。
51 〈任弼時關於共產國際代表報告的發言〉，《八七會議》，第 65 頁。

三、農民和土地革命問題

毛澤東以自己在湖南的親身經歷，批評了中共中央對農民運動的錯誤。他說：「農民要革命，接近農民的黨也要革命，但上層的黨部則不同了。」「我曾將我的意見在湖南作了一個報告，同時向中央也作了一個報告，但此報告在湖南發生了影響，對中央則毫無影響。廣大的黨內黨外的群眾要革命，黨的指導卻不革命。實在有點反革命的嫌疑。」[52] 蔡和森說：五次大會就土地革命成立了很好的決議，但大會後中央不實行而且相反。[53]

任弼時說：黨無土地革命的決心，並造出一個理論說土地革命是很長很遠的過程，不知這是目前的行動綱領，並且還有與國民黨組織土地委員會來解決土地問題的幻想，未明白要土地革命才能引革命於新時期。[54]

四、軍事工作問題

毛澤東批評中共中央不做軍事運動專做民眾運動。蔣介石、唐生智都是拿槍桿子起家的，我們獨不管。如秋收暴動，非軍事不可。「此次會議應重視此問題，新政治局的常委要更加堅強起來注意這個問題。湖南這次失敗，可說完全由於書生主觀的錯誤，以後要非常注意軍事，須知政權是由槍桿子中取得的」。[55] 羅亦農亦批評：黨不注意奪取政權的武裝，上海、湖南都是半途而廢，這是非常錯誤的。[56]

五、中共中央改組問題

蔡和森提出：「要改變黨的指導必換新的指導人不可，過去黨的家長制到現在已經不適用了，非打倒不可。」[57]

羅亦農認為，「國際的政治指導不成問題，是對的，但在技術工作問題非

52　〈毛澤東關於共產國際代表報告的發言〉，《八七會議》，第 57 頁。
53　〈蔡和森關於共產國際代表報告的發言〉，《八七會議》，第 61 頁。
54　〈任弼時關於共產國際代表報告的發言〉，《八七會議》，第 65 頁。
55　〈毛澤東關於共產國際代表報告的發言〉，《八七會議》，第 57 頁。
56　〈羅亦農關於共產國際代表報告的發言〉，《八七會議》，第 63 頁。
57　〈蔡和森關於共產國際代表報告的發言〉，《八七會議》，第 61 頁。

常之壞。……派維經斯基、羅易來指導，他們都是無俄國革命經驗的。維經斯基在 1917 年以後才加入黨，我們在上海要暴動時他要反對，並且不幫助。至於羅易，誰也知道是國際犯了左派理論幼稚病的人，這種人如何能指導中國的革命？」「五次大會時還是一些元老來指導，這是大錯的。……要將群眾意識來作黨的指導和要吸收工人來作領導，這是很對的。」[58]

任弼時贊同：「非有新的領導機關不可，並須吸引下級作實際工作的工人同志來作領導。老頭子（陳獨秀）可去莫（斯科）。」[59]

就以上幾個問題討論以後，國際代表羅明納茲作了總結發言，講了革命形勢和革命性質。

（2）常委代表報告

瞿秋白代表中共中央常委作了報告，指出：「現在主要的是要從土地革命中造出新的力量來，我們的軍隊則完全是幫助土地革命。」「土地革命已進到最高點，要以我們的軍隊來發展土地革命。」「農民要求暴動，各地還有許多的武裝。有這樣好的機會，這樣多的力量，我們必然要燃着這爆發的火線，造成土地革命。」在這種情形之下，中共的策略是獨立的工農階級鬥爭。要包辦國民黨和國民革命。一、更要注意與資產階級爭領導權，揭露汪精衛派民權的假面具，宣佈他們是假的國民黨；二、要注意群眾，要由下而上，誰贊成我們，就是左派；三、在革命暴動中組織臨時的革命政府。此政府仍用國民黨的名義，但我們要佔多數，成為工農民權獨裁的政權，鄉村中要農會政權。最後，報告提出三個問題：一、團結國民黨左派；二、加強軍隊中及士兵中的工作；三、追認對國民黨左派的政綱。[60]

瞿秋白報告之後，會議討論並通過了《最近農民鬥爭的議決案》、《最近職工運動議決案》和《黨的組織問題議決案》。會議要求堅決糾正黨在過去的

58　〈羅亦農關於共產國際代表報告的發言〉，《八七會議》，第 63–64 頁。

59　〈任弼時關於共產國際代表報告的發言〉，《八七會議》，第 66 頁。

60　〈中央常委代表瞿秋白的報告〉，《八七會議》，第 69–72 頁。

錯誤，明確提出「土地革命問題是中國資產階級民權革命中的中心問題」，「土地革命，其中包含沒收土地及土地國有——這是中國革命新階段的主要的社會經濟的內容」。[61]

《最近農民鬥爭的議決案》指出：「共產黨現時最主要的任務是有系統的有計劃的盡可能的在廣大區域中準備農民的總暴動，利用今年秋收時期農村中階級鬥爭劇烈的關鍵」，來發動和組織農民舉行秋收暴動。議決案要求中共黨、團機關「應當在極短期間調最積極的、堅強的、革命性穩定的、有鬥爭經驗的同志盡量分配到各主要的省份做農民暴動的組織者」。[62]

《最近職工運動議決案》指出：「必須有新的策略去領導勞動群眾起來，發展偉大的組織，勇往直前的奮鬥，方能使無產階級真正獲得領導權，而求達工農獨裁之實現。只有如此，才能真正聯合並領導小資產階級的群眾，完成民權革命，而進於社會革命。」「經濟鬥爭，不但以改良工人生活為目的，而且可以增進工人的革命化，並強固其戰鬥力。」「工人更應當有自衛的秘密組織，然不要重視個人的暗殺政策，當注意組織群眾的鬥爭。」「注意於武裝工人及其暴動巷戰等軍事訓練，即刻準備能響應鄉村農民的暴動，而推翻反革命的政權。」「工人階級應時刻準備能領導並參加武裝暴動。以鄉村農民之勝利為依據，推翻反革命政權，而建立革命平民的民權的城市政府。」[63]

(3) 改組中央政治局

會議選舉了新的臨時中央政治局：九名政治局委員：蘇兆徵、向忠發、瞿秋白、羅亦農、顧順章、王荷波、李維漢、彭湃、任弼時；七名候補委員：鄧中夏、周恩來、毛澤東、彭公達、張太雷、張國燾、李立三。會議結束後，8 月 9 日，瞿秋白主持臨時中央政治局第一次會議，選舉瞿秋白、蘇兆

---

61 〈中共「八七」會議告全黨黨員書〉（1927 年 8 月 7 日），《中共中央文件選集》（3），第 234－266 頁。

62 〈最近農民鬥爭的議決案〉，《中共中央文件選集》（3），第 295 頁。

63 〈最近職工運動議決案〉，《中共中央文件選集》（3），第 298－310 頁。

徵、李維漢（羅邁）為臨時中央政治局常委。瞿秋白兼管農委、宣傳部並任黨報編輯；蘇兆徵兼管工委；李維漢兼管組織部和秘書廳；周恩來負責軍事部，因領導南昌起義在往廣東途中，由秘書王一飛代理部務；楊之華負責婦女部；顧順章負責交通局；出版局暫由鄭超麟負責。[64] 政治局又決定設立中共中央北方局、南方局和長江局，決定王荷波任北方局書記，蔡和森為秘書；張國燾任南方局書記，張太雷任廣東省委書記，南方局之下組織一軍事委員會，以周恩來為主任；羅亦農赴長江局工作；毛澤東去湖南領導秋收起義。[65]

八七會議是中共歷史上的一個重要轉折點，它總結了大革命失敗的教訓，結束了陳獨秀的領導地位；提出土地革命的中心口號，指出無產階級與農民要推翻國民黨中央政權的目標，定出武裝起義的總方針；號召中共全黨和人民群眾繼續革命的戰鬥。[66] 自此，中共領導的革命作了歷史性的轉變，以土地革命為主要內容，秋收時期立即在湘鄂贛粵四省策動農民暴動，實行抗租抗稅，肅清土豪劣紳，沒收其財產和土地，重新分配；用武力奪取地方政權，實現土地革命政綱，建立蘇維埃政權。

八七會議亦有缺點，「在反對右傾錯誤的時候，卻為左傾錯誤開闢了道路。它在政治上不認識當時應當根據各地不同情況，組織正確的反攻或必要的策略上的退卻，借以有計劃地保存革命陣地和收集革命力量，反而容許了和助長了冒險主義和命令主義（特別是強迫工人罷工）的傾向」。同時在組織上開始了懲辦主義的過火鬥爭。[67]

64　〈關於八七會議的一些回憶〉，《回憶與研究》（上），第 165 頁。

65　〈對瞿秋白「左」傾盲動主義的回憶與研究〉，《回憶與研究》（上），第 170－171 頁。

66　〈中國共產黨第六次全國代表大會政治決議案〉（1928 年 7 月 9 日）及〈中國共產黨中央委員會關於若干歷史問題的決議〉（1945 年 4 月 20 日中國共產黨第六屆中央委員會擴大的第七次全體會議通過），《八七會議》，第 161－162 頁。

67　〈關於八七會議的一些回憶〉（1981 年），《回憶與研究》（上），第 167 頁。

5. 秋收起義

　　八七會議後，毛澤東以中央特派員身份，與湖南省委書記彭公達前往湖南長沙，傳達八七會議精神，領導改組湖南省委和發動湖南秋收起義。8月9日臨時中央政治局第一次會議，討論了湖南問題，批評湖南省委不應在湖南組織一師與南昌起義部隊共同取粵，而應使湖南形成一廣大基礎，將革命力量擴大到全省。毛澤東指出：大家不應只看到一個廣東，湖南也是很重要的。湖南民眾組織比廣東還要大，所缺的是武裝，現在適值暴動時期，更需要武裝。毛澤東強調：「要在湘南形成一師的武裝，佔據五六縣，形成一政治基礎，發展全省的土地革命，縱然失敗也不用去廣東而應上山。」[68]

　　8月18日，新湖南省委在長沙召開各部門負責人第一次會議。毛澤東指出：湖南秋收暴動的發展，是解決農民的土地問題，這是誰都不能否認的。但要來製造這個暴動，要發動暴動，單靠農民的力量是不行的，必須有一個軍事的幫助，有一兩個團兵力，這個暴動就可起來，否則終歸於失敗；強調：「暴動的發展是要奪取政權。要奪取政權，沒有兵力的擁衛去奪取，這是自欺的話。我們黨從前的錯誤，就是忽略了軍事，現在應以百分之六十的精力注意軍事運動。實行在槍桿子上奪取政權，建設政權。」[69] 20日，代湖南省委起草致中共中央函指出：在農工兵蘇維埃時候，我們不應再打國民黨的旗子了。我們應高高打出共產黨的旗子以與蔣（介石）唐（生智）馮（玉祥）閻（錫山）等軍閥所打的國民黨旗子相對，國民黨旗子已成軍閥的旗子，只有共產黨旗子才是人民的旗子。如再打國民黨旗子必會再失敗。我們應立刻堅決的樹起紅旗，……完全在紅旗領導之下。30日，湖南省委根據毛澤東意見，決定集中力量，在條件較好的省會長沙為中心，包括湘潭、寧鄉、醴

68　中共中央文獻研究室：《毛澤東軍事文集》（1）（北京：中央文獻出版社，1993年），第6頁。

69　《毛澤東軍事文集》（1），第7頁。

陵、瀏陽、平江、岳陽和江西安源等七個縣（鎮）起義。同時決定組成以毛澤東為書記的中共湖南省委秋收暴動前敵委員會，9月初與各領導開會擬訂起義計劃，指揮暴動機關分為兩個：前敵委員會，書記毛澤東，委員為各軍事負責人；行動委員會，書記易禮容，委員為各縣負責人。革命武裝共五千餘人，編為工農革命軍第 1 軍第 1 師，下轄三個團。第 1 團以盧德銘武漢警衛團為主組成，第 2 團以王新亞安源工人糾察隊和礦警隊為主組成，第 3 團以潘心源瀏湘工農義勇隊為主組成。第 1 師師長余灑度，武漢警衛團團長盧德銘任總指揮。[70]

9 月 9 日，工農武裝和士兵開始破壞鐵路。11 日，各部隊按計劃同時起義。第 1 團進攻平江長壽街，進至金坪時，參加起義部隊的邱國軒部突然叛變，令第 1 團腹背受襲，被打散了兩個營，損失人槍各二百餘。團長鍾文璋失蹤，遂撤向瀏陽，與第 3 團靠攏。第 2 團由安源出發，進攻萍鄉失敗，改攻老關，該地只有一排人防守，迅速攻下。12 日佔醴陵縣城，俘敵一百多人，繳槍七八十枝。14 日長沙第 8 軍第 1 師兩個營反攻醴陵。第 2 團撤退，轉攻瀏陽，於 15 日拂曉佔領，因疏於戒備，16 日被醴陵追來的敵軍突襲，損失慘重。毛澤東率第 3 團由銅鼓出發，先攻佔往瀏陽要道白沙鎮。12 日攻佔瀏陽東門市。14 日敵新 8 軍兩個團分兩路夾擊東門市，與敵人血戰六小時之後，因敵我力量懸殊，毛澤東率部撤到瀏陽上坪。當晚毛澤東召開第 3 團連以上幹部會，主張放棄攻打長沙計劃，決定通知各起義部隊到瀏陽縣文家市集中。17 日下令各團撤向文家市。19 日晚，毛澤東召開前委會議，認為進攻中心城市已不可能，必須堅決放棄「攻瀏陽直攻長沙」的原定計劃，迅速脫離平江，沿羅霄山脈南移，尋求立足地。21 日和盧德銘率部南移，繞過有重兵守衛的萍鄉進至蘆溪。23 日清晨從蘆溪出發，被朱培德部特務營和保安團伏擊，損失數百人，盧德銘率領一個連搶佔路旁高地，掩護部隊撤退，不幸

70　中國人民解放軍軍事科學院毛澤東軍事思想研究所年譜組編：《毛澤東軍事年譜》（1927－1958）（南寧：廣西人民出版社，1994 年），第 4 頁。

犧牲。毛澤東率部突出重圍，24 日攻克蓮花縣城，救出七十多名共產黨員和群眾，並打開縣政府積穀倉，將糧食分給貧民。

9 月 29 日，與師長余灑度率工農革命軍到達江西永新縣三灣村，這時部隊餘下不足千人。當晚召開前委會議，決定將部隊縮編為一個團，稱工農革命軍第 1 師第 1 團，在部隊中建立共產黨的各級組織，把黨的支部建在連上。班、排設黨小組，連以上各級設黨代表，營、團建立黨委，確立了黨對軍隊的絕對領導的原則。因為連隊是部隊的基層作戰單位，部隊的作戰、訓練和生活，多是以連為單位的，支部建在連上，就可以具體地了解士兵情況，更好地教育和團結士兵，有力地發揮支部的戰鬥堡壘作用。[71]「紅軍所以艱難奮戰而不潰散，『支部建在連上』是一個重要原因。」[72] 並在部隊中開始實行民主制度、建立士兵委員會、參加部隊的管理，協助進行政治工作和群眾工作。「三灣改編」確立了中共對軍隊的絕對領導和在軍隊中實行民主制度，從政治上、組織上奠定了新型人民軍隊的基礎。它是中共建設新型人民軍隊的開端，在中共建軍史上有偉大的意義。[73]

10 月 3 日，毛澤東率部離開三灣村，向井岡山江西寧岡古城進軍，當晚到達古城後，立即召開前委擴大會議，討論和決定了開展游擊戰爭、建立革命根據地等重大問題，並確定團結改造袁文才、王佐兩支井岡山地區的農民武裝的方針。4 日，派何長工尋找朱德率領的南昌起義部隊的去向，何終在 12 月與朱德、陳毅在廣東韶關取得聯繫。7 日，毛澤東從古城出發前往茅坪，中旬到達湖南酃縣水口鎮。24 日，前往大汾鎮時遇到敵軍襲擊。27 日，終於到達羅霄山脈中段井岡山的茨坪。從文家市到茨坪，轉戰一個多月，行

---

71 原中國人民解放軍軍政大學編寫組編寫：〈秋收起義〉，《文史資料選輯》(56)，第 97-126 頁。

72 毛澤東：〈井岡山的鬥爭〉(1928 年 11 月 25 日)，《毛澤東選集》(1)，第 64-65 頁。

73 《毛澤東軍事年譜》(1927-1958)，第 5 頁；《中國人民解放軍戰史》(1)，第 9-11 頁；〈秋收起義〉，《文史資料選輯》(56)，第 128 頁。

經一千多里，開創了中共領導下的第一個農村革命根據地。[74]

羅榮桓説：「秋收起義是中國革命歷史中的一個轉捩點，它開闢了中國革命前進的道路，這就是向農村進軍，依靠農村建立革命根據地，借此積蓄和發展革命力量，逐漸包圍城市，並最後奪取城市的唯一正確的道路。」[75]

秋收起義與南昌起義不相同之處，在於：它不僅是軍隊的行動，而且有數量眾多的工農武裝參加，並公開打出了工農革命軍的旗號。這次起義雖然在開始時也是以攻佔大城市為目標，但遭到嚴重挫折後，及時從進攻大城市轉到向農村進軍。在革命處於低潮的情況下，把革命的退卻和革命的進攻巧妙地結合起來。起義部隊在農村中從小到大地開展游擊戰爭，為後來各地革命根據地的大規模發展奠定了基礎。[76]

6. 廣州起義

廣州當時的形勢是國民黨內鬥不息，經濟困難，民不聊生。汪精衛在寧漢復合之後，被南京排擠，於是帶陳公博、顧孟餘等人返廣州。1927 年 11 月 17 日借張發奎的力量，迫走桂系李濟深（別名李任潮，又作李濟琛）和黃紹竑（又名黃紹雄），獨攬廣州大權。[77] 不過，張黃事變反而幫中共除去心腹大患，因為李濟深防範中共甚嚴，令其難以活動。張發奎發動「護黨運動」，高揭「反對亡黨的清黨」口號，變相成為「反共產就是反革命」。張又釋放被囚的中共犯人，讓其可以公開活動，紛紛成立赤色工會。

當時廣州狀況極度混亂。首先，張發奎面對桂系軍隊反攻，不得不傾力

74　《毛澤東軍事年譜》（1927－1958），第 5－6 頁；〈秋收起義〉，《文史資料選輯》（56），第 132－134 頁。

75　羅榮桓：〈秋收起義與我軍初創時期〉（1957 年 9 月），《羅榮桓軍事文選》，電子書，缺出版資料。

76　《中文百科在線：秋收起義》，網址：http://www.zwbk.org/MyLemmaShow.aspx?zh=zh-tw&lid=166343。

77　黃紹竑：〈1928 年粵桂戰爭〉，《文史資料選輯》（3），第 41－46 頁。

抵抗；其次金融困難，廣州發行的中央紙幣，無人接受，市面恐慌；其三是中共搞亂，工人運動勃興。汪精衛教張發奎收編鄰近地區土匪為正規軍，調來衛戍廣州省城，派教導團等開赴前線。但土匪平時姦淫擄掠，無惡不作，廣州人士群起反對，張遂改派土匪開赴西江前線作戰。汪精衛教張以鎮壓中共為條件，拉攏商界幫忙解決金融困難。但商界對張發奎缺乏好感，又因李濟深從中阻撓，故無法解決問題。關於中共問題，張發奎派陳公博與中共接洽，以准許公開活動為條件，請其停止反政府。但中共知張發奎以鎮壓中共為條件拉攏商界，認為根本不能合作，非推翻張不可；發表公開宣言，指斥張發奎兩面拉攏，商界因此對張更加反感。廣州這時生活程度太高，工人多數失業，生活艱難，加以中共煽動，故躍躍欲試，赤色工會經常搞破壞，廣州政府已無力制止。[78] 中共在廣州市長堤廣泰來客棧、仙湖街、高第街、東山、南堤二馬路等，均設有機關，分頭進行暴動，東山區的蘇聯領事館實為策劃暴動的中心機關。

1927 年 8 月 20 日，張太雷在香港召開省委會議，傳達了「八七」會議精神，決定成立廣州、西江和北江暴動委員會，配合南昌暴動入粵部隊一舉奪取廣州政權。9 月底至 10 月上旬，由於葉、賀部隊在潮汕失利，有主張「廣州暴動的計劃應立即停止」。10 月 15 日，張太雷與阮嘯仙、楊殷等人以及共產國際代表羅明納茲開會研究，認為國民黨內部衝突劇烈，且工農運動高漲，應繼續在廣東舉行武裝暴動。11 月 10 日，羅明納茲在上海召集中共中央臨時政治局擴大會議。18 日發出《中央通告十六號》，通告決議：發動全國農民和工人武裝暴動的總策略，「匯合各處自發的工農暴動，奪取政權，——直到造成一省或幾省的革命勝利的局面」。[79] 張太雷為首的廣東省委於是籌備廣州兵變和總罷工，奪取政權。26 日，中共廣東省委成立了五人革命委員

78　王唯廉：《汪精衛與廣州暴動》，電子書，缺出版資料；王唯廉：《廣州暴動史》，電子書，缺出版資料。

79　〈中央通告第十六號——中央臨時政治局擴大會議的內容與意義〉（1927 年 11 月 18日），《中共中央文件選集》（3），第 438－439 頁。

會：主席張太雷，廣州市委書記黃平、工會領袖周文雍等三人在廣州，總司令葉挺和楊殷直到暴動前夕才由香港秘密潛入廣州。28 日，羅明納茲和愛斯拉到達廣州，帶來活動經費二百餘萬美元，正式決定於 12 月 12 日舉行廣州武裝起義。

12 月初，香港各地的中共黨人公開或秘密到廣州集合，張發奎、黃琪翔雖已知道，但以為中共的政治主張和行動是進步的、中立的，甚至還幻想可以和中共合作，故不作任何防範，[80] 把主力調離廣州，對付桂系。廣州市內防務空虛，只有沙河炮兵團、公安局保安隊、憲兵營、第 4 軍、12 師、新編第 1 師等，多則一個營，少則一個連，總共約五千人，但多數缺乏戰鬥力。另外，珠江南岸有李福林第 5 軍一個師，距廣州較遠。[81] 中共秘密聯絡市內工人，並派員前往香港、澳門、粵北等地，動員被遣散的省港大罷工工人糾察隊員及其他失業工人，返回廣州參加起義，把「省港罷工工人利益維持隊」、「工人自救隊」、「劍仔隊」和「海員義勇隊」等工人秘密組織統一改編為工人赤衛隊，總共三千多人，分為七個聯隊。另外，將原省港大罷工時的模範糾察隊員組成一個敢死隊。還建立了消息局、汽車隊等工人組織。中共派員組織工人赤衛隊進行軍訓，授以投擲手榴彈等作戰技術。中共同時組織和發動農民暴動，以保衛廣州起義的勝利。中共省委強調：「海陸豐暴動必須向惠州南部之坪山、淡水發展，直趨廣九路，與東莞、寶安之農民聯合，以保護廣州之暴動勝利。」

12 月 9 日，廣州公安局破獲中共設在小北大安米店的武器轉運站，查獲炸彈及子彈甚多，知道中共在 12 月 15 日暴動。汪精衛連續三次致電張發奎、陳公博、朱暉日等，催促他們立即解散教導團，捕殺中共和工會領袖，封閉工會和禁止工人活動，搜查蘇聯駐廣州領事館等等。10 日晨，黃琪翔奉命從前線回廣州待命。同日，朱暉日宣佈全市特別戒嚴，檢查戶口，旅館

80　〈1928 年粵桂戰爭〉，《文史資料選輯》（3），第 47 頁。
81　劉祖靖：〈廣州起義中的教導團〉，《文史資料選輯》（59），第 53 頁。

一夜間被搜查七次，形勢相當緊張。張發奎又下令前方的薛岳部返回衛戍廣州，13日可以到達。張太雷、葉挺、黃平等在東山俄國領事館連夜會議，決定提早在11日暴動，乘其不及，先下手為強，否則會被一網打盡。當晚7時許，革命軍事委員會參謀團召開會議，向教導團、警衛團、工人赤衛隊部署了作戰計劃，分別下達了戰鬥任務。

12月11日凌晨3時半，廣州暴動爆發，教導團2營5連和炮兵連一部共二千餘人以及大約二千名工人赤衛隊突襲薛岳司令部、學兵營、國民黨省黨部等要地，未遇激烈反抗，俘六百多人。隨即進攻燕塘，包圍了炮兵1、2團，炮2團內的中共黨員立即響應，成功動員了第3營全營官兵起義，俘虜一千三百多人，繳獲大批槍炮彈藥。凌晨3時30分，葉鏞率領教導團1營1連和工人赤衛隊攻打維新路（今廣州暴動路）的廣州市公安局，攻佔後，釋放在內被囚的中共黨人和政治犯。梁秉樞帶領警衛團中共黨員，殺死代理團長朱勉芳，拘禁四五十名「反動份子」，宣佈起義，並攻佔觀音山，控制廣州全城的制高點。各處部隊亦按預定作戰目標發起攻擊，奪取了各區的政府機關、漁珠炮台等重要據點。天亮前，暴動部隊佔領了珠江北岸的大部分地區。不過第4軍軍部、軍械庫、12師師部、中央銀行和河南（海珠區）仍在李福林手中，而沙面英法租界也未受波及。

12月11日晚，葉挺在起義總指揮部的軍事會議指出：敵強我弱、敵眾我寡，不宜堅守廣州，主張把起義軍拉到海陸豐去，依託彭湃的海陸豐根據地開展長期的革命鬥爭。聶榮臻等支持葉挺的主張，但羅明納茲反對，認為馬克思主義武裝起義的原則是不斷進攻，廣州起義部隊應當「進攻、進攻、再進攻」，並指責葉挺「動搖」，張太雷贊同羅明納茲意見，最後決定全力進攻西關和河南。

12月12日下午，「廣州工農兵擁護蘇維埃政府大會」在廣州豐寧路（人民路）西瓜園廣場舉行，廣州蘇維埃政府正式宣佈成立。稍後舉行了首次會議，通過蘇維埃政府政綱和蘇維埃政府領導人名單：主席蘇兆徵（未到任前由張太雷代理），內務兼外交委員黃平，肅反委員楊殷，土地委員彭湃（未到

任前由趙自選代理），勞動委員周文雍，司法委員陳郁，經濟委員何來，海陸軍委員張太雷，秘書長惲代英，工農紅軍總司令葉挺。會議還作出了一系列重要決定，頒佈了《廣州蘇維埃政府告民眾書》、《廣州蘇維埃宣言》、《廣州蘇維埃職員名單》、《廣州蘇維埃革命紀實》、《工人武裝起來》等一系列文件，以及公佈了蘇維埃政府的主要政綱。

與此同時，張發奎、黃琪翔和陳公博在 11 日早上 4 點多，向廣州商會會長鄒殿邦借了一艘電船，作為策劃和指揮之用。後到河南海棠寺找第 5 軍軍長李福林。天亮時，張發奎率同江防司令馮肇銘乘江鞏兵艦沿河巡視，並派人到沙面以無線電下令駐防廣州周邊的各部隊回師平亂。張發奎下令：

一、東江 25 師師長李漢魂即率部回廣州，撲滅共逆。

二、東江 12 師全師，第 26 師除派出第 78 團回廣州討共外，餘仍留駐肇慶，統歸師長許志銳指揮，扼守肇慶附近，對廣西方面警戒。

三、南路教導第 1 師之第 1、第 2 兩團，着副師長鄧龍光率領回南石頭附近，與討共各軍協同作戰，歸師長黃琪翔指揮。

四、教導師之第 3 團，及第 5 軍之第 45 團，第 4 軍獨立團，統歸南路指揮部參謀長胡銘藻調遣，扼守單水口江門及鐵道沿線。

12 月 12 日，李福林兩個團，在「江大」艦和「寶璧」艦掩護下，分別從河南渡江。黃埔、虎門、江門、韶關、佛山以及駐陳家祠等地之部隊也從東、西、北三面進逼廣州。上午開始進攻觀音山，雙方爆發激烈爭奪戰。下午，張太雷和羅明納茲乘車赴觀音山指揮，途中遭民團伏擊，張太雷中彈身亡。

張發奎乘艦返廣州指揮，13 日拂曉，鄧龍光已率領第 1、第 2 團，到達河南車尾炮台附近，第 26 師 78 團團長林祥亦率領所部到達石圍塘。張發奎即令鄧龍光部由靖海門渡河，林祥部由黃沙渡河，駐在省河南岸之第 5 軍亦在同時渡河，分途攻擊廣州中共部隊；原駐西村的教 1 師第 4 團莫雄部亦攻佔領觀音山一帶。中共於是退守公安局，扼守街口。雙方爆發激烈巷戰，至下午 5 時，中共在三面包圍下，傷亡慘重，撤退到燕塘龍眼洞附近，被圍繳械，殘部連夜撤退到海陸豐。羅明納茲乘混亂逃去，葉劍英和葉挺兩人化裝

逃到香港。蘇聯駐廣州副領事郝史（A. I. Hassis）等五人則在被捕後遊街並被槍斃。蘇聯領事館遭到搜查，領事鮑里斯‧伯克瓦利斯基夫婦遭到逮捕，由於駐廣州領事團的勸說，領事夫婦才未被處死，在年底被驅逐出境。廣州暴動自 12 月 11 日晨起，至 13 日止，為時只有三天，便完全失敗。[82]

廣州暴動時，暴動工人捕殺清黨時鎮壓他們的國民黨人，並焚燒其房屋，造成大量死傷。暴動失敗後，張發奎等人極痛恨共黨，大肆搜捕涉嫌參加暴動的人，以為廣州起義的共產黨多數是外省來的，故把凡操外江口音的就當作共產黨殺了，遇害人數多達 5,700 人。估計雙方共有兩萬多人因這次暴動死亡。[83]

12 月 14 日，國民政府指責蘇聯是廣州暴動的幕後黑手，宣佈與蘇聯斷交，並驅逐各地蘇聯僑民，關閉上海、漢口、長沙蘇聯領事館。蘇聯則聲稱不承認國民政府，各地領事館仍與北京政府有外交關係，國民政府無權如此。國民黨在 1923 年至 1927 年間的「聯俄容共」政策至此完全結束，國共十年內戰從此開始。

廣州暴動失敗，進一步證明了中國革命不能照搬外國的以城市為中心，在城市舉行暴動奪取政權的經驗，必須根據中國的國情、政治和經濟情況，把革命的工作重點由敵人力量強大的城市轉入敵人力量薄弱的農村，在農村建立根據地，走農村包圍城市、武裝奪權的道路。[84] 聶榮臻指出共產國際代表羅明納茲的瞎指導是這次起義失敗的原因之一。羅明納茲是個十足的主觀主義和教條主義者。他不懂得軍事，沒有實戰經驗，連打敗仗的經驗都沒有，對中國的情況和廣州的情況全不了解，又聽不進別人的意見，只是靠本本，

82　張發奎：《中共廣州暴動之回憶》，缺出版資料；劉祖靖：〈廣州起義中的教導團〉，《文史資料選輯》（59），第 47–70 頁。

83　黃紹竑：〈1928 年粵桂戰爭〉，《文史資料選輯》（3），第 47 頁。

84　胡提春、葉創昌、黃穗生：〈偉大的嘗試──紀念廣州起義六十周年〉，中共廣東省委黨史研究委員會廣東中共黨史學會：《廣州起義研究》（廣州：廣東人民出版社，1987 年），第 16 頁。

生搬俄國城市暴動的模式，學當年列寧格勒那樣，舉行總同盟罷工，從罷工發展為示威遊行，進而形成城市暴動，奪取政權，成立城市蘇維埃。中共黨人指出這個辦法不行，中國的情況同當年俄國的情況不同，但羅明納茲都聽不進去。[85]

廣州起義雖然失敗，同南昌起義、秋收起義相比，廣州起義第一次有城鄉配合、工農兵聯合參加的武裝大暴動。中共中央認為：「廣州暴動的勝利，主要是能發動群眾，造成工農兵三大力量之結合。」聶榮臻在起義剛剛失敗後寫的〈對廣州暴動的意見〉一文指出：「廣州暴動比上海、南昌更添特色的是：參加暴動的份子有工人有農民有兵士，所以這次廣州暴動，是工農兵的大暴動。」又說：「如果不起義，就是坐以待斃，起義才是惟一出路。」[86] 聶榮臻指出：廣州起義「是繼南昌和秋收起義之後，中共領導中國人民對國民黨反動派的屠殺政策又一次英勇的反擊，又一次以革命的武裝反抗武裝的反革命。它沉重地打擊了帝國主義和反動派的囂張氣焰，鼓舞和鍛煉了革命人民的鬥爭意志。……從這三大起義開始，我們有了自己的武裝，通過武裝鬥爭，走上了奪取全國政權的偉大道路」。[87] 瞿秋白認為：「廣州暴動開始了蘇維埃暴動，開始了工農兵三大力量聯合革命的序幕。」[88]

廣州蘇維埃政府的建立，對後來各革命根據地的蘇維埃政權建設具有重要的示範作用，從而有力地推動了中國蘇維埃運動的發展。中共「六大」通過的《政治議決案》直接指出：「南昌武裝起義底失敗，結束了中國革命第二時期——左派國民黨的時期。於是廣州武裝起義便開始了中國革命底第三時

85 《聶榮臻回憶錄》（上），第 81－82 頁。

86 〈聶榮臻同志對廣州起義的回憶〉（1978 年 6 月 30 日），《廣州起義資料》（下）（北京：人民出版社，1985 年），第 24－25 頁。

87 《聶榮臻回憶錄》（上），第 96 頁。

88 李淼翔：〈廣州起義對探索中國革命新道路的重要貢獻〉，《廣東社會科學》（2008 年第 4 期），第 136 頁。

期——蘇維埃時期。」[89]

7. 革命浪潮下的香港

香港鄰近廣州這個國民革命的中心，國共合作的試驗場，所以自然被波瀾壯闊的革命浪潮霑潤了。1922 年 1 月 12 日，香港海員工會聯合總會舉行罷工爭取改善待遇，港英政府鎮壓，查封工會會所，逮捕罷工領導人。2 月底，十萬香港各行業工人在全國工人支持下進行了總同盟罷工，令香港完全陷入癱瘓狀態。最後港英政府和資本家屈服，答應了工人的要求。3 月 8 日，歷時五十六天的香港海員大罷工勝利結束。1925 年，上海的日本紗廠槍殺工人代表顧正紅，引發了五卅運動。6 月 23 日，廣東群眾遊行聲援，英、法帝國主義者在廣州沙面開槍開炮，打死打傷了大量遊行群眾，製造了「沙基慘案」，廣州香港兩地工人於是罷工抗議。這時國共合作，廣州國民政府大力支持，讓香港大罷工歷時一年有餘，給予港英政府巨大的經濟打擊。

當轟轟烈烈的工人運動在香港爆發的同時，農民運動亦在華南地區蓬勃發展。1923 年 1 月 1 日，彭湃領導的海豐總農會在海豐縣城正式成立。7 月，廣東省農會成立，以海豐為中心，所屬會員共 26,800 餘戶，13.4 萬人，其中海豐 12,000 戶，6 萬人。1924 年 10 月，彭湃等領導成立了廣寧農民協會，建立了縣農民自衛軍。

1925 年 9 月，國民政府第二次東征陳炯明。29 日，周恩來任東征軍總政治部總主任。10 月 13 日至 14 日，參加指揮惠州戰役，攻下陳炯明重要根據地惠州。11 月 3 日，周恩來率第 1 師第 1、3 團進駐揭陽，稍後指示揭陽中共領導的工、農、學生運動骨幹，要全面開展革命群眾運動，強調工農運動是國民革命的基石。21 日，國民政府任命周恩來為廣東東江各屬行政委員，管

89　《中國共產黨第六次全國代表大會文件——政治決議案》（1928 年 7 月 9 日），《中共中央文件選集》（4），第 172 頁。

轄惠（州）、潮（州）、梅（縣）和海陸豐下屬二十五縣行政工作。11月下旬，周恩來令第一軍政治部李俠公將在東征戰鬥中繳獲的四百多枝槍發給海陸豐中共黨組織，充作武裝農民之用。12月5日，根據周恩來提議，中共廣東區委決定成立中共潮梅特委，書記賴先聲，組織部劉錦漢，宣傳部丁願，工運楊石魂，農運彭湃，婦運鄧穎超。1926年2月1日，周恩來宣誓就任廣東東江各屬行政委員，次日發表就任通電。在任期間，支持工農運動，關心農民武裝建設，舉辦各種工農運動人員講習所，為東江的工農運動培養骨幹。於是，海陸豐、潮汕各地的農民運動蓬勃發展，有組織的農民達到四十萬人，並建立了農民自衛軍、農軍等武裝組織。周恩來為東江地區的工農運動和武裝力量奠下了紮實的基礎。[90]

1927年8月1日，南昌起義，周恩來、朱德、聶榮臻率領起義部隊南下，向東江地區進軍。9月23日佔潮州，24日入汕頭，取得了打通國際的出海通道。但起義軍在國民黨大軍圍堵之下，彈盡援絕，無力再戰，遂向揭陽退卻。賀龍將三十枝步槍和九千發子彈送給揭陽縣委說：「願南昌起義的槍，在各地都能打響。」1928年夏，揭陽工農赤衛軍成立，後來成為古大存領導的紅11軍的一部分。

9月30日，黃紹竑率兩個師進攻潮州，起義軍向汕頭撤退，不久汕頭失陷，再向海陸豐撤退。10月3日，周恩來、張太雷、惲代英、賀龍、葉挺、劉伯承、聶榮臻、彭湃、郭沫若、吳玉章、林伯渠、張曙時及汕頭市委書記楊石魂開會，周恩來總結了失敗的經驗教訓，指示「武裝人員退往海陸豐，今後要作長期的革命鬥爭」。會後，起義軍隨即被陳濟棠的第11師和徐景唐的第13師截擊，總指揮部與各部失掉聯繫，至此，起義軍主力失敗。不過，患了重病的周恩來仍然繼續安排起義領導人和黨政工作幹部撤退，及繼續進行革命。第24師黨代表顏昌頤和第74團團長董朗負責收集起義軍餘部一千人

90　《周恩來年譜 1898－1949》，第 79－89 頁；劉錦漢：〈國共第一次合作的經歷片段〉，《文史資料選輯》（85），第 46－51 頁。

左右，步槍八百多枝，短槍四十餘枝，機關槍六挺，與東江人民武裝力量相結合，改編為紅2師，在海陸豐領導農民運動，發動農民參軍。10月20日，部隊編為中國工農革命軍第4團。29日攻佔海豐縣城，隨後攻佔陸豐。11月13日和18日陸豐縣和海豐縣相繼成立蘇維埃政府，這是中國首個成立的蘇維埃政權。中共南方局派顏昌頤、王備、黃雍等到東江，組織東江特委，擴編中國工農革命軍第4團為中國工農革命軍第2師。廣州起義失敗後，起義部隊約五百多人到達東江地區，編為中國工農革命軍第4師。[91]

東江紅軍被國民黨重兵反覆清剿，因缺乏糧食、醫藥、彈械，部隊不斷減員，農村根據地日漸萎縮。再加上執行「立三路線」，盲目進攻大城市，紅軍傷亡慘重。1928年秋，廣東省委陳郁到海陸豐視察，決定將部隊化整為零，戰士分散到農村，和農民結合在一起，在農村落地生根，平時幫農民從事生產，戰時持槍和敵人作戰。在國民黨肆意燒殺鎮壓之下，部分農民運動成員（特別是青壯人員）被迫離開東江地區，分散到廣東各地潛伏待機，為抗戰時期建立東江縱隊提供了條件。[92] 周恩來等多位中共中央領導人曾親自領導東江地區的革命鬥爭，東江縱隊是一支繼承了南昌起義和廣州起義歷史傳統的隊伍！

1927年廣州起義失敗後，聶榮臻到達香港，不久任省軍委書記。為準備將來開展武裝鬥爭，聶榮臻在香港開辦軍事訓練班，親自講課，培養幹部。學員多數來自廣州撤退到香港的黨人，每班由幾十人到百人不等。目前欠缺這批聶榮臻學生的資料、活動記錄，對革命的貢獻，希望對此有興趣者繼續探索！1929年10月底，聶榮臻代表省委到東江特委巡視工作，他鼓勵古大存的東江紅軍堅持鬥爭。[93] 聶榮臻離港後，中共在港組織先後三次在1929

91　〈南昌起義〉，《文史資料選輯》（56），第50—58頁。

92　陳敬堂：《林伍先生訪問紀錄》（2002年4月4日）；劉立道：〈中國工農革命軍第二師在東江〉，《文史資料選輯》（66），第20—25頁。

93　《聶榮臻回憶錄》（上），第91—109頁。

年、1931 年和 1934 年被港英政府破壞，各級黨組織遭受重挫。[94] 直至 1935 年
7 月，中華全國海員總工會香港負責人劉達潮，借娛樂活動為名組織餘閑樂
社，向港英政府申請註冊獲准，讓中共組織再次在香港出現。[95]

三、中共中央革命根據地的建立

中共中央革命根據地，亦稱中央蘇維埃區域，簡稱中央蘇區。全盛時面
積 8.4 萬多平方公里，人口 435 多萬。設有江西、福建、閩贛、粵贛四個省級
蘇維埃政權，共設有六十個行政縣，其中江西省二十二縣，福建省十五縣，
閩贛省十六縣，粵贛省七縣。中央蘇區是中共土地革命戰爭時期全國最大的
革命根據地，是全國蘇維埃運動的中心區域。中共建立中華蘇維埃共和國
時，瑞金是黨、政、軍首腦機關的所在地。

1. 井岡山的鬥爭

毛澤東率領秋收起義部隊退入偏遠農村，利用各省「白色政權間的長期
的分裂和戰爭」，讓「一小塊或若干小塊的共產黨領導的紅色區域，能夠在四
圍白色政權包圍中間發生和堅持下來」。[96] 毛澤東利用國民黨軍閥混戰割據，
軍隊集中在大中城市和交通要道，偏遠農村統治力量薄弱的特點，逐漸創建
了自己的農村根據地。[97] 毛澤東率部到達井岡山後，重建和發展中共的組織。

94　莫世祥：〈抗戰初期中共組織在香港的恢復與發展〉，《中共黨史研究》（2009 年第 1
　　期），第 68 頁。

95　曾生：《曾生回憶錄》（北京：解放軍出版社，1992 年），第 74 頁。

96　毛澤東：〈中國的紅色政權為什麼能夠存在？〉（1928 年 10 月 5 日），《毛澤東軍事
　　文集》（1），第 13 頁。

97　《國民黨聯共與反共》，第 274 頁。

1928 年 1 月 8 日佔領遂川縣城，月中在遂川縣城前委會議，提出了「敵來我走，敵駐我擾，敵退我追」的游擊戰原則。江西當局派出第 27 師楊如軒部以一個團和一個營進攻井岡山。2 月 18 日，毛澤東指揮工農革命軍兩個團，避過楊部主力，突襲寧岡縣城。激戰數小時後，全殲守軍一個營，粉碎了敵人對井岡山地區第一次「進剿」，取得了上井岡山後第一個大勝，使寧岡全縣成為紅色區域，初步建成了中國第一個農村革命根據地。[98]

1928 年 4 月中，朱德、陳毅率領的南昌起義餘部到達寧岡礱市，與毛澤東部隊會師，兩部合組工農革命軍第 4 軍。6 月，按中共中央規定改稱為紅軍第 4 軍，簡稱紅 4 軍。朱德任軍長，毛澤東任黨代表，陳毅任政治部主任，兵力共六千多人。4 月下旬，江西第 27 師主力向井岡山發動第二次進剿，毛澤東召開紅 4 軍軍委會議，決定採用「集中兵力，殲敵一路」的戰略，集中兵力先在遂川五斗江殲敵第 81 團大部，再在永新城擊潰第 74 團一個營，勝利擊破了敵人第二次進剿。

5 月 2 日，毛澤東就紅 4 軍堅持井岡山鬥爭方針問題，向中共中央作了報告，提出：為了建立強有力的黨組織和軍隊，以促進湘贛兩省革命鬥爭的開展，軍委採取了對內加強軍隊的建設，特別是黨組織的建立，對外深入發動群眾，建立政權和分配土地的方針，堅持井岡山地區的鬥爭，造成以寧岡為中心的羅霄山脈中段政權。這一方針對第 4 軍取得反「進剿」和「會剿」的勝利，鞏固與發展井岡山革命根據地有重大意義。[99]

5 月中旬，江西軍楊如軒率領五個團再攻井岡山，由吉安縣向永新縣進攻。朱德主動撤出永新縣，在該縣西北的草市坳伏擊楊部第 79 團，擊斃團長，擊傷楊如軒。19 日，收復永新城，粉碎了敵人第三次進剿。[100] 5 月 25 日，中共中央頒發《軍事工作大綱》，規定：「只要能建立一割據區域，便應

---

98 《毛澤東軍事年譜》（1927－1958），第 8 頁。

99 《中國人民解放軍戰史》（1），第 21 頁。

100 《毛澤東軍事年譜》（1927－1958），第 9 頁。

當開始建立紅軍的工作。在割據區域所建立之軍隊，可正式定名為紅軍，取消以前工農革命軍的名義。」[101]

6 月下旬，江西軍第 9 師、第 27 師共五個團，在第 9 師師長楊池生指揮下，發動對井岡山第四次進剿；湖南第 8 軍第 2 師的三個團進攻井岡山西側。紅軍主動撤出永新城，退到井岡山根據地的中心區域寧岡。江西軍以三個團兵力分兩路進迫寧岡，6 月 22 日，分別到達龍源口和白口。23 日，敵人右路軍兩個團在白石首先被擊潰，左路軍一個團亦在龍源口被殲滅，瓦解了敵人第四次對井岡山的進剿。[102]

6 月底，湖南江西兩省國軍隊準備對井岡山根據地發動第一次「會剿」。7 月 4 日，湖南第 8 軍第 1、第 2 兩師由茶陵、酃縣出發，攻佔寧岡礱市，進佔新城、永新。紅 4 軍以第 31 團打擊新城和永新之敵，以第 28、第 29 兩團進攻酃縣、茶陵，截斷敵人後路。13 日，攻克酃縣，永新敵軍遂撤回茶陵。15 日，江西國軍第 3 軍五個團和第 6 軍六個團，共十一個團進佔永新，毛澤東指揮部隊發動游擊戰困擾敵軍共二十五日之久，其後敵軍出擊，佔領蓮花、寧岡。不久，江西軍內訌，第 6 軍退去，只餘下第 3 軍五個團退守永新城內。湖南江西兩省聯合對井岡山的第一次「會剿」結束。

8 月下旬，湖南江西兩省發動對井岡山第二次「會剿」，30 日，湖南第 8 軍第 1 師猛攻黃洋界不克。9 月 8 日，紅 4 軍採取對湖南軍守勢，對江西軍攻勢的方針，集中兵力，首先打擊進佔遂川的江西獨立第 7 師。9 月 13 日，猛攻遂川，守軍被迫撤退。24 日，敵軍增援反撲。紅 4 軍撤出遂川，轉攻寧岡新城，江西軍第 27 團被殲一個營後退向永新，遂川敵軍前往增援。10 月 31 日，紅 4 軍又轉攻遂川，敵軍撤退。11 月 2 日，敵軍增兵爭奪遂川，紅 4 軍主動撤退。9 日，紅 4 軍猛攻新城敵軍，將敵軍重創。於是「會剿」敵軍被迫

101〈中央通告第 51 號──軍事工作大綱〉（採用廣東省委擴大會議軍事問題決議案內容）
（1928 年 5 月 25 日），《中共中央文件選集》（4），第 127 頁。

102《中國人民解放軍戰史》（1），第 22－23 頁。

採取守勢，第二次「會剿」結束。[103]

　　11 月 25 日，毛澤東向中共中央報告了井岡山的鬥爭經驗，分析了紅軍能夠打敗國民黨軍隊的原因：「經過政治教育，紅軍士兵都有了階級覺悟，都有了分配土地、建立政權和武裝工農等項常識，都知道是為了自己和工農階級而作戰。因此，他們能在艱苦的鬥爭中不出怨言。」「紅軍的物質生活如此菲薄，戰鬥如此頻繁，仍能維持不敝，除黨的作用外，就是靠實行軍隊內的民主主義。官長不打士兵，官兵待遇平等，士兵有開會說話的自由，廢除煩瑣的禮節，經濟公開。……這些辦法，士兵很滿意。尤其是新來的俘虜兵，他們感覺國民黨軍隊和我們軍隊是兩個世界。他們雖然感覺紅軍的物質生活不如白軍，但是精神得到了解放。同樣一個兵，昨天在敵軍不勇敢，今天在紅軍很勇敢，就是民主主義的影響。」[104]

　　1928 年 7 月，國軍獨立第 5 師駐湖南平江城的彭德懷和滕代遠第一團起義，後改編為紅軍第 5 軍第 13 師，共二千餘人，彭德懷任軍長兼師長。起義之後，與國軍作戰失利，餘部七百餘人。12 月 10 日，彭德懷、滕代遠率領到達寧岡，同紅 4 軍會師。[105]

　　11 月 23 日，蔣介石任命何鍵為湘贛兩省「會剿」代理總指揮，集中三萬兵力，分兵五路，第三次「會剿」井岡山，並加緊經濟封鎖井岡山根據地。12 月 10 日，中共紅 4 軍前委、紅 5 軍軍委和湘贛邊界特委在寧岡舉行聯席會議，討論如何粉碎敵軍第三次「會剿」問題。會議決定：以紅 4 軍外出游擊，在外線作戰；紅 5 軍防守井岡山。為統一指揮，紅 5 軍編為紅 4 軍第 30 團，彭德懷任紅 4 軍副軍長兼第 30 團團長，滕代遠任紅 4 軍副黨代表兼第 30 團黨代表。

　　1929 年 1 月 4 日至 7 日，紅 4 軍前委、紅 5 軍軍委和湘贛邊界特委在寧

---

103 《中國人民解放軍戰史》（1），第 26－27 頁。

104 毛澤東：〈井岡山的鬥爭〉（1928 年 11 月 25 日），《毛澤東軍事文集》（1），第 28－30 頁。

105 《中國人民解放軍戰史》（1），第 28－29 頁。

岡舉行聯席會議，再次討論敵軍第三次「會剿」問題。會議決定「攻勢的防禦」，由毛澤東、朱德率領紅4軍主力第28團、第31團及軍直屬隊出擊贛南，實行「圍魏救趙」戰略，配合內線作戰以打破敵人封鎖；彭德懷、滕代遠留守井岡山。1月14日，毛澤東、朱德和陳毅率領紅4軍主力3,600人，由井岡山出發，進軍贛南。26日，敵軍發動攻勢。30日，井岡山黃洋界、八面山陣地相繼失守。為保存實力，彭德懷率紅5軍主力開往贛南尋找紅4軍主力；紅4軍第32團和紅5軍一部則轉入深山密林堅持游擊，繼續反對敵人清剿。2月底，蔣桂爆發內訌，進攻井岡山部隊撤退，堅持井岡山鬥爭的軍民乘機反攻，恢復井岡山根據地。第三次「會剿」井岡山又以失敗結束。[106]

2. 贛南、閩西游擊戰

1929年1月14日，紅4軍主力離開井岡山後，在大庾被江西第21、第15旅等部襲擊，於是放棄北出贛州計劃，改沿贛粵、贛閩邊界挺進。2月11日，進抵瑞金與寧都交界的大柏地山區，殲滅尾追之劉士毅旅大部，俘團長以下八百多人，繳槍八百餘枝，擴大了紅軍的政治影響。戰後北上東固，與該區李文林紅軍獨立第2團、段起鳳紅軍獨立第4團會師。3月中旬，紅4軍乘福建西部國軍兵力空虛之機，進軍閩西，攻佔長汀縣城，擊斃第2混成旅旅長郭鳳鳴，繳槍五百餘枝、迫擊炮三門及大批資財。

3月20日，紅4軍在長汀召開前委擴大會議，建議：「不僅在湘贛粵閩等地，江蘇北皖鄂北豫南直隸，都應有紅軍及小區域蘇維埃之創立。」決定「在國民黨混戰的初期，以贛南閩西二十餘縣為範圍，從游擊戰術，從發動群眾以至於公開蘇維埃政權割據，由此割據區域以與湘贛邊界之割據區域相連接。」「閩西贛南區內之由發動群眾到公開割據，這一計劃是必須確立，無論

---

106 《中國人民解放軍戰史》（1），第 29－30 頁。

如何，不能放棄，因為這是前進的基礎。」[107] 自此，紅軍在贛西南、閩西放手發動群眾，開展游擊戰。3 月下旬，長汀縣各界代表選舉成立革命委員會，建立閩西第一個紅色政權。4 月 1 日，紅 4 軍由閩西回師贛南，到達瑞金，與井岡山的彭德懷部隊會師。5 月初，彭德懷率部重返井岡山，毛澤東率紅 4 軍繼續在贛南鬥爭。5 月 18 日，紅 4 軍在瑞金召開前委擴大會議，決定乘閩西、閩南兵力空虛，開創閩西新的割據區域。19 日，越過武夷山進入閩西，23 日，乘敵不備攻佔龍岩，俘福建省防軍第 1 混成旅陳國輝部三百餘人，槍二百餘枝。當晚撤出龍岩，25 日，佔領永定，和永定張丞鼎地方紅軍會合。26 日，成立了張鼎丞為主席的永定縣革命委員會。6 月 3 日，再佔龍岩，成立了鄧子恢為主席的龍岩縣革命委員會，建立了閩西革命根據地。陳國輝率部自廣東反擊龍岩，紅軍主動撤出。18 日，乘陳國輝不備，突擊龍岩，殲敵三千餘人，陳國輝棄城逃走，紅軍三度攻佔龍岩。6 月下旬，紅 4 軍在龍岩城召開第七次黨代表大會，陳毅當選新的前委書記。會後，毛澤東離開領導崗位，到閩西蛟洋養病。10 月，中共中央鑒於兩廣軍閥爆發混戰，下令福建全部紅軍到東江游擊，向潮梅發展。紅 4 軍除第 4 縱隊留在閩西游擊外，軍部率第 1、2、3 縱隊出擊東江，由於軍事上嚴重受挫，只得在 11 月撤返閩西。11 月 23 日，紅 4 軍重佔汀州，前委開會，議決請毛澤東回紅 4 軍負擔領導工作。[108]

3. 革命路線之爭

這時中共的紅軍和紅色根據地不斷擴大，形勢日佳，但是內部卻發生了革命路線的爭論。毛澤東主張「星火燎原」、「農村包圍城市」策略，李立三

---

107 毛澤東：〈紅軍第 4 軍前委給中央的信〉（1929 年 3 月 20 日），《毛澤東軍事文集》（1），第 53－54 頁。

108 《毛澤東軍事年譜》（1927－1958），第 19－21 頁。

則主張在中心城市發動暴動,「準備一省或幾省首先勝利,建立全國革命政權」,批評毛澤東的主張「只是一種幻想」。

　　1929 年 12 月 28 日至 29 日,毛澤東在上杭古田主持召開紅 4 軍第九次代表大會,在會上作政治報告,大會通過了《中國共產黨紅 4 軍第九次代表大會決議案》,這《決議案》又稱為《古田會議決議》,共有:關於糾正黨內的錯誤思想、黨的組織問題、黨內教育問題、紅軍宣傳工作問題、士兵政治訓練問題、廢止肉刑問題、優待傷病兵問題、紅軍軍事系統與政治系統關係問題等八個部分。毛澤東一開始便指出:「紅軍第 4 軍的共產黨內存在着各種非無產階級的思想,這對於執行黨的正確路線,妨礙極大。若不徹底糾正,則中國偉大的革命鬥爭給予紅軍第 4 軍的任務,是必然擔負不起來的。」「中國的紅軍是一個執行革命的政治任務的武裝集團。特別是現在,紅軍決不是單純地打仗的,它除了打仗消滅敵人軍事力量之外,還要負擔宣傳群眾、組織群眾、武裝群眾、幫助群眾建立革命政權以至於建立共產黨的組織等項重大的政治任務。」否則「就是失去了打仗的意義,也就是失去了紅軍存在的意義」。毛澤東強調:「紅軍黨的組織問題現在到了非常之嚴重的時期,特別是黨員的質量之差和組織之鬆懈,影響到紅軍的領導與政策之執行非常之大」,要求「嚴格的執行紀律,廢止對紀律的敷衍現象」。毛澤東針對紅 4 軍存在的各種問題詳細分析,並提供了糾正或解決的辦法。《決議案》稍後成為了中國共產黨和紅軍建設的綱領性文獻。[109] 古田會議選舉產生了新的紅 4 軍前委,毛澤東任書記。

　　1930 年 1 月 3 日,毛澤東與朱德分率紅軍返回贛南,用圍魏救趙的戰略,直搗江西敵軍大後方,以粉碎閩粵贛敵軍對閩西根據地的「三省會剿」。1 月 5 日,毛澤東在古田賴坊給第 1 縱隊司令員林彪寫了一封關於如何估計紅軍前途的覆信,即著名的〈星星之火,可以燎原〉的黨內通信,指出有些同志

109　毛澤東:〈中國共產黨紅軍第 4 軍第九次代表大會決議案〉(1929 年 12 月),《毛澤東軍事文集》(1),第 86－125 頁。

（林彪）「沒有在游擊區域建立紅色政權的深刻的觀念」，認為做這種建立政權的艱苦工作為徒勞，而希望用比較輕便的流動游擊方式去擴大政治影響。這種「先爭取群眾後建立政權的理論，是於中國革命的實情不適合的」，他們理論的來源是沒有認清楚中國國情，「如果認清了中國是一個許多帝國主義國家互相爭奪的半殖民地，則一、就會明白全世界何以只有中國有這種統治階級內部互相長期混戰的怪事，而且何以混戰一天激烈一天，一天擴大一天，何以始終不能有一個統一的政權。二、就會明白農民問題的嚴重性，因之，也就會明白農村起義何以有現在這種的全國規模的發展。三、就會明白工農民主政權這個口號的正確。四、就會明白相應於全世界只有中國有統治階級內部長期混戰的一件怪事而產生出來的另一件怪事，即紅軍和游擊隊的存在和發展，以及伴隨着紅軍和游擊隊而來的，成長於四圍白色政權中的小塊紅色區域的存在和發展（中國以外無此怪事）。五、也就會明白紅軍、游擊隊和紅色區域的建立和發展，是半殖民地中國在無產階級領導之下的農民鬥爭的最高形式，和半殖民地農民鬥爭發展的必然結果；並且無疑義地是促進全國革命高潮的最重要因素。六、也就會明白單純的流動游擊政策，不能完成促進全國革命高潮的任務，而朱德毛澤東式、方志敏式之有根據地的，有計劃地建設政權的，深入土地革命的，擴大人民武裝的路線是經由鄉赤衛隊、區赤衛大隊、縣赤衛總隊、地方紅軍直至正規紅軍這樣一套辦法的，政權發展是波浪式地向前擴大的，等等的政策，無疑義地是正確的。」毛澤東說 1927年革命失敗以後，革命的主觀力量確實大為削弱了，自然要使同志們發生悲觀的念頭。但是，「星星之火，可以燎原」。雖然只有一點小小的力量，它的發展會是很快的。帝國主義者相互間的矛盾，中國各派反動統治者之間的矛盾，使軍閥混戰、賦稅加重、工商破產、失業失學。「中國是全國都佈滿了乾柴，很快就會燃成烈火。……只要看一看許多地方工人罷工、農民暴動、士兵嘩變、學生罷課的發展，就知道這個『星星之火』，距『燎原』的時期是，毫無疑義地是不遠的了。」「農村鬥爭的發展，小區域紅色政權的建立，紅軍

的創造和擴大，尤其是幫助城市鬥爭、促進革命潮流高漲的主要條件。」[110] 毛澤東在這封通信進一步闡釋了他「工農武裝割據」的理論，中國革命必須走以農村包圍城市，最後奪取全國勝利的策略。

1930 年 1 月 26 日，毛澤東和朱德攻佔樂安，29 日佔永豐。「三省會剿」因紅軍主力進入江西及進剿軍內部矛盾而結束。毛澤東遂在樂安、永豐等地發動群眾進行土地革命，擴大地方武裝和主力紅軍。2 月 7 日至 9 日，毛澤東在吉安東固地區的陂頭村，主持召開了中共贛西特委、紅 4 軍前委、紅 5 軍、紅 6 軍軍委聯席會議，即「二七會議」或「陂頭會議」。會議確定了中共在江西的重要任務是深入土地革命，制定了《土地法》，強調了在土地問題上「一要分二要快」；軍事方面，建立革命政權和發展工農武裝，並提出江西有「首先勝利奪取全省政權之可能」；進一步從組織上加強和統一了中共的領導，將紅 4 軍前委擴大為 4、5、6 軍的共同前委，各軍成立軍委，受前委統一指揮，毛澤東為前委書記。4 月 1 日與朱德率部越過大庾嶺，10 日攻佔信豐。5 月 2 日攻克尋鄔。6 月上旬，佔領武所城，與紅 6 軍會師。

不過，在上海黨中央工作，任中共中央常委兼秘書長、宣傳部長等職的李立三並不認同毛澤東的理論。他首先在〈新的革命高潮前面的諸問題〉一文批評毛澤東的革命理論：「想『以鄉村來包圍城市』，『單憑紅軍來奪取中心城市』都只是一種幻想，一種絕對錯誤的觀念。」「這樣的觀念，便會在策略上忽視着我們最主要的工作：組織工人的爭鬥，組織政治罷工，組織工人的武裝隊。鄉村是統治階級的四肢，城市才是他們的頭腦與心腹，單只斬斷了他的四肢，而沒有斬斷他的頭腦，炸裂他的心腹，還不能制他的最後的死命。這一斬斷統治階級的頭腦，炸裂他的心腹的殘酷的爭鬥，主要是靠工人階級的最後的激烈爭鬥——武裝暴動。」[111] 接着，在李立三主持下，6 月 11 日

---

110 毛澤東：〈星星之火，可以燎原〉（1930 年 1 月 5 日），《毛澤東軍事文集》（1），第 126－137 頁。

111 立三：〈新的革命高潮前面的諸問題〉（發表於 1930 年 5 月 15 日出版的《布爾塞維克》），《中共中央文件選集》（6），第 575、577 頁。

中共中央政治局通過了《新的革命高潮與一省或幾省首先勝利》決議案，再次批評毛澤東：「不特別注意城市工作，想『以鄉村包圍城市』，『單憑紅軍來奪取城市』，是一種極錯誤的觀念。」李立三強調工人暴動的重要性：

「中國是世界最大的殖民地，即是世界資本主義最大的商品市場和投資地與原料的供給地，因此中國是整個帝國主義的經濟組織不可分離的一部分，假如帝國主義的統治失掉了中國，便是帝國主義——首先是英日美帝國主義不可避免的末日的到臨。因此帝國主義必然要一致的用盡一切的可能極殘酷的來鎮壓中國革命，所以中國革命必然要遇到與帝國主義的極殘酷的戰爭。」

「的確只要在產業區域與政治中心爆發了一個偉大的工人鬥爭，便馬上可以形成革命高潮，——直接革命的形勢。」「我們從現在起就要積極的準備武裝暴動，不只是要注意政治上的準備——在廣大群眾中宣傳武裝暴動，奪取政權的必要，而且就要加緊組織的與技術的準備。」

「在全國革命高潮之下，革命可以在一省或幾重要省區首先勝利，在新的革命高潮日益接近的形勢之下，準備一省或幾省首先勝利，建立全國革命政權，成為黨目前戰略的總方針。」

李立三批評過去「游擊」觀念，「只是攻打城市，而不是奪取城市」。這策略是錯誤的。「現在黨必須堅決提出反帝國主義反國民黨特別是反軍閥戰爭的口號，組織同盟罷工以至總同盟罷工，組織地方暴動，號召紅軍積極進攻，以實現變軍閥戰爭為消滅軍閥的革命戰爭的總路線。」「紅軍的戰略與戰術，不只是要堅決進攻打擊敵人的主力，向着主要城市與交通道路發展，根本改變他過去的游擊戰術。……與主要城市的武裝暴動配合，奪取政權，建立全國革命政權。過去的游擊戰術，已經與這一路線絕對不相容，必須根本的改變過來。」[112]

中共中央隨即發出致紅 4 軍前委信，批評毛澤東領導的紅 4 軍前委，「直

---

112 〈新的革命高潮與一省或幾省首先勝利〉（立三路線）（1930 年 6 月 11 日政治局會議通過：目前政治任務的決議），《中共中央文件選集》（6），第 84－99 頁。

到現在你們還完全沒有懂得，還是在固執你們過去的路線」，「中央新的路線到達 4 軍後，前委須堅決按照這個新的路線轉變，4 軍的路線轉變對於全國有極大的意義，希望 4 軍能堅決的執行，如果前委有誰不同意的，應即來中央解決。」[113] 與此同時，共產國際第六次全世界代表大會決議案亦傳達到中國，指出：「中國革命運動底新高潮已經成為不可爭辯的事實」，「必須集中注意去編成和鞏固紅軍，以便在將來依照軍事政治的環境，而能夠佔領一個或幾個工業的行政的中心城市」，[114] 提出了在全國主要城市發動武裝暴動和集中全國紅軍進攻中心城市的計劃，企圖奪取南昌、九江、長沙等大城市。

6 月 12 日至 22 日，紅 4 軍前委和中共閩西特委在長汀縣南陽召開聯席會議，根據中共指示，將紅 4 軍、紅 6 軍（後改稱紅 3 軍）、紅 12 軍整編為第 1 路軍，不久改稱第 1 軍團。毛澤東任總政治委員，朱德任總指揮。全軍團共二萬餘人。不久，紅 20 軍、紅 22 軍、紅 35 軍也編入第 1 軍團。22 日，接到中央軍委下達奪取南昌、九江的命令。23 日，毛澤東和朱德率部從長汀出發，進入江西。8 月 1 日進軍到南昌贛江西面的牛行車站，隔江向南昌打槍示威。[115]

7 月 27 日彭德懷指揮紅 5 軍改編的紅 3 軍團乘虛佔領長沙，此舉震動國際，在國民黨大軍反撲下，於 8 月 5 日撤離。8 月 23 日，紅 1 軍團到達瀏陽縣永和市，與撤退到此的紅 3 軍團會合。兩軍前委開聯席會議，為執行中共中央指示，準備再次攻打長沙進而奪取武漢，決定將兩軍團聯合組成紅一方面軍，朱德任總司令，毛澤東任總政治委員兼總前委書記，彭德懷任副總司令，全軍共三萬餘人。24 日，毛澤東致函中共中央，要求增兵三萬人助攻。28 日，下令攻擊長沙。31 日，長沙守軍依據工事頑抗。9 月 1 日，第一方面

---

113 〈中央致四軍前委信〉（1930 年 6 月 15 日），《中共中央文件選集》（6），第 100－103 頁。

114 〈共產國際執委政治秘書處關於中國問題的決議案〉（1930 年 6 月），《中共中央文件選集》（6），第 117－129 頁。

115 《毛澤東軍事年譜》（1927－1958），第 27－28 頁。

軍總攻長沙。但守城的何鍵部隊先後得到三十一個團的兵力增援長沙,並在城周構築堅固的防禦工事,堅守不出,紅軍誘敵出擊之計失敗。鑑於缺乏攻城重炮,亦無農民工人的暴動支持,12日,毛澤東和朱德遂下令撤退,第二次圍攻長沙之戰於是結束。17日,毛澤東寫報告給中共中央:「俘敵士兵兩千以上,死傷士兵四千以上。圍困長沙十六天,大戰數晝夜,戰線延長三十餘里。……我軍死傷亦不小。單以一軍團說,高級幹部有柯武東劉作述兩同志陣亡,死傷中級幹部數十,下級幹部一百以上,士兵 1,600 左右。三軍團損失亦不小。」[116] 最後,報告總結說:依我們的經驗,沒有群眾條件,是很難佔領中心城市的,也是很難消滅敵人的。[117]

8月19日,出席在莫斯科召開的聯共第十六次代表大會的周恩來返抵上海,周恩來立即參加總行委主席團會議,根據共產國際指示,糾正中共中央6月11日決議的錯誤。周恩來發言針對:停止中共中央政治局、組織局的正常工作,成立中央總行委的問題。會議決定擴大總行委和主席團,周恩來、瞿秋白等加入總行委和主席團。8月22日,周恩來在和向忠發、李立三兩次談話後,出席中共中央臨時政治局會議,並作報告,傳達共產國際的指示精神。報告強調建立鞏固的根據地和發展紅軍的重要性,批評中共中央在近半年來對蘇區、紅軍注意和領導得不夠,指出:根據地決不是割據、保守,而是站住腳跟,一步一步地有力發展。

9月24日至28日,中共中央委員會擴大的六屆第三次全體會議在上海召開,瞿秋白(8月26日自莫斯科回國)和周恩來主持了會議。[118] 向忠發在《中央政治局工作報告》發言時,首先承認對於革命形勢的估量犯了錯誤,在策略上「犯了『左』的個別冒險傾向的錯誤」,表示「要中央在國際的指正之下,

---

116 〈攻長沙不克的原因〉(1930年9月17日),《毛澤東軍事文集》(1),第 169—170頁。

117 《毛澤東軍事年譜》(1927—1958),第 31 頁。

118 《周恩來年譜 1898—1949》,第 182—189 頁。

堅決的執行自我批評，肅清『左』傾與一切危險傾向」。[119] 接着，周恩來批評李立三對形勢的錯誤估計，指出：「在帝國主義統治中國的分割狀態中，因之中國經濟發展還保存很多地方性，政治變動有先後，革命經驗有多少，這些條件就決定了中國革命發展的不平衡。」「今天中國工農的力量尚未能聚集起來襲擊帝國主義與國民黨的統治，今天尚沒有全中國客觀革命形勢，也就是在今天尚不是全國的直接武裝暴動的形勢。」李立三對「目前的革命發展形勢在程度與速度上有了過分估量，遂致造成中央個別的策略上的錯誤」，「對於蘇區的中心任務注意得不足，另方面又犯了策略上冒險主義傾向的錯誤。國際的指示是要我們在這兩方面任務的加緊與配合上，來組織革命戰爭，推翻國民黨統治，建立全國蘇維埃的中央臨時政府。」[120] 會議又就蘇維埃地區黨組織作出了規劃：「中央政治局立即在蘇維埃區域建立中央局的辦法，以統一各蘇區之黨的領導。當着蘇維埃臨時中央政權建立起來後，蘇區中央局應經過黨團在政權中起領導作用。」[121]

會上，李立三作了自我批評，瞿秋白作了政治與討論的結論。最後，會議通過《關於政治狀況和黨的總任務決議案》，「政治局過去的策略上，就有個別的冒險主義傾向的錯誤——積極準備武裝暴動的任務，沒能夠充分的和爭取群眾的任務密切聯繫起來，所以冒險傾向的輕易暴動的佈置，代替了切實創造武裝暴動前的鬥爭。……必須遵照國際執委的指示，立刻完全糾正這些錯誤，而在一般策略和工作上，實行必要的轉變。」[122]

這次會議之後，立三路線結束，中共停止了組織全國總暴動和集中紅軍

---

119 特生（向忠發）：〈中央政治局工作報告〉，《中共中央文件選集》（6），第 279－281 頁。

120 恩來：〈關於傳達國際決議的報告〉（1930 年 9 月 24 日），《中共中央文件選集》（6），第 338－360 頁。

121 〈組織問題決議案〉，《中共中央文件選集》（6），第 311 頁。

122 〈關於政治狀況和黨的總任務議決案〉（1930 年 9 月，接受共產國際執行委員會政治秘書處 1930 年 7 月的中國問題議決案的決議），《中共中央文件選集》（6），第 291 頁。

進攻中心城市的冒險行動，改變政策為「鞏固與發展蘇維埃區域」、「集中與鞏固紅軍的發展」。[123]

4. 中央革命根據地的建立

　　立三路線結束後，毛澤東爭取放棄執行再次進攻長沙的命令，轉為攻打敵軍兵力較弱的吉安。10 月 2 日，與朱德發佈紅軍第 1 方面軍第 1 軍團總攻吉安的命令，4 日夜佔江西重鎮——吉安。

　　早在毛澤東奉令第二次攻取長沙時，中共中央曾派關向應前往組織蘇區中央局，因戰區相隔，無法通過，未能抵達江西蘇區。其後中共中央改派長江局書記江鈞（即項英）前往主持。10 月 7 日，吉安成立江西省蘇維埃政府。10 月 17 日，中央政治局會議再次決定蘇區中央局的名單：「江鈞、澤東、少山（即周恩來）、濤南、朱德、振明、餘飛、當地工人一人，書記少山，由江鈞代理。」10 月 29 日，中共中央指示一、三兩集團軍前委：「蘇區中央局在江鈞同志未到達前，可先行成立，暫以澤東同志代書記。」[124] 但由於總前委沒有收到這封指示信，因此在項英沒有到達之前，蘇區中央局一直沒有成立。

　　11 月，中共中央政治局根據共產國際關於蘇維埃區域工作的指示和決議，「確定湘鄂贛聯接到贛西南為一大區域，要鞏固和發展它成為蘇區的中央根據地。」「決定在中央蘇區立即設立中央局，目的在指導整個蘇維埃區域之黨的組織，同時，並在蘇區成立中央軍事委員會以統一各蘇區的軍事指揮。」[125]

---

123 〈中央通告第 91 號——三全擴大會的總結與精神〉（1930 年 10 月 12 日），《中共中央文件選集》（6），第 381 頁。

124 〈中央關於對付敵人「圍剿」的策略問題給一、三兩集團軍前委諸同志的指示〉（1930 年 10 月 29 日），《中共中央文件選集》（6），第 399－403 頁。

125 〈中央政治局關於蘇維埃區域目前工作計劃〉（1930 年 11 月），《中共中央文件選集》（6），第 434－435 頁。

1931 年 1 月 3 日，紅一方面軍粉碎蔣介石對中央革命根據地第一次圍剿。15 日，中共蘇區中央局在江西小布成立，周恩來任書記（未到），項英任代理書記，毛澤東、朱德等為委員。在中共蘇區中央局領導下，成立中央革命軍事委員會，項英為主席，毛澤東、朱德為副主席，下轄總政治部，毛澤東任主任。2 月初，蔣介石派何應欽發動第二次「圍剿」。4 月 1 日，國軍二十萬人分四路向中央革命根據地大舉進攻，5 月 31 日，國軍兵敗撤退。6 月 21 日，蔣介石親自帶領德、日、美等國軍事顧問到南昌，具體策劃第三次「圍剿」。7 月 1 日，國軍開始發動進攻，但無法捕捉紅軍主力。9 月，胡漢民、汪精衛在廣州另立國民政府，日本在東北發動「九一八事變」。第三次「圍剿」於是結束。

9 月下旬，紅軍趁勢轉入進攻，開展群眾工作，全國紅軍發展到十五餘萬人，進至瑞金為中心的廣大地區，攻佔了會昌、尋鄔、安遠、石城等縣，消滅了大量地方武裝，使贛南、閩西革命根據地連成一片，革命根據地擴展到三十多個縣境，在二十四個縣建立了縣蘇維埃政府，面積五萬平方公里，人口約二百五十萬。11 月 7 日至 20 日，中華蘇維埃第一次全國代表大會在江西瑞金召開，宣告中華蘇維埃共和國臨時中央政府成立。大會通過了《中華蘇維埃共和國憲法大綱》等重要文件，選舉出中央政府執行委員會委員六十三名。11 月 25 日，組成以朱德為主席，王稼祥、彭德懷為副主席的中華蘇維埃共和國中央革命軍事委員會。11 月 27 日，中華蘇維埃共和國中央執行委員會第一次會議選舉毛澤東為主席，項英、張國燾為副主席。臨時中央政府頒佈《中華蘇維埃共和國憲法大綱》、《蘇維埃第一次全國大會土地法草案》、《中華蘇維埃第一次全國代表大會紅軍問題決議案》等決議。至此，以瑞金為中心的中央革命根據地正式形成，它對各地區的紅軍游擊戰爭的發展和革命根據地的建設起了鼓舞和示範的作用。

四、蔣介石對中央革命根據地的五次圍剿

中共勢力不斷壯大，甚至能攻佔湖南省會長沙，令蔣介石大為震驚，中原大戰後，蔣介石遂迅速轉移兵力，大規模「圍剿」紅一方面軍和中央蘇區，計劃在三至六個月內消滅紅軍。

1. 第一次圍剿

中共乘國民黨軍閥大混戰的良機大事發展，廣佔農村，建立根據地；執行立三路線，奪取中心城市。1930 年 7 月江西紅軍迫近省會南昌；27 日彭德懷乘虛攻佔湖南省會長沙。國民黨又從繳獲的資料得知，中共意在「先奪取湖南政權為根據地後，擴大紅軍，組織進取武漢，再合湘鄂贛皖豫力量，奪取五省政權，促成全國總暴動，推翻全中國國民黨，建立全國蘇維埃政權。」[126]

蔣介石大為震驚，立即調集重兵，由過去一省或幾省部隊的「進剿」、「會剿」改為全國統一組織的大規模「圍剿」，全力消滅紅軍。1930 年 8 月下旬，彭德懷紅 3 軍團攻佔長沙後，蔣介石就命令「武漢行營」主任何應欽召集湘鄂贛三省黨、政、軍高級官員舉行「綏靖會議」，確定以軍事為主、黨務、政務密切配合，分別「圍剿」各個蘇區紅軍的總方針。10 月 29 日，第 9 路總指揮兼江西主席魯滌平派張輝瓚為第 1 縱隊司令，譚道源為第 2 縱隊司令，羅霖為第 3 縱隊司令，約共六師，準備發動第一次圍剿。[127]

毛澤東領導的紅一方面軍共約四萬人，採誘敵深入戰略，待敵我力量對比發生有利於我，不利於敵的變化，然後集中兵力實施反攻，各個殲滅敵人於運動中，以粉碎敵軍「圍剿」。11 月 1 日，紅一方面軍下達「誘敵深入赤色區域，待其疲憊而殲滅之」的命令。5 日前後，主力紅軍全部東渡贛江，在

126 《何鍵致蔣總司令電》（1930 年 8 月 5 日），台北國史館藏：《蔣中正檔案》，引自楊奎松：《國民黨聯共與反共》，第 277 頁。

127 《中華民國史事日誌》（2），第 642 頁。

敵人可能進佔地區，組織人民實行堅壁清野，部署游擊戰爭，肅清暗藏的敵人，純潔內部。

11 月 5 日，圍剿部隊開始行動，向袁水流域推進，第 18 師張輝瓚部佔江西新淦。7 日，圍剿軍隊分別到達清江、新淦、黃土街、羅坊等地。16 日，各路國軍開始向蘇區中心進攻。18 日，第 77 師羅霖、新 5 師公秉藩佔江西吉安。19 日，第 18 師張輝瓚克江西永豐，第 24 師許克祥克吉水，第 50 師譚道源克樂安。因紅軍主力不斷轉移，只用少數兵力配合地方武裝遲滯、消耗、疲憊和迷惑敵人，國軍雖然佔領不少城鎮，但到處撲空。圍剿總指揮魯滌平輕視紅軍力量，以為可以輕易一舉建功。他派直轄部隊張輝瓚第 18 師和譚道源第 50 師作為進擊主力，希望為他立功，硬性規定部隊每日推進 70 里，令部隊無法搜索兩翼，摸不清敵情，且每天行軍疲勞，必有官兵掉隊，入夜宿營，也難佈置周密的警戒，愈深入蘇區，愈加孤立。而紅軍聚散無常，行動迅速，一旦合圍，便成為甕中之鱉。[128] 國軍無法捕捉紅軍主力，後方運輸常被紅軍阻斷，加上紅軍堅壁清野，在蘇區補給困難，部隊疲勞，士氣沮喪，難以前進。

12 月 9 日，蔣介石親到南昌指揮，召開軍事會議，設立了「陸海空軍總司令南昌行營」，總兵力達 11 個師又 2 個旅，共十萬餘人。蔣介石調集了航空第 1、第 3、第 5 隊到南昌、樟樹鎮機場支援作戰。

12 月 19 日，新 5 師公秉藩攻佔紅軍江西蘇維埃政府所在地吉安東固。25 日，第 50 師譚道源部進至江西吉安東南之源頭，第 18 師張輝瓚部進向龍岡，第 8 師毛炳文、第 24 師許克祥進向廣昌寧都間之頭陂、洛口、東韶，第 77 師防衛吉安。26 日，蔣介石委江西省主席兼第 9 路軍總指揮魯滌平為行營主任，張輝瓚為前線總指揮，負責第一次圍剿。28 日，圍剿軍進入蘇區腹地，部隊東西相距八百里。29 日，張輝瓚第 18 師主力及兩個旅共一萬人向龍岡推進，被紅一方面軍紅 3 軍黃公略、紅 4 軍林彪、紅 5 軍彭德懷、紅 12 軍

<hr />

128 李家白：〈反共第一次「圍剿」的源頭之役〉，《文史資料選輯》（45），第 76－78 頁。

羅炳輝設伏包圍。30 日，激戰一日，突圍失敗，全軍近一萬人被殲，各種武器九千餘件及無線電收報機被繳，師長兼前敵總指揮張輝瓚、旅長王捷俊、代參謀長周緯黃、團長李月峰被俘，副旅長洪漢傑、團長朱先志戰死。陳調元第 46 師一團在皖西六安附近被紅軍擊潰，傷亡殆盡。[129] 深入蘇區的譚道源第 50 師聞訊，倉皇向東韶撤退。1931 年 1 月 2 日，譚道源軍到達東韶。次日拂曉，紅 3 軍黃公略、紅 4 軍林彪、紅 5 軍彭德懷、紅 12 軍羅炳輝趕到，發動猛攻。因紅軍尚未完全合圍，只能消滅第 50 師二千餘人，虜獲步槍約一千餘枝、機槍四十餘挺。譚道源率殘部突圍而出，國民黨其他部隊慌忙撤退，第一次圍剿結束，魯滌平因圍剿失敗被撤換。[130]

2. 第二次圍剿

1931 年 2 月，蔣介石派何應欽兼任「陸海空軍總司令南昌行營」主任，調集二十萬人，三個航空隊執行偵察和轟炸任務，發動對紅軍的第二次圍剿。蔣介石確定：這次「圍剿」，「以厚集兵力、嚴密包圍及取緩進為要旨」。首先在江西贛州到福建建寧，成一條長弧形，把贛南中央蘇區緊緊包圍。蔣介石計劃用五倍於紅軍的優勢兵力，速戰速決，「三個月消滅紅軍」；並實行經濟封鎖，削弱紅軍的戰鬥力。然後「以主力分別由東、北、西三方面進剿，一部由南面協剿，並依穩紮穩打，步步為營之原則」，將紅軍「嚴密封鎖，逐漸緊縮包圍圈」，以期徹底消滅紅一方面軍，摧毀中央蘇區。紅一方面軍人數略減，約有三萬餘人，仍採取誘敵深入戰略，先打弱敵，各個擊破的作戰方針。

1931 年 4 月 1 日，圍剿軍兵分四路向中央蘇區大舉進攻。蔡廷鍇第 19 路

---

129 《中華民國史事日誌》（2），第 664 頁。

130 《中國人民解放軍全史》（3），第 89－97 頁；謝慕韓：〈蔣介石對中央蘇區的第一次圍攻〉，《文史資料選輯》（45），第 69－75 頁；李家白：〈反共第一次「圍剿」的源頭之役〉，《文史資料選輯》（45），第 76－78 頁；《中華民國史事日誌》（3），第 2 頁。

軍主力兩個師向龍岡、寧都方向前進；王金淦第5路軍主力三個半師由吉永向東固、水南方向前進；孫連仲第26路軍主力兩個師由樂安、宜黃向大金竹、洛口方向前進；朱紹良第6路軍主力兩個半師由南豐向廣昌方面前進。

國軍採取了軍事、政治、經濟、特務相結合的辦法。在軍事上，按照「穩紮穩打，步步為營」戰法，一天只前進五里、十里或二十里，每前進一步，先派小部隊進行游擊偵察，大部隊隨後推進；每佔一地，立即構築工事和進行「駐剿」。在政治上，每到一地，立即召回地主豪紳，組織「善後委員會」和「守望隊」，恢復其原有統治。在經濟上，繼續嚴密封鎖蘇區，鎮壓蘇區群眾。又派特工潛入蘇區，刺探情報，製造謠言，擾亂中共後方。紅軍實行堅壁清野戰術，蘇區群眾撤退一空，房屋空空如洗，沒有糧食。游擊隊利用熟悉地形，隱藏在地形複雜的要害地方，伺機襲擊國軍的隊頭隊尾，捕捉掉隊的士兵。雜牌部隊明白蔣介石利用他們與紅軍自相殘殺的策略來消滅他們，故只顧加強工事，縮在碉堡裏，不敢越雷池一步，免步張輝瓚的後塵。[131]

5月10日起，各路國軍在缺乏敵情的情況下，盲目向蘇區中心推進。第5路軍公秉藩第28師離開固陂墟和上官雲相第47師1個旅離開富田，分兩路向東固攻擊前進。紅一方面軍主力早已在此潛伏，待機殲敵。16日，紅軍乘第28師離開中洞，在山路上排成一列縱隊前進，發動突襲，殲其大部。又在觀音崖、九寸嶺兩隘口，殲滅第47師1個旅的大部，繳獲各種槍械五千餘枝(挺)，火炮三十餘門；並俘獲包括100瓦特電台在內的第28師無線電隊的全部人員和器材，為後來中央蘇區同中共中央建立電訊聯繫提供了條件。

富田戰鬥後，第28師和第47師殘部向水南撤退，駐守大源坑、潭頭方面的王金淦第5路軍第43師亦在紅軍的進攻下，撤向水南。紅軍乘勢向東擴張戰果。17日，迫近水南，國軍向白沙退卻。至19日被紅軍截斷去路，郭華宗第43師大部和第47師一個旅的殘部在白沙被殲。22日，紅軍又在中村殲滅前來增援的高樹勳第27師近一個旅。

---

131 公秉藩：〈我參加第二次「圍剿」被俘脫逃記〉，《文史資料選輯》(45)，第85–86頁。

朱紹良第 6 路軍慌忙向廣昌收縮兵力，並由 5 月 23 日開始，按第 8、第 24、第 5 師的順序，由廣昌向南豐撤退。紅軍乘第 5 師 4 個團未及撤離廣昌之機，於 27 日猛攻廣昌，激戰終日，殲滅堅守頑抗的第 5 師一部，師長胡祖玉傷重斃命。31 日突襲建寧，殲劉和鼎第 56 師三個多團，俘敵三千餘人，繳獲各種槍二千五百餘枝（挺）和大批藥品。紅軍轉戰七百餘里，共計殲敵三萬餘，繳槍二萬餘支，粉碎第二次圍剿。[132]

3. 第三次圍剿

為徹底消滅紅一方面軍和摧毀中央蘇區，1931 年 6 月 21 日，蔣介石親自帶領德、日、英等國軍事顧問到達南昌，指揮第三次圍剿。蔣把嫡系第 14、第 11、第 6、第 9、第 10 師共十萬調到江西，擔任「圍剿」主力軍，連同在中央蘇區附近及新調來的非嫡系部隊，總兵力達二十三個師又三個旅，共三十萬人。另派空軍第 1、3、4、5、7 隊，共五個航空隊，分駐南昌、樟樹鎮、吉安等機場支援作戰。蔣親任總司令，何應欽為前線總司令，均駐南昌。

蔣介石採取長驅直入的戰略，企圖先擊破紅軍主力，搗破中共根據地，再深入進行清剿。派何應欽兼任左翼集團軍總司令，指揮第 1 路進擊軍、第 2 路進擊軍、第 4 軍團，從南城方面進攻，尋求紅軍主力決戰；陳銘樞任右翼集團軍總司令，駐吉安，指揮第 1 軍團、第 2 軍團、第 3 路進擊軍，從吉安、永豐、樂安方面深入蘇區進剿。另佈置部隊防範紅軍侵擾後方。紅軍第一方面軍只有三萬餘人，仍採取誘敵深入的戰略，集中兵力殲滅分散的敵人。

7 月 1 日，圍剿軍發動攻勢，紅軍避實擊虛，不與硬碰，終於發現正向良村、蓮塘的第 3 路進擊軍戰鬥力較弱，易為紅軍殲滅，於是作出部署，牽制國民黨其他部隊，集中全力圍殲第 3 路軍。8 月 6 日，紅 3 軍團和紅 3、

132《中國人民解放軍全史》(3)，第 99－107 頁；〈我參加第二次「圍剿」被俘脫逃記〉，
　　《文史資料選輯》(45)，第 81－98 頁。

紅 4、紅 12 軍秘密向敵接近。7 日拂曉突然發起猛攻，殲滅上官雲相第 47 師第 2 旅及良村的一個偵察營，擊斃旅長譚子鈞。紅軍繼續向良村急進，途中與前來增援的第 54 師第 160 旅發生遭遇戰，迅速擊潰其一個團，打死旅長張鑾詔。殘敵向良村潰逃，紅軍銜尾窮追，攻入良村，殲滅郝夢齡第 54 師師部及兩個旅，擊斃副師長魏我威、參謀長劉家祺等。蓮塘、良村兩仗，紅軍殲敵兩個多旅，俘敵 3,500 人，繳獲各種槍 3,100 餘枝（挺），迫擊炮 14 門，馬 200 餘匹。

8 月 11 日，紅軍繼續東進，在黃陂圍殲毛炳文第 8 師約四個團，毛炳文率殘部向洛口、寧都突圍，被紅軍窮追十餘里。此戰紅軍俘敵四千多人，繳獲各種槍三千餘枝（挺），迫擊炮十一門。

8 月底，國民黨部隊再次西進，但因無法尋得紅軍主力決戰，疲憊不堪，到達興國後，停止前進。9 月，兩廣事變爆發，胡漢民、汪精衛在廣州另立國民政府，向湖南衡陽進兵。蔣介石遂下令退兵，紅軍乘勝追擊，9 月 7 日，在老營盤殲蔣鼎文第 9 師一個旅。15 日，在方石嶺全殲韓德勤第 52 師和第 9 師一部，俘敵五千人，繳獲各種槍四千五百餘枝（挺），馬二百餘匹。

紅軍用隱蔽、佯動、聲東擊西等手段，成功地迷惑敵人，靈活地在敵人重兵集團之間往返穿插，避強擊弱，速戰速決，在五日之內連打三個勝仗，化被動為主動。又在敵人撤退時，乘勝追擊，殲敵於運動之中，擴大戰果。第三次反「圍剿」共計殲敵十七個團，斃傷俘敵三萬餘人，繳槍二萬餘支。9 月 18 日，日本發動「九一八事變」，第三次「圍剿」於是結束。[133]

中共在第三次反「圍剿」勝利之後，中央蘇區紅軍發展到約七萬人，蘇區版圖擴展到二十多個縣境、十五座縣城，隨後擴展到二十一座縣城，形成為一個擁有數百萬人口、連成一片、比較鞏固的蘇區。洪湖蘇區有七座縣城、十餘縣的蘇維埃政權，主力紅軍一萬五千餘人；鄂豫皖蘇區亦有六座縣

133《中國人民解放軍全史》（3），第 109－116 頁。

城、二十六個縣的蘇維埃政權，人口三百餘萬，主力紅軍四萬五千人。[134]

中共中央蘇區雖然大為發展，但隨即踏上了衰敗的道路。1931 年 5 月 9 日，王明領導的中共中央發表《目前的政治形勢及黨的緊急任務》的決議，標誌着中共開始推行「左」傾冒險主義的政治綱領和軍事戰略。9 月 20 日，中共中央作出《由於工農紅軍衝破第三次「圍剿」及革命危機逐漸成熟而產生的黨的緊急任務》的決議，認為「革命勢力急速發展與反革命統治的日益崩潰」，出現了「爭取革命在一省或數省首先勝利的前途」，「國民黨統治的崩潰，正在加速的進行着」，指示蘇區的黨和紅軍「在政治軍事順利的條件之下，取得一兩個中心的或次要的城市。不要再重覆勝利後休息，致使敵人得以從容退卻」。[135] 這個決議，令中共在政治上發展了「左」傾冒險主義，並在軍事上重新提出奪取中心城市等冒險主張。

因王明將在 10 月去莫斯科共產國際工作，9 月下旬成立以博古為首的中共臨時中央，繼續推行「左」傾冒險主義。12 月 4 日，臨時中央給紅軍的訓令指出，爭取一省數省首先勝利，「已經不是遙遠的前途，而是今天行動的總方針」。1932 年 1 月 9 日，臨時中央作出《關於爭取革命在一省與數省首先勝利的決議》，完全否定了農村包圍城市的戰略，「過去正確的不佔取大城市的策略，現在是不同了；擴大蘇區，將零星的蘇區聯繫成整個的蘇區，利用目前順利的政治與軍事的條件，佔取一二個重要的中心城市，以開始革命在一省數省的首先勝利是放到黨的全部工作與蘇維埃運動的議事日程上面了」。[136] 自此到 1933 年 11 月中央紅軍第五次反「圍剿」戰爭，紅軍改變了游擊戰術，初時，只講進攻，不講防禦，要求裝備技術條件不具備的紅軍，冒險攻打敵人重兵把守或設防堅固的中心城市。其後，對付敵人「圍剿」時，用拚命主

---

134 《中國人民解放軍全史》（3），第 156 頁。

135 〈由於工農紅軍衝破第三次「圍剿」及革命危機逐漸成熟而產生的黨的緊急任務〉（1931 年 9 月 20 日），《中共中央文件選集》（7），第 431－441 頁。

136 〈中央關於爭取革命在一省與數省首先勝利的決議〉（1932 年 1 月 9 日），《中共中央文件選集》（8），第 28－38 頁。

義，同敵人打消耗戰，要求紅軍「禦敵於國門之外」，「不讓敵人蹂躪一寸蘇區」，「六路分兵」、「全線抵禦」，「處處設防，節節抵禦」、「以堡壘對堡壘」。結果，兵敗如山倒，把中央蘇區丟了。[137]

4. 第四次圍剿

　　1931 年 9 月 18 日，日本關東軍一萬餘人在八小時內佔領瀋陽城。次日佔營口、安東等地。20 日佔長春，21 日佔吉林省城。1932 年 1 月 2 日，日軍攻入錦州，東三省全部淪陷！全國呼籲抗日救亡，國民政府軟弱無力，依靠國際聯盟主持正義，助長了侵略者的氣焰。駐上海之日本海軍於是企圖乘機侵佔上海，1932 年 1 月 28 日下午 11 時 30 分，日本陸戰隊進攻北市、吳淞，19 路軍軍長蔡廷鍇奮起抵抗，國民政府宣佈遷都洛陽，以示不屈。蔣介石調派其精銳的第 5 軍和江西剿共的國軍增援，浴血奮戰。因上海是國際商埠，日本意在借此轉移視線，鞏固吞併東北成果，乃在英、美等國調解下，於 5 月 5 日與中國訂立停戰協定，戰事結束。

　　當蔣介石窮於應付日本侵略之際，中共乘機擴張各地蘇維埃政權，並在江西瑞金成立了「中華蘇維埃共和國臨時中央政府」。14 日，蔣介石下定決心要消滅中共，「對於皖豫鄂匪，擬全力進剿，以除後患」，[138] 立即籌劃對各地紅軍發動第四次圍剿。

　　1932 年 10 月，國軍先後攻佔了張國燾領導的鄂豫皖根據地和賀龍領導的湘鄂西根據地。12 月，何應欽調集三十多個師，分左、中、右三路進攻中央蘇區。蔡廷鍇總指揮左路軍，率領福建的第 19 路軍等部共六個師又一個旅；陳誠總指揮蔣介石嫡系的十二個師，負責主攻任務；余漢謀總指揮右路軍，率領駐贛南、粵北的廣東部隊六個師又一個旅。另部署五個師在南城、南

137《中國人民解放軍全史》（3），第 157－160 頁。
138《蔣介石日記》（手稿本），第 375 頁。

豐、樂安等地守備。第3、第4航空隊在南昌支援作戰。中路軍總兵力約七十個團，十六萬人，組成三個縱隊：羅卓英第1縱隊，吳奇偉第2縱隊，趙觀濤第3縱隊。1933年1月6日，各部隊集結完畢。1月底，蔣介石到南昌指揮，準備採取「分進合擊」戰術，企圖一舉殲滅紅軍主力於黎川、建寧地區。

這時紅一方面軍轄第1、第3、第5軍團和第11、第12、第21、第22軍，總兵力約七萬人。中共中央提出了「粉碎帝國主義國民黨的四次圍剿」，「一寸蘇區的土地不被國軍隊踩躪」，「保衛蘇維埃根據地」，「爭取聯繫一片的蘇區」等口號，改變以往避實擊虛的游擊戰戰略，轉為「必須向敵人採取積極進攻的策略，消滅敵人在一方面的主力，以根本擊破敵人的『圍剿』計劃」，要求各蘇區紅軍堅決執行中央最近軍事計劃，「造成佔領南昌包圍武漢的形勢」。[139]

1月下旬，紅一方面軍企圖在金溪以南尋機殲滅國軍第14師和第90師失敗。2月4日，中共蘇區中央局要求紅軍主動進攻作戰擊潰敵人，首先圍攻敵人撫河戰線進攻中央蘇區的重要基地——南豐。9日，紅軍向南豐開進。12日晚，紅軍第3、第5軍團發起進攻，激戰至次日晨，仍無法突破敵人主陣地。陳誠派部隊增援，迂回到紅軍後方，與紅軍在南豐地區進行決戰。22日，周恩來、朱德鑑於敵軍兵力密集，決定撤圍，待機殲敵。

陳誠指揮中路軍第1縱隊向廣昌、寧都推進，第2縱隊側擊黎川、建寧，第3縱隊正面進攻黎川，企圖一舉殲滅黎川紅一方面軍主力。紅一方面軍鑑於第1縱隊與第2、第3兩縱隊距離較遠，形勢孤立，且第52、第59兩師由樂安向黃陂開進的必經要道，登仙橋以東地區，山高林密，有利設伏，又臨近紅軍集結地，於是決定全力伏擊殲滅這兩師。

2月26日，紅軍各部先後進入預定地域佈置。27日，李明第52師沿登仙橋向黃陂前進；陳時驥第59師沿固崗向黃陂前進。兩師之間有摩羅嶂大山

---

139 〈中央關於帝國主義國民黨四次「圍剿」與我們的任務的決議〉（1932年6月21日），
　　《中共中央文件選集》（8），第218－231頁。

相隔，聯絡協同困難。中午 1 時，李明第 52 師前衛到達橋頭附近，立即被紅軍攔腰切斷，紅軍同時攻擊大龍坪的第 52 師師部和登仙橋的退路。經三小時的激戰，全殲第 52 師師部和第 154 旅第 309 團，虜獲李明師長。第 52 師餘部亦在兩日內相繼被殲滅。27 日中午 1 時，紅軍同時進攻第 59 師，陳時驥立即命部隊在西源堅守，與紅軍激戰到黃昏，形成對峙狀態。翌日，紅軍增援全力進攻，陳時驥率殘部向蛟湖撤退，希望與第 52 師會合，但到蛟湖時才發現第 52 師已經被殲滅，於是轉向樂安方向逃走。3 月 1 日到達登仙橋被殲滅，陳時驥被俘。

黃陂失利後，陳誠改用「中間突破」戰術，向廣昌進攻。紅軍採誘敵戰略，吸引敵人加快前進，令部隊前後兩個縱隊之間的距離加大，無法互相支援。3 月 20 日，國軍前縱隊進到羅坊一帶，後縱隊之第 11 師進至草台崗一線，前後兩個縱隊之間相距近 50 公里。紅軍於是決定集中第 1 軍團、第 3 軍團、第 5 軍團、第 12 軍和第 21 軍等優勢兵力，在草台崗殲滅陳誠的起家部隊第 11 師，以便重挫圍剿軍的士氣。

3 月 20 日，第 1 縱隊指揮官羅卓英巡視戰場，發現草台崗地形不利，且紅軍有準備大戰跡象，下令蕭乾第 11 師連夜撤回五里牌，以便互相支援。但第 11 師驕兵悍將，輕視紅軍，不肯奉令後撤。21 日拂曉，紅軍發動進攻，蕭乾各陣地相斷陷落，第 11 師大部被殲，全師只剩下不到三千人。[140] 羅卓英下令李延年第 9 師增援，亦受重創。其餘各軍遂紛紛撤退，第四次圍剿因而結束。紅軍在黃陂、草台崗兩仗殲敵近三個師，俘虜萬餘名，繳槍萬餘支。[141]

5. 第五次圍剿

1933 年 5 月，蔣介石在南昌成立「軍事委員會委員長南昌行營」，直接

140　宋瑞珂：〈對中央蘇區第四次圍攻紀略〉，《文史資料選輯》（45），第 162－169 頁。
141　《中國人民解放軍全史》（3），第 171－178 頁。

指揮第五次圍剿。蔣介石在南昌召集前方高級將領顧祝同、蔣鼎文、陳誠、薛岳、孫連仲等，開剿共會議，確定了第五次圍剿的計劃，採取「三分軍事、七分政治」的方針，並確立了「戰略取攻勢，與戰術取守勢」的原則；採用晏道剛和賀國光制定的「穩紮穩打，步步為營，修碉築路，遂步推進」的辦法，劃區兜剿，分進合擊的戰法，來打擊紅軍的人海戰術與游擊戰術。又採用楊永泰建議：在政治上，厲行保甲制度和連坐法，加強特務活動，對其新佔領區實行血腥鎮壓和欺騙利誘相結合的政策；在經濟與交通上，對蘇區實行嚴密封鎖，杜絕消息，不使其有向外鑽空隙、超越滲透和發展其宣傳與組織的間隙，不使其獲有外援接濟的機會。軍事上，採取持久戰和「堡壘戰術」的新戰術，制定了進剿原則：「以守為攻，乘機進剿，主用合圍之法，兼採機動之師，遠探密壘，薄守厚援，層層鞏固，節節進逼，對峙則守，得隙則攻。」迫使紅軍進行陣地戰來比力量拼消耗。[142]

　　蔣介石一面向美、英、德、意等國大量借款，購買飛機、大炮，聘請外國軍事顧問和專家；一面在盧山召開軍事會議，創辦軍官訓練團，編印《剿匪手冊》，制定「圍剿」計劃，調集和整編軍隊，加緊準備。蔣介石調集了一百萬大軍，直接用於進攻紅一方面軍和中央蘇區的兵力有五十萬：

　　北路軍總司令顧祝同，指揮第 1 路軍、第 2 路軍和第 3 路軍，共三十三個師又三個旅。陳誠為北路軍前敵總指揮，率領第 3、6 路軍由北向南進攻，是這次「圍剿」的主力部隊，各軍均構築碉堡封鎖線，依託碉堡向廣昌方向推進，層層進迫，尋求紅軍主力決戰。

　　南路軍總司令陳濟棠，指揮十一個師又一個旅，也建築碉堡封鎖贛粵邊境，阻止紅軍向南發展。

　　第 19 路軍總指揮蔡廷鍇所部及歸其指揮的共有七個師又兩個旅，扼守閩

---

142 蔣總統集編輯委員會：《蔣總統集》（專著）（1）（台北：國防研究院，1961 年），第322 頁；晏道剛：〈蔣介石追堵長征紅軍的部署及其失敗〉，《文史資料選輯》（62），第 4 頁。

西和閩西北地區，阻止紅軍向東發展。閩變之後，蔡廷鍇去職。蔣介石將進攻福建的 2、4、5 路軍編為東路軍，以蔣鼎文為東路軍總司令。

西路軍總司令何鍵所部九個師又三個旅和浙贛閩邊區警備司令趙觀濤所部五個師又四個保安團，負責阻止紅一方面軍向贛東北和贛江以西活動。

此外，蔣介石把空軍五個隊共二百架飛機，配置在南昌、撫州、南城，掩護和支援地面部隊作戰。

中央蘇區紅軍有八萬餘人，7 月 1 日以第 3 軍團和第 19 師組成東方軍，由司令員彭德懷，政委滕代遠，率領入閩作戰；紅 1 軍團及江西的四個獨立團組成中央軍，司令員林彪，政委聶榮臻，部署在撫河和贛江之間。面對國軍的圍剿，中共臨時中央繼續推行王明軍事冒險主義，採「禦敵於國門之外」的方針，要求紅軍在蘇區之外戰勝敵人，爭取蘇維埃在全中國的勝利。當時，共產國際派來的軍事顧問李德（原名奧托·布勞恩 Otto Braun，又名華夫）已經到達中央蘇區，他在博古（秦邦憲）的支持下，實際上掌握了中革軍委（中華蘇維埃中央革命軍事委員會）的領導權。

1933 年 9 月 25 日，顧祝同指揮北路軍由南城、硝石向黎川進攻，開始了第五次「圍剿」。27 日，國軍擊潰紅 7 軍團蕭勁光部，佔領黎川，將連繫東西兩方紅軍之樞紐切斷。第五次圍剿開始後，中共中革軍委立即調派彭德懷的東方軍從福建將樂、順昌地區北上禦敵。「首先消滅進逼黎川之敵，進而會合我撫西力量與全力與敵在撫河會戰。」但黎川迅速失陷，中革軍委遂命令東方軍和中央軍聯合奪回黎川。東方軍於是進攻硝石，企圖截斷黎川和硝石間聯絡。但硝石守軍早已劃分防區，修築碉堡互相支援，構成濃密火網，待機迎敵。9 日下午 3 時，紅 3 軍團和紅 5 軍團開始猛攻硝石，未下。10 日至 12 日，紅軍連日進攻，傷亡慘重，仍無法突破敵人陣地。中央紅軍無法阻止南城方向的國軍增援。13 日，國軍第 9、第 11、第 14、第 94 等四個師趕到硝石，東方軍只得撤圍而去。

10 月 17 日，南昌行營發出戰字 2130 號訓令，指示剿匪綱領：

進剿部隊「不必先找匪之主力，應以佔領匪所必爭之要地為目的，我軍

只要先有目的地，向之前進，第一步求能佔領目的地，使匪不得不來爭為最大任務，且由我集中之根據地與目的地間之距離，應劃分數段，亦應指定其縱橫各個目的地，將其前後左右之地形，（橫的方面，尤為重要。）……準備與之隨地決戰，但對我軍前進道路之兩則即橫的方面三四十里以內各要點，均須預先選定據點，構築碉堡，掩護我軍前進之安全，而此橫的三四十里以外之地區，應由各橫據點部隊盡向外游擊與搜索，毋使匪有可乘側擊之機；如此，則橫的各目的地之據點，能穩固鎮守，使我主力能如期佔領最後目的地為唯主，匪縱狡許，亦無不滅矣。再匪區縱橫不過五百方里，如我軍每日能進展二里，則不到一年，可以完全佔領匪區，故今日剿匪，不在時間之緩急，亦不必憂匪之難覓」。進剿軍於是詳細規劃構築封鎖線，每一駐地按照駐軍的規模，團、營級兵力建築碉堡，連、排級建築碉樓，限時九至十五日內完成；構築封鎖線、彈藥和糧食的貯存數量和補給均有明確規定。[143]

訓令要求各部隊本「戰略攻勢，戰術守勢」原則，繼續構築綿密的碉堡封鎖線，逐步推進，使紅軍無隙可尋。

中革軍委無視紅軍缺乏攻堅火力，仍然採用硬拼硬打的方法與國軍對抗，提出：「如果原則上拒絕進攻這種堡壘，那便是拒絕戰鬥。」10 月 18 日，下令部隊在資溪橋地區與敵決戰。是日，薛岳第 7 縱隊到達潭頭市；周渾元第 8 縱隊分三路到達資溪橋，立即在原地構築工事，派隊四處游擊，搜集紅軍情報。21 日，第 8 縱隊 96 師一營外出偵察，與紅軍接戰，營長陣亡，全營退回資溪橋。22 日，紅軍第 3、第 13、第 15 師向資溪橋、潭頭市猛攻，連攻四天不克。受碉堡工事猛烈火力所拒，日間被敵機轟炸，晚上露營野外，十分疲憊。最後在 26 日撤退。[144]

10 月 28 日，中共中革軍委組建紅 7 軍團和紅 9 軍團。11 月 11 日，紅

---

143 贛粵閩鄂北路剿匪軍第三路軍總指揮部參謀處：《五次圍剿戰史》（上）（台北：中華民國開國五十年文獻編纂委員會，1968 年重印），頁 73－80 頁。

144 《五次圍剿戰史》（上），第 89－92 頁。

7軍團向滸灣進攻，金溪、琅琚國軍迅速增援。紅3軍團主力也投入戰鬥增援，國共兩軍在滸灣東十里之吳家崗附近展開血戰。紅軍在敵人密集炮火和飛機低空轟炸掃射之下，死傷超過三千人，被迫撤出戰鬥。

11月15日，中央軍以主力第1軍團和第9軍團之第14師企圖越過國軍堡壘封鎖線與東方軍配合作戰，被敵軍截擊。中央軍退守雲蓋山、大雄關地區。17日，薛岳第7縱隊李玉堂第3師猛攻紅軍雲蓋山陣地，紅軍傷亡慘重，殘部向蘇區核心地區退卻。[145] 自此，東方軍和中央軍番號取消。紅軍連續失利，王明「左」傾軍事冒險主義破產，中共臨時中央和中革軍委轉為軍事保守主義，採取消極防禦的作戰方針，處處設防，節節抵禦，不敢深入敵人後方無堡壘地區作戰，也沒有採取誘敵深入、聚而殲之的戰略，只是進行陣地防禦，與敵人拼消耗。

11月20日，19路軍與蔣決裂，成立福建人民政府。中共沒有做好統一戰線工作，讓19路軍孤軍作戰。蔣從容擊潰19路軍後，便從東面合圍，四面圍殲紅軍。1934年1月，蔣介石重新開始進攻中央蘇區。這時，紅一方面軍總部與中革軍委合併，方面軍所屬部隊由中革軍委直接指揮，稱中央紅軍。2月3日，中革軍委改組，主席仍由朱德擔任，副主席周恩來、王稼祥。實際指揮權仍由博古和李德操縱，他們繼續指揮紅軍不顧敵人的堡壘陣地和猛烈炮火，拚命進攻，結果傷亡慘重。

2月底，北路進剿軍完成樟橫村到南豐的碉堡線，主力直迫蘇區門戶廣昌。3月1日，北路軍向廣昌構築碉堡和公路，逐段推進，迫紅軍決戰。紅1、3、5、9軍團也在廣昌構築防禦工事迎敵。

3月9日，羅卓英第5縱隊李樹森第94師在東華山、五都寨構築碉堡，佈置迫擊炮禦敵。11日拂曉，紅軍第4、5兩師猛攻東華山、紅6師猛攻五都寨陣地。雙方反覆肉搏，死傷枕藉，第94師被迫放棄陣地。13日，北路軍全線反攻，大敗紅軍第1、3、5、9軍團，收復東華山、五都寨陣地。15日，北

---

145 《五次圍剿戰史》（上），第96－98頁。

路軍進攻紅 14 師瑤陂，該地早已構築堅固的碉堡，和外壕鹿砦，一般步兵頗難接近。但北路軍運來重炮，集中炮轟和召來空軍轟炸掃射，結果只花了數小時便將之攻陷。北路軍隨即展開追擊，不斷用重炮摧毀沿途各碉堡，並構築多層碉堡封鎖線和公路，逐次推進，隨時準備與紅軍主力決戰。

4 月 9 日，北路軍進至紅 9 軍團和紅 3 軍團的甘竹附近，每佔一地，立即構築碉堡封鎖線，逐步推進，牢牢控制了甘竹市附近要點。北路軍派十一個師的兵力猛攻廣昌，沿撫河東西兩岸，交替築碉堡前進。紅軍集中九個師防守，在廣昌及其以北地區同敵軍決戰。國軍沿撫河東岸向大羅山、延福嶂猛攻紅軍陣地，紅軍以主力頑強抵抗。西岸國軍乘機突破紅 9 軍團陣地，13 日，北路軍第 5 縱隊黃維第 11 師、傅仲芳第 67 師兩路夾攻甘竹，血戰整天後，在 14 日佔領甘竹。19 日，北路軍樊松甫第 3 縱隊攻佔大羅山、延福嶂，紅 3 軍團全力反攻失敗。20 日，國軍向廣昌推進，在飛機重炮炸射之下，逐一攻破紅軍碉寨。22 日，國軍佔領長生橋、高洲埠一帶。27 日，撫河兩岸國軍總攻廣昌，紅軍調動紅 9 軍團、紅 5 軍團、紅 1 軍團和紅 3 軍團堵截敵軍和防守廣昌，但都失敗。紅軍在廣昌保衛戰，歷時十八天，傷亡五千五百餘人，佔參戰總兵力約五分之一。廣昌失守後，中共中央蘇區首府——瑞金北大門洞開，標誌着中央紅軍第五次反圍剿戰鬥的失敗。

7 月上旬，蔣介石派三十一個師分兵六路全面進攻，中共「六路分兵」迎敵：

一、紅 3 軍團第 6 師和第 21 師在興國西北沙村地區，抵禦敵人第 8 縱隊；

二、第 23 師和江西獨立團在古龍岡以北地區，抵禦敵人第 6 縱隊；

三、紅 5 軍團第 13 師在頭陂地區，抵禦敵人第 5 縱隊；

四、紅 3 軍團第 4、第 5 兩師和紅 5 軍團第 34 師在驛前以北地區，抵禦敵人第 3、第 10 縱隊的進攻；

五、紅 1 軍團、紅 9 軍團及第 24 師在朋口、連城以西地區，抵禦敵人東路軍的進攻；

六、第 22 師在筠門嶺地區，抵禦敵人南路軍。

8 月 5 日，國軍北路軍集中九個師，在飛機重炮的支援下，進攻驛前以北地區。紅 3 軍團和紅 5 軍團在高虎腦、萬年亭到驛前的十五公里縱深內，構築了五道防禦陣地，雖然令敵人傷亡慘重，但自己也傷亡二千三百餘人，內有幹部六百多人，支持到 28 日，放棄陣地。

中共中央放棄紅軍傳統靈活作戰的戰術，「全線抵禦」，硬拚死守，結果為敵所制，節節敗退，要地相繼失守。10 月上旬，國軍進抵興國、古龍岡、寧都、石城、長汀、會昌一線。10 月 10 日，中共放棄中央根據地，開始二萬五千里長征。[146]

五、二萬五千里長征

1.「長征」名稱的由來

中共資料文件初時是用「西征」、「突圍」一詞。1934 年 12 月，《中央局關於目前形勢與我們的任務的提綱》稱紅軍退出了若干城市與瑞金，是「在新的策略之下的有計劃的自動退出」，這是「西征」行動。[147] 1935 年 1 月，《中央關於反對敵人五次「圍剿」的總結決議》稱撤離中央蘇區的行動是「突圍」。[148] 至 1935 年 8 月 5 日，《中央關於一、四方面軍會合後的政治形勢與任務的決議》首先提出「萬里長征」一詞，「一方面軍一萬八千里的長征是中國歷史上

---

146 《中國人民解放軍全史》(3)，第 180－191 頁；楊伯濤：〈蔣軍對中央蘇區第五次圍攻紀要〉，《文史資料選輯》(45)，第 181－196 頁。

147 〈中央局關於目前形勢與我們的任務的提綱〉(1934 年 12 月 15 日)，《中共中央文件選集》(9)，第 420－435 頁。

148 〈中央關於反對敵人五次「圍剿」的總結決議〉(遵義會議)，(1935 年 1 月 8 日政治局會議通過)，《中共中央文件選集》(9)，第 443－460 頁。

的空前的偉大事業」。[149] 9 月 12 日，《中央關於張國燾同志的錯誤的決定》一文提出了「二萬餘里長征」，「中央紅軍在反對敵人五次『圍剿』的鬥爭中及突圍後的二萬餘里的長征」。[150] 同年 11 月，《中國共產黨中央委員會為日本帝國主義併吞華北及蔣介石出賣華北出賣中國宣言》明確為長征作出定義，「中國共產黨所領導的中國工農紅軍的主力」，「經過二萬五千餘里的長征，跨過了十一省的中國領土，以一年多艱苦奮鬥不屈不撓的精神，最後勝利的到達了中國的西北地區」。[151]

2. 長征經過

（1）蔣介石對紅軍行動方向的判斷及部署

1934 年 10 月中旬，蔣介石在南昌行營召集楊永泰、熊式輝、林蔚、賀國光和晏道剛開會，對紅軍突圍方向作出了估算：

一、由贛南信豐入廣東。蔣認為：紅軍利在乘虛，如進入粵境，逼得粵軍不得不拼命抵抗，倘被前後夾擊，是難於立足的，那是他們的不利之路，去了亦無足為慮。

二、從贛南經粵湘邊入湘南，重建蘇區。蔣認為贛粵湘邊區是政治上的薄弱點所造成的軍事薄弱點，且中央紅軍入湘後有與賀龍部會合之利，應加重視。

三、進入湖南後出鄂皖蘇區再北進。蔣認為這是當年太平天國北進路線，政治上威脅較大，可以考慮。

---

149 〈中央關於一、四方面軍會合後的政治形勢與任務的決議〉（1935 年 8 月 5 日中央政治局通過，毛兒蓋會議），《中共中央文件選集》（9），第 494 頁。

150 〈中央關於張國燾同志的錯誤的決定〉（1935 年 9 月 12 日於俄界），《中共中央文件選集》（9），第 505 頁。

151 〈中國共產黨中央委員會為日本帝國主義併吞華北及蔣介石出賣華北出賣中國宣言〉（1935 年 11 月 13 日），《中共中央文件選集》（9），第 566－569 頁。

四、經湘西入黔、川再北進。楊永泰以為還要考慮紅軍以後渡長江上游金沙江入川西的可能性。蔣:「這是石達開走的死路。他們走死路幹什麼?如走此路,消滅他們就更容易了。」

蔣介石為了對付紅軍突圍的行動雖考慮了幾個方案,在他心目中最害怕的是紅軍在湖南重建根據地,怕中央紅軍與賀龍紅軍會合,將來在鄂湘川黔建成一片蘇區。

10 月 18 日,紅軍西移前鋒到達贛湘粵邊,顯示紅軍是戰略轉移,不是南下,而是西進。蔣介石在當日下午 7 時召集晏道剛和賀國光擬定初步追堵計劃和電令:

一、西路軍何鍵部除留劉膺古縱隊於贛西「清剿」外,主力悉調湘南佈防,依湘江東岸構築工事進行堵截,並以有力之一部在粵湘邊境堵擊,該路總部移駐衡陽;

二、南路軍陳濟棠部除李揚縱隊留置贛閩邊「清剿」外,主力進至粵湘邊樂昌、仁化、汝城間地區截擊,該路總部推進至韶關;

三、第 4 集團軍主力集中桂北,總部移至桂林;

四、北路軍顧祝同部以第 6 路軍薛岳率所部包括吳奇偉、周渾元兩個縱隊擔任追擊。

蔣介石雖然調派大軍對紅軍層層堵截,但追堵部隊並無猛追強堵,怕接近紅軍被紅軍反擊挨打,採取的是「送客式的追擊,敲梆式的防堵」。[152]

(2) 紅四方面軍的長征經過

1931 年 5 月 12 日,中共鄂豫皖中央分局和軍事委員會成立,張國燾任分局書記兼軍委主席。到 1931 年冬,鄂豫皖紅軍鞏固和擴大了蘇區,發展到約三萬人,組成了紅四方面軍。經過黃安、商潢、蘇家埠、潢光等戰役,多次擊敗進剿的國軍,使鄂豫皖蘇區發展到擁有六座縣城、二十六個縣的蘇維

152　晏道剛:〈蔣介石追堵長征紅軍的部署及其失敗〉,《文史資料選輯》(62),第 6-14 頁。

埃政權，三百五十萬人口的地區，主力紅軍數達四萬五千餘人，赤衛軍二十餘萬人。但紅四方面軍領導張國燾勝利沖昏了頭腦，以為「國民黨動員任何多少部隊，都不堪紅軍的一擊」。[153] 1932 年 6 月 5 日，中共臨時中央向各蘇區發出軍事訓令，要求紅四方面軍以主力西行，威脅武漢。張國燾依照訓令，堅持進攻戰略，沿平漢路南下，威逼武漢。方面軍總指揮徐向前鑑於敵人正在加緊部署「圍剿」，兩次建議部隊停止作戰，休整待機，準備迎敵。但張國燾不同意，堅持實施不停頓地進攻戰略，下令奪取麻城。8 月上旬，紅四方面軍主力圍攻麻城。8 月 7 日，國軍三路大軍迅速攻入鄂豫皖蘇區中心，直撲黃安。張國燾才下令回師解圍。13 日，黃安被佔。21 日，國軍兩路會攻鄂豫皖蘇區政治中心——新集。9 月 6 日，國軍三面包圍新集，紅四方面軍首長鑑於敵眾我寡，決定撤離豫東南。國軍於 9 日佔新集，14 日佔商城。

10 月 8 日，紅四方面軍重返黃安以西河口附近。9 日，國軍三面迫近。10 日，張國燾在河口以北黃柴畈召開緊急會議，決定轉移到外線去，鄂豫皖中央分局和紅四方面軍總部共二萬餘人，越過平漢路向西轉移，[154] 西行五千里，於 12 月過大巴山入川北。這時四川軍閥混戰，紅四方面軍乘機在 1933 年 1 月 18 日佔領通江縣北部邊界的兩河口，擊敗田頌堯第 29 軍，建立了川陝蘇區。1 月 21 日，蔣介石調停四川各派軍閥的衝突，停止混戰，共同對付紅四方面軍。27 日，委任田頌堯為川陝邊「剿匪」督辦，組織對紅 4 軍和川陝蘇區的圍剿。2 月 18 日，田頌堯部三個縱隊發起全線進攻，至 6 月 15 日，三路圍剿失敗，追剿軍被俘一萬餘人，槍八千餘枝，機關槍二百餘挺，迫擊炮五十餘門。

1933 年 9 月，劉湘統一四川軍閥，10 月就任蔣介石任命的四川「剿匪」總司令一職，重新組織六路圍攻紅四方面軍。這時，紅四方面軍已由入川時

---

153 〈中央致鄂豫皖蘇區黨省委信〉（1933 年 3 月 15 日），《中共中央文件選集》（8），
　　第 529－546 頁。

154 《中國人民解放軍全史》（3），第 205－209 頁。

的一萬五千人發展至約八萬人，川陝蘇區發展成為一個控制了八座縣城、二十餘縣革命政權和四五百萬人口的新蘇區。12月中旬，劉湘開始進攻，激戰到 1935 年 2 月，進剿軍攻入川陝蘇區，佔領了萬源、閬中、蒼溪等城和嘉陵江東岸的大片地區。[155]

　　1935 年 3 月 28 日至 4 月 21 日，紅四方面軍張國燾戰略配合紅一方面軍，發起嘉陵江戰役，放棄川陝根據地，強渡嘉陵江，向西挺進。總指揮徐向前，政治委員陳昌浩，副總指揮王樹聲。5 月中旬佔領了茂縣、理番。6 月 18 日，在岷江以西的懋功與紅一方面軍會師，兩軍總兵力達十餘萬人。不過，根據張國燾的回憶錄，紅一方面軍由江西西行，人數約為九萬，到達懋功時只剩一萬人。林彪的第 1 軍團約為三千五百人，彭德懷的第 3 軍團約三千人，董振堂的第 5 軍團不到二千人，羅炳輝的第 12 軍只剩幾百人。再加上中央各直屬部隊，總計約一萬人。所有炮全丟，機關槍沒子彈，每枝步槍平均只有五顆子彈。紅四方面軍人數在四萬五千左右，步槍兩萬多枝，每個士兵都背有百顆左右的子彈，機關槍齊全，還有用驢馬拖的成箱機槍子彈及大小的迫擊炮。換言之，兩軍總兵力只有五萬餘人，非中共軍史所說的有十萬人。[156]

　　兩軍會師時，紅四方面軍和紅一方面軍就發展方向產生了嚴重方歧，1935 年 6 月 16 日，毛澤東、周恩來、朱德、張聞天在致紅四方面軍領導人電中提出：「今後我一、四兩方面軍總的方針應是佔領川陝甘三省，建立三省蘇維埃政權。並於適當時期以一部組織遠征軍佔領新疆」，指出紅四方面軍全部和紅一方面軍主力「均宜在岷江以東」，「向着岷嘉兩江之間發展」，「堅決地鞏固茂縣、北川、威州在我手中，並擊破胡宗南之南進，是這一計劃的樞紐」。[157] 6 月 17 日，張國燾、陳昌浩覆電中共中央，認為「北川一帶地形、給

---

155 《中國人民解放軍全史》（3），第 214－226 頁。

156 《中國人民解放軍全史》（3），第 267 頁；《我的回憶》（3），第 1123－1126 頁。

157 毛澤東：〈應在川陝甘三省建立蘇維埃政權〉（1935 年 6 月 16 日），《毛澤東軍事文集》（1），第 358 頁。

養均不利大部隊行動，再者水深流急，敵已有準備，不易過」，不宜過岷江東打；主張北攻阿壩，過草地西進北上，「組織遠征軍，佔領青海、新疆」。為了統一戰略思想，6 月 26 日，中共中央政治局在懋功以北的兩河口舉行會議，出席會議的有張聞天、毛澤東、周恩來、朱德、博古、張國燾、劉少奇、劉伯承、林彪、聶榮臻、彭德懷等。會議通過了周恩來代表中共中央和中革軍委所作的關於目前戰略方針的報告。根據會議精神，政治局於 6 月 28 日作出《關於一、四方面軍會合後戰略方針的決定》，指出：「一、在一、四方面軍會合，我們的戰略方針是集中主力向北進攻，在運動戰中大量消滅敵人，首先取得甘肅南部，以創造川陝甘蘇區根據地，使中國蘇維埃運動放在更鞏固更廣大的基礎上以爭取中國西北各省以至全中國的勝利。二、為了實現這一戰略方針，在戰役上必須首先集中主力消滅與打擊胡宗南軍，奪取松潘與控制松潘以北地區，使主力能夠勝利的向甘南前進。」[158]

兩河口會議後，中共中央、中革軍委率紅一方面軍主力北上，張國燾延宕紅四方面軍的行動，並提出「南下川康邊」的主張，並策動陳昌浩在 7 月 16 日、18 日連電中革軍委，說：「職堅決主張集中軍事領導，不然無法順利滅敵。職意仍請燾任軍委主席，朱總任總前敵指揮，周副主席兼參謀長。中政局決大方針後，給軍委獨斷決行的大權。」為了團結，中共中央在 18 日任命張國燾為紅軍總政委。21 日，中革軍委決定以紅四方面軍總指揮部為紅軍前敵總指揮部，徐向前兼總指揮，陳昌浩兼政治委員，葉劍英為參謀長。

8 月 4 日至 6 日，中共中央政治局在毛兒蓋附近的沙窩舉行會議，討論當時的形勢與任務。張聞天、毛澤東、周恩來、朱德、博古、張國燾、劉伯承、陳昌浩、徐向前等出席會議。會議經過討論，通過了《中央關於一、四方面軍會合後的政治形勢與任務的決議》，指出：「創造川陝甘的蘇區根據地，是放在一、四方面軍前面的歷史任務。這個根據地的造成，不但是紅軍作戰

---

158 〈中央政治局決議——關於一、四方面軍會合後的戰略方針〉（1935 年 6 月 28 日），《中共中央文件選集》（9），第 482 頁。

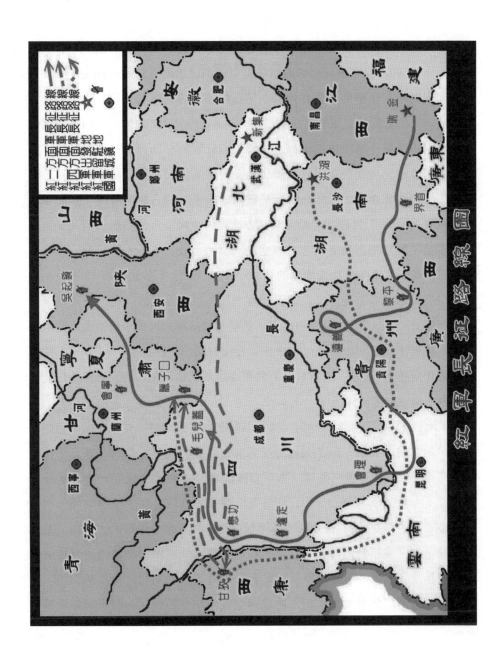

紅 軍 長 征 路 線 圖

的後方，而且是推動整個中國革命前進與發展的蘇維埃國家的領土。」決議強調：「一、四方面軍的兄弟的團結，是完成創造川陝甘蘇區，建立中華蘇維埃共和國的歷史任務的必要條件，一切有意無意的破壞一、四方面軍團結一致的傾向，都是對於紅軍有害，對於敵人有利的。」「必須使一、四方面軍的每一個同志了解一、四方面軍都是中國工農紅軍的一部分，都是中國共產黨中央所領導的。在我們中間只有階級的友愛與互助而沒有分歧和對立。只有這樣，一、四方面軍的團結一致才是堅固的與永久的。才能溶成一片的去消滅階級敵人。」[159] 會議決定增補紅四方面軍的徐向前、陳昌浩、周純全為政治局委員。紅軍總部在 8 月 3 日制定的《夏洮戰役計劃》，將紅軍分成左右兩路軍，在卓克基及其以南地區的第 5、第 9、第 31、第 32、第 33 軍為左路軍，由紅軍總司令朱德、總政委張國燾率領，經阿壩北進；在毛兒蓋地區的第 1、第 3、第 4、第 30 軍為右路軍，由前敵總指揮徐向前、政治委員陳昌浩率領，經班佑北進。中共中央、中革軍委隨右路軍行動。8 月 20 日，左路軍先頭部隊到達阿壩地區，8 月底，右路軍亦全部到達班佑。蔣介石急令位於松潘地區的胡宗南部前往堵截。

9 月 1 日，毛澤東、徐向前、陳昌浩聯名致電張國燾，建議左路軍迅速出班佑，向右路軍靠攏。但是張國燾反對北上，主張南下，在 9 月 3 日要「右路軍即乘勝回擊松潘敵，左路（軍）備糧後亦向松潘進」。5 日，命令左路軍停止北上，就地籌糧待命。8 日，電令紅四方面軍駐馬爾康地區的部隊扣留中央縱隊；同日 22 時，命令右路軍準備南下。周恩來、張聞天、博古、毛澤東、徐向前、陳昌浩同時聯名致電張國燾，指出「左路軍如果向南行動，則前途將極端不利」，指出：甲、地形利於敵封鎖，而不利於我攻擊；乙、經濟條件，絕不能供養大軍；丙、阿壩南至冕寧均少數民族，我軍處此區域有

---

159 〈中央關於一、四方面軍會合後的政治形勢與任務的決議〉（1935 年 8 月 5 日中央政治局通過，毛兒蓋會議），《中共中央文件選集》（9），第 489－495 頁。

消耗無補充；丁、北面被敵封鎖，無戰略退路。[160] 9 日，張國燾致電左路軍後梯隊的倪志亮、周純全稱：「現天更冷，再北進部隊必被拖垮。」並電令陳昌浩率右路軍南下。後致電中共中央說：北上會遇到很多困難，提出紅軍「宜以一部向東北佯動，誘敵北進，我則乘勢南打」。10 日凌晨，中共中央率第 1、第 3 軍北上，並發出《中央為執行北上方針告同志書》，指出「南下是草地、雪山、老林，南下人口稀少，糧食缺乏，南下是少數民族的地區，紅軍只有減員，沒有補充，敵人在那裏的堡壘線已經完成，我們無法突破，南下不能到四川去，南下只能到西藏、西康，南下只能是挨凍挨餓，白白的犧牲生命，對革命沒有一點利益，對於紅軍南下是沒有出路的。南下是絕路」，號召全軍「應該堅決擁護中央的戰略方針，迅速北上，創造川陝甘新蘇區」。[161] 同日，中共中央致電張國燾，指出調右路軍南下電令是完全不適宜的，只有向北，才是出路，「北上方針絕對不應改變，左路軍應速即北上」。同時致電右路軍領導人：中央已令一方面軍主力向羅達、拉界前進。原四方面軍的 4 軍、30 軍歸你們指揮，應於日內尾 1、3 軍後前進。「以後右路軍歸軍委副主席周恩來同志指揮之。」張國燾指斥中共中央率紅一方面軍主力北上甘南是「逃跑」畏敵。這時紅四方面軍曾有人請示是否派部隊攔阻，但被徐向前制止。

9 月 12 日，中共中央政治局在甘肅迭部縣俄界舉行擴大會議，通過了《關於張國燾同志的錯誤的決定》，批評：「張國燾同志的機會主義與軍閥主義的傾向」，「不去確立紅軍中的政治委員制度，以保障黨在紅軍中的絕對領導。」「否認黨的民主集中制的基本組織原則，漠視黨的一切紀律，在群眾前面任意破壞中央的威信。」「號召紅四方面軍中全體忠實於共產黨的同志團結

160 毛澤東：〈左路軍應改道北上〉（1935 年 9 月 8 日），《毛澤東軍事文集》（1），第 364 頁。

161 〈中央為執行北上方針告同志書〉（1935 年 9 月 10 日），《中共中央文件選集》（9），第 504 頁。

在黨中央的周圍，同這種傾向做堅決的鬥爭，以鞏固黨與紅軍。」[162] 會議還決定將紅一方面軍主力和中共中央、中革軍委直屬部隊改編為中國工農紅軍陝甘支隊，彭德懷任司令員，毛澤東任政治委員，林彪任副司令員、王稼祥任政治部主任；成立由毛澤東、周恩來、彭德懷、林彪、王稼祥組成的五人團，領導紅軍的工作，並由葉劍英、鄧發、蔡樹藩、李維漢、李德組成編制委員會，主持整編工作。

9月中旬，張國燾在阿壩召開會議，指責中共中央北上方針是「機會主義的逃跑路線」，紅軍北上「不拖死也會凍死」。15日，發佈《大舉南進政治保障計劃》，宣揚「只有大舉南進，消滅川敵殘部，才是真正的進攻路線。」命令左路軍之第5軍全部，第9、第31軍各一個師和右路軍之第4、第30軍分別由阿壩、包座地區南下，企圖在川康邊少數民族聚居區建立蘇區。10月5日，張國燾在理番縣卓木碉宣佈另立「中央」，組成「中央委員會」、「中央政治局」、「中央書記處」、「中央軍事委員會」等組織機構，通過決定成立第二個中央組織。

9月8日至20日，南下紅軍發動了綏（靖）崇（化）丹（巴）懋（功）戰役，擊潰川軍六個旅。24日，又發起天（全）蘆（山）名（山）雅（安）邛（崍）大（邑）戰役；11月13日至19日，紅軍在名山東北百丈地區同川軍十幾個旅激戰七晝夜，以傷亡近萬人的代價，殲滅川軍一萬五千餘人。1936年2月，薛岳等部六個師和川軍主力全力反擊。張國燾被迫向西康轉移，4月進入道孚、爐霍、甘孜地區。至此，紅四方面軍由南下時的八萬餘人減為四萬餘人，折損過半，南下行動失敗。在中共中央勸導和督促下，經過朱德、劉伯承及紅四方面軍廣大指戰員的鬥爭，中共駐共產國際代表林育英（張浩）的致電勸告，張國燾被迫在1936年6月6日取消了第二「中央」，接受了中共

---

162 〈中央關於張國燾同志的錯誤的決定〉（1935年9月12日於俄界），《中共中央文件選集》（9），第505－506頁。

中央北上的戰略方針。[163] 7月2日，紅2、紅6軍團在甘孜與紅四方面軍主力會師。5日，中革軍委電令紅2、紅6軍團，組成中國工農紅軍第二方面軍，賀龍任總指揮，任弼時任政治委員。從7月初起，紅二、紅四方面軍開始北上，至9月初進入甘肅南部。10月9日，紅四方面軍同紅一方面軍在會寧地區勝利會師。11月21日，紅四方面軍協同紅一、二方面軍，取得了山城堡戰鬥的勝利。12月7日，中央軍委主席團轉發了中華蘇維埃中央政府關於擴大中央革命軍事委員會組織的命令，命令決定：以毛澤東、朱德、周恩來、張國燾、彭德懷、任弼時、賀龍、項英、林彪、徐向前、陳昌浩、劉伯承、葉劍英、陳毅、王稼祥、關向應、蕭克、董振堂、徐海東、聶榮臻、郭洪濤、張雲逸、王維舟等二十三人為中央革命軍事委員會委員；毛澤東、朱德、周恩來、張國燾、彭德懷、任弼時、賀龍等七人組成軍委主席團；以毛澤東為軍委主席，周恩來、張國燾為副主席；朱德為中國紅軍總司令。[164]

紅四方面軍北上之後，7月27日，中共中央批准紅二、四方面軍組成西北局，張國燾任書記，任弼時任副書記。10月下旬，中共中央和中革軍委指示，徐向前、陳昌浩指揮之紅四方面軍西渡黃河，乘勝向中衛、寧夏方向相機進攻，消滅馬步芳，在河西走廊創造西北抗日根據地，打通國際關係。11月8日，中共中央和軍委致電紅軍總部和四方面軍領導人，同意河西部隊稱西路軍，領導機關稱西路軍軍政委員會，管理軍事、政治與黨務，以陳昌浩任主席。9日，西路軍軍政委員會陳昌浩率紅四方面軍主力董振堂第5軍、孫玉清第9軍、程世才第30軍及騎兵師、特務團、教導團、婦女獨立團，共二萬一千餘人向西出動，進攻青海馬步芳的十二萬部隊。西路軍迅即陷入苦戰之中，十餘日後，11月21日至24日，西路軍領導人多次致電中共中央、軍委及紅軍總部反映：現全軍人數共一萬八千餘人（即已犧牲三千人），部隊疲勞，彈藥、冬衣缺乏，但士氣甚旺；馬敵傷亡雖已五千以上，但能迅速補

---

163 《中國人民解放軍全史》（3），第267－276、280－283、293頁。
164 《中國人民解放軍全史》（3），第356－357頁。

充，繼續與我作戰，當地地形不便打運動戰，群眾鬥爭不易發動，擴紅籌資較難；我軍戰線甚長，人員、彈藥有減無增等情況。25 日及 28 日，毛澤東兩次致電西路軍領導人：「遠方接濟，三個月內不要依靠。目前全靠自己團結奮鬥，打開局面」，應當「集中兩個主力軍於一個有利陣地打馬部」，「估計不能勝利之仗不打」，「打則必包圍消滅一部」。

12 月底，西路軍從山丹、永昌地區繼續西進，馬步芳乘機追擊、截擊和堵擊。1937 年 1 月 1 日，西路軍第 5 軍進佔臨澤縣城及高台縣城。4 日，西路軍總指揮部及第 9 軍進抵甘州以西的甘浚堡，第 30 軍到達甘州西南的龍首堡。8 日，馬步芳向西路軍進攻，先以一部兵力牽制西路軍主力，然後以五個旅兵力，圍攻第 5 軍主力兩個團及騎兵團、特務團防守的高台城。經過連日浴血苦戰，20 日高台城失陷，第 5 軍軍長董振堂、政治部主任楊克明等三千餘人全部陣亡。西路軍總指揮部派騎兵師增援，途中遭敵人截擊，大部損失。21 日，馬軍圍攻臨澤城及其附近的第 5 軍直屬隊及另兩個團，該部經過苦戰後，突圍而出。24 日，西路軍領導人電告軍委：西路軍全人數一萬四千餘（已損失七千人，即三分之一兵力），其中戰鬥部隊不及五分之二。

1 月 31 日起，馬步芳部隊在炮火掩護下進攻西路軍的倪家營子。2 月 16 日，馬步芳軍總攻倪家營子，紅軍死守陣地。27 日晚，紅軍全部向西北方向的東柳溝、西柳溝等地區突圍。3 月上旬，馬步芳軍圍攻東西柳溝地區，西路軍浴血五晝夜後，向祁連山轉移。11 日，西路軍在梨園堡至康龍寺一帶與追敵血戰，部隊大部損失，第 9 軍政委陳海松犧牲。軍長孫玉清率殘部轉戰祁連山，受傷被俘後遭殺害。程世才、李先念率領千餘人西進新疆迪化，再由陳雲安排返回延安。西路軍的西進行動以折戟沉沙結束。[165]

（3）紅 25 軍的長征經過

1931 年 10 月，紅 25 軍成立於鄂豫皖蘇區。

---

165 《中國人民解放軍全史》（3），第 357－368 頁。

1934 年 11 月 16 日，紅 25 軍二千九百餘人，在軍長程子華、副軍長徐海東、政治委員吳煥先、政治部主任鄭位三率領下，從河南省羅山縣向平漢路以西轉移，進入鄂豫邊的桐柏山區。蔣介石立即調兵包圍，企圖將之殲滅。11 月 26 日，紅 25 軍擊破敵人攔阻，進入伏牛山區。12 月 10 日，中共鄂豫皖省委決定創建蘇區，將鄂豫皖省委改為鄂豫陝省委。1935 年 1 月，蔣介石令楊虎城指揮四個旅又一個團對紅 25 軍發動「圍剿」，但未能成功。4 月 18 日，紅 25 軍攻佔雒南城，建立了鄂豫陝邊根據地，擴大到三千七百多人。5 月上旬，蔣介石調集三十多個團對紅 25 軍發動第二次「圍剿」，到 7 月，仍然無法將之消滅。這時，中共鄂豫陝省委知道紅一、紅四方面軍已在川西會師，於是決定率紅 25 軍西進。7 月 16 日，紅 25 軍從西安以南灃峪口出發，打破多次敵人阻攔，9 月 16 日到達陝西省延川永平鎮，同陝甘紅軍會師。17 日，中共鄂豫陝省委和西北工委舉行聯席會議，決定成立陝甘晉省委，朱理治任書記，洪濤任副書記。紅 25 軍和陝甘紅軍合編為紅 15 軍團，徐海東任軍團長，程子華任政治委員，劉志丹任副軍團長。全軍團共七千餘人。[166]

（4）紅一方面軍的長征經過

紅一方面軍，即中央紅軍。1934 年 7 月，紅軍主力退到永新東南的牛田、津洞，方圓僅數十里的狹小地區，處境危殆。中共中央在小範圍內討論實行戰略轉移的問題，但無結果。中革軍委在 7 月間派出第 7 軍團三個師六千餘人，以「北上抗日先遣隊」名義，從江西瑞金出發，經福建向閩浙皖贛邊挺進，企圖調動敵方「圍剿」軍回援。但因兵力少，不起作用。[167]

10 月，中共中央和中革軍委博古等領導人未經中央政治局討論就決定放棄中央蘇區向湘西轉移。10 月 10 日，中共中央和中革軍委從瑞金出發，率領主力紅軍五個軍團和中央、軍委機關直屬部隊編成的兩個縱隊，共八萬六千人，開始二萬五千里長征。紅 24 師和十多個獨立團等共一萬六千餘人，在項

---

166 《中國人民解放軍全史》（3），第 247－250 頁。
167 《中國人民解放軍全史》（3），第 188 頁。

英、陳毅等領導下，留在中央蘇區堅持鬥爭。

10 月 17 日，中央紅軍由雩都南渡貢水。21 日晚，中革軍委以紅 1 軍團為左路前衛，紅 3 軍團為右路前衛，紅 9 軍團掩護左翼，紅 8 軍團掩護右翼，中央和軍委機關及直屬部隊編成的兩個縱隊居中，紅 5 軍團擔任後衛，從雩都西南的王母渡、新田之間突破敵人第一道封鎖線，25 日全部渡過信豐河。此後，繼續以兩個軍團在左、兩個軍團在右、一個軍團在後，軍委兩個縱隊居中的甬道式隊形西進。長征隊伍八萬多人，攜帶大量笨重物資器材沿着山路前進，擁擠不堪，行動緩慢。直到 11 月 8 日，才在汝城以南之天馬山至城口間通過第二道封鎖線。15 日，在良田至宜章間通過第三道封鎖線。

11 月 12 日，蔣介石任命何鍵為「追剿軍總司令」，指揮西路軍和薛岳之吳奇偉、周渾元兩部共十六個師七十七個團「追剿」；粵軍陳濟棠部在粵湘桂邊進行截擊；白崇禧桂軍五個師在灌陽、興安、全州至黃沙河一線堵截。各路追剿軍共有二十五個師，但除湘軍行動較積極之外，都只在其邊境防堵，無意主動進攻紅軍。

11 月 25 日，紅軍決定搶渡湘江。27 日，紅軍第 2、第 4 師各一部渡過湘江，控制了界首至腳山鋪之間地區。但後續部隊因道路狹窄，輜重過多，未能及時趕到渡口。次日，劉建緒率第 1 路追剿軍由全州猛攻腳山鋪地區紅軍第 2 師。白崇禧桂軍由龍虎關、恭城一帶向興安、灌陽以北進攻。兩路敵軍在飛機支援下，向湘江兩岸紅軍發起全面進攻，圍殲紅軍。紅軍浴血奮戰，掩護中共中央、中革軍委和直屬機關在 12 月 1 日渡過湘江。湘江一戰，紅軍傷亡慘重。中央紅軍從長征開始時的八萬六千人銳減至三萬人。[168]

蔣介石調整部署，向黔陽、洪江地區轉移兵力，企圖圍殲紅軍於北出湘西的路上。在此危急時刻，中華蘇維埃共和國臨時中央政府主席毛澤東力主放棄原定的與紅 2、紅 6 軍團會合的計劃，改向國民黨統治力量薄弱的貴州前進。12 月 18 日，中共中央政治局在黎平舉行會議，接受了毛澤東的主張，決

168《中國人民解放軍全史》（3），第 243－245 頁。

定中央紅軍向以遵義為中心的川黔邊地區前進，從而使紅軍避免了覆滅的危險。20 日，中央紅軍分兩路西進，連克劍河、台拱（今台江）、鎮遠、施秉等城。

1935 年 1 月 1 日，紅軍在孫家渡用木排帆船強渡烏江，但被黔軍侯之擔部擊退。3 日晨，紅軍再在孫家渡強渡登岸，守軍傷亡慘重，機炮營營長趙憲群陣亡。黔軍第 5 團團長羅振武報告：紅軍在孫家渡約半華里的上游處，架有活動浮橋一座，形似蜈蚣，十分巧妙，用若干木排連接而成，接頭處用抓釘、繩索等綁住，預測稍長於河面，南岸緊綁着一頭，另一頭由上游放鬆拉繩，即隨水流漸漸斜飄靠着北岸，便成了浮橋。紅軍分由木排強渡和跑向浮橋衝鋒前進，迅即突破江防。守軍向遵義城撤退，侯之擔乘車先逃，餘部亦棄遵義城而逃。烏江之役，黔軍共傷亡官兵四百餘人。1 月 7 日，紅軍佔領遵義城。[169]

1 月 15 日至 17 日，中共中央政治局在遵義舉行擴大會議。會議總結了第五次反「圍剿」失敗的經驗教訓，批評了博古、李德在軍事指揮上的錯誤，撤銷兩人的軍事指揮權；糾正了王明「左」傾冒險主義在軍事上的錯誤，確立了以毛澤東為代表的中共中央，制定了紅軍以後的戰略方針，從而在最危急的關頭挽救了紅軍，挽救了中國共產黨。遵義會議，是中國共產黨和工農紅軍歷史上一個重要的轉捩點。這次會議，增選毛澤東為政治局常委。會後，政治局由張聞天接替博古負總的責任。不久，組成毛澤東、周恩來、王稼祥三人軍事指揮小組，負責指揮紅軍的行動。[170]

中央紅軍進佔遵義後，蔣介石以幾十萬兵力，分路向遵義地區進逼，企圖在川黔邊境地區圍殲中央紅軍。在此形勢下，中共中央、中革軍委決定中央紅軍北渡長江，進至四川西北部創建新的蘇區。1 月 19 日，中央紅軍從松

---

169 侯漢佑：〈侯之擔部防守烏江的潰敗〉，《文史資料選輯》（62），第 96－102 頁；《中國人民解放軍全史》（3），第 246 頁。

170 《毛澤東軍事年譜》（1927－1958），第 79 頁。

坎、桐梓、遵義地區向土城、赤水方向前進，在 29 日一渡赤水河，進入川南。中央軍薛岳兵團、何鍵湘軍、龍雲滇軍、王家烈黔軍、潘文華川軍等立即分路追擊堵截，並加強了長江兩岸的防禦，企圖在長江以南、敘永以西、橫江以東地區圍殲紅軍。中革軍委根據情報，決定紅軍暫緩執行北渡長江計劃，改在雲貴川邊境地區機動作戰。2 月 2 日，紅軍進至敘永城郊，猛攻三日之後，未能攻下，於 5 日撤走。[171] 11 日，紅軍掉頭向東。18 日至 21 日二渡赤水河，進攻敵人兵力薄弱的黔北地區，28 日再攻遵義，先在婁山關擊潰黔軍王家烈的柏輝章第 2 師，迫柏輝章部隊向遵義撤退。再在紅花崗山麓谷地圍殲薛岳吳奇偉第 1 縱隊的韓漢英和唐雲山兩個師。[172] 遵義戰役後，國軍改取堡壘主義和重點進攻相結合的戰法，企圖圍殲紅軍於遵義、鴨溪狹小地區。

紅軍又向西轉進，於 3 月 16 日至 17 日三渡赤水河，再入川南。蔣介石急令其「追剿」部隊向川南推進，企圖在古藺地區圍殲紅軍。在國軍再次向川南地區集中的時候，中央紅軍突然轉向東北，在 21 日四渡赤水河，秘密折回黔北。24 日，蔣介石偕宋美齡到貴陽督師。27 日，中央紅軍以第 9 軍團在馬鬃嶺地區鉗制國軍，主力向南急進，31 日渡過烏江，逼近貴陽，把「追剿」的國軍甩在烏江以北。4 月 2 日，蔣介石召陳誠、薛岳、何成濬、晏道剛開會，判斷紅軍會乘虛襲擊貴陽，但貴陽兵力空虛，令蔣介石急得如鑊上螞蟻，嚴令前線各部銜尾疾追，急調各部保衛貴陽，並安排二十名嚮導、好馬十二匹、兩乘小轎，準備逃走。[173] 5 日，貴陽東南幾十里爆發戰事，貴陽人心

---

171 四川政協文史研委會軍事史料編寫組：〈劉湘部在川黔滇邊防堵紅軍的經過〉，《文史資料選輯》（62），第 118－121 頁。

172 王家烈：〈阻截中央紅軍長征過黔的回憶〉，《文史資料選輯》（62），第 91－92；魏鑒賢：〈隨薛岳所部追堵紅軍長征的見聞〉，《文史資料選輯》（62），第 52－59 頁；劉鶴鳴：〈柏輝章部在婁山關的潰敗〉，《文史資料選輯》（62），第 105－108 頁。

173 王天錫：〈紅軍過黔時蔣介石在貴陽的狼狽相〉，《文史資料選輯》（62），第 124－128 頁。

惶惶。6 日，滇軍孫渡縱隊趕到貴陽，令蔣轉危為安。[174]

4 月 8 日，中央紅軍主力從貴陽、龍里之間突破國軍的防線，忽然轉向，乘隙直插蔣軍兵力空虛的雲南。27 日，攻佔馬龍、尋甸等地，前鋒直逼昆明。龍雲立即火速下令各師回師昆明。29 日，中央紅軍由尋甸、嵩明地區轉向西北前進，於 5 月 9 日從皎平渡渡過金沙江。在烏江北岸單獨活動的紅 9 軍團，經黔西、水城西進，在 5 日至 6 日從東川（今會澤）以西的樹節、鹽井坪地段渡過金沙江，與中央紅軍主力會合。至此，中央紅軍擺脫了幾十萬國軍的圍追堵截，取得了戰略轉移中具有決定意義的勝利。[175]

中央紅軍渡過金沙江後，5 月 8 日，圍攻會理，川康邊防司令部第 12 旅旅長劉元瑭率部死守，紅軍爆破城牆強攻，會理攻防戰歷時七晝夜。[176] 至 16 日，紅軍解圍而去，由會理附近地區繼續北進。紅軍北進的路上，一方面有冕寧以北大涼山的彝族聚居區地，又有天險大渡河。蔣介石以薛岳、劉湘等部南攻北堵，企圖利用彝漢民族矛盾和大渡河障礙，在大渡河以南地區圍殲中央紅軍，希望紅軍重蹈石達開兵敗大渡河的覆轍。5 月 20 日，中革軍委率中央紅軍迅速北進，進入彝族地區。紅軍執行中共中央的民族政策，劉伯承根據彝族習俗，同彝族沽雞家族首領小葉丹歃血為盟，結友修好，幫沽雞家族成立了中國紅軍彝民沽雞支隊，並爭取得其他彝族家族友好或中立，讓紅軍得以順利通過彝族地區。彝族並向紅軍提供大量情報，令紅軍掌握了當地的情況，國民黨將領說：從戰後拾得紅軍行進路線略圖來看，沿途大小路徑里程多少，村落所在，居民多少，注解得非常準確，好像未來以前，即派人實地勘察過一樣。同時紅軍一到，即得到漢、彝人民熱情支援，擔任嚮導。……因之紅軍先頭部隊完全越過賴執中（安順場營長）所安設的哨所，

---

174 晏道剛：〈蔣介石追堵長征紅軍的部署及其失敗〉，《文史資料選輯》（62），第 17－31 頁。

175 《中國人民解放軍全史》（3），第 250－260 頁。

176 張伯言、楊學端、朱戒吾、張懷猷：〈二十四軍在川康邊區阻截紅軍的實況〉，《文史資料選輯》（62），第 147－155 頁。

神不知鬼覺地於 5 月 24 日拂曉進入了安順場（大渡河右岸），直至紅軍把賴執中營部門口的衛兵繳械，賴執中才從夢中驚醒翻牆逃走。紅軍輕易地殲滅守軍兩個連，控制了安順場渡口。25 日，紅軍用猛烈機關槍火力壓制左岸韓槐堦營部隊，把守軍打得抬不起頭來，沒有阻擊能力。紅軍第 1 團第 2 連連長熊尚林率領十七名勇士，乘兩隻小船，強渡大渡河，擊潰左岸守軍韓槐堦 1 個營，鞏固了灘頭陣地。[177] 但這裏水流湍急，不能架橋，中央紅軍只有四隻小船，大軍無法在短期內渡河。而尾追的薛岳部隊已經迫近，中革軍委於是決定，紅軍第 1 師及幹部團由安順場繼續渡河，沿大渡河左岸北上，主力沿大渡河右岸北上，左右兩路夾河而進，搶佔 160 公里的瀘定橋。沿右岸前進的先頭部隊紅 4 團，多次擊潰川軍劉文輝第 24 軍的攔阻，兼程急進，於 29 日晨佔領了瀘定橋西橋頭。瀘定橋的東橋頭與瀘定城相連，由川軍袁國瑞第 4 旅李金山第 38 團主力負責防守。紅軍到達之前，李全山已派饒杰率領一連部隊跑步趕到瀘定橋，構築工事，及拆除鐵索橋上的木板，只剩下十三根鐵索鏈懸在大渡河上。另外，周桂三率領一營部隊（內有重機槍、迫擊炮各一連），在二更時候到達。天明後，李昭一營亦趕達。李全山的團部設於周營附近。這時紅軍到達對岸，戰鬥隨即爆發，打了一天，李團傷亡約五十人。晚上，紅軍用猛烈火力集中射擊，守橋頭的饒杰一連傷亡很大。李全山於是用電話向袁國瑞旅長報告說難以防守。袁國瑞回答：他們這裏也很緊張。這時從電話裏也可聞槍炮聲，又聽到有人喊「旅長，快點，快點！」電話遂告中斷。李全山驚惶失措，眾人認為既然龍八步（旅部所在）情況已經不明，紅軍夾江而上，自己腹背受敵，決難久守，於是決定撤退。就在這時，紅 4 團發起奪取瀘定橋的戰鬥，第 2 連連長廖大珠率領二十二名勇士組成的突擊隊，冒着守軍密集火力，攀踏着懸空的鐵索向東橋頭衝去，終於攻佔大橋，並衝

---

177 張伯言、楊學端、張懷猷：〈金沙江、大渡河阻擊戰〉，中國人民政治協商會議全國委員會文史資料委員會：《圍追堵截紅軍長征親歷記——原國民黨將領的回憶》（上）（北京：中國文史出版社，1991 年），第 342 頁。

入瀘定城內。紅軍後續部隊緊跟過河，殲滅守軍大部，佔領瀘定城。由左岸北上的部隊亦趕至會合。[178] 6 月 2 日，中央紅軍全部渡過了大渡河。至此，蔣介石殲滅紅軍於大渡河以南地區的企圖失敗。

中央紅軍渡過大渡河之後，繼續北進，攻佔地形險要，築有碉堡的紫石關，佔領天全。[179] 並乘勝突破了川軍蘆山、寶興防線。接着，翻越了海拔四千多米、終年積雪、空氣稀薄的夾金山，向懋功（今小金）方向前進。薛岳部隊銜尾窮追，但部隊實力因沿途逃亡、疾病、落伍已減去大半，一連士兵從江西出發時的一百二十人左右，其後不斷減員，每連人數多的只有七八十人，少的只餘四五十人，士氣非常低落，悲觀厭戰情緒十分濃厚。5 月間，追蹤紅軍到達金沙江會理一帶時，非常炎熱，於是薛岳下令官兵解下冬服，輕裝前進。但北行到大相嶺，雖然 6 月天氣，山上已有積雪，薛部官兵衣裝單薄，沿途不少士兵凍死，加上逃亡、傷、病及厭戰自殺、槍傷、借故離隊等等，最後每連剩下人數，最多不過六七十人。真是拖死了「中央軍」。[180]

紅四方面軍由岷江地區分路西進，先頭部隊攻佔懋功，一部進到達維。6 月 12 日，中央紅軍先頭部隊在北進達維途中，同紅四方面軍一部會師。18 日，中共中央、中革軍委率中央紅軍到達懋功地區。紅一和紅四兩個方面軍在此會師。[181]

9 月 10 日，中共中央率領紅一方面軍第 1、第 3 軍（後組成陝甘支隊）繼續北上，於 16 日逼近川甘邊界的要隘臘子口，該地是一夫當關，萬人難過的天塹。由康朵到臘子口，是一條長約二十里的深溝，中間流着臘子河，水深不能徒涉，河兩邊夾着高聳入雲的大山。沿河僅有一條狹窄小路，蜿蜒崖際，行人不能成列。在臘子口前沿兩山之間橫架着一座東西向的橋，是臘子

178 張伯言、楊學端、朱戒吾、張懷猷：〈二十四軍在川康邊區阻截紅軍的實況〉，《文史資料選輯》（62），第 158－170 頁。

179 〈二十四軍在川康邊區阻截紅軍的實況〉，《文史資料選輯》（62），第 171 頁。

180 魏鑒賢：〈隨薛岳所部追堵紅軍長征的見聞〉，《文史資料選輯》（62），第 50－62 頁。

181 《中國人民解放軍全史》（3），第 263－265 頁。

口唯一通道。國民黨新編第 14 師魯大昌奉命在此佈防，築有碉堡等工事，四挺重機槍排列在橋頭堡內，封鎖向木橋進攻的道路。17 日晚 9 時，紅軍在密集火力下掩護步兵猛攻魯軍陣地。至 18 日 2 時前後，攻勢暫停。5 時，紅軍再度從正面進攻，但同時派較大兵力從懸崖攀登敵後。魯大昌因沒有援軍，打光槍彈之後撤退，紅軍遂奪取了臘子口。18 日佔領哈達鋪，進入甘南。[182] 23 日，以聲東擊西之法，突破國軍渭河封鎖線，翻越六盤山，10 月 19 日到達陝甘地區的吳起鎮。至此，紅一方面軍主力歷時一年、縱橫十一個省、行程二萬五千里的長征勝利結束。11 月初，紅軍陝甘支隊在甘泉附近地區同紅 15 軍團會師。會師後，中共中央再次決定恢復紅一方面軍番號，彭德懷任司令員，毛澤東任政治委員，轄第 1 軍團（陝甘支隊編成）、第 15 軍團。11 月 20 日，張學良東北軍牛元峰 109 師奉部到甘泉解圍，佔領直羅鎮後，輕視紅軍，沒有指示各團構築工事。21 日晨紅軍進攻，牛軍兵敗如山倒，所率兩團團長石世安自戕而死，鄭維藩傷重身亡。當日下午，牛元峰率殘部撤到附近一土圍子，次日突圍失敗，自殺身亡。紅一方面軍取得了直羅鎮戰役的勝利，粉碎了蔣介石對陝甘蘇區的第三次「圍剿」。[183]

(5) 紅二方面軍的長征經過

1930 年 7 月，湘鄂西地區的紅 2 軍團（由紅 4 軍改稱）和紅 6 軍團在湖北江陵縣普濟觀合編為紅軍第 2 軍團，賀龍任總指揮，周逸群任政治委員和前委書記，共一萬餘人。7 月下旬起，紅 2 軍團攻克潛江等城鎮，使洪湖蘇區聯成一片。10 月，洪湖蘇區發展到擁有監利、沔陽、潛江、公安、石首、華容、南縣等七座縣城及沿長江兩岸大片鄉村，縱橫達數百里的蘇區。於是引起了蔣介石的注意，發動了三次圍剿，1931 年 5 月間，周逸群遭敵伏擊，不幸犧牲。紅 2 軍團艱苦作戰，到 1932 年春，連獲龍王集、文家墩等戰鬥勝

---

182 張覺僧：〈魯大昌部在臘子口的潰敗〉，《文史資料選輯》（62），第 190－194 頁。

183 沈叔明、王肇治、邱立亭、唐振海：〈東北軍 109 師在直羅鎮被殲始末〉，《文史資料選輯》（62），第 205－214 頁；《中國人民解放軍全史》（3），第 275－280 頁。

利，令洪湖蘇區進入了全盛時期。[184] 6 月，蔣介石在武漢成立豫鄂皖三省「剿匪」總司令部，調集五十萬大軍，組成左、中、右三路，對鄂豫皖、湘鄂西兩蘇區發動第四次「圍剿」。中共湘鄂西中央分局夏曦採用消極防禦戰術，構築碉堡，分兵把守，與敵硬拚。結果陣地相繼失陷，夏曦率湘鄂西中央分局、警衛部隊和第 7 師撤離洪湖中心區域。11 月初，紅 2 軍團（改稱紅 3 軍）離開洪湖進入豫西南。12 月 30 日乘川軍內訌，攻佔湘鄂邊鶴峰。這時部隊由出發時的一萬四千餘人減員到九千人左右。1933 年 12 月下旬，紅 3 軍進入四川。1934 年 1 月 3 日佔領利川，但未能創建蘇區，部隊減員至三千人左右。5月，紅 3 軍西渡烏江，進入貴州。6 月 19 日進駐楓香溪，中央分局開會批判夏曦的左傾錯誤，決定在紅軍中重建黨團組織，恢復政治機關，在黔東創建新蘇區。

　　1933 年 6 月，湘贛蘇區的蕭克紅 8 軍與紅 18 師組成紅 6 軍團。1934 年 4月沙市戰鬥，斃俘敵軍旅長以下官兵二千多人。但此後根據湘贛省委指示：「為保衛蘇區流盡最後一滴血」的精神，採用陣地戰同敵人硬拚，結果傷亡慘重。7 月 23 日，紅 6 軍團奉命退出湘贛蘇區，向湖南中部轉移，同紅 2 軍團取得聯繫。8 月 12 日，紅 6 軍團從寨前出發，於 23 日到達零陵東北地區，準備西渡湘江，沿途被敵人追截。紅 3 軍賀龍親率主力前來接應。10 月 24 日，紅 6 軍團主力在石阡以南的馬家坪突破敵人封鎖線，到達貴州印江縣的木黃，與紅 3 軍賀龍會師。會師後，紅 3 軍恢復紅 2 軍團的番號，賀龍任軍團長，任弼時任政治委員，轄第 4、第 6 師共 4 個團，約四千四百人。紅 6 軍團縮編為三個團，約三千三百人。紅 2 軍團的軍團部兼總指揮部，統一指揮兩軍團的行動。10 月下旬，紅 2、紅 6 軍團從黔東出發，向湘西地區發動攻勢。

　　1935 年 1 月，初步建成湘鄂川黔蘇區。湘鄂兩省國軍立即集中十一萬兵力部署「圍剿」湘鄂川黔蘇區。這時紅 2、紅 6 軍團主力已發展到四個師十一個團一萬二千餘人，地方部隊約三千餘人。1935 年 2 月 1 日，中共中央、中

---

184 《中國人民解放軍全史》（3），第 80，118－126 頁。

革軍委指示紅 2、紅 6 軍團反圍剿總的方針「是決戰防禦，而不是單純防禦；是運動戰，而不是陣地戰」。2 月初，各路敵人開始進攻，紅 2、紅 6 軍團傷亡了三千多人，大庸、桑植等地相繼失守。紅 2、紅 6 軍團用靈活戰術，先後在陳家河、桃子溪、忠堡、板栗園戰鬥奪得勝利，共殲敵兩個師、一個師部和一個旅，繳長短槍八千多枝，輕重機槍一百多挺，火炮二十多門，建立了慈桑、宣恩、龍山三縣革命政權。

9 月，蔣介石調集了一百三十個團，採取持久作戰和堡壘主義戰略，對湘鄂川黔蘇區發動新的「圍剿」。蔣軍建築堡壘逐步推進，紅軍無法尋機殲敵，於是決定向貴州轉移，創建新蘇區。11 月 19 日，紅 2、紅 6 軍團由湖南桑植劉家坪和水獺鋪出發，開始戰略轉移。28 日佔領溆浦。蔣介石立即調兵追截，圍攻溆浦。12 月 11 日，紅軍撤離溆浦，掉頭西進，轉戰於雪峰山區和湘黔邊境，1936 年 1 月 9 日佔領江口，進入黔東，前鋒直迫貴陽。蔣軍四處堵截，但終無法尋得紅軍主力。3 月 30 日，紅四方面軍朱德和張國燾命令紅 2 軍團北渡金沙江，到甘孜地區與紅四方面軍會師。於是紅 2、紅 6 軍團在 31 日離開盤縣地區，分兩路向西進入雲南，沿途打破敵人的堵截，於 4 月 5 日到達新街，離昆明一百四十里，威脅昆明，令敵人大為恐慌。4 月 25，紅 2 軍團佔領石鼓渡口，因船少，紅 6 軍團到巨甸渡江。2 月 27 日放棄畢節城。4 月 27 日，全軍渡過金沙江，歷時兩個月。紅軍經常是白天假意擺出與敵決戰姿態，部分軍隊佯攻。到黃昏時撤出戰鬥，夜行百十里，跳出敵人的包圍圈，時而向東，當敵人堵截佈防之後，又轉移向北。或直撲貴陽、奔襲昆明，攻其要害，令敵人疲於奔命。[185]

接着沿玉龍雪山脈西麓金沙江東岸北進，30 日到達中甸。7 月 2 日，到達甘孜，與紅四方面軍會師。7 月 5 日，中革軍委指示，紅 2、紅 6 軍團組成中國工農紅軍第二方面軍，總指揮賀龍、政治委員任弼時，蕭克副總指揮，

---

185 左齊：〈雄關漫道──記紅二方面軍長征歷程〉，《文史資料選輯》（72），第 81－95 頁。

關向應副政治委員。7 月初，紅二、紅四方面軍從甘孜、爐霍、綏靖出發，共同北進。10 月 9 日，紅四方面軍到達甘肅省會寧縣城，同紅一方面軍會師。10 月 22 日，紅二方面軍總指揮部到達甘肅靜寧縣將台堡（今屬寧夏）與紅一方面軍會師。[186] 三大方面軍會師後，兵力約有三萬餘人。至此，中國工農紅軍長征全部勝利結束。

1934 年 10 月，中共第五次反「圍剿」失敗，中央紅軍（第一方面軍）連同後方機關人員八萬六千餘人被迫退出中央革命根據地，分別從江西的瑞金、雩都（今于都）和福建的長汀、寧化出發，開始長征。紅軍主力部隊輾轉離開江西，經湖南、貴州、雲南、四川、青海和甘肅，沿途受國軍追擊及湖南、雲南、四川、貴州、廣東、廣西部隊截殺，加上氣候嚴寒，幾經艱險，1936 年 10 月到達陝西延安新基地，歷時兩年，行程二萬五千里，是為「二萬五千里長征」。

長征初期，把戰略轉移變成搬家式的行動，隨軍帶上印刷機器、軍工機器等一切笨重的器材，使部隊行動遲緩，連續突破敵人的四道封鎖線，渡過湘江後，已損失過半。蔣介石調集重兵，準備將中央紅軍一網打盡。在這危急關頭，中共中央接受毛澤東的主張，改向敵人力量薄弱的貴州前進。12 月 15 日，紅軍攻佔了貴州黎平，18 日，中共中央在黎平召開政治局會議，正式透過決議，放棄向湘西前進的計劃，改向黔北挺進。黎平會議是紅軍戰略轉變的開始。1935 年 1 月 1 日，紅軍在孫家渡開始用木排帆船強渡烏江。7 日佔遵義，15 日至 17 日，中共中央在遵義召開了政治局擴大會議，結束了王明「左」傾機會主義在中央的影響，確立了以毛澤東為代表的新的中共中央。遵義會議後，紅軍在毛澤東、周恩來、朱德等的指揮下，運用靈活機動的戰略戰術，忽東忽西，迂迴曲折地穿插於敵人重兵之間。在貴州以西，曾四次渡過赤水河，使敵人疲於奔命。隨後，出敵不意，南渡烏江，進逼貴陽，直入雲南，搶渡金沙江，擺脫了數十萬敵軍的圍追堵截，取得了戰略轉移中具有

186《中國人民解放軍全史》（3），第 192－194，240－242，284－295，348 頁。

決定意義的勝利。

　　5月，順利通過大涼山的彝族地區，飛奪瀘定橋，強渡大渡河，翻過終年積雪的夾金山，於6月14日在四川懋功、達維地區與從川陝根據地轉移的紅四方面軍勝利會師。兩大主力會師後，6月26日，中央在兩河口召開政治局會議，確定了紅軍北上建立川陝甘革命根據地，以便領導全國抗日運動的戰略方針。

　　8月4日，中共中央在毛兒蓋召開了政治局會議，決定紅軍主力出敵不意，穿過草地，向陝甘寧廣大地區進發。1935年10月19日，紅軍抵達陝北根據地保安縣吳起鎮。11月初，與由徐海東、程子華、劉志丹率領的陝北15軍團會師。

　　1935年11月，賀龍、任弼時率領的紅2、6軍團從湖南桑植出發，開始長征。1936年10月，一、二、四方面軍三大主力紅軍在甘肅會寧會師，至此，紅軍長征勝利結束。雖然此時紅軍已不到三萬人，但這是紅軍和中國共產黨極為寶貴的精華。

3. 長征影響

　　二萬五千里長征是中國現代史上一件極重要大事，中國政局自此出現了變化。

（1）共產黨的淨化

　　中央紅軍（紅一方面軍）長征從1934年10月至1935年10月，歷時十三個月零兩天，縱橫十一個省份，行程二萬五千里，途中總共爬過十八座山脈，走過六百里人跡罕至的茫茫草地，渡過二十四條河流，打過大小戰鬥三百多次；紅二方面軍長征從1935年11月至1936年10月，歷時十一個月，轉戰九省，行程一萬六千里，進行大小戰鬥一百一十次；紅四方面軍長征由1935年5月至1936年10月，歷時長達十八個月，轉戰數省，行程八千

餘里，進行過大小戰鬥數百次。[187]

中國共產黨在長征途中損失慘重，各路紅軍和幹部由出發時的總人數約三十萬人，沿途補充的兵力約有四萬二千人，最後到達陝甘的只有五萬三千人。這批戰士和幹部經歷數十萬敵軍前堵後追，靠無數英勇戰士的犧牲，拚命殺開一段又一段的血路。在單衣少藥缺糧食的情況下，走過空氣稀薄的大雪山、渺無人煙的大草地。這對長征戰士和幹部的身體和意志都是嚴峻和殘酷的考驗，只要不倒下來，便得向前走，平均每前進三百公尺（米）就有一名戰士犧牲。

如果不是具有對社會主義革命的崇高理想和絕對忠誠，是無法堅持到最後一刻的。所以，中國共產黨經過「長征」的過濾淨化，最後到達陝北的，都是懷有崇高革命理想，對中共中央絕對效忠的幹部。在長征途中，保存幹部是不容易的。朱德等採取了堅持保障幹部的方針，設法抬走傷病的男女幹部，甚至抽調戰鬥兵來抬他們。這方針曾引起一般戰士的怨言，因為他們沿途被迫拋棄不少傷病的戰友。不過，朱德認為這方針保存了一批珍貴幹部，[188] 他們成為了推行社會主義革命的核心幹部。中華人民共和國成立時的主要領導人毛澤東、周恩來、劉少奇、朱德、陳雲、鄧小平固然經歷過長征的考驗，其他如二百五十四名中將以上的開國將帥，有二百二十二人參加過長征，十大元帥當中有九位（陳毅留在蘇區堅持），十名大將中佔八人，五十七位上將佔四十八人，一百七十七位中將佔一百五十七人，他們都經歷了長征的磨煉。

毛澤東說：「長征是歷史紀錄上的第一次，長征是宣言書，長征是宣傳隊，長征是播種機。」「長征是以我們勝利、敵人失敗的結果而告終。」[189]

---

187 「長征」，《百度百科》，網址：baike.baidu.com/subview/6412/6766468.htm。

188 《我的回憶》（3），第 1124－1125 頁。

189 毛澤東：〈論反對日本帝國主義的策略〉（1935 年 12 月 27 日），《毛澤東選集》（1），第 135－136 頁。

(2) 中共革命根據地的確立

中國共產黨的根據地原本只在江西、湖南、福建三省，其餘地區勢力薄弱，長征讓共產黨有機會深入西南各省，沿途開闢新的革命根據地，在中國西南山區宣揚共產主義，吸收新黨員和壯大紅軍。

長征途中，中央紅軍共進行了三百八十餘次戰役、戰鬥，其中最著名的如四渡赤水、巧渡金沙江、強渡大渡河、飛奪瀘定橋等；紅二方面軍在西南進行的主要戰役、戰鬥，如巧渡鴨池河、烏蒙山迴旋戰、六甲阻擊戰等；紅四方面軍進行的反「三路圍攻」、反「六路圍攻」、嘉陵江戰役等，都發生在中國大西南地區。紅軍初到異城，沒有根據地，也沒有補給和增援，卻能夠在敵人大軍包圍和堵截之下，用靈活機動的戰術，穿插敵軍的空隙，避實擊虛，勝利地完成長征。除軍事原因外，更應該注意中共動員和爭取群眾的能力。如果共產黨不是善於發動群眾，組織群眾，獲得群眾提供大量重要情報，怎能對敵軍的行動瞭如指掌？怎能找出敵軍封鎖的缺口？紅軍渡過大渡河就是得到彝族人民的幫助，先頭部隊連接穿越多度守軍哨站，直插守軍營部，殺守軍一個措手不及。蔣介石靠軍力和財力動員西南地區的軍閥參加圍剿紅軍，共產黨則依靠革命理想，動員和組織群眾支持。紅軍離開之後，蘇區雖然表面上不存在，但已經撒下了土地革命的種子，革命理想已經在西南各省落地生根。

最後，紅軍到達陝北，建設中國西北作為革命根據地，然後越過黃河，東向發展，解放全中國。

孫中山領導國民革命時，曾向馮玉祥的代表詳述其革命計劃，特別指出陝西地勢重要，將來須在此建立革命基地，則革命大業可告成功，囑託馮玉祥進行北方革命。「聯俄容共」政策一開始，孫中山派蔣介石率領一代表團赴蘇聯考察，蔣以「孫逸仙代表團」的名義向蘇聯革命軍事委員會主席托洛茨基提交一份《備忘錄》，內有政治宣傳和軍事計劃兩大部分。軍事計劃提出在中國西北（庫倫）建立軍事基地，取得蘇聯援助，建立軍事學校，然後向北

京進軍，再南下黃河、長江，奪取武昌、南京。[190] 孫蔣兩人因留戀廣東一地，沒有奪取西北，結果解放全中國的大戰略，由紅軍實施。

中共建設西北為革命根據地的戰略，是受孫中山、蔣介石或蘇聯的啟蒙，還是「英雄所見略同」？這問題值得我們思索！

（3）毛澤東地位提升

大革命失敗之後，毛澤東領導秋收起義，組織紅軍到農村建立革命根據地，自此農村革命根據地遍地開花，革命形勢大為好轉，江西中央蘇區形成，建立了中華蘇維埃共和國，毛澤東當選為主席。但這時中央蘇區在共產國際顧問指導下，先後受「立三路線」和「王明路線」影響，盲目發動對中國核心城市的進攻，令紅軍和蘇區蒙受重大損失。第五次反圍剿戰爭時，又放棄傳統的運動戰戰術，用陣地戰和蔣介石拚消耗，結果被迫長征。但長征時仍然由共產國際李德和博古領導軍事，他們不顧戰鬥需要，搬家式行軍，湘江一戰，全軍折損過半。面對生死存亡，紅軍痛定思痛，檢討失敗原因，於是在遵義會議褫奪李德和博古軍事指揮權，毛澤東被選為軍委主席、政治局委員和中央常務委員，領導紅軍。在此危難之際，指揮第四方面軍（一說八萬，一說四萬人）的張國燾又與紅一方面軍（一萬餘人）因為長征路線的分歧而另立中央，結果不聽毛澤東勸告，張國燾引兵南下，令第四方面軍折損過半，被迫放棄分裂，重新北上，與紅一方面軍會師。毛澤東的軍事才能奠定他在共產黨中的領導地位，被選為中共中央軍事委員會主席。中共亦自此擺脫共產國際影響，用自己的辦法進行社會主義革命。

（4）蔣介石徹底控制西南

張學良東北易幟，名義上是中國完全統一，實際上許多地區仍然是不受中央政令。唐生智曾向蔣介石建議：從長期抗日來着想，西北、西南兩個地

190　楊天石：〈1923 年蔣介石的蘇聯之行及其軍事計劃〉，《國民黨人與前期中華民國》（北京：中國人民大學出版社，2007 年），第 246－247 頁。

區是很重要的，因為它處於中國內部，同時物產也很豐富。特別是四川，應該及早着手經營作為長期抗日的基地。[191] 故蔣介石運用「驅虎吞狼」之計迫紅軍長征，派遣大軍尾隨窮追，順道進入四川、貴州、雲南等地，建立中央對西南地區的管治權，為後來抗戰時遷都重慶做了準備。

蔣介石侍從室主任晏道剛說：我最初是從陳布雷處得知一消息的。當紅軍於（1934 年）12 月進入黔邊時，蔣在南昌對陳布雷說：「川、黔、滇三省各自為政，共軍入黔我們就可以跟進去，比我們為圖黔而用兵還好。川、滇為自救也不能不歡迎我們去，更無從借口阻止我們去，此乃政治上最好的機會。今後只要我們軍事、政治、人事、經濟調配適宜，必可造成統一局面。」[192] 1934 年 11 月下旬，蔣介石指示薛岳：「西南諸省久罹軍閥魚肉人民之苦。此次中央軍西進，一面敉平匪患，一面結束軍閥割據。中央軍所至，即傳播中央救民德意，同時也宣傳三民主義之精神。」[193] 這兩段資料說明了共軍進入西南地區，在某種意義上，實際是為蔣介石打開了進入西南各省的通道。

李宗仁的回憶錄說：「蔣先生別有懷抱，意欲利用共黨為其消滅異己。」「中央應自四方築碉，重重圍困，庶幾使共軍逃竄無路，整個就地消滅。如不得已要網開一面，也應將缺口開向閩、粵兩省，把共軍驅至沿海一帶，加以消滅，如民國十六年賀、葉南竄，終於在潮、汕一帶為李濟深、黃紹竑所擊敗，便是一絕好的例證。但此次中央的戰略部署卻將缺口開向西南，壓迫共軍西竄。共軍入湘之後，按當時情勢，中央軍本可利用粵漢鐵路和湘江，水陸兩路南下，截擊共軍，使其首尾不能相顧。而蔣先生卻屯兵湘北，任共軍西行，然後中央軍緩緩南下，迫使共軍入桂。……期待我和共軍互鬥兩敗俱傷之後，中央軍可有藉口入佔廣西，居心極為陰險。」白崇禧當時分析局

191　唐生智：〈1931 至 1949 年概括回憶的幾件事〉，《文史資料選輯》（15），第 43 頁。

192　晏道剛：〈追堵長征紅軍的部署及其失敗〉，《圍追堵截紅軍長征親歷記——原國民黨將領的回憶》（上），第 11 頁。

193　李以劻：〈薛岳率軍追堵紅軍的經過〉，《圍追堵截紅軍長征親歷記——原國民黨將領的回憶》（上），第 39 頁。

勢：認為與共軍作戰，若打輸了，共軍進廣西，蔣介石便會替他們剿共，那廣西就是蔣介石的了；即使打贏了，共軍覆滅，廣西亦疲憊不堪，蔣介石便來替你善後，把他們調到中央掛個空名吃飯，他們就只好捲鋪蓋地走路。於是制定堵擊紅軍的策略：保全桂軍實力，既要阻止紅軍深入廣西腹地，又要避免蔣介石的中央軍乘機跟蹤入境的雙重危險，用「不攔頭，不斬腰，只擊尾，專從紅軍後衛部隊做文章，以送客早走，並敷衍蔣介石」。紅軍到達廣西時，桂軍便根據這方針「送客」，與紅軍打了兩天一夜。為拒蔣介石中央軍於廣西境外，桂軍更向尾隨紅軍追擊而至的周渾元先頭部隊開火，然後詐說是誤會，經解釋後將俘獲的人槍退還了事。由於紅軍轉向，離開廣西，其他中央軍也不便再向廣西推進。李宗仁、白崇禧巧妙地瓦解了蔣介石一箭雙鵰的策略。[194]

雲南省政府委員兼第 10 路總指揮部參謀長孫渡對龍雲說：「蔣介石這次追堵共軍，實懷有一箭雙鵰的野心，不僅想消滅共軍，而且還想乘便消滅地方武裝。因此，我們只好遵照蔣的命令出兵，使他以後無所借口。……在共軍未進入雲南以前，應盡最大努力去防堵，總以不使共軍進入雲南為最好。」[195]當中央軍迫近雲南時，龍雲察覺到蔣介石的陰謀，同向他求救的四川省主席劉湘說：請轉向中央質問顧祝同大軍不追擊共軍，卻屯兵於黔、滇邊境，用意何在？劉湘於是商請張群轉呈蔣介石辦理。中央不得已，才將顧祝同所部主力北調，雲南遂維持原有局面。

貴州位居西南的心腹地位，但武力在西南各省中又是最弱，所以成為蔣介石首先開刀的選擇。貴州王家烈也知道蔣介石不懷好意，故曾經同廣東陳濟棠、廣西李宗仁訂立三省互助聯盟，暗中反蔣。但這密約被陳濟棠部下余漢謀盜出向蔣告密，令蔣視王為眼中釘，必欲除之而後快。當紅軍壓境時，

---

194 劉斐：〈不攔頭，不斬腰，只擊尾的「送客」方針〉，《圍追堵截紅軍長征親歷記——原國民黨將領的回憶》（上），第 131－138 頁。

195 孫渡：〈滇軍入黔防堵紅軍長征親歷記〉，《文史資料選輯》（62），第 129－130 頁。

王家烈考慮再三，決定執行蔣的命令，一面盡力打擊紅軍，使其早日離開黔境，一面相機同兩廣聯繫，保存實力，以圖生存。但紅軍長驅直入，攻佔遵義，王家烈兵敗撤返貴陽。薛岳中央軍於是進入貴陽，接管城防，並任命郭思演為貴陽警備副司令。薛岳進入貴州後，反客為主，王家烈出入城防，亦需接受檢查。薛軍因長途行軍，缺員甚多，於是大補缺額。由於糧餉比貴州部隊優厚，令王部士兵紛紛改投薛部。[196] 蔣介石隨即迫王家烈交出政權和軍權，1935 年 3 月 15 日，蔣派李仲公對王家烈說：「蔣先生徵詢你的意見，希望你對貴州的政治和軍事專搞一樣，你願意主軍還是主政？」王回答說：「政治非我所長，我願專搞軍事。」兩廣得到王家烈交出省主席消息後，馬上進行磋商，李宗仁、白崇禧立即密函通知王家烈：你已交出省政，蔣可能以軍餉卡你。我們決定由廣東每月接濟你三十萬元以及所需的槍彈，你即將部隊集中在黔南一線（貴州都勻、獨山等縣），與廖磊部（桂軍軍長，已駐在黔南）切取聯絡，蔣如進逼，都同他打響。王家烈看信之後說：「算了，抽猴子上得了樹，抽狗是上不了樹的，我不能幹。」其左右親信都為之歎息。[197] 稍後，蔣派何成濬到貴州，與王商談貴州問題。3 月 30 日，蔣明令免去王家烈貴州省主席兼職，派吳忠信接替，同時發表王為「2 路軍追剿總指揮」，先奪王之政權，只留王的軍職。

王家烈因貴陽被佔，無法立足。蔣一方面扼制王的軍餉，分文不給，令王的部下軍心散渙。同時收買王的部下，王僅能指揮的兩個師長何知重和柏輝章，被蔣派其侍從室主任晏道剛收買，給了何知重五萬大洋、柏輝章三萬大洋，讓何、柏兩人對王軟硬兼施，煽動士兵當着晏道剛的面前，向王家烈鬧餉。晏道剛遂順水推舟，示意王自動下台。王家烈自忖兵微將寡，又無軍餉可發，面臨「一日無糧千兵散」的窘境，處境非常危險，於是由大定到貴

196 孫渡：〈滇軍入黔防堵紅軍長征親歷記〉，《文史資料選輯》（62），第 133－134 頁。
197 熊紹韓：〈蔣介石是怎樣搞垮貴州軍閥王家烈的？〉，《文史資料選輯》（93），第 56－57 頁。

陽向蔣介石面請辭職。蔣介石任命王為軍事參議院中將參議，並乘張學良由漢口乘飛機到貴陽之便，1935 年 5 月 3 日由張送王家烈飛往漢口。[198] 李宗仁說：「共軍西竄，未替蔣先生打下廣西，卻打下了一個貴州。」[199]

四川資源豐富，有天府之國的美譽。蔣介石利用追擊紅軍的機會，派薛岳率領中央軍經過貴州、雲南進入四川，乘四川軍閥混戰之機，支持劉湘逐走劉文輝，入主成都，領導四川。蔣介石一方面委任劉湘為四川省政府主席，兼剿匪總司令；同時派賀國光率領參謀團二百餘人，康澤率軍事委員會別動隊二千餘人進入四川各要地，從事清查共產黨和佈置對付劉湘工作。蔣介石又以兵貴精不貴多為理由，整編川軍，下令川軍一律縮編三分之一，將總兵力 336 個團，縮編為 270 個團。四川全省軍費從原來每年 5,980 萬元，縮減為 4,000 萬元。[200] 編餘士兵強壯者撥補入川中央各軍，老弱者資遣回鄉。數以千計的編餘軍官擇優送入成都中央軍校受專業訓練。又在峨嵋山辦軍官訓練團，對雲、貴、川、康地區的黨政軍中級以上官員進行思想教育，在川軍軍官之間培養出黃埔精神。當時四川人稱這些學員為「半黃馬褂」，即半個蔣介石黃埔生之意。峨嵋軍官訓練團讓全川軍、政、文教骨幹人員都是同學關係，都是蔣介石的學生。自此，結束了四川割據之局，鞏固了蔣介石在四川的統治地位。1935 年 10 月，蔣介石在重慶設立「國民政府軍事委員會委員長重慶行營」，以顧祝同為行營主任，賀國光為副主任，轄區為川、康、滇、黔及西藏，所有各區民、財、建、教都在控制之列。所有西南各省軍隊，重慶行營都以蔣介石名義來指揮。自此，蔣介石達到了徹底控制西南各

---

198 王家烈：〈阻截中央紅軍長征過黔的回憶〉，《文史資料選輯》（62），第 85－95 頁；熊紹韓：〈蔣介石是怎樣搞垮貴州軍閥王家烈的？〉，《文史資料選輯》（93），第 51－59 頁。

199 《李宗仁回憶錄》，第 426－429 頁。

200 曾擴情：〈蔣介石兩次派我入川及劉湘任「四川剿匪總司令」的內幕〉，《文史資料選輯》（33），第 106－116 頁；鄧漢祥：〈四川省政府及重慶行營成立的經過〉，《文史資料選輯》（33），第 117－128 頁。

省的目的。[201] 七七事變之後，1937 年 8 月 3 日，蔣介石在南京召國防會議，蔣介石、閻錫山發言後，第七戰區司令劉湘接着發言，竭力主戰，聲言四川可以出兵三十萬，供給壯丁五百萬和糧食若干萬石。於是會場群情激昂，蔣介石也不能不主戰。當時劉湘已有重病，鄧漢祥曾勸他不必親自出川抗戰，劉湘説：「過去打了若干年的內戰，報不出賬來，今天有了抗戰的機會，不能不盡力報國，爭取個人在歷史上的篇幅。而且我這次調出去的軍隊，約佔全部半數以上，如果我不親自去指揮，不到半年就會被蔣介石分化或消滅了。」劉湘到南京之日，日軍已將逼近鎮江，蔣一見面，就要劉守南京。劉是堅決主張抗戰的人，不能説不接受這項艱巨任務，但事實上南京絕對守不住，其結果不但犧牲川軍，且將負上失守南京的罪。因此，劉湘十分躊躇，表示弄清楚部隊情況再回話。劉湘患有嚴重胃潰瘍病，辭別蔣之後，在車上大量吐血，立即昏迷。蔣立即派船送劉到漢口醫治，由於劉病重，蔣派陳誠為第七戰區副司令長官，又派唐式遵接任劉湘所兼的集團軍總司令，劉湘知道蔣介石這兩道命令後，十分憤慨，愈想愈氣，病情加劇。1938 年 1 月 21 日病逝。有傳聞劉湘是被蔣介石派醫生用毒藥針將之毒死的，其事雖然不確，但被蔣介石氣死，則是當時實情。[202]

　　紅軍萬里長征，真正得到最大利益的，是共產黨，還是國民黨？是毛澤東，還是蔣介石？請讀者自行判斷！

201 晏道剛：〈蔣介石追堵長征紅軍的部署及其失敗〉，《文史資料選輯》（62），第 36－39 頁；李以劻：〈薛岳率中央軍堵擊紅四方面軍南下〉，《圍追堵截紅軍長征親歷記——原國民黨將領的回憶》（上），第 96－98 頁。

202 鄧漢祥：〈劉湘與蔣介石的勾心鬥角〉，《文史資料選輯》（5），第 65－71 頁；唐生智：〈1931 至 1949 年概括回憶的幾件事〉，《文史資料選輯》（15），第 43 頁。

第十一章

十年內戰：國民黨的
內鬥與大混戰

1

2

3

1　國軍編遣委員會大會閉幕攝影
2　閻錫山
3　白崇禧

4　陳銘樞
5　陳濟棠
6　韓復榘
7　石友三

4

5

6

7

一、引言

　　有論者歸究國民黨內鬨的原因是中共的陰謀，為了篡奪國民黨的黨統和奪取國民革命的領導權，制定分裂國民黨的策略，將國民黨分為左、中、右三派，爭取左派，中立中派，打擊右派。有關文獻已經公開，不容否認。不過，這只可以解釋國民黨「清共」之前的情況，國民黨全面「清共」之後，停止「聯俄容共」政策，所有蘇聯顧問被遣送返國，所有潛伏在國民黨內的共產黨人被殺或被捕，難以公開活動，對國民黨各方面的影響力可謂微不足道。然而國民黨的內鬨情況較諸「清共」之前更為嚴重，因此國民黨分裂內鬨的責任，不能全由中共承擔。

　　國民黨有輝煌的革命歷史，同盟會年代，革命黨人已經誓言：「驅除韃虜，恢復中華，創立民國，平均地權。」換言之，就是推翻滿清政府，另行成立政權。辛亥革命之後，同盟會人組成國民黨，袁世凱及北洋軍閥先後解散國會，撕毀臨時約法。孫中山於是繼續領導革命，指責北京政府專制獨裁，不承認其地位，並召集國會議員齊集廣東，成立軍政府，多次北伐，試圖用武力推翻北洋政府。雖然在孫中山有生之年未能打倒北洋軍閥，但孫中山忠實的追隨者繼續其遺志，否定北洋軍閥政權，並發動北伐戰爭，用武力推翻當時列強承認的中國合法政權。可以說：否定原有公認的合法中央政權，另行成立一個新的中央政權，並用武力將舊有合法的中央政權推翻，是國民黨歷史上的光榮傳統。

　　孫中山逝世之後，國民黨人因政見分歧和爭奪利益，經常嚴重分裂，同時出現兩個黨中央的情況時有發生，兩者為了爭奪黨正統的名位，互相否認對方的合法性，甚而出兵「討逆」，互相攻伐，爆發連場大戰。無論如何，一個政黨的內部分歧無法用政治協商的辦法來解決紛爭，竟然訴諸武力，結果自然令這個政黨元氣大傷，給予內外敵人打擊和壯大的機會。國民黨忙於內鬨，不問時勢，甚至在抗戰和內戰最關鍵時刻，仍然不能冰釋前嫌，團結對外。其失去大陸的政權，與其內鬨不絕，不無關係！

二、國民黨內鬨經過

1. 粵滬對峙

　　孫中山逝世之後，國民黨黨員迅速因為爭奪繼承孫中山黨領袖的地位而爆發內鬨。1925 年 8 月 20 日廖仲愷被行刺，汪精衛借「廖案」機會，將他的政敵：胡漢民、林森、鄒魯等人全部「請」離廣東。但林森、鄒魯等國民黨右派，隨即在同年 11 月 23 日，在北京西山碧雲寺孫中山陵前召開國民黨一屆四中全會，通過了多份反共議案，踏出了國民黨人反共的第一步：開除國民黨內的中共黨人，解僱鮑羅廷，開除汪精衛黨籍六個月，停止「聯俄容共」政策。「西山會議派」在上海成立「國民黨中央黨部」，另立國民黨黨統，與廣州國民黨中央對抗，又在北京等地設立地方分部，分裂國民黨。12 月 14 日，葉楚傖以國民黨中央執行委員會名義在上海辦公，形成國民黨粵滬對峙之局。廣東方面進行政治反攻，汪精衛指上海中央執行委員人數不足，決議無效。1926 年 1 月 1 日，國民黨第二次全國代表大會在廣州開幕，大會通過了《彈劾西山會議決議案》，指出其「舉動純屬違法，並足以危害本黨之基礎，阻礙國民革命之前途」，決定永遠開除鄒魯、謝持的黨籍。於是國民黨首次分裂，出現了粵滬兩個黨中央並存之局。

　　另一方面，蔣介石亦乘機把許崇智護送離粵前往上海，奪得了廣東軍事大權。8 月 26 日，軍事委員會正式決定整編軍隊，原有部隊取消粵軍、滇軍、湘軍等地域名稱，改稱國民革命軍：以蔣介石的黨軍為第 1 軍，譚延闓的湘軍為第 2 軍，朱培德的滇軍為第 3 軍，許崇智的粵軍為第 4 軍。9 月，許崇智辭職，所部粵軍分為 4、5 兩軍，以李濟深統第 4 軍、李福林統第 5 軍。汪精衛以蔣介石軍權漸大，甚難駕御，在蘇聯顧問季山嘉的支持下，企圖削弱蔣介石的軍權。1926 年 2 月 24 日，國民政府成立兩廣統一委員會，改編兩廣軍隊。國民政府把新加入的李宗仁桂軍和唐生智湘軍編為國民革命軍第 7

軍及第 8 軍。[1] 蔣介石發現第 6 軍的番號空了出來,認為汪精衛、季山嘉借此收買他的主力部隊王懋功第 2 師,讓王背叛獨立成軍。於是先發制人,革除王懋功,派劉峙接任第 2 師師長一職。3 月 20 日,蔣介石以李之龍有意用中山艦押送他前往海參崴,派兵拘捕李之龍,拘押擔任衛戍廣州任務的第 1 軍第 2 師中的中共黨員代表,收繳蘇聯顧問衛隊武器,包圍省港罷工委員會,一舉控制廣州,完全控制了第 1 軍。自此,汪精衛稱病去職,蔣介石獨攬廣東軍政大權。這是北伐前國民黨第一次內鬨。

2. 寧漢對峙

　　3．20 政變(共產國際顧問和蘇聯檔案一般稱中山艦事變為 3．20 政變)之後,共產國際為了打擊西方帝國主義在華的勢力和北洋軍閥,決定繼續支持蔣介石,並提供軍事顧問和武器協助蔣介石北伐。由於革命軍節節勝利,迅速進佔了長江流域及以南大部分地區,1926 年 10 月 22 日,蔣介石致電張靜江、譚延闓,力主遷都武漢。11 月 26 日,國民黨中央政治委員會正式決定把國民政府和國民黨中央遷移到武漢,12 月 10 日,成立國民黨中央執行委員會和國民政府委員會臨時聯席會議,執行最高職權,標誌國民政府由廣州遷到武漢。13 日,鮑羅廷宣佈成立「中國國民黨中央執行委員暨國民政府委員臨時聯席會議」,以國民黨員徐謙為聯席會議主席。1927 年 3 月 10 日至 17 日,國民黨在漢口召開二屆三中全會,對現行國民黨和國民政府的政治制度進行改革,設中央執行委員會常務委員會取代主席制,執行黨的最高領導權;撤銷了蔣介石的國民黨中常委主席、中央組織部長、軍人部長、國民政府政治委員會主席、軍事委員會主席等職務,限制了他作國民革命軍總司令的權力。[2] 鮑羅廷以為用這種辦法,便可以輕而易舉地把黨政權力從蔣介石手

1　　張玉法:《中華民國史稿》(台北:聯經出版社,2001 年修訂版),第 172 頁。
2　　楊奎松:《國民黨聯共與反共》,第 182－186 頁。

中奪回來。

這時，工農運動失控，殺人奪產地鬥爭地主和資本家，迫他們逃到上海避難。他們的悲慘遭遇令上海大資本家和地主群起恐慌，加上親歷上海工人迫走軍閥的三次大罷工，令他們感到大難臨頭，立即尋求一個可靠力量保護他們的生命財產安全，革命軍兵臨上海，於是出巨資請求率領革命軍的蔣介石，設法阻止工農運動在上海爆發。蔣介石正受制於武漢政府削權扣餉，現獲得江浙財閥支持，便有條件和鮑羅廷及武漢政府決裂。再加上英美日等帝國主義國家不欲共產黨勢力在中國膨漲，想利用蔣介石作為他們在中國反共的工具。結果，共產國際培養和扶持了蔣介石，但卻迫蔣轉身投向江浙財閥和英美日帝國主義。蘇聯在中國的政治投資嚴重受挫，花了大量人力物力創立的黃埔軍校，由校長以至大部分學生，最後竟成為反蘇反共的急先鋒！

蔣介石知道不能只靠軍隊奪權，同時也要取得黨權。面對國民黨左派和共產國際的奪權鬥爭，是不能單靠武力的，必須爭取國民黨右派，建立一個與武漢政權抗衡的國民黨黨中央，才能和武漢國民政府抗衡。用另外一個國民黨中央，否認武漢的國民黨中央，這樣才能名正言順地拒納武漢政權的命令，繼續維持他的權力地位。

1927 年 2 月 21 日開始，蔣介石多次否定武漢國民黨中央的權威性，拒絕接受武漢國民政府削弱他軍權的議案。3 月 28 日，國民黨中央監察委員吳敬恆、蔡元培等在上海提出《護黨救國案》。4 月 2 日，吳敬恆、張靜江等人在上海召開國民黨中央監察委員會緊急會議，提出《查辦共產黨函》，要求制止共產黨活動。4 月 12 日，國民黨在上海展開「清共」。17 日，國民黨右派中央委員在南京召開政治會議，議決國民政府於 4 月 18 日在南京辦公，並推胡漢民為國民政府委員會主席兼中央政治會議主席。南京和武漢同時出現兩個國民政府，史稱「寧漢分裂」。

共產國際以為用汪精衛作為旗幟，可以聯合一切反對蔣介石的人團結在汪精衛身旁，遂發動「迎汪復職」運動，借汪遏制蔣介石。但汪精衛到達武漢之後，發現武漢政權無法與南京抗衡。事由兩湖工農運動失控，嚴重破壞

經濟，沒有稅收、缺乏現金，軍官和士兵更因家屬生命和財產受損而爆發叛變。而蘇聯原本答應支持的 1,200 萬盧布又沒有兌現，武漢財政困難，轄下的馮玉祥便因糧餉缺乏，改投蔣介石。武漢政權無計可用，只好跟隨南京政府進行反共。1927 年 8 月 8 日，武漢中央政治會議決：跨黨及任職之共產黨員一併開除黨籍並免職。9 月 12 日，武漢各機關人員停止辦公，開始東下南京。13 日，汪精衛通電辭職。20 日，國民政府委員及軍事委員同時就職，國民政府發表成立宣言。寧漢兩個國民黨中央重新合併，是為「寧漢復合」。汪精衛在新政府內未獲任何要職，在國民黨內鬥中再次失敗，於是在 12 月 16 日發表引退通電，離滬赴法。這是國民黨第二次內鬨。

3. 走向專制與混戰

　　1925 年孫中山逝世後，國民黨決議改組「大本營」的名稱為「國民政府」。7 月 1 日，中國國民黨中央執行委員會議決交國民政府公佈中華民國國民政府組織法：一、確立「以黨治國」的制度，規定：「國民政府受中國國民黨之指導及監督，掌理全國政務。」國民政府對國民黨負責，重要職務由國民黨任命。二、採用合議制：因孫中山逝世後，國民黨內一時未能求得唯一的領袖，以負責實際政治領導的責任，所以採用合議制。[3] 1928 年 6 月，北伐完成，國民黨依照孫中山《革命方略》，軍政時期結束，訓政時期開始。9 月 23 日，成立國民政府組織法草案研究小組，26 日中央執行委員會政治會議討論草案，10 月 3 日修正通過，提中央執行委員會常務會議議決，在 8 日公佈。

　　10 月 3 日，中央執行委員會常務會議又通過訓政綱領六條，成為訓政時期黨政關係的最高指導原則，規定：一、中華民國於訓政期間，由中國國民黨全國代表大會代表國民大會領導國民行使政權。二、中國國民黨全國代表

3　　曾濟群：〈實施訓政與軍政建設〉，《中華民國建國史》（3）（台北：國立編譯館，1989 年），第 804−805 頁。

大會閉會時，以政權付託中國國民黨中央執行委員會執行之。而中國國民黨中央執行委員會的職權則由中央政治會議執行。10 月 23 日，中央執行委員會通過的《中央政治會議暫行條例》規定：「政治會議為全國實行訓政之最高指導機關，對於中央執行委員會負其全責。」[4] 政治會議限期撤銷各地政治分會，不得再以分會名義對外發表命令，及任免該特定地區內官員。

北伐期間，開封、太原、武漢、廣州等地軍事領袖設立分會，以此管轄其區內軍事、行政、財政、官員任免等政務，於是該區軍事領袖獨霸一方，這對蔣介石當然不利，蔣便藉口統一全國政令軍令，企圖改變這種情況。[5]

根據訓政綱領成立新國民政府，蔣介石任國民政府主席，譚延闓任行政院院長、胡漢民任立法院院長、王寵惠任司法院院長、戴傳賢任考試院院長、于右任為監察院院長。馮玉祥任行政院副院長兼軍事部長，閻錫山任內政部長，李宗仁任軍事參議院長，李濟深任參謀部長。國民黨右派黨員及軍事領袖都得到政府的高職。在寧漢復合時汪精衛的左派受到排擠，失掉權位，故 5 月陳公博主編出版《革命評論》週刊，反對軍事獨裁，主張恢復 1924 年國民黨的改組精神，主張國民革命要以農工小資產階級為基礎，代表農工小資產階級的利益，主張恢復民眾運動，採取民主集中制。另外，顧孟餘主辦《前進》雜誌，論調比較溫和，雖然也反對軍事獨裁，主張民主，但反對階級鬥爭。陳公博的《革命評論》得到青年學生和知識份子的擁護，銷量曾高達一萬份。陳公博一派主張採取「革命」組織的形式，在各地展開活動，來達到推翻蔣介石、改組國民黨、改組政府的目的。

11 月，汪精衛、陳公博、顧孟餘、何香凝等人在上海成立「國民黨黨務改組同志會」，以恢復 1924 年國民黨改組的精神為旗幟，鼓吹「黨內民主」，被稱為改組派。1928 年至 1929 年間，改組派在南京和上海的聲勢相當大，但

---

4   曾濟群：〈實施訓政與軍政建設〉，《中華民國建國史》（3），第 808 頁。

5   陳存恭、陳三井、馬天綱、賈廷詩訪問：《白崇禧先生訪問紀錄》（下）（台北：中央研究院近代史研究所，1984 年），第 922－923 頁。

在 1930 年之後，便趨於沒落。原因之一是蔣介石對改組派殘酷鎮壓，刺殺了改組派上海總部負責人王樂平，令許多青年和知識份子都不敢參加改組派的活動。最重要的是：改組派淪為上層官僚政客、失意軍人和蔣介石爭權奪利的工具。汪精衛等「粵方委員」搞改組派的真正目的，[6] 並不是真正反對蔣介石軍事獨裁，「恢復國民黨改組精神」，只不過是他們失去權位之時，利用這塊招牌來與蔣介石爭權奪利。北平「擴大會議」和廣州「非常會議」相繼召開之後，群眾發現自己受汪精衛所愚弄，於是失望離去。[7]

1929 年 3 月 15 日至 28 日，中國國民黨在南京召開了第三次全國代表大會。出席代表 406 人，正式代表 247 人，代表全國 63 萬黨員。大會主席團：蔣介石、胡漢民、譚延闓、孫科、朱家驊、古應芬、陳果夫、陳耀垣、于右任（未出席）九人。這會議在蔣介石控制下召開，為了壓制汪精衛左派勢力，防範左派實際控制的地方黨部，代表多由中央黨部指派或圈定。汪精衛等指控，只有 80 名出席代表由選舉產生，高達 303 人由圈定或指派產生，包辦的程度達 79%。因此改組派和西山會議派的代表，除了汪精衛和鄧澤如之外，沒有一個人當選。於是引起了兩派的不滿，紛紛質疑第三次全國代表大會的合法性，主張應該重開第三次全國代表大會，大會代表應該以「第二次全國代表大會」選出的中央執行委員為代表，行使職權。汪精衛在會中嚴詞攻擊蔣介石專權和質疑會議的合法性，結果大會決定開除陳公博、甘乃光的國民黨籍，開除顧孟餘三年黨籍，給汪精衛以書面警告。[8] 這時蔣介石已決定討伐桂系，所以也開除李宗仁、白崇禧、李濟深的國民黨籍。改組派遂提出以「護黨救國」為「反蔣」的口號，並策動李宗仁、白崇禧、李濟深等人武裝反蔣。

6　國民黨監委鄧澤如、古應芬等將中共領導的廣州起義，歸究責任於汪精衛、顧孟餘、陳公博、甘乃光、王樂平等粵籍國民黨中央委員主使，稱他們為粵方委員，向國民政府呈「通緝歸案，從嚴究辦」。

7　何漢文：〈改組派回憶錄〉，《文史資料選輯》（17），第 166－184 頁；范予遂：〈我所知道的改組派〉，《文史資料選輯》（45），第 209－230。

8　《中華民國史稿》，第 224－225 頁；《近代中國史綱》，第 592－595 頁。

中國國民黨第三次全國代表大會不單沒有團結黨人，反而令國民黨各派關係破裂，互相敵視，拉開了國民黨新軍閥混戰的序幕。

第三次全國代表大會同時通過了《確立訓政時期黨、政府、人民行使政權治權之分際方案》，這方案內容顯示國民黨走向獨裁之路。

一、「依據總理遺教，確定訓政時期以政權付託於中國國民黨之最高權力機關，以治權付託於國民政府，分別總攬而執行之，以造成中華民國之憲政基礎，實為訓政時期政權、治權所由區分不可移易的原則。」帝制時代，「君權神授」，「朕即國家」。國民黨為中國實施民主政治而奮鬥，但北伐成功之後，新的國民政府不追求「主權在民」的民主政治，政府的權力來源不由全國人民授予，而是來自國民黨的總理。國民黨總理僅由國民黨人選舉產生，國民黨總理又把國家政權付託給國民黨，豈不是私相授受？

二、「中國國民黨最高權力機關，為求達訓練國民使用政權，弼成憲政基礎之目的，於必要時得就人民之集會、結社、言論、出版等自由權，在法律範圍內加以限制。」這條文顯示當時掌權的國民黨人已經成為孫中山的叛徒，徹底違反 1924 年 1 月 31 日《中國國民黨第一次全國代表大會宣言》，孫中山神聖莊嚴地宣佈：國民黨之政綱，乙、對內政策第六條：確定人民有集會、結社、言論、出版、居住、信仰之完全自由權。[9] 出席大會的國民黨諸公忘記了這莊嚴的宣言嗎？限制人民的集會、結社、言論、出版等自由權，這和滿清政府和北洋軍閥有何分別？孫中山所追求的美式民主政治是這樣的嗎？這些國民黨代表可有考慮他們正在集體背叛孫中山和國民黨，集體摧毀國民黨的追求民主自由的輝煌革命歷史！

三、「中華民國人民須服從擁護中國國民黨，誓行三民主義，接受四權使用之訓練，努力地方自治之完成，始得享受中華民國國民之權利。」[10] 換言

9　孫中山：〈中國國民黨第一次全國代表大會宣言〉（1924 年 1 月 31 日），《國父全集》（2），第 131－140 頁。

10　曾濟群：〈實施訓政與軍政建設〉，《中華民國建國史》（3），第 809－810 頁。

之，除國民黨外，所有政黨無權參政；不服從擁護國民黨的國人便成為次等公民，失去國民權利。這方案豈不是比滿清和北洋軍閥更專制獨裁？

孫中山的遺囑明確寫明：「國民革命的目的在求中國之自由平等」。蔣介石操控的三中全會通過的議案，竟然明文限制「人民之集會、結社、言論、出版等自由權」；竟然剝奪非國民黨人的國民權利，讓黨外人士淪為次等公民。這豈不是令孫中山終身所追求的崇高革命理想，迅即成為騙人的謊言。孫中山彌留之際，不斷說：「和平⋯⋯奮鬥⋯⋯救中國！」國民黨人莫不熟讀總理（孫中山）遺囑，莫不認識「和平⋯⋯奮鬥⋯⋯救中國！」這句話，何以國民黨人自己的糾紛不能用「和平」方式解決，而必須使用武力？南京政府執政諸公，還能算是總理的忠實信徒嗎？

國民黨既然宣傳開始訓政時期，自然應該訓練國人參加政治。全國六十三萬黨員更應該成為全國四億同胞的模範榜樣，有高尚的政治道德和廉潔的操守，一言一行均應成為國人的表率。盲目批評所有國民黨黨員都是卑鄙小人，當然不恰當！很多國民黨員都是有政治理想、有抱負的，人格和學問都足以令人敬佩。只不過凡是貪污舞弊，欺壓平民百姓的官員，肯定都是國民黨人，這便令整個國民黨受累了！國民黨中央的權力鬥爭更令國人痛心疾首，如蔣介石、汪精衛和胡漢民等人結幫立派，今日聯汪反胡，明日結胡制汪，後日聯合反蔣。這些人在國人雪亮眼睛的注視底下，不斷運用權謀，爭權奪利，鬥個你死我活。甚至由中央鬥到地方，出動軍隊互相討伐，不單令國民黨嚴重內耗，更連累國家元氣大傷，全國大部分省份慘受戰火蹂躪，導致日本乘機侵略，侵佔了四分之一個中國，八百多萬平方華里土地，三千二百多萬同胞淪於敵手。國民黨還有何資格和顏面對國人進行「訓政」？在全國同胞之前，還有沒有羞恥之心？

中國國民黨第三次全國代表大會的決議案不單分裂了國民黨，也自絕於其他黨派和全國人民！

三、國民黨軍閥混戰經過

1. 國民黨新軍閥的形成

（1）黨代表制的破壞

孫中山鑑於俄國革命的成功，全靠有一支黨代表制的紅軍，故欲建立一支為主義犧牲的軍隊，非採用黨代表制不可。故在教導團成立之始，團、營、連各級均委派黨代表，施以切要的政治工作。

（A）黨代表之職權

黨代表立於監督指導的地位，必要時得直接指揮軍隊，其效力不特便利於黨務及指導政治訓練，即於軍權軍令的統一，亦極有關係。其職權規定如下：

1. 黨代表對於部隊內之行政，有隨時監察之權。

2. 黨代表為圖補助其工作進行之便利，有組織選舉特種委員會之權。

3. 黨代表有加入所屬黨部執行委員會為委員之權。

4. 黨代表對於黨務及政府工作之處置，有單獨發表命令之權，但須不妨害部隊之軍事行動，並須通知其部隊之同級長官。

5. 黨代表對於部隊同級主管所發之命令，認為有明顯之罪過或巨大之錯誤時，有拒絕簽字之權，但須即向其上級機關陳述自己之意見。

6. 黨代表對其部隊同級主管所發之命令，認為有危害國民革命之進行時，須設法使其不得下達；如已發出，黨代表有即時單獨發表命令，不許其部下實行之權，但一方面應從速報告相當之機關。

7. 在下述之場合內，黨代表有在最短期間彈壓之，或將罪犯逮捕送交法庭之權。

    A. 官長明白表示其反叛之意志者。

    B. 軍隊中有謀反及掠奪之暴動者。

    C. 其他個人或部隊有不法行為者。

8. 在激戰時其部隊之同級主管失去戰鬥力或陣亡，而新任之官長又未到場之際，黨代表有指揮其部隊作戰或指定其部隊內之資深軍官暫負指揮之權，但須即時報告上級機關。

（B）黨代表與部隊官長之關係

教導團之黨代表，因為有指揮黨務、政治及軍事職權，故須與有關係之機關人員互相聯絡，以利工作。其關係如下：

1. 黨代表對於部隊長官，無論何時須尊重其在士兵中信用及威嚴。

2. 部隊長官對於黨代表，不問是其同級或非同級，如非得本軍最高級黨代表或法官會審之特許，不得剝奪其自由。

這種黨軍制度，以後逐漸推廣到其他軍隊，到國民黨第一屆中央執行委員第三次全體會議，更明白規定：

1. 在軍校及軍隊中，所有一切命令，均由黨代表副署，由校長或該營長官執行，軍中黨的決議，其執行亦需依此程序。

2. 所有一切軍校及軍隊中之命令規則，經黨代表副署者，完全有效。

於是國民黨所有一切軍隊，開始由私人工具，一變而為黨的武力。[11]

蔣介石知道黨代表制度的厲害，不願受其約束。孫中山逝世後不及一年，便發動中山艦事變。1926 年 4 月 2 日，鄧演達質疑蔣介石在 3 月 20 日「鎮壓中山艦及繳俄顧問衛隊械事，疑近於反革命行動」。蔣介石沒有正面回應鄧的質問，卻正色厲聲反駁：「余之主張修正黨代表制，如他人為之，則為反革命；而以總理與余為之，則無論何人，應認為革命應取之態度，以可由余手創者，即有由余廢除之權。」[12] 次日，蔣介石建議國民黨中央《請整軍肅黨準期北伐》，主張調回各軍黨代表：「軍中黨代表制，中正認為革命未成功以前，此制不能取消，惟黨代表資格，應有相當限制，凡跨黨黨員，不宜

11　國防部史政局：《北伐戰史》（1）（台北：國防部史政局出版，1967 年），第 108－111 頁。

12　《民國十五年以前之蔣介石先生》（8 編 2），第 1 頁。

任黨代表之職，且須限入黨在若干年月以上者，方有任黨代表之資格，此黨代表之資格，應加審慎也。又軍中官長，信仰不一，精神必難團結，思想衝突，行動更易差誤。我軍卽以三民主義為主義，惟有以信仰三民主義者為幹部，而共產主義及無政府主義份子，應暫退出，以求各軍精神之團結，而謀革命之成功。至共產份子退出各軍以後，應由本黨予其相當工作，或授其高等軍事學，以備軍中之用，不使內部糾紛。現在所訂政治訓練部條例，行之有日，形格勢禁，益見其難行，非重新訂定，對於各軍，不惟無所補益，而且害之。中正以為政治訓練部條例未修正以前，各軍黨代表，應一律調回，加以訓練，而留政治部人員在軍中，實習政治相當工作，宣傳三民主義，則軍隊內部，旣無思想衝突之慮，政治工作，又無中止之憂，其於軍隊之精神，不致如前日之渙散也。」[13]

中山艦事變爆發時到粵參觀的蘇聯顧問代表團團長斯切潘諾夫認為中國軍隊「尚未脫盡其軍閥主義之積習」，主動由第1軍調回一切政治宣傳人員及共產黨員，對蔣採取退讓策略。[14] 其他國民黨人根本不明白黨代表制有防止軍閥形成的功能，不予深究。國民黨「清共」之後，各軍藉口黨代表多由共產黨人擔任，全部撤銷黨代表。國民政府的軍隊遂再次淪為私人武力，「國軍」固然不是國家的軍隊，也不是國民黨的軍隊！孫中山建立為革命效忠的軍隊的努力於是功敗垂成。

蔣介石廢除黨代表制，是為了方便建立一支向他個人效忠的武力，他以黃埔學生軍為基礎，在共產國際的金錢和武器支持下，建立第1軍。他雖然身為國民革命軍的統帥，但卻沒有把共產國際援助的武器公平分配給其他國民革命軍。第1軍得到的彈械補充、給養調劑、編制擴展等，常比他軍為優厚。李宗仁舉出實例說：江西肅清後，天氣漸轉嚴寒，南方士兵不慣此氣

---

13 《民國十五年以前之蔣介石先生》（8編2），第8-9頁。

14 斯切潘諾夫：〈關於「三二〇」事件的報告〉（1926年）及，第〈關於「三二〇」事件後廣東情況的報告〉（1926年4月），《共產國際與中國革命資料選輯》（1925-1927），第118、120頁。

溫，多已瑟縮難耐，但後方軍毯運到時，蔣總司令即面諭兵站總監俞飛鵬，優先發給第1軍傷兵醫院，賞賜慰勞銀元亦照此辦理。俞謂，每一醫院中都有各軍的傷兵，當如何應付？蔣説：「不管，不管，他們自有他們的軍長！」李宗仁批評蔣介石忘記了自己是主帥的地位，而不單是第1軍的軍長。這樣故意使第1軍待遇特殊化，當然會令其他各軍官兵對第1軍產生嚮往羨慕之心，但亦產生令友軍懷怨不平、部曲離心的反效果！又如南昌馬口之役，得到戰利品堆積如山，蔣總司令、李宗仁、白崇禧前往視察。當時，白崇禧因為第1、2、3、6各軍損失很大，請蔣總司令將該項戰利品酌量分發一部給各軍補充，蔣不置可否。白誤以為總司令默許，遂通知各軍前來領取。各軍將士聞訊無不歡天喜地，唯身為主帥的蔣介石卻反露出滿面不愉之色。三軍將士對總司令的原意何在，均心知肚明。

此外，蔣介石的嫡系第1軍在戰場上的表現微不足道。武昌圍城之戰並無顯赫之功，南昌之役第1軍第1師代軍長王柏齡因宿娼，敵軍攻城時失蹤，令第1師曳兵棄甲而逃。所以第1軍的戰功固然比不上第4、7兩軍，亦比不上第2、3、6、8各軍。但蔣介石卻故意將嫡系的第1軍特殊化，當然難以服眾！

此外，當時黃埔出身的中、下級幹部和見習官習氣極壞，分派到第7軍隨軍見習時，十分驕縱，不聽營、連長的約束，不聽命令，爭先恐後前進，忽而自由停止休息，隨意覓取舒適民房居住，不受紀律約束，不屑與所屬營、連長官兵共同生活，對他們不放在眼內。李宗仁曾向蔣介石指出黃埔學生的驕縱，力勸蔣不要再兼軍校校長，以免學生有「天子門生」的觀念，自我特殊化。若此，則必然自外於人，引起與其他部隊對立的現象。革命陣營無法兼容並包，將致後患無窮。蔣介石聞言後，默不作聲，態度頓時變為嚴肅。鄧演達與李宗仁閑談，聽了李宗仁對蔣的一番話後説：「糟了！糟了！你所要避免的，正是他所要製造的。他故意把軍隊系統化，造成他個人的軍隊。你要他不兼校長，不是與虎謀皮嗎？」

蔣介石私心自用，其他軍隊自然上行下效。唐生智佔領漢口、漢陽，虜

獲吳佩孚的大量戰利品，又控制了漢陽兵工廠，乘機招兵買馬，擴充實力，正式要求將所部擴編為四個軍。因蔣介石將一批新運到廣州的俄援軍械，悉數撥歸第1軍，讓該軍擴編，故蔣無理由駁回唐的要求。唐生智遂頓時由一個軍擴充為四個軍，唐生智第8軍既開其端，第4軍亦要求擴充，革命軍的制度和體制因此被徹底破壞！第2、3、6各軍因待遇不公，心懷憤懣，逐漸萌生反蔣情緒，伏下稍後國民黨新軍閥大混戰的種子。[15]

（2）政治分會的產生

北伐期間，開封、太原、武漢、廣州等地設立政治分會，每一政治分會各有轄區，其分佈情況如下：

一、開封政治分會：第2集團軍總司令馮玉祥兼開封政治分會主席，轄區包括河南、山東、陝西、甘肅、青海、寧夏等省。

二、太原政治分會：第3集團軍總司令閻錫山兼太原政治分會主席，轄區有山西、察哈爾、綏遠等省。在北平、天津亦具影響力。

三、武漢政治分會：第4集團軍總司令李宗仁兼武漢政治分會主席，轄有湖北、湖南。

四、廣州政治分會：第8路軍總指揮李濟深兼廣州政治分會主席，轄區有廣東、廣西。

五、東北邊防軍：張學良易幟之後，仍任東北邊防軍司令長官，轄區有遼寧、吉林、黑龍江、熱河四省。

六、其他：雲南龍雲，貴州王家烈、周西成，四川劉湘、劉文輝、楊森等。[16]

政治分會名義上雖然都屬中央管轄，但實際上轄區內所有軍事、行政、財政、官員任免等，全由該區政治分會主席負責。蔣介石掌管大政後，培養嫡系部隊，又薦舉心腹出任軍、政、財要職，以鞏固自己權位。各派軍人亦

15　《李宗仁回憶錄》，第276－280頁。
16　《白崇禧先生訪問紀錄》（下），第922－923頁。

群起效尤，依樣照辦，各佔地盤，國民黨新軍閥割據之局於是形成。[17] 蔣介石不斷培養壯大自己的嫡系部隊，設法打擊和消滅雜牌（非嫡系的）部隊，於是不斷爆發蔣介石和國民黨各派軍閥的內戰。由於蔣介石利用剿共、抗日等名義消耗雜牌軍，雜牌軍洞識蔣借刀殺人之計，為免被消滅，作戰時設法避戰，以保存實力。眾叛親離，軍心渙散，蔣介石怎能應付強敵？

2. 國軍編遣會議

北伐完成之後，國民政府其中一個重要工作就是縮編軍隊，以減輕財政負擔。1928 年初革命軍兵抵南京時，只能命令江蘇、浙江、安徽三省交稅。至 1930 年，相繼增加了江西、湖北、湖南、廣東、廣西、山東、河南、福建等省。據財政部估計，1929 年 1 月的政府稅收，在償還外債及應付徵稅必要的開支後，軍費開支高達 78%，所以裁軍省費是必需的。[18]

寧漢復合，北伐再度進行，南京國民政府共有四個集團軍，蔣介石指揮第 1 集團軍，共有官兵約二十九萬人；馮玉祥指揮第 2 集團軍，共有官兵約三十一萬人；閻錫山指揮第 3 集團軍，共有官兵約十萬人；李宗仁指揮第 4 集團軍，共有官兵約二十四萬人。總兵力共約八十萬人。[19]

北伐的時候，各集團軍吸納了不少歸順的北洋軍隊，到北伐結束時，全國共有八十二個軍，總兵力高達二百二十五萬人。而蔣介石所能直接控制的只有九個軍，所以蔣必須收回兵權。國民黨向來有依靠軍閥的傳統，孫中山成立廣東軍政府時便依賴南方軍閥，北伐的時候，國民革命軍也有很多軍閥部隊。北伐之後，1928 年 7 月底，蔣介石在蚌埠召集駐津浦沿線第 1 集團軍中黃埔軍校出身上尉級以上軍官訓話：「舊的軍閥固然是打倒了，但是新的軍

---

17 《李宗仁回憶錄》，第 276－280 頁。

18 《中國現代史》（上），第 229－230 頁。

19 趙中孚：〈編遣會議〉，《中華民國建國史》（3），第 874－878 頁。

閥卻又產生了。我們要完成國民革命，非將新軍閥一齊打倒不可。」蔣對他的嫡系部隊說：「只有連新軍閥一齊打倒，你們才有出路，你們現在當連長的人，將來至少要當團長。」[20]

蔣介石話說要打倒新軍閥，其實他就是一個最大的新軍閥，利用官職招攬和攏絡黃埔軍校學生，將效忠國民黨的革命武力，變為私人武力，而不是國家的武力。同時，蔣介石玩弄權術，招降納叛，收賣敵人部下背叛，令其未戰已敗。如討桂戰爭時，收賣俞作柏，任命他為廣西省政府主席；對付馮玉祥時，收賣其部下韓復榘、石友三背叛，委任韓復榘為河南省主席，石友三為安徽省主席。蔣介石酬庸報功，委任將領為省主席，執掌地方軍政大權，[21] 不斷製造小軍閥，讓自己成為最大的軍閥。誰都看到蔣介石只是「挾天子（國民黨中央）以令諸侯，志在消滅異己」，[22] 有誰會甘心交出軍隊，任由蔣介石宰割？

1928 年 7 月 11 日，北平西山召開四大集團軍總司令會議，第 1 集團軍蔣介石、第 2 集團軍馮玉祥、第 3 集團軍閻錫山、第 4 集團軍李宗仁出席了會議，商討軍事善後問題，會後各集團軍總司令及海軍總司令共同簽署發表一份《軍事整理案》。將四個集團軍縮減為六十個師，另編憲兵二十萬人，直隸中央政府。

1929 年 1 月 1 日至 25 日，編遣會議正式在南京舉行，通過了《國軍編遣委員會進行程序大綱》，規定縮編全國現有陸軍步兵不得超過六十五師、騎兵八旅、炮兵十八團、工兵八團，共計兵額約八十萬人。全國軍隊分為六個編遣區及中央直轄部隊的編留部隊。六個編遣區：第 1、2、3、4 區負責編遣原隸第 1、2、3、4 集團軍各部隊，第 5 區負責東三省，第 6 區負責川、康、滇、黔各部隊，每一區至多不超過十一個師。

20　《李宗仁回憶錄》，第 391 頁。

21　李國祁：〈地方政制之改革〉，《中華民國建國史》（3），第 851 頁。

22　《李宗仁回憶錄》，第 391 頁。

這方案讓蔣介石擁有第 1 集團軍,及東三省和川、康、滇、黔等省共三個編遣區,再加上編留的中央直轄部隊,兵力比其他三個編遣區的總和還要多。因此,其他三個集團軍都認為不公平,反對縮編自己的軍隊,也不同意取消其控制地方行政和財政權的「政治分會」,認為蔣介石是借機進行楊永泰的「削藩論」,「以經濟方法瓦解第 2 集團軍,以政治方法解決第 3 集團軍,以軍事方法解決第 4 集團軍,以外交方法對付奉張」,是為日後「黨國內鬨、兄弟鬩牆、引起彌天大禍之動力」。[23]

蔣介石發言後,馮玉祥立即提出異議,認為:第一、中央直屬部隊保留太多,其他集團裁得多;第二、待遇不公平,中央待遇好。

馮玉祥又提出編遣的幾項標準:

一、有訓練者編,無訓練者遣;

二、有革命性者編,無革命性者遣;

三、有作戰功勞者編,無作戰功勞者遣;

四、槍械齊全者編,槍械不全者遣。

馮玉祥自稱其第 2 集團軍有兵幾十萬人,槍幾十萬支,大炮幾百門,重機關槍與手提機關槍各幾千支,兵力之強,其他軍莫及。若照每集團軍留二十萬人的辦法編遣,第 4 集團軍原有兵額約符此數,不增不減。第 3 集團軍則照額還須增補數萬人,方足二十萬人之數,但馮的第 2 集團軍便須裁去兵額的大半。因此,馮玉祥認為人增我減的方案極不公平,並指出應該首先裁撤第 1 集團軍所收編的十餘萬南北部隊,質問蔣介石收編這些部隊留而不裁,反要裁北伐有功的正規部隊,實有欠公平。馮玉祥和閻錫山與蔣針鋒相對,結果吵鬧爭得臉紅耳赤,不歡而散。[24]閻錫山和馮玉祥立即託詞離開南京,返回原駐防地,李宗仁則留在南京。編遣會議雖然議決通過了若干大綱

23 《馮玉祥傳》(下),第 321 頁。

24 《李宗仁回憶錄》,第 387 頁;周玳:〈回憶編遣會議〉,《文史資料選輯》(52),第 126－127 頁;《馮玉祥傳》(下),第 322－323 頁。。

方案，但徒具空文，無疾而終。其他集團軍總司令拒受中央政令，因而開始了國民黨新軍閥混戰之局。[25]

國民黨官方歷史亦同意：「由此可清晰看出，編遣會議及三全大會均為導致黨內糾紛及地方軍事叛亂的主要原因。」[26]

3. 蔣桂戰爭

李宗仁、白崇禧的桂系在北伐戰爭中乘機擴張勢力，1927年寧漢復合時迫蔣介石下野。在關係南京國民政府安危的龍潭一役大敗孫傳芳，建立了左右國民黨中央特別委員會的影響力。隨即迫原效忠武漢國民政府的唐生智下野，收編了唐生智的部隊，取得其武漢地盤。1928年北伐再度進軍，第4集團軍前敵總指揮白崇禧率軍肅清津東一帶的直魯殘軍，屯兵唐山、山海關一帶。這時，李宗仁為第4集團軍總司令武漢政治分會主席，李濟深任總參謀長、第8路軍總指揮兼廣州政治分會主席，黃紹竑坐鎮廣西大本營，桂系勢力擴張迅速，從廣東向北橫貫長江，直達河北，俯瞰蔣介石的華東地區。桂系的冒起，凌駕閻錫山、馮玉祥和張學良之上，成為蔣介石心腹之患。[27]

蔣介石於是暫時用懷柔敷衍政策應付馮玉祥，先對付李白的第4集團軍。當時蔣桂兩方的實力是不相上下的，而馮玉祥的兵力比蔣介石和桂系都要大，所以能否爭取與馮玉祥合作，就成為決定這場戰事成敗的重要關鍵。蔣介石派出邵力子為代表到華陰勸馮同蔣合作，提出三個重要條件：一、馮玉祥任行政院院長；二、任孫良誠或石敬亭為山東省主席，青島特別市歸西北軍接收；三、由馮在湖北、安徽兩省中任選一省為西北軍地盤。但馮判斷

25　《白崇禧先生訪問紀錄》（下），第923－925頁；〈編遣會議〉，《中華民國建國史》（3），第882－889頁。

26　〈編遣會議〉，《中華民國建國史》（3），第898頁。

27　劉斐：〈兩廣「六一」事變〉，《文史資料選輯》（3），第3－4頁；程思遠：〈蔣桂新軍閥戰爭的內幕〉，《文史資料選輯》（60），第167頁。

雙方是勢均力敵，可能兩敗俱傷，希望坐山觀虎鬥，爭取更大利益，故未作正面答覆。豈料桂系將領李明瑞被蔣收賣倒戈，令桂系兵敗如山倒。蔣介石見形勢有利，收回答應馮的條件。[28] 1929 年 2 月初，蔣介石秘密取道江西，運送大批彈械接濟湖南省主席魯滌平。桂系將領第 7 軍夏威、第 19 軍胡宗鐸、第 18 軍陶鈞三人年少氣勢，判斷蔣介石採取行動消滅第 4 集團軍，不知道這是圈套。胡宗鐸主張先發制人。1929 年 2 月 20 日，不經國民黨中央政治會議批准，逕以武漢政治分會名義，藉口「魯滌平把持稅收，剿共不力，製造民怨」，改組湖南省政府，以傾向桂系的何鍵取代效忠蔣介石的魯滌平為湖南省主席。夏威、胡宗鐸率軍入湖南，佔領長沙，迫魯滌平率部退往江西。[29]

李宗仁認為這是蔣介石佈下的圈套，用「激人成變」策略，以便明令討伐。蔣介石同時秘密派唐生智攜一百五十萬元巨款北上，收賣白崇禧指揮的李品仙、廖磊等五萬人背叛。[30] 又派人向馮玉祥、閻錫山疏通，共同對第 4 集團軍用兵。馮、閻樂見蔣李互鬥，希望兩敗俱傷，坐收漁利，故通電服從中央。武漢事變後，蔣介石派蔡元培、李石曾、吳敬恆、張靜江四位國民黨元老到上海，邀請與李宗仁一起的李濟深到南京調停。李宗仁拒絕到南京出席會議，並勸李濟深勿到南京，因他在兩廣有重要影響力，蔣不敢貿然對廣西用兵。若李一旦被蔣拘押，蔣一定利誘粵軍陳銘樞、陳濟棠等背叛，這樣便會令廣西頓失粵援，蔣軍四面合圍，則第 4 集團軍必被全部繳械。李宗仁對李濟深說：「你去南京必被扣留，你一失自由，戰禍就免不了。」但李濟深在四位元老的「蔣先生以人格擔保」的諾言慫恿下，在 3 月 13 日從上海去南京。[31] 蔣介石雖然表面上同意和平解決，實際上繼續向兩湖增兵，加緊向桂軍進逼。16 日，胡宗鐸、夏威致電胡漢民和李濟深，揭穿蔣介石無和平誠

28 《李宗仁回憶錄》，第 396 頁；凌勉之：〈中原大戰前的馮玉祥〉，《文史資料選輯》（52），第 134－136 頁。

29 〈蔣桂新軍閥戰爭的內幕〉，《文史資料選輯》（60），第 169 頁。

30 《近代中國史綱》，第 596 頁。

31 《李宗仁回憶錄》，第 396－399 頁。

意。20 日晨，李濟深往見蔣介石，兩人激烈爭辯，李指責蔣介石既緊抓軍權不放，就不能要求其他各軍棄軍權如敝屣。蔣介石惱羞成怒，翌日派兵拘留李濟深，軟禁在湯山。廣東第 8 路總指揮部參謀長鄧世增為首，通電全國抗議，並在指揮部開了一次會議，會上群情激憤，表示不惜一戰。但陳濟棠、陳銘樞已被蔣收賣，蔣任陳濟棠為廣東編遣區主任、討逆軍第 8 路軍總指揮，陳銘樞任廣東政治分會委員、廣東省政府主席。於是粵軍軟化。[32]

四位黨國元老只能後悔受蔣利用！白崇禧認為蔣介石採楊永泰削藩論，乘機下手，沒有令大事化小事，小事化無事，避免用兵，用盡一切手段去摧毀廣西力量。蔣介石對付桂系的策略是三箭齊發，務求一擊即中。對兩廣方面是誘捕李濟深，要何鍵、陳濟棠等攻廣西，使桂系南方老巢陷入混亂孤立；對華北方面是派唐生智奪回他的舊部（如廖磊、李品仙、葉琪、周祖晃等），[33] 使北方白崇禧孤身南逃；對武漢方面是收賣桂系內奸俞作柏策反李明瑞，給桂系一個攔腰一擊。[34] 桂系被逼得無容身之地，求生存是現實的需要，決裂是不能避免的。[35]

3 月 25 日，蔣介石正式下令討桂，以中央軍劉峙、朱培德進攻武漢，討桂之戰爆發。同日，李宗仁乘船返廣州，隨即轉赴桂林指揮反蔣戰爭。26日，蔣介石主持的國民黨三全大會決議永遠開除李宗仁、白崇禧、胡宗鐸、潘宜之黨籍。李宗仁派夏威為總指揮，率領胡宗鐸、陶鈞等部抵禦。但蔣介石早已用三十萬元（另有說是一百五十萬和一百二十萬）收賣俞作柏及其表弟李明瑞等第 7 軍幹部，讓李率部回師武漢。[36] 4 月 2 日，夏威因部下李明瑞突然背叛，狼狽後撤。4 日，劉峙順利佔領武漢。第 4 集團軍自兩湖和廣東撤

32　薛謀成：《國民黨新軍閥史略》（福州：廈門大學出版社，1991 年），第 50 頁。

33　黃紹竑：〈我與蔣介石和桂系的關係〉，《文史資料選輯》(7)，第 73 頁。

34　程思遠：〈蔣桂新軍閥戰爭的內幕〉，《文史資料選輯》(60)，第 171 頁。

35　《白崇禧先生訪問紀錄》（下），第 928－929、933、940 頁

36　盧蔚乾：〈胡宗鐸、陶鈞在桂系中的起落〉，《文史資料選輯》(52)，第 68 頁；張文鴻：〈李明瑞倒桂投蔣和倒蔣失敗的經過〉，《文史資料選輯》(52)，第 77－78 頁。

返廣西。15 日，夏威、胡宗鐸、陶鈞三人以軍心渙散，士無鬥志，聯名電蔣投降。5 月 10 日，蔣軍佔桂林。6 月 2 日，李明瑞軍佔梧州。6 月 7 日，南京正式委任俞作柏為廣西省主席，李明瑞為廣西區編遣主任，率部進入廣西。27 日佔南寧。李宗仁和白崇禧分別逃到香港。[37] 那時，李宗仁在香港的住宅是羅便臣道九十二號的三層洋房，月租銀九十元。「九一八事變」後李濟深被釋到港，用二萬元港幣把這房子買下，「抗美援朝」時，賣掉捐給祖國作軍費。[38]

4. 馮玉祥護黨救國軍之戰

1929 年 4 月，馮玉祥第 2 集團軍與蔣介石決裂，原因很簡單，就是蔣介石背信棄義，想搶奪馮玉祥控制的山東省，派陳調元取代馮玉祥部孫良誠出任山東省主席，不讓馮軍接收青島、煙台、威海衛等出海口，嚴重傷害馮玉祥的利益。於是，馮玉祥將第 2 集團軍各部和駐京各級人員撤返河南集中，並破壞洛陽以東隴海鐵路，炸毀黃河和漳河鐵橋等大小橋樑十三座，以防阻中央軍進攻。馮玉祥並進行政治部署，爭取汪精衛改組派和第 4 集團軍，共同反蔣。馮玉祥說他的部隊「轉戰萬里，迭著勳勞，竟無立錐之地，殊屬失平」，指責蔣介石「驕奢淫逸」，「淫佚奢侈已極、安能望其實行三民主義？」國民黨三全大會所選的中央委員「指派圈定，形同賄選」。[39]

5 月 16 日，原第 2 集團軍劉郁芬、孫良誠等十多名將領聯名通電，自稱「護黨救國軍」，推馮為「護黨救國軍」西北軍總司令，指責蔣介石搞「賣國外交」、非法指派三全大會代表，要求蔣介石下野。22 日，國民黨中央常務委員會決議，開除馮玉祥黨籍及革去本兼各職，明令通緝查辦。蔣介石又用「招降納叛」一招，收買馮部韓復榘、石友三背叛（7 月 2 日委任韓復榘為河

37　《中國現代史》（上），第 230 頁；〈編遣會議〉，《中華民國建國史》（3），第 889－891 頁；《國民黨新軍閥史略》，第 40－53 頁。

38　《李宗仁回憶錄》，第 403 頁。

39　《馮玉祥日記》（2），第 586、608、612 頁。

南省主席，10月21日委任石友三為安徽省主席）。5月23日，韓復榘致電蔣介石：率馬鴻逵、石友三、龐炳勳、李漪章等各師，「十萬餘人，集中洛陽，聽候命令」。[40]

馮玉祥向以訓練軍隊嚴格為世所稱譽，韓、石二部為全軍最慓悍、最饒勇善戰之師，幾戰無不勝，號稱為馮之「鐵軍」。馮玉祥曾稱讚韓復榘：「與敵對壘彰德，所屬三師之團營長，多數傷亡，而韓復榘猶復氣宇豪邁，謂吾尚未抬回，夫何懼何懼，壯哉！」又稱讚石友三，「用兵最神速者也，敵在蘭封時，繞攻迅速，因奏奇效。後到碭山，助賀耀祖追敵至濟寧。嗣因豫西事急，奉命以後，於二日一夜之短時間內，由魯西交通不便之區，達到滎陽目的地，出敵不意，遂解鞏縣之圍，是真所謂靜如處女，動如脫兔，自天而降之飛將軍也」。[41] 兩人的背叛，令馮驟去十萬之眾，約佔全軍嫡系三分之一，不獨精銳喪失，而且全軍第一次發生分化，軍心動搖。最重要的是反映出馮玉祥治軍的失敗，馮玉祥節儉廉潔治己治軍，經常親自分批對全軍上下演講救國救民之道，鼓勵將士為國家而戰；他又與官兵一起為百姓修橋整路，自以為深得軍心和民心。不過，馮軍久駐陝甘貧瘠之地，捱了多年無衣、無食、無餉而常須苦戰的生活。馮玉祥雖然知道蔣介石軍隊的糧餉遠比他的高：南京的兵，每月發餉10元，六四五折，當官的每月800元，也是六四五折。他的兵，每月3元維持費，3.5元菜錢，頭目每月6元維持費，時常還發鞋、襪、手巾、肥皂等。旅長每月拿不到90元維持費，比蔣的官長少幾倍。馮玉祥仍然只能要求官兵努力作到「克己」的工夫。可惜，馮軍眼見蔣軍人人豐衣足食、囊有餘餉，能夠「為革命夫人打赤金首飾，為革命如夫人置鑽石戒指」。[42] 相形見絀，不禁大為羨慕，所以不願再追隨馮玉祥捱窮。死戰不屈的韓復榘，被銀彈輕易一擊即倒，蔣介石只花了三百萬元，便令追隨馮玉

40　《國民黨新軍閥史略》，第75頁；鄧哲熙：〈韓、石叛馮和閻、馮聯合反蔣的經過〉，
　　《文史資料選輯》（1），第49－51頁。

41　《馮玉祥日記》（2），第549－550頁。

42　《馮玉祥日記》（3），第76頁。

祥達二十年的韓復榘一朝叛變！[43] 馮玉祥不了解此真正的「軍心」，掌握不了真正的「人情」。故一聞此噩耗，傷心已極，如天崩地裂、腦裂心碎，精神上受到嚴重打擊。[44] 閻錫山由太原電馮，勸他出洋。馮玉祥接受閻錫山的建議，5 月 27 日通電下野。[45] 蔣介石表示寬大，下令撤銷對馮的通緝和免職令。馮下野後，馮部要求中央撥軍餉接濟和駐紮河南。中央以財政困難，僅同意作力所能及的接濟，對駐紮河南的要求則堅決拒絕。馮軍對蔣的反覆自然不滿。10 月 10 日，西北軍將領宋哲元等通電列舉蔣介石六大罪狀：

一、包辦「三全大會」，假中央集權之名，行專制獨裁之實，以天下為私有；

二、任用私人，貪污成風，政府要員及財政官吏，非其私人，即其妻黨，貪污實盛於曩昔北京政府；

三、水旱災荒，遍及全國，哀鴻遍野，奄奄待斃；蔣氏對非嫡系部隊，常十餘月不發一餉，死者無撫恤，生者無衣，而蔣氏及其私黨，驕奢淫逸，自奉帝王之俸；

四、陰謀詭計，使各派自相殘殺；

五、假編遣之名，大肆招募，外標和平統一之名，陰行武力吞併之實；

六、利用外交問題，轉移國人目標。

通電表示：「蔣氏不去，中國必亡。」謹率四十萬武裝力量，「即日出發，為國討賊」。

10 月 11 日，蔣介石下令討伐，但討逆軍被擊敗，洛陽失陷。11 月初，蔣介石親往前線督師。中旬，馮部孫良誠被圍，向蔣投誠詐降。宋哲元不明

43　《馮玉祥日記》（2），第 639 頁。

44　《馮玉祥日記》（2），第 640 頁，及（3），第 7 頁；《馮玉祥傳》，（下），第 330－333 頁。

45　鄧哲熙：〈韓、石叛馮和閻、馮聯合反蔣的經過〉，《文史資料選輯》（1），第 51 頁。

真相，下令全軍西撤，退往西北。20 日，中央軍佔領洛陽。[46]

5. 改組派與各地護黨救國軍

蔣介石排擠異己，自然引起國民黨人的矛盾紛爭。改組派總部王樂平等人，在上海發起成立「中國國民黨護黨革命大同盟」。1929 年 5 月，提出：「恢復黨權」，「鏟除叛徒蔣中正的一切勢力」，「組織護黨革命軍，直搗南京政府，肅清反動勢力」，「否認南京蔣中正的政府，決定組織護黨政府」，「在偽三全大會後，南京政府所有一切命令與外交，以及所發出各種公債證券等，皆宣告無效」等綱領。聲言在最短時期，另開國民黨第三次全國代表大會，重建國民黨中央。

綱領得到唐生智、張發奎、石友三、李宗仁、何鍵、劉文輝等支持，派出代表參加這個大同盟。閻錫山和馮玉祥都和這同盟建立了聯繫。1929 年 6 月，陳公博回國組織「護黨救國軍」。9 月，汪精衛從法國回到香港，打出「國民黨第二屆中央執監委員會議」招牌，在香港建立國民黨地下中央，指揮其部下張發奎、唐生智發動反蔣戰爭。

馮玉祥打起「護黨救國軍」大旗反蔣時，蔣命張發奎率部增援隴海路。但張抗命不從，反與汪精衛領導的改組派合作，與廣西俞作柏聯合攻粵。俞作柏本屬汪系，而非蔣派。他在蔣桂戰爭中投蔣，只是借蔣力量取得廣西政權，然後以此為基地反蔣。俞作柏思想進步，早年兼任國民黨廣西省農民部部長時，擁護孫中山的三大政策，支持右江農民運動，故主持廣西省政後，在其弟共產黨員俞作豫影響下，實行聯共政策，贊助農工運動，釋放政治犯，並請求中共中央派人到廣西指導工作，中共中央先後派了鄧小平、張雲逸、袁任遠、葉季壯等到廣西政府和軍隊工作。俞作柏為了建立自己的武

46　《中國現代史》（上），第 231 頁；〈編遣會議〉，《中華民國建國史》（3），第 891－893 頁；《國民黨新軍閥史略》，第 87－88 頁。

力，成立教導總隊，任張雲逸為總隊長。中共改造了廣西警備大隊，張雲逸和俞作柏分任第 4、第 5 兩個大隊隊長。蔣介石知道後，大為震驚，一方面派吳鐵城到廣西調查，一方面電召俞作柏到南京述職，俞拒絕奉命。這時，汪精衛派薛岳去南寧促俞作柏反蔣，俞以在廣西力量未固，猶疑不決。但因蔣介石對他已起疑心，同時張發奎已發動反蔣，於是在 9 月 27 日，宣佈廣西獨立，稱護黨救國軍第 1 方面軍總司令。廣西軍人如第 16 師師長呂煥炎、李最親信的旅長黃權先後被蔣介石以高職和重金（據傳是二百萬元和三十萬元）收賣背叛。[47] 10 月 2 日，蔣介石下令免除俞作柏、李明瑞本兼各職，以呂煥炎為廣西政府主席兼第 8 路軍副總指揮，楊騰輝為廣西編遣分區主任，黃權為第 15 師師長。7 日，粵軍陳濟棠派香翰屏、余漢謀、蔡廷鍇三師溯西江進入廣西，聯合呂煥炎部進迫南寧。呂派黃權送十萬元給俞作柏下野。13 日，俞作柏率反蔣部隊離開南寧分赴百色和龍州，稍後，再從龍州經越南轉往香港。[48]

蔣介石在討桂戰爭初期，再次起用張發奎，但隨即發覺張部得以乘機擴大到三萬餘人，勢力膨漲。蔣於是派曹萬順師到宜昌，準備解決張部。張發奎為勢所迫，同時在汪精衛慫恿之下，1929 年 9 月 17 日，當曹萬順師開到宜昌接防時，將之解除武裝，並在翌日，通電反蔣，提出三項主張：

一、取消違法亂紀的國民黨三全大會；

二、根本鏟除黨內的腐化、惡化勢力；

三、敦請汪精衛回國主持大計。

隨即率領所部自湖北宜昌取道湘西返回廣西，計劃與俞作柏會師，聯合攻粵，在廣州另立政府，擁汪精衛上台。汪精衛以廣西生變，於是在 11 月間，經唐生智的安排，在香港唐生智的家與桂系黃紹竑會面，請李宗仁重返廣西收拾桂局，張部與桂系合作，一起抗擊陳濟棠的粵軍。黃紹竑認為這是

他們東山再起的良機，立即通知在越南海防的李宗仁、白崇禧返回南寧，重奪廣西政權。

9月20日，蔣介石下令罷免張發奎一切職務，劉峙和何鍵分別追擊和堵截張發奎部。李、白返回廣西後，在南寧成立「護黨救國軍」第8路軍，由李宗仁任總司令，黃紹竑任副司令兼廣西省主席，白崇禧任前敵總指揮。12月上旬，張發奎率部萬餘人，自稱「護黨救國軍」第3路軍總司令，與桂軍分路進攻廣東。但蔣介石派南京大軍增援廣東陳濟棠，何鍵由湖南進攻廣西。12月2日，廣州行營主任何應欽指揮五路大軍攻擊張、桂聯軍。戰爭初期，張、桂聯軍獲勝，兵鋒直迫廣州。12月12日前後，兩軍在廣州附近及花縣一帶激戰數晝夜，桂軍因後援不繼，蔣軍又有空軍支援，張發奎敗退，桂軍亦敗。[49] 廣東海軍行動敏捷，迅速攻佔梧州，粵軍沿西江西犯，向玉林推進，擊敗桂軍。幸好，白崇禧擊敗深入平樂的譚道源、劉和鼎等部，將蔣軍逐出廣西，兩軍隔西江對峙。不久，中原大戰爆發，李宗仁重新控制廣西。[50]

唐生智屬國民黨左派，武漢國民政府的部隊，寧漢復合時被迫出國到日本，其部下遂由白崇禧統領。1929年春，李宗仁反蔣，蔣介石起用唐生智收賣投靠白崇禧的舊部。白崇禧頓時無兵可用，於是逃至香港，唐生智遂收回舊部。其部隊在蔣馮戰爭時，曾參加對馮作戰有功，得到蔣介石酬庸管治河南。不過，蔣介石對唐生智重掌舊部是不放心的，隨時準備奪回唐的兵權，唐亦心知肚明，等待反蔣時機。

汪精衛聯絡各地軍閥進行反蔣後，唐生智分別與閻錫山、韓復榘、石友三、何鍵、劉文輝、楊虎城、夏斗寅等將領聯繫，尤其是特別爭取閻錫山，表示只要閻同意反蔣，即擁閻為領袖。12月1日，唐生智聯合河南、湖南等地七十五名將領通電發表宣言，要求中央速息內爭，一致對外。3日，發佈反蔣擁汪聯張（發奎）通電；5日，就任「護黨救國軍」第4路軍總司令。同

49　劉斐：〈兩廣「六一」事變〉，《文史資料選輯》（3），第5–6頁。

50　《李宗仁回憶錄》，第407–409頁；《國民黨新軍閥史略》，第97–98頁。

日，汪精衛從香港通電全國各省區，凡與護黨救國軍有關係的軍隊、黨部、團體，限三日之內一律發動，響應護黨救國運動。西山會議派亦大肆活動，策動部隊響應。唐生智調兵從鄭州沿平漢線南下，迅速佔領武漢。8日，主力部隊進抵駐馬店一帶。

面對此情況，蔣介石爭取閻錫山、張學良支持。20日，閻錫山和張學良聯合發表通電：「毅然決然，擁護中央統一。」其他軍人根本不是真心支持唐生智反蔣，在蔣的收賣攏絡下，紛紛否認有份參加反蔣，只是被唐生智盜用其名義發表通電。唐生智實際只有兩師兵力，無力抵抗蔣軍，其他軍人如閻錫山不但沒有出兵相助，更等待時機吞併唐部。1930年1月4日，唐在豫南兵敗逃走，部隊劉興、龔浩投靠閻錫山。6日，唐生智致電閻錫山自請下野。閻答應給以生命保障和出洋經費。8日，唐生智正式通電下野，從天津出國。[51]

當張發奎進攻廣東時，蔣介石命令石友三援粵，在南京對岸的浦口集中。石部集中浦口後，12月2日深夜，突然與蔣決裂，扣押蔣派來的監軍，在浦口以數十門大炮猛轟南京城，並通電全國，力數蔣介石罪行：「舊軍閥之不敢為者，而又皆悍然為之。」3日，宣誓就任「護黨救國軍第5路軍總司令」，率十萬健卒直取南京。但石友三沒有進攻南京，只是劫去浦口全部車輛，將沿途其他駐軍全部繳械，迅即北撤滁州，與韓復榘、馬鴻逵靠攏。蔣以石、韓、馬三人都是馮玉祥舊部，同聲同氣，恐激起三人同時起兵，暫停派兵窮追。張、桂軍敗後，石友三再度投蔣。12月19日，蔣下令各路軍隊討伐唐生智時，石友三又被任為第13路總指揮。[52]

以「護黨救國」為名的反蔣行動至此煙消雲散。

51 《中國現代史》（上），第232頁；《近代中國史綱》，第599頁；〈編遣會議〉，《中華民國建國史》（3），第894－895頁；《國民黨新軍閥史略》，第104－112頁。
52 《國民黨新軍閥史略》，第110－111頁。

6. 中原大戰

　　蔣介石一敗第 4 集團軍李宗仁，再敗第 2 集團軍馮玉祥，於是趾高氣揚，氣焰高漲，準備對付閻錫山。1929 年 11 月，宋子文到北平整頓稅收，同意負責由財政部撥發閻錫山在平津衛戍部隊的糧餉，讓閻撤出平津稅收機關的全部晉方人員，停止截留平、津兩市的稅款。閻錫山同意照辦，豈料宋子文實行了一個月就停止撥付。閻至此才知受騙，於是藉口北伐時山西省銀行實墊支三千萬元作為軍費，申請發行省公債以資彌補，但蔣不准發行。閻為這兩件事極之恨蔣，認為蔣要用經濟手段困死他。為了反蔣，1930 年 1 月，閻召集徐永昌、楊愛源、孫楚和周玳秘密開會，決定倒蔣。閻為了尋找倒蔣的藉口，從 1930 年 2 月上旬起，就開始了與蔣介石的「電報戰」。[53] 2 月 10 日，閻錫山致電蔣介石，讚揚蔣多次對他說：「力謀軍隊之編遣，黨務之整理，以期樹黨國萬年之基，而後功成身退。」「錫山確認為武力統一，不特不易成功，且不宜用之於民主黨治之下。」主張禮讓為國，約蔣介石共同下野，以息黨國紛爭，「從此鈞座之苦心既可大白於天下，錫山以駑駘得附驥尾，亦與有榮焉」。[54] 12 日，蔣介石覆電拒絕：「此時國難正亟，非我輩自鳴高蹈之時。……中絕非貪戀權位之人，去年 4 月討桂，曾宣言軍事結束，即行辭職；不幸叛變迭出，責任未盡，遂使弟又不得不繼續盡粹，存死而後已之心。成敗利鈍，非所逆睹；而革命救國之本懷，則未忍須臾背棄。」[55] 翌日，閻錫山覆電蔣介石問：「捨以武力裁制之外，更有何術以實現和平之目的？」「今日所謂憑藉武力以謀危害黨國者，皆昔日努力黨國革命之軍人也，何乃前正而後邪若是之相懸耶？」閻錫山請蔣介石考慮：「將多數黨員劃出黨的圈外，國民革命能否進行無阻？多數軍人置諸討伐之列，和平統一能否真正完

53　周玳：〈閻錫山發動中原大戰概述〉，《文史資料選輯》（16），第 32－38 頁。

54　〈閻錫山覆蔣介石蒸電〉（1930 年 2 月 10 日），王書福主編：《中原大戰內幕》（太原：山西人民出版社，1994 年），第 541－543 頁。

55　〈蔣介石覆閻錫山文電〉（1930 年 2 月 12 日），《中原大戰內幕》，第 543 頁。

成？」「凡屬國民黨者團結一致，取決多數，以解決國事，完成整個的黨，使黨顛撲不破，中央常立在理直氣壯的地位，然後有阻礙國民革命者驅除之，破壞和平統一者撲滅之，較之今日多數黨員多數軍人居於不合作之地位以圖治，鈞座以為得力乎？否乎？黨國之危機，減乎？增乎？國人之信仰，外交之同情，多乎？少乎？鈞座達革命救國之目的，易乎？難乎？」[56]

　　蔣介石對閻錫山的質問，沒有立即回電。19日覆電指責閻錫山對他的嚴重督責是：「兄利用他人失敗，不得不親出倒蔣。」他已迭接報告：「謂兄已決定對中央作戰，所有總指揮，各路司令，均已委派。」「兄雖矢言服從命令，恐兄動員令完畢之日，即兄通電辭職之時；而辭電朝佈，兵禍夕發。是以禮讓為名，爭奪為實，不惜甘為黨國罪人。」[57] 閻錫山覆電指責蔣介石操控的三全大會貽人口實，和蔣介石的個人武力亦應交還給黨：「全體大會為黨國最高機關，不可貽人以口實；若有貽人口實之處，必須設法消除。至於編遣，固為當務之急。惟黨國是以黨為主體，個人中心之武力，是黨國之障礙，應齊交還於黨，再實行編遣。」[58] 蔣閻雙方措詞一次比一次激烈，互相譴責，到此劍拔弩張，關係破裂。

　　各方面對蔣不滿的人物，看到閻、蔣交惡，於是紛紛派代表到太原勸閻倒蔣。改組派陳公博和西山派鄒魯等，相繼北上活動，促成「倒蔣」。在勸閻倒蔣的各方代表中，以馮玉祥的代表薛篤弼和桂系代表潘宜之慫恿最力。[59] 2月21日，李宗仁、白崇禧、黃紹竑、胡宗鐸、張發奎五人聯名通電響應閻錫山，推閻為全國海陸空軍總司令，馮玉祥、張學良為副司令。23日，閻錫山、馮玉祥、李宗仁等四十五人聯合通電提出：「由一二三屆執監委員，除共產黨黨員外，組織臨時國民黨黨員會議，於最短期間，成立四屆。錫山等竊思黨的主權，在全體黨員，無論如何主張，果取決於黨員，何者亦可，若純

56　〈閻錫山覆蔣介石元電〉（1930年2月13日），《中原大戰內幕》，第544－545頁。
57　〈蔣介石覆閻錫山皓電〉（1930年2月19日），《中原大戰內幕》，第546－547頁。
58　〈閻錫山覆蔣介石號電〉（1930年2月20日），《中原大戰內幕》，第547－548頁。
59　周玳：〈閻錫山發動中原大戰概述〉，《文史資料選輯》（16），第39頁。

以武力決勝負，非特不當，實亦不必。錫山等擬請由我全體黨員總投票，取決多數，三屆續統可，二屆復統亦可，產生四屆亦無不可。⋯⋯全體黨員為本黨主人，果能貫徹全體投票之精神，必可化疆場之干戈，為會場之表決。如荷贊同，尚盼早見實行，以息黨爭，而定國是。」[60] 電文提出「黨的主權在全體黨員」，用全體黨員投票來解決黨的分歧，是十分合理的主張，是國民黨團結的好機會，也是國民黨脫離獨裁，走向民主的好機會！可惜被蔣介石拒絕了！

2 月 24 日，閻錫山用詳細數據批評蔣介石操控三全大會和編遣討伐：「三全大會代表 406 人，而指定者 211 人，圈定者 122 人，純粹選出者只 73 人。在鈞座之理直氣壯者，以為編遣討伐皆奉黨之議決案而行，外間之不直鈞座者，以為指定過半數以上之三全大會，非國民黨之三全大會，乃鈞座之三全大會。編遣討伐，無異於鈞座一人之命令也。黨國危亂實肇於此。」[61]

反蔣各派雲集太原，3 月 14 日，鹿鍾麟等五十七名將領聯合通電譴責蔣介石十項大罪，請蔣介石引退，[62] 並推選閻錫山任「中華民國陸海軍總司令」，馮玉祥、李宗仁、張學良為副司令。22 日，張學良致電蔣介石表示對鹿的通電毫不知情。4 月 1 日，閻、馮、李三人通電就職，正式開始反蔣聯合行動。

這次反蔣行動聲勢浩大。前國民革命軍共有蔣介石、馮玉祥、閻錫山、李宗仁等四個集團軍，現在馮、閻、李等三個集團軍聯合反蔣。國民黨方面，國民黨左派（汪精衛的改組派）和右派（鄒魯的西山派）都反對蔣介石一派。

討蔣聯軍的組織系統和作戰方略是：

一、閻錫山任「中華民國陸海軍總司令」，馮玉祥、李宗仁為副司令。

二、李宗仁為第 1 方面軍總司令，統率桂、張發奎兩軍，兵力約七萬

60　〈閻錫山等 45 人漾日通電〉（1930 年 2 月 23 日），《中原大戰內幕》，第 550 頁。

61　〈閻錫山致蔣介石敬電〉（1930 年 2 月 24 日），《中原大戰內幕》，第 551 頁。

62　〈鹿鍾麟等 57 將領寒日通電〉（1930 年 3 月 14 日），《中原大戰內幕》，第 554－557 頁。

人。由廣西分向廣東、湖南進兵。

三、馮玉祥為第 2 方面軍總司令，統率西北軍，兵力約二十萬人。由陝西向河南進兵，負責隴海、平漢兩路作戰任務，分向徐州、武漢進攻。

四、閻錫山為第 3 方面軍總司令，統率二十萬晉軍在山東境內津浦、膠濟兩路作戰任務，與第 2 方面軍會攻徐州，然後沿津浦線南進，直搗南京。

五、石友三為第 4 方面軍總司令，以主力進攻濟寧、兗州，以一部協同第 3 方面軍會攻濟南。

六、張學良為第 5 方面軍總司令。

七、四川劉文輝為第 6 方面軍總司令。

八、湖南何鍵為第 7 方面軍總司令。

九、樊鍾秀為第 8 方面軍總司令。

石友三、劉文輝、何鍵、樊鍾秀等部隊兵力共約二十萬人。

反蔣聯軍總兵力約七十餘萬人。控制地區有河北、山西、陝西、甘肅、青海、寧夏、綏遠、察哈爾、廣西九省，北平，天津兩市，及河南、安徽的一部分。張學良只被列名，沒有參戰。

蔣介石方面，除自己的嫡系部隊之外，都跑到反對他的陣營，可用之兵約六十餘萬人。政治方面仍得胡漢民、譚延闓等支持。統轄的範圍有江蘇、浙江、江西、湖北、山東、福建等八省，上海、廣州、漢口三市，及河南、安徽的一部分。東北的遼寧、吉林、黑龍江、熱河四省，西南的四川、雲南、貴州三省，近乎中立，名義上仍奉南京為中央。蔣直接統轄各軍，訓練和武器比較精銳，另有空軍、海軍。長江各省及廣東的財力物力，遠比華北、西北富裕。

4 月 12 日，蔣介石委任韓復榘為第 1 軍團總指揮，由河南退往山東黃河南岸，以阻津浦路晉軍南下；劉峙為第 2 軍團總指揮，防守徐州、碭山、宿縣一帶；何成濬為為第 3 軍團總指揮，防守平漢線許昌以南各地；陳調元為總預備軍團總指揮，與馬鴻逵部佈防於魯西濟寧、曹州，拒止石友三部；以楊虎城部警備南陽一帶；范石生部警備襄樊一帶；以何應欽為武漢行營主

任，主持鄂、湘軍事。5 月 11 日，戰爭爆發，史稱「中原大戰」。[63]

中原大戰有多場拉鋸戰，充分反映了蔣、閻、馮三方軍隊的特點。蔣軍是輕重機槍多，平均每連九挺輕機槍，每步兵營九挺重機槍，彈藥充足，射擊技術也較好。閻軍因有山西兵工廠，能造大量手榴彈和迫擊炮，威力強大，晉軍投彈技術亦好。馮玉祥練兵着重：一、體力鍛練：無論軍官或士兵都受嚴格訓練，故體力比其他軍隊好。二、戰鬥技巧有刺鎗和劈大刀：西北軍因缺乏機關槍、炮等重武器，故十分重視近戰、肉搏訓練；將步槍的刺刀溶合了中國傳統的花槍，編為三套刺槍術；劈刀採用傳統武術的刀法練習。三、夜戰訓練：馮玉祥知道缺乏空軍、大炮和坦克，故強調夜戰以補不足。[64]西北軍步兵每人一把大刀，尤其是手槍隊、手槍營、手槍旅等特種部隊的刀術和夜戰技術特強，摸爬技術亦好，無聲無息，通過交通壕如履平地，搭人梯上高牆動作熟練，經常夜間摸進敵人陣地實施斬首戰術，解決敵人大小指揮機關。豫東拉鋸戰有戰例，馮軍利用伸手不見五指的黑夜，只用大刀砍殺，一槍不發，幹掉敵軍大半個寨子。[65]馮軍雖然在中原大戰失敗，但在抗戰中仍然發熱發光。1933 年 10 月 11 日，長城抗戰，大刀隊屢次打敗以拚刺刀聞名的日軍，令大刀隊威名遠播中日。

中原大戰可分為河南、山東、湖南三個戰場。河南是主戰場，其次是山東，再次是湖南。河南戰場分為隴海鐵路東段和平漢鐵路南段，隴海鐵路沿線是兩軍決戰地區。

（1）隴海線戰場

隴海線位置在全局的中央，津浦、平漢鐵路在它左右兩翼，因此，雙方

63　劉驥：〈蔣馮閻關係和中原大戰〉，《中原大戰內幕》，第 9－10 頁；《近代中國史綱》，第 601 頁。

64　張知行：〈西北軍練兵的一些特點〉，《文史資料選輯》（4），第 169－174 頁。

65　楊集賢、趙子立、楊顯、栗森華等：〈隴海線的幾場戰鬥〉，《中原大戰內幕》，第 246－247 頁。

都派重兵爭奪這戰略要地。

　　5月上旬，反蔣聯軍以徐永昌任隴海線總指揮，楊愛源任副總指揮。中央正面以孫楚為第1路指揮官，指揮關福安軍；右翼楊效歐為第3路指揮官，指揮萬選才、劉茂恩兩部，分別由歸德、亳州向碭山、徐州前進。另有騎兵師彭毓斌的兩個騎兵團和七個炮兵團；左翼有石友三、劉春榮部，向荷澤、定陶前進。11日，雙方開始大規模接觸，因蔣軍有空軍助戰，激戰數日，萬孫兩軍後退往亳州和歸德附近。蔣軍顧祝同、陳繼承、陳誠等師乘勝進攻。15日，蔣介石到馬牧集督戰。20日，劉茂恩突然投蔣，誘捕萬選才，令歸德失陷。原先由劉茂恩防守的寧陵、睢縣亦落入蔣軍手中。晉軍楊效歐、孫楚、關福安等部因而受損。

　　蔣介石到歸德督戰，派劉峙和空軍猛攻蘭封，希望一舉打垮晉軍主力。但閻錫山早已在蘭封構築了堅固的防禦工事，七個炮兵團共有二百五十餘門大炮，構成了步兵火網和炮兵火網，發揮了強大炮火的威力，又派一個軍前來增援，令蔣軍攻堅失敗。劉峙、顧祝同、陳誠、陳繼承、張治中、馮軼裴等精銳部隊傷亡慘重。蔣介石於是派陳誠第11師由隴海路南側迂迴晉軍右後，乘隙進攻。但蔣軍軍事調動的通電被晉軍電訊機構截獲譯出，立即集中九個炮兵團共三百二十四門大炮火力猛轟蔣軍；馮玉祥亦及時派孫良誠和吉鴻昌兩軍增援，在隴海線南側向陳誠的翼側側擊。[66] 孫、吉兩人驍勇善戰，陳誠部被兩部包圍重創，全靠部隊裝備優良，機槍火力猛烈，才能殺出重圍。但孫、吉兩軍緊跟追殺，陳部節節後退。激戰十餘日，蔣軍全線動搖，敗退二十餘里。[67] 因晉軍善守不善攻，無法配合擴張戰果。同時，因平漢線吃緊，馮玉祥調孫連仲部增援許昌，沒有全力擊潰隴海線蔣軍，失去獲勝之機！[68]

　　5月31日，馮玉祥西北軍鄭大章騎兵急馳八十餘里，馳襲攻佔睢州，在

<hr>

66　郭宗汾：〈隴海線反蔣戰爭親歷記〉，《文史資料選輯》（16），第57－61頁。

67　《馮玉祥日記》（3），第219頁。

68　張樾亭：〈隴海線上反蔣戰事親歷記〉，《中原大戰內幕》，第172－173頁；周玳：〈閻錫山發動中原大戰概述〉，《文史資料選輯》（16），第44－45頁。

歸德飛機場俘獲飛機十二架，俘虜機師和地勤人員五十餘名。[69] 當時蔣介石在歸德機場旁的朱集車站指揮，鄭大章不知蔣介石行蹤，失去俘虜蔣介石的機會。[70] 由於西北軍一向以拼刺刀聞名，蔣軍非常膽怯，對它十分恐懼，[71] 士氣大為低落，不敢主動出擊。據馮玉祥戰報，蔣軍傷亡達九萬以上，僅徐州一隅，就有三萬四千人。最令馮氏驚奇的是竟有十分之二三係自己用刀刺傷，以逃避打仗。[72] 7月初，蔣介石為了激勵士氣，派劉峙、蔣鼎文、陳誠各部共三萬人奇襲開封。馮玉祥獲得情報，採誘敵深入戰略，佈下口袋形的包圍網，在高賢集、龍曲集等處把蔣軍截成數段，兩軍展開白刃戰，蔣軍傷亡慘重，分兩路向周口及商丘潰退。由於沒有乘勝追擊，讓蔣軍可以據守民權、內黃集、寧陵以北商丘以西各要點，加強工事，調整部署，完成一道堅固陣地，雙方又成對峙之勢。[73]

這時閻錫山在津浦線受挫，為挽救頹勢，致電馮玉祥求救：「敵約60餘團攻津浦，津浦亘200里戰線，只得傅部4萬人固守，頗可顧慮。請速攻隴海敵，定可操勝算，而解津浦之危。」[74] 閻同時派周玳攜大批現款、彈藥糧食到鄭州，請馮玉祥協助解窘。馮玉祥為了顧全大局，8月6日在隴海線發動全面攻勢，七路總攻徐州，由於連日大雨，平地水積數尺，攻勢受阻。馮軍宋哲元、龐炳勳、孫連仲和吉鴻昌各部士兵過度疲勞，給養又極為困難，且得不到晉軍的支援，讓蔣軍可以得到喘息時間穩定戰局。[75]

69　《馮玉祥日記》（3），第228頁。

70　劉驥：〈蔣馮閻關係和中原大戰〉，《中原大戰內幕》，第12－15頁。

71　王贊亭：〈馮部南路軍作戰見聞〉，《中原大戰內幕》，第353頁。

72　《馮玉祥日記》（3），第261－262頁。

73　〈蔣馮閻關係和中原大戰〉，《中原大戰內幕》，第18－19頁；〈隴海線上反蔣戰事親歷記〉，《中原大戰內幕》，第175頁。

74　《馮玉祥日記》（3），第306頁。

75　〈蔣馮閻關係和中原大戰〉，《中原大戰內幕》，第22－23頁；〈隴海線上反蔣戰事親歷記〉，《中原大戰內幕》，第180頁。

(2）平漢線戰場

馮軍負責平漢線戰事的總司令是張維璽，5 月初到達許昌，隨即與蔣軍展開爭奪戰。5 月 16 日，蔣軍何成濬第 3 軍團發動攻勢，猛攻許昌，第 8 方面軍總司令樊鍾秀被蔣機炸死。馮玉祥派鄧寶珊接任第 8 方面軍總司令，並親臨許昌視察安定軍心，又派孫連仲率部增援許昌。雙方激戰爭奪許昌火車站，除步騎兵外，雙方都有派出鐵甲車參戰。當時，整個平漢線戰局，主要取決於馮軍倪玉聲、趙鳳林兩個師與蔣軍徐源泉、王金鈺兩師，以及張自忠與蔣軍丁志磐師之間的誰勝誰負。由於蔣軍對西北軍幾乎未勝過一仗，6 月 10 日，馮玉祥下令向平漢線蔣軍全線進攻，激戰兩晝夜，何成濬遭受極大傷亡，向南潰退。馮軍高樹勛、葛運隆兩師進攻漯河何成濬指揮部，到達漯河北岸時，馮玉祥突然下令停止追擊。7 月，馮玉祥令部隊北撤，固守許昌，讓蔣介石可以抽調軍隊支援津浦路作戰。[76]

(3）津浦線戰場

津浦線方面，5 月下旬，晉軍第 2 路軍總指揮張蔭梧，統率王靖國第 3 軍、李服膺第 5 軍、馮鵬翥第 9 軍，共三個軍自北平南下；第 4 路軍總指揮傅作義統率自己的第 10 軍和李生達第 4 軍兩個軍自天津南下，合攻濟南。張蔭梧為兩路聯合軍總指揮，傅作義為濟南行營主任兼副總指揮。[77] 6 月上旬，渡過黃河，進攻歸德。晉軍以兩營炮兵共二十四門 7.5 公分火炮，猛轟蔣軍韓復榘陣地，在半小時之內，連續發射二千餘發炮彈，把韓復榘軍陣地內許多指揮所和機關槍陣地摧毀，接着第一線步兵攜帶事先準備好的成捆穀草投入敵陣外壕，迅速填成平地一丈深的外壕，突擊部隊一層跟一層的越過外壕突入敵陣內部，韓部傷亡甚眾，逃回濟南。韓復榘雖然依靠蔣介石，但始終珍惜他的政治資本——軍隊，所以在魯北幾次戰役中，但求應付交差，不願

76　王贊亭：〈馮部南路軍作戰見聞〉，《中原大戰內幕》，第 352－357 頁；〈編遣會議〉，《中華民國建國史》（3），第 901 頁。

77　賀貴嚴：〈津浦線上蔣、晉兩軍戰況概述〉，《文史資料選輯》（16），第 69 頁。

犧牲實力。歸德失守後，認為濟南無法防守，主動放棄濟南撤退。[78] 6 月 28 日，晉軍佔領濟南，但張蔭梧和傅作義兩人互相攻訐，張蔭梧指傅作義不聽指揮，傅作義指張不發給養彈藥，遂令戰事遲滯不進，沒有乘勝追擊馬鴻逵和韓復榘兩軍。晉軍李生達第 4 軍沿鐵路線向曲阜進攻，遇蔣軍夏斗寅第 13 師激烈頑抗，多次猛攻失敗。7 月 7 日，陳誠部由隴海線到達臨城增援，10 日，夾攻進攻曲阜晉軍。11 日，晉軍向泰安方向潰退。

這時，蔣介石看到各軍失敗的情況，曾考慮全線總退卻，但其電訊機構截譯石友三致張學良的密電，大意是：閻錫山狡猾無信，排斥友軍，萬難與共大事，願率部北上，聽張指揮，共同打閻等語。蔣閱電後大喜，隨即召集各將領開會，說明情況，令各部隊堅持苦撐，以待局勢的變化，並派專人乘飛機到廣東請十九路軍北上增援。[79] 7 月 7 日，蔣介石從隴海線調到津浦線的陳誠部抵達臨城。10 日，陳誠增援曲阜，夾擊攻城晉軍。次日，晉軍向泰安方向潰退。7 月中下旬，十九路軍等援軍陸續從廣東和隴海線到達，李韞珩部由海運到青島登陸，支援韓復榘反攻濟南。7 月下旬，劉峙到達兗州任總指揮。31 日，開始在津浦全線總攻，蔡廷鍇率部抄襲晉軍後路，晉軍無法抵禦，急行後撤。晉軍陣地後方三十里的大汶河，原是乾河，但因大雨，山洪暴發，無法渡過。晉軍擠迫在鐵路橋上，被蔣軍飛機轟炸掃射，裝備損失很大。晉張傅兩部在 8 月 14 日渡過黃河撤退，15 日，十九路軍蔣光鼐、蔡廷鍇兩部佔領濟南，津浦路戰事告一段落。[80]

78 唐永良：〈山東反蔣戰事片斷〉，《中原大戰內幕》，第 330－331 頁；孫桐萱、谷良民、劉熙眾、余右堯：〈中原大戰中的韓復榘〉，《文史資料選輯》（16），第 76－80 頁。

79 周玳：〈閻錫山發動中原大戰概述〉，《文史資料選輯》（16），第 45－46 頁。

80 賀貴嚴：〈津浦線蔣閻兩軍戰況概述〉，《中原大戰內幕》，第 285－289 頁；〈津浦線上蔣、晉兩軍戰況概述〉，《文史資料選輯》（16），第 70－73 頁；〈閻錫山發動中原大戰概述〉，《文史資料選輯》（16），第 49－53 頁。

（4）湘桂戰場

5月中旬，中原大戰全面爆發，隴海、津浦兩線連場激戰。廣西境內戰局膠着，攻入廣西的粵軍無法消滅桂軍，桂軍亦無能力驅逐粵軍出境，於是李宗仁、白崇禧、張發奎三人商議，一致同意放棄廣西根據地，揮軍進入湖南，北上攻佔武漢，與馮、閻聯軍會師中原。5月22日，桂軍分三路入湘。27日，湘軍唐生明（唐生智之弟）率部加入，衡陽只有少數湘軍防守，未經接戰便自行撤退，桂軍隨即佔領衡陽。6月3日，佔領長沙。蔣軍朱紹良、夏斗寅、錢大鈞等部退入湖北，何鍵部退入湘西。6月8日，佔領岳州，前鋒進入湖北，預計15日可以攻佔武漢，與馮、閻聯軍會師。李宗仁亦進駐岳州，指揮北進軍事。[81] 這時，閻、馮有電給李宗仁、張發奎：本軍與蔣血戰數月，行將獲得勝利，武漢是本軍給養之地，如貴軍先到，請向下游發展，共同會師南京，驅逐蔣介石。換言之，閻、馮視武漢為自己的囊中之物，請李、張退讓。李、張以蔣軍已經固守岳陽，自己力量有限，不敢硬攻武漢，[82] 在桂湘邊境盤桓。但戰機稍縱即逝，粵軍蔣光鼐趕到，6月10日，攻佔桂軍後方交通重心衡陽，腰斬桂軍，令其首尾不能相顧。18日，李宗仁率全軍自長沙南撤，重奪衡陽。白崇禧率部猛攻，但湘東岸地形易守難攻，蔣軍已做好防禦工事，前面第一層是鐵絲網，構成一個縱深的步兵立式戰壕，後面排列許多機關槍，再後是大炮。白崇禧沒有詳細研究敵方地形和兵力配備，草率派警衛團進攻，結果傷亡慘重，折損過半。[83] 桂軍士兵疲憊不堪，又缺糧餉，全靠閻錫山接濟四十萬元，才能退回桂林。[84]

桂軍及張發奎部自湖南敗回廣西後，在桂林、柳州整補。黃紹竑退到廣西邊境時，忽然反桂投蔣。加上，粵軍余漢謀部佔據賓陽，滇軍盧漢圍攻南

---

81 《李宗仁回憶錄》，第410－413頁。

82 黃紹竑：〈滇桂戰爭〉，《文史資料選輯》（2），第74－77頁。

83 黃夢年：〈桂張軍入湘作戰始末〉，《中原大戰內幕》，第390－392頁。

84 《李宗仁回憶錄》，第410－413頁。

寧，令桂、張兩軍形勢十分危急。[85] 1930 年冬，白崇禧指揮桂、張兩軍以一部佯攻余漢謀部，一部與南寧守軍內外夾擊滇軍。滇軍請余漢謀進攻南寧至賓陽路上的五塘，余漢謀只是口頭答應，而沒有行動，使滇軍懷疑余漢謀讓桂軍去打他，於是撤退。不久，余漢謀部亦撤出廣西。湘桂戰場戰事結束後，蔣介石調回部分援湘部隊，投入北方戰場。[86]

(5) 張學良入關

晉軍失守濟南，津浦線蔣軍可以增援隴海線和平漢線戰場。蔣介石決定主攻平漢線以威脅馮閻聯軍的後方，並進攻隴海路西段以截斷西北軍退路。由於形勢不利，馮玉祥主動把宋哲元、葛運隆、趙登禹各部撤到洛陽、鄭州堅守。9 月 6 日，蔣軍開始總攻，兩軍爆發激戰，在深溝高壘之間拼過你死我活。當雙方筋疲力竭的時候，局勢突然發生巨大變化。[87] 9 月 18 日，張學良發出通電：「呼籲各方，即日罷兵以紓民困。至解決國是，自有正當之途徑。應如何補救目前，計劃永久，所以定大局而繫人心者，凡我胞澤，均宜靜候中央措置，海內賢達，不妨各抒偉見，共謀長治久安之策。」隨即率領東北軍大舉入關，馮、閻聯軍無力再戰，紛紛後撤。

中原大戰發生時，雙方均爭取張學良加入自己陣營。1930 年 2 月初，蔣介石派何成濬與方本仁到東北游說，但收效不大。3 月中旬，再派吳鐵城到東北，與東北要員日夕酬酢，以比日本 38 式步槍高一倍的價錢，向瀋陽兵工廠購買十萬枝步槍，間接送給張學良二百五十萬元。8 月以後，蔣介石答應給出兵費五百萬元，催張學良出兵。9 月，蔣介石根據吳鐵城電請，給張學良一千萬元用以整理奉票及償付鐵路外債。東北軍入關後，駐平津部隊薪餉由中央

85　劉斐：〈兩廣「六一」事變〉，《文史資料選輯》（3），第 6 頁。

86　趙援：〈1930 年前後的第四軍〉，《中原大戰內幕》，第 394－397 頁；〈編遣會議〉，《中華民國建國史》（3），第 902 頁；〈滇桂戰爭〉，《文史資料選輯》（2），第 74－77 頁。

87　〈蔣馮閻關係和中原大戰〉，《中原大戰內幕》，第 25－30 頁。

負擔。在任官方面，6 月 21 日，國民政府任命張學良為陸海空軍副司令，「北方諸事託付漢卿全權處理」，「黃河北岸軍事，皆交漢卿全權處理」。[88] 閻錫山所能付出的金錢和官職都不及蔣介石，派薛篤弼至東北游說張學良，只有閻、馮的信件和幾條合作辦法。閻錫山的信大意是：「蔣介石專橫自私，排除異己，要救國必須倒蔣。」合作辦法最後幾句是：「一心一德，共同救國，相見以誠，信守不渝。」此外，閻錫山發給賈景德旅費一千元，馮發給薛篤弼旅費五百元。兩人就憑這千多元旅費到東北活動，雖然見到張學良，但只是談了幾句普通應酬的說話，沒有深入討論有關大局的問題，更沒有談合作的事。[89]

最後，張學良加入蔣介石陣營，除了蔣給予優厚的條件外，張學良亦有他的看法。我們應該先聽一聽張學良當年的言論，才評價他是否一個唯利是圖的小人。

9 月 10 日，張學良在瀋陽北陵別墅召開東北軍高級會議，張首先發言說：「東北地處邊陲，日本窺伺已久，如欲抵制外侮，必須國內統一。我自 1926 年即主張停止國內戰爭，早日促成統一。在先大元帥（張作霖）在世時，我曾迭次進諫，未蒙採納。……閻馮二氏的為人，一向反覆無常，從前北洋系統的覆滅，二人應負其責。目前閻、馮合作，事如有成，二人亦須決裂。……至於擴大會議，西山派本詆汪、陳為『赤化』，改組派亦罵鄒、謝為叛徒，暫時的結合，將來仍須水火。蔣介石亦係一陰謀的野心家。在他的陰謀裏，本想以軍事解決西北，以政治解決西南，以外交解決東北。他對我們，亦無特殊的關係。從馬廷福的事變，更可看出他的不顧友誼和不擇手段。不過目前國事日非，如非國內統一，更不足以對外。我們為整個大局計，必須從速實現全國統一，早停內戰！」簡而言之，全國統一，早停內戰，

88　易勞逸：〈南京十年時期的國民黨中國 1927－1937〉，《劍橋中華民國史 1912－1949 年》（下），第 145 頁；劉吉人：〈蔣介石用高官厚祿征服了張學良〉，《中原大戰內幕》，第 482－483 頁。

89　薛篤弼：〈我在中原大戰時期的一些經歷〉，《文史資料選輯》（16），第 126－128 頁。

以抵制外侮，就是張學良入關，呼籲各方罷兵的原因。當時，東北軍各將領對張學良的主張並無異議。

9月17日，張學良發佈進軍關內的動員令，派于學忠率第1軍，王樹常率第2軍入關。18日，張學良發出擁護「中央」呼籲和平的巧電。同日，東北軍自瀋陽出發入關。[90]

馮、閻各軍見大勢已去，軍心搖動，各謀出路，部分將領如吉鴻昌、梁冠英等宣佈投誠或接受編遣。10月3日蔣軍佔開封，6日佔鄭州，10日佔洛陽，25日佔潼關，11月1日，楊虎城部進駐西安。馮與殘部退入山西。4日，馮通電下野。閻軍後撤時得到馮軍的掩護，張學良亦無乘機追殺，故能夠全師退返山西。閻錫山返山西後雖然説解甲歸田，但仍然留在山西。經南京再三逼迫，張學良答允保證他個人和晉軍的安全，閻錫山才在12月底，出國前往日本（實際到了大連）。張學良乘機收編了十萬晉軍和二萬馮軍，力量大增。後來，閻錫山在日本支持下，又東山再起。[91]

（6）戰爭的損失

中原大戰是北伐統一全中國之後國民黨最嚴重的內戰，戰火嚴重破壞河南、河北、山東、湖南、湖北等地。反蔣聯軍動員七十餘萬，蔣軍亦有六十餘萬，兩軍總動員一百四十餘萬人，「雙方傷亡，約在8.5萬以上」，另據北平政務委員長黃郛的論文，雙方死傷共計達三十萬人之巨。從5月起至10月止，歷時六個月。戰區廣達八九省，戰況慘烈，雙方深溝高壘，飛機投擲炸彈，火炮猛烈炮轟，城鄉盡毀，生命財產的損失無法估計。身與其事的人曾説：「戰區之廣，戰禍之烈，不特北伐之役，未足與擬，即民國以來，絕無其例，抑亦中國數十年來所未有。此誠中國之浩劫，而中國國民黨之奇痛。」當時報紙報道説，河南深受戰火破壞。戰爭初起之時，河南全省112縣，受

90　于學忠：〈東北軍第四次入關的經過〉，《文史資料選輯》（16），第88–89頁。

91　張振漢：〈蔣軍平漢線戰況概述〉，《中原大戰內幕》，第350頁；《近代中國史綱》，第606頁。

旱災者 104 縣，被匪患者 76 縣，罹兵災者 28 縣，災民 1,550 萬人，每日餓死 1,000 人。是後數月，有加無減。豫東「戰溝縱橫，屍骨遍野，禾稼未收，房屋倒塌，十室十空，疾疫流行，滿目淒涼」。[92]

上海銀行界統計：中原大戰，反蔣軍每月約需 1,000 萬元，閻錫山只好大量發行山西省銀行紙幣，戰敗時全變為廢紙。蔣軍每月所需軍費約 3,000 萬元，共計 20,000 萬元以上，亦全靠發行公債支撐，如編遣公債 5,000 萬元，捲煙公債 2,400 萬元，善後庫券 5,000 萬元，稍後有鹽稅短期庫券 8,000 萬元，大多由上海銀行界認銷。[93] 南京國民政府為了應付戰事經費而到了接近破產的邊緣。本來準備「剿共」的國軍亦多數被調出，使共產黨有了喘息發展的機會。東北軍入關以後，關外空虛，亦間接導致了日後的九一八事變。從更高的層面看，戰事反映了國民黨北伐統一表面背後的重大缺陷：新軍閥的產生，國民黨軍事力量分為中央軍及非中央軍（蔣稱之為雜牌軍），這分歧無法用政治方法調和，只能訴諸武力。中原大戰的結果雖然是蔣介石勝出，但是他所倚仗的手段，只是用金錢權位收買對手部下，拉攏一派打擊另一派，並無徹底解決內部分裂的問題。抗日戰爭勝利後，蔣介石立即設法解決「軍閥餘孽未消」的問題，圖借整編裁減軍隊及驅之剿共來消滅雜牌軍，結果迫使雜牌軍投共，最後蔣介石嫡系部隊全軍覆歿，其政權亦隨之在大陸土崩瓦解！

7. 擴大會議

1930 年春，蔣介石與閻錫山、馮玉祥的關係瀕於破裂，雙方都在積極備

92　《近代中國史綱》，第 606－607 頁；〈編遣會議〉，《中華民國建國史》（3），第 902－903 頁。

93　陶伯行：〈倒蔣之戰給山西人民帶來的災難〉，《中原大戰內幕》，第 525－528 頁；〈中原大戰人民群眾所受之損失〉，同前書，第 536－538 頁；《近代中國史綱》，第 607 頁

戰。閻錫山首先發動政治攻勢，掀起了一場電報宣傳戰。在十八天內，雙方往來文電二十一封。閻錫山針對蔣介石提出的編遣軍隊，應該是廢除個人武力，一齊交還軍隊給黨，「黨的主權，在全體黨員」，用全體黨員投票來解決黨的分歧，指出近八成的三中全會代表由蔣介石指定，故三中全會只是蔣介石的三中全會，不是國民黨的三中全會，否定三中全會的合法性，與蔣介石爭奪國民黨中央的正統地位。

3月初，閻錫山電邀國民黨各派主要人物到太原共議國是。汪精衛改組派要員陳公博，西山派元老鄒魯、謝持等前往太原，李宗仁也派了葉琪、胡宗鐸、麥煥章等代表前往參加。[94] 在太原會議中，眾人擬乘機重整國民黨，以免黨權被蔣介石等少數人把持。但在召集擴大會議的問題上，改組派和西山派爭奪黨統，就二屆中全會的合法性發生衝突。汪精衛在二屆中全會獨攬大權，故主張以二屆中全會代表為基礎；西山派在二屆中全會被開除出黨，連黨籍也失去，故無法承認二屆中全會。雙方相持不下，擴大會議因而難產。[95]約在5月中旬，馮玉祥派戈定遠到香港鳳輝台汪精衛的住宅，拜訪汪精衛，戈向汪面達馮意：「年來各方面反蔣，都是各自為政。此起彼落，步驟不一，結果都被蔣各個擊破，造成獨夫驕橫之局。現在閻馮合作，興兵討蔣，李宗仁在南方響應，形成了原來2、3、4三個集團軍的大聯合，一致行動，聲勢浩大，討蔣軍的總兵力，遠遠超過蔣方。而且蔣的嫡系部隊，為數不多，全仗雜牌隊伍支撐局面。這些雜牌隊伍，到形勢稍為對蔣不利的時候，是可以倒向反蔣方面的。至於關外的張學良，已有接洽，目前保持中立態度，如果反蔣軍隊能打幾個勝仗，張是可以爭取合作的。馮總司令以為這次反蔣，不止是軍事上的鬥爭，還必須在黨政方面擺出堂堂正正的陣容，在聲勢和號召力方面壓倒蔣介石。因此敦請先生到北平去主持大計，組織政府，號召全國，完成反蔣建國的大業。」過幾天，閻錫山的迎汪代表也到香港游說。由

94　冀貢泉：〈閻錫山與擴大會議〉，《文史資料選輯》（16），第107－109頁。

95　李俊龍：〈汪精衛與擴大會議〉，《文史資料選輯》（16），第95頁。

於馮閻未有請汪到北平後的具體辦法，加以改組派與西山派在太原、平津各地互相攻訐，故汪遲遲沒有北上。[96]

不久，中原大戰爆發。6月中旬，反蔣軍事形勢有利，故反蔣各派迫切要結束黨爭，以便成立新政府。閻錫山遂在6月18日致電汪精衛：「望速北上，一切問題，立即解決。」7月13日，「中國國民黨中央黨部擴大會議」在北平中南海召開預備會議。汪精衛留在香港，派郭泰祺代表出席，閻錫山和馮玉祥都只派代表出席。15日，汪精衛到達北平。23日起與西山派謝持、鄒魯協商黨務辦法和組織政府等問題。汪精衛提出七項基礎原則：

一、籌備召集國民會議，以各種職業團體為構成份子；

二、按照建國大綱，制定基本大法；

三、民眾運動與組織，由地方自治做起；

四、各級黨部對政府及政治，立於指導監督地位，不干涉政務；

五、不以黨部代替民意機關；

六、以黨治國，乃以黨義治國，應集中人才，收群策群力之效；

七、中央與地方，採均權制度，不偏於中央集權或地方分權。

8月7日，「中國國民黨中央黨部擴大會議」在北平中南海懷仁堂正式召開，出席會議二十一人，閻錫山、馮玉祥、李宗仁因戰況緊急，只派代表出席。9月1日，擴大會議通過政府組織法，推閻錫山、唐紹儀、汪精衛、馮玉祥、李宗仁、張學良、謝持為國府委員，閻錫山為主席。9月9日上午9時9分，閻錫山宣誓就職國民政府主席。張學良並未加入此政府，且在18日率兵入關支持蔣介石，北平國民政府遂告結束。汪精衛和擴大會議上層人物撤到太原，禮聘了呂復等幾個法學專家，用了一個月的時間，完成了全文共八章的約法草案。汪精衛以國民黨內民主派首領自居，在擴大會議以前，曾發表過一系列有關民主政治、約法、民權等文章。在擴大會議提出的兩個基本口號：「召集國民會議，制定基本大法」，是針對當時蔣介石「假黨治之名，行

96　鄧哲熙、戈定遠：〈馮玉祥與擴大會議〉，《文史資料選輯》（16），第117－118頁。

個人獨裁之實」做文章的。汪在擴大會議面臨崩潰的時候，仍然趕工編製出這一個約法草案，其目的不僅在為這次倒蔣運動作結，也是為以後的倒蔣運動創造了政治條件，祭起「民主政治」這塊招牌，來打倒依靠軍隊搞個人獨裁的蔣介石。10月27日，擴大會議在太原召開最後一次會議，通過了約法和宣言，並在次日發表。1931年元旦，汪精衛在天津宣佈解散改組派，隨即經長崎返回香港。[97]

8. 寧粵對峙

汪精衛雖然失敗下野，他的主張卻被蔣介石借用：召集國民會議，制定訓政時期約法，準備登上五院之上的總統之位（根據建國大綱「由總統任命五院院長而統率之」一條）。[98] 1930年10月3日，蔣介石致電國民黨中央，主張在1931年5月召開國民會議，頒佈訓政時期「約法」。國民黨中央如吳敬恆、楊永泰、張群等人附和，唯立法院長胡漢民獨持異議，堅持黨統，主張訓政，反對由國民會議制定約法，與蔣發生衝突。1931年2月28日，國民黨全體中委在蔣宅討論約法問題時，胡漢民與蔣介石當場正面衝突，當夜蔣介石就把胡漢民軟禁於南京湯山，借口胡漢民「因病不能出席」，在中常會中宣佈胡漢民請辭本兼各職。[99] 有些書更指：「立法院長胡漢民因不同意由國民會議制定約法，遭監院彈劾，胡乃辭職，並陰圖反抗。1931年2月，胡為政府幽禁於湯山。」或稱：「3月1日胡辭去一切黨政職務，被幽禁於南京東郊湯山。」[100]

97　李俊龍：〈汪精衛與擴大會議〉，《文史資料選輯》（16），第96－106頁；劉其奎：〈中原大戰中的汪精衛〉，《中原大戰內幕》，第432－444頁。

98　周一志：〈「非常會議」前後〉，《文史資料選輯》（9），第83頁。

99　胡春惠：〈國民會議之召開〉，《中華民國建國史》（3），第940頁；劉斐：〈兩廣「六一」事變〉，《文史資料選輯》（3），第7頁。

100　《中國現代史》（上），第234頁；《中華民國史稿》（修訂版），第233頁。

當時，蔣介石由南京來一通「解釋誤」的電文，說：「胡展堂先生對國民會議，堅持主張不得議及約法，恐因此引起黨內無窮糾紛，儉（28）晚特與詳細討論，胡先生以政見不合，欲辭本兼各職，並欲擇地靜居，謝見賓客，故於本日往湯山暫住。乃聞謠傳扣留，殊覺失實。」[101] 這電報欲蓋彌彰，反證實了胡漢民已遭遇和李濟深相同的命運，在湯山被囚了。胡漢民是廣東人，追隨孫中山革命多年，是黨國元勳，資歷地位高於蔣介石，在國民政府中也位居立法院院長，竟因政見不同被行政院長蔣介石軟禁，可見蔣的獨裁霸道，毀法亂紀，實為招致黨內外一致強烈反對的原因。[102]

胡漢民被囚事件發生，引起舉國嘩然，尤其是引起廣東籍國民黨人不滿，所有粵籍中委團結一致，紛紛離開南京南下，在廣州開會反對蔣介石。因為自孫中山逝世後，蔣在國民黨內奪權，先後迫孫中山的左右手——汪精衛、胡漢民去職，驅逐許崇智等。這已令追隨孫中山革命多年的廣東籍國民黨人心懷怨忿。現竟公然囚禁革命元老，實在欺人太甚，粵籍國民黨人在胡派領袖古應芬的推動之下遂與蔣決裂。[103]

1931 年 4 月 30 日，國民黨四位中央監察委員鄧澤如、林森、蕭佛成、古應芬（時林、蕭兩人尚在國外）以通電形式發表「彈劾蔣中正提案」。5 月 3 日，陳濟棠發表響應通電，接着李宗仁、白崇禧、張發奎、唐生智亦發出響應通電。5 月 27 日，廣州召開「國民黨中央執行委員會非常會議」，通過國民政府組織大綱，推唐紹儀、汪精衛、蕭佛成、鄧澤如、孫科、鄒魯、許崇智、林森、古應芬、李宗仁、陳濟棠、陳友仁、李烈鈞、熊克武、唐生智、蔣尊簋等十六人為國府委員，成立國民政府。[104] 國民政府下暫設外交、財政兩

---

101 陳銘樞：〈「寧粵合作」親歷記〉，《文史資料選輯》（9），第 45−81 頁。

102 《李宗仁回憶錄》，第 417−418 頁；〈「寧粵合作」親歷記〉，《文史資料選輯》（9），第 50 頁。

103 《近代中國史綱》，第 608−609 頁；〈「寧粵合作」親歷記〉，《文史資料選輯》（9），第 50 頁。

104 陳銘樞：〈「寧粵合作」親歷記〉，《文史資料選輯》（9），第 51 頁。

部，由陳友仁、鄧召蔭分任部長。廣東決定反蔣後，自廣西撤兵，並派林翼中為代表，到南寧和李宗仁商議合作，於是兩廣由敵對轉為合作關係。[105] 汪精衛、孫科、李宗仁等人極力堅持必須廣攬一切反蔣派。黨的方面，凡是國民黨一二三各屆委員，只要願意來反蔣，一律是非常會議當然委員。非常會議的政治攻勢很猛烈，可謂集全國幾年來文武老少的反蔣份子於一堂。[106] 廣東獨立後，組織北伐軍進攻湖南，並派鄒魯赴北方聯絡閻、馮，石友三亦和廣東方面遙相呼應。

不久，「九一八事變」爆發，全國要求團結禦侮、共赴國難。9 月 19 日，蔣介石在南昌召見陳銘樞，請他協助解決寧粵對峙局面。1927 年上海「清共」之後，粵軍陳銘樞投入蔣介石陣營，先後打敗反蔣的張、桂軍，作了「剿赤軍」右翼集團軍總司令。陳銘樞在政治上提出：加強中央領導、地方裁軍、軍人不干預政治等支持蔣的主張。因此，廣東國民黨胡派古應芬等人，對陳銘樞的反蔣態度，反應冷淡，認為陳銘樞善於投機取巧，怕被他出賣。但由於陳銘樞表示反蔣，而廣東反蔣陣營想進入南京，只有十九路軍是廣東方面比較信任的武力，於是提出「改變京滬一帶軍事環境，十九路軍進駐京滬」的要求。經電蔣後，獲得同意。[107] 於是，陳銘樞以雙方調人姿態出現，變為寧粵間的「調人」。[108] 9 月 28 日，蔣介石派蔡元培、張繼、劉叔模、陳銘樞、許錫清等五人為正式代表，到達香港九龍的半島酒店，與廣州的代表汪精衛、孫科、李文范和談，以「國難當頭、團結合作」為理由，商定雙方的代表到上海繼續談判。

10 月 27 日，寧粵和平會議在上海舉行，經過七次會議，反覆折衝，達成

---

105 《李宗仁回憶錄》，第 417－418 頁。

106 周一志：〈「非常會議」前後〉，《文史資料選輯》（9），第 87 頁。

107 〈「寧粵合作」親歷記〉，《文史資料選輯》（9），第 56－58 頁；孟曦：〈關於「非常會議」和「寧粵合作」〉，《文史資料選輯》（9），第 103－107 頁；劉叔模：〈1931 年寧粵合作期間我的內幕活動〉，《文史資料選輯》（17），第 118－133 頁。

108 〈「非常會議」前後〉，《文史資料選輯》（9），第 89 頁。

三項協議：

一、寧粵雙方各自選出中央委員，然後在南京合併舉行四屆一中全會，產生新的中央政府。

二、國民政府主席不得以軍人充任，由一中全會推選年高德劭的同志承擔。

三、撤消陸海空軍總司令部，改設軍事委員會統率全國部隊。

國民黨同時在南京和廣州兩地召開「四全大會」。11 月 12 日至 23 日在南京召開的「四全大會」，正式代表 381 人。蔣中正、戴季陶、于右任、林森、蔡元培、戴愧生、潘公展、恩克巴圖、黃慕松等九人為主席團成員。

11 月 18 日至 12 月 5 日，孫科在廣州主持召開「四全大會」。會議譴責蔣介石「不抵抗政策」，喪失東北領土的罪行，並表示寧、粵雙方合作的先決條件是蔣介石必須辭職，否則仍在廣州設立中央黨部和國民政府。由於代表為選舉中委展開爭奪，導致會議發生分裂，二百多人退出會場，轉移上海。這批來自廣州「四全大會」分裂出來的一百五十六名代表，在汪精衛主持下，於 12 月 3 日在上海法租界「大世界」（上海流氓妓女出入的場所）召開，進行中委選舉，當天結束。[109]

由於胡漢民的堅持，12 月 15 日，蔣介石通電下野。同日，國民黨中常會臨時會議決議：准蔣介石辭去國民政府主席、行政院長及海陸空軍總司令本兼各職。12 月 22 日至 29 日，南京、廣州、上海三方國民黨中執、中監委員共 109 人，在南京聯合召開四屆一中全會，宣佈黨的統一，另外改選中央領導機構，胡漢民、汪精衛、蔣介石、葉楚傖、居正、顧孟餘、孫科、陳果夫、于右任當選中央常務委員會委員，選林森為國民政府主席，孫科為行政院長，陳銘樞為副院長。

蔣介石雖然下野，仍然在幕後操控軍政大權。孫科任職行政院長，立即面對各地學生到南京的抗日救國大示威。12 月 5 日，南京國民政府明令禁止

---

109 〈關於「非常會議」和「寧粵合作」〉，《文史資料選輯》（9），第 108 頁。

結隊到南京請願，無論何種團體，如有意見欲向政府陳述者，均應書面呈請當地行政機關或學校校長轉呈。同日，北京大學南下示威團在南京成賢街、浮橋一帶舉行抗日遊行，被國民黨一千多名軍警包圍毆打，學生三十餘名被打傷，一百八十五名被拘捕。南京中央大學學生舉着旗幟衝入南京衛戍司令部質問。7 日，衛戍司令部被迫全部釋放被捕學生。11 日，北平學生請願團結隊到國民政府請願，等候三小時，堅持要求蔣介石出見。在學生嚴詞質問下，蔣介石解釋政府內政外交已有妥善安排，一定早日出兵抗日，隨即推説有事離去。15 日，北平各校學生南下救國示威團五百餘人赴外交部示威，搗毀各辦公室，隨赴國民黨中央黨部，毆傷接見他們的蔡元培和陳銘樞。警廳保安隊鳴槍鎮壓，逮捕了五名學生。17 日，北平、天津、上海、濟南、安徽等地赴南京請願要求抗日的學生代表，同南京學生共三萬餘人聯合舉行示威遊行，遊行隊伍前進到達珍珠橋時，國民黨軍警血腥鎮壓這批手無寸鐵的示威學生，殺害了三十餘人後，將屍首扔進河裏，又毆傷一百餘人，拘捕一百餘人。當晚，繼續派出大批軍警搜捕學生，並武裝遣送學生返回原地。珍珠橋事件激起了全國人民對南京政府的忿怒，各地學生和愛國群眾紛紛舉行抗議活動，掀起了反對國民黨統治，反對內戰，要求抗日的高潮。

　　孫科處處受制，如財政、稅收每月不過六百萬，而支出方面，只軍費一項，每月便需一千八百萬。其時，廣東、湖北、山東、福建等地均扣留稅收，沒有上繳。原財政部長宋子文下台時，把庫存全部提光帶走，還拖欠了銀行界一千萬。由於蔣、宋事先各項佈置，銀行界人物又多老奸巨滑，拒不與政府合作。所有在京各軍代表四十多人，齊集軍政部索發欠餉。新政府計劃提用公債基金，暫行停付內債本息，上海、北平、天津等銀行、銀業發出通電反對，上海證券交易所停止交易。財政部長黃漢梁和次長無法可施，提出呈辭。孫科亦一籌莫展，於是辭職。[110] 1932 年 1 月 18 日，蔣介石、汪精

---

110 〈「寧粵合作」親歷記〉，《文史資料選輯》（9），第 73－79 頁；〈關於「非常會議」和「寧粵合作」〉，《文史資料選輯》（9），第 107－110 頁。

衛、孫科、張繼、張靜江等五人，在杭州西湖煙霞洞舉行會議，結束了孫科政府，開始了蔣汪合作。28 日，國民黨召開蔣介石為主席的常會，決議：

一、行政院長孫科辭職照准，選任汪精衛為行政院長；

二、立法院長張繼辭職照准，選任孫科為立法院院長。[111]

3 月 6 日，選任蔣介石為軍事委員會委員長。開始了國民政府蔣汪合作時期。[112]

9. 十九路軍事變

1932 年 1 月 28 日，日軍在上海挑釁，海軍陸戰隊千餘人在裝甲車的掩護下，突襲閘北十九路軍駐地，守軍奮起抵抗。29 日，十九路軍向全國各界發出抗戰通電：「光鼐等分屬軍人，惟知正當防衛，捍患守土，是其天職，尺土寸草，不能放棄，為救國保種而抵抗，雖犧牲至一人一彈，絕不退縮，以喪失中華民國軍人之人格。」十九路軍浴血奮戰，出乎日軍意料之外，先後數易主帥，更換日艦隊司令鹽澤幸一、海軍第 3 艦隊司令野村、第 9 師團長植田謙吉、陸軍大臣白川大將等指揮官，並屢次增兵，仍未能攻佔上海。[113] 蔣介石以上海是其金融中心，秘密派兵增援，再加上列強不欲戰事影響其在華貿易，出面調解，終令日軍撤退，恢復上海現狀。蔣介石因十九路軍違犯其「攘外必先安內」的政策，決心支解十九路軍。5 月 6 日，下令將十九路軍三個師分別調江西南昌行營、武漢行營和安徽三地，十九路軍總部、軍部則暫留南京。蔣光鼐、蔡廷鍇在各方支持下，據理力爭，不服從分割支解的命令。蔣

---

111 〈「寧粵合作」親歷記〉，《文史資料選輯》（9），第 79−81 頁

112 劉叔模：〈1931 年寧粵合作期間我的內幕活動〉，《文史資料選輯》（17），第 134−136 頁。

113 蔣光鼐、蔡廷鍇、戴戟：〈十九路軍淞滬抗戰回憶〉，《文史資料選輯》（37），第 1−10 頁。

介石不得已改令調往福建。[114]

　　蔣介石對日採用退讓政策，結果日本侵略長城沿線，熱河、多倫、長城各口相繼淪陷，又在 1933 年 5 月 31 日簽訂《塘沽協定》，冀東二十餘縣名為非武裝區域，但中國軍隊必須撤出，即是淪於敵手。國民黨喪權辱國，引起國人不滿。6 月 1 日，福州各界舉行抗日示威遊行，反對《塘沽協定》。9 月，十九路軍陳銘樞到香港李濟深家，與李濟深、蔣光鼐、馮玉祥代表余心清、第三黨代表黃琪翔、章伯鈞等開會，討論在福州組織反蔣抗日的人民革命政府事情。

　　11 月 20 日，十九路軍在福州南校場舉行中國人民臨時代表大會，指斥「在以蔣中正為靈魂之賣國政府公然積極勾結日本帝國主義，出賣國家、殘殺人民，痛民族的危亡，已至最後的關頭。……中國革命之中斷，與年來中國殖民地化之加深以及人民種種痛苦，皆由蔣中正媚外殘民之結果」。大會宣言：一、否認南京國民政府。二、號召全國反帝、反賣國政府之革命勢力即組織人民革命政府，打倒以南京政府為中心之國民黨系統。當晚人民代表大會主席團開會議決：成立人民革命政府，名稱為：「中華共和國人民革命政府」，以李濟深為主席，其他政府委員尚有陳銘樞、蔡廷鍇、蔣光鼐、徐謙、戴戟、黃琪翔、李章達、余心清、何公敢、陳友仁等十人，事為「閩變」。

　　福建人民革命政府的成立，雖然以李濟深的名義作號召，實際上是陳銘樞擺佈一切，借此來做他的政治本錢，當這次運動的領導核心。陳銘樞在寧粵對峙時，一度代理行政院長。孫科組閣時，又任副院長兼交通部長。他利用十九路軍及結交一些進步文人作為政治資本，提出停止「剿共」、一致抗日的意見，多少有和蔣介石、汪精衛等爭取權力的野心，因此不容於蔣汪政權，被迫出走。出國後研究了蘇聯的政治制度，又受歐洲反法西斯的人民陣線運動啟發。1933 年 6 月、7 月回到香港，就想聯合第三黨、國民黨內反蔣派系的民主人士和神州國光社一批知識份子，組織反對獨裁的人民陣線，企

114　李以劻：〈關於淞滬抗戰的片斷〉，《文史資料選輯》（37），第 49 頁。

圖推翻蔣介石的統治。他曾推宋慶齡和胡漢民來領導這次運動，但都受拒絕；爭取桂系支持，李、白亦以陳過左，不願參加。其他如湖南何鍵、貴州王家烈、雲南龍雲、四川劉湘、山東韓復榘、陝西楊虎城、泰安馮玉祥等，陳銘樞都有聯繫。因此他相信只要舉起反蔣大旗，便會一呼百應。實際陳銘樞以十九路軍起家，內部還是矛盾重重的，陳返國到福建後，即以太上自居，儼然架在主席、總指揮之上，引起蔡廷鍇和蔣光鼐的反感。蔡廷鍇曾對蔣說：「十九路軍是中華民族的軍隊，不是私人軍隊呀！」蔡蔣兩人雖然贊成抗日反蔣，但目前不應公開反蔣，只有維持現狀，搞半獨立來聚積力量，連絡四方、訓練幹部、等待時機，有了充分準備再幹，並不同意急於組織政府。[115] 1933 年 11 月 18 日，陳銘樞在福州鼓山開了一次緊急會議，參加者有李濟深、陳銘樞、黃琪翔、徐謙、陳友仁、李章達、蔣光鼐、蔡廷鍇和各軍軍長、總參謀長等十餘人。陳強調組織政府的人員已集中，各方代表已將到齊，時間迫切刻不容緩。蔣介石在江西的「圍剿」部隊抽不出來，義旗掛出，西南、西北、華東、華北必然有人響應。陳又過高地分析十九路軍力量，假使敵人以十個師的兵力來犯，我軍一個師可以擊敗敵人兩個師，加上紅軍的沿途阻擊，也有戰勝希望。蔡廷鍇認為蔣介石一定會用武力解決，因為他們聯絡了紅軍的關係，絕無和平希望。當前部隊未調整，防務未佈署，財政未籌措，後方防禦工事未構築，雜牌部隊未就範，內部敵人未肅清等等，情況不利；遂引起會上議論紛紛，辯論不休。最後陳銘樞威嚇各人，表示要革命就不怕犧牲，「丟那媽幾大就幾大，盡地一煲！（粵語拼命之意）」最後繼續討論了陳銘樞智囊團王禮錫、胡秋原、梅龔彬、彭芳草等擬好的政綱，深夜散會。

---

115 蔡廷鍇：〈回憶十九路軍在閩反蔣失敗經過〉，《文史資料選輯》（59），第 83－85 頁；蔣光鼐：〈對十九路軍與「福建事變」的補充〉，《文史資料選輯》（59），第 117－118 頁。

蔡廷鍇批評陳銘樞把軍隊看作私人資本，領袖欲強，野心勃勃，多疑善變，遇事投機，總想僥倖作孤注一擲；想組織政黨取代國民黨，但自己缺乏政治理論，依靠第三黨，另搞一個「生產人民黨」；又採聯共政策，脫離國民黨，取消黨國旗，放棄三民主義，令原本與福建有聯繫的國民黨人不單拒絕支持，甚至反顏相譏。粵系黨政人員，不論在「中央」與地方都群起而攻。汪精衛在南京指罵「閩變」是繼袁世凱以來所謂洪憲、張勳復辟、蘇維埃、偽滿之後第五次變更國體制度的叛國行為，提倡最高權力屬於農工的政策，乃是主張以一部分人對另一部分人的任意屠殺。孫科也主張動武征討。兩廣胡漢民、李宗仁等電斥福建是背叛黨背叛三民主義。因此，福建在政治上陷於孤立。[116] 福建政府雖曾與紅軍聯繫，但中共當時受王明路線影響，拒絕建立同盟關係，結果孤立無援，迅即敗亡。[117]

蔣介石親自前往建甌，指揮其嫡系部隊進討福建，此戰集中了他精銳的海空軍及炮兵力量，務求速戰速決。1934 年 1 月 5 日，蔣部進攻閩北重鎮延平，劉和鼎第 56 師和宋希濂第 36 師以步炮和空軍協同進攻，一日之內攻佔十九路軍據守的九峰山堅固工事陣地，延平城內司徒非守軍立即暴露在敵人槍炮俯視的射程範圍之內，只有向劉和鼎接洽投降。與此同時，張治中指揮第 87、88 兩師進攻福州外圍兩個要點：古田、水口。張治中為免攻堅導致傷亡慘重，力勸守軍投降。由於延平失陷，守將趙一肩以援兵無望，遂降。水口守軍譚啟秀以大軍壓境，驚惶萬分，被蔣軍一輪炮轟，便向福州潰退。10日，廈門市長黃強投降，13 日，蔡廷鍇率部撤離福州。為免全軍被殲，蔡廷鍇棄軍而去，與陳銘樞等相繼逃往香港。餘部接受改編，蔣介石把營長以上軍官全部換成自己嫡系，於是這批十九路軍餘部變成蔣的嫡系部隊。

---

116 〈回憶十九路軍在閩反蔣失敗經過〉，《文史資料選輯》（59），第 93－97 頁；〈對十九路軍與「福建事變」的補充〉，《文史資料選輯》（59），第 128－131 頁。

117 麥朝樞：〈福建人民革命政府回憶〉，《文史資料選輯》（37），第 78－88 頁。

「閩變」自 1933 年 11 月 20 日開始，至 1934 年 2 月中旬止，歷時三個月。曾一度英勇抗日的十九路軍被徹底消滅。[118]

10. 察哈爾抗日同盟軍

中原大戰之後，馮玉祥在山西汾陽隱居，但仍然保持與各方面的接觸，聯繫對象，主要是西南方面的兩廣、馮的舊部以及其他方面可能結合的對象，同時，馮亦通過關係與中共取得聯繫，希望結成反蔣聯合陣線，一俟時機成熟，便可東山再起。[119] 為了培養軍事骨幹，馮玉祥在汾陽辦了一個軍官學校，大部招收社會救亡青年，以及馮系舊部的軍官子弟。九一八事變爆發，蔣介石坐視東北淪亡。9 月 23 日，馮玉祥通電：譴責蔣介石窮兵黷武、媚外誤國和實行不抵抗政策。26 日，又通電批評南京政府依賴國聯的外交政策：「宰割弱小民族之國聯，能代中國求獨立？能代中國打倒該會常任理事之日本乎？與虎謀皮，自欺欺人。」

馮玉祥的抗日呼籲引起中共注意，1931 年 11 月，中共北方局派北平黨軍委特科負責人蕭明——馮玉祥的老部下，曾任國民聯軍總司令部總政治部副部長——往見馮玉祥，自此，馮玉祥與中共建立了聯繫，並同意中共在汾陽軍校中發展共產黨組織，於是中共在軍校發展了一百多名新黨員。此軍校的學員日後成為抗日同盟軍的骨幹力量。

這時，寧粵復合，汪蔣再次合作，蔣介石在 12 月 15 日宣佈下野。18 日，汪精衛在報紙上發表邀請馮玉祥前往南京的電報，並派傅覺民到汾陽敦

---

118 《國民黨新軍閥史略》，第 203－233 頁；宋希濂：〈我參加「討伐」十九路軍戰役的回憶〉，《文史資料選輯》（37），第 108－123 頁；符昭騫、鄭庭笈：〈蔣介石消滅十九路軍戰役的經過〉，《文史資料選輯》（37），第 124－132 頁；〈回憶十九路軍在閩反蔣失敗經過〉，《文史資料選輯》（59），第 112 頁。

119 高樹勛、張允榮、鄧哲熙：〈察哈爾民眾抗日同盟軍〉，《文史資料選輯》（14），第 109 頁。

促。胡漢民、孫科、鄒魯等也屢電馮玉祥、閻錫山到南京出席國民黨四屆一中全會。抗日救亡運動席捲全國，12 月 21 日，馮玉祥提出抗日救亡的十三項主張：備戰和鼓勵軍心；起用革命有功人員；恢復黨的民主制；首都遷於適當地點、恢復民眾運動，保障集會、結社、言論、出版之自由，恢復各種民眾組織，加以軍事訓練；嚴定官吏瀆職貪污之懲戒條例，以清吏治。

12 月 26 日，馮玉祥前往南京，發表了共赴國難的書面談話，並向四屆一中全會提出：組織全國國民救國會共赴國難、組織國防委員會收復失地和撫恤抗日陣亡官兵等三個提案。1932 年，「一二八事變」爆發，在國民黨軍事委員會提案：出兵十萬增援十九路軍，沿海各口岸對日艦同時發動炮擊使日寇窮於應付，將北方軍隊集中全力反攻東北。此提案獲會議通過。但蔣介石繼續進行「先安內，後攘外」政策，馮玉祥只有到泰山隱居。

1932 年 9 月，宋哲元出任察哈爾省政府主席。因此，馮玉祥希望能在宋哲元的掩護下，和中共合作抗日。馮玉祥移居張家口後，11 月，中共先後派蕭明和宣俠父往見馮玉祥，商議籌組抗日同盟軍。1933 年 1 月起，中共不斷派人到張家口商談抗日的具體計劃，並負責發動和組織工作，其中包括稍後派往八路軍駐香港辦事處的劉少文。

1933 年春，日本開始侵略關內各地。1 月 3 日，攻佔山海關和臨榆。2 月下旬，三路進攻熱河，省政府主席湯玉麟不戰而逃。3 月 4 日，日軍不開一槍佔領承德，十天之內，熱河全部淪陷。日軍繼續向長城一線進犯，佔領喜峰口。3 月 12 日，宋哲元率第 29 軍拚死抵抗，派三營輕裝步兵，夜襲喜峰口日軍第 27、28 兩聯隊。是役，斬殺了日軍六七百人。接着又派趙登禹和佟澤光兩旅在雪夜出擊，同時在喜峰口三家子、小喜峰口、狼洞子、白台子，乘夜偷襲日軍特種兵宿營和炮兵陣地。次日在羅文峪截擊從老婆山來增援敵軍，斬殺其指揮官植田支隊長，獲勝而回。自此，大刀隊威名遠播中日。日本報刊都不得不承認喜峰口之戰是「皇軍」的奇恥大辱。「大刀隊的威名幾乎把現

代化的精良火器都掩蓋了。」[120] 美軍在太平洋逐島戰爭中被日軍的刺刀殺怕了，但日軍的刺刀卻拚不過中國的大刀！中國「大刀隊」的英雄事蹟不但光耀中國抗日戰史，更在第二次世界大戰歷史中寫上了輝煌的一筆！

長城抗戰因得不到蔣介石的彈藥補給，抗日部隊被迫相繼放棄長城各口。不過，察哈爾是抗日前線，又是西北軍管治的舊地。許多從東北和熱河退下來的部隊，及其他不甘心投敵的零散部隊，總計不下十餘萬人，他們都輾轉撤入察哈爾境。何應欽對這些抗戰部隊不予收容，任其自生自滅，使他們陷於無衣無食的窘境。更嚴重的是日本繼續侵略，意圖吞併察省。這時，馮玉祥對大家表示：「熱河淪陷，察省眼看不保，我既然住在這裏，決不能等着當俘虜，更不能當逃兵，我們必須立即拿起槍來，實行抗戰。」[121] 1 月 7 日，馮玉祥分電兩廣的胡漢民、陳濟棠、鄒魯、李濟深、李宗仁、白崇禧和上海的程潛、李烈鈞等人，希望支持。5 月 24 日，多倫日軍南侵，佔領沽源，察省形勢危急。26 日，張家口召開察哈爾民眾禦侮救亡大會，決議組織察哈爾民眾抗日同盟軍，公推馮玉祥為同盟軍總司令。馮玉祥立即就職同盟軍總司令，通電全國，號召抗日。同盟軍即日改組察哈爾省政府，以佟麟閣取代許庸的察哈爾省代主席。同盟軍在抗日大旗的號召下，各地抗日志士紛紛加入，短期之內，人數由成立時的幾千人迅速擴大到十餘萬人。

6 月初，熱河偽軍張海鵬分路進犯察哈爾，佔領康保、寶昌，威脅張家口。馮玉祥派方振武和吉鴻昌為北路前敵總司令和總指揮率部反攻。6 月 22 日，察省自衛軍第一支隊王德重部克復康保。23 日，鄧文、吉鴻昌、張凌雲等部進攻寶昌。7 月 1 日爆發激戰，偽軍張海鵬、崔興五等部向多倫潰退，察

---

120 董升堂：〈夜襲喜峰口敵後〉，中國人民政治協商會議全國委員會文史資料研究委員會《從九一八到七七事變》編審組：《從九一八到七七事變》（北京：中國文史出版社，1987 年），第 453−455 頁；何基灃：〈二十九軍在喜峰口的抗戰〉，《文史資料選輯》（14），第 81−86 頁。

121 高樹勛、張允榮、鄧哲熙：〈察哈爾民眾抗日同盟軍〉，《文史資料選輯》（14），第 116 頁。

省自衛軍收復寶昌。沽源偽軍劉桂棠部反正，加入抗日同盟軍，許多被脅迫的偽軍亦相率來歸。多倫是察省的商業重鎮，有小上海之稱。日軍視之為攻掠察、綏的侵略據點，派茂木騎兵第4旅團二千餘人及炮兵部隊設防固守，附近又有偽軍索華岑部及日軍西義一第8師團策應。但該地平坦開闊，不利防守，於是馮玉祥決定收復多倫。7月7日，馮派張凌雲任左翼，李忠義部任中央，劉桂棠部任右翼，吉鴻昌、鄧文部為總預備隊，在夜間猛攻日軍佔領之察東重鎮多倫。拂曉前，攻佔敵軍兩道戰壕。8日，天明之後，敵軍有大炮支援，雙方激戰。至下午，敵軍退入城內。9日，攻佔城外大部分據點。夜間，吉鴻昌派敢死隊幾度爬城突襲，被敵人猛烈火力擊退，傷亡二百餘人。10日拂曉，繼續猛攻，因日機轟炸，傷亡甚眾。12日晨1時再次總攻，因前一日派戰士喬裝偽軍潛入城內，待同盟軍接近城垣時作內應，聲稱同盟軍已經入城，令日偽軍士氣崩潰，開始向城外潰退。同盟軍遂由南、西、北三門衝入城內，經三個小時巷戰，日軍殘部由東門逃出。同盟軍冒日軍飛機大炮的猛烈轟擊，血戰五晝夜，在12日擊潰日軍，克復多倫。在收復寶昌、康保和多倫三戰，以傷亡一千六百餘人的代價，擊斃日偽軍千餘名。[122] 接着把全部日偽軍驅逐出察哈爾省境。

同盟軍收復多倫，振奮全國，紛紛函電慰勉，願為後盾，或捐獻財物，支援前線，各界捐款多達四十萬元。7月16日，天津《益世報》讚揚馮玉祥、吉鴻昌收復多倫：「從九一八起，直至今日，我們只有失陷領土的故事，並沒有什麼人做過收復失地的工作。……有之，吉鴻昌收復多倫為第一次。」

蔣介石對馮玉祥收復失地，不但沒有表功，反而認為其破壞「先安內、後攘外」政策，下令鎮壓同盟軍。6月21日，同盟軍北上抗日之際，北平軍分會正式任命龐炳勳為察哈爾剿匪總指揮，7月底蔣共派了十六個師、八列鐵甲車、兩隊飛機，共二十多萬人進迫張家口。當內戰即將爆發時，馮玉祥通

---

122 高樹勳、張允榮、鄧哲熙：〈察哈爾民眾抗日同盟軍〉，《文史資料選輯》（14），第121－123頁。

電全國説，因抗日「而獲罪於政府」，請各方主持正義。這呼籲立即得到各方面的反應，除蔣介石和南京政府備受譴責外，負責鎮壓的將領亦被痛罵：「應以國家為前提，以民意為向背，不應為個人所利用，為亂命所操持。」天津《益世報》尖銳地批駁南京政府的「功秦檜而罪武穆」、「遺棄領土有功，收復失地者見罪」，質問為什麼「對湯玉麟可姑息貽患，對馮玉祥不能隱忍容才？」警告：「倘有任何領袖，勇於私鬥，怯於公憤，保全個人榮位，蔑視公利公益者，我們即認為公敵。」

在這種形勢下，蔣介石不敢立即開戰，但仍施展陰謀對付同盟軍，一方面設法讓日軍回師進攻察北，另一方面派人潛入同盟軍挑撥離間。馮玉祥考慮到與蔣開戰，是自傷國家元氣，不利抗戰大局。況且經濟支絀，供養不足，軍械尤其缺乏，再難久持，於是派薛篤弼特託簡又文請孫科斡旋。孫科與簡又文到盧山見蔣介石，提出一個簡單的辦法：雙方罷兵，馮氏自動下野，中央不究既往，就算了事。蔣介石贊成。[123]

8 月 6 日，馮玉祥通電：「自即日起，完全收縮軍事，政權歸之政府，將士交諸國人，並請政府即令原任察省主席宋哲元克日回察，接受一切，辦理善後。」7 日，宋部馮治安師接防張家口。9 日，秦德純接收察省各軍政機關。同日，同盟軍總部撤銷。14 日，馮玉祥返回泰山隱居。同盟軍反蔣抗日一事，以不傷國家元氣，暫告結束。[124]

11. 兩廣事變

上海和平會議舉行時，兩廣政界對汪精衛醞釀與蔣合作不滿，遂與汪精衛分裂。南京國民政府建立汪蔣合作的政治局面後，廣州建立以西南執行部

---

123 《馮玉祥傳》（下），第 355－356 頁。

124 〈察哈爾民眾抗日同盟軍〉，《文史資料選輯》（14），第 122－130 頁；國民黨新軍閥史略》，第 154－176 頁。

和西南政務委員會為領導核心的半獨立機構，依靠與汪蔣不和的胡漢民，與南京政府對峙。1936年5月12日，胡漢民病逝，蔣介石乘機解決兩廣問題。這時，李濟深、陳銘樞因閩變而影響力和實力嚴重受挫；李宗仁、白崇禧的軍事和經濟需要廣東援助，陳濟棠成為西南政局的最高決策人。事實上，西南經過六年多半獨立的局面，陳濟棠已擁有二十萬左右的陸軍、七艘艦艇、各種飛機一百三十多架，因此被蔣視為心腹之患。5月13日，蔣請陳濟棠派其兄陳維周到南京面談，說中央將對桂用兵，但維持廣東現狀，意圖分化粵桂聯盟。

陳濟棠借蔣介石軟禁李濟深的機會，取得廣東的軍政大權，再利用國民黨反蔣的元老派和蔣介石之間的矛盾，圖漁翁得利，以保持他「南粵王」的地位。所以各方面拉攏他反蔣時，他都是態度模糊，並不積極。現在蔣介石逼得他無路可逃，只有毅然一搏，與其坐以待斃，不如先發制人，於是以抗日為名，舉兵反蔣。19日，蔣介石派孫科到廣州祭祀胡漢民，乘機向陳提出五項條件，請陳濟棠交出廣東軍政權力。蔣意是先解決廣東，再消滅廣西。

6月1日，西南執行部和西南政務委員會舉行聯席會議，討論抗日反蔣問題。同日，白崇禧正式宣佈抗日救國。2日，西南機關通電：請中央領導全國抗日。4日，陳濟棠、李宗仁、白崇禧等兩廣將領通電響應。兩廣事變於是爆發。5日，粵桂軍以北上抗日為名，出兵湖南。9日，進迫衡陽。白崇禧請何鍵加入反蔣。10日，蔣軍兩個軍到達衡陽，何鍵自然不會反蔣。白崇禧於是宣傳「中國軍隊不打中國軍隊」，下令桂軍停止前進。

由於蔣介石丟失了大片國土，不斷喪權辱國，引起國人指責，對以抗日為名的兩廣事變，不敢明令討伐，遂採取他善長的招降納叛手段，花費巨款，派戴笠收賣廣東空軍黃智剛等人在7月6日駕了七架飛機投蔣，另有廣東航校第六期甲班畢業學員和飛行員也私自離隊。同日副軍長李漢魂辭職。接着，委任陳濟棠第1軍軍長余漢謀為廣東綏靖主任兼4路軍總司令。14日，余漢謀在大庾通電就職，次日把他的主力集中英德、軍田一帶，準備進入廣東接替陳濟棠在廣東的統治地位。14日，陳濟棠的第2軍軍長張達也被

蔣收賣，聲明服從「中央」，着手迎接余漢謀到廣州上任。18 日，廣東空軍黃光銳、陳卓林、胡漢賢和吳建文等全部飛行員和飛機北飛走了。[125] 陳濟棠面對部下相繼背叛，無兵可用的絕境，遂在同一天致電余漢謀，以廣東治安相託，聲言下野，逃往香港。桂軍成為孤軍後，與蔣軍劍拔弩張，但雙方都有顧忌。桂系雖然兵力薄弱，但可以固守一時，能借抗日口號作掩護，使蔣不能發動內戰；而蔣正有事於華北和西北，不能與廣西長期作戰。程潛邀請劉斐參加調解蔣桂衝突，由於雙方都不想戰爭，於是接受調解，結束敵對行動。[126]

12. 西安事變

「九一八事變」之後，東北軍遵從蔣介石不抵抗指示，丟了東北。張學良部眾痛失家園，流落異鄉，妻離子散。蔣介石沒有支持張學良打回老家去，卻調他率部前往西北剿共。1935 年 9 月，張學良第 110 師在勞山覆歿，師長何立中陣亡；10 月 22 日，第 107 師 619 團在甘泉東南榆林橋受重創，團長高福源被俘；11 月 21 日，東北軍第 109 師在鄜縣直羅鎮被殲，師長牛元峰陣亡；106 師一個團在黑水寺被殲。[127] 東北軍屢受重創，但蔣介石卻不予補充。張學良才知受蔣欺騙，蔣是讓東北軍與共軍互相殘殺，俟機消滅兩軍。張學良又發現蔣介石秘密和中共談判，於是他也和中共秘密接觸。1936 年 4、5 份起，張學良的東北軍和紅軍停止了敵對的狀態。[128] 12 月 4 日，蔣介石前往西安督戰，西安學生計劃向蔣介石直接請願示威。蔣介石聞訊，急令張學良

125　丁紀徐：〈我與廣東空軍〉，《文史資料選輯》（25），第 193－208 頁。

126　劉斐：〈兩廣「六一」事變〉，《文史資料選輯》（3），第 15－33 頁；《中國現代史》（上），第 236 頁；《國民黨新軍閥史略》，第 246－258 頁。

127　戴鏡元：〈從洛川會談到延安會談〉，吳福章：《西安事變親歷記》（北京：中國文史出版社，1986 年），第 42 頁。

128　《周恩來年譜 1898－1949》，第 311 頁；《國共兩黨關係史》，第 569－574 頁。

制止學生「胡鬧」，聲言「格殺勿論」！張學良立即親自駕車趕上遊行隊伍，極力勸說學生回去。當夜蔣介石罵張學良：「這些學生，你要讓他們來，我用機關槍打。」張學良發火，幾乎想說：「你機關槍不打日本人，打學生？」[129] 11日，蔣介石約張學良在臨潼晚餐，再予訓斥。12日凌晨，張學良等人發動西安事變，捕獲蔣介石等人，要求停止內戰，團結抗日。經共產國際和中共調停，西安事變和平解決。張學良親自護送蔣介石飛回南京，以個人數十年的自由的代價和東北軍在國民黨的前途，換取全國團結抗日的成果！（詳情參見本書下冊）

四、小結

　　北伐之後到西安事變，國民黨爆發長達九年的新軍閥大混戰，以及多次同時出現兩個黨中央、兩個中央政府並存的局面。坊間有些書籍指責這些新軍閥和政客只顧私利，破壞法紀危害黨國，應該承擔全部責任！不過，國民黨最重要的黨國元老，如自從革命時代已經追隨孫中山的汪精衛和胡漢民，國民黨的重要軍事領袖，如馮玉祥、閻錫山、李宗仁、白崇禧、唐生智、陳濟棠、張發奎、張學良等都先後或一起反蔣。國民黨為什麼有這麼多黨、軍領袖同時犯錯，同時都反對蔣介石？只有蔣介石一個人不存私心，永遠正確？國民黨新軍閥大混戰，導致國家瀕於危亡，責任在於國民黨新軍閥、蔣介石，還是國民黨的體制問題？另外，國民黨新軍閥大混戰，反映出國民黨內的文武官員都武裝反蔣，那麼被國民黨屠殺的共產黨人是否更有理由組織軍隊武裝反蔣？這些書對蔣介石無理拘禁李濟深和胡漢民兩位國民黨元老之事都避而不談，這些事對評價蔣介石和國民黨起正面，還是負面作用？試想一想，黨國元老都可以任意拘捕、非法軟禁，其他敵對政黨和平民百姓，豈

129　孫銘九：〈臨潼扣蔣〉，《西安事變親歷記》，第214—216頁。

不是可以任意屠殺？國民政府還有法治嗎？印刷出來的東西，怎麼説，怎麼寫，總可以騙到一些人。但鐵證如山，大多數人是聰明的，眼睛是雪亮的！會當這些東西是歷史嗎？

有一點值得我們注意的是：蔣介石花了十年時間，仍然沒有辦法消滅他的敵人，可以説一個也沒有。因為蔣介石在十年內戰中取得的勝利成果是脆弱的，他的勝利不是靠武力打回來，只是靠運用權謀，以官位金錢收賣對手的部下背叛，讓對手知難而退。蔣介石沒有赫赫戰功，打贏過一場漂亮的勝仗，因此打不出令其他軍閥敬畏的軍威。

蔣介石自稱是孫中山的弟子，但卻缺乏孫中山的廣闊胸襟。孫中山只有公義，沒有私怨。誰支持他的革命主張，誰都是他的朋友。就算是一度被他討伐、譴責的政敵，只要改正，都可以化敵為友，結為同盟。段祺瑞、張作霖與之建立粵皖奉三角聯盟，就是一例。驚桀不馴的馮玉祥，自立於直、皖、奉軍閥之外，但都被孫中山感化，參加革命。孫中山的追隨者，國民黨內外的軍政界領袖，全都是蔣介石的敵人，而不是他的盟友。打了十年內戰，沒有徹底降伏過一個人，反對他的人卻愈來愈多，原因在哪裏？